北京市金融年鉴

2022

ALMANAC
OF BEIJING FINANCE
AND BANKING

《北京市金融年鉴》编辑部

（总第36卷）

中国金融出版社

责任编辑：王慧荣
责任校对：孙　蕊
责任印制：程　颖

图书在版编目（CIP）数据

北京市金融年鉴．2022/《北京市金融年鉴》编辑部编著．—北京：中国金融出版社，2023.2

ISBN 978－7－5220－1885－0

Ⅰ.①北…　Ⅱ.①北…　Ⅲ.①金融事业—北京—2022—年鉴　Ⅳ.①F832.71－54

中国国家版本馆 CIP 数据核字（2023）第 022718 号

北京市金融年鉴 2022
BEIJING SHI JINRONG NIANJIAN 2022
出版
发行　中国金融出版社
社址　北京市丰台区益泽路 2 号
市场开发部　（010）66024766，63805472，63439533（传真）
网 上 书 店　www.cfph.cn
（010）66024766，63372837（传真）
读者服务部　（010）66070833，62568380
邮编　100071
经销　新华书店
印刷　河北松源印刷有限公司
尺寸　185 毫米×260 毫米
印张　41
插页　8
字数　846 千
版次　2023 年 2 月第 1 版
印次　2023 年 2 月第 1 次印刷
定价　125.00 元
ISBN 978－7－5220－1885－0
如出现印装错误本社负责调换　联系电话（010）63263947
（内部发行）

2021年11月15日，北京证券交易所正式开市运行。

2021年9月3日，中国人民银行副行长陈雨露莅临指导“金融创新助力首都高质量发展”专题展览。

2021年9月6日，中国人民银行营业管理部主任杨伟中在金融创新助力首都高质量发展，金融支持绿色低碳发展政策、“两区”建设成果发布会上讲话。

2021年9月6日，中国人民银行营业管理部赴首钢园参加金融支持首都经济高质量发展政策发布会并参观中国国际服务贸易交易会金融专区展览。

2021年4月23日，中国银保监会北京监管局与北京交管局、中国银保信公司共同签订"警保合作"工作机制框架协议，将积极推动京津冀交通事故快处快赔一体化建设、搭建"北京市道路交通事故警保合作远程易处理中心"等工作。

2021年4月1日，中国证监会北京监管局联合北京市金融监管局、中国人民银行营业管理部、中国银保监会北京监管局、朝阳区政府共同举办北京"两区"建设金融领域政策解读会。

2021年6月18日，北京市金融监管局、中国人民银行营业管理部、中国银保监会北京监管局与北京市丰台区联合举办小微金融服务顾问制度启动会暨支行长座谈会。

2021年3月18日，北京金融法院正式揭牌成立。

2021年1月15日，同方威视向中国进出口银行北京分行赠锦旗。

2021年11月，中国农业发展银行北京市分行与中国农业银行北京市分行战略合作签约。

2021年7月26日，中国工商银行北京市分行退休老党员、中国人民志愿军抗美援朝出国作战70周年纪念章获得者曹康年参加北京电视台“永远跟党走”党史知识竞赛决赛，并在现场宣讲革命精神。

中国农业银行北京市分行联合中国人民银行营业管理部开展“我为党旗添光彩”青年志愿服务活动。

2021年9月5日，在中国国际服务贸易交易会上，中国建设银行北京市分行展位迎来外国贵宾参观。

中国银行北京通州运河商务区绿色支行是银行业内首家美国能源与环境先锋设计绿色认证体系（LEED）和碳中和绿色“双认证”、以绿色支行命名的网点。

2021年9月7日，交通银行北京市分行与北京市金融监管局共同成立北京市“两区”金融创新联合实验室。

2021年12月10日，浦发银行北京分行与全国中小企业股份转让系统、北京证券交易所签署战略合作协议，在北京证券交易所投融资平台上线专属融资产品“北鸣贷”，助力“专精特新”中小企业发展。

广发银行北京分行向小微企业主宣传普惠金融业务。

在第二十九届中国北京种业大会上，兴业银行北京分行副行长李兴邦带领北京市农业农村局局长付赵庚参观。

2021年11月2日，光大银行北京分行党委理论学习中心组赴中国共产党历史展览馆开展专题读书班参观学习活动。

2021年9月26—27日，民生银行北京分行战略客户菁英俱乐部启动仪式暨首期特训营活动成功举办。

2021年9月1日，华夏银行北京分行石景山“图书馆银行”开业，这是华夏银行北京分行网点转型、助力书香社会建设的新举措。

大连银行北京分行走进警示教育基地。

中信银行北京分行与中国人民银行营业管理部就“京绿通”专项再贴现产品合作进行签约。

2021年5月24日，天津银行通州支行走进天通苑小学开展“金融知识进校园”社会宣传活动。

2021年7月30日，杭州银行科创金融（北京）中心开业仪式在京举行。

南京银行北京分行组织青年团员参观中国人民抗日战争纪念馆。

上海银行北京分行开展打击治理电信网络诈骗、跨境赌博宣传活动。

2021年4月9日，江苏银行北京分行组织参观首都博物馆《伟大征程——庆祝中国共产党成立100周年特展》。

盛京银行北京分行走进社区开展反假货币宣传活动。

2021年6月18日，宁波银行北京分行邀请属地派出所进行反诈宣传教育工作。

2021年7月23日，邮储银行北京分行携手中国邮政北京市分公司在京举办“邮储银行：百姓身边的银行”媒体见面会，全方位开启普惠金融服务创新实践。

2021年3月15日，徽商银行北京分行开展金融消费者权益保护公益宣传活动。

2021年6月22日，中国银联北京分公司与中国人民银行营业管理部支付结算处党员开展联学联建活动，参观北京鲁迅博物馆中的鲁迅故居、“五四运动和中国共产党的创立”展览、“人民呼唤焦裕禄”展览。

中华财险北京分公司与北京市气象局签署战略合作协议。

2021年，华泰财险北京分公司经纪重客四部荣获北京市“工人先锋号”称号。

2021年8月15日，平安产险北京分公司驰援河南理赔团队收到锦旗。

2021年6月4日，人保财险北京市分公司作为2021年北京市知识产权保险试点项目唯一保险服务商，与中关村知识产权促进中心、海淀区知识产权局共同举办2021北京市知识产权保险试点项目启动会。

2021年4月1日，太平洋财险北京分公司与北京市经济和信息化局签署战略合作协议并启动创新合作项目。

2021年9月8日，民生人寿北京分公司联合北京市公安局朝阳分局呼家楼派出所和朝阳区呼家楼街道呼家楼北社区举办金融知识教育宣传活动。

2021年5月30至6月2日，太平人寿北京分公司赴井冈山进行红色主题教育活动。

中国人寿北京分公司携手中国残疾人联合会举办“建党百年 我来北京看冬奥”公益活动。

平安人寿志愿者抗疫服务队百余位防疫志愿者奔赴核酸检测一线和社区防疫一线，用实际行动践行保险人的使命和责任。

《北京市金融年鉴》编辑委员会

《北京市金融年鉴》编辑部

编辑部主任：贾淑梅

责 任 编 辑：潘 毅

金融管理部门组稿编辑：（以姓氏笔画为序）

王 婧　王 雷　文 京　朱琳琳　刘晓丽
齐雪菲　李天懋　李志东　李梦洁　吴 茜
汪 典　宋晓源　张建立　张素敏　张雪晴
柏林林　曾昱昕　阙星文　魏辰皓

各金融机构组稿编辑：（以姓氏笔画为序）

于 涵　王 戈　王 军　王 京　王永刚
王杜坤　王国文　王晓静　王钰娜　王景兴
车 喆　石岚希　史 瑞　冯 涵　吕 莉
刘 宇　刘一璇　刘露瑶　孙鑫海　杜国增
杜晓萌　李 璐　李芯妮　李苏轩　李宗烨
杨 春　杨 蕾　杨香玉　肖 帅　何华伟
张 帆　张 晨　张尤佳　张佳颖　陆 炜
陈 锐　陈思然　陈悦喆　周 乐　周 册
周 含　周威威　赵 彬　赵子郡　赵敏岑
南全喜　段文静　贺景卉　袁 帅　袁 婕
夏 海　高 源　高晰明　黄 玥　黄品嘉
董 月　董张弛　童文静　颜 畅　潘远发
戴 昕　戴书敏　魏 晋

数 据 资 料：陈红姣　阳 丽

编辑说明

一、《北京市金融年鉴》是北京市金融行业年鉴，是全面反映北京市金融运行、发展情况的资料性工具书。由中国人民银行营业管理部、中国银行保险监督管理委员会北京监管局、中国证券监督管理委员会北京监管局、北京市地方金融监督管理局、140多家金融机构以及各协会、商会、学会、工会共同参与编写，自1987年起连年出版，本卷为总第36卷。

二、本卷记录的是2021年北京市金融业运行与发展情况、重大事件、活动及各金融机构贯彻执行国家金融政策，依法合规经营，防范和化解金融风险，改善金融服务，助力首都经济社会发展等所做的工作和面临的问题。

三、本卷所有文稿、资料均经过各供稿单位相关领导审阅，保证了收录内容的权威性和准确性。

四、本卷收录的金融统计资料由中国人民银行营业管理部、中国银行保险监督管理委员会北京监管局、中国证券监督管理委员会北京监管局提供。请在使用时注意统计口径的差别和适用范围。

五、本卷文稿中“当年”“年内”“全年”“截至年末”均指2021年，“上年”指2020年；未作特别说明之处，币种均为人民币。

六、本卷对各金融机构的排列顺序名次无高低之分。

七、本卷在编辑过程中得到北京市各金融监管部门、金融机构、协会、商会、学会、工会的大力支持，在此深表谢意。由于编辑水平有限，书中难免有缺陷和疏漏之处，诚请广大读者批评指正。

《北京市金融年鉴》编辑部

2022年12月

目　　录

一、形势综述

二、市场运行

三、发展与监管

四、服务与管理

五、机构业务综述

金融管理机构

金融机构

六、文件与规章

七、专题与调研

八、统计资料

（二）机构、人员统计

九、大事记

十、附　　录

(一) 北京市金融机构名录

(二) 机构简介

(三) 协会、商会、学会、工会活动简介

(四) 2021 年度北京市金融系统先进集体、先进个人名录

一、形势综述

北京市金融运行报告

中国人民银行营业管理部　货币政策分析小组

一、金融运行情况

2021 年，北京市金融平稳运行，社会融资规模和货币信贷保持合理增长，支持实体经济力度稳固，贷款利率水平降至历史新低，对重点领域支持力度进一步加大，改革创新步伐不断加快，金融管理和服务亮点纷呈，为首都“十四五”开局和经济高质量发展提供了有力支撑。

（一）银行业整体稳健，信贷对实体经济的支持“量增、价降、结构优”

1. 资产规模稳步增长，从业人数有所增加

2021 年末，北京市银行业金融机构资产总额 30.0 万亿元，同比增长 4.6%；辖内银行业金融机构累计实现利润 2 225.7亿元，同比下降 0.5%，降幅较上年收窄 13 个百分点；营业网点和法人机构数量分别为 4 484 个和 124 家，从业人数同比增长 1.5%。

表 1　2021 年北京市银行业金融机构情况

机构类别	营业网点			法人机构（家）
	机构个数（家）	从业人数（人）	资产总额（亿元）	
一、大型商业银行	1 750	52 729	107 223	—
二、国家开发银行和政策性银行	18	910	19 331	—
三、股份制商业银行	836	26 467	65 104	—
四、城市商业银行	419	13 321	32 965	1
五、城市信用社	0	0	0	—
六、小型农村金融机构	631	9 196	10 762	1
七、财务公司	75	5 428	46 434	74
八、信托公司	12	4 240	1 891	12
九、邮政储蓄银行	566	3 497	4 614	—
十、外资银行	113	4 008	3 885	9
十一、新型农村金融机构	43	820	324	11
十二、其他	21	4 052	7 073	16
合　计	4 484	124 668	299 607	124

注：营业网点机构数据不包括国家开发银行和政策性银行、大型商业银行、股份制银行金融机构总部；大型商业银行包括中国工商银行、中国农业银行、中国银行、中国建设银行和交通银行；小型农村金融机构指农村商业银行；新型农村金融机构指村镇银行；其他包含金融租赁公司、汽车金融公司、货币经纪公司、消费金融公司、民营银行等。

数据来源：中国银行保险监督管理委员会北京监管局。

2. 存款增速稳中趋降，企业和个人存款增长放缓

2021 年末，北京市金融机构本外币各项存款余额 20.0 万亿元，同比增长 6.2%，较上年末低 3.7 个百分点，较年初增加 1.2 万亿元，同比少增5 007.4亿元。人民币存款余额 19.2 万亿元，同比增长 6.1%，较上年末低 4.1 个百分点。其中，非金融企业存款和住户存款增长均

有所放缓，同比分别增长 3.4%、10%，较上年末分别低 6.9 个和 5 个百分点。

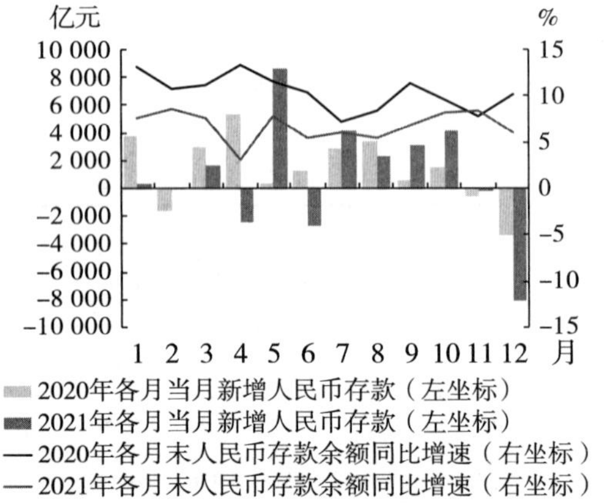

图 1　2020—2021 年北京市金融机构人民币存款增长情况

（数据来源：中国人民银行营业管理部）

3. 贷款合理增长，超七成新增贷款投向实体企业

2021 年末，北京市金融机构本外币各项贷款余额 8.9 万亿元，同比增长 5.6%，比年初增加 4 724.1 亿元。人民币各项贷款余额 8.6 万亿元，同比增长 6.2%，比年初增加 5 042.3 亿元。其中，企（事）业单位人民币贷款较年初增加 3 629.2 亿元，占各项贷款新增额的 71.9%，企业中长期贷款较快增长是主要拉动力量；住户贷款同比增长 7.9%，比上年末高 1.5 个百分点。

4. 发挥货币政策工具的牵引带动作用，信贷结构进一步优化

2021 年，中国人民银行营业管理部累计投放政策性资金1 323亿元，同比增长 18.3%。创新完善以“融”“通”系列为品牌的首都货币政策工具产品体系，实现对民营小微企业以及绿色低碳、科技创新、文化产业等重点领域超百亿元精准支持。2021 年，北京市金融机构新增普惠小微贷款（人民币）1 248 亿元、制造业中长期贷款（人民币）1 048 亿元、绿色贷款（本外币）2 514亿元，年末贷款余额同比增速均明显高于各项贷款。高新技术产业、文化企业有贷户数分别同比增长 17.9%、14.7%。

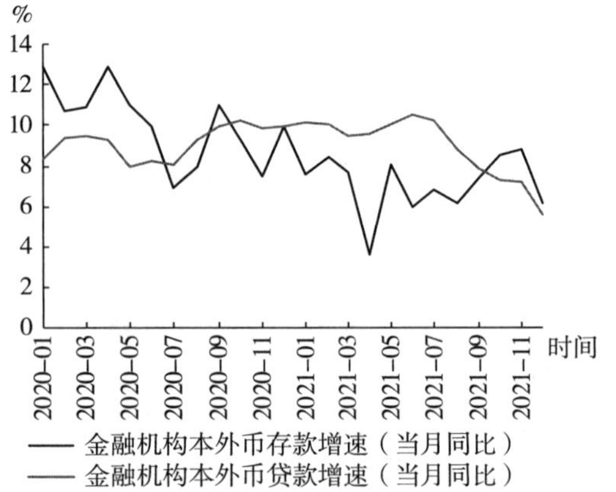

图 2　2020—2021 年北京市金融机构本外币存、贷款增速

（数据来源：中国人民银行营业管理部）

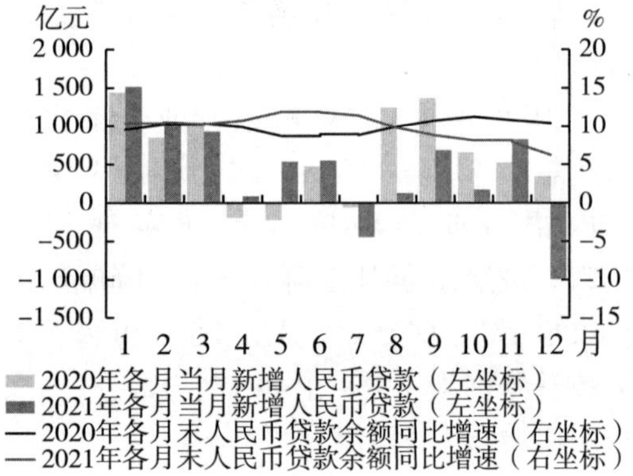

图 3　2020—2021 年北京市金融机构人民币贷款增长情况

（数据来源：中国人民银行营业管理部）

专栏1 多措并举提升首都绿色金融服务质效助力绿色低碳产业高质量发展

中国人民银行营业管理部积极落实党中央、国务院“碳达峰、碳中和”决策部署，加快完善北京绿色金融政策体系，引导和撬动辖内金融资源向绿色转型发展倾斜，多措并举提升金融服务绿色低碳产业质效。2021年，北京市金融机构新增绿色贷款（本外币）2 514亿元，年末贷款余额占各项贷款的比重为12.2%，较上年末提升2.4个百分点；金融机构发行绿色债券728亿元，非金融企业发行绿色债券2 127亿元，占全国总发行量的近五成。

一、强化政策协同，合力构建良好的绿色金融政策环境

2021年，中国人民银行营业管理部联合多部门印发《关于金融支持北京绿色低碳高质量发展的意见》，从加强货币信贷引导、强化政策激励约束、发展直接融资体系、优化绿色金融营商环境等八个方面提出32条措施，多措并举提升金融服务绿色低碳发展的能力，助力实现“碳达峰、碳中和”目标。

二、充分发挥货币政策工具正向激励作用，撬动更多信贷资源向绿色低碳领域倾斜

一是抓实碳减排支持工具和支持煤炭清洁高效利用专项再贷款运用。发挥首都能源集团总部聚集优势，促进项目对接。2021年末，首批已实现碳减排领域贷款协议签约金额610亿元，项目储备超过500亿元；贷款实际落地近百亿元，带动碳减排量约160万吨/年。

二是创新运用货币政策工具加大对绿色低碳领域的精准支持。创设“京绿通”专项再贴现、“京绿融”专项再贷款等货币政策工具，设置绿色企业票据再贴现绿色通道，加大央行低成本资金对绿色低碳领域的支持力度。截至2021年末，“京绿通”“京绿融”已实现对399家企业的32亿元绿色融资精准支持；其中，“京绿通”平均贴现利率为2.38%，较同期普通再贴现票据加权平均利率低33个基点。

三、鼓励辖内商业银行创新推动绿色发展，加快构建绿色金融组织和产品服务体系

一是不断完善绿色金融组织体系。辖内商业银行积极设立绿色金融事业部、绿色金融特色支行等专营组织机构，组建绿色专业团队，提供专业化绿色金融服务。

二是创新丰富绿色金融产品服务。辖内商业银行综合运用绿色信贷、绿色债券、股权投资、债转股、公募REITs等工具，有力支持北京市节能减排和绿色低碳发展。先后落地“碳中和”银团贷款、绿色境外银团贷款，创新“合同能源管理未来收益权质押贷款”“生态修复贷”和“碳汇碳票双质押”等绿色信贷产品，在银行间市场发行全国首单“碳中和”小微金融债券。

三是有序开展环境信息披露工作。辖内多家法人银行已通过社会责任报告的方式开展环境信息披露工作，后续将根据各行特点逐步深化环境信息披露内容。

下一阶段，中国人民银行营业管理部将继续贯彻落实党中央、国务院关于“碳达峰、碳中和”工作的决策部署，按照“三大功能”“五大支柱”绿色金融发展思路，坚持以首善标准推动绿色金融工作，助力首都绿色低碳产业高质量发展。

5. 巩固LPR改革成效，企业融资成本降至有统计以来最低

引导辖内银行将贷款市场报价利率（LPR）嵌入内部资金转移定价（FTP），持续释放LPR改革潜力。2021年12月，北京市金融机构一般贷款加权平均利率、企业贷款加权平均利率分别为4.07%和3.76%，同比下降10个、14个基点，均为有统计以来最低；普惠小微贷款加权平均利率为4.81%，同比下降11个基点。定期存款利率稳中有降，12月加权平均利率为2.12%，同比下降38个基点，较优化存款利率自律前下降35个基点，其中，长期限存款利率降幅明显。

6. 不良贷款率微升，法人银行风险抵御能力较强

2021年末，辖内银行业金融机构不良贷款率为0.67%，较年初上升0.11个百分点，较全国平均水平低1.06个百分点。辖内法人银行资本充足率为20.05%，同比上升7.05个百分点；贷款拨备率为3.25%，与上年基本持平；拨备覆盖率为238.40%，同比略降0.80个百分点，风险抵御能力较强。

7. 跨境人民币业务快速增长

2021年，北京地区跨境人民币结算7.48万亿元，同比增长近五成，业务笔数超过21万笔。其中，经常项目人民币收付金额为1.05万亿元，资本与金融项目人民币收付金额为6.43万亿元。自2010年6月23日试点启动至2021年末，北京地区跨境人民币收付涉及的国家和地区已达215个；125家跨国企业集团开展跨境双向人民币资金池业务，累计归集跨境收入7 138.1亿元，跨境支出7 116.31亿元；银行累计开立人民币同业往来账户837个，为非居民机构开立人民币结算账户1 335个。

表2　2021年北京市金融机构人民币贷款各利率区间占比　　单位：%

月份		1	2	3	4	5	6
合计		100.0	100.0	100.0	100.0	100.0	100.0
LPR减点		56.5	60.6	54.7	52.4	58.1	57.5
LPR		6.3	4.2	6.6	5.3	5.3	8.1
LPR加点	小计	37.3	35.2	38.7	42.3	36.6	34.4
	（LPR，LPR+0.5%）	13.0	10.3	12.2	14.2	10.2	11.3
	[LPR+0.5%，LPR+1.5%）	10.3	13.9	12.3	10.0	10.2	10.0
	[LPR+1.5%，LPR+3%）	3.8	3.2	4.0	4.4	4.5	4.8
	[LPR+3%，LPR+5%）	6.8	5.2	7.2	9.9	8.0	5.6
	LPR+5%及以上	3.4	2.7	3.0	3.8	3.6	2.7

续表

月份		7	8	9	10	11	12
合计		100.0	100.0	100.0	100.0	100.0	100.0
LPR 减点		58.5	56.8	53.0	56.5	58.6	61.8
LPR		6.0	7.4	7.2	6.2	6.9	7.0
LPR 加点	小计	35.5	35.8	39.8	37.4	34.5	31.2
	（LPR，LPR +0.5%）	11.4	11.0	13.0	11.8	13.0	12.2
	[LPR +0.5%，LPR +1.5%）	10.2	9.5	12.4	9.6	9.0	9.3
	[LPR +1.5%，LPR +3%）	3.8	4.6	4.7	5.6	4.4	2.8
	[LPR +3%，LPR +5%）	6.7	7.7	6.9	7.3	5.4	4.5
	LPR +5%及以上	3.4	3.0	2.8	3.0	2.7	2.3

数据来源：中国人民银行营业管理部。

专栏2 “五位一体”助力首都普惠金融提质增效

中国人民银行营业管理部坚决贯彻党中央、国务院关于深化民营和小微企业金融服务的精神，落实中国人民银行和北京市委市政府工作要求，联合相关部门与辖内金融机构多措并举、综合施策，从宏观调控、资金支持、政策引导、部门协同、科技赋能五个方面入手，“五位一体”持续优化北京地区民营小微金融环境，推动小微企业贷款“量增、面扩、价降、结构优”。

一、“五位一体”持续优化民营小微金融环境

一是强化跨周期调节，为首都经济恢复和高质量发展营造适宜的货币金融环境。落实稳健的货币政策灵活精准、合理适度，根据经济形势变化强化跨周期调节，保持社会融资规模和货币信贷合理增长，着力加大对重点领域和薄弱环节的金融支持，发挥LPR改革效能，推动企业综合融资成本稳中有降。

二是发挥货币政策工具的牵引带动作用，创造性推动政策性资金精准直达实体经济。近年来，中国人民银行营业管理部持续加大货币政策工具运用，2021年累计投放央行政策性资金超过1 300亿元，是疫情前（2019年）的1.7倍，撬动信贷投放3 770亿元；支持市场主体7万户，其中小微、民营企业占比超过九成。着力完善以“融”“通”系列为品牌的首都货币政策工具产品体系，持续加大对科技创新、绿色低碳、乡村振兴、文化产业等重点领域民营和小微企业的支持力度。用好两项直达实体经济的货币政策工具，引导银行累计为11.6万户次普惠小微市场主体办理贷款阶段性延期还本超过1 680亿元，累计为123万户次普惠小微市场主体发放信用贷款2 630亿元。

三是强化政策引领作用，不断优化完善民营小微金融政策支持体系。近年来，中国人民银行营业管理部联合各部门在民营小微、创新创业等领域出台了多项政策文件，持续推动提升民营小微企业、个体工商户金融服务水平。2021年，联合多部门印发《进一步完善北京民营和小微企业金融服务体制机制行动方案（2021—2023年）》，形成了较为完善的金融支持首都民营和小微企业健康发展的政策体系；联合相关部门出台《北京市辖内试点银行开办创业担保贷款业务操作指引》《关于进一步推进创业担保贷款增量扩面 助力更多市场主体创新创业的行动方案》，扩大经办银行范围，升级完善创业担保贷款政策与服务体系，推动全市创业担保贷款余额突破8亿元。

四是加强跨部门协同，发挥合力缓解企业融资难题。2021年，中国人民银行营业管理部联合北京市科学技术委员会、中关村科技园区管理委员会推出“中关村企业抗疫发展贷”，强化货币政策与产业政策联动，通过“几家抬”提高企业融资便利度；联合北京市经济和信息化局推出“高精尖双益贷”和创新型小微企业“初创贷”“创新贷”“成长贷”，以支小再贷款配套专项奖补资金撬动银行科创领域信贷投放。

五是科技赋能银企对接，提升贷款落地质效。近年来，为解决银企双方对接不畅、信息不对称等问题，中国人民银行营业管理部建设完善北京市银企对接系统，并与北京小微金服平台、畅融工程实现企业融资需求信息共享。截至2021年末，辖内银行通过北京市银企对接系统累计走访企业超过30万次，覆盖企业约19万户，推动贷款落地近800亿元；获贷企业中，中小微企业占比96%。为进一步提升中小微企业融资便利，助力银行贷款落地，中国人民银行营业管理部创新搭建“创信融”企业融资综合信用服务平台，提供全线上、纯信用的信贷产品，该平台上线以来，已陆续接入16家辖内主要银行，精准支持4 000多家中小微企业获得信用贷款超过35亿元。

二、辖内小微企业贷款呈现“量增、面扩、价降、结构优”的良好态势

一是小微企业贷款保持较高增速。2021年末，北京市金融机构普惠小微贷款余额6 378.6亿元，同比增速明显高于各项贷款。二是小微企业信贷覆盖面不断扩大。2021年末，北京市金融机构普惠小微贷款有贷户数50.4万户，同比增长23%。三是小微企业贷款利率稳中有降。2021年12月，北京地区普惠小微贷款加权平均利率为4.81%，同比、环比分别下降11个、12个基点，处于历史较低水平。四是小微企业信用贷款占比持续提升。2021年末，北京地区小微企业信用贷款占比40.3%，较上年提高3.4个百分点。

下一步，中国人民银行营业管理部将深入贯彻落实党中央、国务院关于稳增长、稳市场主体的决策部署，细化落实中国人民银行相关政策措施，按照市场化原则，进一步深化小微企业金融服务供给侧结构性改革，加快推动建立金融服务小微企业敢贷愿贷能贷会贷长效机制，着力提升辖内金融机构服务小微企业的意愿、能力和可持续性，助力稳市场主体、稳就业创业、稳经济增长。

（二）多层次资本市场体系进一步完善，直接融资规模增长

1. 证券期货基金机构蓬勃发展，资产规模较快增长

2021 年末，北京地区法人证券公司 18 家，资产规模 1.6 万亿元，同比增长 18.1%，全年实现营业收入 714.2 亿元，同比增长 12.3%。法人期货公司 19 家，资产规模 1 633.3 亿元，同比增长 45.6%，全年实现营业收入 61.7 亿元。总部设在北京辖区的基金管理公司 36 家，资产规模 859 亿元，公募基金管理规模 5.3 万亿元，全年实现管理费收入 343 亿元。

表 3　2021 年北京市证券业基本情况

项　　目	数量
总部设在辖内的证券公司数（家）	18
总部设在辖内的基金公司数（家）	36
总部设在辖内的期货公司数（家）	19
年末国内上市公司数（家）	424
当年国内股票（A 股）筹资（亿元）	2 700
当年发行 H 股筹资（亿元）	180
当年国内债券筹资（亿元）	9 919
其中：短期融资券筹资额（亿元）	1 486
中期票据筹资额（亿元）	1 019

注：证券公司家数为法人机构数量，国内股票（A 股）筹资额包含金融企业 A 股筹资。

数据来源：中国证券监督管理委员会北京监管局。

2. 资本市场层次更加丰富，直接融资规模创历史新高

设立北京证券交易所并成功开市，进一步健全多层次资本市场，加快完善中小企业金融支持体系。2021 年，北京地区各类企业利用多层次资本市场实现直接融资 1.3 万亿元，同比增长 3.8%。其中，首次公开募股（IPO）公司 36 家，募集资金 988.0 亿元；上市公司定向增发 116 家次，募集资金 1 712.1亿元，同比增长 158.4%；通过沪深交易所发行公司债（含资产支持证券 ABS）9 919 亿元。2021 年末，北京地区共有上市公司 424 家，总市值 16.3 万亿元，占 A 股上市公司总市值的 17.8%。

（三）保险保障功能不断增强，改革转型持续发力

1. 保险业务较快增长

2021 年末，辖内保险业资产总规模 1.3 万亿元，较年初增长 19.4%。全年累计实现原保险保费收入 2 526.9 亿元，同比增长 16.9%。北京地区共有法人保险公司 44 家，其中，财产险公司 13 家，人身险公司 31 家。

表 4　2021 年北京市保险业基本情况

项　　目	数量
法人保险公司数（家）	44
其中：财产险公司（家）	13
人身险公司（家）	31
保险公司分支机构（家）	115
其中：财产险公司分支机构（家）	49
寿险公司分支机构（家）	66
保费收入（中外资，亿元）	2 526.9
其中：财产险保费收入（中外资，亿元）	443.5
人身险保费收入（中外资，亿元）	2 083.4
各类赔款给付（中外资，亿元）	838.5

数据来源：中国银行保险监督管理委员会北京监管局。

2. 保险保障能力进一步增强

2021 年，北京保险业承担风险保障 2 719.5万亿元，同比增长 2.9 倍；累计赔付支出 838.5 亿元，同比增长 13.6%；寿险和长期健康险准备金 8 168.0 亿元，同比增长 16.1%。推动开发城市定制型商业医疗保险“北京普惠健康保”，参保人数超过 300 万人。

3. 改革转型发展持续推进

一是不断深化车险领域改革。创建“互碰快赔”机制，推进京津冀交通事故车险服务一体化，累计服务车主超过 170 万人

次，减少事故车辆二次占道50%以上，道路拥堵时间降低一半，理赔效率提升1倍。车险改革实现“降价、增保、提质”目标，商业车险单均保费较改革前下降近20%。二是持续推进保险兼业代理市场改革。深入推动非金融类车险兼业代理管理制度改革，创新建立主报告公司机制，近三成兼业代理机构出清。初步建成保险中介管理一网通平台，率先实现系统化管理。持续开展中介行业自律巡查，清退百余家“三无”机构。创新开展保险中介“一照两址”改革，发布《关于加强分类指导推动北京地区保险专业中介机构高质量发展的实施意见》。

（四）社会融资规模扩大，融资渠道更趋多元

1. 社会融资规模增加，直接融资发挥重要作用

2021年，北京地区社会融资规模增加1.5万亿元，较疫情前（2019年）多706.1亿元。从结构上看，人民币贷款新增5 236.9亿元，占地区社融增量的34.2%；企业债券净融资3 763.7亿元，非金融企业境内股票融资2 435.7亿元，地方政府专项债2 119.6亿元，三项合计占比超过54%，较上年有所提升；存款类金融机构资产支持证券净融资大幅增长带动“其他”项增加3 090.2亿元；委托贷款、信托贷款和未贴现的银行承兑汇票共减少1 209.8亿元。

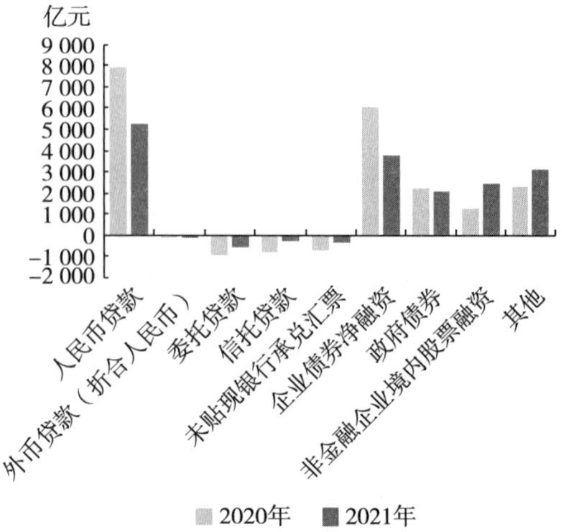

图4 2020—2021年北京地区社会融资分布结构

（数据来源：中国人民银行营业管理部）

2. 票据市场运行平稳，票据贴现利率下行

2021年，北京地区累计承兑商业汇票1.25万亿元，同比增长10.9%，其中，银行承兑汇票承兑量同比增长9%，商业承兑汇票承兑量同比增长14.8%；票据贴现额累计3.76万亿元，同比下降2.8%。12月，银行承兑汇票直贴利率下行约60个基点至2.2%，商业承兑汇票直贴利率稳定在4%左右；票据转贴利率下行近70个基点至2.0%。

表5 2021年北京市金融机构票据业务量统计

单位：亿元

季度	银行承兑汇票承兑		贴现			
			银行承兑汇票		商业承兑汇票	
	余额	累计发生额	余额	累计发生额	余额	累计发生额
一	4 165.0	1 790.0	4 918.9	7 448.1	1 206.8	1 368.9
二	3 997.8	3 757.8	5 013.7	16 776.0	1 299.9	3 080.3
三	4 204.6	5 901.9	5 182.3	24 809.3	1 087.2	4 020.9
四	4 600.6	8 405.2	5 184.3	32 653.3	1 053.1	4 898.1

数据来源：中国人民银行营业管理部。

表 6　2021 年北京市金融机构票据贴现、转贴现加权平均利率

单位：%

季度	贴现		转贴现	
	银行承兑汇票	商业承兑汇票	票据买断	票据回购
一	3.26	3.98	3.15	1.98
二	2.83	3.95	2.78	2.12
三	2.57	3.86	2.45	2.21
四	1.97	3.13	1.53	2.10

数据来源：中国人民银行营业管理部。

（五）持续深化金融供给侧结构性改革，大力推动金融业对外开放

1. 多项改革举措加快落地

一是北京证券交易所开市运行，打造服务创新型中小企业主阵地。二是北京金融法院成立，对金融领域司法服务保障力度进一步加强。三是北京国家服务业扩大开放综合示范区、中国（北京）自由贸易试验区（以下简称“两区”）建设金融领域 102 项创新举措落地超过九成，出台配套政策 52 项，形成股权投资和创业投资份额转让试点、知识产权保险试点等 3 个全国复制推广的创新实践案例，多个重点领域取得突破性进展。四是多元机构进驻北京市贷款服务中心，线下首贷、续贷、确权融资、知识产权质押融资服务实现资源整合，小微企业贷款服务可得性不断提高。五是金融科技发展亮点纷呈。金融科技创新监管试点等一批引领性金融科技项目在京落地。聚焦强化金融科技基础力量，金融网关信息服务有限公司、国家金融科技检测认证中心、国家金融标准化研究院和国家数字金融技术检测中心在京成立。

2. 金融领域开放进一步提速

一是率先在全国开展跨国公司本外币一体化资金池试点业务，进一步提升跨国公司跨境资金集中运营水平，吸引更多跨国公司在京设立全球或区域资金管理中心。二是率先在全国开展本外币合一银行账户试点，向市场主体提供优质、安全、高效的银行账户服务，有效降低企业和银行运营成本。三是外资金融机构加快落地。2021 年，17 家外资金融机构落地北京，包括首家外商独资保险资管公司、货币经纪公司、持牌支付公司等。四是跨境投融资便利化水平进一步提升。积极扩大合格境外有限合伙人（QFLP）试点，推动 2 家 QFLP 项目在京落地，助力股权投资市场发展。五是高水平举办中国（北京）国际服务贸易交易会金融服务专题展和金融街论坛年会，促进全球金融深度交流合作。

（六）有力保障冬奥金融服务，数字人民币北京冬奥会场景试点成效显著

1. 高效构建赛时金融保障体系，全力以赴建设高质量冬奥支付环境

高质量完成冬奥支付服务各项筹备工作，历时两年精心准备，全市 50 个重点商圈完成改造任务，新增可受理云闪付小微商户 3 万户；高效完成多家冬奥酒店、定点医院以及红线内 16 个场馆、34 个签约商户、259 个场景支付建设，中国银行 3 家临时网点顺利对外营业；积极适应和快速落实冬奥决战决胜阶段和闭环管理新要求，闭环内所有涉奥场景布放 POS 机具 2 669 台、ATM 75 台，有效满足涉奥人员本外币银行卡刷卡、ATM 取现、本外币双向兑换等金融服务需求。构建赛时指挥体系，实时不间断调度，实现酒店全面闭环后金融服务连续五日“无障碍、零投诉”，共发生金融交易 6 967 笔，金额合计 403.7 万元。自 2022 年 1 月 4 日闭环管理启动至 3 月 16 日冬残奥会住宿保障期结束，历时近两个半月，冬奥会和冬残奥会金融服务安全高效，运行指挥体系顺畅有效，应急保障支持有力有序。

2. 数字人民币北京冬奥会场景试点成效显著，成为冬奥会上的一道亮丽风景线

全力推进数字人民币受理环境建设，实现冬奥组委园区和红线内消费场景全覆盖，红线外交通出行、医疗卫生、旅游观光等七大场景全覆盖。聚焦闭环管理，66家冬奥签约酒店和27家定点医院数字人民币软硬钱包受理环境全覆盖，指导中国银行北京市分行在全国首次发行数字人民币硬钱包。开展“数字王府井　冰雪嘉年华”“京彩奋斗者　数字嘉年华”“京彩惠民生　数字嘉年华”等大型试点活动，宣传普及数字人民币知识，培养公众使用数字人民币的习惯，为北京冬奥会举办营造良好的氛围。冬奥会期间，数字人民币成为红线内主要支付方式，交易量占比超过四成，“数字人民币秒支付”“数字人民币冬奥赛场显身手”等成为国内外媒体热点话题，试点工作赢得社会各界和国际宾客的广泛关注和普遍赞誉。截至2021年末，全市开立数字人民币个人钱包超过1 200万个，对公钱包超过130万个，覆盖食、住、行、游、购、娱、医等冬奥全场景40余万个，交易金额近百亿元。

（七）金融治理体系进一步完善，金融服务和管理质效不断提升

1. 多措并举提升金融管理水平

完善金融领域监管规则体系，坚持金融活动全部纳入金融监管，金融业务必须持牌经营。高标准打造外汇局数据研判中心（北京），提升非现场打击精准度。建立反洗钱监管信息披露机制。金融基础数据和地方金融组织各项统计制度顺利落地实施。

2. 金融惠企利民取得新进展

京津冀三地人民银行分支机构联合工信部门、商业银行发布“京津冀金融支持计划”，推动民营小微企业融资超过125亿元；中国人民银行营业管理部会同北京市地方金融监督管理局、北京市经济和信息化局，联合天津、河北两地共同打造“京津冀征信链”涉企信用信息平台，实现数据要素资源在区域内有序流动，为京津冀区域协同发展提供高质量征信服务。持续优化企业开户全流程，全年累计减免企业开户相关费用2.9亿元。引导企业和金融机构树立“风险中性”理念，鼓励金融机构为中小微企业提供汇率风险管理服务，首创外汇衍生品银企对接公共服务平台，累积签约超过31亿美元。异地缴税试点顺利推进，32家银行实现全流程线上办理。建立北京金融消费权益保护投诉热线12363“接诉即办”工作机制，呼入接通率提升至98%以上。

二、经济运行情况

2021年，北京市坚持以习近平新时代中国特色社会主义思想为指导，坚持稳中求进工作总基调，以首都发展为统领，统筹推进疫情防控和经济社会发展，主动服务和融入新发展格局，经济持续稳定恢复，民生保障坚实有力，高质量发展迈上新台阶，实现了“十四五”时期良好开局。全年北京市实现地区生产总值40 269.6亿元，按不变价格计算，同比增长8.5%，与2019年相比，两年平均增长4.7%。

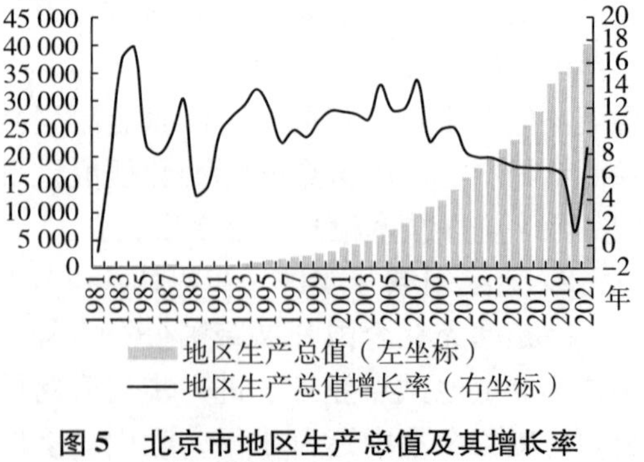

图5　北京市地区生产总值及其增长率

（数据来源：北京市统计局）

（一）三大需求持续恢复，主要领域稳中有进

1. 固定资产投资稳步增长，制造业投资带动作用突出

2021 年，北京市固定资产投资（不含农户）同比增长 4.9%，两年平均增长 3.5%。分行业看，制造业投资在医药、电子行业带动下同比增长 68.3%，金融业、卫生和社会工作投资同比分别增长 68.2%和 22.8%，信息传输、软件和信息技术服务业投资同比增长 20.0%。分领域看，房地产开发投资、民间投资和基础设施投资同比分别增长 5.1%、6.4%和 −8.9%。

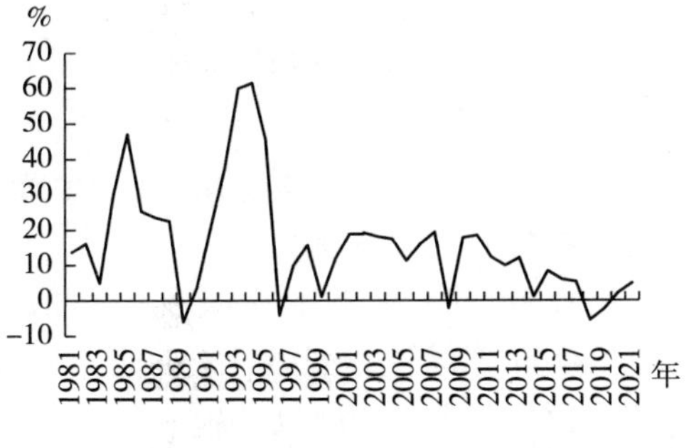

图 6　北京市固定资产投资（不含农户）增长率

（数据来源：北京市统计局）

2. 市场消费规模扩大，消费升级相关商品增势良好

2021 年，北京市市场总消费额同比增长 11.0%，两年平均增长 1.7%。其中，社会消费品零售总额同比增长 8.4%，两年平均下降 0.7%；服务性消费额同比增长 13.4%，两年平均增长 3.8%。分商品类别看，与消费升级相关的金银珠宝类、文化办公用品类、通信器材类商品零售额同比分别增长 33.1%、21.4%和 16.7%。

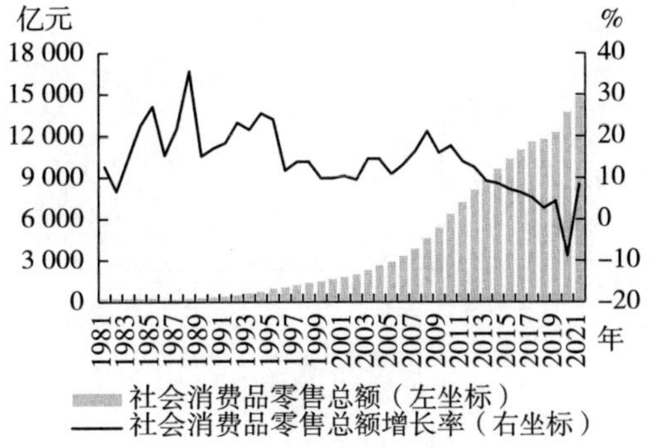

图 7　北京市社会消费品零售总额及其增长率

（数据来源：北京市统计局）

3. 对外贸易快速增长，实际利用外商直接投资规模扩大

2021 年，北京地区进出口总值 30 438.4 亿元，同比增长 30.6%。其中，进口 24 319.9亿元，同比增长 30.4%，主要受原油和天然气进口价格上涨带动；出口 6 118.5亿元，同比增长 31.2%，成品油、医药材及药品、手机等为主要拉动因素，高新技术产品出口同比增长 90.0%。全年实际利用外商直接投资 155.6 亿美元，同比增长 10.3%。

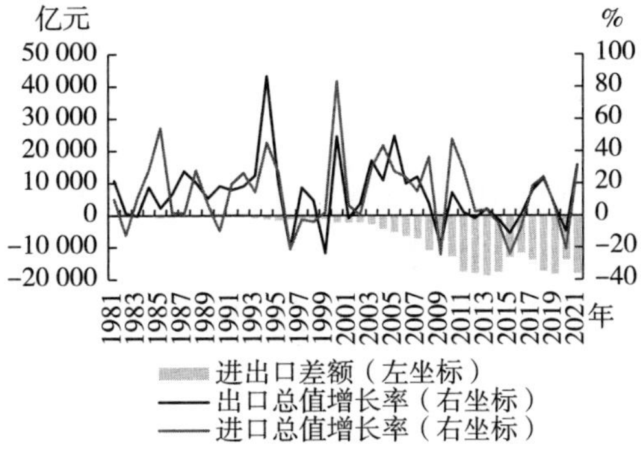

图 8　北京市外贸进出口情况

（数据来源：北京市统计局）

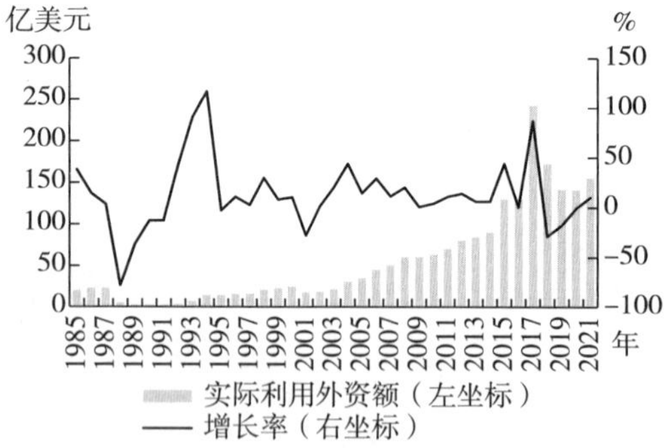

图9　北京市实际利用外资额及其增长率

（数据来源：北京市统计局）

（二）工业发挥引领带动作用，服务业平稳运行

2021年，北京市第一、第二、第三产业分别实现增加值111.3亿元、7 268.6亿元、32 889.6亿元。三次产业构成比为0.3∶18.0∶81.7，其中第二产业所占比重较上年回升2.2个百分点。

1. 农业结构优化调整，都市农业逐步回暖

2021年，北京市农林牧渔业总产值按可比价格计算，同比增长2.8%，其中，农业（种植业）和牧业产值较快增长，同比增速分别为11.9%和11.2%。都市农业逐步恢复，设施农业播种面积和实现产值同比分别增长7.5%和15.7%；休闲农业和乡村旅游实现收入32.6亿元，恢复至2019年的近九成，接待2 520.2万人次，同比增长34.2%。

2. 工业生产较快增长，高端产业增势良好

2021年，北京市规模以上工业增加值按可比价格计算同比增长31.0%，两年平均增长15.8%。重点行业中，医药制造业在疫苗生产带动下同比增长2.5倍，计算机、通信和其他电子设备制造业同比增长19.6%，电力、热力生产和供应业同比增长6.7%，汽车制造业同比下降12.0%。高端产业引领发展，高技术产业、战略性新兴产业增加值按现价计算，同比分别增长14.2%、14.0%；工业机器人、集成电路、智能手机产量同比分别增长56.0%、21.7%和17.1%。

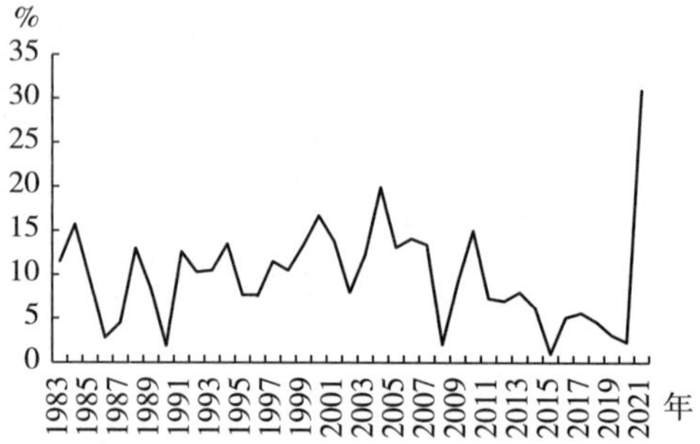

图10　北京市工业增加值增长率

（数据来源：北京市统计局）

3. 服务业运行平稳，信息、金融、批发零售行业贡献较大

2021年，北京市第三产业增加值按不变价格计算同比增长5.7%，两年平均增长3.2%。其中，信息传输、软件和信息技术服务业同比增长11.0%，金融业同比增长4.5%，批发和零售业同比增长8.4%，三个行业对第三产业增长的贡献率合计近七成。住宿和餐饮业，交通运输、仓储和邮政业，租赁和商务服务业保持恢复性增长，同比分别增长13.7%、5.9%和3.4%。

（三）消费价格涨势温和，居民生活持续改善

1. 居民消费价格涨势温和，工业生产出厂价格和购进价格上涨

2021年，北京市居民消费价格同比上涨1.1%，涨幅较上年低0.6个百分点，其中，消费品价格上涨1.0%，服务

价格上涨1.2%；北京市工业生产者出厂价格同比上涨1.1%，购进价格同比上涨3.7%，涨幅均低于全国总体水平。

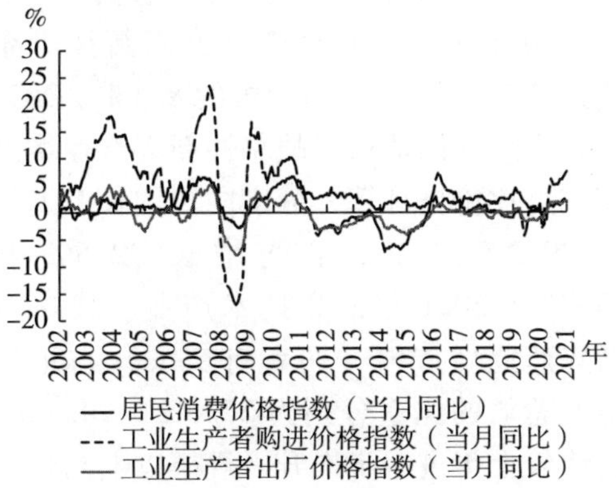

图11　北京市居民消费价格指数和工业生产者价格指数

（数据来源：北京市统计局）

2. 就业形势保持稳定，居民生活持续改善

2021年，北京市城镇新增就业26.9万人，同比增加0.8万人，各季度城镇调查失业率均控制在调控目标5%以内。全市居民人均可支配收入为75 002元，同比增长8.0%，其中，城镇居民人均可支配收入增长7.8%，农村居民人均可支配收入增长10.5%。从收入构成看，全市居民人均经营净收入、工资性收入提升较快，同比分别增长15.8%、10.2%。

3. 空气质量全面达标，城市环境更加宜居

2021年，北京市PM 2.5和臭氧浓度首次同步达到国家二级标准。其中，PM 2.5年均浓度降至33微克/立方米，比上年下降13.2%。全年空气优良天数达到288天，占比为78.9%。全年污水处理率为95.8%，比上年提高0.8个百分点，生活垃圾无害化处理率达到100%。全年城市绿化覆盖率49.3%，提高0.3个百分点。

（四）财政收支平稳运行，民生领域投入持续增加

2021年，北京市完成一般公共预算收入5 932.3亿元，同比增长8.1%，主要受头部互联网企业快速发展、批发零售业和商务服务业经营活动较快恢复、新冠疫苗生产大幅增长等因素拉动。其中，增值税1 742.9亿元，同比增长5.4%；企业所得税1 395.1亿元，同比增长18.0%；个人所得税743.3亿元，同比增长21.5%。一般公共预算支出7 205.1亿元，同比增长1.2%，对教育、卫生健康、科技领域支持力度稳固。

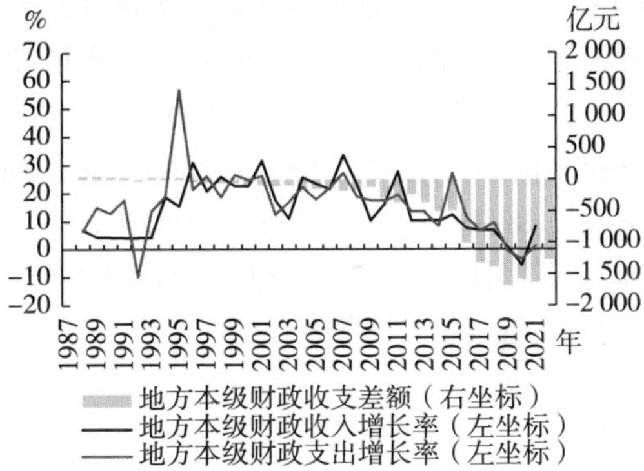

图12　北京市财政收支状况

（数据来源：北京市统计局）

（五）房地产市场总体平稳，信贷保持合理投放

1. 房地产市场稳中有升

2021年，北京市商品房销售面积1 107.1万平方米，同比增长14.0%，增速较上年高10.6个百分点。新建商品住宅、二手住宅销售价格指数月度同比平均涨幅分别为4.5%、9.2%。住宅及商业用地成交74宗，同比增长27.6%；总成交金额2 239.81亿元，同比增长17.1%。

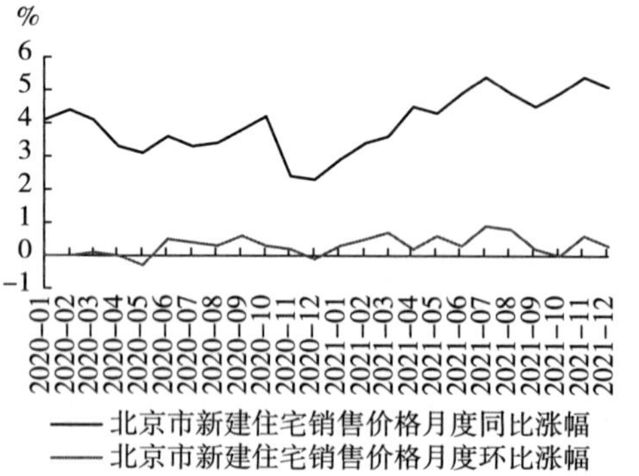

图13　北京市新建住宅销售价格走势

（数据来源：北京市统计局）

2. 房地产开发投资稳步增长

2021年，北京市完成房地产开发投资4 139亿元，同比增长5.1%，两年平均增长3.8%。商品房竣工及施工面积有所增长，新开工面积同比下降。2021年，北京市商品房竣工面积1 983.9万平方米，同比增长28.3%；施工面积14 055.3万平方米，同比增长1.0%；新开工面积1 895.9万平方米，同比下降36.9%。

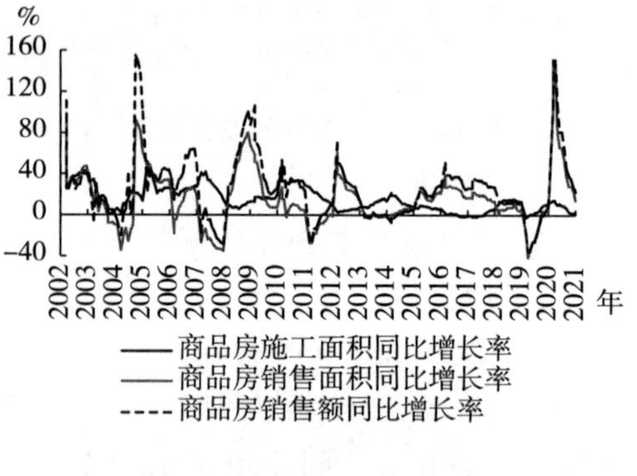

注：商品房销售额包含存量房网签金额。

图14　北京市商品房施工和销售情况

（数据来源：北京市统计局）

3. 房地产贷款增速有所回落

2021年末，北京市人民币房地产贷款余额18 527.5亿元，比年初减少471.1亿元，同比下降2.5%。

（六）新兴动能加快积蓄，赋能首都经济高质量发展

1. 高新技术产业质效不断提升

2021年末，北京市国家高新技术企业共计27 638家，占全国的8.4%。2021年，高技术制造业、战略性新兴产业增加值按可比价格计算，分别同比增长1.1倍和89.2%，两年平均增长52.5%和43.7%。2021年，高技术产业、战略性新兴产业增加值（两者有交叉）占地区生产总值的比重分别为27.0%、24.7%，占比较上年进一步提升；规模以上高技术制造业实现利润2 608.4亿元，同比增长383.7%，占全市规模以上工业企业利润的71.2%，较上年大幅提高41.4个百分点。

2. 数字经济加快释放新活力

2021年，北京市实现数字经济增加值16 251.9亿元，按现价计算，同比增长13.1%，占全市地区生产总值的比重为40.4%，比上年提高0.4个百分点。其中，数字经济核心产业增加值同比增长16.4%，占地区生产总值的比重达到22.1%。5G、工业互联网等新型基础设施加速建设，新基建投资同比增长26.4%。线上消费表现活跃，限额以上批发零售业、住宿餐饮业实现网上零售额同比增长19.0%，占社会消费品零售总额的36.3%，比上年提高4.1个百分点。

3. 科技创新赋能发展新优势

发布实施科技创新战略行动计划，推出中关村新一轮先行先试重大改革举措，成立中关村、怀柔、昌平国家实验室，一大批科学装置建设运行顺利，综合性国家科学中心取得专业性成果。2021年末，北京市拥有有效发明专利40.5万件，同

比增长 20.7%；每万人口发明专利拥有量为 185 件，比上年增加 29 件。全年技术合同成交总额 7 005.7 亿元，同比增长 10.9%。中关村国家自主创新示范区高新技术企业实现总收入 8.3 万亿元，同比增长 14.9%，其中技术收入占总收入的比重为 21.6%。

三、预测与展望

2022 年，北京市将坚持以习近平新时代中国特色社会主义思想为指导，全面贯彻落实党的十九大、十九届历次全会、中央经济工作会议精神和《政府工作报告》要求，深入贯彻落实习近平总书记对北京一系列重要讲话精神，坚持稳中求进工作总基调，完整、准确、全面贯彻新发展理念，坚持以首都发展为统领，深入实施人文北京、科技北京、绿色北京战略，全面深化改革开放，坚持创新驱动发展，推动高质量发展，坚持以供给侧结构性改革为主线，统筹疫情防控和经济社会发展，坚持“五子”联动融入新发展格局，继续做好“六稳”“六保”工作，持续改善民生，保持经济运行在合理区间。

北京市金融业将坚持稳字当头、稳中求进，加大稳健货币政策的落实力度，增强信贷总量增长的稳定性，加大对实体经济的支持力度，进一步提升对科技创新、绿色低碳、高端制造业、民营小微、乡村振兴等重点领域和薄弱环节的金融服务质效，推动企业综合融资成本稳中有降，为保持首都经济运行在合理区间提供更有力支撑，以实际行动迎接党的二十大胜利召开。

总　纂：杨伟中　姚　力
统　稿：余　剑　李晓闻　赵　北
执　笔：魏辰皓　周　凯　朱　静　韩得利　张　萍　陈　娇　韩睿玺　张雪晴　高　菲　祖　洁　朱琳琳　徐　珊
提供材料：张　丹　张英男　谭任杰　吕潇潇　秦碧莹　童怡华　杨　燚　康小宇　韦文彬　孙　昱　王丝雨　温　静　王畇润　王　振　李睿瑶　阙星文　王宇彤　张素敏　张　岩　周　丹　王　芳　单玉蓓　杜　鹃　刘　陌　陈红姣　周方伟　蔡小娟　杨　静　盖　静　李映根　申明珠　李菲菲　许泰格

北京市金融稳定报告（摘编）

中国人民银行营业管理部　金融稳定分析小组

2021年，面对复杂严峻的外部环境和疫情形势等多重考验，北京市以习近平新时代中国特色社会主义思想为指导，科学统筹疫情防控和经济社会发展，经济运行平稳恢复，发展质量持续提升，金融系统运行稳定，为隆重庆祝中国共产党百年华诞提供了重要经济金融环境保障。银行业资产质量保持全国最高水平，北京证券交易所平稳开市，保险业保障功能进一步增强，决战决胜冬奥金融服务全面推进。同时，疫情仍是北京市经济增长面临的最大不确定因素，企业特别是小微企业生产经营面临较多困难，实体领域风险向金融体系传导力度上升，更好统筹发展与安全的难度增加。

一、北京市经济运行情况①

（一）基本情况

1. 经济运行平稳恢复，高质量发展取得新成效

2021年，北京市实现地区生产总值40 269.6亿元，按不变价格计算，同比增长8.5%，与2019年相比，两年平均增长4.7%。第一、第二、第三产业增加值占比分别为0.28%、18.05%和81.67%。2021年，北京市农林牧渔业总产值同比增长2.8%，休闲农业和乡村旅游收入同比增长30.4%。规模以上工业增加值同比增长31.0%，两年平均增长15.8%。其中，医药制造业在疫苗生产的带动下同比增长2.5倍，计算机、通信和其他电子设备制造业增长19.6%；高技术制造业、战略性新兴产业同比分别增长1.1倍和89.2%。第三产业增加值同比增长5.7%，两年平均增长3.2%。其中，信息传输/软件和信息技术服务业、金融业、批发和零售业三个行业贡献率接近七成；住宿和餐饮业，交通运输、仓储和邮政业，租赁和商务服务业保持恢复性增长。

2. 固定资产投资稳步增长，制造业投资带动突出

2021年，北京市固定资产投资（不含农户）同比增长4.9%，两年平均增长3.5%。分产业看，三大产业完成投资增速分别为－59.5%、38.2%和3.0%。分行业看，制造业投资增长68.3%，其中高技术制造业投资增长99.6%，金融业投资增长68.2%，卫生和社会工作投资增长22.8%。分领域看，基础设施投资下降8.9%，房地产开发投资增长5.1%，民间投资增长6.4%。

3. 市场消费规模扩大，网上消费较快增长

2021年，北京市市场总消费额同比增长11.0%，两年平均增长1.7%。从结构来看，服务性消费额增长13.4%，两年平均增长3.8%；社会消费品零售总额增长8.4%，两年平均下降0.7%。分商品类别来看，限额以上批发和零售业中，

① 本部分数据来自北京市统计局。

与基本生活消费相关的饮料类、服装鞋帽针纺织品类商品零售额同比分别增长36.4%和16.9%，与升级类消费相关的文化办公用品类、通信器材类商品零售额分别增长21.4%和16.7%。网上零售表现活跃，限额以上批发零售业、住宿餐饮业实现网上零售额5 392.7亿元，同比增长19.0%，两年平均增长24.5%。

4. 对外贸易创历史新高，利用外资平稳增长

2021年，北京地区进出口总值同比增长40.0%。其中，进口同比增长39.4%，2021年国际大宗商品价格大幅上涨，是拉动地区进口高增长的主要原因；出口同比增长40.9%，北京地区成品油、人用疫苗和机电产品等商品出口合计占比超过八成，2021年出口金额同比增长较快，但增速逐渐放缓。2021年，北京市实际利用外资超过150亿美元，新设外资企业增长超过50%。

5. 房地产市场运行平稳，住房市场成交活跃

2021年，北京市商品房销售面积1 107.1万平方米，同比增长14.0%，其中住宅销售面积877.1万平方米，增长19.6%。北京市房地产开发企业到位资金6 524.2亿元，同比增长12.1%。其中，定金及预收款3 114.8亿元，增长27.1%；自筹资金1 715.6亿元，增长22%；国内贷款923.6亿元，下降35.1%。2021年末，新建商品住宅价格指数同比上涨5.1%，二手住宅价格指数同比上涨8.5%。

6. 消费价格涨势温和，生产价格持续上涨

2021年，北京市居民消费价格同比上涨1.1%。其中，消费品价格上涨1.0%，服务价格上涨1.2%。八大类商品和服务项目价格“四升四降”：交通通信类价格上涨5.1%，居住类价格上涨1.1%，教育文化娱乐类价格上涨0.9%，食品烟酒类价格上涨0.5%；其他用品及服务类价格下降0.5%，生活用品及服务类价格下降0.3%，医疗保健类价格下降0.2%，衣着类价格下降0.2%。工业生产者出厂价格同比上涨1.1%，购进价格同比上涨3.7%。

7. 居民收入稳步增加，居民消费逐步恢复

2021年，北京市居民人均可支配收入75 002元，同比增长8.0%。四项收入全面增长：工资性收入增长10.2%，经营净收入增长15.8%，财产净收入增长5.7%，转移净收入增长3.5%。2021年，北京市居民人均消费支出43 640元，同比增长12.2%。八大类消费支出全面增长，其中医疗保健、教育文化娱乐、其他用品及服务消费增速较高，分别为22.0%、21.0%和20.3%。就业保持稳定，全年城镇新增就业26万人，各季度城镇调查失业率均控制在调控目标5%以内。

（二）需要关注的问题

1. 经济稳定增长仍然面临挑战

当前，国际环境更趋复杂和不确定，国内经济面临需求收缩、供给冲击、预期转弱三重压力。疫情仍是北京市经济发展的最大不确定因素，内需动力依然偏弱，物价上涨压力有所加大，企业特别是小微企业生产经营面临较多困难。

2. 实体经济风险暴露较快，银行业资产质量承压

2021年末，在京注册大型有问题企业同比增加20户，不良融资余额同比增长68.4%。大型企业集团风险暴露成为影响区域信用风险水平的首要因素。此

外，小微企业抗风险能力弱，2021 年末，北京法人银行小微企业不良贷款余额 147.13 亿元，同比增长 12.73%；不良贷款率 2.29%，同比上升 0.31 个百分点。

3. 房地产行业融资收缩，风险暴露需密切关注

2021 年末，北京地区房地产贷款余额 18 527.5 亿元，同比减少 2.5%，为 2013 年以来首次负增长，主要由开发贷款同比减少 15.9% 所致。2021 年下半年以来，房地产市场明显"降温"，一些高负债大型房企接连出现债务违约，房地产金融风险有所暴露。截至 2021 年末，北京地区房地产行业不良贷款余额同比增速超过各行业平均增速 27.7 个百分点，相关风险需密切关注。

二、北京市金融业运行状况

（一）基本情况

1. 银行业[①]

资产负债规模平稳增长，存贷款主业更加突出。2021 年末，北京市银行业金融机构资产总额 29.96 万亿元，同比增长 4.67%；负债总额 28.54 万亿元，同比增长 4.39%。各项存款占负债总额的比重为 75.14%，同比上升 1.23 个百分点；各项贷款占资产总额的比重为 40.22%，同比上升 0.37 个百分点。

人民币贷款规模稳步增长，对重点领域支持力度持续增强。2021 年末，北京市金融机构人民币贷款余额 8.6 万亿元，同比增长 6.2%；普惠小微人民币贷款余额同比增长 24.3%，比同期各项人民币贷款增速高 18.1 个百分点；绿色贷款余额同比增长 31.26%，占北京市本外币各项贷款的比重为 12.18%。

各项存款余额保持增长，存款整体增速有所放缓。2021 年末，北京市金融机构本外币各项存款余额 20.0 万亿元，同比增长 6.2%，增速较上年同期低 3.7 个百分点。其中，人民币各项存款余额同比增长 6.1%，增速比上年同期低 4.1 个百分点。按主体划分，非金融企业人民币存款余额同比增长 3.4%，增速比上年同期低 6.9 个百分点；住户部门人民币存款余额同比增长 10.0%，增速连续 10 个月下滑。

银行业不良贷款率上升，仍保持全国最低水平。2021 年末，北京市银行业金融机构不良贷款余额 805.57 亿元，同比增长 27.24%；不良贷款率 0.67%，同比上升 0.11 个百分点，不良贷款率保持全国最低水平。不良贷款余额前五大行业分别是交通运输、仓储和邮政业，批发和零售业，房地产业，信息传输、软件和信息技术服务业，制造业。

法人银行资管业务整改成效显著，整改任务全部完成。过渡期内，北京辖内共 6 家法人银行资管业务需要整改，涉及资产规模 3 198.64 亿元（含保本理财）。过渡期内，6 家银行通过产品自然到期、资产回表、新产品承接、市场化转让等方式有序推进资管业务整改。截至 2021 年末，6 家法人银行资管业务整改全面完成。

非银行金融机构平稳增长，不良贷款率保持低位。2021 年末，北京辖内非银行金融机构资产和负债余额分别为 5.46 万亿元和 4.62 万亿元，同比分别增长 7.51% 和 8.48%；全年实现净利润 632.65 亿元，较上年增加 13.68 亿元；不良贷款余额合计 88.77 亿元，同比增长 41.57%，不良贷款率 0.33%，同比上升 0.08 个百分点。

① 存款、贷款数据来自中国人民银行营业管理部，其他数据来自中国银行保险监督管理委员会北京监管局。

2. 证券业[①]

法人证券公司实力进一步增强，各项监管指标良好。2021 年末，北京辖区 18 家法人证券公司资产总额 1.55 万亿元，同比增长 18.07%；净资产 3 475.57 亿元，同比增长 13.26%。2021 年累计实现营业收入 714.24 亿元，同比增长 12.32%；净利润 281.17 亿元，同比增长 22.46%。平均净稳定资金比率 284.91%，资本杠杆率 43.67%。

基金公司盈利状况良好，管理资产规模快速增长。2021 年末，总部设在北京的基金管理公司共 36 家，其中法人基金公司 21 家，与上年持平。总部在京基金公司总资产 858.9 亿元、净资产 611.6 亿元。全年实现管理费收入 342.95 亿元，同比增长 38.90%；净利润 107.9 亿元，同比增长 23.15%。截至 2021 年末，总部在京基金公司管理公募基金产品 2 062 只，管理规模 5.29 万亿元，同比增长 44.9%。

期货公司数量保持稳定，资产规模及净利润增幅较好。2021 年末，北京共有法人期货公司 19 家，与上年持平，其中合资期货公司 1 家。期货公司总资产 1 633.27亿元，同比增长 45.57%；净资产 191.70 亿元，同比增长 10.99%；2021 年全年营业收入 61.68 亿元，其中手续费收入 37.28 亿元，同比增长 73.4%；全年实现净利润 16.91 亿元，同比增长 43.31%。辖区另有期货分支机构 121 家，同比增加 5 家。

上市公司数量增加，直接融资规模全国最高。2021 年末，北京共有上市公司 424 家，同比增加 43 家；总市值 16.32 万亿元，同比增长 7.58%。其中，沪主板公司 158 家、深主板公司 86 家、创业板公司 118 家、科创板公司 51 家、北交所公司 11 家。2021 年，各类企业利用多层次资本市场实现直接融资 1.28 万亿元，同比增长 3.75%，占全国直接融资规模的 15.86%，居全国第一。

北京证券交易所平稳开市，资本市场层次更加鲜明。北京证券交易所于 2021 年 11 月 15 日正式开市。截至 2021 年末，共有上市公司 82 家，总股本 122.69 亿股，总市值 2 722.75 亿元，年内累计成交金额 1 609.80 亿元。2021 年末，北京辖区共有“新三板”挂牌公司 898 家，同比减少 175 家，数量仍居全国首位。其中创新层挂牌公司 144 家，占全国的 11.76%。截至 2021 年末，北京区域性股权市场存续挂牌企业 461 家、托管企业 1 915家、展示企业 5 181 家。

3. 保险业

资产规模稳步增长，保费增速居全国首位。2021 年，北京市保险业资产总规模 1.27 万亿元，同比增长 19.37%。全年实现原保险保费收入 2 526.93 亿元，同比增长 16.91%，增速居全国第一位。分公司类型看，财产险公司实现保费收入 529.84 亿元，同比增长 2.03%。其中，车险业务保费收入 227.75 亿元，同比下降 9.30%。人身险公司实现保费收入1 997.09亿元，同比增长 21.61%。其中，寿险业务、健康险业务同比分别增长 23.67%、17.42%，意外险业务同比下降 0.64%。

社会保障功能进一步增强，行业改革持续推进。2021 年，北京市保险行业全年

---

① 本部分北京证券交易所数据来自北京证券交易所网站，其他数据来自中国证券监督管理委员会北京监管局。

承担风险保障2 719.49万亿元，同比增长290.35%；累计赔付支出838.47亿元，同比增长13.59%；寿险和长期健康险责任准备金年末余额8 168.01亿元，同比增长16.10%。在全国首创“互碰快赔”机制，推进京津冀交通事故车险服务一体化，道路拥堵时间降低一半；车险改革实现“降价、增保、提质”目标，商业车险单均保费较改革前下降近20%。初步建成保险中介管理一网通平台，持续开展中介行业自律巡查，清退百余家“三无”机构。

中小公司保费增速高于大型公司，市场集中度有所下降。2021年，北京地区中小型人身险法人公司[①]原保险保费收入3 958.03亿元，同比增长24.21%，增速高于大型人身险公司21.95个百分点。主要原因是上年同期疫情暴发影响新业务开展，续期业务占比小的中小公司受影响更大，故上年同期基数较低。大型人身险公司市场份额为72.33%，同比下降3.72个百分点。前五大财产险公司保费收入合计6 517.88亿元，同比增长4.31%，增速较中小型财产险公司低2.5个百分点；市场份额97.2%，同比下降0.06个百分点。

机构经营总体稳健，超半数机构偿付能力高于200%。截至2021年末，北京地区42家法人保险公司中，除中国人寿养老公司因不发行保险产品、不适用偿付能力监管规则外，其余41家公司中，37家公司综合偿付能力充足率大于150%，占比90.24%；29家综合偿付能力充足率大于170%，占比70.73%；21家综合偿付能力充足率大于200%，占比51.22%。

4. 金融市场

信用拆借成交量、净拆出量双降，拆借利率总体上行；债券回购成交量、净融出资金同比下降，回购利率整体上行。2021年，北京地区金融机构[②]网上信用拆借累计成交87.80万亿元，同比下降27.75%；累计净拆出11.99万亿元，同比下降56.41%；信用拆借加权平均交易利率为2.01%，同比上行22.84个基点。2021年，北京地区金融机构债券回购成交611.56万亿元，同比下降0.13%；债券回购净融出资金225.54万亿元，同比下降2.26%；质押式回购、买断式回购加权平均交易利率分别为2.08%、2.12%，同比分别上行39个、32个基点。

现券交易同比增长，债券发行量小幅上升、净融资下降。2021年，北京地区金融机构现券买卖成交77.23万亿元，同比增长17.47%；债券平均到期收益率3.12%，同比上行17.26个基点。2021年，北京地区在全市场累计发行债券（扣除国债、央行票据）16.79万亿元，同比上升3.27%；到期12.58万亿元，同比上升13.39%。净融资4.21万亿元，同比下降18.57%。

银行间外汇市场结售汇和外币对交易双增长。2021年，外汇市场结售汇交

① 大型人身险公司包括中国人寿保险股份有限公司、新华人寿保险股份有限公司、泰康人寿保险有限责任公司和中国人民人寿保险股份有限公司，中小型人身险公司为除大型人身险公司以外的其他人身险公司。截至2021年末，北京地区共有法人保险公司44家。其中，2家公司涉及处置事项，故本报告仅分析其他42家法人保险公司。

② 指在北京地区的所有全国银行间同业拆借中心成员单位，包括各政策性银行、各国有商业银行在京总行、各股份制商业银行在京总行、北京银行、北京农商银行、中国邮政储蓄银行、村镇银行、各外资银行在京总行及营业机构，在京各证券公司、财务公司、基金公司、保险公司、信托投资公司、资产管理公司、汽车金融公司、金融租赁公司、消费金融公司，中债信用增进投资股份有限公司。

易合计成交折合 30.02 万亿美元，同比增长 26.38%。外币对累计成交折合 1.58 万亿美元，同比增长 97.5%。外币对交易相对集中的欧元/美元、美元/港元、美元/日元交易，分别同比增长 90.06%、162.52%、83.76%。

黄金市场量价双降。2021 年，上海黄金交易所现货主力合约品种 Au99.99，年初开盘价 397.48 元/克，年末收于 373.85 元/克，跌幅 5.9%。2021 年，北京地区交易所会员黄金买卖累计成交 11 991.95吨，同比下降 29.0%。从成交方向上看，黄金买入成交 6 380.52 吨，同比下降 36.80%，卖出成交 5 611.43 吨，同比下降 17.41%；从交易方式上看，自营交易成交 10 575.85 吨，同比下降 20.36%，代理交易成交 1 416.1 吨，同比下降 60.78%；实际提货量 473.76 吨，同比增长 52.25%。

票据市场利率小幅下行，业务规模总体上升。2021 年 12 月，辖内银行票据贴现月加权平均利率为 2.15%，同比减少 69 个基点。2021 年，北京地区法人金融机构银行票据承兑累计发生额为 8 741.92 亿元，同比上升 13.28%，承兑余额 4 487.03亿元，同比上升 5.03%。贴现累计发生额 6 593.78 亿元，同比上升 18.08%，再贴现累计发生额 945.37 亿元，同比上升 9.48%。

（二）值得关注的问题

1. 银行业信用风险持续承压

2021 年末，北京市银行业不良贷款率 0.67%，保持全国最低水平。但是，疫情变化和外部环境存在诸多不确定性，经济恢复基础尚不牢固，汽车租赁、能源贸易、航空运输等行业风险较大。2021 年末，北京市银行业非信贷不良资产余额 730.45 亿元，同比增长 72.24%；关注类贷款率 2.89%，同比上升 0.05 个百分点，银行业资产质量持续承压。

2. 中小银行资本补充能力需高度关注

由于外部资本补充渠道单一、内生资本补充能力有限及主发起行资本增资意愿和能力不足，辖内村镇银行资本补充能力持续弱化。2021 年末，辖内村镇银行资本充足率 18.57%，较年初下降 1.10 个百分点。

3. 流动性风险管理面临挑战

受利率市场化改革深化、结构性存款压降、基金理财等产品分流等因素影响，中小银行揽储压力加大，存贷比持续上升。2021 年末，辖内法人银行平均存贷比 80.51%，同比上升 1.57 个百分点，个别机构存贷比超过 95%，流动性风险管理面临挑战。

4. 地产债等违约风险需持续关注

2021 年，北京地区债券违约规模 109 亿元，较上年减少 430 亿元；债券市场违约率为 0.64%，低于全国 1.01% 的平均水平。但 2021 年债券市场违约呈现出中高评级违约增多、房企信用风险加速释放等特征，同时市场对低评级主体、民企债、地产债抱有规避心理，将加剧弱资质企业的资金链压力，相关领域的信用风险应持续关注。

5. 多数保险公司偿付能力充足率呈下降趋势，部分保险公司偿付能力不达标

2021 年末，北京地区 41 家适用偿付能力监管的法人保险公司中，综合偿付能力充足率较 2020 年末下降的有 30 家，占比 73.17%。其中，偿付能力不达标的公司共 3 家。偿二代二期将于 2022 年第一季度开始实施，新规提高了资本认定标准，

短期将引起行业偿付能力充足率普遍下降。

6. 保险公司资金运用风险加大

全球新冠疫情蔓延、金融市场震荡，保险资金运用面临的市场风险、信用风险增加。2021 年，北京地区保险公司投资资产公允价值变动损失 97.56 亿元，上年同期为盈利 72.46 亿元；投资资产减值损失 300.18 亿元，同比增长 26.7%。2021 年末，个别保险公司的不良资产率超过 10%，个别人身险公司因资金运用损失导致偿付能力不足。

三、地方金融组织运行状况

（一）基本情况

1. 小额贷款公司整体经营情况有所下滑

2021 年末，北京市小额贷款公司共 131 家，注册资本金合计 172.84 亿元，同比减少 2.18%；总资产 187.81 亿元，同比减少 3.16%；总负债 15.19 亿元，同比减少 14.31%；贷款余额合计 144.98 亿元，同比减少 3.76%。

2. 典当行平稳经营

截至 2021 年末，北京市典当行法人企业共有 340 家、分支机构 94 家，同比分别减少 22 家和 19 家。根据全国典当行业监督管理信息系统的数据，12 月末，北京市典当总余额 375.45 亿元，同比增长 2.89%；绝当发生额 2.67 亿元，同比下降 55.79%。

3. 融资租赁公司经营规模有所下降

2021 年末，北京市共有融资租赁公司 188 家，同比减少 20 家。融资租赁公司注册资金合计 731.79 亿元，实收资本金 668.40 亿元。2021 年末，融资租赁公司资产总额 3 686.22 亿元，同比下降 6.89%，其中融资租赁资产总额 2 707.36 亿元，同比下降 7.39%；融资租赁业务期末余额 2 949.68 亿元。

4. 商业保理公司经营规模快速增长

2021 年末，北京市共有商业保理公司 60 家，较 2020 年末减少 1 家。注册资本金总计 91.78 亿元，同比增长 17.25%；资产总额 382.69 亿元，同比增长 67.25%；发放保理融资款 377.72 亿元，同比增长 85.53%。

5. 融资担保公司规模稳步增长

2021 年末，北京市 53 家融资担保法人机构资产总额 1 301.12 亿元，同比增长 15.67%；净资产总额 963.93 亿元，同比增长 16.41%。在保业务规模 6 050.02 亿元，同比增长 12.39%，其中融资担保在保业务规模 5 455.75 亿元，同比增长 12.46%。

6. 地方交易场所违规问题得到有效整改

2021 年末，北京市交易场所共 32 家，注册资本 63.06 亿元。其中，17 家交易场所已通过北京市清理整顿验收，并报中国证券监督管理委员会备案，6 家规范发展类交易场所对现场检查问题进行整改，9 家风险化解类交易场所开展停业整顿工作。2021 年末，交易场所总资产 274.96 亿元，同比减少 14.88%；净利润 8.34 亿元，同比增长 13.37%。2021 年，北京市交易场所业务规模首次突破 10 万亿元大关，在优化配置、价格发现、助力实体经济发展等方面发挥了重要作用。

7. 地方资产管理公司业务稳步推进

2021 年末，北京市地方资产管理公司共 2 家。截至 2021 年末，2 家资产管理公司资产总额 47.6 亿元，同比增长 19.41%；负债总额 7 亿元，同比增长 3.64 倍。年内实现净利润 1.46 亿元，同比减少 38.71%。年末投资余额 15.27 亿元，同比增长 1.02 倍。

（二）主要问题和风险

1. 小额贷款公司及典当行小、散、弱特点突出

北京市小额贷款公司、典当行规模普遍较小，大部分为民营企业，股权穿透后多为自然人。小额贷款公司存在超比例放贷、审贷不分离、逾期率高、盈利能力弱等问题。典当行多为家族式企业，组织架构不健全，经营理念陈旧；部分典当行处置绝当物品能力不足，资金长期被不良业务占用。

2. 融资租赁和商业保理公司发展不均衡

部分具备厂商系背景、产业链背景的融资租赁和商业保理公司在服务小微企业融资、供应链融资等方面发挥了重要作用，但行业内“失联”或空壳公司也较多，有存量业务的融资租赁公司占比不足40%，“失联”公司达30余家，注册资金实缴不到位的融资租赁公司占比超过50%；60家商业保理公司中，空壳公司近40%。个别融资租赁、商业保理公司存在违规与地方交易所、网贷平台、资产管理公司等开展业务的问题。

3. 融资担保公司风控及代偿能力需进一步提升

北京市部分融资担保公司依赖合作机构的风险调查开展业务审批，缺乏自身的风险管控体系；部分融资担保公司未提取未到期责任准备金及担保赔偿准备金，无法保证代偿能力的充足性；个别融资担保机构因投资高风险资产、代偿率较高等出现流动性紧张。

四、金融基础设施建设情况

（一）建设高质量冬奥支付环境

根据冬奥组委闭环管理要求，北京市高效完成闭环管理新增支付需求建设，在闭环内、红线内区域提供现金、数字人民币、银行卡等多种支付方式以及本外币兑换服务。完成闭环外50个重点商圈本外币卡受理环境改造，推动VISA降低1%手续费，全市98%以上ATM可受理外币银行卡取现。数字人民币冬奥场景试点稳妥推进，开展3场大型数字人民币试点活动，开立“白名单”达1 523万个，落地场景40.3万个。

（二）征信服务提质增效

实现“信用北京查”线上维权和解平台京津地区全覆盖，“京津冀征信链”建设稳健推进。“创信融”平台增强金融服务小微企业能力。开出信用评级行业最大罚单，有效震慑市场违法行为。创新开展征信宣传新媒体应用，在全国率先通过网络平台启动“征信创意短视频”宣传活动，成为抖音平台首个金融领域流量突破10亿的话题。

（三）反洗钱工作取得积极进展

完善风险评估机制，高质量完成辖内95家银行机构综合评价和188家法人机构洗钱风险评估工作。在全国首建监管信息披露机制，首次向证券期货业和支付机构法人通报执法检查发现的典型问题。打击洗钱犯罪成效明显，2021年判决洗钱罪10起16人，判决数量为2020年的3.3倍，判决人数为2020年的5.3倍，洗钱罪判决实现了跨越式突破。

（四）金融消费权益保护迈出新步伐

建立北京12363“接诉即办”工作机制，呼入接通率上升至98%以上。积极创新金融宣教形式，推出全国首部金融消费者权益保护主题音乐剧和京剧作品。推动源头化解，指导北京市金融消费纠纷人民调解委员会与各级法院合作，完成诉调对接案1 452件，调解成功率达100%。创建“多地协作”模式，做好信访举报纠纷化解工作。

（五）金融科技高效赋能

金融科技创新监管试点持续领先，已发布3批22个金融科技创新应用，3个创新应用率先“出箱”。持续推进大数据建设，制定发布人民银行营业管理部数据管理办法和数据安全管理实施细则，全面建成12个大数据创新应用场景，夯实大数据技术支撑体系。创新推进金融标准化，开展跨境人民币支付领域金融数据交换标准应用试点，北京地区已安排及待投产上线数量居全国第一位。

五、政策建议

（一）落实各项调控政策，推进经济高质量发展

进一步统筹政策和资源，加大对高精尖制造业发展的支持力度，储备一批有利于地区长远发展的项目，同时做好在建项目调度和服务工作。提升市场利率向贷款利率的传导效率，推动企业综合融资成本稳中有降。用好再贷款、再贴现等工具，撬动金融机构将更多信贷资源投向普惠小微、绿色发展、科创等重点领域，推进经济高质量发展。

（二）健全金融风险防范化解长效机制

继续加强北京市金融监管协调机制建设，传达落实北京市金融消费纠纷人民调解委员会决策部署，及时向地方政府提示风险。妥善应对不良资产反弹，督促辖内中小银行补充资本，压实企业股东、监管部门和地方政府责任。有效发挥债券市场风险防控预警机制作用，密切监测债券市场违约风险。加强对高风险保险公司的监测，探索高风险保险公司退出机制。加强与北京市金融风险处置协调机制的协作，提升辖区金融体系治理水平。

（三）稳妥实施好房地产金融审慎管理制度

坚持“房住不炒”，保持房地产调控政策连续性稳定性，引导辖内银行平稳有序投放房地产贷款，促进房地产业良性循环和健康发展。加强房地产市场形势研究分析，配合市政府落实好房地产调控主体责任，积极支持落实保交楼、保民生、保稳定措施。聚焦住房租赁、城市更新等重大民生工程，推动增加信贷投放。

（四）进一步完善区域金融基础设施

严守支付防风险底线，扎实做好大型支付机构平台整改，提升支付清算业务连续性管理水平。持续扩大反洗钱监管覆盖面，为重大风险防控及处置提供坚实保障。逐步完善金融消费者投诉“接诉即办”和金融纠纷“诉调对接”机制，不断完善和创新金融宣教模式，联合推动金融知识纳入北京市国民教育体系。深化金融科技创新监管，支持国家金融科技风险监控中心建设，增强风险防控能力和数字化监管水平。

中国人民银行营业管理部
金融稳定分析小组

组　长：杨伟中
副组长：王　晋
成　员：周　丹（金稳）　余　剑
周　丹（调统）　李海辉
张涵宇　刘丽洪　秦　瑜
江　山

《北京市金融稳定报告（2022）》
编写组

总　纂：王　晋
统　稿：周　丹　吴德军
执　笔：张　萍　张素敏　赵伟欣
张　岩
参与写作人员：康小宇　王　芳
陈　娇　惠争勤
潘　铭　王　艳
徐　冉　王　丽

二、市场运行

金融市场

2021 年，北京地区金融市场运行总体平稳。信用拆借交易量与净拆出资金量同比均有所下降，拆借利率总体上行；债券回购交易量、净融出资金均同比小幅下降，现券交易同比增长，到期收益率全线上行，债券发行量同比上升，净融资同比下降；人民币汇率先贬后升，银行间外汇市场结售汇和外币对交易增长；黄金市场量价双降；票据市场利率小幅下行，业务规模总体上升。

一、信用拆借成交量、净拆出量双降，拆借利率总体上行；债券回购成交量、净融出资金同比下降，回购利率整体上行

（一）信用拆借成交量、净拆出量双降，拆借利率总体上行

一是信用拆借拆入量、拆出量均同比下降。2021 年，北京地区金融机构①网上信用拆借累计成交 87.80 万亿元，同比下降 27.75%（见图 1）。从资金流向看，拆入 37.90 万亿元，同比下降 19.37%；拆出 49.89 万亿元，同比下降 33.04%。

二是净拆出资金总体下降，大型商业银行净拆出资金下降超过五成。2021 年，北京地区累计净拆出 11.99 万亿元，同比下降 56.41%。在资金拆出方面，大型商业银行②净拆出 13.08 万亿元，同比减少 14.35 万亿元；政策性银行净拆出 7.91 万亿元，同比减少 2.64 万亿元。在资金拆入方面，财务公司净拆入 4.21 万亿元，同比减少 1.74 万亿元；城市商业银行净拆入 4.41 万亿元，同比减少 1.89 万亿元（见图 2）。

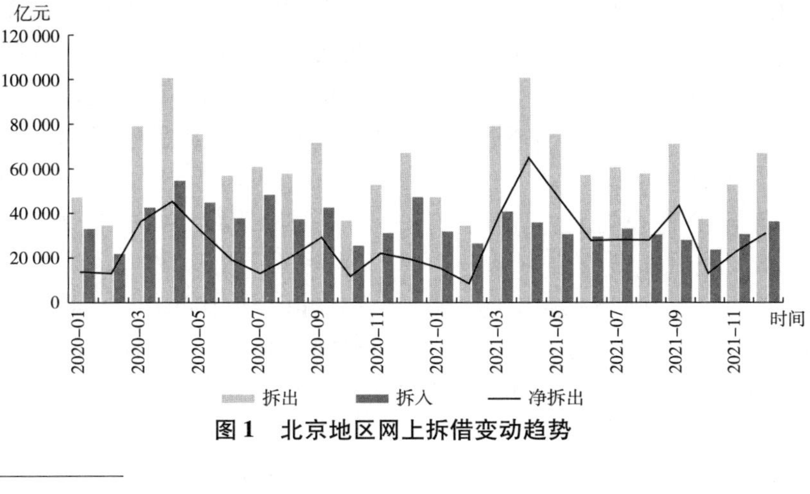

图 1　北京地区网上拆借变动趋势

① 指在北京地区的所有全国银行间同业拆借中心成员单位，包括各政策性银行、各国有商业银行在京总行、各股份制商业银行在京总行、北京银行、北京农商银行、中国邮政储蓄银行、村镇银行、各外资银行在京总行及营业机构，在京各证券公司、财务公司、基金公司、保险公司、信托投资公司、资产管理公司、汽车金融公司、金融租赁公司、消费金融公司，中债信用增进投资股份有限公司。

② 大型商业银行指总部在北京的中国工商银行、中国建设银行、中国农业银行、中国银行、中国邮政储蓄银行。

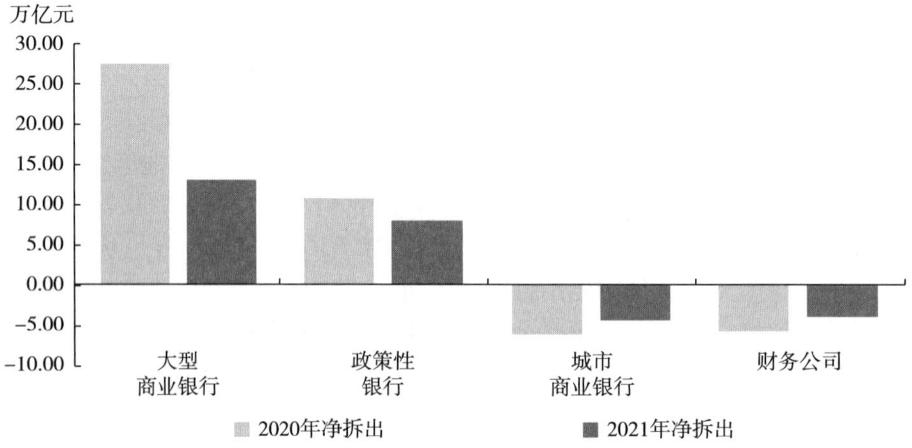

图2 北京地区网上拆借净融出资金分布

三是隔夜拆借占比近九成，各期限拆借成交量较上年均大幅下降。2021年，隔夜拆借成交78.76万亿元，较2020年同比下降58.29%，占全部交易量的89.75%；7天、14天、21天、1个月及以上期限拆借品种成交量较2020年均下降超过五成，同比分别下降53.14%、59.55%、53.81%、75.18%。

四是拆借利率总体上行。2021年，信用拆借加权平均交易利率为2.01%，同比上行22.84个基点。分期限看，1个月、2个月、3个月、4个月、6个月、9个月、1年期拆借利率分别同比上行39.86个、4.89个、16.50个、11.69个、59.38个、117.15个、94.52个基点，只有21天拆借利率下行9.77个基点。

（二）债券回购成交量、净融出资金同比下降，回购利率整体上行

辖区内金融机构债券回购成交量同比微降。2021年，北京地区金融机构债券回购成交611.56万亿元，同比下降0.13%。从回购类型来看，质押式回购成交610.64万亿元，同比下降0.06%；买断式回购成交0.92万亿元，同比下降29.45%。从交易方向看，正回购成交193.01万亿元，同比增长1.17%；逆回购成交418.55万亿元，同比下降0.71%。

债券回购净融出资金同比下降。2021年，北京地区金融机构债券回购净融出资金225.54万亿元，同比下降2.26%。分机构看，大型商业银行、政策性银行、股份制商业银行和城市商业银行为主要融出机构，分别净融出146.44万亿元、133.49万亿元、19.90万亿元和5.96万亿元，其中，大型商业银行、城市商业银行分别同比下降25.12%、0.45%，政策性银行、股份制商业银行分别同比增长28.05%、29.36%。基金、证券公司、保险公司、财务公司为主要资金净融入机构，净融入资金分别为23.56万亿元、20.47万亿元、8.22万亿元、7.88万亿元，基金同比下降18.33%；证券公司、保险公司、财务公司分别同比增长57.56%、55.66%和59.34%（见图3）。

分期限看，隔夜回购交易占比同比下

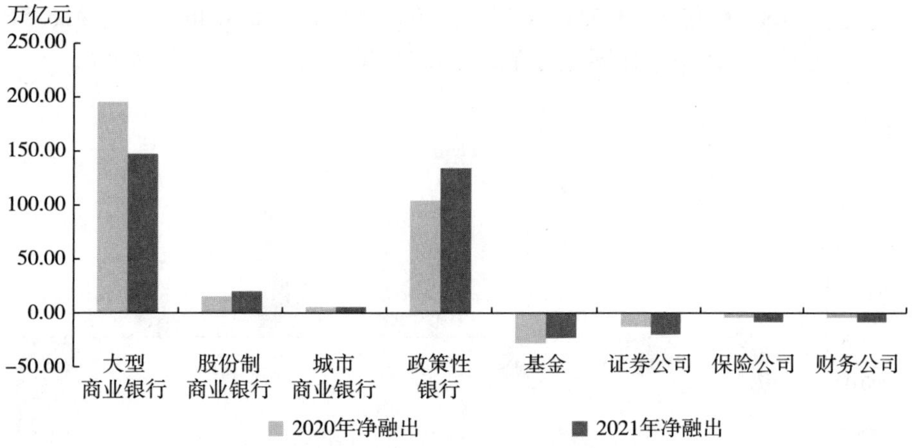

图3 北京地区债券回购净融出资金分布

降。2021年，隔夜回购成交516.80万亿元，同比下降1.54%，占全部交易量的84.50%，占比较上年下降1.21个百分点；7天、14天、21天、1月及以上期限回购分别成交73.97万亿元、15.99万亿元、2.43万亿元、2.36万亿元，其中7天回购同比增长17.80%，14天、21天、1月及以上期限回购分别同比下降5.12%、47.07%、26.18%。

2021年，质押式回购、买断式回购加权平均交易利率分别为2.08%、2.12%，同比上行39个、32个基点。质押式隔夜回购利率上行43.73个基点，7天、14天、21天、1个月及以上回购利率分别上行12.47个、11.11个、7.16个、5.19个基点。

二、现券交易同比增长，债券发行量小幅上升、净融资下降

（一）现券交易量同比增长，到期收益率全线上行

现券交易量同比增长。2021年，北京地区金融机构现券买卖成交77.23万亿元，同比增长17.47%。证券公司、大型商业银行、股份制商业银行、基金、理财产品交易量较大，分别成交30.19万亿元、14.89万亿元、8.75万亿元、5.12万亿元和4.50万亿元，其中证券公司、大型商业银行、基金、理财产品成交量分别同比增长76.85%、9.90%、13.81%和0.48%，股份制商业银行成交量同比下降23.61%。现券交易品种中，政策性金融债、同业存单、国债成交量较大，分别为23.25万亿元、19.15万亿元、15.01万亿元，同比分别上升10.31%、16.17%和37.12%。

2021年，北京地区现券净卖出388.74亿元，较上年同比增长1.08倍。从机构类型看，债券卖出集中在大型商业银行、股份制商业银行、证券公司，分别净卖出14 325.35亿元、14 064.84亿元、6 302.39亿元。债券买入集中在政策性银行、基金、证券公司的证券资产管理业务、保险公司的保险产品，分别净买入10 563.36亿元、6 570.62亿元、4 652.66亿元和4 396.06亿元（见图4）。从债券品种看，债券卖出集中在国债、超短期融资券、二级资本工

具、地方政府债，净卖出金额分别为5 186.59亿元、4 156.00亿元、1 534.44亿元、1 178.37亿元。买入集中在同业存单、资产支持证券、政策性金融债，净买入金额分别为15 234.46亿元、426.51亿元、224.30亿元。

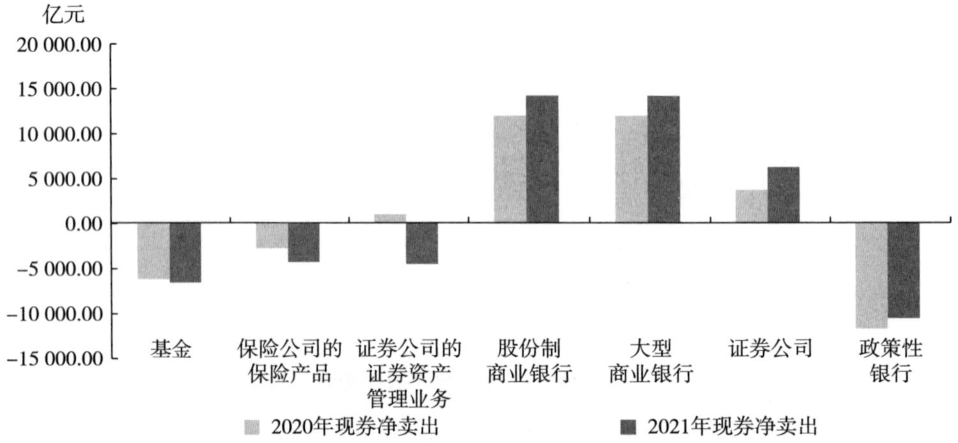

图4　北京地区各类金融机构净卖出债券分布

2021年，债券平均到期收益率3.12%，同比上行17.26个基点。从债券品种看，成交量较大的政策性金融债、同业存单、国债加权平均到期收益率分别为3.10%、2.67%、2.70%，分别同比上行12.42个、19.58个、9.98个基点。

（二）债券发行量同比增长，净融资同比下降

北京地区债券发行量同比增长，净融资同比下降。2021年，北京地区在全市场累计发行债券（扣除国债、央行票据）16.79万亿元，同比增长3.27%；到期12.58万亿元，同比增长13.39%。净融资4.21万亿元，同比下降18.57%。其中，金融债、同业存单、短期融资券、资产支持证券、中期票据、公司债分别发行6.93万亿元、5.77万亿元、1.47万亿元、1.05万亿元、0.55万亿元、0.45万亿元，其中金融债、同业存单、资产支持证券发行量同比增长5.27%、3.30%、10.45%，短期融资券、中期票据、公司债发行量同比分别下降7.34%、14.64%和8.71%。

2021年，3年期国债发行利率2.88%，较上年同比上行22.45个基点。信用利差和期限利差均呈现扩张态势，2021年3年期中票AA+级与AAA级利差为66.44个基点，较上年同比上行0.45个基点；国债10年期和1年期利差为83.83个基点，较上年同比上涨34.04个基点（见表1）。

表1　主要债券品种发行加权平均利率

债券品种	2021年	2020年	同比变化（基点）
国债（3年期,%）	2.8803	2.6558	22.45
中期票据（3年期AAA级,%）	3.4325	3.2087	22.38

续表

债券品种	2021 年	2020 年	同比变化（基点）
中期票据（3 年期 AA + 级,%）	4.0969	3.8686	22.83
信用利差（中票 3 年 AA + 级 - AAA 级）（基点）	66.44	65.99	0.45
期限利差（国债 10 年期 - 1 年期）（基点）	83.83	49.79	34.04

三、人民币对美元汇率先贬后升，银行间外汇市场结售汇和外币对交易双增长

2021 年，人民币对美元汇率呈先贬值后升值的波动走势，其间，人民币对美元汇率中间价最大值为 6.5713，最小值为 6.3572，波幅 3.37%。

（一）结售汇交易增幅较大

2021 年，外汇市场结售汇交易合计成交折合 30.02 万亿美元，同比增长 26.38%。其中，售汇增幅较大，售汇累计成交折合 14.86 万亿美元，同比增长 28.38%。按交易品种划分，外汇掉期交易占比最大，累计成交折合 19.10 万亿美元，同比增长 28.04%；外汇即期累计成交折合 10.17 万亿美元，同比增长 21.59%；外汇远期交易累计成交折合 818.70 亿美元，同比下降 4.74%。

（二）外币对交易大幅增长

2021 年，外币对累计成交折合 1.58 万亿美元，同比增长 97.5%。外币对交易相对集中的欧元/美元、美元/港元、美元/日元交易，分别同比增长 90.06%、162.52%、83.76%。从交易品种看，掉期交易累计成交折合 1.29 万亿美元，同比增长 100.14%；即期交易累计成交折合 2 807.22 亿美元，同比增长 87.64%；远期交易累计成交折合 46.92 亿美元，同比增长 17.79%。

四、黄金市场量价双降

2021 年，黄金价格总体价格走低，北京地区黄金市场交易量下降明显，辖内金融机构场外交易业务成交量及成交金额双降。

（一）黄金价格下行

2021 年，上海黄金交易所现货主力合约品种 Au99.99，年初开盘价 397.48 元/克，年末收于 373.85 元/克，跌幅 5.9%；Au99.99 最高价 402.48 元/克，最低价 260.88 元/克，波幅 35.2%，同比波幅缩小 26.33 个百分点。

（二）黄金市场交易量下降明显

北京地区黄金交易量同比下降，实际提货量同比增长。2021 年，北京地区交易所会员黄金买卖累计成交 11 991.95 吨，同比下降 29.0%。从成交方向上看，黄金买入成交 6 380.52 吨，同比下降 36.80%，卖出成交 5 611.43 吨，同比下降 17.41%；从交易方式上看，自营交易成交 10 575.85 吨，同比下降 20.36%，代理交易成交 1 416.1吨，同比下降 60.78%；实际提货量 473.76 吨，同比增长 52.25%。

五、票据市场利率小幅下行，业务规模总体上升

（一）票据利率小幅下行

2021 年，辖内银行票据贴现月加权平均利率小幅下行（见图 5）。2021 年 12 月，辖内银行票据贴现月加权平均利率为 2.15%，同比减少 69 个基点，其中贴现、转贴现加权平均利率分别为 2.53%、1.91%，同比分别减少 47.21 个、86.81 个基点，比 6 个月（含）期以内的贷款加权平均利率分别低 151.10 个、212.68 个基点。

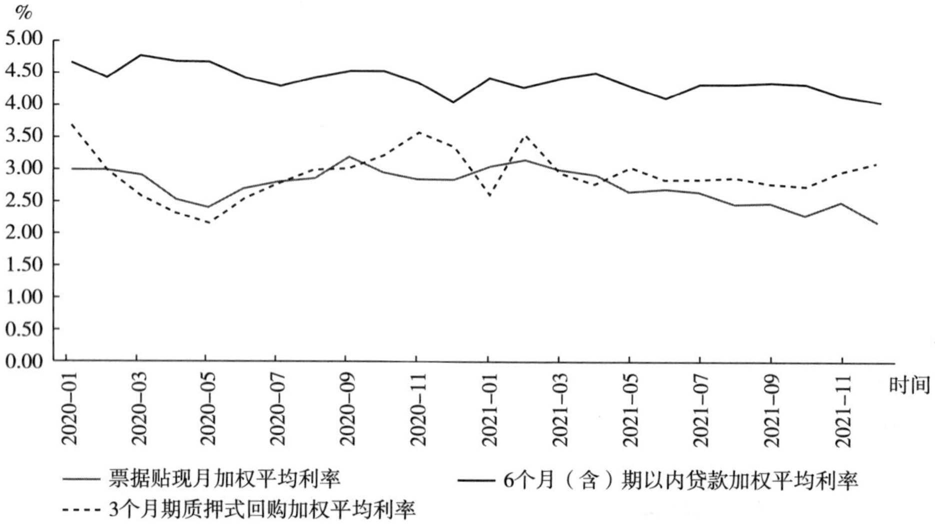

图5　北京地区金融机构票据利率与贷款及质押式回购利率对比

（二）票据业务规模总体上升

辖内金融机构银行承兑汇票贴现累计发生额、再贴现累计发生额同比双升。2021年，北京地区法人金融机构银行票据承兑累计发生额为8 741.92亿元，同比上升13.28%；承兑余额4 487.03亿元，同比上升5.03%。2021年，贴现累计发生额为6 593.78亿元，同比上升18.08%；贴现余额为6 265.19亿元，同比下降19.45%。2021年，再贴现累计发生额为945.37亿元，同比上升9.48%；再贴现余额278.97亿元，同比下降3.47%。

（康小宇　韦文彬　朱静）

证券市场

一、证券市场总体运行情况

2021年末，上证指数收于3 639.78点，全年上涨166.71点，涨幅4.8%；深证指数收于14 470.68点，全年上涨386.67点，涨幅2.67%；沪深300指数收于5 211.29点，全年下跌270.92点，跌幅5.2%；创业板指数报收3 322.67点，上涨356.41点，涨幅12.02%。

2021年末，证券行业总资产规模10.59万亿元，较年初增长18.99%；净资产规模2.57万亿元，较年初增长11.26%；净资本为1.96万亿元，客户交易结算资金余额1.85万亿元，指定与托管证券市值70.64万亿元，资产管理业务受托资金总额10.88万亿元。

2021年，辖区140家证券公司实现营业收入5 023.92亿元，其中代理买卖证券业务净收入（含席位租赁）1 086.42亿元、证券承销与保荐业务净收入618.40亿元、财务顾问业务净收入81.15

亿元、投资咨询业务净收入 54.61 亿元、资产管理业务净收入 317.86 亿元、证券投资收益（含公允价值变动）1 553.09 亿元、利息净收入 640.44 亿元，全年实现净利润 1 911.54 亿元，124 家公司实现盈利。

二、北京辖区证券市场总体情况

（一）北京辖区市场概况

2021 年，北京辖区证券市场继续保持稳健发展态势，实现安全平稳运行。截至年末，北京辖区有证券公司 18 家、分公司 105 家、营业部 529 家。

2021 年末，北京辖区 18 家证券公司资产总额为 15 547.91 亿元，净资产总额为 3 475.57 亿元，净资本总额为 2 864.90 亿元，累计净利润 281.17 亿元。

2021 年，北京辖区营业部证券交易金额为 81.66 万亿元，其中股票交易额 50.81 万亿元、基金交易额 2.11 万亿元。辖区营业部资金账户开户数 2 842.95 万户。

（二）证券业务具体情况

2021 年，北京辖区证券公司收入的主要来源是证券经纪业务、证券自营业务、投资银行业务、资产管理业务。辖区 18 家证券公司营业收入总额为 714.24 亿元，其中代理买卖证券业务净收入 131.07 亿元、投资收益 222.21 亿元、投资银行业务净收入 141.52 亿元、资产管理业务净收入 31.85 亿元。

1. 经纪业务情况

2021 年，北京辖区证券公司 A 股证券交易金额累计 50.73 万亿元，指定与托管证券市值 9.31 万亿元，客户交易结算资金余额 2 219.08 亿元。截至年末，北京辖区证券公司资金账户数为 2 842.95 万户，其中个人账户 2 835.48 万户、机构账户 7.47 万户。

2. 投行业务情况

2021 年，北京辖区证券公司共完成 85 家公司首发上市，承销金额 1 900.24 亿元，完成 100 家公司增发（含公开增发和非公开发行），承销金额 2 225.39 亿元。完成公司债承销项目 483 个，承销金额 9 254.45 亿元。

3. 资管业务情况

2021 年末，北京辖区证券公司受托资金规模 16 613.31 亿元，其中公募基金（含大集合）管理规模 329.26 亿元、集合计划产品管理规模 2 855.59 亿元、定向资产计划管理规模 8 379.54 亿元、专项资产计划管理规模 5 048.92 亿元。

4. 两融业务情况

2021 年末，北京辖区证券公司融资融券余额 2 148.66 亿元，其中融资金额 1 982.35亿元、融券金额（市值）166.31 亿元。期末信用资金账户数量 72.60 万户，其中机构客户数量为 0.50 万户。

（董茜玮）

基金行业发展情况

2021 年末，全行业公募基金管理机构管理公募基金产品 9 288 只，管理规模为 255 625.05 亿元。基金管理公司管理的资管产品（含养老金）9 590 只，管理规模为 90 272.18 亿元。基金子公司管理的资管产品 4 134 只，管理规模为 23 217.33 亿元。

2021 年末，全国已登记私募基金管理人 24 610 家，已备案私募基金 124 117 只，管理基金规模 19.76 万亿元。

一、北京辖区基金业发展情况

截至 2021 年末，北京辖区公募基金管理人管理公募基金产品 2 146 只，基金资产净值合计 53 974.58 亿元，占全行业的 21.11%，管理专户产品 2 655 只（含养老金），规模 31 433.22 亿元，占全行业的 34.82%。基金子公司管理产品1 206 只，规模 7 944.25 亿元，占全行业的 34.22%。全年共新发基金 474 只，募集规模合计 6 334.37 亿元。

北京是私募机构分布最集中、规模最庞大、展业最活跃、涉众面最广的地区之一。截至 2021 年末，辖区（注册地在北京）已登记私募基金管理人 4 296 家，占全行业的 17.46%；已备案私募基金 19 689只，占全行业的 15.86%；管理基金规模 4.26 万亿元，占全行业的 21.56%。其中，私募证券投资基金管理人 1 399 家，管理基金 10 516 只，管理规模 9 594 亿元；私募股权、创业投资基金管理人 2 790 家，管理基金 8 874 只，管理规模 31 650 亿元；其他私募投资基金管理人 104 家，管理基金 293 只，管理规模 1 350 亿元；私募资产配置类管理人 3 家，管理基金 6 只，管理规模 6 亿元。

二、主要特点

（一）辖区基金经营机构呈多样化发展态势

截至 2021 年末，北京辖区共有公募基金管理人 40 家（基金管理公司 36 家）、基金公司分公司 87 家、基金专户子公司 18 家、基金销售子公司 4 家、独立基金销售机构 35 家，各类基金经营机构呈现多样化发展态势。

（二）辖区公募基金创新产品多点开花

2021 年，辖区多家基金公司发行设立基础设施公募基金、北京证券交易所主题基金、科创板主题基金、ESG 基金（一种从环境、社会和治理三个方面评估投资企业可持续发展性，以获得长期收益的主题基金）等创新产品，从专业机构投资者角度支持“双碳”、共同富裕、第三支柱养老等国家战略，服务居民财富管理和实体经济发展的能力进一步提升。

（纪雪宁　贾若）

期货市场

一、全国期货市场总体运行情况

2021 年，全年期货和期权新品种上市 4 个，截至年末，中国场内期货期权品种数量达 94 个，期货市场规模稳步扩大。截至年末，全国期货市场客户保证金 11 815.13亿元，同比增长 43.81%；全年期货市场成交量 145.24 亿手，同比增长 20.66%；成交金额 1 158.76 万亿元，同比增长 32.98%。

二、北京辖区期货市场总体情况

2021 年辖区期货市场继续保持稳健发展态势，总体运行平稳。

（一）机构数量平稳增加，资本实力整体稳定

截至年末，北京辖区共有19家期货公司、119家分支机构，同比增加3家分支机构。辖区19家公司的资产总额达到1 633.27亿元，同比增长45.57%；净资本达到121.51亿元，同比增长20.06%；资本实力进一步提升。

（二）客户数量增长较快，保证金规模上升

截至年末，辖区公司共代理客户103.61万户，同比增长13.51%，吸收客户保证金1 403.58亿元，同比增长52.45%，占全国的11.88%。

（三）市场交易规模平稳上升，手续费收入增加

辖区期货公司2021年代理交易量14.81亿手，同比增长8.62%；代理交易额106.62万亿元，同比增长21.69%，手续费收入37.28亿元，同比增长73.40%。

（张晗）

保险市场

2021年，北京保险业以服务首都经济社会高质量发展为统领，全面贯彻新发展理念，立足保险保障主业，不断优化业务结构，积极履行社会责任，保持稳健运行良好态势。

一、保费规模平稳增长

2021年，北京保险业累计实现原保险保费收入（以下简称保费收入）2 526.93亿元，居全国第四位，同比增长16.91%。其中，财产险业务保费收入443.49亿元，同比增长1.04%；寿险业务保费收入2 083.44亿元，同比增长20.95%；健康险业务保费收入522.27亿元，同比增长17.18%；意外险业务保费收入62.44亿元，同比减少3.85%。人身险公司保户投资款和投连险独立账户新增交费915.16亿元，同比增长10.84%。

二、业务结构优化升级

2021年，北京地区财产险公司非车险业务快速发展，累计实现保费收入302.09亿元，同比增长12.65%，在财产险公司的业务中占比57.02%，同比上升5.37个百分点。人身险公司新单业务呈期交化、长期化发展特征，5年期及以上标准保费收入同比增长36.22%；占比达41.32%，同比上升2.18个百分点。

三、风险保障能力不断增强

2021年，北京保险业累计承担风险保障2 719.49万亿元，同比增长290.35%。累计赔付支出838.47亿元，同比增长13.59%，其中健康险赔付支出276.99亿元，同比增长44.85%；占比33.04%，同比上升7.13个百分点。寿险和长期健康险准备金8 168.01亿元，同比增长16.10%。

（王安琪）

要素市场

2021 年，北京市要素市场实现交易额 10.44 万亿元，较上年同期上涨近 4.5%。其中，北京产权交易所企业国有资产交易业务持续快速发展，成交金额 3 816.87亿元；中央企业国有产权转让项目、国有增资项目市场占有率均达六成，继续保持全国领先地位。北京金融资产交易所稳步推进非金融企业债务融资工具集中簿记建档发行、二级市场交易等工作，实现交易金额 9.89 万亿元，保持了良好的发展态势。北京电力交易中心在国家发展和改革委员会指导下开展绿电交易试点，完成国家电网公司经营区域首批绿色电力交易；同时，持续扩大省间水电外送、新能源交易比重和发电权清洁替代规模，完成省间清洁能源交易电量 4 886 亿千瓦时，累计减少标煤燃烧 1.56 亿吨。全国棉花交易市场依托棉花第三方监管网络和仓储体系，实现交易额 353.24 亿元，同比增长近 100%，行业基础设施地位持续巩固。

（吴茜）

三、发展与监管

银行业发展与监管

▲政策性银行

一、基本情况和重大变更事项

（一）基本情况

2021年末，中国进出口银行北京分行、中国农业发展银行北京市分行、中国农业发展银行总行营业部（以下简称政策性银行在京机构）资产总额4 195.4亿元，贷款余额4 146.8亿元，负债总额4 189.1亿元，存款余额568.4亿元，所有者权益9.9亿元，营业收入24.71亿元，累计亏损4.7亿元。

（二）重大变更事项

1月，陶红不再任中国进出口银行北京分行党委委员、纪委书记、副行长职务，邢玉峰任中国农业发展银行北京市分行副行长，田新宇不再任中国农业发展银行北京市分行副行长，黄亚宁不再任中国农业发展银行总行营业部副总经理。

3月，支昱任中国进出口银行北京分行行长助理。

5月，于成霞任中国农业发展银行总行营业部副总经理。

二、金融产品创新和金融服务

中国进出口银行北京分行立足自身功能定位和专业优势，发挥政策性金融逆周期调节作用，制造业贷款余额比年初增加63.43亿元，增长20.20%，外贸产业贷款余额比年初增加151.05亿元，增长41.63%。提升小微金融服务的可得性，转贷款业务余额比年初增加21.93亿元，增长33.74%。发挥政策性资金的引导和带动功能，“一带一路”贷款余额较年初增加25.13亿元，增长21.22%。贯彻落实京津冀协同发展战略，京津冀协同贷款新发放21.8亿元，余额共计56.95亿元。

中国农业发展银行北京市分行聚焦主责主业，持续强化服务国家粮食安全，发挥涉农金融服务“排头兵”作用，积极助力首都城乡融合发展和农业现代化，涉农贷款稳定增长，涉农贷款余额501.83亿元，比年初增长5.29%。粮棉油贷款余额167.45亿元，比年初增长7.49%。投放5.8亿元支持企业做好冬春季节能源电力保供。投放31.92亿元支持农民回迁房、农村集体建设用地租赁房等项目建设。加大减费让利力度，年末存量贷款加权平均利率比上年下降21个基点。

中国农业发展银行总行营业部围绕政策性职能定位，及时足额保障中央粮棉油等重要物资储备的信贷资金供应，全年累计发放贷款1 004.61亿元。

三、存在的问题和风险

政策性金融职能作用发挥有待进一步提升。信贷管理有效性不足。内部控制和风险管理存在薄弱环节。数据治理需进一步加强。信用风险有所抬头，不良资产处置进展缓慢。信用风险管理存在薄弱环节。传统业务模式有待转型。

四、监管工作情况

（一）精准发挥政策性金融作用

督导政策性银行在京机构精准支持国家战略，聚焦民生项目，更好服务共建“一带一路”高质量发展；加大对外贸企业的信贷投放，积极服务地区经济社会发展；大力支持北京市“两区”建设，鼓励支持北京打造“种业之都”；加强薄弱环节金融服务，巩固脱贫攻坚成果，提升服务乡村振兴质效；聚焦粮食安全，持续发挥粮食贷款龙头作用。

（二）坚持不懈防范化解金融风险

督导政策性银行在京机构做实贷款真实分类和不良处置；严密防范案件风险；加强监管监督联动和信息共享；强化统一授信管理，严防多头过度授信，持续化解重点集团客户风险；贯彻落实清廉文化建设要求，增强积极性、主动性，结合自身经营特点，着力打造特色清廉金融文化。

（三）夯实基础管理工作

督导政策性银行在京机构强化内部管理，坚决守住风险底线，着力提升管理质效；持续加强信贷管理，提高信贷业务管理质效；规范粮食贷款和置换贷款管理，建立完善相关制度，防范业务风险；强化数据治理，严格落实数据治理主体责任，杜绝屡查屡犯问题发生；强化内控合规管理，进一步完善垂直独立的风险合规体系，加强合规文化建设。

（苏赓　郭羽佳　刘雅文）

▲国家开发银行

一、基本情况和重大变更事项

（一）基本情况

2021年末，国家开发银行北京市分行、国家开发银行战略客户部（以下简称辖内开发银行）资产总额15 135.64亿元，负债总额15 028.88亿元，营业收入112.54亿元，净利润104.77亿元，各项存款余额1 675.57亿元，各项贷款余额12 129.27亿元，所有者权益106.77亿元。

（二）重大变更事项

3月17日，国家开发银行免去王恺国家开发银行北京市分行副行长职务。

7月2日，国家开发银行免去马红国家开发银行北京市分行行长职务。

8月16日，中国银行保险监督管理委员会北京监管局（以下简称北京银保监局）核准王绯国家开发银行北京市分行副行长的任职资格。

10月8日，国家开发银行对刘进国家开发银行北京市分行行长的任职资格向北京银保监局进行备案。

二、金融产品创新和金融服务

辖内开发银行运用开发性金融功能，发挥中长期融资作用，服务国家战略，支持经济社会重点领域和薄弱环节。加大对制造业转型升级和高质量发展的支持力度，全年发放中长期制造业贷款613.24亿元。支持京津冀协同发展等方面重点领域项目，全年发放交通一体化贷款176亿元、保障房项目贷款68亿元、垃圾污水专项贷款39亿元。支持精准扶贫和乡村振兴，全年发放贷款277.92亿元。支持煤电行业正常生产，第四季度发放供暖季煤电保供贷款72.95亿元。与其他银行合作，以转贷款方式支持小微企业融资，全年发放转贷款63亿元。

三、存在的问题和风险

信贷管理仍存在薄弱环节。异地贷款管理有待持续加强。置换贷款管理有待规范。大额关注类贷款信用风险管控压力较大。境外贷款国别风险不容忽视。

四、监管工作情况

督导机构加大信用风险防控力度。通过监管通报、印发专项监管意见、监测分析、监管约谈、走访等，督导机构多措并举，加强联动，落实信用风险防控监管要求。

督导机构压实内控合规管理建设主体责任。通过印发监管通知、现场核查、窗口指导、跟踪监测、监管评估等，督导机构落实对2017年以来内外部检查发现问题的整改问责以及体制机制、系统建设和内控合规文化建设。

引导机构围绕职能定位，发挥开发性金融作用，持续提升服务实体经济质效。

（徐菲）

▲商业银行（一）工、农、中、建、交、邮储6家银行

一、基本情况和重大变更事项

（一）基本情况

2021年末，中国工商银行北京市分行、中国农业银行北京市分行、中国银行北京市分行、中国建设银行北京市分行、交通银行北京市分行、中国邮政储蓄银行北京分行（以下简称辖内大型银行）资产总额111 837.3亿元，比上年增长1.48%，其中各项贷款余额39 992.8亿元，比上年增长9.09%；负债总额110 782.7亿元，比上年增长1.14%，其中各项存款余额88 520.3亿元，比上年增长3.00%。所有者权益总额1 054.57亿元，同比增长58.13%。累计净利润857.26亿元，同比增长5.02%。不良贷款余额比上年增长45.83%，不良贷款率比上年上升0.1个百分点。

2021年末，辖内大型银行共有机构网点2 316家（含分行），比上年减少32家。其中，分行15家，比上年增加2家；支行1 849家，比上年减少20家；分理处12家，比上年减少2家；储蓄所16家，比上年减少5家；邮政代理营业机构424家，比上年减少7家。共有纳入监管范围的高级管理人员232人，比上年增加5人。

2021年末，辖内大型银行共有在职员工56 701人。其中，中国工商银行北京市分行18 780人、中国农业银行北京市分行8 190人、中国银行北京市分行9 998人、中国建设银行北京市分行11 671人、交通银行北京市分行4 368人、中国邮政储蓄银行北京分行3 694人。

（二）重大变更事项

王都富、鲍晓晨、江波任中国工商银行北京市分行副行长，汪晓芳、李建民不再任中国工商银行北京市分行副行长。

中国工商银行北京通州支行升格为中国工商银行北京通州分行。王炜任中国工商银行北京通州分行行长，柳春光、吴玲、张西贝任中国工商银行北京通州分行副行长，巨鹏任中国工商银行北京通州分行行长助理。

白梅、王延田任中国农业银行北京市分行副行长，王希迎、求夏雨、相阳不再任中国农业银行北京市分行副行长。

姚科峰任中国农业银行北京自贸试验区分行副行长，张旭不再任中国农业银行北京自贸试验区分行副行长（主持工作），张齐婷不再任中国农业银行北京自贸试验区分行副行长。

贾婷婷任中国农业银行北京经济技术开发区分行副行长，丁大勇不再任中国农业银行北京经济技术开发区分行行长，苗震飞不再任中国农业银行北京经济技术开发区分行副行长。

肖易男任中国农业银行北京城市副中心分行副行长。

王志恒任中国银行北京市分行行长，黄新斌不再担任中国银行北京市分行副行长。

中国银行北京经济技术开发区支行升格为中国银行北京经济技术开发区分行。罗正任中国银行北京经济技术开发区分行行长，邢硕、朱波任中国银行北京经济技术开发区分行副行长。

吴杰不再任中国建设银行北京市分行副行长。

胡洁群任中国建设银行北京中关村分行副行长，贾鹏飞不再任中国建设银行北京中关村分行副行长。

陶智勇任中国建设银行北京通州分行副行长，刘福合不再任中国建设银行北京通州分行副行长。

张晓峰任交通银行北京市分行副行长，陈海春不再任交通银行北京市分行副行长。

刘一鸣、李静静任交通银行北京通州分行副行长，周家明不再任交通银行北京通州分行副行长。

孙培炎任中国邮政储蓄银行北京分行副行长，杨昆不再任中国邮政储蓄银行北京分行副行长。

二、金融产品创新和金融服务

（一）普惠金融服务实现增量扩面，让利实体力度更大

普惠型小微企业贷款规模快速增长，截至年末，辖内五家大型银行（不含中国邮政储蓄银行北京分行）普惠型小微企业贷款余额较年初增长 42.81%。其中，中国工商银行北京市分行、中国建设银行北京市分行贷款余额均达400 亿元以上，合计占辖内大型银行的 59.71%。无还本续贷处于领先水平，截至年末，无还本续贷余额全辖区占比 52.98%；余额续贷率和累计续贷率分别高于全辖平均水平 0.84 个和 7.87 个百分点。首贷金额和户数实现“两增”，截至 2021 年末，首贷金额较上年增长 69.64%，户数较上年增加 1 475 户。普惠型小微企业贷款利率持续压降，截至年末，普惠型小微企业贷款加权平均利率 3.95%，较年初下降 16 个基点，低于全辖区平均水平 73 个基点。乡村振兴领域信贷投放力度加大，截至年末，涉农贷款余额较年初增长 27.57%。

（二）立足首都经济社会发展，提升重点领域金融服务有效性

2021 年，聚焦重大战略实施和重点项目建设，进一步优化重点领域金融服务。全力保障北京冬奥金融服务。中国银行北京市分行从组织保障、沟通联系、应急处置等方面完善工作机制，创新冬奥专属产品，为北京冬奥会和冬残奥会提供便捷高效、绿色安全、科技智能的金融服务。大力支持“两区”建设，设立“两区”网点 11 家，其中，中国（北京）自由贸易试验区（以下简称北京自贸区）内网点 2 家。大力发展绿色信贷，截至年末，绿色信贷余额较年初增长 30.04%。助力全国文化中心建设，截至年末，文创产业贷款余额较年初增长 9.42%。中国工商银行北京市分行、中国农业银行北京市分行、中国银行北京市分行下辖 3 家网点入选首批 8 家文化金融专营机构。

三、存在的问题和风险

2021 年，受新冠疫情反复和经济结构调整双重影响，宏观经济下行压力较大，资产质量持续承压，信用风险防控形势较为严峻。部分银行信贷管理不规范问题仍较为突出，代销业务管理存在不足，操作风险防控存在薄弱环节，消费者权益保护工作有待加强。

四、监管工作情况

（一）创新监管机制，提升案防工作有效性

从抓源头、固根本入手实践探索。与

纪检部门建立监管监督沟通联系机制，聚焦重点风险治理，推动重大决策部署落实。全面开展清廉文化建设，推动加强党委班子建设，发挥党建引领作用，在高管选拔和考核中加大风控合规及廉洁从业所占比重；逐一赴6家银行开展“清廉文化进基层行”宣讲活动，覆盖全部支行行长和纪检、内控条线工作人员。

（二）坚持科技赋能和严格执法，提升业务治理有效性

聚焦重点领域，运用数据平台优势，瞄准机构业务薄弱环节，从严惩处。强化监管执法，从严查处辖内大型银行重点领域违规行为，以罚促改；及时治理互联网贷款、消费者信息保护、代理销售等业务领域乱象。强化整改问责，督导辖内大型银行深刻反省违规问题发生的深层次原因，审慎制定绩效指标，全年推动修订完善业务制度百余份；严肃开展内部问责，加强系统性、根源性整改。强化科技手段运用，运用监管数据分析实现非现场监管精准定位和准确打击。

（三）紧盯大额信用风险防控，提升风险治理有效性

从控新增、压存量、管源头等入手，认真开展信用风险防控。建立信用风险定期排查机制，推动其摸清风险底数，做实资产风险分类。加速处置不良资产，紧盯重点机构、重点户，推动机构运用不良贷款转让试点，加大核销、清收力度，全力“压存量”。

（四）认真做好日常监管，提升监管为民有效性

依法高效开展举报核查、行政复议和诉讼，督促完善消保工作体系和机制。围绕“两区”、绿色金融、冬奥会等，辅导大行优化网点布局，全年完成各类行政许可事项105件。以走访、调研、按月监测等方式摸底金融实际问题。围绕金融支持乡村振兴、知识产权质押融资等开展调查研究。

（李爽）

▲商业银行（二）其他商业银行

一、基本情况和重大变更事项

（一）基本情况

截至2021年末，中信银行北京分行、中国民生银行北京分行、中国光大银行北京分行、华夏银行北京分行（含北京城市副中心分行）、招商银行北京分行、上海浦东发展银行北京分行、广发银行北京分行、兴业银行北京分行、平安银行北京分行、渤海银行北京分行、浙商银行北京分行、恒丰银行北京分行等辖内股份制商业银行资产总额65 104.44亿元，比上年增加4 917.01亿元，增长8.17%，其中贷款余额20 924.04亿元，较年初增加996.63亿元，增长5.00%。负债总额64 646.28亿元，较年初增加4 913.49亿元，增长8.23%，其中存款余额53 460.88亿元，较年初增加5 972.90亿元，增长12.58%。全年累计实现净利润372.59亿元。截至年末，辖内股份制商业银行在京营业机构数共计836家，比上年增加18家。从业人员共计26 467人，其中高管人员201名。

（二）重大变更事项

2021年，刘永平任上海浦东发展银行北京分行行长，曾宏志任渤海银行北京分行行长，王罡任中国光大银行北京分行行长，张诚任招商银行北京分行行长。

二、金融产品创新和金融服务

（一）积极支持小微企业，大力发展普惠金融

光大银行北京分行推出“阳光金仓贷”项目，为中化现代农业有限公司下游

小微涉农企业提供特色供应链金融服务，满足小微涉农企业在粮食收储过程中的资金需求，解决小微涉农企业融资难、融资贵的问题。中信银行北京分行针对华润医药商业集团有限公司平均回款周期长的特点，为其提供无追索权隐蔽型保理服务，含应收账款管理和保理融资两项服务，助力企业提升资金周转效率。广发银行北京分行推出云信保理融资业务，通过线上跨行放款提高了卖方小微企业融资效率，降低了企业贷款融资的综合成本。民生银行北京分行与创文时代孵化器、优投孵化器联合推广政策贴息型产品“创业担保贷”，让更多的科技型中小微企业可以享受低息信贷支持。针对北京证券交易所（以下简称北交所）成立，组织研发了私募股权投资（PE）贷、科创贷等区域特色产品，针对以中关村为核心的产业园区内的中小企业推出了工业厂房贷、租金贷等产品。中信银行北京分行推出“科创 e 贷”，在各地中小企业主管部门提供的“专精特新”企业名单基础上，结合征信、工商、司法等数据维度，通过线上线下相结合的方式，为科创型小微企业提供用于生产经营等的流动资金贷款服务。

（二）积极支持乡村振兴，加强农业农村现代化金融服务

高度重视乡村振兴工作，部分股份制商业银行成立乡村振兴工作小组，积极履行社会责任，助力脱贫攻坚。推进产业链金融服务，民生银行北京分行与中棉集团达成了针对皮棉及棉附产品代理采购的供应链金融合作意向，为下游用棉企业提供采购“e 融资”服务，满足产业链融资需求。兴业银行北京分行为正大系列企业集团提供全产业链授信支持，加快推进正大农牧板块的采购、生产、养殖、销售“一条龙”生产链。华夏银行北京分行与国有担保公司共同推出“禽保贷”产品，按照“龙头企业 + 专业合作组织 + 农户”的产业发展模式，推动首都肉鸡产业升级。广发银行北京分行审核制定零售信贷业务产品“北京分行个人涉农贷款”。华夏银行北京分行落地“普惠助农贷”决策引擎项目，实现线上受理授信申请、在线签约信贷合同、系统自动化放款、贷后管理数据自动分析等功能，做到线下业务线上化，批量获客助力农村小微企业发展。承销绿色票据，助力乡村振兴。恒丰银行北京分行独立承销全国首笔“中国节能环保集团有限公司 2021 年度第一期绿色中期票据（碳中和债/乡村振兴）”，募集资金将用于碳减排、乡村振兴等绿色项目。

（三）全力做好冬奥会、冬残奥会金融支持及服务保障工作

通过固定资产贷款、流动资金贷款和银行承兑汇票等多种业务形式向涉奥项目及企业提供融资。渤海银行北京分行向铭星冰雪（北京）科技有限公司提供流动资金贷款。兴业银行北京分行为北京亿华通科技股份有限公司提供可用于流动资金贷款、银行承兑汇票、国内信用证及票据池等业务的授信额度。浦发银行北京分行为北京天保宏远物流发展有限公司物流仓储项目提供固定资产贷款支持。加大新钞投放力度，在重点街区及商圈支付环境进行大规模摸排，开展空白商户拓展工作。华夏银行北京分行和兴业银行北京分行负责冬奥会期间闭环管理酒店全部金融支付服务工作。开展备战冬奥金融服务准备工作培训，包括现金识假、反假技能培训，手机翻译软件使用培训等。个别股份制商业银行还调配专门人员受理外籍客户投诉，个别股份制商业银行安排英语熟练人

员在厅堂值守，并组建多语种志愿服务团队，随时支持各网点外语服务需求。

（四）大力发展金融科技，推动传统业务转型升级

依托互联网，让信贷流程更便捷。招商银行北京分行创设“结算流量贷”线上信贷产品，通过“银税互通”提供的企业纳税数据结合该行结算数据完成测算，企业仅需在线进行授权和申请后，就可以了解额度的预审批情况，并在额度最终审批通过后，实现自助提款、还款。中信银行北京分行落地首笔普惠金融“创信e贷”业务，用时15分钟即可完成客户线上贷款申请、审批、签订、放款的全流程操作。

借助大数据，精准施贷客户群体。广发银行北京分行接入中国人民银行营业管理部“创信融”企业融资综合信用服务平台，依托金融科技及大数据技术，对客户精准画像，推出以小微企业为借款主体的全线上化小额信用贷产品“信融E贷”。浦发银行北京分行通过“位置圈”“投资圈”“行业圈”“交易圈”信息，构建“名单企业营销数据库”，提升营销效率及对科创企业的金融服务力度。

搭建新系统，实现整合全流程。中信银行北京分行为管网集团搭建“国家管网区块链资金管理系统”，实现了全链条信息整合、全流程链上支付、全过程资金监管。浙商银行北京分行为北京市师达中学打造智能化的校园缴费管理系统，实现学校服务、学生家长服务、学生服务、金融服务多模式整合，提供“一站式”智慧校园缴费解决方案。

三、存在的问题和风险

资产质量存在下行压力，其中非信贷资产质量下行压力较大，个别银行不良贷款率较高。案件及操作风险形势较为严峻，主要由基层员工操作风险、道德风险引发，且外部风险向银行传导的压力持续增加，风险处置难度加大，案防形势仍较为严峻。部分股份制商业银行内控管理较为薄弱，风险管控能力滞后于发展速度，案件管理监管要求落实不到位，员工行为管控存在薄弱环节。合规文化和管理存在欠缺，发展转型过程中面临一定市场风险与合规风险。

四、监管工作情况

（一）持续加强监管能力建设，全面提升监管效能

每半年召开一次监管情况通报会，通报整体经营情况、存在的主要风险和问题以及监管要求，组织银行就当前北京地区经济金融形势研判、经营管理中面临的主要风险和问题等内容进行沟通交流，并印发监管通报。深入开展调研，北京银保监局主要负责人带队赴基层联系点走访，分管局领导带队走访12家股份制商业银行北京分行、2家社区支行；面向近700家基层营业机构主要负责人开展“送清廉金融文化进基层”活动，实现基层营业机构负责人案防宣教全覆盖。

（二）深化风险治理，着力防范重点机构重点领域风险

常态化监测各行不良贷款变化及处置情况，定期、逐户分析大额信用风险状况，督导机构前瞻应对、加大管控处置力度。通过印发监管意见、监管约谈等方式，“一行一策”采取差别化监管措施。突出关键少数和重点领域，印发通知组织开展支行操作风险排查，并通过监管大数据筛查疑点线索，逐笔分析排查结果。针对支行行长任用及管理方面存在的问题，印发通知提出审慎监管要求，切实加强高管准

入的事中事后监管。创新建立典型案例监管通报机制，定期通报典型案件，严防基层人员违纪违法行为。针对代销信托产品违约、部分在京在建房企项目资金链断裂、贷款资金流入“以房养老”骗局等外部风险，积极研判风险状况，认真核查相关问题，稳妥处置外部风险向银行传导问题。

（三）有效规范机构经营行为

规范与互联网平台合作业务监管。围绕机构互联网贷款业务发展情况、助贷机构管理情况开展调研，督导银行规范开展互联网贷款业务，加强过渡期业务管理，规范助贷渠道管理，加强与中介机构的合作管理、员工异常行为监控。

（张梦冰）

▲城市商业银行（一）北京银行

一、基本情况和重大变更事项

（一）基本情况

截至 2021 年末，北京银行资产总额 30 163.47亿元，较上年增长 5.60%；负债总额 27 236.46 亿元，较上年增长 3.19%；各项贷款余额 16 268.26 亿元，较上年增长 6.90%；各项存款余额 16 945.92亿元，比上年增长 3.77%；实现利润 220.20 亿元，同比增长 3.44%。

（二）重大变更事项

1. 高管变动情况

2021 年，北京银行董事刘振东、彭吉海、何红心离任；新选举产生董事赵兵、钱华杰、刘希普、Praveen Khurana，独立董事瞿强。

2. 机构发展情况

截至 2021 年末，设有一级分行 14 家，其中异地一级分行 11 家，北京地区 3 家；二级分行 12 家；分行级专营机构 2 家；全行设有支行 623 家，其中北京地区支行（含总行营业部）252 家，并在中国香港和荷兰阿姆斯特丹设有代表处。从业人员 16 526 人（含劳务派遣人员），比上年增加 1 036 人。

二、金融产品创新和金融服务

深化特色服务，制定“新三板”挂牌及北交所上市企业、“专精特新”企业专属服务方案，推出“科企贷”“高精尖双益贷”产品。截至年末，科技型企业贷款余额 1 607.50 亿元，存量客户数 7 150户。与北京市文化和旅游局合作发布“漫步北京及网红打卡地金融支持计划”，积极参与 2021 年中国国际服务贸易交易会。发布“电影＋”版权质押贷、文化英才贷、文信贷等产品，支持《你好，李焕英》《送你一朵小红花》《长津湖》等多部电影。设立内部转移定价优惠，全年发行小微金融债 140 亿元。推出“京管家”普惠金融专属 App，打造普惠拓客平台。推出“普惠速贷”，升级“银税贷”，推动普惠业务线上化。截至年末，普惠型小微企业贷款（不含票据融资）余额 1 038.18 亿元，较年初增长 34.54%。成立通州、门头沟绿色支行，制定专门的绿色金融政策，发布“绿融＋”品牌。与北京绿色交易所、通州区人民政府、中央财经大学等签署战略合作协议，成立绿色汽车金融中心。

三、存在的问题和风险

存在公司治理和内控管理水平有待提升，客户基础仍需夯实，风险治理有待健全完善，业务治理有待加强，数据治理仍需推进，转型发展仍需持续深化等问题。

四、监管工作情况

（一）提升治理效能，持续强化公司治理监管

督导银行健全治理机制，制定党建工

作考核评价办法、清廉金融文化工作规划，将加强党的领导、党委会职责写入公司章程。督导制定股东承诺管理办法，持续规范股东行为管理，推动存量问题股东整改。督导完善制度建设，持续完善董事会、监事会人员构成，深入开展董事、监事履职评价。

（二）牢守风险底线，着力推动风险处置化解

动态更新跟踪风险变动趋势，强化风险预警和监管干预，严防大额信用风险暴露。督导银行健全管理制度框架，明确应急程序和措施，制定恢复与处置计划，持续优化资产负债结构。督导银行严格落实轮岗要求，强化声誉风险防控。

（三）推动回归本源，大力规范整治重点业务

督导银行切实落实房地产贷款集中度整改要求。夯实业务基础，推动理财、账户黄金（白银）等业务整改按期完成，规范金融衍生品、投资、互联网存贷款等重点业务发展，督促提升管理水平。

（四）深化数据治理，持之以恒提升监管效能

推动加快数字化转型，督导银行董事会履行数据治理的主体责任，制定数据管理发展规划，明确数据治理委员会为全行数据治理体系的决策层。严格监管统计报表审核。督导完善基础数据标准，提升监管数据报送质量和数据治理能力。

（五）聚焦主责主业，推动高质量转型发展

督导银行围绕京津冀协同发展、城市副中心建设等国家战略，加大对重大项目工程的信贷支持。助力实体经济，提升金融服务效能。督导银行积极探索促进金融产品和服务创新，加大对普惠、科技、文化、绿色等领域的金融服务力度，支持首都实体经济恢复和高质量发展。

（王洁）

▲城市商业银行（二）其他城市商业银行

一、基本经营情况和重大变更事项

（一）基本情况

截至2021年末，北京辖内11家异地城市商业银行分行级机构（以下简称11家银行），分别为天津银行北京分行、大连银行北京分行、杭州银行北京分行、南京银行北京分行、盛京银行北京分行、上海银行北京分行、江苏银行北京分行、宁波银行北京分行、徽商银行北京分行、锦州银行北京分行、厦门国际银行北京分行。截至年末，11家银行共有支行网点149家（以取得北京银保监局开业批复为口径），从业人员6 052人（不含劳务派遣制员工）。

2021年，11家银行整体经营平稳、风险有序收敛，结构出现良性调整，资产质量进一步压实。截至年末，11家银行资产规模合计8 897.26亿元，较年初增长5.47%，各项贷款余额4 028.34亿元，较年初微增2.18%。负债总额8 878.65亿元，较年初增长5.44%。其中，各项存款余额7 776.30亿元，较年初增长1.21%。本年实现净利润28.79亿元，同比增长165.58%。

（二）重大变更事项

1. 机构发展情况

2021年，11家银行共新设立9家支行（以开业批复或报告为准），分别为上海银行北京合生汇社区支行、上海银行北京朝阳支行、上海银行北京丰台支行、上海银行北京城市副中心支行、宁波银行北京昌平支行、宁波银行北京经济技术开发

区支行、宁波银行北京大兴支行、宁波银行北京航天桥支行、徽商银行北京甜水园支行。

2. 高管变动情况

2021 年，11 家银行新任高管共计 26 人。其中，分行行长 2 人、分行副行长 12 人、分行行长助理 4 人，分行营业部总经理 6 人、支行行长 2 人。

二、金融产品创新和金融服务

推进科技金融服务创新，助力北京市国际科创中心建设。杭州银行北京分行成立科创金融（北京）中心，推进专营体系全面升级。11 家银行将科技金融作为重要发展战略目标，逐步探索打造科技金融专门风险管控技术。截至年末，各行普惠型小微企业贷款余额 288.98 亿元，较年初增长 25.26%，文创类企业贷款余额 169.35 亿元，较年初增长 2.89%，服务实体经济质效整体有所提升。

三、存在的问题和风险

2021 年，11 家银行面临信用风险长期处于高位、资产质量下行持续承压、高质量发展转型亟待加强、合规管理基础薄弱等风险和问题。

四、监管工作情况

（一）践行贴身监管，“一司一策”推进存量风险处置化解

督促辖内机构加大处置核销力度，稳步推进风险处置。倾斜监管资源，摸清机构内控和管理短板，培育审慎经营文化。对长期落实监管要求不到位的机构开展深入的非现场核查，拟从严进行“双罚”。加强与法人机构属地监管局以及总行的沟通联动，形成监管合力。

（二）强化风险监管，督促提升风险治理和合规水平

建立大额授信业务监测台账，推动各行定期开展信用风险排查，按月监测、按季评估，动态更新跟踪风险变动趋势，严防大额信用风险暴露。强化异地授信管理，印发监管提示函，督导机构对相关存量资产制定整改方案。推动落实房地产市场调控与监管要求，开展个贷流向专项核查。

（三）创新工作方式方法，持续提升监管效能

构建“走出去、请进来、搭平台”多维沟通交流机制，组织召开辖内城市商业银行民营银行高质量发展专题会议，为辖内城市商业银行民营银行探索实现高质量发展搭建联席会议交流平台。完善开展监管分析、发现风险问题、提出监管意见、制定整改计划、落实整改要求、评估整改进展、采取监管措施的闭环管理机制。

（詹智团）

▲农村商业银行——北京农商银行

一、基本情况和重大变更事项

（一）基本情况

2021 年末，北京农商银行资产总额 10 762.39 亿元，比上年增加 471.59 亿元，增长 4.58%，其中各项贷款 3 618.39 亿元，比上年增加 10.25 亿元，增长 0.28%。负债总额 10 052.88 亿元，比上年增加 407.06 亿元，增长 4.22%，其中各项存款 7 090.97 亿元，比上年增加 288.21 亿元，增长 4.24%。所有者权益 709.52 亿元，比上年增加 64.54 亿元，增长 10.01%。在资产质量方面，不良贷款 42.24 亿元，比上年增加 9.73 亿元，不良贷款率 1.17%，比上年增加 0.27 个百分点。全年实现净利润 75.77 亿元，比上年增加 1.5 亿元，增长 2.02%。资产

利润率 0.72%，比上年下降 0.3 个百分点；资本利润率 11.19%，比上年下降 0.72 个百分点，成本收入比 36.86%，比上年下降 0.11 个百分点。

2021 年末，北京农商银行共有各层级机构 631 家，其中总行 1 家、分行 1 家、支行 224 家（管辖支行 22 家）、分理处 405 家。总行级高级管理人员 9 人，其中党委书记、董事长 1 人，行长 1 人，监事长 1 人，北京市纪委监委驻北京农商银行纪检监察组长 1 人，副行长 3 人，行长助理 1 人。分行级高级管理人员 6 人，总行各部门主要负责人 33 人。

（二）重大变更事项

原监事长于辉离任，原董事兼副行长白晓东改任监事长。

原行长助理田晖提任副行长。

二、金融产品创新和金融服务

（一）坚决服务国家战略落地

多措并举推动北京市、区两级重点工程融资对接。截至年末，已对接市、区两级重点工程 56 个，支持京津冀协同发展项目 90 个，授信余额 605 亿元，成功为京唐城际铁路、京雄高速、大兴国际机场综合保税区、京粮曹妃甸物流、北京鲜活农产品流通中心等一系列重点工程提供融资服务，全力支持京津冀协同发展战略。围绕“一带一路”倡议，推动金融网关系统、人民币跨境支付系统（CIPS）等更新建设，为客户提供内保外贷、海外代付等服务。共与 72 个国家的 463 家银行建立密切关系，为客户在拓展跨境合作中提供全面金融支持。围绕“疏解整治促提升”，累计支持棚户区改造项目 50 余个。

（二）聚力北京“四个中心”建设

紧跟北京文化中心战略定位，制定《2021 年全行文创工作行动方案》，加强对接特色文创园区，聚焦文化头部企业开展名单营销，推进隆福支行认定成为首批创建国家文化与金融合作示范区专营组织机构，文创领域贷款较年初增长 23.2%。出台金融支持“两区”建设实施方案，推动特色支行及专营机构建设。完成北京市贷款服务中心首笔知识产权质押贷款业务，加大对“三城一区”及中关村“一区十六园”相关园区的调研，逐步建立“总对总”长效沟通机制，科创企业贷款户数较年初翻番。将绿色金融发展纳入全行中长期战略发展规划，制定金融支持首都“碳达峰、碳中和”专项指引，推动绿色金融发展，严格执行环保一票否决机制，完成北京市首笔“京绿通Ⅰ”业务和全行首笔碳中和债发行，绿色贷款余额较年初增长 39.78%。

（三）持续发力支持乡村振兴

成立乡村振兴部，构建“1+1+1+N”管理架构。创新研发乡村周转限额贷款产品，推出“市场经营贷”产品。上线“三资管理平台”和“银农直联”生态服务场景，并成为北京市首家提供“银农直联”系统对接服务的银行。落地“北京乡村振兴金融服务站”全市首笔贷款，2021 年投放乡村振兴领域贷款近 400 亿元，涉农贷款增速持续高于各项贷款平均增速。改善农村信用环境，助力集体经济发展，累计为乡镇村集体经济减免让渡利息 9.6 亿元。大力支持农业新业态、新型农业经营主体发展，积极参加农业农村部“新农信贷直通车”活动，累计落地 79 户、8 000 万元，居全市第一位。

（四）创新助力普惠金融发展

连续 5 年出台普惠金融发展策略，不断加大内部资源倾斜力度，创新推出

“农商e信通”产品，成功上线行内首款小微企业线上融资产品。创新推出小微企业流水贷信用贷款产品，提升对存量结算小微客户的贷款服务能力。大力助推营商环境建设，积极推动“零信贷”走访活动，入选“百行千人助万企”首批金融顾问单位，首批申请北京市创业担保贷款试点，首批开展创新型小微企业贴息工作，全年在北京市贷款服务中心累计审批通过业务量1 780笔，金额69.38亿元。截至年末，普惠型小微企业贷款余额及户数较年初分别增长80.09%、75.33%。

（五）围绕“七有”“五性”服务民生

持续完善民生金融和养老金融服务体系，累计发行养老助残卡505.19万张、民政一卡通526.99万张，完成与全市1 100余家养老驿站的业务对接，拓展特约商户1.17万户，免费布放POS机终端达21 733台。实现代发民政、社保资金230.19亿元，上线医保电子凭证功能，实现5万余张电子社保卡签发。大力推进适老化服务改造和金融知识普及，开展人民币知识宣传1.39万次，累计为商户兑换小面额人民币1.36亿元。坚持“房住不炒”，与首都乡村振兴、“双碳”战略有机结合，加大对长租房、保障性住房建设以及乡村环境整治的支持，满足购房者合理住房需求，为多个租赁住房项目实施主体提供32.28亿元授信支持，支持收购和建设租赁住房超过2万套，累计为9个集体土地租赁住房项目提供近60亿元授信支持，涉及租赁住房1.52万套，促进房地产业良性循环和健康发展。

三、存在的风险和问题

总体经营态势保持稳健，公司治理水平得到进一步提高，但主要股东行为管理方面仍有待加强，关联交易管理应进一步优化。资产负债结构仍需优化，内部控制仍存在薄弱环节，数据治理能力亟待提高，舆情风险管控和员工行为管理需要进一步强化。

四、监管工作情况

（一）强化公司治理

督导北京农商银行合理分配利润、发行二级资本债，不断增强资本实力。开展公司治理评估，推动做好常态化股权和关联交易整治工作。督导加强领导班子配备，优化高管层分工。督促开展董事监事履职评价，对审计部门负责人履职情况进行单独考核，提升董事监事履职质效。

（二）前瞻防范风险

督导加强重点领域信用风险监测与预警，前瞻防范潜在风险。要求加大不良处置力度，持续化解存量风险。督导压实案件操作风险防控主体责任，补齐内控“短板”、健全内控机制，加强员工行为管理，深入开展整治宣传教育，提高全员合规意识。

（三）定位引领发展

研究制定2021年度分层监测预警监管指标，引导坚守定位、防范风险、稳健发展。推动优化网点布局、下沉服务重心，引导有序推进新核心银行系统上线，提升金融服务能力和行业竞争力，进一步提高支农支小服务水平，加大支持北京自贸试验区建设力度。

（朱俊尧）

▲村镇银行

一、基本情况和重大变更事项

（一）基本情况

辖内村镇银行经营触角不断向远郊区基层社区和乡村地区延伸，以“三农”和小微客户为主要服务对象，业务上形成

“小、快、灵”特色，突出支农支小金融服务优势。截至2021年末，北京地区共有11家村镇银行，分别为北京延庆村镇银行、北京密云汇丰村镇银行、北京怀柔融兴村镇银行、北京大兴九银村镇银行、北京昌平发展村镇银行、北京大兴华夏村镇银行、北京顺义银座村镇银行、北京通州中银富登村镇银行、北京门头沟珠江村镇银行、北京房山沪农商村镇银行和北京平谷新华村镇银行。截至2021年末，辖内11家村镇银行资产总额323.85亿元、负债总额293.29亿元、所有者权益30.56亿元、各项存款余额278.25亿元、各项贷款余额153.65亿元。

（二）重大变更事项

1. 机构发展情况

截至2021年末，北京地区11家村镇银行共有42家营业网点，在册员工820人。

2. 主要人事变更情况

4月，北京昌平发展村镇银行新任行长王树斌任职资格获得核准。

7月，北京房山沪农商村镇银行新任董事长吴景迪任职资格获得核准。

10月，北京顺义银座村镇银行新任董事长杨灵国任职资格获得核准。

11月，北京延庆村镇银行新任行长焦仲平任职资格获得核准。

12月，北京大兴华夏村镇银行新任行长刘金峰任职资格获得核准。

此外，部分村镇银行的副行长、行长助理和董事的任职资格也获得核准，正式开始履职。

二、金融服务

（一）优化业务结构，提升支农支小服务水平

截至2021年末，辖内村镇银行各项贷款余额153.65亿元，占总资产的47.44%，较年初增加14.16亿元，增长10.15%，增幅与增量较上年均进一步提升。其中，农户和小微企业贷款占比92.21%，较年初提升0.71个百分点。可贷资金用于当地比例达145.15%，较年初提升62.09个百分点。

（二）持续助力小微企业纾困，金融服务能力持续提升

2021年，辖内村镇银行响应中央“稳企业保就业”精神，持续支持小微企业复工复产，积极落实延期还本付息政策。各行累计为1 835户、2 138笔、35.98亿元贷款办理了延期还本，为37户贷款办理了延期付息，延期利息金额总计87万元。

三、存在的问题和风险

股东股权基础仍待夯实，公司治理质效有待提升。信用风险防控压力仍在，内控管理机制有待进一步完善。

四、监管工作情况

（一）强化党建和股东股权监管，提升公司治理质效

一是加强党建与公司治理有机融合。多次约谈、督导主发起行提高对村镇银行党建工作的重视程度和指导力度，要求村镇银行法人层级党组原则上应由主发起行党组归口管理，并完善党支部纪检委员设置。二是加强内部监督机制建设。明确村镇银行监事长选任、内审部门设置和履职监管要求。督导机构审慎开展2020年度董事、监事和高管履职评价。三是严把市场准入关口。建立辖内村镇银行高管履职台账，督导机构强化高管人员配备和履职管理，持续夯实公司治理基础。

（二）加强风险盯防，大力推动不良风险化解

一是加强风险摸排，不良处置成效显

著。指导机构做好不良处置规划，明确不良处置年度目标。二是严防房地产贷款风险。开展经营贷资金入楼市排查工作，督导机构全面自查，并赴部分村镇银行开展现场核查，督导各行加强贷款用途审查，防范信贷资金违规流入房市。三是加强其他重点业务领域风险防控。

（三）夯实高质量发展基础，提升金融服务效能

一是持续督导机构加强支农支小信贷投放。2021 年末，辖内村镇银行涉农贷款余额 76.18 亿元，较年初增加 3.56 亿元，增长 4.90%；普惠型小微企业贷款余额 104.63 亿元，较年初增加 12.05 亿元，增长 13.02%。二是积极落实差异化监管政策。完善差异化监管指标体系，定期开展指标监测评估，新增储蓄存款占比、储蓄存款增速两项指标。三是开展“送清廉金融文化进基层”宣讲，覆盖全部村镇银行基层营业网点，各层级“一把手”及纪检、内控合规等岗位员工参加培训，引领银行持续夯实清廉文化根基。四是加强消费者保护。开展消费者权益保护监管评价及回访，督导机构完善机制建设，补齐服务能力“短板”。

（杨逢真）

▲民营银行——北京中关村银行

一、基本情况和重大变更事项

截至 2021 年末，北京中关村银行总资产 521.75 亿元，较上年增长 49.07%；总负债 474.69 亿元，较上年增长 54.74%；各项贷款余额 240.67 亿元，较上年增长 47.46%；各项存款余额 337.36 亿元，较上年增长 43%；本年净利润 3.58 亿元，同比增长 74.28%。

截至年末，北京中关村银行从业人员 331 人（含劳务派遣人员）。

二、金融产品创新和金融服务

结合自身战略定位加强金融产品创新，优化金融服务。截至年末，科技型企业贷款累计客户数 284 户，累计贷款额 116.15 亿元。其中，特色产品“认股权贷款”累计发放金额 8.66 亿元，客户数共 93 户，有力地支持了辖内科创企业初创期的融资需求。大力支持小微企业发展，年末贷款余额 77.08 亿元，较上年增长 70.91%。小微企业贷款占比 32.03%，较上年末增加 4.4 个百分点。

三、存在的问题和风险

公司治理有待完善，信用风险防控压力增大，声誉风险防控持续承压，内控管理水平有待提升，科技金融特色定位不够突出，消费者权益保护仍需加强。

四、监管工作情况

（一）督导持续提升公司治理水平

督导辖内机构坚持党对金融工作的集中统一领导。指导成立党委，充分发挥党组织在非公企业中的政治引领作用、战斗堡垒作用和凝心聚力作用。以公司治理评估为抓手，督促提升两会一层治理能力，压实董事会主体责任，对发现的问题认真整改；督导机构深入开展董事监事履职评价，规范履职行为，提升两会履职效能。督导全面落实股东管理有关规定，严格履行股东承诺，规范股东行为，向股东传递监管导向，明确监管要求。

（二）严守风险底线，扎实做好各项风险防控工作

开展风险排查和评估，动态更新跟踪风险变动趋势。督导加强流动性风险管理，树牢流动性风险底线思维，认真开展流动性压力测试，严防发生流动性风险事件。督导加强新产品管理和内部控制，牢

固树立合规文化，进一步完善业务及内部管理的相关制度，提升业务管理水平。

（三）强化监管引领，督促提升服务实体经济能力

督导坚定落实特色化发展战略，提升服务科技创新能力。进一步加强与创投机构、担保公司、园区等外部机构的合作，将金融科技与科技金融更加紧密结合，进一步提供更优质的金融服务。切实提升小微和民营企业金融服务能力。持续加大小微企业信贷投放力度，落实普惠型小微企业贷款增速和户数“两增”任务目标。大力支持国家战略需要，充分把握经济结构转型期的重点领域、重点客户、重点产品，增加对先进制造业、战略性新兴产业的中长期信贷投放，服务构建新发展格局。

（孔祥哲）

▲外资银行

一、基本情况和重大变更事项

（一）基本情况

1. 机构设置及人员情况

2021 年末，北京辖内共有外资银行营业性机构 113 家，比年初减少 1 家。其中，外资法人银行 9 家；外资法人银行分行 29 家；外国银行分行 19 家，比年初增加 1 家；支行 56 家，比年初减少 2 家。外国银行代表处 54 家，比年初减少 3 家。辖内外资银行营业性机构从业人员5 040人；辖内外国银行代表处共有正式员工153 人。

2. 行业发展概况及特点

资产规模小幅下降，各项贷款持续增长，外币贷款占比回落。2021 年末，北京辖内外资银行资产余额 6 449. 30 亿元，较年初微降 0. 37%；各项贷款余额 2 347. 70亿元，较年初增长 8. 36%。外币贷款占各项贷款比重由年初的 9. 47% 下降至年末的 8. 28%。

各项存款有所减少，仍以人民币存款和单位存款为主。2021 年末，辖内外资银行各项存款余额 4 528. 64 亿元，同比减少 0. 18%，增速低于上年；占负债总额的比重由年初的 80. 68% 上升至 81. 64%。辖内外资银行存款仍以人民币存款和单位存款为主，2021 年末余额分别为 3 708. 59 亿元和3 877. 17亿元，占比分别为 81. 89% 和 72. 09%。

各项表外业务保持增长，金融衍生品业务交易活跃。2021 年末，辖内外资银行表外业务总体规模 3. 60 万亿元，较年初增长 5. 65%。金融衍生品业务余额 2. 71 万亿元，较年初增长 6. 55%；占表外业务总额的 75. 48%，较年初上升 0. 65 个百分点。

净利润同比增长显著。2021 年，辖内外资银行实现净利润 48. 19 亿元，较上年度增长 18. 36%。其中，利息净收入同比增加 5. 39 亿元，增长 6. 36%；手续费及佣金净收入同比增加 3. 32 亿元，增长 18. 14%；交易性收益增长良好。

（二）重大变更事项

1. 机构变更

2021 年，北京辖内外国银行分行新设 1 家，外资法人银行支行关闭 2 家，外国银行代表处关闭 3 家。

2. 人事变更

2021 年，北京辖内外资银行经核准高管任职资格共 44 人，其中总行级董事长 3 人，行长、副行长 5 人，董事 11 人，行长助理 2 人，首席运营官 1 人、首席信息官 1 人、首席财务官 1 人；分行级行长、副行长 12 人，合规负责人 8 人；外

国银行代表处首席代表 3 人。报告类高管任职资格共 5 人，其中分行级行长、副行长 3 人，合规负责人 2 人。

二、金融产品创新和金融服务

（一）发挥全球网络优势，优化跨境金融服务

依托境外母行及其他海外分行网点，积极支持“一带一路”建设，落实跨境贸易便利化支持政策，为跨国企业集团成员、境内企业在境外子公司及关联企业等提供跨境收付、跨境双向资金池等金融服务，服务中资企业“走出去”，提供财务顾问、境外发债、银团贷款、跨境融资工具等金融服务。如摩根大通银行（中国）有限公司、三井住友银行（中国）有限公司北京分行积极参与跨境人民币和贸易外汇收支便利化试点业务，通过优化单证审核等便利化措施，进一步简化贸易外汇业务办理流程。

（二）践行 ESG① 经营理念，助力国家生态文明建设

积极落实国家产业政策，把握战略性新兴产业的重点发展方向，加强对科技创新、绿色发展等领域金融服务工作。如浦发硅谷银行有限公司北京分行单设绿色专营部门，为“碳中和、碳达峰”（“双碳”领域）的早期科创企业提供定制金融服务，通过信用贷款等形式为“双碳”企业的发展提供助力。马来西亚马来亚银行北京分行等银行完善信贷审批过程的 ESG 评估清单，更加准确地评估业务活动的潜在环境风险和社会影响。法国兴业银行（中国）有限公司积极满足客户绿色金融服务需求，2021 年发放首笔绿色贷款，支持新能源汽车发展。

（三）积极融入“双循环”，支持区域经济发展

辖内外资银行立足本地市场，加强对中国宏观经济形势和开放政策研究，积极利用开放政策红利，深化本土化进程，为本地客户提供差异化服务，支持北京“两区”、中国（上海）自由贸易试验区临港新片区、粤港澳大湾区等重点区域发展。如三井住友银行（中国）有限公司北京分行对注册在北京自贸区内的企业办理经常项目有关外汇业务实施优化单证审核等便利化措施；德意志银行中国有限公司与上海临港经济发展（集团）有限公司签署战略合作框架协议，共同推动金融科技创新与城市产业的转型升级；摩根大通银行（中国）有限公司在粤港澳大湾区地区落地了美元贷款及财税横向联网系统等新业务品类。

（四）持续推出创新产品，支持制造业、小微企业发展

辖内外资银行积极响应国家对于高技术制造业、知识产权密集型产业的扶持导向，通过产品创新、减免费用，满足相关行业金融需求。如德国商业银行股份有限公司北京分行推出基于电子商业承兑汇票贴现的供应链产品；瑞士银行中国有限公司、蒙特利尔银行（中国）有限公司等多家银行减免小微企业相关服务费、咨询费、手续费等。

三、存在的问题和风险

2021 年，辖内外资银行受疫情影响不良贷款率有所上升，需持续关注；内控机制、员工管理、反洗钱以及信息科技风

① ESG 是环境（Environmental）、社会（Social）和公司治理（Governance）的缩写，是一种新兴的、关注企业环境、社会、治理绩效而非财务绩效的投资理念和企业评价标准。

险管控等方面仍有待增强。

四、监管工作情况

（一）防风险促发展并重，外资机构稳健经营再添新动力

重点领域风险稳步化解，对相关风险机构依法采取行政处罚措施。推动法人银行公司治理持续改善。督导开展理财业务、结构性存款以及互联网贷款自查整改，存量保本理财清零，不合规线上贷款全部停发。指导主动防范全球新冠疫情影响下的跨境风险传递。通过走访调研、机构座谈、线上辅导，鼓励充分享受开放政策红利，发挥母行优势，积极融入“双循环”，助力构建新发展格局。

（二）“两区”项目稳步落地，高质量对外开放迈出新步伐

发布北京金融领域支持“两区”建设监管框架性文件，牵头建立“两区”业务报告制度，着力构建全流程“两区”金融监管服务体系。打造开放北京样本，两项工作成果入选2021年国家服务业扩大开放综合示范区全国复制推广十大最佳实践案例，另一项工作成果在全市范围推广。开展市场准入辅导，引入优质外资金融机构，全年批复1家外国分行开业，初审转报1家外国分行筹建。

（三）强化新冠疫情形势下的国际监管联动，外资机构监管质效再上新台阶

开展全方位深度的机构画像，监管措施针对性和有效性显著提升。围绕国际监管改革和经济金融热点问题开展编译或调查，与母国监管机构开展监管磋商，参加国际监管联席电话会议，参加全国外资银行监管联动会议，加强信息共享和监管联动。

（刘雯）

▲信托公司

一、基本情况

2021年末，辖内12家信托公司固有资产1 890.72亿元，较上年末增加156.89亿元，同比增长9.05%；固有负债300.67亿元，较上年末增加53.95亿元，同比增长21.87%；所有者权益1 590.05亿元，较上年末增加102.95亿元，同比增长6.92%；全年累计实现净利润102.05亿元，较上年减少4.96亿元，同比下降4.64%。

2021年末，辖内12家信托公司管理信托项目22 809个，较上年末增加5 096个，涉及信托资产规模59 324.01亿元，较上年末增加5 366.16亿元，增长9.95%。其中，集合资金信托规模26 176.22亿元，同比增长10.37%；单一资金信托规模11 171.64亿元，同比下降20.82%；财产权信托规模21 976.15亿元，同比增长30.28%。全年12家信托公司共清算交付信托项目3 767个，累计支付信托本金76 390.00亿元，累计分配信托收益2 931.39亿元。

2021年末，辖内12家信托公司共有从业人员4 336名，同比下降1.13%。2021年，辖内12家信托公司共46名董事和高级管理人员获得任职资格批复。

二、金融产品创新和金融服务

（一）共促助力公益信托

截至2021年末，辖内信托公司公益信托项目存续158个，实收信托规模17.25亿元。项目立足精准扶贫、帮教助学、拥军优属、支持国防等公益事业，引导社会力量积极参与教育扶贫、军人抚恤优待等具有积极社会意义的活动。

（二）积极推动绿色信托

积极探索绿色信托业务，截至年末，

共开展绿色信托业务 393 笔，规模 558.26 亿元。以国投泰康信托有限公司“光萤惠农”系列单一资金信托为例，通过自主研发的小微系统向农户提供普惠贷款2亿元，用于农户屋顶安装光伏发电板，助力乡村振兴。该信托具备“惠农+绿色+科技金融”特色，帮扶山东、河南、河北、浙江、辽宁五省3 000余户农村家庭。

（三）持续发力家族信托

家族信托创新产品不断涌现，加大相关规章制度建设、系统开发及完善等工作的力度，促进家族信托业务健康化、持续化、规模化发展。截至年末，辖内家族信托业务笔数共13 079笔，信托资产规模859.3亿元。在满足家族客户的财富管理、传承等需求的同时，不断丰富大类资产配置系列产品，满足家族客户的资产配置需求。

（四）大力拓展资产证券化信托

信托公司在资产证券化领域拥有天然的制度优势和载体优势，各机构持续关注资产证券化领域的业务机会。截至年末，辖内信托机构存续资产证券化项目1 242个，规模1.16万亿元，其中包括信贷资产证券化、交易所企业资产证券化以及企业资产支持票据等多种业务类型。项目底层资产也更加丰富，包括住房抵押贷款、企业应收账款、商用物业、不良资产等，相关业务蓬勃发展。

（五）坚持创新服务信托

辖内信托公司认真落实监管要求，积极探索各类服务信托，回归信托本源。如北京国际信托有限公司与北京扶老助残基金会合作，推出首单特殊养老服务信托，为失孤老人提供健康管理、情景关怀等服务。北京扶老助残基金会与失孤老人签署协议，担任意定监护人，为失孤老人提供各类养老服务。同时，北京国际信托有限公司接受失孤老人的资金委托，成立服务信托，按照失孤老人或者意定监护人（失孤老人失去民事行为能力情况下）指令，代理支付失孤老人的医疗救治、殡葬费用等。

三、存在的问题和风险

业务风险面临上升压力，个别信托公司受股东经营问题等风险因素冲击，面临较大经营困难。资管新规整改尚需消化，未来几年整改压力和转型压力并存。新旧业务衔接转换不畅，部分业务存在一定政策障碍，短期内难以成为发展支柱。

四、监管工作情况

（一）坚持“两压一控”，全面深化重点业务整治

严格落实中国银行保险监督管理委员会（以下简称银保监会）工作部署，召开年度监管通报会、印发监管提示书、约谈机构负责人、开展一对一督导，从严从实推进金融同业通道业务及融资类业务压降、房地产规模管控。截至年末，辖内各家信托机构均完成金融同业通道业务及融资类业务压降任务，房地产信托规模均符合管控要求。

（二）坚持业务转型，全面服务实体经济发展

督促辖内信托公司积极进行业务转型，截至年末，服务信托规模1.48万亿元，超过全部信托资产的1/4；绿色信托规模约580亿元，产品数量225个；各公司积极发力供应链金融业务、财富管理及服务“三农”相关产品，业务类型持续丰富；主动管理类信托比例也超过行业平均水平。辖内信托公司转型发展整体向好。

（三）坚持风险底线，全面推进重点领域防控

督促辖内信托公司按季度开展信托公司全面风险排查工作，坚持“早发现、早介入、早处置”原则，有效控制各类风险隐患。密切关注房地产集中度趋势，对房产集团客户合作情况逐笔梳理、审慎评估、有序压降，有效控制相关信用风险。

（四）坚持科技赋能，全面提升公司数据质量

召开数据治理工作会，推动辖内信托公司完善数据管理制度及流程，倾斜人才配备。不断修正优化监管标准化数据（EAST）模型，并根据筛查结果，反向检验数据有效性。针对数据错报情况，分批分类对相关公司进行现场指导，切实提升监管数据质量。

（五）坚持严查严管，全面强化监管震慑力

持续巩固严监管态势，扎实开展“内控合规管理建设年”活动相关工作，严厉查处辖内信托公司各类违规问题，多维度强化监管处罚问责，坚决维护首都金融安全稳定。

（张安鲁　赵美芳）

▲财务公司

一、基本情况

2021 年末，辖内 73 家法人企业集团财务公司表内资产总额 46 434.04 亿元，同比增加 3 680.52 亿元，增长 8.61%；负债总额 40 700.99 亿元，同比增加 3 631.94亿元，增长 9.80%；所有者权益合计 5 733.05 亿元，同比增加 48.58 亿元，增长 0.85%。全年累计实现净利润 411.85 亿元，比上年减少 11.72 亿元，下降 2.77%。

二、金融产品创新和金融服务

积极开展延伸产业链金融服务试点业务，认真落实国家对中小微企业的扶持政策，扩大企业集团资金池运营渠道，在支持集团主业发展、有效服务实体经济方面发挥了重要作用。2021 年，辖内已完成延伸产业链金融服务试点业务备案的财务公司有 26 家。截至年末，“一头在外”的票据贴现业务余额 275.53 亿元，“一头在外”的应收账款保理业务 143.12 亿元。积极服务集团产业链上游客户，其中，中型企业 771 家，业务余额 86.19 亿元；小型企业 4 182 家，业务余额 143.43 亿元；微型企业 1 130 家，业务余额 28.35 亿元，有效服务中小微企业。

三、存在的问题和风险

高风险财务公司对外负债敞口下降，不良资产呈上升趋势，信用风险有待密切关注。公司治理机制有待健全。信息科技基础设施建设有待加强。合规经营意识有待提升。

四、监管工作情况

推进高风险财务公司风险化解，外部负债规模继续下降。推动重点领域风险监管，推动部分财务公司完成股权委托管理问题整改，督导财务公司如实反映资产质量，切实做好信用风险防控工作，加大不良资产处置力度。辅导符合条件的财务公司开展延伸产业链业务，推动延伸产业链业务再上新台阶。督导财务公司落实国家和银保监会重大工作部署，持续强化非现场监测分析，加强监管引领，依法合规办理行政许可事项。

（苏环宇）

▲汽车金融、金融租赁、消费金融、货币经纪、资产管理公司

一、基本情况

（一）汽车金融公司

2021年末，辖内7家汽车金融公司资产总额3 598.49亿元，同比减少68.16亿元，下降1.86%；负债总额2 865.94亿元，同比减少93.23亿元，下降3.15%；所有者权益合计732.55亿元，同比增加25.07亿元，增长3.54%。全年累计实现净利润83.44亿元，比上年增加23.98亿元，增长40.33%。

（二）金融租赁公司

2021年末，辖内3家金融租赁公司资产总额2 375.58亿元，同比增加8.43亿元，增长0.36%；负债总额1 996.1亿元，同比减少17.85亿元，下降0.89%；所有者权益合计379.48亿元，同比增加26.28亿元，增长7.44%。全年累计实现净利润32亿元，比上年增加2.38亿元，增长8.03%。

（三）消费金融公司

2021年末，辖内3家消费金融公司资产总额310.92亿元，同比增加135.97亿元，增长77.72%；负债总额284.26亿元，同比增加133.6亿元，增长88.68%；所有者权益合计26.66亿元，同比增加2.39亿元，增长9.85%。全年累计实现净利润2.3亿元，比上年增加2.56亿元，增长984.62%。

（四）货币经纪公司

2021年末，辖内2家货币经纪公司资产总额6.05亿元，同比增加1.43亿元，较年初增长30.95%；负债总额2.72亿元，同比增加0.8亿元，增长41.67%；所有者权益合计3.33亿元，同比增加0.63亿元，增长23.33%。全年累计实现净利润1.01亿元，比上年减少0.15亿元，下降12.93%。

（五）资产管理公司

2021年末，辖内4家金融资产管理公司资产总额1 327.91亿元，同比增加49.9亿元，增长3.91%，其中不良资产收购业务余额947.21亿元，较上年减少7.33%；实现净利润－20.96亿元，较上年减少25.2亿元，下降594.34%。

二、金融产品创新和金融服务

（一）资产管理公司回归主业迹象明显，业务呈多元化发展趋势

不良资产收购力度有所加大，不良资产包折扣率小幅下降。非金融不良资产收购业务有所减少。业务方向呈多元化趋势。

（二）金融租赁公司持续服务重点领域发展，金融服务实体经济提质增效

2021年，辖内金融租赁公司继续通过租赁服务积极支持京津冀、长三角、粤港澳大湾区等重点区域发展，全年投放超过370亿元，并在制造业、战略性新兴产业、绿色租赁领域分别新增投放133.45亿元、49.14亿元和239.93亿元，同比分别增长43.35%、14.76%和24.54%。

（三）汽车金融公司强化消费者权益保护，提升金融服务效能

辖内汽车金融公司完善借款合同模板，在合同首页将与消费者息息相关的、易引起纠纷的贷款利率、逾期违约金、征信、催收等内容集中重点提示，加强消费者权益保护工作。辖内6家汽车金融公司设立交管服务站，线上办理机动车抵押、解抵押业务。截至年末，累计办理车辆抵押与解抵押业务超过3.3万笔，抵押、解抵押业务由原来的一周时间压缩为十几分

钟，提高企业工作效率，提升消费者满意度。

（四）消费金融公司持续探索差异化发展道路，利费水平有所下降

辖内消费金融公司走差异化发展道路，充分利用股东资源，细分市场，拓展消费场景，坚持产品和服务创新，不断满足不同类型消费者的信贷需求。践行普惠金融理念，通过提升自主风控能力、提高自营业务占比等方式，不断压降利费水平。

三、存在的问题和风险

汽车金融公司行业增速放缓，二手车业务增长值得关注。金融租赁公司经营压力持续上升，信用风险管控持续承压，专业化水平有待提升。消费金融公司在合作机构管理、信用风险管控方面有待加强。货币经纪公司在执行签约服务方面有待完善。金融资产管理公司业务转型压力大，信用风险管控压力较大。

四、监管工作情况

加强非现场监管力度，确立“四位一体”的监管思路，强化主监管员职责，对可能出现的风险早分析、早判断、早预警，提高监管工作的前瞻性和有效性。

高效开展行政许可工作。如期批复上田八木货币经纪（中国）有限公司开业；行政许可审批时间较规定时限平均缩短超过40%；精简汽车金融公司申请金融债材料3项，精简比例近1/3。

持续引导辖内非银机构转型发展。引导辖内金融资产管理公司明确定位回归主业，合规开展创新业务；引导金融租赁公司积极对接“十四五”规划重点领域和重大项目金融服务需求，加大对传统产业升级、先进制造业发展、绿色低碳等领域金融支持力度。

持续强化消费者权益保护。妥善处理举报事项，切实保护消费者合法权益。督导机构落实主体责任，不断健全消费者保护制度和机制，妥善处理金融消费者的合理诉求，切实做好消费者权益保护工作。

（赵艺昕）

证券业发展与监管

▲证券公司

一、行业发展概况

2021年，辖区证券市场继续保持稳健发展态势，实现安全平稳运行。截至2021年12月31日，辖区18家证券公司平均流动性覆盖率为296.46%，净稳定资金比率为148.24%，风险覆盖率为231.93%，资本杠杆率18.51%，辖区各证券公司主要监管指标均符合要求。

2021年，辖区18家证券公司累计营业收入714.24亿元，累计净利润281.17亿元。与上年同期相比，营业收入增加78.32亿元，增长12.32%；净利润增加51.57亿元，增长22.46%。

辖区分支机构数量与上年基本持平。年末，辖区正式开业的证券营业部529家、分公司105家，分支机构从业人员为13 835人。分支机构资金账户开户数1 941.48万户。全年，辖区分支机构累计收入150.70亿元，累计净利润40.28亿元。

2021年，在中国证券监督管理委员

会（以下简称中国证监会）证券公司分类评价中，北京辖区14家公司参评（另外3家公司同母公司合并评价，1家未参评）。其中，3家公司被评为A类AA级，6家公司被评为A类A级，2家公司被评为B类BBB级，2家公司被评为C类CCC级，1家公司被评为C类CC级。

二、监管工作情况

2021年，中国证券监督管理委员会北京证券监督管理局（以下简称北京证监局）综合施策，督促证券基金经营机构归位尽责，提升防范风险能力。以问题导向开展现场和非现场检查，落实证券基金经营机构治理工作方案要求，督促行业开展自查自纠。实施证券公司“主体+业务”分类监管。抓好重点领域风险防范，股票质押等重资产业务风险不断收敛。加强创新业务风险管理，雪球产品为代表的场外衍生品业务风险可控。有效处置重点个体风险，新时代证券股份有限公司接管平稳推进。妥善化解个别证券公司延期披露年报、风控指标超标、风险资产规模大等复杂风险情况。年内，辖区第1家新设外资控股证券公司开业，2家拟新设外资控股证券公司已向中国证监会提交申请，积极支持辖区7家证券公司纳入首批“白名单”，批准辖区4家公司增加9项业务，批复和验收了4个创新和类创新业务资格，推动并支持辖区9家证券基金经营机构的10个项目入选北京金融科技第一批试点。

（乌敬一）

▲基金管理公司

一、基本情况

2021年末，北京辖区共有基金管理公司36家（北京注册的有21家），获批开展公募业务的资产管理机构4家，基金专户子公司18家，基金销售类子公司4家，基金管理公司分公司87家，理财中心11家，基金销售机构98家（商业银行28家、外资银行10家、其他类银行1家、证券公司12家、期货公司5家、保险机构4家、证券投资咨询机构3家、独立基金销售机构35家）。基金托管机构12家（商业银行7家、证券公司3家、其他机构2家），资产管理类外资代表处9家。

北京辖区有5家基金公司具有社保业务资格，4家基金管理公司具有企业年金业务资格，34家基金管理公司具有专户业务资格，11家公司具有合格境内机构投资者（QDII）业务资格。有11家合资基金管理公司（北京注册的有8家），8家基金管理公司在境外合计设立16家子公司。截至年末，北京辖内基金管理公司从业人员共计7 394人。

二、存在的问题和风险

2021年，公募基金行业头部效应增强、经营业绩分化、产品和服务同质化等问题也日益突出，需进一步提高差异化发展能力；个别公司也出现服务专业性不强、挖掘客户需求深度不够、重数量轻质量等情况，需进一步提高客户综合服务能力。

三、监管工作情况

（一）多措并举提升日常监管效能

对辖区基金管理公司持续进行定性和定量相结合的动态综合评价，实行分类监管，配置相应监管资源，并结合监测结果不断优化分类监管指标。以风控台账、资管月报、监管档案、监管日志为抓手，科学设定风险分析指标，创新编制基金产品风险月报，对基金产品持仓高风险债券情况进行实时动态监测，提高基金“踩雷”风险的处置效率。

（二）严格执法贯彻“零容忍”方针

围绕公司治理、投资管理、合规风控、销售管理、网络安全等多个重点领域，全年对基金管理公司、基金管理子公司、基金托管人、独立基金销售机构等合计开展现场检查66家次，非现场核查30家次。对于媒体反映的重大负面舆情和日常监管中发现的违法违规线索，迅速反应，及时采取处理措施，掌握监管工作主动性。针对现场检查和非现场核查中发现的违规问题，依法依规对公司及相关责任人采取行政监管措施，有效打击违法违规行为。

（三）大力支持辖区机构参与创新业务

支持辖区基金公司聚焦投资主业，积极参与创新业务，不断加强产品创新，提高服务居民财富管理能力。年内，北京辖区共有3家基金管理公司、2家基金销售子公司获批参与公募基金投资顾问业务试点，首批试点公司用户留存率、盈利比例、复购次数等指标表现良好；共有4家基金公司发行基础设施公募基金，相关产品运行稳定；有1家基金公司开展运营服务业务，服务范围涵盖商业银行、证券公司、期货公司等多类机构。辖区基金公司在参与科创板、北交所投资方面充分发挥了机构投资者的专业能力，在ESG基金、MOM（一种较为新兴的资产管理策略）、养老金管理方面的探索布局初具规模。

（四）持续督促辖区机构落实疫情防控措施

督导辖区机构稳定、安全开展工作。严格执行疫情防控日常监测和报告制度，加强基金经营机构疫情防控和疫苗接种工作的监督指导，针对个别机构发生的“封楼”“居家办公”情况，第一时间指导公司启动应急预案，做好远程办公安排，确保基金交易、清算等关键业务持续稳定开展。督导辖区全部基金管理公司完成应用级灾备建设，应对疫情等突发事件的能力有质的提升。

（纪雪宁）

▲私募机构

一、基本情况

2021年末，北京辖区已登记私募基金管理人4 296家，已备案私募基金19 689只，管理基金规模4.26万亿元，与上年同期相比分别增长－0.92%、24.35%、18.66%。

二、存在的问题和风险

风险呈现高发态势，“伪私募”“类私募”“乱私募”层出不穷。以私募基金名义从事非法集资，违法犯罪风险突出；集团化运作导致业务交叉，利益冲突风险突出；从事短募长投、期限错配、分离定价的资金池业务，流动性风险突出；投资失败导致巨额亏损，高管人员“失联”“跑路”，兑付风险突出；高比例投资非标资产，信用风险突出；与P2P等互联网金融业务直接或间接关联，风险传导可能性突出。

三、监管工作情况

（一）以前置管理为抓手，加强增量基金风险防范

针对新设私募机构及私募基金，实施前置管理、市场监管部门注册、中国证券投资基金业协会登记备案、地方金融办日常排查的四方闭环监测管理模式，确保“增量不发生风险、出现风险有据

可查”。

（二）以问题风险为导向，加强存量基金风险摸排

持续向辖区私募机构传递监管压力。落实专项检查工作要求，对多家风险隐患机构开展风险摸排；加强对违法违规机构的惩处力度，对多家违法违规机构采取行政监管措施，持续推进对部分机构的行政立案调查及处罚工作，向中国证券投资基金业协会通报多批次失联、异常机构，向公安机关移送多件涉嫌犯罪线索。在用足行政执法手段的同时，持续督促指导相关机构做好问题整改、风险化解有关工作。

（三）以信息系统为助力，构建风险监测预警机制

依托私募基金监管系统、舆情监测系统、“冒烟指数”监测平台、外网监管门户等平台，通过各项风险指标全面筛查辖区机构，并结合日常监管情况综合评估，逐步构建和完善辖区私募基金风险监测体系。

（四）以投资者利益为核心，提升投保投教工作质量

组织辖区证券期货经营机构、投保基地开展防范非法证券期货暨防范非法集资宣传月活动。结合《防范和处置非法集资条例》《关于加强私募投资基金监管的若干规定》《私募投资基金监督管理暂行办法》等规定，制作私募常见违法违规案例 10 余起进行普法宣传，通过以案释法，提升投资者风险防范意识。

（五）以助推发展为目标，做好行业政策研究落实

持续推动私募份额转让平台建设。妥善落实国务院、中国证监会有关政策，做好与有关部门单位的沟通衔接，指导北京股权交易中心份额转让试点创新业务实现“零”的突破，年内已完成私募基金份额转让交易 11 单，交易规模 10.39 亿元；基金份额质押业务 7 单，在押规模 7.91 亿元。高效落实创投基金财税优惠政策。及时组织开展辖区私募创业投资基金享受《财政部　税务总局关于创业投资企业和天使投资个人有关税收政策的通知》（财税〔2018〕55 号）税收政策核查认定工作，全年对辖区 7 家私募机构的 8 只创业投资基金的税收优惠申请出具了无异议意见。

（贾若）

▲期货公司

一、基本情况

2021 年末，北京辖区共有期货公司 19 家，期货分支机构 119 家；资产总额 1 633.27亿元，同比增长 45.57%，净资本 121.51 亿元，同比增长 20.06%，资本实力整体增强。

2021 年末，北京辖区公司共代理客户 103.61 万户，同比增长 13.51%；吸收客户保证金 1 403.58 亿元，同比增长 52.45%；代理交易量 14.81 亿手，同比增长 8.62%；代理交易额 106.62 万亿元，同比增长 21.69%。市场交易规模、交易金额均有所增加。

在 2021 年中国证监会期货公司分类评价中，北京共有 A 类 AA 级公司 3 家，A 类 A 级公司 1 家、B 类公司 14 家、C 类 CC 级公司 1 家。2021 年，北京辖区 18 家公司具有投资咨询业务资格，18 家公司具有资产管理业务资格，10 家公司设立 11 家风险管理子公司。

二、存在的问题

大宗商品波动加大，期货市场风险

监测分析及预判面临新的挑战；业务范围较窄，经纪业务同质化严重，资产管理业务较为弱势，风险管理子公司作用尚未充分发挥，机构发展面临资金不足、人才短缺、信息技术发展不足、内控治理效果不够好等较多困难；投资者结构有待改善，客户黏性差。产业客户参与度不够高；监管层面存在“短板”，法规体系层级不够，一些法律关系仍处于监管空白地带，“五位一体”期货监管系统内部信息和资源共享还不够充分及时，监管执法联动不足。

三、监管工作情况

（一）扎实做好日常监管工作，提升合规管理水平

加强净资本监管、客户保证金监管，积极配合做好期货公司监管综合系统（FISS 系统）升级改造工作，打牢期货经营机构平稳健康运行根基。

开展期货经营机构公司治理自查自纠和规范整改工作、开展分支机构自查自纠风险排查工作，落实主体责任，夯实期货公司合规管理基础。

通过召开辖区期货监管会、开展专项整改工作、约谈高风险公司高管重点督导等多项举措，完善公司治理与内部控制。

加强资产管理业务监管，强化风险管理子公司监管，加强现场检查工作，督促期货公司持续合规运行。

认真处理投诉举报，切实保护投资者利益。

开展信息安全检查，强化网络安全保障。

优化行政许可、备案流程，引导机构规范报备。

（二）加强风险防范，妥善做好风险化解工作

持续跟进高风险公司内控治理风险，做好风险防控化解工作。落实资管产品涉嫌结构化发行排查工作。强化过渡期居间人管理，严查期货居间人管理新规落地过渡期间的违规问题，压实期货公司主体责任，防范居间人风险扩散。

（三）主动加强监管协作，发挥监管合力

联系各期货交易所开展论坛、培训和直播等相关活动。与各证监局开展紧密协作，加强信息交流，促进监管协作。加强与中国期货业协会的交流合作，就部分办法、规定研提意见。

（四）鼓励服务实体经济，提升辖区机构综合能力

鼓励辖区机构积极开展“保险 + 期货”项目，推进精准扶贫，指导辖区机构充分发挥期货专业优势，创新深耕“保险 + 期货”方式参与扶贫攻坚与乡村振兴，引导各级地方政府、龙头企业、金融机构等各方资金多渠道、多样化投入。辖区机构累计在 60 个市县贫困地区，为 17 万户农户提供风险保障，总保额近 40 亿元，赔付额达 2.2 亿元，成功助力 12 个县脱贫摘帽。推动期货及衍生品服务上市公司高质量发展，联合各交易所成功举办服务实体、振兴乡村等主题线上直播活动。助力辖区期货市场“双向开放”。稳妥推进全国首例境外期货交易所（美国芝加哥商品交易所集团下属 4 家期货交易所）驻华代表处备案管理工作。

（张晗）

▲证券投资咨询公司

一、基本情况

2021 年末，北京辖区共有 15 家证券投资咨询公司；总资产 35.75 亿元，累计营业收入 20.22 亿元，证券投资咨询业务收入 14.63 亿元，累计净利润 0.23 亿元。累计服务证券投资顾问业务客户 4.50 万人，证券分析软件业务客户 148.09 万人，荐股软件业务客户 10.58 万人。

二、监管工作情况

2021 年，加大对投资咨询经营公司的监管力度，扎实日常监管，严控潜在风险表象化，扎实推进监管走向深化。开展“回头看”专项整治工作，持续巩固专项整治工作成果。全面摸清辖区证券投资咨询公司及分支机构的监管档案及基础档案，系统梳理前期监管整治情况、公司展业和股权变动情况，根据各公司情况制定针对性监管手段，扎实推进监管走向深化。持续保持高压态势，打击违法违规乱象，不断加大追责力度，进一步压缩机构违规获利空间，倒逼机构业务模式转变，强化机构责任担当。优化内部流程，推进投保工作，重视投诉举报办理工作，通过对举报投诉事项的核查、督促，引导和约束证券投资咨询公司强化主体责任，提升机构投资者保护意识，有效化解客户纠纷，遏制风险苗头。

（乌敬一）

保险业发展与监管

▲财产保险公司

一、基本情况

2021 年末，在京经营业务的财产保险分公司 49 家、总公司营业部 1 家。保险公司职工 1.2 万人，其中财险营销员 0.5 万人。资产总额 669.85 亿元，同比下降 1.95%。保险公司所有者权益总额 165.6 亿元，同比增长 5.5%。全年实现原保险保费收入 529.84 亿元，同比增长 2.03%；赔款支出 317.97 亿元，同比增长 10.64%；综合赔付率 67.2%，同比提高 3 个百分点；承保利润 5.94 亿元，承保利润率 1.3%。

（一）车险综合改革成效明显

自 2020 年 9 月车险综合改革实施以来，“降价、增保、提质”目标已初步实现，消费者充分享受到改革红利，车险业务规模虽有下降，但经营指标、效益逐步好转。全年北京地区车险保费收入 227.75 亿元，同比下降 9.30%，占财产险总保费收入的 43%，同比下降 5.12 个百分点；车险赔款支出 164.2 亿元，同比增长 6.5%；承保利润 1.90 亿元，同比下降 32.23%，综合成本率 98.7%，同比下降 1.2 个百分点，综合费用率 31.5%，同比下降 4.15 个百分点，手续费率 12.72%，同比下降 2.81 个百分点；商业车险单均保费 2 906.1 元，较改革前下降近 20%，商业三者险平均保额 133.3 万元，较改革前提高 46.9 万元。

（二）非车险业务快速增长

2021 年，非车险业务保费收入 302.1 亿元，同比增长 12.65%，占财产保险总保费收入的57%。随着复工复产进度不断加快，实体经济迅速恢复，相关非车险险种回归平稳发展态势，如信用险、货运险、工程险、健康险、责任险同比分别增长874.03%、37.88%、24.70%、15.41%、9.79%。受生猪产业发展政策影响以及创新险种发展，农业保险保费收入13.1亿元，同比增长30.36%。

（三）行业整体经营效益向好，盈利水平两极分化

2021年，北京地区财险公司实现承保利润5.94亿元，同比增长841.78%。行业承保利润集中度较高，中国人民财产保险公司北京市分公司、中国平安财产保险公司北京分公司和中国太平洋财产保险公司北京分公司三家机构共计承保盈利11.11亿元，对行业贡献度达187.04%。中小财险公司仍然面临较大发展压力，28家中小财险公司盈利水平同比下降，32家中小财险公司承保亏损。

二、金融产品及服务创新

（一）深化车险领域改革创新

推广交通事故“互碰快赔”机制。联合北京市公安局公安交通管理局（以下简称北京市交管局）加大宣传力度，鼓励保险公司推广线上服务，提升服务效率，98%以上公司实现线上理赔。截至年末，“互碰快赔”机制服务车主超过170万人次，单方平均结案周期缩短约50%，消费者服务体验大幅度改善。

不断深化“警保合作”机制。与北京市公安局公安交通管理局、中国银行保险信息技术有限公司签订三方合作协议，整合专业优势。创新推出“远程处警”模式，实现轻微车损事故全流程线上化、一体化快速处理，日均处理交通事故千余起，占同期事故总量50%以上，平均5分钟挪车、15分钟处理完毕，重复报警率下降近40%，回访满意度达99%。

（二）推动农业保险高质量发展，助力乡村振兴战略

推动北京地区农险理赔电子公示功能上线，成为国内首批实现农险定损理赔结果线上公示、农户在线核实确认的地区。印发《北京银保监局办公室关于进一步明确辖内农业保险业务经营条件的通知》，强化农险经营主体管理，公布北京地区农险经营主体名单。农险功能作用得到有效发挥，全年，政策性农险实现签单保费6.97亿元，提供风险保障142.19亿元，支付赔款4.24亿元，承保生猪、能繁母猪93.4万头，提供风险保障13.31亿元。

（三）强化保险服务首都社会经济发展能力

持续推动知识产权保险试点，优化首都营商环境。全年，试点为201家企业的1 706件专利提供风险保障16.67亿元，支付首笔理赔款16万元，并入选国家服务业扩大开放综合示范区首批十大最佳实践案例。

支持绿色建筑市场发展。9月，北京地区首单高标准商品住宅绿色建筑性能责任保险项目在朝阳区落地，截至12月底，累计为4家企业提供绿色建筑性能责任保险风险保障7 100万元。

辅助社会治理。推动工程质量潜在缺陷保险发展，全年，试点已为全市16个行政区的195个项目提供风险保障592.15亿元；指导行业研究推出可不聘用工程监理建设项目质量潜在缺陷保险产品。

三、存在的问题和风险

行业以价取胜、规模至上的粗放发展

理念尚未完全转变，车险的不理性经营行为时有发生，存在一定合规风险。意外险市场部分领域存在不合规问题，借款人意外险产品定价不合理、捆绑销售等不规范问题突出，部分公司经营学平险业务存在不执行经备案的条款和费率以及跨区域经营问题。

四、监管工作情况

（一）整治市场乱象，防范化解金融风险

整顿车险市场秩序，建立经营数据日报制度以及定期回溯和分类处置机制，针对车险领域违规问题，从严进行行政处罚。完成与网贷平台合作信保业务风险处置，辖内保险公司与网贷平台合作信保业务已全部出清。调查发现违法违规问题，行政处罚5家机构和7名责任人员，累计罚款177万元。对意外险领域突出问题下发行业通报，印发专项通知，规范学平险业务。

（二）践行新发展理念，深化车险领域改革创新

统筹推进京津冀道路交通事故车险服务一体化。建立京津冀三地协调联动机制，广泛听取行业意见，进一步明确一体化试点范围。制定工作方案，稳步推动北京市和河北省交通事故车险服务一体化试点工作。

（三）提升保险服务水平，支持首都经济社会发展

助力乡村振兴战略。持续深化农业保险理赔信息化试点，推动农业保险理赔电子公示功能上线，成为国内首批实现农业保险定损理赔结果线上公示、农户在线核实确认的地区。明确辖内农业保险业务经营条件，强化农险经营主体管理，公布北京地区农业保险经营主体名单。发挥保险辅助社会管理功能。持续推动北京市知识产权保险试点，优化首都营商环境，并入选国家服务业扩大开放综合示范区首批十大最佳实践案例。推动开展绿色建筑性能责任保险，支持绿色建筑市场发展。深化工程质量潜在缺陷保险试点，指导行业研究推出可不聘用工程监理建设项目质量潜在缺陷保险产品。指导行业全力服务北京冬奥会。印发通知督促辖内机构为冬奥服务车辆办理车险延期、开通车险理赔绿色通道；指导相关保险机构设计冬奥会专属保险方案，提供全方位保险保障。

（王汝燕）

▲人身保险公司

一、基本情况

2021年，在京经营业务的人身险分公司66家、总公司3家，因京津冀政策在京备案直接经营业务的支公司1家，总公司在京直接经营业务的营业部1家；其中，中资公司46家，外资公司22家。人身险业务原保险保费收入（以下简称保费收入）为2 138.8亿元，居全国第四位，同比增长20.2%。非保险合同业务本年新增交费969.1亿元，同比增长7.49%，其中，保户投资款本年新增交费810.7亿元，同比增长0.5%，投连险独立账户本年新增交费158.4亿元，同比上升66.5%。资产总计9 385.4亿元，同比增长17.6%。承保利润15.3亿元，同比增长53.5%。同期，原保险合同赔付支出541.3亿元，同比增长17.2%，退保金208.3亿元，同比下降20.4%，非保险合同本年新增退费484.1亿元，同比下降3.3%，其中，保户投资款本年退保424.0亿元，投连险独立账户本年退保60.1亿元。

二、金融产品创新和金融服务

（一）聚力“病有所医”，推动保险产品供给创新

开发城市定制型商业医疗保险产品“北京普惠健康保”，实现保障人群、保障范围、特药责任三方面创新，整体保障程度全国最优，为高额医疗支出费用提供保障，全年参保人数超过300万人。

（二）着力保障民生，回归保险保障本源

积极承担社会责任，实现长期护理保障覆盖42万人，护理享受3 103人，疫苗不良反应保险承保全国超过90%新冠疫苗。截至年末，老年人专属意外险保障人数20.1万人，提供保额160.8亿元；承保失独家庭保障承保7.58万人次，累计理赔超过2.11亿元；养老机构责任险累计已承保北京市养老服务机构的64.5万张照护床位，支付赔款5 626.1万元。

三、存在的问题和风险

产品收益低引发的满期给付与非正常退保和结构调整期的局部现金流风险仍需持续关注。非保险金融产品风险的跨行业传递问题。业外机构代理投诉退保风险。

四、监管工作情况

（一）风险治理防范

对于非正常退保和满期给付风险较大的重点机构进行风险提示与督导，要求各公司应切实履行监管要求，加强对存量保单风险监测，规范做好增量业务，尤其要关注远郊区保单、老年人保单的相关风险。开展“退保理财”整治工作。指导北京保险行业协会建立行业信息交流平台，召开专题交流会6次，按月向公司“一把手”通报举报办理问题，建立共享机制，压实机构主体责任。

（二）提升监管效能

建立销售人员“灰名单”制度，完善销售人员失信惩戒机制，强化销售人员管理。首次从监管层面提出了保险销售人员处罚信息登记、使用和管理等规范要求，同时指导行业协会完善处罚信息登记管理系统，出台实施细则，稳步推进制度落地工作。

整治销售人员自保件和互保件乱象，扭转行业“增员增效”的粗放发展模式。在全国首推禁止自保件和互保件计入考核从严举措，扭转行业增员增效粗放发展模式。通过现场调研和非现场督导明确具体执行要求，督促各公司加强制度宣导、完善考核体系、优化系统设置。全年严格按程序和时限高效完成各类行政许可212件，督促化解民事诉求602个。通过在大数据监管平台建立预警监测模型，识别出多起疑似违规风险事件，并逐个核查确认。

（三）民生保障工作

配合北京市开展深化医改、长期护理保险试点、医药产业发展、国际消费中心城市、老龄工作、健联体建设、灵活就业保障、残疾预防等多项民生工作。推动商医合作对接，促进商业健康保险高质量发展。配合北京市卫生健康委员会对现阶段辖内商业保险机构与医疗机构合作对接情况开展调研，鼓励医疗机构与保险机构或中介服务机构合作，促进医疗服务与商业保险理赔服务有序衔接，实现医疗机构向境外商业保险客户提供“一站式”费用结算服务，规范医疗机构商业保险实时结算工作。支持辖内保险机构与医疗机构开展对接合作。发展涉老、适老保险产品，通过政保合作形成“为老”服务新模式，提升财政资金效率。

（王诚）

▲保险中介机构

一、基本情况

（一）保险专业中介市场情况

2021年末，北京地区保险专业中介法人机构388家，比上年减少2家，其中，保险专业代理机构170家（全国性代理66家）、保险经纪机构171家、保险公估机构47家。在京各类保险专业中介分支机构483家，比上年减少64家。

2021年，保险专业代理法人机构实现代理保费收入486.01亿元，同比增长12.95%，实现代理手续费收入92.61亿元，同比增长3.75%；保险经纪法人机构实现保费收入1 041.50亿元，同比增长19.92%，实现经纪主营业务收入195.77亿元，同比增长21.46%；公估法人机构实现业务收入5.81亿元，同比增长47.60%。

2021年末，保险专业代理机构、保险经纪机构、保险公估机构在北京地区执业登记的从业人员分别为37 059人、25 400人和1 562人。

（二）保险兼业代理市场情况

2021年末，北京地区共有保险兼业代理机构2 534家、保险兼业代理营业网点4 271家。[①] 2021年，北京地区保险公司通过保险兼业代理机构实现保费收入940.02亿元，同比增长14.71%，占保险公司保费收入的34.98%。财产险公司通过保险兼业代理机构实现保费收入146.42亿元，同比下降7.17%，占财产险公司保费收入的26.77%。人身险公司通过保险兼业代理机构实现保费收入793.60亿元，同比增长19.92%，占人身险公司保费收入的37.08%。其中，人身险公司通过银邮兼业代理机构实现保费收入774.92亿元，同比增长21.34%，占人身险公司保费收入的36.20%；通过其他兼业代理机构实现保费收入18.68亿元，同比下降19.22%，占人身险公司保费收入的0.87%。

（三）保险公司销售从业人员情况

2021年，北京地区保险公司通过个人代理人实现保费收入846.74亿元，同比增长9.91%，占保险公司保费收入的31.51%。其中，财产险公司通过个人代理人实现保费收入9.86亿元，同比增长15.98%，占财产险公司保费收入的1.80%。人身险公司通过个人代理人实现保费收入836.88亿元，同比增长9.84%，占人身险公司保费收入的39.10%。截至年末，北京地区保险公司在京办理执业登记的从业人员共131 048人，同比减少37 217人。

二、存在的问题和风险

保险专业中介机构高质量发展的意识和能力有待强化，保险专业中介机构发展不平衡、不充分问题仍然较为突出；存在部分兼业代理机构合规意识、经营能力与监管要求存在偏差，有待进一步予以规范；保险公司销售从业人员数量呈持续下降趋势，给未来保险市场平稳发展和保险公司经营管理转型升级带来一定的不确定性。

三、监管工作情况

（一）筑牢行业风险防控底线

重点整治互联网保险乱象，全面叫停

① 因“法人持证、多点一证”改革，保险兼业代理营业网点主要是银行和保险公司类兼业代理机构的相关分支机构网点。其他类兼业代理机构仍为一个网点一个兼业代理许可证。

"首月1元""免费赠险"等营销宣传乱象，深入开展互联网保险乱象专项治理，对重点机构开展现场检查，查处并取缔互联网领域非法保险中介业务。加大对违法违规问题的查处力度，有案必查、有违必究，保持监管高压态势。印发保险公司加强合作中介机构资质管理专项通知，严防"退保黑产""非法集资"等风险隐患。

（二）深化中介市场管理改革

初步建成北京地区保险中介管理一网通平台，率先实现兼业代理及其从业人员系统化管理。强化保险专业中介机构管理，实现了对辖内分支机构的现场巡查全覆盖。组织辖内保险公司就销售从业人员执业登记管理情况开展全面自查自纠，督促保险公司持续完善执业登记管理机制。

（三）引导行业高质量发展

积极探索加强行业党建，引导有条件的机构加快推动党组织建设。大力推动新型中介市场体系建设，印发《关于加强分类指导推动北京地区保险专业中介机构高质量发展的实施意见》，明确北京地区保险专业中介机构一段时期的发展定位、目标、路径和监管保障措施。

（刘天中）

其他机构发展与监管

▲小额贷款公司

一、基本情况

2021年末，北京市小额贷款公司共计130家。注册资本金合计172.84亿元，同比下降2.18%；从业人员1 060人，同比下降17.45%；贷款余额合计144.98亿元，同比下降3.76%；资产负债合计15.19亿元。

二、行业经营情况

（一）整体放贷规模较上年略有增加

2021年，北京市小额贷款公司全年累计新增贷款投放196.17亿元，同比增长3.89%；累计收回贷款204.01亿元，同比下降0.38%。受疫情影响，"宅经济"相关的电商品类业务大幅增长，在一定程度上带动了网络消费贷头部小额贷款公司业务增长。全年消费贷头部公司放款金额为15.98亿元，占全市消费贷的45.45%，同比上涨9.38%。

（二）小额贷款公司经营状况整体下滑

2021年末，北京市小额贷款公司逾期贷款总额53.41亿元，逾期率达36.84%，较上年同期增加了7.34个百分点。全年，小额贷款行业净资产收益率水平为0.44%，较2019年的2.4%和2020年的0.65%进一步下滑；融资金额合计5.01亿元，与上年同期相比下降35.85个百分点。

（三）小额贷款公司分化更加明显

在活跃度上，全年保持150天（含）以上有业务的小额贷款公司有7家，50（含）～149天有业务的有10家，5（含）～49天有业务的有39家，1（含）～4天有业务的有15家，还有多家小额贷款公司全年未开展业务。在规模上，全年9家小额贷款公司投放

75.05 亿元，占全市小额贷款公司总体放款金额的 57.57%。在区域上，海淀区小额贷款公司发放贷款 50.04 亿元，占全市小额贷款公司放款总额的 38.39%；大兴区发放贷款 14.92 亿元，占全市小额贷款公司放款总额的 11.44%。

（四）加权平均利率呈现升高态势

以 1 年期 4 倍 LPR 作为参考，贷款年利率高于民间借贷利率法定的贷款笔数较上年同期增多。全年，北京市有 38.09% 的贷款年利率低于 10%。行业平均利率为 14.0%。

（五）发放贷款类型多数为经营贷

全年，北京市小额贷款公司累计向个人发放贷款 90.02 亿元，占放款总额的 69.06%；累计向企业发放贷款 40.33 亿元，占放款总额的 30.94%。累计发放消费贷 33.92 亿元。发放经营贷 96.44 亿元，大多数经营贷主要用于资金周转。

（六）部分小额贷款公司贷款集中度超标

2021 年，仍然有个别小额贷款公司存在单户集中度超标情况。通过对小额贷款公司单户最高放款金额占注册资本金的比重分析，多家小额贷款公司存在单笔贷款额超过注册资本金 5% 的情况，根据合规和风险监管要求，需要特别注意。

三、行业面临的问题

市场空间逐步缩小。众多大型银行凭借资金成本优势与大数据风控能力，严重压缩了小额贷款公司的业务发展空间。监测数据显示，2021 年，北京市小额贷款公司发放的经营贷中用于资金周转的“过桥贷”高达 58.57 亿元，占全年放款总额的 44.82%。

无平台依托的小额贷款公司生存艰难。截至年末，北京市小额贷款行业净资产收益率连续 3 年下滑至 0.44%。无平台依托的小额贷款公司获客成本高、资金成本居高不下、管理粗放，业务可持续增长难度大，风险水平居高不下。

产品管理过于单一，无法满足市场多样化需求。在经营贷款方面，贷款资金量过于集中；在消费贷方面，大部分小额贷款公司缺乏足够丰富的客户经营能力。因此，多数小额贷款公司仅仅提供短期和阶段性资金支持，产品单一导致可替代性高，无法成为客户长期的金融服务商。

四、监管工作情况

通过市区两级的现场检查，发现了超比例放贷、支农支小渠道作用下降、跨区域放贷、公司内部管理有待完善、审贷检查不够严格等几方面问题。2021 年，北京市地方金融监督管理局（以下简称市金融监管局）重点加强了非现场监管建设，小额贷款业务系统和非现场监管系统运行平稳良好。通过运营监管系统、督促日常数据报送，以技术手段促使小额贷款公司依法合规开展贷款业务，但是仍存在部分小额贷款公司填报和补录数据不够及时完整的情况。

（吴茜）

▲融资担保机构

一、基本情况

2021 年末，北京市融资担保法人机构共有 53 家，其中国有控股 35 家、民营 17 家、外资 1 家，另有外省市融资担保法人机构在京分支机构 3 家。与年初相比，融资担保机构总数略有下降，共退出 7 家法人机构，含 1 家国有、6 家民营，新增 1 家国有控股法人机构，分支机构数量维持不变。

二、行业运行情况

2021 年末，北京市 53 家融资担保法人机构资产总额 1 301.12 亿元，较 2020 年末增加 176.29 亿元，同比增长 15.67%；在保业务规模 6 050.02 亿元，同比增长 12.39%。2021 年末，全市融资担保机构直接融资担保业务规模 3 003.53 亿元，占比 55.05%；融资再担保业务规模 2 452.40 亿元，占比 44.95%。

（一）头部企业业务规模占比较高

在借款类担保业务新增规模中排名前三位的融资担保机构，新增借款担保规模占全市同类业务新增规模的 46.13%。2 家融资担保机构发行债券类担保业务新增规模占全市同类业务新增规模的 91.39%，2 家融资担保机构融资再担保业务新增规模占全市同类业务新增规模的 99.99%。

（二）国有控股融资担保机构发展状况优于民营融资担保机构

35 家国有控股融资担保法人机构注册资本合计 592.77 亿元，占全市融资担保法人机构注册资本总额的 84.39%；总资产规模 1 163.91 亿元，占全市融资担保法人机构资产规模的 89.45%。35 家国有控股融资担保法人机构担保业务新增金额 4 418.22 亿元，占全市担保业务新增总额的 74.25%；17 家民营融资担保法人机构担保业务新增额 1 466.35 亿元，占比 24.64%；1 家外资融资担保法人机构新增担保业务 37.84 亿元，占比 0.64%。

三、监管工作情况

市金融监管局以《融资担保公司监督管理条例》和《北京市地方金融监督管理条例》为主要依据，结合监管工作实际需要，起草了《北京市融资担保公司监督管理办法（征求意见稿）》，已完成行业座谈、专家论证、征求相关单位意见、公平竞争审查、社会稳定风险评估等程序。

在向存在问题的机构下发整改通知书、明确整改期限的基础上，对现场检查发现的相关问题进行了汇总，建立了机构问题整改工作台账，约谈整改进展较慢的机构。组织召开行业 2021 年监管工作会，重点讲解了 2020 年行业在现场检查中存在的主要问题及相关整改要求，督促机构尽快完成整改工作。

建成运行了北京市融资担保行业非现场监管系统，对融资担保公司在保余额、代偿率、拨备覆盖率等指标进行实时监测，将监测数据转化为监管工作开展依据。不定期抽查企业相关数据，对数据显示涉嫌存在的违法违规行为进行核查；每月形成融资担保《行业数据监测报告》，并对照监测报告筛查可能存在的违规行为。

市金融监管局在 10－11 月开展全覆盖现场检查，全面掌握融资担保行业合规经营情况，以“全面体检”的方式对行业存在的违规问题进行系统检查。

（吴茜）

▲交易机构

一、基本情况

2021 年末，北京市共有交易场所 32 家，其中西城区 9 家、海淀区 8 家、朝阳区 5 家、东城区 4 家、石景山区 2 家、通州区 3 家和房山区 1 家。

二、监管工作情况

（一）有序开展交易场所清理整顿攻坚战后续工作

市金融监管局向中国证监会清理整顿各类交易场所部际联席会议办公室（以

下简称清整联办）上报了北京市交易场所清理整顿攻坚战前一阶段工作进展情况，并印发《北京市交易场所清理整顿攻坚战后续工作方案》。开展规范发展类交易场所清理整顿验收备案工作，完成了中国技术交易所、北京绿色交易所等 11 家交易场所的清理整顿验收工作，并报中国证监会备案。截至年末，通过清理整顿验收备案的交易场所已达 17 家。

（二）积极开展“两区”建设工作

北京知识产权交易中心（以下简称北知中心）发行首期知识产权证券化产品，为 15 家“专精特新”“小巨人”等高新技术企业融资 3.37 亿元，企业实际融资成本 3%～4%，填补了北京市专利资产证券化产品的空白。印发《关于促进本市国有科技成果与知识产权转化　推进知识产权要素市场建设的指导意见》，进一步完善了北知中心交易服务功能，已有交易项目 191 项，累计成交金额 4.54 亿元。

北京绿色交易所迎来重大发展机遇。积极推动承建全国自愿减排等碳交易中心，已同步完成交易系统和注册登记系统一期建设工作。

全国棉花交易市场非标准仓单交易品种获批。经市政府同意，已批准非标准仓单作为全国棉花交易市场新的交易品种。

（三）加强日常监管，促进交易场所合规经营

开展年度现场检查工作。建立市区两级协同检查工作机制，现场检查达到全覆盖。其中，对 22 家交易场所交易业务、内部控制、系统安全、监管接入等 81 项内容进行了现场检查，已下发整改或改进通知，正在督导各相关交易场所开展整改或改进工作。

开展交易场所变更审批（备案）工作。在网上全流程办理的基础上，进一步优化工作流程，仅变更公司章程（不涉及董监高、股东等其他审批或备案事项）、股东名称变更（法人主体不变）事项的，可直接到市场监管局做变更。截至目前，已受理交易场所变更审批（备案）事项 71 件，完成 68 件。

深入推进“互联网＋监管”。依托北京登记结算有限公司建设北京市交易场所统一登记结算平台，实现交易场所交易信息的全面登记和交易资金的统一结算；推动建立北京市交易场所数据监测系统，涵盖 22 项风险监测指标、14 个风险监测模型，实现对交易场所数据信息的实时监测、风险预警，从源头上防控和化解风险。

（吴茜）

▲典当行

一、基本情况

2021 年末，北京市共有典当法人机构 340 家、分支机构 94 家。典当总额 375.45 亿元，典当余额 105.89 亿元，绝当金额 2.67 亿元。随着疫情防控常态化，行业积极复工复产，新增业务有所上升，贷款逾期率同比下降。

二、监管工作情况

9－10 月，市金融监管局联合各区主管部门并聘请第三方中介机构开展了典当行现场检查工作，通过实地检查，与企业进行访谈，发现问题线索的同时，了解企业背景、股东实力等，加深对企业的熟知程度和风险预判；梳理检查报告，及时总结经验问题，做好行业分析。根据梳理出的问题企业名单，按情况采取约谈、提示、清退的监管措施。

优化提升电子年审平台功能，将企业日常经营情况、合规情况、信用情况和检

查整改情况均纳入年审范围。存在违规行为、限期整改未完成企业以及“失联”、空壳等非正常经营企业、主要股东和法人严重失信企业不得通过年审。

加强行业排查清退、加大监管约谈频次，“一企一档”督促企业整改。全年，累计清理不符合资质典当法人企业及分支机构 41 家，公告 3 家“失联”企业，共约谈问题企业 16 家。建立企业问题整改台账，每月梳理企业整改进展，对整改困难的企业一对一督促指导，推进企业整改进度。

四、服务与管理

货币金银管理

2021年，面对新冠疫情防控压力持续加大的严峻态势，中国人民银行营业管理部（以下简称人民银行营业管理部）主动作为，攻坚克难，科学调拨发行基金，优化代理库布局，加大发行库管理力度；靶向施策，持续发力公共服务、交通出行等民生领域；协助公安机关破获千万元级假币大案，警银收缴比创历史新高；积极创新机制，数字人民币在京试点取得新突破；北京重点库运行平稳，货币金银业务转型工作有序推进。

一、有效保障北京市现金供应

（一）科学调拨发行基金

制定《重大疫情影响下北京市发行基金调拨应急工作预案》，加大原封新券投放力度；做好疫情期间现金消毒与现金服务工作，为保障北京冬奥会现金供应奠定坚实基础；圆满完成2021年发行基金调拨计划。全年发行基金投放同比下降19.99%；回笼发行基金同比下降6.94%；净投放发行基金177.11亿元，同比下降57.67%。

（二）做好普通纪念币、纪念钞预约及兑换工作

组织辖内涉及普通纪念币发行的金融机构召开会议部署发行工作，严格发行纪律；完善“24小时接诉即办”制度，及时处理有关举报和投诉；在人民银行营业管理部恒华办公区设立普通纪念币预约核查服务岗，遏制跨行重复预约及预约后未兑换行为；完善普通纪念币发行应急管理工作机制，制定“精准延期”措施。

二、加强人民币收付业务管理

（一）构建拒收现金整治长效机制，维护人民币合法地位

建立部门协同机制，与北京市地方金融监督管理局（以下简称市金融监管局）联合印发《北京市持续做好整治拒收人民币现金工作方案》，共同引导规范各类经营主体的现金收付行为。在公共服务、交通出行等民生领域依法依规开展拒收现金专项整治，对10家违法单位作出经济处罚，罚款总额138万元。设立“网格员”，负责整治拒收现金宣传与违法行为协查。截至年末，指导金融机构累计开展各类整治拒收现金宣传12万余次，制作发放宣传册65万份，受众人数1 200余万人。就拒收现金违法行为接受北京电视台新闻频道采访并在“首都晚间报道”栏目播出，以此警示违法主体。

（二）加强残损人民币回收，持续提升流通中人民币整洁度

深入金融机构和用现商户开展残损人民币回收情况调研，制定精准应对措施。建立分片包干责任制，畅通残损币兑换网点查询渠道，搭建小面额余缺调剂平台，累计为9家金融机构协调解决零头库存1 334.15万元。

（三）依法依规开展行政许可审批工作

依法依规开展人民币图样、黄金及黄金制品进出口两项行政许可审批工作。截至年末，办理人民币图样行政许可审批20笔，《黄金及黄金制品进出口准许证》

298笔，业务量均居全国之首。

三、落实反假货币各项措施

（一）收缴假币，净化货币流通环境

截至年底，共计收缴、没收假人民币张数同比下降21.36%，金额同比上升515.37%。其中，来自金融机构的假人民币收缴量同比张数下降6.71%、金额上升4.50%；来自公安部门的假人民币没收量同比张数下降49.90%，金额上升1 261.82%。

（二）推动反假货币新政落地，警银收缴比创历史新高

深入落实《中国人民银行货币鉴别及假币收缴、鉴定管理办法》，组织全辖金融机构开展反假货币业务培训，指导金融机构建立反假货币培训新机制。召开北京市反假货币工作联席会议联络员会议，联合34家成员单位共同开展假币整治工作。完成货币真伪鉴定中心的建设工作，全年进行货币真伪鉴定12起。积极开展反假货币数据建设，支持精准打击假币犯罪，在银警的共同努力下，破获1起人民币假币网络售卖特大案件，缴获假人民币2 589.86万元，破获1起假美元销售、持有使用案件，查获假美元7.87万元，全年警银收缴比为891.85%。

（三）深入开展反假货币宣传活动，提高公众识别防范假币能力

开展具有冬奥特色的反假货币宣传，设计、制作中英文版宣传微视频和宣传折页。在中国人民银行货币金银局的指导下，与中国人民银行石家庄中心支行、中国人民银行张家口市中心支行联合开展第四届“助力冬奥　京冀联合反假货币宣传”活动。在抖音财经频道投放反假货币宣传视频1 906个，播放量2.8亿次。开展线上宣传，组织辖内联席会议成员单位及金融机构参与第六届平安中国“三微”大赛，参赛作品《警惕假币陷阱　共筑平安家园》荣获第六届平安中国“三微”大赛最佳短视频奖。

四、强化发行库管理，构建风险防范长效机制

完成对辖内5家代理发行库的风险大排查督导检查工作。开展违规调换发行基金专项排查工作。撤销工商银行顺义代理发行库。实施智能化技防项目建设，充分利用现有高清视频监控系统，通过运用人工智能、大数据等技术，实现“从外向内”一体化防控，技防系统向智能化转型。

五、稳妥推进数字人民币试点工作

牵头制定数字人民币北京冬奥会场景试点实施方案。推进数字人民币受理环境建设，实现冬奥安保红线外交通出行、餐饮住宿、购物消费、旅游观光、医疗卫生、通信服务、票务娱乐七大类场景全覆盖。与北京市财政局联合印发《关于开展数字人民币北京冬奥会场景试点工作有关事项的通知》，解决财政预算单位参与数字人民币试点开立对公钱包难的问题。协调6家运营机构完成闭环内消费场景软硬钱包受理环境升级改造、POS机具升级、签约酒店硬钱包代兑协议签署工作，组织制定冬奥宣传口径和培训要点，做好闭环内数字人民币服务。组织开展3次数字人民币大型试点活动，吸引350余万人参加。

六、钞票处理业务

（一）钞票处理业务开展情况

2021年，北京钞票处理中心全年共清分回笼券74.25万捆，复点18.67万捆，销毁18.95万捆，顺利完成总行下达的生产任务。单台清分设备日均清分时间4.13小时。销毁设备单位时间处理能力

为1.321吨/小时，与上年相比保持稳定。

（二）加强创新引领，推动钞票处理转型

2021年7月，北京钞票处理中心首次年度审核，依照ISO 9001质量管理体系要求，推广“6S”管理，实现业务操作、物品摆放、现场管理的安全、标准，以环境有序促进行为有序，打造运行安全、作业标准、环境整洁的精品钞处；借助中国人民银行钞票处理非现场检查业务试点，对场地内监控系统进行升级，加强非现场检查力度，常态化开展钞票处理业务实情测试，完善外包公司评价体系，建立钞票处理应急队伍，优化业务数据的产出与使用，不断提高转型后的运行效率和风险处置能力。

（三）实施精细化管理，确保业务安全

压实疫情防控职责，对业务场地严格消杀，同时积极动员组织中心员工和外包员工接种新冠疫苗，第三针疫苗整体接种率达到94%；落实清单管理，在清分、复点、销毁岗位日常工作中实行清单管理，各业务主管、管理员每日分别记载填写清单，并对出现的差错或异常情况在备注栏予以说明；强化监督检查，会同货币金银处共同组成检查组对钞票处理业务进行全面检查，对检查中发现的问题，深入查摆原因，全部整改到位。加强培训考核，联合劳务外包公司开展了34次培训教育考核；加强应急演练，开展了复点场地突然断电应急演练，通过演练树立忧患意识、破除麻痹心理、增强应急处置能力；适应预算从紧常态化要求，强化内部管理、深挖潜力，积极促进钞票处理业务降本增效。

（王雷　王婧）

国家金库业务

2021年，国家金库北京市分库认真履行国库服务和国库监督“双支柱”职责，积极贯彻落实总库各项部署要求，紧紧围绕全国国库工作会议的重点工作，依法履行经理国库职责，积极为群众办实事、解难题，国库高质量发展取得积极成效。

一、靠前一步稳妥筹备，全力保障北京冬季奥运会退税顺利实施

认真贯彻落实总行关于做好2022年北京冬奥会境外退税工作部署，提前研判，先期完成系统升级、联调测试、业务验证以及人员培训等筹备工作。与税务部门建立专项联系机制，跟踪退税实体清单发布进展。督促辖内北京冬奥会合作银行持续跟进273家北京冬奥会退税“白名单”企业情况，及时报告企业开户与办理退税业务信息。向辖内各级国库明确北京冬奥会工作目标任务，在合规高效的前提下确保北京冬奥会退税业务特事特办、急事急办。

二、异地缴税全国首批试点顺利推进，39家银行实现全流程线上办理

协同税务部门与39家试点银行高效完成系统升级上线，解决了首都外埠纳税企业急难愁盼问题。为更好地了解异地缴税业务办理过程中的痛点和难点，国家金库北京市分库副主任带队赴 5 家企业实地调研，进一步优化业务处理流程。指导辖内银行通过微信公众号广泛开展异地缴税政策宣传。

三、开展国债恢复发行 40 周年主题宣传，北京市储蓄国债销量常年稳居全国首位

采用“场内宣讲 + 场外宣传”方式，开展国债知识进学校、进乡村、进社区宣传活动，辖内国债承销机构开展各类国债宣传万余次。通过人民银行营业管理部微信公众号刊载 11 期国债文案，组织辖内银行积极转发，点击量约 4 万人次。落实全年国债发行工作部署，扎实做好组织管理，2021 年北京全辖销售国债 733.42 亿元，连续多年保持全国首位。

四、个税退税“零舆情、零差错”，创单日退库业务办理全国纪录

2021 年，个人所得税综合所得汇算清缴退税总量与上年同比增长 33%，单日峰值与上年同比增长 67%。国家金库北京市分库协调国家税务总局北京市税务局，建立申报数据每日共享、业务处理批量错峰、网络舆情应急处置三项机制，指导辖内 18 家代理支库优化退税审核系统，有力保障个税“红包”精准落袋。

五、为群众办实事，开展储蓄国债到期提醒兑付

组织辖内 25 家储蓄国债承销机构开展到期提醒兑付工作自查，形成问题清单，有针对性地加以整改完善。将到期提醒兑付纳入国债宣传，提升群众国债及时兑付意识。2021 年共提醒兑付到期国债 7 000余笔，有力保障了国债投资者权益。

六、发挥国库监督“支柱效应”，不断提升商业银行代理国库业务水平

对中国民生银行和中国建设银行北京市分行开展现场检查。持续实施国库监督综合报告制度。按照“3 + 4”模式，做好北京市国库集中收付代理银行资格认定工作。国家金库北京市分库主任带队赴海淀区支库检查调研。完成对辖内 18 家代理支库 2020 年度年审及达标升级考核评定工作，共评出一级库 2 家、二级库 13 家、三级库 3 家。加强财政直达资金拨付监督。坚持“巡查 + 暗访”机制，规范国债发行秩序。2021 年完成对全市 25 家储蓄国债承销机构 84 个销售网点的现场巡查，1 100 个销售网点的“神秘人”暗访。

七、打造资金运行分析品牌，为政府决策提供国库支持

深入分析研究北京市财税状况、经济形势以及专项债务情况，打造季度分析品牌报告。结合 2021 年财政库存较高特点，及时向市委、市政府报送信息，为决策提供数据支撑，充分发挥国库部门财税智库作用。

八、主动担当作为，推进财政部门重启地方国库现金管理操作

与北京市财政局开展多轮沟通，于 6 月重启地方现金管理操作。2021 年共开展操作 2 期，金额 500 亿元，为财政增收超过 2 亿元。牵头 6 家现金管理操作银行开展专题研究，探索我国地方国库现金管理创新方案。

（李天懋）

支付结算清算管理

2021年，人民银行营业管理部始终秉承“支付为民”理念，持续优化支付服务水平，不断推动首都支付行业治理现代化。

一、决战决胜北京冬奥支付环境建设取得圆满成功

（一）圆满完成冬奥重点保障全场景建设

成立北京冬奥支付环境建设领导小组，统筹调动各方资源，完成全市50个重点商圈、27家定点医院、8大客运站、5大火车站、59家签约酒店、7个5A级风景区支付环境建设工作，全市98%以上ATM可受理外币银行卡取现。

（二）高质量完成四项红线内新增建设任务

统筹推进红线内“现金+数字人民币+VISA境外单标卡+VISA境内双标卡+云闪付”方案落地。完成红线内“云闪付”绑定外卡受理、ATM取现拓展至银联卡、银行卡受理、本外币兑换服务等支付需求建设。

（三）扫清身份核验障碍，打造便利境外人员支付试点

率先打造境外人士身份核验联网核查系统，创新两项弱身份核验移动支付，争取将“旅行通卡”试点范围由日韩籍游客扩展到全部境外人士，推进境外人士移动支付创新试点。

（四）两项补贴举措推进小微商户本外币银行卡受理

向北京市人民政府申请800万元冬奥支付环境建设专项资金，支持小微商户机具改造工作。组织30家收单机构完成50个重点商圈的2.5万户小微商户受理环境改造，协调VISA降低手续费率1%，降低小微商户外卡受理准入门槛。

（五）三级体系确保冲刺阶段任务落实

牵头18家单位成立运行指挥部，形成“人民银行、主办银行、金融店长”三级工作体系，强力推进、快速响应，完成ATM增布、本外币双向兑换受理等闭环管理新增任务，有力保障冲刺阶段工作件件落实。

（六）三项机制夯实赛时金融保障

建立“赛时指挥中心、实战演练、冬奥投诉直通车”三项机制，构建冬奥支付环境决战阶段指挥、运行、支持保障体系，压实闭环签约酒店等实体金融服务主体责任，全力做好业务演练、舆情应对工作。

二、稳妥推进银行账户服务优化

（一）出台政策文件，推动银行账户服务优化

依托“行处长走流程、金融服务包区对接、长效督查、接诉即办”工作机制，行领导实地“走流程”20余次，调动17个处室100余人，开展5轮暗访，调研座谈企业361家，召开6次全市金融机构工作会，出台三份文件、两则倡议、两项自律公约。通过尽职调查后置、账户分类分级管理、推广小微企业简易开户试点、推行“三公开、一公示”，倡议银行

减免账户服务手续费等10余项举措，推动银行账户服务优化，企业开户时间缩减至3个工作日内，简易开户耗时1个工作日，全年开立对公银行结算账户39.89万户，同比增长约20%。

（二）高点谋划规划，推动银行开户系统性再造

研究推进账户服务管理体制机制改革，从考核机制、责任机制、人员配备、系统改造、交易监测等全方位，积极探索防风险与优服务并重的账户服务管理新模式，推动出台账户管理“北京方案”，引导金融业服务转型。

（三）集中开展宣传，政策红利惠及基层

梳理账户基础知识以及优化政策问答清单，发放“企业账户知识30问”宣传册、宣传视频。组织辖内80余家商业银行集中在人民网、《金融时报》、学习强国App等主流媒体和新媒体开展政策宣传，累计开展宣传654次，覆盖超过800万人次。

三、持续打击治理网络电信诈骗和跨境赌博“资金链”

（一）合力出击，形成联防联控局面

成立人民银行营业管理部专项工作组，联合北京市公安局（以下简称市公安局）、中国银行保险监督管理委员会北京监管局（以下简称北京银保监局）成立协调机制，建立三级联合行动试点，建立信息共享、联合约谈长效机制。

（二）倒查责任，形成有力震慑

年内，对个人涉案账户较多的3家银行网点开展现场走访调研。银行进行内部通报270人次，扣减绩效593人次，采取其他追责形式176人。对5.2万个非法买卖账户的单位和个人实施不得新开户惩戒。

（三）排查风险，强化源头治理

全年排查存量单位账户116.99万户，管控2.74万户；排查个人账户8 264.19万户，管控125万户。

（四）科技引领，提升风控能力

指导地方法人银行和支付机构新建账户风险监测系统或功能模块887个，拦截涉诈交易18.21万笔，金额28.99亿元；柜面拦截可疑开户2 477起，柜面协助公安机关发现买卖账户可疑10人；劝阻疑似涉诈交易1 966人、金额1.60亿元。

（五）宣传警示，保障人民利益

联合北京银保监局、市公安局开展打击治理电信诈骗、跨境赌博集中宣传月活动，累计现场宣传4.13万次，覆盖2 352.01万人。

四、全面提升支付便民惠民服务水平再上新台阶

（一）全面推行支付领域降费让利

减免企业首个账户开户费用，支持小微企业创新创业要求；指导商业银行取消捆绑销售及套餐式收费，要求分别明确展示各种增值服务收费；减免账户服务费及网银工本费，65家银行免收网银服务年费、单位结算卡等其他费用；推动支付服务减费让利落实，提前一个月实施电子银行业安全设备、对公柜台转账手续费、票据工本费减免政策。全年减免支付服务手续费超过5亿元。

（二）夯实北京地区移动支付受理能力

辖内20家银行完成冬奥商圈50个建设目标，“云闪付”二维码受理覆盖95%以上，商户覆盖6 500余户。协调9家银行进行商圈营销宣传推广，累计推送用户信息56万余条。新增拓展3.9万户“云

闪付”商户，商户整体活跃率82%，户日均笔数从营销上线前的3笔提升至4.7笔。

（三）“云闪付”App推广使用

截至年末，北京地区“云闪付”累计注册用户901.8万户，累计有效绑卡用户约512.5万户，其中年内新增绑卡用户110万户。

五、坚持严监管常态化，推动首都支付行业健康可持续发展

（一）建立三项机制应对支付领域矛盾纠纷，实现举报投诉“双降”

成立跨部门联合巡逻小组，建立“接诉即办”和巡查走访机制，与市公安局内保局、公安部门建立监管信息共享机制，推动成立北京金融消费纠纷人民调解委员会（以下简称北京市金调委）和北京市金融业公共法律服务中心，“多箭齐发”化解支付领域矛盾纠纷。累计成功调解71件次，全年共接收支付领域举报投诉601件，同比下降4.15%，涉及举报人309人，同比下降13.93%。

（二）五项举措强化规范发展

提高监管频次，约谈支付机构55次，向2家机构下发监管意见函，对1家公安通报风险机构开展现场检查，监管走访14家，针对涉案商户、账户风险下发风险提示4次，实现辖内机构监管全面覆盖。

（三）创新建立“三快速”机制，提高执法检查效率

坚持以案倒查、集诉检查、以查促改，建立快速巡查、快速调查、快速处罚工作机制，加快推进执法检查工作。年内完成综合执法检查5家、专项检查1家、快速调查3家、配合法律部门对6家机构开展处罚。

六、切实保障支付清算业务连续性

（一）保障支付系统连续运行

对辖内业务连续性风险事件银行开展约谈1次，对2家银行开展业务连续性检查，累计支持辖内20余家参与机构处置故障、系统变更和切换演练90次，做好同城清算系统业务承接“回头看”工作，为北京地区支付系统安全运行提供有力保障。

（二）抓好中央银行会计核算数据集中系统（ACS）运行管理

持续开展ACS综合前置子系统推广，累计组织46家财务公司等中小金融机构正式接入ACS综合前置子系统。配合中国人民银行做好各类中央会计核算业务，全力保障各类货币政策落地，圆满完成ACS非工作日现金业务应急演练。做好年终决算日突发应急应对，延时8小时，顺利完成2021年年终决算会计处账务处理。

（张雪晴）

征信系统建设与征信管理

2021年，人民银行营业管理部聚焦“严防风险、服务实体、助惠民生”的工作目标，创新实现“七个突破”。“京津冀征信链”建设稳健推进，区域征信信息互联互通；“创信融”平台增强金融服务小微企业能力。开出信用评级行业

"最大"罚单。征信服务由柜台服务向"线上+金融机构线下自助"迁移。推进二代征信系统数据采集切换，探索个人征信电子授权金融行业标准。"征信创意短视频"宣传活动成为抖音平台金融领域流量超过10亿的话题。通过"线上+线下"征信维权服务和督办体系，实现金融机构征信维权"一点通办"。在营商环境世界银行评价和国家评价中"获得信贷"指标评价居全国第一位。

一、搭平台、强供给，在信用信息共享上取得新突破

启动"京津冀征信链"建设，截至年末，8家征信机构上链测试，部分金融机构联调测试。"创信融"平台陆续接入16家试点银行，支持中小微企业4 000余家，覆盖北京小微信贷市场份额的70%；发放贷款40亿元，信用贷款率为100%；平均利率4.3%，不良贷款率为零。完成朴道征信有限公司企业征信业务备案，打造数字经济发展的"北京样板"。采集企业环境违法处罚信息821条，为绿色信贷提供决策参考。通过商业银行网银、智慧柜员机等交互通道搭建"征信智能"服务系统，便利人民群众就近获得更多高质量征信服务。

二、依办法、立规范，在征信评级市场发展上取得新突破

（一）加强征信市场法制化建设，打造征信市场监管新范式

组织线上集中学习《征信业务管理办法》，推动企业征信机构与金融机构对接和市场资源整合，进一步提升征信支持民营和小微企业融资能力。强化审慎监管，优化健全辖区内征信机构非现场监管及风险监测预警机制，排查辖区内征信非法组织、征信修复乱象等。

（二）以"严监管"促进高质量发展，打造辖区内评级市场健康生态

开出信用评级行业"最大"罚单，对评级机构违规行为形成震慑。构建信用评级监管工作新范式。加强行业自律规范，营造良好的竞争秩序，引导推动同一实际控制人下多家不同类别评级机构评级业务整合等。推进央行内部（企业）评级工作向纵深发展，稳妥完成政策支持再贷款发放。

三、破难题、优服务，在保障合法权益上取得新突破

（一）深化"信用北京查"服务品牌，持续拓展首都征信查询服务新体系

金融机构积极参与首都征信查询服务网络建设，加快推动征信服务由人民银行柜台向"线上+金融机构线下自助"迁移，实现"数据多跑路，群众少跑腿"。截至年末，自助查询网点103个，13家商业银行开通网银、手机银行等征信查询服务，服务供给同步增长30%，"信用北京查"服务平台累计访问量超过60万次。2021年，提供企业和个人征信查询服务180万次，较上年增长50%，自助查询方式占比98%。

（二）聚焦"征信为民"理念，持续规范征信维权处置机制

成立投诉举报工作专班，规范处理流程，辖区内金融机构建立系统内跨网点征信维权服务机制，设立1 300余个维权受理点，实现征信维权"一点通办"。实现京津两地线上征信维权服务一体化，2021年11月，中国人民银行天津分行在"信用北京查"小程序中开通线上维权功能。依托"信用北京查"，建立维权业务督办系统，实现投诉举报工作电子化，全程留痕、自动督办，降低超期风险。截至年

末，妥善处理征信维权事项861笔，其中线上渠道维权事项459笔。督导金融机构处理征信异议7 943笔，接听群众电话4.2万个。

四、强机制、严监管，在征信合规水平上取得新突破

（一）强化机制建设，全面加强征信合规监管力度

印发《北京地区个人金融信用信息基础数据库接入机构2021年征信合规与信息安全内部审计工作指南》，充分发挥接入机构内部审计监督作用。编制个人征信电子授权金融行业标准，个人线上征信授权有效性解决方案，破解线上信贷业务“不敢做”“不合规”难题。北京32家金融机构累计规范个人信贷业务4 775万笔，3 795亿元。建立《北京地区征信系统机构接入工作管理规范》，确保接入工作流程清晰、权责明确、运转顺畅。对160家接入机构进行年度考评，通报结果和风险提示，有针对性地指导接入机构上线使用征信管理监测系统考核评级子系统。

（二）突出高压态势，推动维护信息主体合法权益监管新导向

从严查处在现场检查中发现的直接关系群众切身权益的系统性、制度性违规行为。征信维权与合规监管联动，建立征信合规“快速调查”机制，防范风险积聚。

五、抓数据、稳系统，在系统运行安全上取得新突破

（一）牵头片区统筹辖区，助力二代系统平稳切换

组织指导包括北京市、陕西省、山东省、辽宁省、天津市在内的第四组工作定期推进，圆满完成第四组27家头部机构二代系统切换工作。组织213家机构做好系统对接，组织25家机构进行异常记录核实，全面整改系统设计、参数设置等问题。

（二）协同多方攻坚克难，充分发挥征信系统作用

与市金融监管局和北京银保监局合作，指导14家网贷机构完成非逾期数据及问题数据清理。为22家机构开通对公重要信息提示权限、14家机构开通个人重要信息提示权限、2家机构开通关联信息查询权限。

六、推共享、保民生，在社会信用体系建设上取得新突破

推动2 274万条涉企信用信息共享，促进小微企业信用融资。加强中小微企业信用培育，截至年末，市区两级小微金服平台注册企业突破9.3万家，较上年增长近2倍，合作机构352家，审批授信467.4亿元，放款334.5亿元。指导中关村企业信用促进会开展北京市企业创新信用领跑行动，累计帮助1 600家信用星级企业获得社会资源。深化征信支持“三农”融资，持续优化农村信用环境，评定信用户数7.8万人，其中2.1万人获得贷款，贷款余额7.3亿元。

七、强宣传、抓调研，在诚信社会建设上取得新突破

（一）加强宣传，广维度精准触达

探索在新媒体平台采用场景化、互动式、开放型的全民参与宣传模式，启动“征信创意短视频”活动，引导社会公众理性借贷，征集短视频近4 000个，播放量13.8亿次，点赞量2 000余万次，分享和评论300万余次。构建“人民银行+金融机构”活动同联、资源同享、宣传同推的“三同”征信宣传新格局，扩大“信用北京查”服务品牌影响力，

传播征信知识、提高征信信息安全、保护消费者权益，营造良好信用环境。

（二）推动征信调研与工作成果转化

瞄准个人信息保护重点，牵头形成《银行业个人信息保护调研》。紧盯市场舆情热点，及时开展舆情监测和信息汇总调研等，深入摸清整体市场情况。

（张建立）

金融信息化建设

2021年，北京市金融信息化建设工作守住不发生系统性金融风险的底线，坚持基础运维服务与科技管理创新两手抓，全力确保建党100周年网络安全，推进大数据建设，开展金融标准化宣贯，助力抗疫复工和稳企业保就业工作。

一、不断推进人民银行营业管理部信息化建设工作

修订信息化项目建设管理办法，做好全行信息化项目统筹管理。建立信息系统五级灾备保障机制，优化现有Foglight监控系统，分批次推进RP4VM等备份工具落地；扎实开展重要系统应急演练工作，完成账户系统突袭式应急演练，自主开展PICP、RCPMIS等系统演练。完成三里河办公楼视频会议设备建设和联调，重新部署重点库多功能厅视频会议设备，优化多个会议室服务质量。及时开展综合布线、设备布放、电话调整等工作，圆满完成三里河办公楼回迁和各办公区搬迁调整的技术服务保障。

二、高度重视，全面推进信息安全保障建设

修订人民银行营业管理部网络安全和信息化委员会工作职责，指导辖内金融业网络安全工作开展，圆满完成建党100周年等重要时期的网络与信息系统安全保障任务，制定北京冬奥会网络安全保障方案，组织筹备相关保障准备，对辖内银行和支付机构落实安全保障工作开展现场检查。依托金融业网络安全态势感知与信息共享平台，加强预警监测和异常处置，确保人民银行营业管理部及全辖网络安全稳定运行。

三、探索创新，认真做好金融科技应用试点及大数据建设

（一）积极推动金融科技创新发展

推进金融科技创新监管工作，年内发布3批22个金融科技创新应用，创新应用数量及应用场景保持全国领先，3个应用率先完成测试，实现创新应用全流程闭环管理。圆满完成北京金融科技应用试点验收工作，集结优秀成果形成典型案例集。开展金融科技人才能力体系建设，协调推进北京、上海、深圳、杭州、成都五地金融科技人才职业能力评价互认。推动辖内机构移动金融App适老化改造，着力解决老年人运用智能技术困难。协调推进国家金融科技风险监控中心设立工作顺利开展。推进金融数据综合应用试点，进一步促进数据规范共享和融合应用，充分激活数据要素潜能，赋能金融服务提质增效。

（二）稳步推进大数据建设

积极贯彻落实《营业管理部大数据建设行动计划（2020—2022年）》和

2021年党委重点工作的具体要求，从顶层设计、数据治理、平台建设、数据接入、创新应用五个方面持续推进营业管理部大数据项目建设。发布《中国人民银行营业管理部数据管理办法》和《中国人民银行营业管理部网络数据安全实施细则》，面向全行开展数据分类分级和数据梳理；持续丰富数据中台服务能力，夯实包含16个子平台的大数据技术支撑体系，开展大数据平台数据安全加固，接入13个内外部条线10亿多条金融数据；全面深化创新应用场景，“创信融”企业融资综合信用服务平台、全国外汇线索研判中心、反洗钱大数据分析平台、衍生品银企对接公共服务平台等12个大数据应用先后投入运行。

四、做好行业技术监管，充分发挥行业管理职能

（一）加大金融标准实施力度，探索金融标准化创新

推进金融标准化试点工作，发布《银行营业网点生僻字客户服务指南》，推进系统改造支持生僻字；开展跨境人民币支付领域金融数据交换标准应用试点工作，推动商业银行和重点企业部署应用标准收发器，北京地区已部署及待投产上线数量列全国第一位；支持指导北京农村商业银行作为全国首批试点机构建立完善企业标准体系，积极开展“企业标准化良好行为评价与管理”试点，探索金融行业“标准制度综合体”可行性路径；支持指导北京金融科技产业联盟开展2021年度国家级服务业标准化试点，探索建立金融科技创新服务标准化体系；做好金融标准宣传实施，深入开展“金融标准为民利企”质量月、金融领域企业标准“领跑者”活动；强化LEI编码应用推广，全年新增持码机构434家，支持企业更好开展跨境业务。开展金融标准化重点课题研究，积极参与编制金融标准化“十四五”规划、《北京标准化年鉴》及部分金融行业标准。

（二）积极推进辖内网络安全风险防控

圆满完成春节、两会、国庆、建党100周年网络安全保障任务。深入开展网络安全培训。部署开展2021年国家网络安全周活动；常态化组织网络安全宣传培训，先后组织全行参加打击防范电信网络诈骗暨网络安全知识科普展、中国人民银行全民国家安全教育日知识答题、组织人民银行营业管理部网络安全员、辖区95家中资银行和支付机构的网络安全负责人进行网络安全风险形势及防范对策主题教育培训。开展2021年金融行业突击式攻防演练，加强辖内支付机构技术监管；使用好金融业网络安全态势感知与信息共享平台，协调指导辖区内金融机构做好网络安全预警通报、安全事件处置等工作。

（三）强化保障，服务履职创新

全力以赴、做好三里河办公用房回迁及办公区调整的技术服务保障，按时完成布线、测通、电话调整等工作，确保办公区搬迁平稳顺利。强化技术支持和服务保障能力。完善视频会议保障机制，优化整合设备线路资源，加强外包服务人员管理，规范设备采购和配发，为人民银行营业管理部业务创新和日常办公提供稳固的技术支持和服务保障。

（刘晓丽）

金融法制建设

▲中国人民银行营业管理部法制建设

2021年，人民银行营业管理部多措并举、扎实有序开展“法治央行”示范行建设工作，为北京优化营商环境、建设首善之区贡献央行力量。

一、精准规范，增强依法行政公信力

充分发挥依法行政领导小组的“领头雁”作用，坚持以习近平新时代中国特色社会主义思想为指导，集体决策、部署重大金融法制工作。全年，召开党委会3次、依法行政领导小组会3次、政务公开领导小组会2次、行政处罚委员会6次，召开主任专题会，就重大行政处罚案件和政务公开案件作出集体决定，讨论全行性重大法制议题13次；全年共形成会议决议6件、会议纪要6件。全年共完成执法检查项目11个。

2021年，人民银行营业管理部共对28家机构、33名个人作出行政处罚决定，罚没金额合计7 060.27万元，对两家信用评级机构分别作出全系统首笔信用评级机构罚单和信用评级史上最大罚单(1 460.5万元)，并严格落实“双罚制”，逐案对直接责任人给予处罚；首次针对滥用人民银行许可虚假宣传的违法行为实施处罚；对10家拒收现金违法企业作出行政处罚。优化执法信息公示工作，全面梳理并确保历史处罚决定全公示，并修订《营业管理部行政执法信息公示工作规程》。

更新行政许可目录、服务指南，依法做出行政许可12 900件并确保所有许可均经过法律部门审核，行政许可决定未引发诉讼、复议风险，实现许可决定“零差错”。

全年共发布新闻稿件102篇，组织开展专题宣传、新闻发布会12场次，接受媒体采访7次；在子网站及时公开法定主动公开内容716篇，全年共公开531篇行政执法信息。全年共受理政府信息公开申请69件，办结69件，所有答复均经过法律部门审核，依法充分满足公民个性化合理信息需求。

有序处理行政复议诉讼案件，2021年，人民银行营业管理部发生行政诉讼案件7件，办结6件，全部胜诉；复议案件29件，办结19件，14件得到复议部门支持。

二、严格管理，强化依法行政保障力

全年，共有中国人民银行留言答复33件、举报答复1 000余件、民事合同196件等各类可能引发法律风险的问题经过法律部门审核，真正做到法治思维、依法履职、合法执法，切实将依法行政要求贯穿于履职全局。及时更新《行政处罚标准化工作指南》《营业管理部执法检查标准化工作指南》，组织编写《行政许可标准化工作指南》《营业管理部政务公开标准化工作指南》，全方位梳理、规范行政许可及政务公开流程，实现工作办理“一册通”，确保行政行为不仅“做得出”“立得住”，更能“传帮带”“可复制”。全面开展规范性文件集中清理评估，做到科学梳理、动态管理、及时整理。完善制度建设，起草《营业管理部规范性文件制定程序与管理规定实施细则》；开展新《行政处罚法》《外商投资法》等专题清理，确保新法第一时间落地；严格内部治理，全面启动规范性文件清理自查工作，废止规范性文件11件，保留有效的规范性文件54件，新增规范性文件2件，并将清理结果在官网向社会公开发布。

三、营造氛围，提升普法宣传影响力

领导干部以“依法行政”为本，带头学法用法。常态化学习研讨习近平法治思想，创新打造“党建+普法”学法模式，依托会前学法、以案说法、专家座谈、专题研讨以及与北京市各级人民法院的常态化沟通联络机制，组织法律法规专题讨论20余次。开展3期“我为群众办实事”法律咨询专场，把法律服务送到干部群众身边。通过“视频普法+线下学法+专案研法+百题自测”打造领导干部学法长效机制，依托发布法律倡议书、组织观看纪录片、答题竞赛等形式引领干部职工学法热潮。推出“美好生活·民法典相伴”专题普法，依托“今日头条”宣传窗口推出8期“一图读懂”普法专栏，点击量达3万余次。

四、加强建设，发挥法治人才创新力

强化与北京金融法院的沟通合作，派员参加青年理论学习实践联盟活动，与北京金融法院协同加强青年理论武装。签署合作备忘录，在完善金融纠纷多元化解机制、提升司法与执法的支持协作水平、典型案例宣传等方面深化合作和交流。探索构建北京地区金融法治运行情况监测体系，从在京金融机构中选取15家具有市场影响力和代表性的金融机构设立监测点，收集市场一线对金融法律法规政策的意见和建议。参与中国人民银行及北京市立法及调研项目。参与全国性重大立法草拟工作及北京市相关地方条例制定工作。承担或参与中国人民银行部署的重大课题，全年报送调研报告23篇，充分展现法治调研“北京水平”。

（汪典）

▲银行业保险业监管法制建设

2021年，中国银行保险监督管理委员会北京监管局（以下简称北京银保监局）认真贯彻落实党中央、国务院、银保监会对首都银行保险工作的要求和部署，严格行政执法，优化法律服务，深化许可改革，妥善防范风险，有力推动了首都银行业保险业法治化建设。

一、严格行政执法，持续巩固强监管严监管态势

持续加强非现场监管及现场检查。稳妥完成异地非持牌机构整改，持续加强备案机构日常监管。建立保险资金运用监测机制，探索差异化监管。开展保险法人偿付能力风险管理能力评估（SARMRA）和资产负债管理能力评估，夯实属地监管职责。加强监管协同联动，与市公安局经济犯罪侦查总队、北京保险行业协会等联合建立保险反欺诈会商机制，有效提升反欺诈能力。全年共对34家次机构开展现场检查，重点关注高风险影子银行业务、房地产、个人消费贷款、股权和关联交易及消费者权益保护等内容。率先出台地方性经营贷管理专项文件，严查严处信贷资金违规流入楼市问题。积极配合做好高风险房企项目处置。

持续保持行政处罚高压态势。全年共

作出行政处罚案件46起，累计对45家银行保险业机构及72名责任人给予行政处罚，罚没款合计7 105.7万元。行政处罚的警示震慑作用不断加强，辖内机构依法合规审慎经营的理念持续巩固。制定印发加强银行业金融机构违法违规责任人员内部问责工作规范性文件，提升机构内部问责的规范性。

强化重点领域行政执法。2021年继续推行“行政处罚重点查处事项清单”制度，根据银保监会监管工作会议精神并结合辖内工作实践，将信贷资金违规流入房地产开发市场、小微企业金融服务违规收费等18类事项列为年度重点查处事项，对纳入重点查处事项清单的行为严格实施“双罚”，在法律规定的范围内合理采取按笔、按户、按次的处罚方式，依法适用罚没条款，加大处罚力度。

二、提高法律服务水平，防范化解法律风险

抓好法律审查和政府信息公开，提升监管工作质效。年内完成各类法律审核900余件，就充分履职、违法定性、法律适用及规范表述等进行严格审查。印发法律审查工作规程，将政府信息公开、监管措施、举报投诉纳入法律审查范围，为监管工作提供法律支持和制度保障。全年，持续规范依申请公开流程，加大主动公开力度。全年累计公开行政许可、行政处罚、规范性文件、公告通知、行业统计数据、监管动态信息共计1 266条，新受理政府信息公开申请1 009件。

积极做好信访举报、行政复议及应诉工作，妥善化解行政纠纷。全年共办理信访举报2 977件，其中，信访事项20件、举报事项2 957件、举报事项中涉及银行1 836件、涉及保险1 121件。办理行政复议167件、行政诉讼168件，共计335件。其中，涉及银行业机构的案件274件，占比84.57%；涉及保险业机构的案件50件，占比15.43%，已审结案件均获支持。

继续完善制度供给，夯实制度基础。年内制发规范性文件12份，均按时报送备案。进一步完善理顺政策制定流程，组织专题培训，发布专项通知解析规范性文件审查标准和制发要点，启用规范性文件专门文号，从程序上保证规范性文件出台的规范性，充分发挥监管治理效果。定期与不定期清理相结合，年内多次开展规范性文件专项清理工作，进一步优化规范性文件体系。开展公平竞争审查专项培训，细化落实公平竞争审查最新工作要求。制作公平竞争审查实施细则要点解析，提升公平竞争审查质效。

加强执法人员队伍建设，优化法律服务保障工作。组织开展监管法制工作专题培训会、模拟法庭等活动，年内组织干部参加法治教育培训5次，共计224人次、896学时。培育公职律师队伍参与办理行政案件。年内新增申请公职律师6人，进一步扩大公职律师队伍。2021年9月，首推公职律师参与办案机制，组织公职律师办理行政复议、行政诉讼案件，有效提升行政案件办理水平。

扎实开展法治研究，做好法律服务与保障。积极参与相关立法工作，年内就《中华人民共和国银行业监督管理法》《中国银行保险监督管理委员会派出机构监管职责规定》等研提意见建议，反馈各级各类立法建议累计达20余项。组织北京银保监局监管执法人员申领执法证，加强行政执法人员资格管理。

三、推动行政许可改革，落实简政放权工作

深化“放管服”改革，加大简政放权力度。全年印发3份规范性文件，推动行政许可减材料、简程序、减环节。压减37项行政许可事项审批时限，平均压减31天；银行业分支机构迁址报告时限由迁址前30个工作日压缩至5个工作日，可为每家迁址机构节约1个月左右的租金成本；持续支持“两区”建设，推动政策制度在区内先行先试，将支行（支公司）及以下机构合计8项审批事项改为报告（备案）并精简多项材料。

优化审批流程，提升行政许可工作规范性。出台《北京银行保险机构高管人员任职资格审批暂行办法》，规范任职资格审批，紧抓考察谈话环节，杜绝监管盲区和真空。结合行政许可事项下放、简化情况，修订《北京银保监局行政许可事项分类审批管理办法》，调整、优化行政许可事项审批权限。

四、深入开展扫黑除恶专项斗争，有效打击治理电信网络新型违法犯罪

印发专门通知，组织银行保险机构开展常态化扫黑除恶斗争。督导机构紧盯十项重点整治领域，深化行业治理，持续开展涉黑涉恶线索摸排、核查、处置工作；积极开展扫黑除恶金融宣教；切实履行涉案账户协查义务，配合做好“打财断血”。强化与政法机关监管协同，开展扫黑除恶“三书一函”整改“回头看”，健全长效机制，形成行业治理合力。

强化数据共享，与市公安局、人民银行营业管理部共同探索研究涉案银行卡定期通报机制，督导银行机构切实履行账户风险管控的主体责任。组织全辖银行保险机构开展打击治理电信网络诈骗、跨境赌博集中宣传月活动。活动期间，数千家银行保险网点开展宣传活动，发放《防范电信网络诈骗宣传手册》10余万份，推荐下载安装“国家反诈中心”App 18万余次，组织进社区、进农村、进家庭、进学校、进企业活动2 000余次，公众号、小程序、短视频等新媒体渠道推送消息130万条。

五、加强监管协作与普法宣教，有序推进行业法治建设

设立北京金融法院，优化首都金融法治环境。全面参与北京金融法院筹建工作。就北京金融法院案件管辖范围、实施方案等研提意见建议，全力支持北京金融法院挂牌成立。赴北京金融法院参与调研会议、座谈会，贡献监管智慧，深化金融监管与司法审判的联动合作。

启动“八五”普法工作，打造良好的行业法治环境。全面总结“七五”普法工作经验、成效，圆满完成“七五”普法工作，北京银保监局一名工作人员荣获北京市“七五”普法先进个人荣誉称号。积极组织辖内银行保险机构开展“八五”普法宣教活动，制定普法工作规划及年度计划。结合年内重要普法节点，紧扣普法重点，做好“12·4”宪法宣传日、民法典等宣教活动。

（徐丹）

▲证券业监管法制建设

2021年，中国证券监督管理委员会北京监督管理局（以下简称北京证监局）以习近平新时代中国特色社会主义思想为指导，深入学习贯彻“七一”重要讲话和党的十九届六中全会精神，深化服务、严格执法、防范风险、全面普法，积极应对依法行政压力，着力提升和改进监管能力，有力推动辖区资本市场法治化建设。

一、全面落实“零容忍”执法理念，行政处罚工作成效突出

坚持“事实清晰、证据确凿、程序严谨、适用准确、处罚公平”的执法标准开展行政处罚工作，依法从严打击辖区各类证券期货违法行为。全年审结案件20件，召开听证会11场，作出行政处罚决定书32份，涉及当事人76名，罚没款金额6 533万元，作出市场禁入决定书5份，市场禁入当事人8名，分别对5人处以3年、1人处以5年、2人处以终身市场禁入。与上年同期相比，审结案件数量上升17%，罚没款金额增长237%。

秉持“零容忍”执法理念，公正、清廉、从严、高效执法，行政处罚工作成效显著。妥善办理大案要案，不断实现新突破。配合中央部委专项行动，高效审理北京文化信息披露违法违规案，办理首单“新三板”竞价交易机制下市场操纵案件，办理首批3起“新三板”公司财务造假案，有效净化辖区证券市场环境。

行政处罚工作已形成包括案件合议、专题讨论、听证复核、审理会商、文书把控等一整套比较完整的制度标准，确立了比较成熟的案件审理体制机制。

二、加强证券法律业务监管，督促中介机构归位尽责

依法履行监管职责。根据前期现场检查结果，针对辖区7家律师事务所出具监管关注函，促进加强内部管理，提高执业质量。制订“双随机”现场检查工作方案，将现场检查作为督促辖区证券法律服务机构尽职履责的常态化方式与有效抓手。

深化律师事务所监管协作机制。联合北京市司法局、北京市律师协会，共同召开辖区证券法律业务执业情况检查集中通报会，督促律师事务所归位尽责，发挥资本市场“看门人”作用。

丰富交流途径。编制刊发面向辖区律师事务所的《证券法律业务监管工作通讯》，增加律师事务所与监管部门沟通交流渠道，持续多途径向市场主体传达监管要求。

三、妥善应对复议诉讼，积极化解法律风险

2021年，北京证监局新发生24起复议和15起诉讼，通过扎实有序推进应诉工作，多措并举，已结案件均取得良好结果。

探索落实负责人出庭机制，发挥好带头示范作用。2021年，北京证监局负责人分别在北京市第二中级人民法院和北京金融法院审理的2起案件中出庭应诉，在证监会系统和北京金融法院均实现了行政机关“一把手”出庭应诉的“第一次”，有效传达证券监管机关依法从严的执法立场。

增强行政应诉能力，提升监管执法水平。承办证监会系统行政应诉工作视频培训会，全年组织干部旁听庭审3次，通过专题培训及现场观摩，为执法与应诉工作提供有益经验。

四、积极发挥法制把关作用，严格守住合规底线

全年完成法制会签约203件。对认定不适当人选、限制经营活动等对当事人影响较大的行政行为进行法律把关，充分防范法律风险，提供法律支持，守住合规底线。

五、深化诚信机制建设，营造良好诚信氛围

强化资本市场诚信系统建设与应用。

通过线上方式接收证券期货市场诚信信息查询申请材料，落实疫情防控要求，提高诚信查询工作效率，便利满足市场主体查询需求。全年共录入诚信信息234条，使用资本市场诚信数据库查询诚信信息共计1 000余次，向各类市场主体出具诚信查询报告437份。

积极参与北京市社会信用体系建设工作。出席北京市社会信用体系建设联席会议，协助配合北京市社会信用体系建设工作，对北京市相关信用建设制度研提意见，助力首都诚信体系制度建设。

六、持续做好普法宣传、司法接待工作，提升法治化水平

立足服务与监管，开展多种形式普法活动。开展政府信息公开专项培训，总结宣传信息公开法制审核重点，普及依法行政的理念，提升执法人员依法办理信息公开的专业能力。制订2021年度“12·4”宪法宣传周活动方案，鼓励辖区经营机构利用多种宣传媒介开展宪法宣传，组织多种特色专题活动，加深对法律理解，让宪法实践成为自觉行动。

深化与市司法机关的执法司法合作，构筑执法合力。三次参与北京金融法院的专家讨论会；与北京市人民检察院签署建立辖区证券期货行业执法检察联络工作机制备忘录，形成常态化的联络合作机制。

全年接待全国各地公安司法机关来访26次，来访内容涵盖专业咨询、业务资格与行为性质认定、查阅复制资料等，较好协助打击非法证券期货违法活动。

（吕俏然）

反洗钱工作

2021年，人民银行营业管理部精准监管、精确执法，强化跨部门联动，洗钱罪判决数量实现跨越式突破。协助有关部门打击上游犯罪和洗钱犯罪成效显著。

一、以风险评估为基础，着力提升执法检查力度，深入推进风险为本反洗钱监管体系建设

全年共完成辖区内188家法人金融机构风险评估工作，基本实现了对辖内主要类型法人义务机构的全覆盖。实施风险为本分类监管。结合行业特点分7个批次组织辖内100余家主要金融机构召开自评估工作研讨会。有针对性地制订各项检查方案，明确重点关注领域。运用大数据筛查手段，对重点业务条线涉及的客户和交易进行深入挖掘。进一步完善“现场检查+走访督导”的执法检查链条，通过“回头看”等方式核验待整改问题的实际整改情况。全年累计处罚金额共计1 723.14万元，其中处罚机构6家，处罚金额共计1 648.9万元；处罚个人9名，处罚金额共计74.24万元。上述处罚均为“双罚”且所有被处罚机构个人责任人均包含高管人员。建立监管信息披露机制，在人民银行营业管理部年度金融管理工作会议上进行风险提示和问题通报。向证券期货业法人机构和支付机构专项通报近年来执法检查中发现的典型问题，结合监测分析有关工作情况通报可疑交易报告中存在的典型问题，促进辖内机构共同提高反洗钱工作水平。

二、以机制建设为依托，强力打造跨部门合作新模式，持续推进“洗钱罪”判决取得实效

联合市公安机关出台《关于打击洗钱犯罪工作的指导意见》，联合市检察机关出台《办理洗钱犯罪案件指导手册》，为基层办案人员办理洗钱案件提供指引；联合北京市检察院召开反洗钱工作推进部署会，进一步深化合作关系。多次组织召开北京市打击洗钱犯罪联合工作专班会议，建立案件侦办审理宣判全链条跟踪协同机制，与公检法等部门共同探讨案件诉讼审理中存在的难点。创新与公安部门建立警银互动办案机制，就上游犯罪在侦案件中可能存在的洗钱线索联合分析研判，协助公安机关积累办案经验。全年立案侦办洗钱案件近 30 起，起诉 21 起 27 人，判决 10 起 16 人。洗钱罪判决数量为 2020 年的 3.3 倍，洗钱罪判决人数为 2020 年的 5.3 倍，最高刑期达 5 年，实现了打击洗钱犯罪工作的“跨越式”突破，实现了贪腐洗钱、毒品洗钱、涉黑洗钱案件判决。

三、以中央执法执纪专项活动为主线，不断完善洗钱类型分析和风险提示有效性，全面提升调查工作成效

充分发挥调查职能优势，全年开展反洗钱调查 34 起 329 次，完成中国人民银行布置的跨辖区调查任务 3 起，协助执纪执法部门开展反洗钱调查 29 起，根据辖内收到的可疑交易线索开展反洗钱调查 2 起。积极稳妥处理投诉举报 289 起，未出现行政复议、行政诉讼情况。将北京地区面临的主要洗钱威胁、风险分布、可疑交易活动特征，形成《北京地区 2020 年洗钱类型分析报告》，并报送北京市人民政府及北京市反洗钱联席会议成员单位，助力实现洗钱风险的“齐抓共管”。撰写《银行业金融机构涉嫌洗钱可疑交易类型和识别点对照表（2021 年版）》《支付行业可疑交易类型及识别点对照表》，为机构提升异常交易监测分析质量提供指导。

四、以重大风险处置和区域监测为特色，充分发挥大数据分析平台的科技支撑作用，实现重点领域资金监测分析新突破

充分依托反洗钱监测分析二代系统试点系统功能优势，深化重点可疑交易分析质效。深化开展房地产区域特色监测工作，共形成涉及房地产领域的重点可疑线索 17 起，向公安机关移送线索 2 起。围绕打击治理电信网络诈骗和跨境赌博专项任务，全年共分析涉赌涉诈类线索 25 份，移送 9 份，为反诈治赌工作提供有力支持。全面总结北京辖内风险防控的典型案例和经验成果，逐渐形成“经验提炼—前瞻研判”的监测分析工作模式。开发完善“反洗钱大数据分析平台”，嵌入疑似涉毒涉诈、网络赌博、地下钱庄等 13 个分析模型和 123 个可量化特征指标，一键生成专项分析报告、洗钱类型分析报告，使反洗钱监测分析工作更具前瞻性和预警性。

五、以横向联合为切入点，创新载体形式，确保宣传培训出实效

联合北京市检察机关拍摄系列宣传片，以“断卡”行动、打击地下钱庄行动中发现的典型案件为蓝本，通过真实生动的案例，以检察官释法形式，向社会公众提示洗钱风险。与北京市人民检察院联合录制北京电视台“法制进行时”栏目，宣传打击洗钱犯罪工作取得的成效，提升反洗钱工作的社会影响力。组织辖内机构开展渠道广泛、内容丰富的集中宣传活动，扩展线上渠道。组织开展北京地区反洗钱征文活动，收到作品 1 000 余份。自主制作反洗钱专题培训课件《反洗钱大家谈》第二期。面向全市基层公检法机关举办打击洗钱犯罪专题培训，首次将培训受众覆盖到公检法一线。加强部门间合作，与国家税务总局北京市税务局、北京市国家安全局分别联合举办打虚打骗、反恐怖融资等专题培训班，对提升履职能力起到极大的促进作用。

（毛禾津）

跨境人民币业务

2021 年，北京地区跨境人民币业务稳健发展，亮点频现。

一、人民币跨境使用规模持续增长

2021 年，北京地区跨境人民币结算 7.48 万亿元，同比增长近五成；与 168 个国家和地区发生跨境人民币结算，业务笔数 21.35 万笔。具体来看，北京地区经常项目人民币收付 1.04 万亿元，其中货物贸易人民币收付 6 965.67 亿元、服务贸易人民币收付 1 629.69 亿元；资本与金融项目人民币收付 6.44 万亿元，其中直接投资人民币收付 7 226.74亿元、证券投资人民币收付 5.64 万亿元。与境外国家地区银行的合作日益加深。截至年末，北京地区银行已累计开立人民币同业往来账户 836 个，为非居民机构开立人民币结算账户 1 335 个。

二、落实“金融为民”理念，服务实体经济

2021 年，北京市与“一带一路”沿线 112 个国家（地区）开展跨境人民币业务，实现跨境结算 1.98 万亿元，同比增长 28.17%，进一步深化北京地区与沿线国家的交往程度。落地对外承包工程类优质诚信企业跨境人民币结算便利化试点。截至年末，指导试点银行为 87 家试点企业提供跨境人民币结算便利化服务。推动北京地区优质诚信企业跨境人民币结算便利化方案升级扩容，进一步释放政策红利，北京地区商业银行共为 150 余家优质诚信企业办理跨境人民币结算业务，金额超过 3 400 亿元。累计为 120 家跨国企业集团办理业务备案，累计调配资金合计 1.42 万亿元，有效帮助企业拓宽融资渠道、节省汇兑成本。年内北京市首只人民币国际投贷基金成功落地。

（朱琳琳）

金融消费权益保护

▲中国人民银行营业管理部金融消费权益保护工作

一、聚焦时局热点，打击违法金融“外壳”

在5家从事金融业务的互联网平台设立金融业务监测点，3次进行专项调研，定期监测并梳理违规线索。对部分网络平台企业开展金融消费权益保护自查、整改对接工作，集中清理涉嫌侵犯消费者知情权、自主选择权、公平交易权等权益的违规行为，下架诱导过度负债的营销视频和排除消费者权益的格式合同。出台《北京市地方金融监督管理条例》，规范地方金融组织金融营销宣传行为；与10余家互联网平台建立金融广告治理政企协作机制，统一网络平台贷款产品广告要素标准，并集中下架一批违法违规的营销广告；借力金融广告监测系统、“金融广告随手拍”小程序，年内甄别处置非法线索1 000余条。

二、聚焦窗口服务质效，推动源头解纷，切实保障消费者权益

实施12363“接诉即办”工作方案，推出六大方面28项改革举措。全年发布典型案例8个。12363全年共接听37 755件，日均接起量同比增长21%。其中，投诉7 182件，日均接起量同比增长222%，呼入接通率达到98%以上，平均等候时间压降至1分钟以下。

利用组建北京12363冬奥专班、一键直达双语接入、双向督办、强化信息监测4项举措和建立双驻场机制、极速接诉机制、“T+0”办结机制、日报机制4项制度的“4+4模式”，全力以赴确保北京冬奥金融消费环境满足各方需求。联合北京市总工会举办“科技冬奥　智慧支付”金融业职工迎冬奥支付环境建设技能竞赛，来自85家单位的7.5万余名金融从业员工参与，覆盖北京市银行及支付机构从业人数的70%。

指导北京市金调委与各级法院合作，尤其推动北京市金调委受邀成为北京金融法院的特邀调解组织，进一步扩大诉调对接渠道和范围，探索与金融机构内部投诉管理机制相衔接，年内累计完成诉调对接案2 788件，调解成功率达100%。

三、聚焦合规经营，及时响应群众监督、有力落实违规处理

以季度通报的方式提高日常监管的频率和效果，全年共受理举报案件75件，其中，侵犯知情权案件占比73.3%，侵犯自主选择权案件占比12%，侵犯个人信息权案件占比8%，团体性维权案件占比超过18.7%，风险案件同比增长4倍。关口前移，以季度通报和风险提示函等方式，向辖区提示个人金融信息保护、强制营销合同条款等经营风险点，年内查实银行消保违规行为3次，查实支付机构消保违规行为2次。完成对银行、支付机构、理财公司等141家机构的消保评估工作。完成辖区消保工作水平的集中体检，率先将商业银行理财子公司纳入评估范围。

"线上+线下"同步培训，组织70家机构共3 251人参与"金融消费权益保护应知应会测试"。

四、聚焦区域金融，提高金融资源的覆盖性、公平性和可得性

牵头中国人民银行天津分行、中国人民银行石家庄中心支行，以9项分类33项指标为"牛鼻子"，为三地普惠金融协同发展的实施路径提供指引，推动区域协调发展进入攻坚克难关键阶段。完成北京地区普惠金融指标体系填报及消费者金融素养问卷调查工作，累计回收有效问卷1 949份。完成46个金融科技应用试点项目中涉及个人消费者试点项目的金融消费权益保护评估结项。

五、聚焦金融素养，推动金融知识普及宣传持续加强

建立起立体宣教网络，把红色金融文化嵌入金融知识普及，开展以"权利　责任　风险"为主题的"3·15金融消费者权益日"活动、以"金融为民传薪火·消保宣教担使命"为主题的"守住钱袋子"现场活动和以"金融践于心　消保惠于行"为主题的"金融知识普及月"开幕活动，取得良好宣传效果。创作《京味京剧话消保》等首都特色宣传视频，推出全国首部消保主题音乐剧《歌声中的消保》，开展"美好生活·民法典相伴"主题普法，制作民法典主题电子日历壁纸，在"今日头条"App上推出消保话题专栏，年内活动受众累计达8 070万人次，线下累计发放各类宣传资料1 299.6万份。

参与撰写《关于加强北京地区金融知识普及教育的合作备忘录》。年内挂牌5家省级金融教育示范基地。以"设于一线、教于一线"为方向，确立了"一老一小""品牌金融""教学互长""特殊关爱"等宣教方向，培育了一批各有特色、互有补充的教育示范基地。完成国际金融教育实践研究和区域居民金融素养调查报告2篇、调研8篇。

（汪典）

▲中国证券监督管理委员会北京监管局投资者保护工作

2021年，北京证监局稳妥规范开展信访举报处理工作，保障投资者合法权益。全年累计办理信访举报2 990件，接听信访电话5 542次，处理"12386"热线2 005件，政府信息依申请公开111件。及时高效解决投资者合理诉求，严厉查处问题线索，从源头防范化解风险。扎实做好投资者宣传教育活动，培育理性成熟投资理念。开展"明规则、识风险，理性投资辛丑年"、第三届全国投资者保护宣传日、"诚实守信　做受尊敬的上市公司"、金融知识普及月、世界投资者周等投资者宣传教育专项活动，创新推出"投教走入基层党建"模式。有序推进投资者教育纳入国民教育体系工作，辖区投教基地共与171所大中小学开设课程29门，开展合作讲座、知识竞赛以及社会实践等活动891余场，活动覆盖76 704人。注重投教基地品牌化管理，打造"北京投教矩阵"。授牌微博、抖音等为北京市新一批投教基地，助力投资者保护和投资者教育，以App开屏画面、热搜等新形式呈现。在投资者诉求处理和维权方面取得多项突破。2021年6月，与北京金融法院、中证资本市场法律服务中心签署《北京辖区证券期货纠纷诉调对接合作协议》，建立健全有机衔接、协调联动、高效便民的诉调对接工作机制。发挥属地优势，成功推动证券纠纷普通代表人诉讼案件——乐视网虚假陈述案落地北京。辖区调解组织共受理案件 68 件，调解成功 36 件，和解金额 523.04 万元。

（刘斌）

五、机构业务综述

金融管理机构

中国人民银行营业管理部

2021年，中国人民银行营业管理部（以下简称人民银行营业管理部）有效落实稳健货币政策，全力支持助企纾困，创新推动科技创新、绿色低碳、“专精特新”、乡村振兴等发展，持续深化金融改革开放，有效防控金融风险，聚焦“一个开局”“两件大事”“三项任务”，紧扣“五子”落地，推动本外币一体化等多项政策在全国率先落地，圆满完成北京冬奥会金融服务保障。

一、突出服务实体经济

截至年末，北京市人民币各项贷款余额8.6万亿元，同比增长6.2%，两年平均增长8.2%。金融机构企业贷款平均加权利率3.76%。金融业向实体经济让利200亿元。全年累计投放资金1 323亿元，其中再贷款同比增长60%，撬动信贷投放约3 770亿元。落实两项直达工具，累计支持市场主体110.5万户，增长3.5倍。150亿元支小再贷款提前完成投放。创设“融”“通”系列首都货币政策工具体系，实现对科创、文化、绿色、高精尖等领域超百亿元精准支持。推动涉企政务信息联通共享“创信融”平台精准支持中小微企业5 000余家，其中首贷企业占比70%，信用贷款率100%。银企对接系统贷款落地超过600亿元。12月末，普惠小微贷款同比增长24.3%，比同期各项贷款增速高18.1个百分点。

二、金融精准支持重点领域和薄弱环节发展

出台《关于金融支持北京绿色低碳高质量发展的意见》（银管发〔2021〕102号）。碳减排支持工具在京落地。推动绿色信贷、金融机构环境信息披露、金融支持自愿碳减排市场建设（CCER）等工作。创设“京创通”，创建“创信融”等金融支持科创企业发展的融资对接服务平台。联合出台全面推进乡村振兴实施意见。推动国家文化和金融合作示范区申建，率先开展文化金融专营组织机构认定评估。截至年末，北京地区高新技术产业贷款4 798.5亿元，有贷户数同比增长17.9%；文化企业有贷户数同比增长14.7%；制造业中长期贷款余额同比增长34.9%；涉农贷款余额同比增长18.9%。

三、持续防范化解重大金融风险

持续深化金融监管协调机制。召开监管协调机制会议10次，研究各类议题42个。新增构建债券市场风险防控预警等2项长效工作机制。进一步收紧涉金融字样使用，累计拒挡不符合要求企业申请1.3万余件。推动金融监管和辖区金融风险化解。积极开展互联网平台金融活动监管。实施房地产金融审慎管理制度，指导辖区各银行稳健开展房地产贷款业务，保持房地产信贷平稳有序投放。落实辖内高风险银行数量明显压降的工作要求，全力化解新增高风险机构风险。

四、助力“两区”建设加速

全力推动“两区”建设。牵头落地32项任务。本外币合一银行账户、跨国公司本外币一体化资金池等多项改革创新走在全国前列。助力首家外资法人银行德意志银行（中国）有限公司获得公开市场一级交易商资格，推动人民币国际投贷基金管理公司璟泉资本管理（北京）有限公司在京注册，推动2家合格境外有限合伙人（QFLP）项目在京落地。推出外汇衍生品银企对接公共服务平台，截至12月末，签约32.27亿美元。不断提升跨境贸易投融资便利化水平。一次性外债登记由海淀园区扩大至中国（北京）自由贸易试验区（以下简称北京自贸区），优化贸易外汇收支便利化和资本项目收入支付便利化举措。持续深化个人外汇业务服务，社会公众对服务满意率超过98%。全年地区人民币跨境收付金额7.48万亿元，同比增长49.98%。支持京津冀协同发展，发布“京津冀金融支持计划”，125亿元资金支持小微民企，探索区域普惠金融协同发展。打造“京津冀征信链”平台，增进区域信用信息共享。

五、为决胜冬奥支付环境建设贡献金融力量

牵头成立北京冬奥支付环境建设运行指挥部，召开调度会24次，指挥部全体大会6次。打造66家小型综合金融服务主体。首创主办银行“金融店长制”。“四不两直”（不发通知、不打招呼、不听汇报、不用陪同接待、直奔基层、直插现场的暗查暗访制度）督导金融服务无死角。建立三项保障机制。建立赛时指挥及应急处置体系。开展网络安全及支付系统风险排查。做好疫情防控。制定收尾工作要点清单。

六、全面提升金融管理水平

深化地区宏观审慎管理。落地辖区金融控股公司监管，推动北京金融控股集团有限公司成为设立行政许可名单的地方国企。建立本外币一体化跨境资金流动风险监测预警工作机制。成立北京“金融法治运行监测点”。建立反洗钱监管信息披露机制。全年共对11家机构开展检查，开展6项综合执法检查和5项专项执法检查。对大公国际资信评估有限公司作出行政处罚。开展拒收现金处罚。指导度小满（原百度金融）等5家支付机构做好整改。打造国家外汇管理局数据研判中心（北京）。落地实施金融基础数据和地方金融组织各项统计制度。全年统计数据生产“零差错”。3个金融科技创新应用率先“出箱”。全面建成12个大数据创新应用场景。开展跨境人民币支付领域金融数据交换标准应用试点。

七、践行金融为民，推动金融惠企利民

企业开户全流程优化整改落实。试点并全面推广简易开户，指导减免企业网银工本费和全面取消套餐式收费等，全年累计为企业减免开户相关费用近3亿元。联合多部门出台创业担保贷款增量扩面行动方案等。截至年末，北京市创业担保贷款余额突破8亿元，是上年同期的近10倍。实现“信用北京查”线上维权和解平台京津地区全覆盖。创新个人征信电子授权。全力保障疫情常态化下现金供应。全国首批北京冬奥会退税业务成功在京落地。推进异地缴税试点，32家银行实现全流程线上办理。实现个税退税创单日退库42.8万笔的全国纪录。在中国人民银行中关村国家自主创新示范区中心支行（以下简称中关村中心支行）开展国库监督工作。建立北京12363“接诉即办”工作机制，呼入接通率上升至98%以上。指导北京市金融消费纠纷人民调解委员会（以下简称北京市金调委）与各级法院合作，完成诉调对接案1 452件，调解成功率达100%。推动中关村科创金融改革试验区建设，同步开展政策研究储备。持续做好科技金融季度监测和动态监测。建立科创金融沟通机制。

（阙星文）

国家外汇管理局北京外汇管理部

2021年以来，国家外汇管理局北京外汇管理部（以下简称北京外汇管理部）认真贯彻中央关于经济金融工作的决策部署和全国外汇管理工作会议精神，坚持统筹发展与安全，以支持“两区”开放创新打造外汇政策高地，以推进非现场能力建设筑牢跨境金融风险防线，全力服务国家战略和首都高质量发展，为北京“十四五”开好局、起好步，提供有力外汇支撑。截至年末，北京地区跨境收支总额20 179亿美元，同比增长40.9%，达历史高点。外贸进出口保持高景气态势，资本金融项目收支规模显著增长。

一、学史力行，积极践行“金融为民、外汇惠民”理念，推动党建业务互促互融再上新台阶

坚持以首善标准抓牢党的政治建设，主动落实“一岗双责”。把党史学习同解决实际问题相结合，扎实开展“我为群众办实事”实践活动，切实推动学习成果转化为外汇管理履职成效。

（一）“行处长走流程”，疏浚政策落地难点、堵点

聚焦外汇领域社会公众和服务监管对象关切，举办“行处长与银行柜员面对面”座谈活动，将一线外汇业务柜员“请进来”，领导带头主动了解市场主体诉求，掌握跨境金融服务的难点、堵点。将“行处长走流程”与便利化政策落实情况暗访工作相结合，行处长带队赴辖区内银行网点了解外汇便利化政策、办理个人外汇业务、陪同群众办理跨境金融业务，切实检验外汇“放管服”改革、便利化政策落地实效，推进窗口服务改进、办事流程优化。

（二）“金融服务常态化包区对接”，打通政策落地的“最后一公里”

落实金融服务包区对接机制，紧扣个人外汇服务、资本项目直接投资登记等关键业务环节，“一处一区”直达基层，实地督导、推动外汇便利化政策落地见效。建立问题清单，逐个约谈、限期整改，切实督导银行改进办事流程、提升外汇服务质效。

（三）“接诉即办”，高效办理业务咨询、投诉反馈

主动回应市场关切，建立咨询电话、网站留言“接诉即办”工作机制，按照“首办负责”“能办快办”原则，扎实做好政策咨询答复解释、投诉反馈工作。网站留言办理速度提升65%，咨询回复基本实现次日办结。严格落实外汇政务服务“好差评”要求，及时处理市场主体的满意度

评价，优化政务服务流程，第一时间向评价人作出反馈说明，群众诉求响应率、解决率、满意率明显上升。截至年末，共收到满意度评价632次，好评率为99.84%。

二、服务大局，以落实国家战略和支持首都发展为目标，持续深化地区外汇领域改革开放

主动服务国家和首都发展战略，以支持北京“两区”外汇领域高水平开放创新为发力点，辐射带动外汇领域京津冀协同发展，服务冬奥支付环境建设，助力打造“双循环”新发展格局下外汇领域改革开放的“北京样板”。

（一）支持北京“两区”建设成效凸显

依托“一把手定期调度+分管行领导主抓落实”“外汇部门总体牵头+本外币联动”工作机制，推动外汇领域20项牵头任务提前落地。发布北京自贸区外汇管理改革试点实施细则，拟定支持北京“两区”建设、提升地区跨境贸易投融资便利化水平的指导意见，形成一套含金量高、系统性强、覆盖面广的“两区”外汇领域高水平先行先试政策体系。

（二）外汇领域京津冀协同发展发力起航

以京津冀自贸试验区联动发展和国家外汇管理局数据研判中心（北京）建设为契机，牵头将外汇管理支持协同发展纳入京津冀三地人民银行协调机制。组织召开京津冀外汇管理部门首次工作交流会议，签署《外汇管理支持京津冀协同发展合作备忘录》，搭建业务沟通交流平台，着力推进外汇领域“交叉覆盖、叠加发力”政策联动和“线索共享、联合研判”监管协作。

（三）服务冬奥支付环境建设全速冲刺

将冬奥组委纳入贸易外汇收支便利化试点，实施境外个人境内小额消费和日韩短期入境游客使用境内移动支付两项便利化措施，大幅提升冬奥外汇结算便利度。督导授权银行与56家冬奥酒店补签人民币兑回外币服务协议，按冬奥组委要求推进闭环内酒店本外币双向兑换服务全覆盖。组织银行和特许机构对394家外币代兑机构、76台自助兑换机全面自查，压实主体责任，确保调钞、备钞和服务环节高效有序。优化冬奥外汇服务。参与编写《冬奥业务相关外汇政策手册》，统一问题回复口径和各区域外汇服务标准。

三、精耕细作，将服务实体摆在突出位置，持续提升地区跨境贸易投资便利化水平

加大外汇政策创新力度，率先落地跨国公司本外币一体化资金池试点、外汇衍生品银企对接公共服务平台，持续提升地区跨境贸易投资便利化水平。

（一）本外币资金池试点率先突破

选取5家信用等级较高的大型优质跨国集团参与全国首批跨国公司本外币一体化资金池试点。全年共办理外债、境外放款、经常项目集中收付、意愿购汇等业务3 174笔。

（二）服务企业汇率避险扩面增量

首创“外汇衍生品银企对接公共服务平台”，推动外汇衍生品业务实现“需求牵引供给、供需精准对接”；通过平台签约的主体中，签约金额百万美元以下的企业超过四成。

（三）重点领域便利化改革扩容升级

新增三项贸易外汇收支便利化试点细

化举措。截至年末，43 家贸易外汇收支便利化试点企业累计办理业务 2.85 万笔，金额 1 141 亿美元。2 家 QFLP 试点项目在京落地，核定 4 亿美元试点额度。实施资本项目收入支付便利化试点。将区块链应用场景试点范围扩大至北京全境。指导招商银行、宁波银行等 5 家银行开展线上业务试点，实现业务无纸化办理。截至年末，累计办理便利化业务 13.8 万笔。

四、精准发力，稳步提升外汇市场微观监管能力，维护地区外汇市场秩序和市场主体合法权益

（一）非现场能力建设取得积极进展

打造以人工智能和图计算技术为支撑、以支付渠道研判为重心、集成内外部数据的智能化线索研判平台，探索对跨境主体进行智能画像和自主风险研判。截至年末，共筛查发现 10 条重大地下钱庄案件线索，涉及资金流水近 3 000 亿元。

（二）严厉打击外汇违法违规行为

全国首批开展查审分离试点。深化外汇检查执法改革，将案件立案调查与审理职能分离。截至年末，召开 5 次案审会，对 16 起案件（事项）进行集体审议，收缴罚没款 5 413 万元。重点打击地下钱庄、跨境赌博、网络炒汇，坚决遏制非法跨境金融活动。持续推进“8·16 对敲型地下钱庄案”交易对手惩处工作，累计查处非法买卖外汇案件 25 起，处罚金额 1 003 万元。建立汇警联合打击跨境赌博长效合作机制，协力侦办“5·27”重大督办跨境赌博案件，查明涉赌资金数百亿元，冻结账户 9 万余个。2021 年圆满完成 194 个网络炒汇平台的清理整治，封堵非法炒汇网站和应用程序，筑牢网络炒汇“风险防护网”。

（三）跨境资金流动监测预警和国际收支申报持续加力

建立地区跨境资金流动监测预警工作机制，定期开展风险会商，对跨境资金流动总体形势、主要渠道、宏观环境等进行监测分析。不断优化数据源质量。建立国际收支直接申报类主体数据质量分类管理工作办法，明确直接申报主体管理标准，多维度增强企业申报意识和配合度。

（曾昱昕）

中国银行保险监督管理委员会北京监管局

2021 年，面对百年变局与世纪疫情交织的复杂严峻局面，中国银行保险监督管理委员会北京监管局（以下简称北京银保监局）坚持以习近平新时代中国特色社会主义思想为指导，严格落实“看北京首先要从政治上看”的要求，全面从严治党、勇于开拓创新，以首善标准推动形成一批突破性示范性“北京经验”，先后出台 48 项地方性政策，为首都经济持续恢复和高质量发展提供有力金融支持。

一、全力支持首都经济持续恢复和高质量发展

支持国家重大战略实施和重点项目建设，服务制造业高质量发展，支持制造业转型升级，大力支持“专精特新”企业发展。制造业贷款余额增至 1.3 万亿元，科技型企业贷款规模达 6 030 亿元，文化产业贷款余额超过 2 000 亿元，绿色信贷余额 1.4 万亿元，涉农贷款余额达 3 263 亿元，战略性新兴产业贷款同比增长 47%。北京保险业承担风险保障 2 719.49 万亿元，同比增长 290.35%，赔付支出同比增长 13.59%。

创新建立贷款服务中心，有效整合首贷、续贷、确权融资和知识产权质押融资功能，构建“四位一体”小微金融服务新格局。截至 2021 年末，首贷中心完成审批 3.4 万笔、1 380 亿元，户均 406 万元；续贷中心完成审批 1.1 万笔、446 亿元，户均 399 万元。共为 3.8 万户小微企业办理延期还本付息业务，延期率达 30%，为企业节约融资成本至少 20 亿元。普惠型小微企业贷款同比增长 25.1%，贷款户数同比增加 7.7 万户，贷款利率同比下降 0.31 个百分点。

北京金融综合服务网建设实现突破性进展，办理不动产在线抵押、解押同类业务占比超过 95%。“北京普惠健康保”整体保障全国最优，覆盖超过 300 万人。支持汽车金融公司建立交管服务站，实现车辆抵押、解押线上“一站式”办理。参建全国首个“金融案件多元解纷一体化平台”，首推老年人“消保守护”程序，出版《金融伴我成长（大学生版）》，完善“金融伴我成长”特色品牌。

二、持之以恒防范化解金融风险

做好信用风险防控，全年处置不良贷款 471.7 亿元。有序推进高风险机构处置接管工作，企业集团债务化解取得实质性进展。规范整治重点业务，信托公司通道类、融资类业务同比分别下降 93.4% 和 31.9%，结构性存款同比下降 21.3%。严查严处高风险影子银行，开展“退保理财”整治和保险机构自保互保乱象整治。重点约谈互联网平台控股的专业中介机构，坚决遏制垄断和不正当竞争行为。配合做好存量网贷机构转型退出，指导机构全力做好“查、冻、扣”。强化监管科技赋能，加强监管协同联动，联合建立保险反欺诈会商机制。推行“行政处罚重点查处事项清单”制度，全年处罚机构 45 家，处罚责任人员 72 名，罚没金额 7 106万元，“双罚”率达 76.1%。

三、不断深化银行业保险业改革开放

发布金融领域全方位支持“两区”建设框架性文件，新设分行级以上机构 30 家，设立自贸区银行分支机构 38 家，支持机构补充资本，全国首家外商独资货币经纪公司——上田八木、首个“一带一路”沿线国家银行在京分行——巴基斯坦哈比银行北京分行及韩国农协银行北京分行正式开业。打造多个金融创新“北京样本”。“金融纠纷一站式、一体化、全链条多元化解机制”和“五项结合为知识产权上保险”入选服务业扩大开放综合示范区全国复制推广十佳案例。缩减行政许可事项审批时限，创新开展保险中介“一照两址”改革。首创交通事故“互碰快赔”机制，推进京津冀交通事故保险服务一体化，累计服务车主超过 170 万人次，减少事故二次占道 50% 以上，拥堵时间缩短一半，理赔效率提升 1 倍。车险综合改革实现商业车险单均保费较改革前下降近 20%。推出保险销售人员“灰名单”制度和出台文件分类指导，推动保险专业中介机构高质量发展。

（王旭）

中国证券监督管理委员会北京监管局

2021年，中国证券监督管理委员会北京监管局以习近平新时代中国特色社会主义思想为指导，全面贯彻党的十九大和十九届历次全会及中央经济工作会议精神，坚决落实党中央、国务院和会党委以及北京市重大决策部署，统筹发展和安全，坚持稳中求进工作主基调，立足新发展阶段，完整、准确、全面贯彻新发展理念，服务构建新发展格局，以党建为引领，围绕监管执法、防控风险、市场发展、服务首都、队伍建设、正风肃纪六大主责主业，统筹推进疫情防控、深化改革、防范风险、支持辖区实体经济发展等各项工作，以首善标准努力促进首都资本市场高质量发展。

一、以推进注册制改革为主要抓手，全面提升监管效能，为全面实行注册制创造条件、夯实基础

严查“影子股东”，重点关注中介机构辅导工作合规性和有效性。全年受理辅导企业90家，完成辅导验收44家。推动北京市政府出台《关于进一步推动提高北京上市公司质量的若干措施》。指导辖区近90%的上市公司召开业绩说明会，成功举办投资者集体接待日活动。召开民营党建专题交流会，推动民营上市公司党建引领、规范运行。对滥用会计估计规避退市行为下发责令改正监管措施，协调推进辖区首家申请破产重整上市公司就地重整。

实施证券公司现场检查“主体整合、项目分级管理”模式，专项检查辖区12家证券公司，覆盖多业务类型和环节的17个投行项目。分类督导不同发展阶段的证券公司提升投行业务质量。引导辖区机构以党建促规范促发展。深化会计监管“质量管理监管理念”，开展首次备案材料核验50家次，通过问询驳回涉嫌提交虚假业务的备案申请3家。扎实开展对3家“大所”、8家“新所”质量管理专项行动。督促律师事务所提高执业质量，向辖区7家律师事务所出具监管关注函，联合北京市司法局、北京市律师协会召开辖区证券法律业务执业情况检查通报会。

推动代表人诉讼、诉调对接及和解案例落地，督导某基金公司与投资者和解、避免群访群诉，“昊华能源”案首次突破行政前置被北京金融法院受理。辖区信访举报总量由2020年的4 670件下降至2021年的2 990件。借助“5·15”组织开展大型投教直播活动，超过519万人次参与。全年各项宣教活动累计参与7.08亿人次，媒体报道2.38万篇。

二、以落实“零容忍”要求为指引，以维护首都金融安全为底线，有效维护辖区市场秩序

全年日常监管约谈监管对象700余次，对上市公司、证券基金经营机构、证券服务机构等开展现场检查1 756家次，发现问题3 197个。对辖区市场主体共下发监管关注函120份、行政监管措施203份。关停平台涉非活动账号9个，整改论坛300余个，曝光无证券期货经营资质机构23家、上“黑名单”场外配资平台13

家。建设电子化档案系统。

查办信息披露违规、内幕交易、市场操纵等各类案件 36 起，向多地公安机关移送涉嫌犯罪案件 9 起。及时查办一系列社会关注度高、影响范围大的重点案件。全年审结案件 20 起，作出行政处罚决定书 32 份、市场禁入决定书 5 份。

履行辖区监管责任制，强化动态监测监控，对重大风险成立工作专班及时调度处置。将债券违约和私募风险并列作为重中之重，形成重点风险领域工作台账。推动召开北京市金融风险防范和应急机制会议等 12 次，与市金融监管局等部门联合研究资本市场风险事项 30 余次。

三、以服务实体经济为使命，落实国家重大发展改革战略，促进首都经济高质量发展

提高直接融资比重，服务地方经济社会发展大局。2021 年，辖区直接融资规模达 1.3 万亿元，再创历史新高。支持中关村国家自主创新示范区高水平科技自立自强先行先试改革，推进北京国际科技创新中心建设工作任务。辖区首单专利知识产权证券化项目获批，发行规模 3.37 亿元。2021 年，36 家企业首次公开募股（IPO）上市，其中科创板、创业板 26 家。前三个季度辖区企业私募股权被投案例达 1 872 起，被投金额 2 290.4 亿元。联合发布《关于金融支持北京绿色低碳高质量发展的意见》，推动北京绿色交易所合规拓展交易范围，年内辖区 12 家绿色上市公司融资 339.1 亿元，25 只碳中和债券发行规模 360.62 亿元。联合印发《进一步完善北京民营和小微企业金融服务体制机制的行动方案（2021—2023 年）》，按月监测民营企业直接融资金额、资金成本。联合印发《关于金融支持北京市全面推进乡村振兴的实施意见》。推进辖区基础设施公募不动产信托投资基金（REITs）发展，两批 REITs 产品中，北京辖区占据 4 单，融资 118.8 亿元，居行业首位。指导辖区期货机构创新“保险 + 期货”方式参与扶贫攻坚与乡村振兴。推动中信证券资管子公司、泰康基金、民生基金等企业在京落地。

支持北京证券交易所（以下简称北交所）建设，做好辖区政策宣传、投资者教育、舆论监测引导、逐日盯市报告、督导证券公司做好开市准备等工作。完成首家北交所上市辅导验收工作，扎实做好拟上市公司辅导培育工作。调研 20 家“专精特新”“小巨人”企业对资本市场需求，做好创新层公司监管。截至 2021 年末，辖区北交所上市公司 11 家、新三板挂牌公司 898 家，辖区挂牌公司数量、市值均居全国首位。

落实北京“两区”建设任务，持续提升辖区证券期货行业开放水平，完成北京“两区”建设 9 项牵头任务。试点私募股权投资和创业投资份额转让，推动中国期货业协会、中国证券业协会率先建立证券期货领域境外专业人才过往资历认可机制等。落地开业辖区首家新设外资控股证券公司大和证券；法国东方汇理基金在京设立外商全资私募子公司，德意志银行（中国）公司获批证券投资基金托管业务资格。首批 16 个金融科技试点项目正式“入箱”，对促进行业数字化转型、完善金融科技发展生态、探索形成金融科技创新的“北京样本”具有重要意义。

（柯景宋）

北京市地方金融监督管理局

2021年，全市金融业实现增加值7 603.7亿元，同比增长4.5%，占地区生产总值的18.9%。实现地方级一般公共预算收入1 209.2亿元，同比增长6.4%，占比20.4%。完成税收收入5 669.6亿元，同比下降0.7%，占比40.5%。首都金融业继续保持经济结构中占比最高、对经济增长拉动最大、财政增收贡献最明显的第一大产业地位。

一、国家金融管理中心建设迎来重要里程碑

2021年是首都金融发展史上具有里程碑意义的一年。北京作为国家金融管理中心的定位进一步巩固，法人金融机构超过900家，金融资产总量超过180万亿元，金融业增加值占比接近国际金融中心城市，决策监管、资源配置、支付结算、统计发布、标准制定、国际合作、金融法治、金融安全等功能持续强化。3月18日，北京金融法院正式挂牌，司法部门与金融部门联动化解矛盾纠纷。11月15日，北交所顺利开市，首批上市企业共81家，近九成来自先进制造业、现代服务业、高技术服务业、战略性新兴产业等领域，17家为“专精特新”“小巨人”企业，体现了鲜明的创新型中小企业特征。

二、高水平金融改革开放向纵深推进

“两区”建设金融领域102项创新举措中超过90%已落地，建设股权投资和创业投资份额转让平台、“五项结合”为知识产权“上保险”2个创新实践案例在全国复制推广。成立国民养老保险公司，银河资产、朴道征信正式开业，高盛、瑞士信贷、安联保险、大和证券、上田八木等外资金融机构在京新设或增资控股，全年新落地中外资金融机构48家。在全国率先开展股权投资和创业投资份额转让试点，设立5只私募股权二级市场基金，份额转让成交金额突破11亿元，质押融资超过14亿元。合格境内有限合伙人（QDLP）额度增至100亿美元，为全国最高。指导工商银行发行全国商业银行首只绿色汽车分期资产支持证券。实施国际证券期货类执业资格认可机制，大大提升境外金融人才在京从业便利度。开展金融科技创新监管试点，北京版“监管沙箱”累计发布3批22个项目，首批3个项目完成测试率先“出箱”。开展资本市场金融科技创新试点，首批16个项目启动“入箱”。围绕冬奥会和国际消费中心城市建设，深入开展数字人民币全场景应用试点。建立“京彩工程”金融科技应用场景发布机制，通过路演交流、揭榜挂帅、培训辅导、精准对接等多种方式，推动科技企业与持牌金融机构及下设科技公司、研究机构、投资机构等进行对接。成功举办金融街论坛、全球系统重要性金融机构会议，推动发出《气候友好银行北京倡议》。

三、金融服务实体经济持续发力

积极申创绿色金融改革创新试验区和科创金融改革试验区。推动筹建碳银行，承建全国温室气体自愿减排交易中心，加快建设面向全球的国家级绿色交易所，绿

色信贷、绿色债券规模保持全国首位，试点碳配额成交均价稳居全国第一位。打造畅融工程、金融服务顾问、钻石工程、被投企业服务机制、金融服务快速响应机制等金融服务品牌。畅融工程全年累计开展对接会 189 次，服务金融机构 3 500 余家次，对接企业 7 300 余家次。北京市贷款服务中心功能全面升级，整合首贷、续贷、确权融资和知识产权质押融资功能，构建“四位一体”小微金融服务新格局。17 家在京主要银行通过快速响应机制，为 10.49 万家服务疫情防控或受疫情影响的中小微企业提供近 1.02 万亿元信贷支持。启动小微金融服务顾问制度，建立小微企业名单库，为小微企业提供“金融医生”诊疗服务，实现“一次走访、定期服务、长期跟踪”。全年新增境内上市公司 48 家，其中主板 10 家、科创板 17 家、创业板 9 家、北交所 12 家，首发募集金额 1 240.74 亿元。深入参与基础设施公募 REITs 试点，已上市产品 4 只，发行规模 119 亿元，均居全国首位。金融信贷营商环境进一步优化，在 2020 年国家营商环境评估中，北京“获得信贷”指标排名全国第一位。

四、金融风险防范化解体制机制更加健全

施行《北京市地方金融监督管理条例》，地方金融监管步入法治化轨道。及时修订“7 + 4”行业监管办法，地方金融监管协调机制、风险处置协调机制、金融监管体系不断完善。综合采用约谈、整改、年审等方式进行现场检查和非现场监管，促进“7 + 4”行业合规发展。科技赋能，小贷公司数据实时接入登记信息系统，典当企业实现线上年审，地方交易场所全部接入监管系统。互联网金融网络点对点（P2P）借贷平台在营平台清零后加速风险出清，按照《防范和处置非法集资条例》建立各方协同的打非工作格局。建立企业债务风险处置机制，妥善推动处置集团债务风险。基本完成邮币卡交易场所风险化解，积极防范化解处置虚拟货币风险，牵头搭建北京市预付资金信息管理平台，配合各行业主管部门加强对预付式消费资金的风险管控。持续开展“蜜蜂计划”“百千万宣教工程”等品牌活动，提高金融消费者风险防范意识和风险辨别能力。

（吴茜）

中国人民银行中关村国家自主创新示范区中心支行（国家外汇管理局中关村国家自主创新示范区中心支局）

2021 年，中国人民银行中关村国家自主创新示范区中心支行（国家外汇管理局中关村国家自主创新示范区中心支局）加快推动中关村科创金融改革试验区创建，落实外汇管理改革创新试点政策，创新金融管理和服务模式，持续优化首都营商环境；全面探索建立“宏观审慎 + 微观监管”两位一体监管框架，维护辖内健康稳定金融秩序。

一、坚持创新驱动发展战略，着力加大金融支持科创力度，助力打造北京国际科创中心

积极推动中关村科创金融改革试验区建设，依托科创金融政策研究专班机制，同步开展政策研究储备工作，参与各类座谈、调研、研讨等11次。落实“两区”建设相关外汇管理改革试点，探索为科技型企业提供个性化融资服务，截至2021年末，共为71家中关村高新技术企业办理103笔外债便利化业务，新增签约金额合计54.62亿美元，全年为企业节约财务成本约13.09亿元人民币；为14家中关村高新技术企业办理17笔一次性外债登记试点业务，申请额度合计734.61亿元人民币，折合约109.98亿美元。建立科创金融沟通机制，完善专营组织机构年度评估指标。推动再贴现管理精细化，取消单家机构余额比例上限。加大对科技创新等重点领域的信贷支持。建立辖内金融机构再贴现需求定期报送机制。2021年，中关村示范区再贴现窗口累计发放再贴现61.06亿元，比上年增长20.16%，其中科技和民营、小微占比94.83%。

二、践行“小窗口　大民生”服务理念，着力优化营商环境，不断增强金融服务精准度和便利性

试点上线征信智能服务系统，临柜查询网点增加70余个商业银行网点。常态化开展银行账户服务督查，累计走访274家银行网点，电话回访215家新开户企业。建立创新业务多方协调机制，实现首例A股中国存托凭证（CDR）上市公司境外股东人民币境外机构境内外汇账号（NRA）账户落地，推动全国首家红筹股回归A股主板筹资账户开立。推广使用账户专项业务办理指南。畅通政策传导机制，2021年，对2家银行开展复杂账户业务专项培训，疏解业务堵点；为9家中关村科学城高新技术企业办理12笔资本项目行政许可材料简化业务；为23家企业办理便利化外债登记业务，帮助生物医药、农业科技、人工智能等国家重点扶持的行业企业突破融资瓶颈获得境外资金支持，大幅降低融资成本约5个百分点。与自媒体平台合作，结合社会热点开展营销式、引导式征信宣传。多渠道、全方位开展“征信在您身边”专题宣传活动，活动覆盖11所高校、11个社区、11座商业楼宇、2家养老驿站，共计播放视频35万余次。

三、坚持防范化解金融风险，切实加强风险监测，强化宏观审慎管理

2021年，构建200家关联企业动态信息监测运行平台，对20家财务公司及3家银行进行初始评级。全年开展央行评级工作5次。建立“宏观审慎+微观监管”两位一体监管框架，开展联动核查4次，向银行下发企业可疑信息，涉及31家企业211条交易；召开4次核查座谈会，对17家现场核查企业进行政策提示。对2 191家重点监测企业进行非现场核查，核查跨境收支数据130万余笔。及时监测行业、企业动态发展情况，加强对重点领域的风险监测和预警，针对“五重一大”开展监测核查。开展货物贸易重点企业月度监测，对重点企业的跨境收支和合规情况进行调查分析。

（齐雪菲）

金融机构

国家开发银行北京市分行

2021年末，国家开发银行北京市分行（以下简称国开行北京市分行）信贷资产总额4 718亿元（不含转贷款），比上年减少694亿元，下降12.82%，其中表内人民币贷款余额2 990亿元（不含转贷款），比上年减少455亿元，下降13.21%，外汇贷款余额150亿美元，比上年减少20亿美元，下降11.43%；人民币存款余额430亿元，比上年增加60亿元，增长16.22%；当年本息回收率99.41%，累计本息回收率97.52%，不良贷款额46.98亿元，比上年减少2.05亿元，不良贷款率1.19%，同比上升0.11个百分点；拨备后利润26.7亿元，比上年减少8.54亿元，同比下降24.23%，拨备后资产收益率0.53%，同比下降0.17个百分点。

截至年末，国开行北京市分行内设23个处室，正式在职人员230人。

聚焦主责主业，助力北京“五子”联动融入新发展格局 为京东方科技集团股份有限公司、北京汽车集团有限公司、首钢集团有限公司等重点企业发放制造业贷款251亿元，发放科技创新和基础研究专项贷款47亿元。为中关村先行先试改革实现合作机制授信承诺7.35亿元，发放5.95亿元，助力22家科技型中小微企业成长。向35个储备项目承诺577亿元人民币、18.66亿美元。与北京首都开发控股（集团）有限公司、北京建工集团签署战略合作协议，实现城市更新项目累计承诺310亿元，向观音寺、钟鼓楼、景山二期、西总布胡同项目发放贷款29亿元。发放绿色产业贷款108亿元、垃圾污水专项贷款39亿元。助力京津冀交通一体化和北京城市副中心建设，向轨道交通、机场、铁路项目承诺347亿元，发放176亿元。向北京城市副中心地下综合管廊等项目发放贷款20亿元。向马泉营公租房等11个保障房项目承诺贷款195亿元，发放68亿元。与北京康养集团签署战略合作协议，实现养老余额新增7.6亿元。发放乡村振兴贷款119亿元，计划完成率达140%，累计向北京市大兴区集地入市项目发放52亿元。助力“六稳”“六保”，发放煤炭煤电保供专项贷款5亿元，独立主承销北京能源集团有限责任公司永续中期票据30亿元。发放春耕备耕及复工复产接续贷款84亿元。发放转贷款63亿元，助力约2 000户小微企业解决融资难题。发放稳外贸专项贷款5.5亿美元。

统筹做好稳总量、优结构、防风险、增后劲各项工作 与北京市委市政府签署“十四五”开发性金融合作备忘录。稳定信贷投放总量，发放本外币贷款1 582亿元，其中人民币贷款1 547亿元。优化信贷结构，流动资金贷款发放占比21%，同比下降13个百分点。制造业人民币贷款余额512亿元，总量、占比连续四年实现增长。提升经营质效，本外币日均存款410亿元，其中人民币客户日均存款284亿元，较年初增加47亿元。人民币客户存贷比较年初上升0.96个百分点。加大业务开发储备，实现人民币评审承诺1 986亿元；其中，人民币中长期评审承诺1 382亿元，外币评审承诺20.75亿美元。

稳健经营，扎实推进不良化解和风险防控 全年实现风险化解处置14.9亿元。实现观察名单压减13.72亿元，成功化解重大债务风险。年内不良贷款零新增。加强客户准入、识别、评级、分类和预警各环节信贷全流程风险防控工作。严格做好项目审查和授信管理。建立常态化后督管理机制，对全部存量项目开展多维度"体检"，实现整改闭环管理。加强内控合规和反洗钱工作，抓好内外部检查发现问题的整改落实，制订反洗钱工作质效提升方案，开展反洗钱培训和档案管理规范工作。

加强内部管理，增强综合经营能力 制定"揭榜挂帅"工作机制，加强考核指标的过程监测与整体推动，发挥考核正向激励作用。参与北京市城市更新专项规划，完成分行"十四五"规划终稿，开展支持城南发展、"两区"建设、城市更新的规划研究工作。配合北京市完成436亿元再融资债券定向承销工作。全年债券承销量110亿元，债券协同承销量240亿元。发行全国首批、北京市属企业首单乡村振兴票据，协同国开证券有限责任公司成功发行全国首单公共租赁住房类房地产信托投资基金产品。强化资产负债统筹。开展存款专项行动，实现本外币存款余额430亿元。存款开源取得突破性进展。持续完善业务操作指引，优化31张流程图、29张履职尽责清单，30项服务保障工作节点，构建存量业务基础数据库，精细化管理见实效。强化营运支撑保障，加强账户体系建设；加强财务指标监测，做好采购和决算工作；加强办公和后勤保障、信息科技服务能力，完成网络安全攻防演练，积极配合推动新核心系统投产，不断提升基础保障能力。

（刘宇）

中国进出口银行北京分行

2021年末，中国进出口银行北京分行（以下简称进出口银行北京分行）本外币贷款余额911.6亿元，不考虑核销因素，实际新增169.28亿元，增长22.41%。人民币贷款余额876.61亿元，较年初增加160.33亿元，增长22.38%。

截至年末，进出口银行北京分行内设处室9个，在职正式员工74人，劳务派遣人员3人。

聚焦主业，持续增强服务国家战略和实体经济力度 加大对稳外贸、稳外资领域支持力度。全年新发放外贸产业贷款315.93亿元。为高端制造业企业发放贷款，积极支持新一代信息技术、生物、新能源、新材料、高端装备等战略性新兴产业重点领域发展，为大型制造企业、新型建筑材料企业等发放战略性新兴产业贷款。全年累计发放制造业贷款178.71亿元，战略性新兴产业贷款189.65亿元。

推进绿色可持续发展。为市属能源企业提供流动资金贷款支持，对符合先进产能标准的子公司给予后续支持。为能源公司发放多笔贷款；为风电设备龙头提供商发放流动资金贷款。加快传统制造业高端化智能化绿色化升级，助力节能企业开展房屋楼宇设施节能改造；支持河南和北京地区污水处理和水资源综合利用。全年累计发放绿色信贷23.55亿元。

支持京津冀协同发展。为市属食品企业发放贷款，保障首都市民“肉盘子”和“粮仓”充足稳定供应。助力承平高速公路项目建设，助力京津冀地区铁路互联互通，助力构建首都“双机场”战略；跟进雄安重大基础设施项目建设。全年累计发放127.13亿元贷款支持首都服务类、食品类企业发展，发放21.8亿元贷款支持京津冀协同发展。

扶持中小微企业发展。搭建同业营销平台，与中国农业银行北京市分行签署战略合作协议，共同建立“信息共享、政策共商、项目互荐”的合作机制。全年累计向同业发放小微企业转贷款63.93亿元，惠及千余户小微企业。

合理、有效利用外资拓展多边合作业务。支持金砖国家新开发银行对华贷款首个中间金融机构转贷项目——京能康保风电项目。该项目中49亿元主权贷款中的首笔贷款落地进出口银行北京分行。高标准兑现北京2022年冬奥会和冬残奥会可持续性承诺，为首都地区打赢“蓝天保卫战”，进一步推动京津冀地区能源合作提供有力保障。

（赵子郡）

中国农业发展银行北京市分行

2021年末，中国农业发展银行北京市分行（以下简称农发行北京市分行）总资产635.57亿元，比年初增加152.62亿元。年末各项贷款余额501.83亿元，比年初净增加25.22亿元，增长5.29%；负债总额638.78亿元，比年初增加156.99亿元，其中各项存款余额120.48亿元，比年初增加11.94亿元。各项收入25.09亿元，同比增加5.72亿元。账面利润0.60亿元，比上年减少1.43亿元。

截至年末，农发行北京市分行共有13个支行（部），全行在岗员工417人。

政策性粮油信贷业务 2021年末，擦亮“粮食银行”招牌，粮棉油贷款余额237.29亿元，占全行贷款余额的47.28%。服务粮食安全，全力做好中央和地方粮油政策性信贷资金供应工作，全年累计发放贷款227.4亿元，确保国家粮食战略目标的实施和首都粮食市场的稳定和安全。支持粮食全产业链发展和农业产业化经营，全年累计发放信贷资金78.54亿元，支持企业开展购销业务。加大对棉纺企业的支持力度，全年累计发放产业化龙头企业贷款27.49亿元。完成北京市粮食库存检查工作，粮食信贷资金占用合理且运行安全。

化肥、农药等储备贷款业务 全年累计发放国家储备化肥贷款19.67亿元和农业生产资料贷款9.85亿元。

政策性中长期信贷业务 聚焦棚改、水利、生态等薄弱环节，合规提供金融服务。城乡一体化贷款净增17.13亿元，改善人居环境贷款净增2.51亿元，水利建设贷款净增0.1亿元，生态环境建设贷款净增8.56亿元。年末，中长期贷款余额113.30亿元，较年初减少8.31亿元。

投资业务 为企业多元融资需求提供全方位金融服务。截至年末，农发重点建设基金累计投放236.93亿元，累计收回75.79亿元，2021年度收回16.77亿元，余额144.37亿元，实现投资收益1.81亿元。

票据业务 全年累计办理票据交易598.56亿元，年末转贴现资产余额81.88亿元。

国际业务 重点支持大豆、棉花、化肥等农业相关贸易，本外币协同营销，稳步推进跨境金融服务。全年办理国际结算业务407笔，金额为14.32亿美元，同比增长10.97%。办理贸易融资业务30笔，金额为1 673.23万美元，品种为减免保证金开证业务。

扶贫贷款业务 全年累计发放扶贫贷款9.99亿元，年末，扶贫贷款余额21.8亿元。

创新业务 聚焦服务乡村振兴，促进林业、种养殖业和农村流通体系建设、支持农业科技创新和涉农小微企业发展，累计发放贷款80亿元。年末，农村流通体系建设贷款余额72.45亿元，农村土地流转及规模经营贷款余额22亿元、产业化龙头企业贷款余额12.97亿元，农业生产资料贷款余额26.8亿元，农业科技贷款余额8.55亿元，农业小企业贷款余额0.9亿元。

（赵敏岑）

中国工商银行股份有限公司北京市分行

2021年末，中国工商银行股份有限公司北京市分行（以下简称工商银行北京市分行）本外币总资产5.11万亿元，比上年增加202.69亿元。实现营业收入832.88亿元、本外币账面拨备前利润655.87亿元、净利润409.7亿元。实现中间业务收入127.45亿元，比上年增加4.26亿元。

截至年末，工商银行北京市分行下设37家二级分行（含分行营业部），551家营业网点，512家自助银行；共有员工18 780人。

存款业务 截至年末，本外币全部存款余额和人民币存款余额分别为4.98万亿元、4.74万亿元。其中，人民币对公存款余额2.89万亿元；人民币储蓄存款余额1.14万亿元，比上年增加798.92亿元；同业存款余额7 073.16亿元，比上年增加859.08亿元。外币全部存款余额375.73亿美元，比上年增加35.07亿美元。人民币全部存款付息率1.64%。

融资业务 截至年末，本外币各项贷款比年初增加978亿元，余额达到1.17万亿元。其中，人民币公司贷款较年初增加960亿元，余额8 560亿元；个人贷款较年初增加113亿元，余额2 341亿元。制造业、普惠贷款增速分别是各项贷款增速的3.4倍和4倍；分别为稳链固链、保电保供和疫苗企业提供融资250亿元、1 277亿元和15亿元。办理非信贷融资近

6 000 亿元，余额 1.54 万亿元。债券承销量 2 640 亿元，并购融资余额 581 亿元。

经营转型 全年实现中间业务收入 127.45 亿元，同比增加 4.26 亿元。个人金融资产较年初净增 1 126 亿元。落实“全行办外汇”机制，外汇存款、贷款余额分别达到 376 亿美元、71 亿美元。国际结算量、跨境人民币结算量分别达到 6 700亿美元、3.55 万亿元，同比分别增长 87%、67%。国际结算收入 4.44 亿元。成功营销北交所基本户，拓展中国农业再保险股份有限公司、大和证券（中国）有限责任公司等 68 家金融机构落地。资产托管规模 5.34 万亿元。打造数字厅堂、“北塔”系统等多个自主创新成果。积极推广数字人民币试点。打造智慧食堂、智慧菜场、智慧加油、智慧景区、数字普惠等重点场景，形成可推广、可复制的业务新模式。

渠道服务 通过构建减负闭环、研发九大系统、强化线上线下运维等系列措施，推动网点减负赋能；装修改造 55 家网点，挂牌“工行驿站”521 家，适老化网点升级 110 余家。迁建优化 16 家网点，精准投放副中心、自贸区、未来科学城等“两区”重点区位。优化自助渠道，ATM 和智能设备分别减少 525 台、151 台，总量下降 8.5%；新型智能设备占比 21.3%，较年初提升 6 个百分点。

风险防控 强化健康监测，织密防控网络，构筑全行免疫屏障。强化“一户一议一策”，累计清收处置不良贷款 14 亿元，年末不良率 0.24%，资产质量保持稳定。实现银行卡资产质量攻坚目标，银行卡不良率 1.42%。监管转办投诉治理成效显著，第四季度单季降幅 44%；统筹抓好安全生产、舆情管理、保密信访等工作，扎实管控各类风险隐患，全年保持零案件、零风险事件、零监管处罚、零安全责任事故，连续 12 年获国家外汇管理局 A 类评价。

（王戈）

中国农业银行股份有限公司北京市分行

2021 年末，中国农业银行股份有限公司北京市分行（以下简称农业银行北京市分行）本外币总资产 12 192 亿元，比上年增加 873 亿元，增长 7.7%；本外币各项存款余额 9 406 亿元，比上年增加 835 亿元，增长 9.74%；本外币各项贷款余额 5 052 亿元，比上年增加 475 亿元，增长 10.37%；实现中间业务收入 31.94 亿元，同比增加 0.96 亿元，增长 3.1%。

截至年末，农业银行北京市分行共有正常营业网点 309 家，在岗员工 8 190 人。

深耕实体 全年累计向普惠小微、绿色科创、高端制造、战略新兴等实体经济重点领域投放贷款 2 523 亿元。先后向北京环球影城、北京城市副中心三大建筑、新机场线、昌平线等重点项目投放贷款 102 亿元。服务京津冀协同发展重点项目 94 个，投放贷款超千亿元，支持北京市重点工程项目 32 个，贷款余额 374 亿元。在北京城市副中心分行设立绿色金融创新服务中心，为 3 家碳交易市场准入企业提供结算、账户开立等基础金融服务，为国家能源集团新能源有限责任公司、龙源电力集团股份有限公司等五大电力企业投放绿色贷款72.7亿元，承销绿色债券105亿元，年末绿色贷款增量355亿元。推动普惠金融健康发展，年末普惠型小微企业贷款余额164亿元、普惠有贷客户9 100户，比年初分别增加45亿元、1 157户。加强科创企业、“独角兽”、“专精特新”“小巨人”等重点客群服务，战略性新兴产业贷款、科创企业贷款增速分别为46%、32%。

乡村振兴 系统内率先设立乡村振兴金融部，围绕北京休闲农业、民宿旅游、健康养老等幸福产业，积极构建具有城市争先行特色的“三农”业务发展模式。加快推广“金益棉网络融资”“乡村振兴e贷”“果蔬e贷”等拳头产品，构建线上线下一体化、金融需求全覆盖的乡村振兴产品体系，累计投放金额超百亿元。2021年末，涉农贷款、县域贷款增量分别为37亿元、19亿元。其中，“惠农e贷”比年初净增3.5亿元，“乡村振兴e贷”累计投放量比上年增长355%。推动北京大北农科技集团股份有限公司、北京华联集团投资控股有限公司等五家在京企业为天津市武强县捐赠无偿帮扶资金390万元，天津又一丰农业科技发展（集团）有限公司投资5亿元建设现代化奶牛养殖示范牧场。累计购买脱贫产品384万元，助销脱贫县农产品1 812万元。

数字化转型 扎实推进数字化转型“十大项目”。2021年净增公司类互联网场景219个，新增对公线上活跃客户3.4万户，开立数字人民币对公钱包19.7万个；“微银行+”平台累计触达用户50万人，开立电子账户1.7万户。深入推进零售与网点转型，制定出台网点个人客户经理、财富顾问、大堂经理等管理考评办法，零售业务发展活力有效增强。2021年，累计压降网点基础运营人员220人，充实客户服务岗位242人。

（魏晋）

中国银行股份有限公司北京市分行

2021年末，中国银行股份有限公司北京市分行（以下简称中国银行北京市分行）本外币总资产12 192.23亿元；本外币汇总折人民币各项存款余额9 129.40亿元，比上年增加854.70亿元，增长10.33%，其中，人民币各项存款余额8 415.99亿元，比上年增加785.98亿元，增长10.30%；本外币汇总折人民币各项贷款余额5 884.33亿元，比上年增加151.69亿元，增长2.65%。其中，人民币各项贷款余额5 659.87亿元，比上年增加156.57亿元，增长2.85%。实现净利润89.12亿元，同比增加62.22亿元，增长231.26%。

截至年末，中国银行北京市分行共有营业机构279家，其中分行3家、管辖/直管支行28家、经营性支行247家、分理处1家，在职正式员工9 998人。

公司金融业务 主动服务重点客户，支持首都基础设施建设、北京城市副中心建设、民营企业、涉农和扶贫贷款、绿色信贷、高新制造业等领域发展。截至年末，累计支持京津冀项目74个，贷款余额超过640亿元；为北京城市副中心42个项目提供授信支持超过543.35亿元，已投放303.5亿元；向民营企业新投放贷款601.7亿元，较上年增加59.5亿元，投放占比较年初提高5.77%，民营贷款有贷款余额户数4 664户，较上年增加1 718户；涉农贷款余额较年初增加44.24亿元，增长47.55%；对公绿色贷款余额为1 505.57亿元，较年初增加401亿元，占对公贷款的31.79%；制造业中长期贷款余额较年初新增99.57亿元，增长99.49%。全年债券承销总额3 923亿元，全口径分销业务量638亿元。金融市场经营业绩稳步提升，实现全口径金融市场业务交易量2.12万亿元；代客结售汇履约量实现772亿美元，同比增长8%。深度服务中国国际服务贸易交易会（以下简称服贸会），连续三年成为服贸会银行业独家全球合作伙伴。发挥“国内证+福费廷”、供应链融资、票据融资等交易银行产品带动作用，优化业务审批流程，精准施策扶持普惠金融及民营经济发展。推进场景建设，深化与重点客户合作关系，有效稳定主力行业存款。通过金融创新持续为在京央企集团及跨国公司提供全面有效的全球一体化资金管理解决方案。拓展跨境机构客户和境内特许机构客户，实现金融机构、托管业务重点领域重点突破。截至年末，金融机构本外币日均存款余额6 424.78亿元，金融机构人民币资产余额2 304.45亿元；托管运营资产规模26 688亿元，同比增长31.18%。普惠金融业务银保监重点领域贷款余额311.09亿元，同比增长52%。成立8家区（县）域金融专营机构、13家普惠金融特色网点。针对“专精特新”“小巨人”等中小微科技型企业客群打造专属“惠如愿·知惠贷”及“惠如愿·专精特新贷”等金融方案。对中小微企业贷款实施阶段性延期还本付息政策，对小微企业延期还本付息需求，做到应延尽延。

个人金融业务 全量金融资产、全量客户、全量收入较快增长。优先支持刚需型首套购房贷款需求；扩大“中银E贷—个人网络消费贷款”产品适用客群范围，推广个人普惠类贷款业务，为个体工商户及小企业主解决融资难等问题。截至年末，个人贷款余额1 015.88亿元，较上年新增75.22亿元。截至年末，借记卡发卡84.19万张，实现消费额2 653.41亿元。着力打造场景获客模式；做实冬奥支付环境建设，推动银行卡业务数字化转型。截至年末，服务信用卡客户近190万户，实现消费额587.92亿元。

中间业务收入 全年实现中间业务收入57.24亿元，其中个人数字金融、金融机构、银行卡条线分别实现中间业务收入12.13亿元、9.80亿元、9.28亿元。实现托管费收入9.17亿元，同比增长33.82%。实现债券承分销手续费2.9亿元。实现对公表外理财销售规模939.53亿元，实现中间业务收入1.15亿元。资产证券化业务累计发行648亿元，实现中间业务收入3 785万元。

渠道建设 丰富线下智能服务体系，截至年末，投产智能柜台（厅堂版）826台、智能柜台（移动版）113台，便携式智能柜台150台，非居民证件附柜152台，试点投产外币智取通设备2台。打造手机银行云缴费平台，逐步拓展代缴费合作商户、代缴费项目种类，涉及上线水电费、燃气费、本地交通罚款、房屋租赁费等20余种缴费项目。为核心企业供应链条上中小微型企业供应商提供线上金融服务渠道资金支持解决方案。落地企业网银线上数字钱包、企业征信查询、“中银企e贷”、线上担保业务模式与自助结汇专项拓展项目，实现商户银企直连、航运在线通、跨境电商业务合作。截至年末，全年企业网银交易客户超过7.17万户。

积极布局数字人民币交通出行、银发养老、民生消费等战略场景。支持“北京一卡通”App使用数字人民币充值；全国首创token型硬钱包，满足“三老一少”人群出行需要；创新设计数字人民币智能证，融合数字人民币、实时定位、电子围栏、语音呼叫SOS等功能，解决银发场景下科技支撑力量不足等行业痛点；与物美集团线上通过“多点”App实现一点接入全国物美旗下超市门店，线下完成北京地区486家门店受理端改造；与合众财产保险股份有限公司联合投保全国首份数字人民币保单。持续跟进互联网平台电商合作。与美团平台开展“绿色冬奥，低碳主题”数字人民币活动，实现对公钱包翻倍增长。全年组织、积极参与北京市各项数字人民币试点活动21个；在服贸会、金融街论坛期间，打造“冬奥+数字人民币”特色展区。

互联网金融　提升手机银行客户黏性及价值贡献，全年手机银行累计注册客户605.34万户，手机银行年交易客户232.93万户，企业网银交易客户超7.17万户。微信粉丝数量超过240万人。B2C网关支付和借记卡快捷支付产品，全年实现线上交易1 592亿元。全年报关即时通交易额1 430.10亿元，B2B商户交易额845.97亿元，跨境电商间连交易额138.38亿元。

风险管理　开展民营、异地、中概股、房地产、涉政、发债、大宗商品、资金流向、绿色金融等领域风险排查，以及中小微企业贷款延期还本付息政策、防疫贷款政策、高风险客户授信执行情况后评价；主动参与高风险客户风险化解工作，实现风险敞口大幅压降；建立稳定的清收队伍，提升大额不良项目集中化、专业化处置效率；运用破产重整、核销、资产证券化等方式，实现大额项目出清。全年累计化解不良资产26.87亿元，其中现金清收3.28亿元、呆账核销23.59亿元。不良贷款率为0.47%。

（陈锐）

中国建设银行股份有限公司北京市分行

2021年末，中国建设银行股份有限公司北京市分行（以下简称建设银行北京市分行）本外币总资产21 027.18亿元。本外币全口径存款余额19 797.50亿元。其中，人民币全口径存款余额19 112.01亿元。本外币贷款余额10 822.49亿元，比上年增加1 021.65亿元，增长10.42%；其中，人民币贷款余额10 591.19亿元，比上年增加1 049.90亿元，增长11%。实现账面利润198.46亿元。

建设银行北京市分行营业机构444个，其中，一级分行1个、二级分行2个、支行437个（综合型支行22个、单点型支行15个、网点型支行400个）、储蓄所4个。

按照功能定位，营业中心405家、个人金融中心39家。在职员工11 671人。

公司金融业务 年末，对公贷款余额8 538亿元，承销债券1 753亿元。承建“安居北京”平台，支持城市更新项目85个、贷款余额314亿元。绿色贷款余额1 913亿元，新增501亿元；发放全国首笔碳汇碳票双质押绿色贷款；依托“裕农通”下沉金融服务，涉农贷款增速45%。落地全国首单银行系公募不动产信托投资基金（REITs）。完成区域内首笔外币贸易融资资产跨境转让业务。依托“叮咚”系统支持京津冀协调发展。年末，本外币企业存款时点余额9 942.4亿元，较年初新增185.52亿元；日均余额10 267.2亿元，较年初新增514.03亿元。

个人金融业务 16家网点被认证为适老化服务示范网点。年末，开立数字人民币个人钱包204.9万个。承办人民银行营业管理部、北京银保监局开展的“金融知识普及月 金融知识进万家”北京地区启动仪式；开展141期消费者保护服务技能提升培训，覆盖全辖近5 100名一线网点岗位和二级行管理岗位员工。依托“裕农通”服务点向当地村民提供小额取款、现金汇款、转账、生活缴费等服务，设立“裕农学堂”送知识下乡，推进七部门“金融科技赋能乡村振兴示范工程”。年末，“裕农通”服务点3 285家，覆盖全市181个乡镇乡村地区2 653个行政村，填补139个金融服务空白村。打造银医特色、扶贫特色、金融消费者教育特色等特色“劳动者港湾”。对外开放“劳动者港湾”403个，覆盖建行北京市分行全部独立营业网点。108个港湾对外开放卫生间，累计线下服务超过885万人次，线上App注册用户超过42万人。年末，本外币个人存款时点余额6 633亿元，较年初新增491亿元；日均余额6 335亿元，较年初新增921亿元。

授信审批业务 严守授信审批关口，全年对公业务审批11 924笔、审批金额16 849.03亿元、同比下降16.25%。对私业务审批8 065笔、审批金额177.65亿元，同比增长35.2%。综合授信客户105户，综合授信覆盖率100%。全球授信客户82户，较上年增加7户。集团授信客户240户，较上年增加15户。审定客户评级2 454笔，较上年下降9.1%，评级推翻率3.7%，同比下降8.1%。完成各类项目评估共160个，评审金额2 894.9亿元。

信用卡业务 推进数字人民币线下支付场景建设，助力冬奥场景。减费让利，优化小微企业环境。推进生活平台建设，推进农村消费升级，助力村民共建美好家园。全年发卡526.9万张，累计客户数375.8万户，消费交易额807亿元。

现金业务 科学管控现金备付指标，全年人民币现金日均库存16.96亿元，较上年下降11%。上缴假币浓度为百万分之0.005，差错率较上年同期下降百万分之0.02，降幅15.38%。零差错完成发行基金回笼、投放、调入、调出工作，合计746.70亿元；委托行外币调运126笔，折合美元1亿元；完成金库集中保管、集中清分供钞任务，100%满足重点客户零辅币需求；完成413个营业网点的现金、重要空白凭证、贵金属集中配送，及537台离行式自助设备集中维护、205个上门收款点的集中服务。完成5批次纪念币（钞）发行任务，为“裕农通”服务点更新点钞机1 303台。为老年客户群设计发放特色专用现金袋2.7万个，为6家示范点配置大字版点钞机外部显示屏。组织开展现金宣传5 749次，小面额预约兑换21 000次，残损币兑换20 059次，服务商户19 558家。举办反假货币大型宣传。线上线下开展本外币防伪知识、反假货币及人民币收付等培训。

新金融业务 住房租赁打造“8大场景+多种模式”，协同子公司累计收持房屋超过6万套。探索“住房租赁+社区金融”“住房租赁+养老”新业态，形成了“颐养者港湾”新品牌。探索3类专班模式，形成高效协同联动机制。量身定制金融产品和服务。“托得易”系统助力分行赢得保险委外投资市场竞争“降维优势”，“军建安鑫”等平台承载资金流量124亿元。流程机器人（RPA）应用节约3.4万个工时。以“贷款+认股权”“贷款+股权”等股债联动模式支持140多家高成长性科创企业，其中国家和北京市“专精特新”企业78家。支持国家电投集团氢能科技发展有限公司投产氢能大巴士已交付北京冬奥会使用。

风险防控与内部管理 化解信用风险，全年处置不良贷款72亿元，现金回收已核销不良资产2.34亿元。建立贷后投后联动机制，覆盖12家子公司、20家海外机构。在“惠懂你”App接入北京银保监局API数据，实现贷后资金跨行风险跟踪。强化流程管控和模型机控，涉赌涉诈账户数量由同业最多降至第14位。研发员工行为数字化模型50个，筛查疑点线索2 579条，发现违规行为188人次。堵截电信诈骗类案事件661起、金额7 057万元。调整投诉处理机制，实施首问责任制，提升化解质效，防范声誉和舆情风险。

（杜国增）

交通银行股份有限公司北京市分行

2021年末，交通银行股份有限公司北京市分行（以下简称交通银行北京市分行）本外币资产总规模10 564.36亿元，较上年增加935.69亿元，增长9.72%；本外币各项存款余额8 869.92亿元，较上年增加798.12亿元，增长9.89%；本外币各项贷款余额4 496.13亿元，较上年增加630.62亿元，增长16.31%；利润134.79亿元，较上年增加28.42亿元，增长26.71%。

截至年末，交通银行北京市分行机构网点总量130家，其中二级分行1家、分行营业部1家、一级支行39家、二级支行81家、普惠支行8家。共有员工4 368人（其中正式员工4 364人、派遣制员工4人），平均年龄37.6岁。

公司金融业务 密切与政府机构类客户合作关系，促进存款量提升。实现大型央企发债资金、托管资金、贷款资金闭环管理。通过优质优惠的拥军惠兵金融服务，拉动军队存款增长。推广智慧金融服务平台和链金融平台，做好银医、银校、银政等场景建设，加速存款留存。截至年末，人民币对公存款时点余额6 418亿元，比年初增加638亿元。加大对战略性新兴产业、制造业、绿色发展、科技创新、新基建等领域信贷支持力度。提升对乡村振兴、绿色低碳、能源保供等领域的金融服务水平，承销全国首批乡村振兴债——顺鑫超短融、市场首批能源保供债券——华能国际保供用途债，以及多只碳中和绿色债券。针对特定发展阶段、特定产业、特定区域小微客户群体，推出信用贷、优创贷、新版智融通、交银科创等个性化融资产品；开展产业链金融业务，产业链金融带动的普惠口径融资量及链属企业户数均实现快速增长。落地及储备多个中央企业并购项目。深挖基础设施公募REITs综合服务领域潜力，争揽建信中关村产业园区封闭式基础设施证券投资基金项目托管和监管银行角色。

个人金融业务 全年人民币储蓄存款增量首次突破200亿元。销售重点基金455亿元。试点“理财师精细化营销项目”，提升营销可触达性和精准性。实行资产管理专项计划，持续推进多元化配置，提高中高端客户财管产品客户覆盖率。利用投资类信托、明星阳光私募等重点产品，拉动私人银行客户及资产提升。推进数字人民币营销，参与组织“数字王府井”“京彩惠民生”等系列活动，联合头部合作机构打通C端产品及应用。加大“买单吧”商圈活动力度，唤醒大量“沉睡”信用卡客群。建立一手房招拍挂跟踪公示机制。与北京链家置地房地产经纪有限公司、北京我爱我家房地产经纪有限公司等龙头中介企业，万科企业股份有限公司、绿城房地产集团有限公司、远洋控股集团（中国）有限公司等重点开发商，以及住房公积金管理中心密切合作关系，加强资源储备。针对“白名单”客户群，制定差异化产品和营销服务方案，利用免息券、贴金券等手段推动非房消费贷投放。

同业业务 加强重点行业客户的分层分类管理，加强活期存款转化营销、做好托管户活期利率管控，提升基金公司客户利润贡献；紧抓银证银期源头客户营销，扩大证券公司客户利润空间；深化与金融要素市场系统对接、扩充各产品代理清算结算业务规模，提高要素市场客户低成本资金沉淀。全年，人民币活期同业存款日均余额1 375.37亿元，在同业存款中的占比提升至63.39%，实现同业负债结构转型和利差提升。拓展多家央企财务公司、银行资管、中型券商和基金类客户，同业存单实现稳健增长。证券主经纪商业务（PB业务）北京地区市场占有率保持在70%。推进“同业金融生态圈”创新业务发展。灵活运用直贴、转贴交易方式，高效满足客户票据融资需求。建立代销基金托管户的综合收益分配机制，做好职业年金、企业年金和养老金、大型产业基金的运营服务及营销，全年托管规模较上年净增457.12亿元，托管收入增长31.52%。

国际业务 全年累计压降高成本负债2.8亿美元，实现外币高成本负债清零。向企业推介远期结售汇、期权、掉期结售汇等人民币汇率避险产品。聚焦国际收支发生额在1 000万美元以上的央企重点客户的供应链，业务延伸拓展其上下游企业及非银机构。为国家七大战略性新兴产业企业提供一揽子金融服务。推动境外双边贷款、境外银团贷款、跨境担保项目落地，其中“埃及新首都中央商务区第三批项目”跨境银团贷款获评中国出口信用保险公司年度唯一“主权项目银保合作案例”。筛选以央企财务公司为主要目标的跨境人民币业务重点客户，上线北京地区首个人民币跨境支付系统（CIPS）标准收发器。率先为全国首批一体化资金池试点企业办理试点业务，为其成员单位落地全国首发交易。与北京市地方金融监督管理局（以下简称市金融监管局）共同搭建北京市“两区”金融创新联合实验室，为金融产品及服务创新提供支撑。

（何华伟）

招商银行股份有限公司北京分行

2021年末，招商银行股份有限公司北京分行（以下简称招商银行北京分行）表内总资产达11 603亿元，比上年增加1 433亿元，增长14.1%；全折自营存款余额10 174亿元，比上年增加1 720亿元，增长20.3%；全折自营贷款余额3 951亿元，比上年增加407亿元，增长11.5%；全年实现利润总额140亿元，比上年增加12亿元，增长9.4%。不良贷款率0.40%。

截至年末，招商银行北京分行共有营业机构118家，员工5 277人。

公司金融业务 截至2021年末，人民币对公自营存款年日均余额6 595亿元，较上年增加1 192亿元；对公资产业务实现人民币对公信贷规模2 348亿元。对公客群日均50万元以上价值客户较年初净增3 575户。全年共为9 453户企业用户提供各类票据服务，为2 653户企业用户提供融资支持，累计贴现金额达424亿元，其中商业票据贴现143亿元。

零售金融业务 全年，零售营业净收入159.6亿元，管理总资产突破1.8万亿元，人民币储蓄存款余额突破3 500亿元，零售客户存量超过1 100万户，其中非零客群975万户、资产5万元以上客群数量达到190万户。年末零售信贷资产余额近1 700亿元，较年初增加209.5亿元，小微贷款余额613.4亿元，较年初增加92.5亿元。

投行资管业务 年内，实现投资银行资产管理业务总收入17.7亿元，其中非息收入14.59亿元。落地京东收购中国物流资产控股有限公司等超大型并购项目；落地8笔员工激励业务，共派生存款近百亿元，新增代发工资超过1 600人，新增开户46户，衍生托管及零售高端客户。债券承销业务实现规模1 285亿元，衍生对公存款近1 400亿元；并购业务实现非息收入3.84亿元，同比增长43.2%；市场交易业务投放规模325.99亿元，实现中间业务收入3 484万元；对公财富管理业务实现中间业务收入4.82亿元，同比增长25.8%，公司理财产品日均余额1 544亿元，对公财富管理客户数合并口径11 482户。

（董月）

上海浦东发展银行股份有限公司北京分行

2021年末，上海浦东发展银行股份有限公司北京分行（以下简称浦发银行北京分行）资产总额 5 764.12 亿元，比上年增加 661.35 亿元，增长 12.96%。按中国人民银行统计口径，本外币一般性存款余额（含非银存款）4 999 亿元，比上年增加 1 105 亿元，增长 28.37%。其中，非银行金融机构存款余额 693 亿元，比上年增加 279 亿元，增长 67.39%。本外币各项贷款余额 2 306 亿元，比上年增加 273.95 亿元，增长 13.48%。实现经济利润（EVA）34.9 亿元，比上年增加 1.57 亿元，增长 4.71%。

截至年末，浦发银行北京分行共设有营业机构 88 家，比上年增加 12 家，增长 15.78%。其中，综合型支行 40 家（含营业部）、零售型专业支行 29 家、小微支行及社区支行 19 家。正式员工 1 927 人，派遣制员工 49 人。

公司银行业务 全年，新增“京系号”客户 733 户，新增有价值客户 2 894 户，新增高价值客户 572 户。督导各经营单位推动结算性存款增长。截至年末，按照北京银保监局统计口径，本外币一般对公存款余额 3 622.00 亿元，比上年增加 738.00 亿元。本外币对公贷款（含票据）余额 1 685.00 亿元，比上年增加 226.00 亿元。公司银行业务实现净营业收入 44.80 亿元，净中间业务收入 8.80 亿元。

投行业务 牵头主承销国电电力发展股份有限公司 2021 年度第一期绿色中期票据（碳中和债），发行金额 8.4 亿元，募集资金全部用于绿色低碳（风电）项目。独家主承销市场首批乡村振兴债券。为国家电力投资集团有限公司发行 2021 年度第一期中期票据（乡村振兴），发行规模 3 亿元，期限 2 年，募集资金用于乡村综合智慧能源示范项目和光伏项目建设。独家主承销市场首批革命老区振兴发展债券。为国电电力发展股份有限公司募集资金 8 亿元，全部用于 10 个清洁能源发电项目，其中 2.62 亿元用在位于赣闽粤原中央苏区、陕甘宁、大别山等革命老区的 4 个项目。主承销浦发银行系统内首单可持续发展挂钩债券。为华能国际电力股份有限公司融资，发行 2021 年度第一期中期票据（可持续挂钩），全年完成债券承销金额 1 151.67 亿元，实现中间业务收入 1.06 亿元。聚焦“三城一区”、北京城市副中心、城南地区、大兴国际机场临空经济区等重点区域，扩大中长期贷款投放规模。年末中长期贷款余额 699.05 亿元，当年净增 20.03 亿元。

服务中小企业 全年，在线融资授信客户 1 512 户，年内新增 883 户。新增小微企业“银税贷”业务授信客户超 678 户，累计放款 12 亿元。落地“字节跳动 1 + N”在线融资方案 2.0 版本，为场景下优质小微企业提供 3 000 万元的在线融资贷款额度，累计服务客户 52 户，放款 7.1 亿元。落地“云担流水贷”在线融资项目，开启分行与担保公司在线合作的新模式。截至年末，按北京银保监局监管口径，普惠贷款余额 21.72 亿元，较上年净增 10.38 亿元，增长 91.5%；按浦发银行总行发展口径，普惠贷款余额 70.92 亿元，较上年净增 40.25 亿元，增长 131.2%。中小企业用信客户 1 301 户，较上年净增 634 户；中小企业用信客户在全行用信客户中占比 72%；中小企业有贡献客户当年净增 1 117 户，占全行有贡献客户净增数量的 87.5%。中小企业客群一般存款日均 166.05 亿元，较上年净增 39.85 亿元，增长率 31.57%。中小企业客群全年贡献 EVA 5.03 亿元。

零售银行业务 全年，为百人企业代发金额575亿元。全年线上交易资金监管量511亿元。净值型理财产品销量提升60%。基金资产余额136.6亿元，较上年增加21.7亿元，实现中间业务收入1.63亿元，同比增长89%。保险金融资产突破80亿元，较上年新增19.2亿元，累计实现保险中间业务收入1.02亿元，同比增长18%。线上信用卡汽车分期业务累计放款10.61亿元。新签约电子银行支付商户17家。截至年末，本外币个人金融资产余额1 764.00亿元，比上年增加181.00亿元。本外币储蓄存款余额684.00亿元，比上年增加88.00亿元。个人贷款余额（不含信用卡）620.00亿元，比上年增加47.26亿元。零售营业净收入29.52亿元。零售中间业务净收入11.20亿元。

金融市场业务　全年落地浦发银行系统内首单业务10余项。实现同业存单线上交易规模253亿元。实现票据业务银票贴现发生额189亿元。全年合计投资资产支持证券（ABS）产品337亿元，其中投资住房抵押贷款支持证券（RMBS）产品247亿元，投资企业类项目75亿元，投资同业借款15亿元。公募基金托管业务托管规模2 107亿元。保险资产托管规模1 708亿元。净增信托资产托管规模1 766亿元。截至年末，自营同业借款余额1 523亿元，较上年增加285亿元。银票贴现及转贴现合计251.9亿元，较上年增加169.4亿元。金融市场业务净营业收入32.74亿元，较上年增加7.03亿元。金融市场业务净中间收入9.54亿元。资产托管规模2.33万亿元，较上年增加0.46万亿元。实现托管收入3.89亿元，较上年增加0.96亿元。

（王国文）

广发银行股份有限公司北京分行

2021年末，广发银行股份有限公司北京分行（以下简称广发银行北京分行）总资产3 726.72亿元，实现报表营业收入32.83亿元，实现净利润15.89亿元，整体不良率0.45%，同比下降0.33个百分点。

截至年末，广发银行北京分行营业网点共计54家，在岗人数1 662人，其中正式在编1 649人。

支持国家战略　全年，投放制造业中长期贷款67.75亿元，同比增长68.32%，投放先进制造业贷款107.42亿元，同比增长49.67%；落地服务实体经济及区域战略的托管项目规模超80亿元；为34家在京央企、国企配置了发债额度，为各大优质企业通过发债募集资金274亿元；累计批复绿色信贷18笔，金额合计101.37亿元，年末绿色信贷余额42.52亿元，其中清洁能源产业贷款总额4.06亿元；落地“碳中和”重大战略决策方面托管业务共计312.87亿元；上报“京绿通”专项再贴现业务408笔，金额4.67亿元，占人民银行营业管理部该项业务总额12.53亿元的37.3%；新增服务京津冀区域协同发展项目贷款投放36.74亿元；为4家银行搭建CIPS间参系统，结算总量达到15 830笔，结算总金额突破286亿元。

存款规模增长 全年，人民币基础日均存款规模达到 2 317 亿元，较年初增加 204.8 亿元，增长 9.7%，其中，常规日均存款规模达到 1 992.9 亿元，较年初增加 643.2 亿元，增长 47.66%。基础日均存款规模达到 1 986.6 亿元，增长 7.05%；公司常规日均存款规模 1 701.1 亿元，增长 50.75%。个人基础日均存款达到 330.4 亿元，较年初增加 73.9 亿元，增长 7.05%；个人常规日均存款 291.9 亿元，较年初增加 70.6 亿元，增长 31.9%。

贷款规模增长 全年，人民币贷款年日均 820.7 亿元，较年初增加 160.3 亿元，增长 24.3%，其中公司贷款日均 643.0 亿元，较年初增加 139.6 亿元，增长 27.7%；个人贷款日均 177.7 亿元，较年初增加 20.8 亿元，增长 13.2%。

信用卡业务增长 全年新增激活客户 11.7 万户，北京地区累计总发卡量达到 672.5 万张，总客户数达到 388.4 万人。

金融创新 落地优质央企、国企供应链融资业务创新方案，年内累计出账 28.32 亿元，实现普惠金融贷款 3.33 亿元；落地优质担保公司分离式保函创新方案，年内出账 1.59 亿元，带动手续费收入 75.53 万元；落地普惠金融“信融 E 贷”创新方案，年内累计出账 868.41 万元。全年投产自研科技项目 49 项。

“北京普惠健康保”销售工作 多措并举开展“北京普惠健康保”宣导及销售工作，实现销售 7.3 万件。

网点布局优化 2021 年，成立亦庄支行和通州分行（北京分行二级分行），服务网络不断向市区周边新兴地区延伸。有近 10 家支行开展了改造搬迁，网点布局更加合理，厅堂面貌大幅提升。

（陈悦喆）

兴业银行股份有限公司北京分行

2021 年末，兴业银行股份有限公司北京分行（以下简称兴业银行北京分行）本外币资产类总计 10 986.68 亿元，比上年减少 311.10 亿元，下降 2.75%；本外币负债总计 10 943.68 亿元，比上年减少 340.79 亿元，下降 3.02%；本外币营业收入 64.93 亿元，比上年减少 0.70 亿元，下降 1.06%；实现本外币利润 42.64 亿元，比上年增加 29.43 亿元，增长 222.85%；本外币所有者权益 43.00 亿元，比上年增加 29.69 亿元，增长 223.06%；不良贷款余额 26.95 亿元，比上年增加 4.03 亿元，增长 0.15%，不良贷款率 1.23%，增长 0.15%。本外币存款余额 5 181.79 亿元，比上年减少 16.28 亿元，下降 0.31%；本外币贷款余额 2 191.31亿元，比上年增加 78.82 亿元，增长 3.73%。

截至年末，兴业银行北京分行共有营业网点 76 家，其中综合型支行 69 家、分行营业部 1 家、社区支行 6 家；共有正式员工 2 243 人，编外员工 190 人。

企业金融业务 全年，在集成电路、新型软件、物联网、高端装备、生物技术、新能源汽车等领域累计投放金额 72.07 亿元。为北京市棚户区改造项目提供融资超过300亿元；集体经营建设性用地入市项目投放超过100亿元。

零售业务 全年，实现供暖行业智能化场景收单企业商户30多家，留存企业金融存款5亿元并落地代发工资1 000余人。综合金融资产年日均1 635.8亿元，新增64.6亿元，其中理财年日均843亿元，新增50.3亿元，储蓄存款年日均388.74亿元，新增17.71亿元；个人贷款年末余额642.48亿元，新增29.67亿元；私人银行客户3 856户，新增484户，考评贵宾客户47.40万户，新增2.01万户。

金融市场业务 全年，同业存款余额2 013亿元，比上年降低281亿元，下降12.2%；资产托管业务规模18 394亿元，比上年增加1 167亿元，增长6.8%。

绿色金融 全年，为北京城市副中心提供各类绿色融资服务金额不低于200亿元；落地全国首只权益出资型碳中和债券、全国首批能源保供债券等创新产品。服务绿色客户超过1 800户，符合中国人民银行口径绿色贷款余额116.71亿元，同比增长109.81%。

乡村振兴 全年，涉农贷款余额达58亿元，涉农贷款增长达131%。其中，普惠型涉农贷款增长34%；累计支持北京地区国家级、市级农业产业化龙头企业贷款达16.9亿元；带动脱贫人口超过240人。

普惠金融 全年，企业金融普惠小微企业贷款余额较年初新增超过10亿元，贷款户数较年初新增178户。

租赁住房 全年，实现租赁住房资产构建17.64亿元，达成2个生态系统合作，新资产构建方向取得突破进展。

（张晨）

平安银行股份有限公司北京分行

2021年末，平安银行股份有限公司北京分行（以下简称平安银行北京分行）资产总额3 228.38亿元，负债总额3 202.24亿元。本外币一般性存款余额2 829.37亿元，其中公司存款余额2 219.24亿元、零售存款余额610.13亿元。本外币存款日均2 648.35亿元，其中公司存款日均2 116.89亿元、零售存款日均531.46亿元。贷款余额（含贴现）1 265.42亿元，其中公司贷款579.01亿元、零售贷款644.41亿元、贴现余额41.99亿元。实现账面利润255 463.39万元。不良贷款余额24 632.05万元，不良贷款率为0.19%。

截至年末，平安银行北京分行员工人数2 561人，其中正式员工1 977人（同业17人、特管24人）、劳务派遣员工59人、外包人员525人。

公司业务 全年，合作“专精特新”中小企业120余家，授信额度超过70亿元，授信业务余额12亿元。批复某大型风力发电企业综合授信额度30亿元，银行承兑汇票业务出账累计超过23亿元。2亿元支持某光伏企业进行光伏电站建设和运营。对制造业贷款投放提供资源支持，制造业贷款余额72.61亿元，较上年末增长约23%。

零售业务 全年，零售服务有效客户数超过380万户，累计投放普惠贷款

284.66 亿元，同比增长 12.05%。推出“新微贷”系列业务，给予小微企业主贷款利率优惠；自 2021 年 5 月 30 日起，对累计贷款超过 26 亿元的小微企业主贷款本金余额实行延期，进一步降低小微企业贷款综合融资成本。开展跨界合作，与支付宝、微信等互联网金融基础平台强强联合，提供从线下到线上的“1 + N”综合化金融服务。

合规内控 截至 2021 年末，全口径不良贷款余额 2.46 亿元，全口径不良率 0.19%，较 2019 年最高点下降 3.01 个百分点，其中对公不良率由最高点 6.12% 降至 0.0078%。清收问题授信，累计现金收回问题资产 8.23 亿元，累计核销对公不良资产 12.33 亿元。

（杨春）

中信银行股份有限公司北京分行

2021 年末，中信银行股份有限公司北京分行（以下简称中信银行北京分行）资产总额 11 962.30 亿元，比上年增加 286.41 亿元，增长 2.45%。负债总额 11 900.38亿元，比上年增加 303.49 亿元，增长 2.62%。各项存款余额 11 078.83 亿元，比上年增加 228.94 亿元，增长 2.11%。各项贷款余额 2 182.38 亿元，比上年增加 6.23 亿元，增长 0.29%。不良贷款余额 29.72 亿元，不良贷款率 1.36%。实现净利润 49.45 亿元。

截至年末，中信银行北京分行共有机构网点 76 家，员工 3 094 人。

公司银行业务 年末，人民币公司一般性存款时点余额达 6 504 亿元，较上年末增加 495 亿元。战略性新兴产业贷款余额 232 亿元，较上年末增加 99 亿元；绿色信贷余额 106 亿元，较上年末增加 61 亿元；民企贷款余额 501 亿元，考核口径余额较上年末增加 55 亿元；制造业中长期贷款余额 80 亿元，较上年末增加 14 亿元。涉农贷款、农林牧渔业贷款、新型农业经营主体余额增量分别为 23 亿元、15 亿元、4 亿元。综合融资规模 1 970.28 亿元，其中债券承销规模 1 823.26 亿元、资本市场业务投放规模 21.27 亿元，银团贷款投放规模 73.94 亿元、并购贷款投放规模 2.80 亿元（不含 45 亿元银团并购贷款）。全年承销债务融资工具 142 只，其中超短融融资券 81 只、短期融资券 8 只、中期票据 35 只、定向工具 7 只、资产支持票据 11 只。银行承兑汇票综合风险权重年末值控制在 29.77%。交易银行非息净收入 0.96 亿元，较上年增长 72.8%。普惠型小微企业法人贷款余额 49.52 亿元，较年初增长 95%，普惠客户数较年初增长 220.12%。

零售银行业务 年末，零售管理资产时点余额达到 3 867.00 亿元，其中私人银行客户管理资产余额达 1 328.68 亿元。个人存款时点余额达 1 311.35 亿元。个人信贷类贷款余额共计 894.26 亿元（含已转出个人汽车消费贷款 0.01 亿元、已转出个人住房抵押贷款 29.30 亿元），较上年末增加 62.94 亿元。个人信贷新发放贷款共计 287.12 亿元，较上年初增加

67.31 亿元。零售客户数达到 804.63 万户，其中私人银行客户 9 892 户、贵宾客户数 14.83 万户、富裕客户数 26.35 万户。全年零售理财销量 5 619.87 亿元，非货币基金销量 201.85 亿元，保险销量 39.24 亿元。2021 年 12 月，手机银行月活跃客户数达到 113.77 万户，增量 18.53 万户。移动支付活跃合约数达到 152.53 万户，活跃合约数增量 26.99 万户。新增激活借记客户 63.27 万户。大众基础客群 133.71 万户，较上年末增加 20.77 万户。全年出台修订及转发消费者权益保护制度 12 项，开展消费者权益保护事前审核 26 笔，培训 10 余场、各类金融宣教活动 200 余场。

金融市场业务 年末，同业负债日均规模 4 099.77 亿元，较上年增加 869.61 亿元，增长 26%。同业存单实现营业收入 1.09 亿元，较上年增加 0.88 亿元，增长 419%。投资 ABS 资产 1 391.65 亿元，比上年规模翻番，实现营业收入 13.11 亿元，同比增长 62%，其中二级 ABS 资产实现跨越式增长，投资 413.57 亿元，同比增长 326%。同业借款投放共计 857.5 亿元，实现营业收入 3.73 亿元，同比增长 56.72%。票据直接贴现累计发生 858 亿元，同比增长 12%。实现国际收支收付汇量 604 亿美元，结售汇量 250 亿美元。其中，实现资本项下即期交易规模 85 亿美元，同比增长 52%；国内信用证业务开证规模 154 亿元，同比增长近 73%；衍生品业务交易规模 24 亿美元，较上年翻一番。网银跨境汇出汇款业务 25.8 亿美元，同比增长近 3 倍，其中，办理在线结汇 1.53 亿美元。银企直联业务全年收付汇规模达 268 亿美元，线上化渠道国际业务占跨境收付汇的比重达到 49%。资产托管规模 2.20 万亿元，实现托管收入 12.75 亿元。完成表内不良及资管计划现金清收 19.33 亿元，表内不良及资管计划本金处置 86.63 亿元。

（冯涵）

中国光大银行股份有限公司北京分行

2021 年末，中国光大银行股份有限公司北京分行（以下简称光大银行北京分行）资产总额为 6 645 亿元，比上年增加 798 亿元。一般存款时点余额 5 758 亿元，比上年增加 487 亿元，增长 9%，其中，核心存款时点余额 5 106 亿元，比上年增加 466 亿元，增长 10%；一般存款日均余额 5 564 亿元，比上年增加 320 亿元，增长 6%，其中，核心存款日均余额 4 797 亿元，比上年增加 752 亿元，增长 19%。实现营业收入 123.10 亿元，同比增加 11.01 亿元，其中，中间业务净收入 32.16 亿元，同比增加 5.24 亿元。风险调整后利润 60.46 亿元，不良贷款率 0.85%；关注类贷款余额比上年减少 9.55 亿元；关注类贷款率 0.63%。

截至年末，光大银行北京分行设有营业网点 88 家，其中，一级支行（含分行营业部）63 家、二级支行 5 家、社区支行 20 家，共有员工 2 800 余人。

公司金融业务 年末，公司金融产品总量（FPA）余额 4 541 亿元，增量超千亿元。债券承销额1 474 亿元；资产管理业务余额1 017 亿元，较年初增长超过2倍；托管业务规模2.28 万亿元。同业资产规模771 亿元，较年初增长43%；国际结算量105 亿美元。公司客户6 万户，有效户增长7.5%。财政、烟草、社保、专项债及土地储备等领域机构客户增长21%。为北京地铁三号线融资12 亿元。制造业中长期贷款增长25%。服务北交所专户，支持“专精特新”中小企业发展。

零售金融业务 年末，零售客户资产规模（AUM）3 107 亿元，增长11%；零售信贷余额572 亿元，较年初增长26%；零售营业收入占比37.3%、存款占比21%，零售贷款占比39%，提升3.5 个百分点。零售客户1 333 万户，增长22%；信用卡客户273 万户，有效户203 万户，新增22 万户；数字金融渠道引入零售有效户140.19 万户，手机银行、云缴费、阳光惠生活三大App 月活跃用户263.77 万户。

创新金融科技 审批“数字孪生”重点项目79 项，累计新立项618 项，投产538 项，金融科技全口径投入0.46 亿元。推出脱贫地区农副产品网络销售“832 平台”（国家贫困地区农副产品网络销售平台）、城市建设及园区运营综合管理及金融服务系统、“停简单”（北京停简单信息技术有限公司）线上综合金融服务项目等一批金融创新成果。推进公司客群统一视图、零售智能营销平台、零售管理系统等重点项目建设。银联代付交易5.2 万亿元。云缴费收入0.52 亿元，成为光大银行系统内首家“钻石级分行”。

集团协同联动 推动北京区域协同发展，业务规模7 800 亿元，收入3.8 亿元。累计向光大证券股份有限公司推荐项目20 个，合作规模80 亿元；与光大永明人寿保险有限公司合作成立ABS 及债券专户，余额30 亿元；为集团成功发行40 亿元超短期融资票据、50 亿元中期融资票据；为集团企业托管产品7 200 亿元。

风险防控 处置核销不良资产6.63 亿元，现金清收2.4 亿元，直接创造利润近2 亿元。

（潘远发）

中国民生银行股份有限公司北京分行

2021 年末，中国民生银行股份有限公司北京分行（以下简称民生银行北京分行）本外币总资产余额8 747.93 亿元，较上年增长7.29%。各项存款余额8 255.12亿元，较上年增长10.48%，其中人民币存款余额7 427.25 亿元，较上年增长9.37%。各项贷款余额2 766.18 亿元。全年营业收入128.67 亿元，营业支出95.85 亿元，实现营业利润32.82 亿元。

截至年末，民生银行北京分行下设分行营业部1 家、二级分行1 家、支行91 家、便利型网点67 家（社区支行64 家、小微支行3 家），正式员工3 557 人。

公司业务 年末，制造业贷款较年初增加62 亿元；涉农贷款余额较年初新增近10亿元。债券承销规模突破188亿元，企业资产证券化业务投放303亿元。合理支持受疫情影响较大的企业授信延续、应贷尽贷。针对优质产业集群推出“园区万里行”结算服务，全年终审中小信贷业务173笔，合计65.9亿元；出账57笔，合计12.1亿元。

零售业务 年末，储蓄余额1 327.9亿元，年内新增147.3亿元，金融资产余额3 041.9亿元，新增312.7亿元；贵宾客户数37.14万户，年内新增2.9万户，私人银行客户突破6 600户，年内新增806户。零售网络金融平台用户数446.38万户，年内新增35.9万户。

普惠金融业务 组建20个专业的小微企业金融中心。全年，创业贷累计申报上报42笔，金额7 870万元；累计为小微企业减免开户手续费398万元，账户服务费1 305万元；为小微企业办理延期还本付息2.88亿元，通过无还本续贷发放小微贷款332.21亿元，无还本续贷率72.47%。小微贷款余额420.7亿元，小微有贷客户达到1.11万户。完善惠民惠老体系，现有持牌社区支行67家，覆盖11个行政区，专职服务团队208人。

金融市场业务 截至年末，同业资产业务余额902亿元，同业负债业务余额3 435亿元。投放9笔资本市场业务，规模22亿元；支持属地优质企业融资投放债券167亿元。净值型理财销售余额达255.54亿元。债券借贷业务以及结构性存款代客平盘业务“破冰”。债券销售规模达363.88亿元。托管业务规模维持在2.03万亿元。新上线产品规模达到3 949亿元。其中，信托类产品净增规模超过900亿元，公募基金增长超过550亿元，客户资金监管规模新增约400亿元。

（周含）

华夏银行股份有限公司北京分行

2021年末，华夏银行股份有限公司北京分行（以下简称华夏银行北京分行）资产总额3 507.98亿元，比年初增加315.02亿元，增长9.87%；负债总额3 460.35亿元，比年初增加314.89亿元，增长10.01%；所有者权益47.63亿元，比年初增加0.13亿元，增长0.26%。全年累计实现营业收入91.42亿元，同比增加8.81亿元，增长10.67%，实现利润总额66.83亿元，同比增加2.06亿元，增长3.18%。

截至年末，华夏银行北京分行设有综合型支行63家。

公司金融业务 年内，各类投融资服务2 619.49亿元。已开展业务合作的区属、乡域及农工商企业共计165户，一般性存款日均112.49亿元；用信余额169.18亿元，信贷投放超过100亿元。机构存款年日均465.31亿元，较上年末增加126.7亿元；机构客户311户，较年初净增44户。京津冀协同发展重点项目投融资共计507.05亿元。绿色信贷年末余额180.18亿元，绿色贷款占比12.53%。

个人金融业务 年内，个人存款日均525.57亿元，较年初增加55.67亿元；个人存款余额576.66亿元，较年初增加

81.85 亿元。个人线下贷款余额 258.2 亿元，较年初增加 45.13 亿元；个人线上贷款业务在贷余额 85.28 亿元，较年初增长 122.43%。个人金融资产总量 1 519.06 亿元，较年初增加 174.33 亿元。

科技金融业务 全年服务科技型企业 126 户，较上年增加 87 户，科技用信户年末达 225 户。科技户用信余额占比 51.97%。专属信贷产品“科创易贷”累计服务种子期科技企业 14 家，投放金额 1 210 万元，其中超 50% 的客户为“零信贷”企业。

文化金融业务 年内，落地专利许可知识产权资产证券化项目的 10 亿元托管及投资项目；募集银行代销私募管理人管理的公募不动产投资信托基金主题信托产品；落地北京金融交易所（以下简称北金所）债权融资计划的资产流转业务；落地会展中心类商业房地产抵押贷款债券（CMBS）监管项目支持北京雁栖湖会展中心建设；落地发起式证券投资基金托管项目。为北京冬奥会配套交通兴延高速公路提供融资支持 30 亿元，支持慕田峪长城规划建设以及老旧厂房转型的首钢、竞园等文化产业园区建设，共计投放近 2 亿元；为北京环球影城主题公园建设提供授信 3.69 亿元。

金融市场投行业务 年内，承销债券业务规模 682.08 亿元，实现税后中间业务收入 7 815.05 万元。承销证券公司短期融资券规模 181.38 亿元。落地境外美元债承销、首笔碳中和票据等创新产品，撮合业务规模 235.23 亿元。同业借款累计投放 627.65 亿元，实现利差收入 1.8 亿元。企业理财销售规模 1 173.54 亿元，年末余额 251 亿元，较年初增长 81.22%。同业存款、同业存单新增规模 3 027 亿元，利润突破 1.8 亿元；票据业务累计发生额 112.43 亿元，较上年增长 85.22%。全年资产托管业务余额共计5 448.23亿元，托管费收入 8 125.23 万元。

普惠金融业务 年内，普惠贷款规模 324 亿元，较年初增加 42 亿元。“两增”贷款余额 139.5 亿元，较年初增加 35 亿元。贷款客户数 3.2 万户，较年初增加 2.2 万户。“普惠助农贷”全年新增 2.1 万户，金额 15.6 亿元；上线小微企业银担贷和市场贷；科创小微企业专属融资产品服务包，累计为 790 家科创企业提供资金支持近 47 亿元；联合北京市农业融资担保有限公司推出“惠农兴商”系列产品，已实现投放 84 户、2.12 亿元。

（车喆）

渤海银行股份有限公司北京分行

2021 年末，渤海银行股份有限公司北京分行（以下简称渤海银行北京分行）本外币总资产 756.45 亿元，同比减少 27.29 亿元，下降 3.48%；本外币各项存款余额 572.24 亿元，同比减少 14.8 亿元，下降 2.52%；本外币各项贷款（含贴现）余额 666.38 亿元，同比增加 3.49 亿元，增长 0.53%；全年实现营业收入 17.69 亿元，同比减少 6.69 亿元，下降 27.44%；实现净利润 8.89 亿元，同比减少10.6亿元，下降54.39%。年末不良贷款余额6.84亿元，不良贷款率为1.03%。

截至年末，渤海银行北京分行共设有营业机构（含分行营业部）22家，其中支行（含分行营业部）19家、二级分行1家、社区支行2家；员工726人，其中合同制员工722人、派遣制员工4人。

公司金融业务 截至年末，批发合意存款日均411.6亿元。累计新开对公全量客户1 314户，较年初净新增881户；对公有效客户较年初净新增490户，有效客户覆盖率超过50%。结构性存款累计起息76.69亿元，单位大额存款累计19.3亿元，渤赢鑫定期存款累计起息11.3亿元。全年累计放款1 578笔，金额合计347.69亿元。新基建、“一带一路”、“碳中和”等重点领域授信11笔，批复金额49.48亿元。

投行业务和托管业务 全年，承销各类债券共计20笔，累计发行金额197.46亿元，分别较上年同期增长了42.86%和70.55%；财务顾问业务收入1 358.12万元；实现中间业务收入7 746.37万元。独立主承销国家能源投资集团新能源有限责任公司2021年度第四期绿色超短期融资券，发行规模10亿元。全年，行外托管收入5 056万元，行外托管规模1 507亿元；新成立行外托管业务31笔，金额345.12亿元。

网络银行业务 截至年末，网络银行收单业务存款结算户（个人）完成6 001户；收单业务存款结算户（对公）完成263户，绑卡动账客户新增58 354户；微信关注新增客户数32 504户。

零售业务 截至年末，财富资产余额269.7亿元，比上年增加24.9亿元；零售存款余额95.2亿元，年增26.2亿元。零售客户考核口径结存数52.2万户，年增10.1万户；有效客户结存数9.2万户，年增9 241户；中高端客户结存数2.9万户，年增2 682户；私人银行客户结存数578户，年增215户。代销保险首期保费983万元，实现中间业务收入140笔，金额104.3万元；基金销量共计3.5万笔，金额3.1亿元。

消费金融业务 截至年末，传统线下业务余额193.07亿元，较年初新增3.58亿元，其中，抵押贷款余额新增2.31亿元，零售普惠贷款余额27.29亿元，新增2.6亿元；零售转型平台业务年末余额44.94亿元。

（王军）

浙商银行股份有限公司北京分行

2021年末，浙商银行股份有限公司北京分行（以下简称浙商银行北京分行）总资产余额2 259亿元，比上年增加374亿元，增长19.9%；本外币各项存款余额2 033亿元，比上年增加306亿元，增长17.7%；本外币各项贷款余额1 172亿元，比上年增加325亿元，增长38.5%。实现营业净收入43.1亿元，净利润17.98亿元，不良贷款率为0.4%，规模效益质量结构稳定良好。

截至年末，浙商银行北京分行设有职能部门（不含行长室）22个、营销部门16个，营业网点21家（含分行营业部、19家支行、城市副中心二级分行）；员工总人数941人。

零售业务 截至年末，个人金融资产余额246.9亿元，个人存款余额130.5亿元，个人存款日均172.7亿元；零售代销业务规模41.69亿元，非货币公募基金规模10.45亿元。

小企业业务 单笔业务审批效率较第一季度缩短24.68个小时。截至年末，小企业贷款余额167.27亿元，实现净新增40.21亿元；普惠型小企业贷款余额143.75亿元，实现净新增32.57亿元，完成16亿元信贷计划的203.56%。

公司业务 截至年末，行政事业机构存款余额147.2亿元；人民币公司存款余额（不含财务公司）1 563.77亿元；表内信贷余额923.71亿元；应收款保兑业务发生额271.22亿元，业务余额215.98亿元；国内信用证开证开立发生额184.80亿元，业务余额166.19亿元。投放场景化项目6个，总计36.69亿元，拓展供应链客户83户。

国际业务 截至年末，实现国际结算量287.99亿美元，国际业务基础客户621户，较年初增加151户，中间业务收入14 804万元，营业增加值15 677万元，对客外汇交易量78.36亿美元。

投行业务 截至年末，完成投行板块营业增加值3.16亿元，非利息收入占比74.65%。

资管业务 联动总行金融市场部代投债券4笔。截至年末，资产管理业务板块实现营业增加值7 805.62万元，新增对接资产规模92.16亿元。

跨境业务 截至年末，办理资本项目业务登记1 400余笔，开立资本项目账户290个，带动国际结算量65.97亿美元，培植了36氪、58到家、石头科技、车主邦、元气森林等一批具有行业“独角兽”地位的“种子客户”。

合规与风险管理 全年排除上报各类洗钱可疑案例8 995份；开展线上线下消费者权益保护宣教活动355次，触及消费者86.35万人次；100%处理办结客户投诉。

（陆炜）

北京银行股份有限公司

2021年末，北京银行股份有限公司（以下简称北京银行）资产总额3.06万亿元，同比增长5.48%；实现营业收入662.75亿元，同比增长3.07%；实现归属于母公司股东净利润222.26亿元，同比增长3.45%。不良贷款率1.44%，较年初下降0.13个百分点；拨备覆盖率为210.22%。

截至年末，北京银行总分支机构653家，北京地区257家；共有从业人员16 526人，其中派遣制员工1 269人。

公司业务 年内，支持京津冀协同发展重点项目——北京冬奥会、北京城市副中心建设贷款余额362亿元；北京市政府国有资产监督管理委员会非金融企业合作覆盖率达 90%，服务北京地区市属预算单位占比近 50%。绿色贷款较年初增长 82%。发行全国首只“碳中和”小微金融债券 20 亿元，成立北京银行通州绿色支行与门头沟绿色支行，发布“绿融 +”绿色金融品牌。发行小微金融债 140 亿元。

普惠业务 为普惠客户提供管家式服务 App“北京银行京管家”。打造对公网贷平台，优化普惠操作流程。建设差异化贷后平台。打造“普惠速贷”产品，升级“银税贷”产品，上线打分卡标准化审批产品。与北交所、全国中小企业股份转让有限责任公司等签订战略合作协议。为“专精特新”企业、“新三板”挂牌及北交所上市企业制定专属金融服务方案——“高精尖双益贷”。发布“漫步北京及网红打卡地金融支持计划”、“电影 +”版权质押贷、“文化英才贷”，落地“文信贷”首笔业务。支持《你好，李焕英》《送你一朵小红花》《长津湖》等多部电影。

零售业务 全年，零售营业收入同比增长 27.9%；AUM 达到 8 844.7 亿元，较年初增长 14.2%。公募基金保有规模、标准化私募代销规模、保险代销规模同比分别增长 109%、156% 和 94%，财富管理业务收入同比增长 81.7%。零售贷款规模较年初增长 15.9%。经营贷和消费贷增量占比 72.1%，为个体工商户、小微企业主发放普惠金融贷款余额 638.8 亿元，增长 32%。个贷不良率为 0.47%。资产质量保持同业领先水平。零售客户数突破 2 500 万户，增加 207.9 万户。“智慧医保”服务客户突破 700 万户，年内首次办理客户同比增长 72%，工会卡持卡客户达 582 万户，AUM 增长贡献占比超过 1/3。手机银行客户 1 132 万户，全年新增超过 200 万户，新增有效客户转化率 92%。月活跃用户人数（MAU）超过 400 万户，较年初增长 72%。“云闪付”“运通”“冬奥会”三款主题信用卡产品新用户增长率 17.3%，新增卡激活率 75%，同比增长 4.25 个百分点。“掌上京彩”App 6.0，累计用户同比增长 54%。

金融市场业务 全年，金融市场管理业务规模 2.42 万亿元，货币市场交易量 39.93 万亿元，全国市场占比 3.43%，创利同比增长 7.16%，优质客户规模较年初增长 34%。信贷投放规模较年初增长 40.38%；落地转贷款业务规模 159.1 亿元，服务小微企业 4 000 余户。构建总行—分中心两级托管运营模式，成立北京、天津两个托管运营中心；落地全国首笔科创转贷款，参与全国首批外币同业存单投资业务、全国首批以托管债券为抵押品的外币融资业务，获批开办银行间外汇市场远掉期尝试做市业务。深化推动客群建设，客户规模较年初稳步增长，大力拓展优质客群，多措并举创新客户服务与协同联动方式，与全国 400 余家同业机构建立广泛的业务合作。

（王钰娜）

大连银行股份有限公司北京分行

2021 年末，大连银行股份有限公司北京分行（以下简称大连银行北京分行）资产总额 415.80 亿元，比上年减少 11.18 亿元，下降 2.62%；负债总额 421.67 亿元，比上年减少 11.07 亿元，下降 2.56%。各项存款余额 373.45 亿元，比上年减少 25.98 亿元，下降 6.5%。各项贷款余额 200.05 亿元，比上年增加 9.73 亿元，增长 5.12%。

截至年末，大连银行北京分行共设有营业机构（含分行营业部）6 家，共有员工 259 人。

零售银行业务 截至年末，零售储蓄存款余额 11.13 亿元，比上年增加 3.69 亿元，客户金融资产余额 37.76 亿元，比上年增加 5.68 亿元。

普惠金融业务 全年，增加 2.34 亿元普惠信贷投放计划，加大对小微企业纾困帮扶力度，实现小微企业贷款增速和户数“双增”；“无还本续贷”助力小微企业渡难关。年末普惠贷款余额为 95 150 万元，比上年增加 27 741 万元。

（于涵）

天津银行股份有限公司北京分行

2021 年末，天津银行股份有限公司北京分行（以下简称天津银行北京分行）资产总额 400.72 亿元，比年初增加 33.35 亿元，增长 9.08%；负债总额 398.66 亿元，比年初增加 35.80 亿元，增长 9.87%；贷款余额 164.75 亿元，比年初增加 31.82 亿元，增长 23.94%；存款余额 298.37 亿元，比年初增加 13.06 亿元，增长 4.58%；账面利润为 0.42 亿元。

截至年末，天津银行北京分行共设有 17 家营业机构（含分行营业部），共有员工 386 人（含派遣制员工 5 人）。

公司金融业务 优化资管投资中收结构，提升非息差中收。通过债券投资、承销，营销企业债券募集资金监管账户拉动存款增长。积极营销政府机构类存款，丰富存款来源。坚持服务实体经济，加大非房授信投放及储备力度，其中绿色信贷、制造业、文化产业、租赁保理等行业占比不断增加，行业投向不断丰富优化。积极搜集北京市区两级重点项目名录、重点科技型企业、上市公司、定增企业等名单，组织分支联动，按图索骥，以业务投放量促进分行资产和客户结构的调整。加大创新产品应用，拓宽思路，为客户提供综合金融业务服务方案。

个人金融业务 将“幸福存单”作为拳头产品，服务中端客群，吸引投资偏好稳健的高净值客户资金向中长期储蓄存款转化。推广“海鸥存”产品，借助产品起存金额低、利率定价较高的优势，挖掘客户投资需求，带动分行 AUM 快速增长。聚焦小微企业、个体工商户，利用京东、美团营销管理工具，与“智慧小二”产品捆绑交叉营销，加快应用产品和服务创新，积极开发场景分期乐易贷，开展信用卡分期业务，提升普惠金融服务支持力度。

国际业务 2021 年，实现线上供应链业务零的突破，为多家核心企业客户的上游供应商累计投放线上保理业务 2.1 亿元。拓宽电证业务品种，成功开立首笔电子信用证。加强业务风险识别与尽职审查，加强跨境业务洗钱和恐怖融资风险管理，开展对国际结算汇款业务（含跨境人民币）、外汇账户开户、外币现钞业务、存放同业结算性外币账户、跨境外币融资业务的全面排查，累计对发生过可疑交易的 6 个境外客户的 10 个 NRA 账户进行了销户处理。

金融市场 2021 年，投放北京分行首笔美元债业务，实现分行美元债业务零的突破。承销 21 国兴租赁绿色债、21 诚通建投 PPN 等项目并顺利落地。

资产保全 2021 年，实现不良资产现金清收 1 100 余万元，完成呆账核销金额总计 2 900 余万元。

（王京）

杭州银行股份有限公司北京分行

2021 年末，杭州银行股份有限公司北京分行（以下简称杭州银行北京分行）本外币资产总额为 928.13 亿元，比上年增加 61.17 亿元，增长 7.06%，资产项目中贷款总额为 374.26 亿元，比上年增加 9.82 亿元，增长 2.69%；不良贷款余额为 4.26 亿元，比上年减少 0.24 亿元，不良贷款率为 1.14%，比上年下降 0.09%。本外币负债总额为 919.15 亿元，比上年增加 60.46 亿元，增长 7.04%，负债项目中各项存款总额为 896.96 亿元，比上年增加 64.77 亿元，增长 7.78%；实现营业收入 13.77 亿元，利润 8.97 亿元，增长 8.12%。

截至年末，杭州银行北京分行设有 17 家经营机构（含分行营业部），共有员工 625 人。

公司业务 年内公司日均存款 620.69 亿元，较上年同期新增 74.75 亿元。

零售业务 截至年末，储蓄存款余额 61.07 亿元，较上年新增 3.76 亿元，零售 AUM 规模 173.00 亿元，较上年新增 14.55 亿元，基金规模 5.73 亿元，信托规模 2.38 亿元。小微业务实现经济利润 8 525 万元，比上年增长 40%。

科创金融业务 设立杭州银行科创金融（北京）中心，成立杭州银行北京朝阳文创支行，为科技企业提供全生命周期金融服务。被中共北京市委宣传部、人民银行营业管理部等七部门联合认定为首批“创建国家文化与金融合作示范区文化金融专营组织机构”。

（刘钰颖）

南京银行股份有限公司北京分行

2021 年末，南京银行股份有限公司北京分行（以下简称南京银行北京分行）资产总额 893.39 亿元，比上年增加 84.00 亿元，增长 10.38%。各项存款余额 764.24 亿元，比上年增加 78.70 亿元，增长 11.48%；各项贷款余额 509.74 亿元，比上年增加 103.83 亿元，增长 25.58%。

截至年末，南京银行北京分行下设营业网点（含分行营业部）15 家，共有员工 751 人，其中正式员工 613 人。

公司金融业务 2021 年，存贷款业务成绩突出，截至年末，存款余额 764.24 亿元，较年初增加 78.71 亿元；贷款余额 509.74 亿元，较年初增加 103.82 亿元。

交易银行业务 有效推进“稳外贸”工作，向企业建议合理运用远期类避险工具，帮助企业降低汇率波动带来的不利影响，全年办理外汇交易 45 亿元。

金融市场业务 推动财富管理、资产管理、托管、公司金融、投行等充分融合，为客户打造全方位的综合金融服务；加强同业客户、渠道和信息资源共享，统筹推进综合营销，做大夯实同业客户基础，激活更多业务触点。同业业务保持利润合理增长。资产托管业务继续加大投资与托管联动、销售与托管联动、发债资金监管等拓展力度，年末，资产托管规模达到 2 423 亿元，较上年末净增 707.9 亿元。

普惠金融业务 年末，普惠金融贷款余额 39.80 亿元，贷款户数 1 135 户，分别较年初增长 8.9%、9.13%。实现小微首贷户投放 159 户，投放金额 9.17 亿元；加大信用、续贷类产品投放，主动减费让利，降低普惠金融企业综合融资达 0.8 个百分点。对疫情下普惠到期贷款“应延尽延”，对符合条件的企业加大信用贷款支持，续贷率及信用贷款占比保持增长趋势。

零售金融业务 优化网点适老化服务。丰富拓客渠道，提升客户黏性。截至年末，个人客户 25 万余人，个人贷款客户近 5 万户，管理个人客户金融资产规模超过 400 亿元，个人贷款余额近 90 亿元。

（黄玥）

盛京银行股份有限公司北京分行

2021 年末，盛京银行股份有限公司北京分行（以下简称盛京银行北京分行）资产总额 873.33 亿元，比年初增加 102.37 亿元。其中，各项贷款余额 111.01 亿元，比年初减少 56.40 亿元。负债总额 873.98 亿元，比年初增加 107.59 亿元；其中各项存款余额864.83亿元，比年初增加118.98亿元。

截至年末，盛京银行北京分行设有营业网点9家。共有正式员工332人、劳务派遣人员2人。

零售银行业务 年内，储蓄存款规模突破100亿元，新增41.33亿元，零售客户突破17万户，代销保险、基金、贵金属以及信托销量达到1.41亿元。年末零售信贷业务个人贷款余额7.74亿元，同比减少2.30亿元。

贸易金融业务 国内贸易融资，重点发展保理、供应商融资、厂商银、经销商融资、非融资性保函、商票保贴、供应链票据等业务。国际贸易融资，注重整合跨境金融综合服务，涵盖跨境汇款、托收、信用证等基础结算方式及其项下贸易融资产品，以及各类工程、结算、融资类担保和内保外贷、内保直贷等各类跨境融资担保产品。

普惠金融业务 针对小微企业推出经营贷、车融通、担保贷、商圈贷、租金贷、房抵贷、续贷通、助保贷、采购贷、科技贷、税贷通等产品，全面助力普惠金融。

（刘一璇）

上海银行股份有限公司北京分行

2021年末，上海银行股份有限公司北京分行（以下简称上海银行北京分行）本外币各项贷款余额合计772.93亿元，本外币各项存款余额合计991.44亿元。

截至年末，上海银行北京分行下设营业网点（含分行营业部）17家，共有员工877人，其中正式员工706人、派遣员工143人、外包员工28人。

个人金融业务 全年累计为超百万属地居民提供信用卡服务，资产投放量超11.5亿元。截至年末，个人存款余额66.09亿元，较上年增加11.41亿元，增长21%；零售自营贷款余额55.15亿元，较上年增加19.24亿元，增长35%。

公司金融业务 截至年末，普惠贷款余额31.05亿元，同比增长55.7%；普惠户数1 250户，同比增长59.4%。供应链集中作业中心为超过千户小微企业融资纾困。设立“科创企业服务中心”，围绕科创板、创业板拟上市及已上市企业开展专业化资本市场金融服务，制定“1+4”园区科创专业化经营特色机制，截至年末，科创有贷户同比翻番，科创贷款余额增长超过200%。

金融同业业务 截至年末，同业负债余额1 338.96亿元，较上年增加304.55亿元；压降同业理财、资产管理公司（AMC）同业借款、北京金融资产交易所债权融资计划等业务规模，同业资产余额825.69亿元，较上年减少261.11亿元。

投行业务 全年为企业实现融资1 600.42亿元，同比增长12.2%；其中各类债务融资工具承销规模1 484.47亿元。主承销银行间市场首单“碳中和”资产证券化产品，主承销可持续挂钩债券、碳中和债券、绿色债券。全年为12家能源电力企业实现融资781亿元。

跨境业务 截至年末，国际结算量

263 亿美元；外币衍生品交易量突破 6 亿美元，较上年增长 161%。

互联网金融业务 助力企业数字化转型与合规发展，建成包含支付结算、互联网信贷、新型业务、数字人民币等在线金融产品及服务体系，以开放银行形式向 C 端和 B 端用户提供银行在线服务。截至年末，互联网派生存款 8.18 亿元，较上年增长 134%；客户数 1 485.03 万户，较上年增加 353.89 万户，增长 31.3%；线上理财销售 7.13 亿元。

（张尤佳）

江苏银行股份有限公司北京分行

2021 年末，江苏银行股份有限公司北京分行（以下简称江苏银行北京分行）资产总额 888.66 亿元，比年初增加 56.26 亿元，增长 6.76%，其中各项贷款余额 633.92 亿元，比年初减少 24.94 亿元，下降 3.79%。表外资产余额 87.21 亿元，比年初减少 47.23 亿元，下降 35.13%。负债总额 873.1 亿元，比年初增加 53.75 亿元，增长 6.56%，其中各项存款余额 983.09 亿元，比年初增加 80.47 亿元，增长 8.92%。

截至年末，江苏银行北京分行下设营业网点（含分行营业部）22 家，共有正式员工 667 人。

公司业务 截至年末，制造业贷款规模达到 45.85 亿元，比年初增加 20.62 亿元，增长 81.73%。全年投放供应链金融云平台业务 28.35 亿元，其中“棉 E 通”项目放款量达到 24.41 亿元。为三峡北控（南京六合）生态环境治理有限公司发放 1 亿元项目贷款。绿色信贷规模达到 54.8 亿元，比年初增加 21.56 亿元，增长 64.86%。通过“财资管家”平台，为企业提供账户、资金“一站式”全面管理，现金管理日均存款突破 25 亿元。

国际业务 全年，实现跨境投融资业务投放 65.47 亿元，比上年增长 93.7%。为 10 家“独角兽”企业和创投机构开立本外币存款账户。外汇存款总额为 45.76 亿美元。成立跨境业务专项小组，全年共为合作企业办理境外直接投资（ODI）、外商直接投资（FDI）、返程投资、境内再投资等资本市场业务 55 笔。

投行业务 截至年末，投行业务规模为 967.82 亿元。落地江苏银行首笔“碳中和”债务融资工具业务。债务融资工具承销规模达到 709.5 亿元，比年初新增 52.07%。资产支持票据（ABN）承销规模达到 50.79 亿元，同比增加 17.38 亿元，增长 52%。

零售业务 截至年末，储蓄存款余额为 102.54 亿元，比年初增加 25.4 亿元，增长 32.93%。全年新增个人客户 3.48 万户，比年初增长 13.65%。提升信用卡分期业务规模，信用卡分期累放金额达到 18.3 亿元。

普惠金融业务 截至年末，新增普惠客户 741 户，普惠贷款规模达到 35.73 亿元，比年初增加 8.76 亿元，增长 32.48%。“随 e 贷”普惠网贷产品，全年累计放款量达到 7.11 亿元。

（高晰明）

宁波银行股份有限公司北京分行

2021 年末，宁波银行股份有限公司北京分行（以下简称宁波银行北京分行）资产总额 1 201.95 亿元，负债总额 1 198.91 亿元，各项一般性存款余额 974.91 亿元，各项贷款（含贴现）301.26 亿元，不良贷款率 1.04%。

截至年末，宁波银行北京分行设有 17 家支行（含分行营业部），共有正式员工总数 1 298 人。

国际业务 全年累计完成国际结算量 475.33 亿美元，同比增长 40.63%，收益实现 3.09 亿元，同比增长 34.35%。

资产托管 精准营销五大行业客群，以“转型方案 + 运营服务 + 系统支撑”综合方案持续拓展银行理财客户，以“净值托管 + 外包估值”一体化方案定向拓展信托转型客户，联合基金公司、证券公司和保险资管公司等开拓财富业务合作新思路，同步带动托管落地。优化易托管系统、全新上线易服务系统，为合作客户提供业内领先的专业化平台应用体验。截至年末，托管规模达到 4 074.32 亿元，外包规模达到 1 048.54 亿元。

金融市场 打造覆盖外汇、利率、贵金属三大领域全线上化电子交易平台，形成全资格、全产品、全系统三维业务体系。全年累计实现代客交易量 124.45 亿美元。

零售公司 推出“税务贷”“二十年贷”“科技贷”等优势贷款产品，切实解决中小企业融资难、融资贵等问题。截至年末，存款余额 214.44 亿元，较上年增加 64.15 亿元；一般贷款与小微贷款余额 41.07 亿元，较上年增加 0.97 亿元。

个人银行 线上线下结合，为首都居民提供全面的财富管理服务；公私联动，为优质企业客户提供贴身定制化财富管理方案；深入社区，服务进万家，为首都居民提供新的金融知识和好的金融产品。截至年末，个人储蓄存款余额 66.50 亿元，较上年同期增长 38.25%，各类理财保有量合计 93.61 亿元，同比增长 45.45%。

（王杜坤）

徽商银行股份有限公司北京分行

2021 年末，徽商银行股份有限公司北京分行（以下简称徽商银行北京分行）资产总额为 210.92 亿元，其中各项贷款余额为 105.94 亿元。负债总额为 229.32 亿元，其中各项存款余额 215.70 亿元。

截至年末，徽商银行北京分行共有 16 家支行，其中综合支行 9 家、社区支行 6 家、小微支行 1 家，共有正式员工

234 人。

公司银行业务　年末，对公业务累计投放 66 亿元；制造业投向贷款余额 27.23 亿元，较年初增加 15.28 亿元。民营企业贷款年累计投放 19.85 亿元。开立托管账户 21 个，业务规模 245 亿元。

普惠金融业务　年末，小微企业贷款余额 23.29 亿元，较年初增加 8.71 亿元。实现小微企业贷款新增投放 15.69 亿元，客户数 846 户，户均贷款 275.3 万元，小微企业客户数较年初新增 411 户。其中“信 e 贷”累计投放 7.03 亿元，新增 318 户。

零售银行业务　年末，储蓄存款余额为 31.1 亿元，有效客户 1.4 万户，手机银行客户 3.1 万户，单位授信 1 000 万元以下小微企业贷款余额 14.5 亿元。

（周威威）

中国邮政储蓄银行股份有限公司北京分行

2021 年末，中国邮政储蓄银行股份有限公司北京分行（以下简称邮储银行北京分行）资产规模 4 965.79 亿元，比上年增长 14.56%；各项贷款余额 2 048.22亿元，比上年增长 3.94%；各项存款余额 3 077.59 亿元，比上年增长 10.6%；实现收入 82.92 亿元，实现利润 59.4 亿元；不良贷款率 0.49%。

截至年末，邮储银行北京分行下辖一级支行 20 家，辖内营业网点 564 个，其中自营网点 140 个、邮政代理网点 424 个。分行在岗员工 3 695 人，平均年龄 36 岁，其中合同工 3 462 人、劳务派遣 233 人。

零售业务　年末，个人存款余额 799.66 亿元，比上年增长 4.23%。建成财富顾问、贵宾理财经理、理财经理分级队伍，平均每个网点理财经理达 2.26 人，代销类收入比上年增长 60%。建成分行财富中心，为客户提供“1 + 1 + N”专属服务。线下打造延庆区永宁古镇、通州区西集镇、丰台区新发地等 33 个网点同心圆商圈，线上搭建了物业、学费、社保、代收货款等手机银行场景。“YOU 商街”累计入驻 B 端商户 6 408 户、C 端用户超过 40 万户，带动年日均存款净增 5 亿元，电子支付收入首次突破 1 亿元，个人商户 AUM 增速达 20.74%，人均 AUM 达 9.01 万元。全年累计开立个人数字人民币钱包 75.3 万个，拓展数字人民币场景商户 5 380户。参与“数字王府井　冰雪嘉年华”“京彩奋斗者　数字嘉年华”、服贸会等活动，首创叠加健康码功能的“可视卡硬钱包”。为北京冬奥会重点区域、重点行业商户提供邮惠付收单业务和数字人民币收款服务，开发冬奥闭环管理酒店，打造延庆支行移动便民工程示范区、石景山区泰禾商圈。做大信用卡分期规模，实现中间业务收入 3 970 万元，增长 62.99%。实现消费类信贷多个突破，网商银行“车秒贷”稳步发展，微众银行“直通车”顺利上线；直营车贷准入经销商 31 个，放款 7 040 万元；一手房项目准入 28 个，放款 3.01 亿元；启用额度类消费贷款受理系统展业模式，放款 1.79 亿元，不良贷款“零发生”。

公司业务　截至年末，公司存款余额

629.2 亿元，比上年增加 26.3 亿元。公司贷款余额 1 231.51 亿元，比上年增加 40.1 亿元，其中，中长期贷款余额突破千亿元，占贷款余额的 81.67%，同比增加 22.9 个百分点。服务京津冀协同发展项目 41 个，贷款余额 293.45 亿元，比上年增加 28.91 亿元。服务北京市重点项目 19 个，贷款余额 143.79 亿元，比上年增加 21.56 亿元。服务北京城市副中心重点项目 2 个，贷款余额 21 亿元，比上年增加 6 亿元。债券承销规模超过 560 亿元，落地邮储银行北京分行首笔企业财务顾问业务、首笔债务优化银团贷款。公司理财产品保有量 310.6 亿元，同比增加 246.4 亿元。承销市场首只“碳中和”超短期融资券，落地北京市属国有企业首单“碳中和”银行间债务融资工具。年末绿色贷款余额 490.17 亿元，增速 23.17%。拓展央企、国有企业下属子公司 98 户，新增授信客户 112 户。军队业务历史性破题。交易银行落地房地产预售资金监管现金保函、预付资金监管、线上直接保理、自主开发银企直联等多项邮储银行首笔业务。

资金资管业务 拓展同业客户 139 户。与中关村银行签署“钱柜”合作协议。托管业务收入 4.43 亿元，实现邮储银行首只交易型开放式指数基金（ETF）产品、首只环境社会治理（ESG）指数产品托管运营。全年重点托管公募基金销量 15.48 亿元。

普惠金融业务 参与北京市贷款服务中心建设，年末普惠型小微贷款余额为 142.9 亿元，同比增长 31%。上线“小微易贷”税务模式，全年“小微易贷”放款 4.86 亿元。参与人民银行营业管理部“创信融”项目，实现首贷户增至 118 户。推出“政采贷”产品。为 42 户“专精特新”企业提供 4.33 亿元信用类贷款资金支持。与北京市金融局联合挂牌“北京市小微快贷中心　三农金融服务站”，成为北京地区首家挂牌服务于乡村振兴的金融机构。加快农村信用体系与信用数据库建设，累计建设信用村 49 个，评定信用户 1 429 户。推出“大桃贷”“蜜蜂贷”“大棚贷”产品，年末涉农贷款余额 136.47 亿元，同比增长 33.13%；小额贷款余额突破 130 亿元，同比增长 24.4%。

风险防控 全年现金清收 4.91 亿元。加强信用风险管理，筛选 89 户总行级核心客户目标名单，建立 139 户分行级授信核心客户名单及 586 家“专精特新”企业名单。推进风险经理派驻制，通过风险经理“贴身式”监督，提升支行风险管控能力。

（王晓静）

北京农村商业银行股份有限公司

2021 年末，北京农村商业银行股份有限公司（以下简称北京农商银行）资产总额 10 752.02 亿元，同比增加 459.18 亿元，增长 4.46%；资本充足率达到 16.05%；全年实现净利润 75.78 亿元。

截至年末，北京农商银行共有管辖支

行22家、分行1家、机构网点631家，从业人员9 430人。

贷款业务 截至年末，一般贷款余额2 960.01亿元，较年初增加164.78亿元，增长5.89%。监管普惠小微贷款余额为72.25亿元，较年初增长80.09%，小微企业贷款户数为2 751户，较年初增加1 182户。

负债业务 截至年末，各项存款余额7 090.94亿元，较年初增加373.37亿元，增长5.56%。其中，储蓄存款余额达到3 849.59亿元，同比增加301.89亿元，增长8.51%。

普惠金融 截至年末，普惠小微贷款余额较年初增长80%，户数较年初增长75%。首批入驻北京市贷款服务中心，专网专人为全市首贷客户提供专属产品与专业服务，发放首笔知识产权融资贷款。首批申请北京市创业担保贷款试点，迅速投放首批创业担保贷款。入围首批百家金融顾问单位，为企业提供政策宣导、金融问诊、投融规划、风险化解、上市辅导等综合服务。首批开展创新型小微企业贴息工作，成立专属服务小组，全方位、持续性提供政策宣导与服务支持，2个月服务企业百余家。

涉农金融 2021年，投放乡村振兴领域贷款近400亿元，涉农贷款增速持续高于各项贷款平均增速。成立乡村振兴部，自上而下成立乡村振兴金融服务专班，构建“1+1+1+N”管理架构。强化重点领域涉农金融供给，形成5大类19款融资产品体系。为生猪养殖、高效设施农业项目提供授信支持；支持旧村改造项目，满足农村集体各阶段资金需求；推广农村承包土地经营权抵押贷款业务等特色产品，助力大兴区“三块地”改革试点项目；参加农业农村部“新农信贷直通车”活动；推广“凤凰乡村游”、农产品直播带货等多种方式，扶持特色产业。

聚焦制造业 截至年末，制造业贷款余额365.05亿元，较年初增长35.22%，其中中长期贷款264.94亿元，较年初增长51.76%；信用贷款277.62亿元，较年初增长30.95%。

民生金融 完善养老助残卡特惠商户及增值服务体系，年内发行民政“一卡通”卡累计526.99万张，完成对全市1 150余家养老驿站的对接，实现了北京市老年人金融服务全覆盖、养老补贴发放全覆盖、服务对接养老驿站全覆盖。完成城乡居民养老保险查询缴费功能升级工作。对近150万户存量缴费客户协议数据进行补充。

绿色金融 主承销某碳中和债项目，积极为新能源发电、污水处理、集中热力、新能源企业、绿色建筑建材行业等绿色环保领域提供融资支持。截至年末，绿色贷款余额415.44亿元，投资绿色金融债券余额共计16.22亿元。

（戴昕）

北京密云汇丰村镇银行有限责任公司

2021年末，北京密云汇丰村镇银行有限责任公司（以下简称密云汇丰村镇银行）各项存款余额 14 254 万元，较年初增加 4 137 万元，增长 40.89%；各项贷款余额为 20 985 万元，较上年增加 3 281万元，增长 18.53%，其中农户和小微贷款余额为 18 453 万元，占比 87.94%。注册资本 11 000 万元，资本充足率为 50.28%，流动比率为 62.59%，均高于监管要求；不良贷款率为零。

密云汇丰村镇银行是香港上海汇丰银行有限公司的全资子公司，成立于 2008 年 12 月。自成立以来，目前共有本部 1 个网点，内设 7 个部门，员工总数 35 人。

融资业务 通过拓展民宿、商超、建材、餐饮等行业，多措并举开发新客群。新增风险缓释措施，针对满足基本融资条件的客户，可接受用已办理过住房抵押贷款的住宅进行二次抵押的担保方式，最长贷款期限可达 3 年。通过接受应收账款、机器设备、存货、房产等抵质押方式，有效缓解小微企业的融资难题。

绿色金融 出台《汇丰村镇银行绿色信贷政策》，对绿色产业领域的相关行业均给予全部贷款产品支持，个人客户可申请免担保产品获得个人无抵押贷款，最高金额可达 30 万元；进一步放宽优质客户准入要求；给予绿色产业领域经营良好的企业客户一定的授信风险敞口。

稳企业保就业 第一时间筛查受困企业和个人贷款客户名单，及时出台融资“关怀计划”，帮助借款人缓解资金压力，稳定生产经营。积极发展首贷客户，积极发放信用贷款，支持企业复工复产、解决小微客户资金问题。

（南全喜）

北京延庆村镇银行股份有限公司

2021 年末，北京延庆村镇银行股份有限公司（以下简称延庆村镇银行）资产总额 122 022.43 万元，比上年增加 3 573.64万元，增长 3.02%。负债总额 109 085.88 万元，比上年增加 2 945.56 万元，增长 2.78%。营业收入 2 853.03 万元，比上年减少 653.08 万元，下降 18.63%。利润总额 899.81 万元，比上年减少 109.69 万元，下降 10.87%。所有者权益 12 936.55 万元，比上年增加 628.08 万元，增长 5.10%。贷款余额 60 078.31万元，比上年增加 4 700.45 万元，增长 8.49%，不良贷款率为 1.97%。

截至年末，延庆村镇银行无分支机构，共有员工 35 人。

资产业务 截至年末，贷款余额 60 078.31万元，其中企业贷款 5 882.50 万元，个人经营性贷款 54 195.81 万元，普惠小微企业占比超 98%。抵质押贷款 50 999.9 万元，占比 84.89%，担保贷款 4 871.5 万元，占比 8.11%，信用贷款 4 206.91万元，占比 7%。小微企业贷款增速 8.46%，与其他贷款增速持平；小微企业申贷获得率为 100%；小微企业户数增长 49 户。各项贷款占比 49.24%，比年初增长 2.49%；新增可贷资金 168.32%；农户和小微企业贷款占比 98.72%；户均贷款 107.09 万元。截至年末，现金及存放中央银行款项 6 530.05 万元，比上年减少 2 194.14 万元，下降

25.15%。存放同业款项55 890.4万元，比上年增加375.09万元，增长0.67%。

负债业务 截至年末，存款余额103 003.54万元，比上年增加2 233.6万元，增长2.22%。

（张帆）

中国华融资产管理股份有限公司北京市分公司

2021年末，中国华融资产管理股份有限公司北京市分公司（以下简称中国华融北京市分公司）总资产为396.16亿元，同比增加3.13亿元，增长0.80%。其中，商业化项目资产381.64亿元，商业化项目资产减值准备15.07亿元，政策性资产13.11亿元，货币资金0.53亿元，固定资产0.24亿元，抵债资产0.35亿元。

截至年末，中国华融北京市分公司在岗审批员工共79人。

业务创新 资产包业务呈现出循环发展的良好态势。与一批央企和北京市区属企业建立业务合作关系。全年新增投放资金量的80%为本地业务。成功对重点城市更新项目实施问题企业重组，单个项目投放资金20亿元。成功化解一批重点、难点项目风险。

风险管理 落实客户风险限额、大额风险暴露管理等制度，严格按照授权权限开展项目审批和投放，防范集中度风险。持续监测、分析、报告存续项目并进行风险提示，加强风险指标控制，持续推进风险防范工作。利用大数据加强预警，要求业务部门及时排查反馈。召开专题会议研讨，对出现风险苗头的项目，制定处置预案。严格项目投放条件审核，对项目的资金划拨、押品管理等进行全方位监控预警，加强对业务一线的制约和监督。做实做细资产风险分类，准确反映资产质量，足额计提减值准备以缓释风险。

（吕莉）

中国长城资产管理股份有限公司北京市分公司

2021年末，中国长城资产管理股份有限公司北京市分公司（以下简称长城资产北京市分公司）实现营业收入9.30亿元，资产余额为230.28亿元，同比增长11.96%。

截至年末，长城资产北京市分公司在职员工总数57人。

重点项目纾困与增资 联合朝阳国有资本运营管理有限公司对北京东方园林环境股份有限公司纾困，定向解决公司债兑付困境，采取买断应收账款与合作处置的方式，加速低效资产资金回收，助力上市公司的转型发展。与海淀区国有资产投资集团有限公司合作，对上市公司北京三聚环保新材料股份有限公司纾困，设立信托计划，兑付近300笔涉诉应付账款，有效解决上市公司因账户查封、流动性紧张等造成的主业经营困境，通过信托结构纳入应收账款低效资产作为中间级份额，为上市公司未来低效资产管理及处置提供资产管理公司的特色服务。

（李首峰）

中国东方资产管理股份有限公司北京市分公司

2021年末，中国东方资产管理股份有限公司北京市分公司（以下简称东方资产北京市分公司）资产管理总规模300.68亿元，同比增长2.72%。实现预算利润4.82亿元，实现现金回收98.11亿元，新增项目投放107.01亿元。

截至年末，东方资产北京市分公司正式员工共计45人。

业务创新 年内完成2021年境内人民币S基金最大单笔交易、银行间市场首笔违约资产支持票据（ABN）交易以及东方系统内首笔违约债券交易，其中违约ABN交易荣获银行间市场的市场创新奖，为资产管理公司首次获得该奖项。

（段文静）

中国信达资产管理股份有限公司北京市分公司

2021年，中国信达资产管理股份有限公司北京市分公司（以下简称信达资产北京市分公司）实现税前考核利润10.04亿元，年末经营性资产余额470.9亿元。

截至年末，信达资产北京市分公司共有正式员工89人。

业务经营 2021年，经营业绩稳步提升，累计现金回收98亿元，新增投放规模67.8亿元。新增收购经营类业务规模33.8亿元，成功竞得华夏银行北京分行、国家开发银行北京市分行、五矿信托等四个资产包。加大处置力度，实现传统不良资产现金回收21.8亿元。积极探索不良资产业务模式向另类投资银行方向转型，稳步推进固定收益类业务，新增固定收益类投放规模30亿元；加大股权资产配置力度，新增投放规模4亿元，进一步优化资产结构。完善客户拓展机制，重点开拓国有商业银行、股份制商业银行和信托等金融机构以及与央企、国企、头部民企，积极开展业务合作。

（李苏轩）

北京国际信托有限公司

2021年末，北京国际信托有限公司（以下简称北京信托）全年实现营业收入18.3亿元，同比增长10.58%，其中信托业务收入11.3亿元，占比61.7%；固有业务收入7亿元，占比38.3%。实现利润总额14.6亿元，同比增长12.94%；净利润11.1亿元，同比增长11.55%。公司固有资产总额174.8亿元，比年初增长15.72%；净资产总额109.9亿元，比年初增长6.21%。各项税款入库合计7.7亿元。

截至年末，北京信托共有45个部门，员工288名。公司下设二级公司2个，其中全资子公司1个、控股公司1个。

主要业务 截至年末，受托管理的实收信托规模1 966.3亿元，其中，集合信托规模1 311.53亿元，占比66.7%；单一信托规模314.45亿元，占比16%；财产权信托规模340.31亿元，占比17.3%。主动管理规模占比74.48%。同比上年末，受托管理的实收信托规模净增加57.3亿元，增长3%。继续压降融资类、通道类、房地产等业务规模，持续优化资产结构。截至年末，金融同业通道业务全年压降314.17亿元，实现规模清零；融资类业务全年压降132.83亿元；房地产类项目规模全年压降0.49亿元。

业务特色 截至年末，投向京津冀的存续信托规模590.6亿元。支持北京城市副中心高质量发展，新增规模11.5亿元。与首农食品集团有限公司联合设立产业基金，首期规模20亿元；与北京建工集团、海淀区共同研究启动首期规模为60亿元的中关村科学城更新与发展基金项目。全年与市属区属企业合作项目10个，规模49.2亿元，存续规模235.4亿元。证券投资业务基本形成了“固收+”、TOF系列、资产证券化和权益投资等初级产品线，存续规模较上年增加207.8亿元，实现收入1.7亿元。截至年末，新增工商企业信托217.7亿元，存续规模435.2亿元。推进房地产信托从融资模式向真实股权投资和融资并重转变。截至年末，已与超过25家保险公司合作开展保险金信托业务，存续保险金信托资金规模35亿元。成立“北京信托·城市副中心职住平衡系列服务信托”项目，为数百名北京城市副中心的人才提供了服务信托，获得特定租赁住房的优先承租权和优先续租权，形成可复制模式。截至年末，存续服务信托项目199个，合计信托规模186.5亿元。积极推动资产证券化业务落地，年内新增资产证券化业务3个，规模96.2亿元。涵养家族信托业务，坚持全委型的展业定位，家族信托存续规模25.3亿元。存续慈善信托5个，规模1 036万元。积极引进专业团队，以利润中心模式在杭州、深圳等地组建财富团队。上线北京信托财富App，增强客户体验感和满意度。全年财富部门累计销售265.6亿元，新增客户922个、规模59亿元。

（高源）

中国银联股份有限公司北京分公司

2021年末，中国银联股份有限公司北京分公司（以下简称北京银联）累计实现跨行清算交易138 868万笔、清算金额26 346亿元，同比分别增长13.51%和0.64%。其中，ATM清算交易2 052万笔、清算金额671亿元，线下渠道（POS机、移动POS机、MPOS机、电话终端等）清算交易25 728万笔、清算金额22 330亿元，线上渠道（互联网、手机）清算交易111 087万笔、清算金额3 345亿元。

2021年，北京地区累计完成手机闪付、二维码及“云闪付”App交易等移动交易12 928万笔，实现贷记业务交易213 798万笔，同比下降4.76%，交易金额180 463亿元，同比增长10.7%。

2021年，北京地区银标卡月均活卡量1 710.5万张，其中银标信用卡活卡量812.8万张、银标借记卡活卡量897.7万张。

截至年末，北京银联下设8个部门，在岗职工73名。

一、加大受理市场建设力度，全力提升线上线下消费市场规模

深入开展重点场景、核心商圈建设。以餐饮、零售为核心场景，建立核心商户资源池；印发《北京冬奥会支付服务环境建设实施方案》，推动建设近100个辖内冬奥受理环境商圈，深度经营龙湖、万达、翠微等重点商圈，通过到店领券、银联优惠日营销、开通并联合经营“云闪付”小程序等方式深度运营。

联合机构推进小微商户批量促活。与北京邮政开展小微商户批量迁移银商收单合作，实现13.2万户小微商户入网银联；以冬奥环境建设为契机推动空白商户建设，新增采集商户2.98万户；推动工商银行、建设银行、中国银行等11家银行和机构报送小微商户16批次，验证约2.4万户。辖内小微商户活动数共计17.7万户。

努力提升线上市场商户数量与份额。加强新增商户接入，全年新增接入商户数居全辖第二位，中国国航App、一汽丰田App、京喜App等商户上线；持续放大存量商户潜能，提升收银台占比。策划实施美食、出行、购物、生活四大板块收银台营销，活动商户日均交易近3万笔；深挖北京京东世纪信息技术有限公司等战略级客户潜能，结合“双11”，通过提前灌券、多渠道宣传推送等方式，实现京东单一场景为“云闪付”拉新用户超过10万户。引入商户入驻“云闪付”小程序，累计上线小程序53个，辖内3家区域银行的小程序均已上线。

持续构建商户运营能力，形成从治理到引流大运营体系。加强商户运营工具建设，持续迭代优化“探店侠”App，新增近150个功能项。开发并应用商户数据预处理系统，形成商户判重、入库大循环、商圈匹配、附近地铁站匹配、百度POI点匹配等数据模型，提升商户数据的准确性、完整性和有效性。开发并应用收银员激励工具“账房大人”，实现与商户的有效握手。

二、优化获客策略、加强内容封装，构建“云闪付”App向消费场景导流路径，提升用户规模及质量

优化“云闪付”App获客策略及运营方式。调整渠道获客策略，与京东商城、北京移动及百度地图等具备流量的平台开展云闪付获客异业合作；自有获客渠道以线上为主，通过信息流即CPA模式获客，自研裂变获客产品并开展运营。年内新注册绑卡用户105万户，与流量平台京东合作，获客近11万户，百度地图公交出行板块已上线“云闪付”乘车码功能。

强化“云闪付”App站内内容封装。自建并运营“京城U惠”小程序，封装银联、银行、商户各类营销活动，支持卡券、有价券等优惠形式及秒杀、抽奖、分享等玩法，上线后次月即成为银联体系自运营小程序流量第一名。自研本地任务小程序“福袋”并在7月中旬启动运营，引导用户关注并使用“云闪付”多项功能；持续运营公交地铁乘车码场景，策划乘车码电子客票活动、商业银行联合营销活动、亿通行及启迪支付控件活动，乘车码开通用户数130万户，日交易笔数峰值超过35万笔。

构建“云闪付”App向消费场景导流的路径。以“京城U惠”“乘车码”为主要流量入口、卡券为主要工具，向线下零售及线上电商场景导流，北京地区“云闪付”支付日活用户已稳定在30万户左右，线下消费场景支付日活用户数12月已超过4万户，线上消费场景支付日活用户数12月已超过10万户，相比年初分别增长约300%、400%。开展线下小额高频及铺底营销，发放通用券，将用户引导至线下商超、便利、轻餐饮等消费业态，累计17.3万用户参与通用券活动，21万用户参与铺底活动。助力银行机构的营销宣传，通过“云闪付”App为工商银行北京市分行、农业银行北京市分行、中国银行北京市分行、建设银行北京市分行等13家银行近50个营销活动进行宣传；对17家大行及区域银行进行网点索引展示；为中信银行北京分行、光大银行北京分行等13家银行提供信用卡、普惠金融、普惠健康等小程序服务；为招商银行北京分行、兴业银行北京分行、平安银行北京分行、北京农商银行等银行提供积分、贷款、理财、分期等业务宣传。

提升数据运营能力。通过用户标签体系建设赋能用户精准营销和运营，运用大数据部画像中心平台，选取关键标签进行分段分类，按月更新辖内用户标签信息，实现营销用户筛选精准触达。

三、积极推进创新业务，加强企业对公业务拓展及能力打造

积极推进银联创新业务发展。重点推动京东商城、去哪儿网、中国电信、中国国航等互联网商户和中国银行、华夏银行、招商银行等商业银行的全渠道无卡自助消费业务提升，2021年实现无卡自助消费业务稳定增长。与建设银行北京市分行签署分期业务推广协议，截至年底，国美商城App、大中电器App、苏宁易购App已经上线银联分期业务。中标北银消费金融有限公司风控产品项目，实现火眼产品落地北京。推动天擎数据产品在民生银行北京分行进行数据验证，增加业务收入新增长点。

着力推进企业对公能力建设。推动京东商城企业购项目，已完成6家银行B2B网银网关产品聚合。推动银联总公司对公虚拟卡平台落地，与工商银行北京市分行合作拓展拼多多成为虚拟卡平台用户。推动银联总公司大额意向金平台项目落地，与民生银行北京分行共同推动中海地产中海甲三号项目开通银联大额意向金业务。推动平台型企业二次清算解决方案落地，上线京东商城旗下京喜 App 云直通二次清算分账业务，截至年末 C 端商户入驻数量 1.8 万户；完成滴滴出行、宜宾平台、京东国际等平台型商户二次清算分账业务的监管报备与上线。

四、强化全行业解决方案能力，持续加强行业场景的拓展及流量引入

加强重点场景建设和持续运营优化。推动首都机场上线银联无感、二维码、NFC 支付；以代收机构身份参与北京非税电子化工作，年底完成北京财政税费同缴、北京国税社保缴纳项目技术上线，为北京电子税务局 Web 端和 App 端提供个人社保缴费支付服务；推动北京公交“一卡通”完成“联机 + 脱机升级”改造；推动如易行优化地铁乘车码产品用户体验，实现“秒通卡”接入 Apple Pay、上线北京地铁首都机场线和大兴机场线“云闪付”App 刷脸乘地铁项目；推动北京市医院管理中心同意京医通自助终端受理银联二维码，截至年末，已在朝阳医院、宣武医院、积水潭医院等 12 家医院院区开展试运行；累计完成北京地区“云闪付”医保电子凭证激活用户数超过 6.3 万个；完成北京财贸职业学院“一卡通”系统升级改造；落地企业园区项目中电子餐卡场景，与金谱怡生餐饮管理有限公司建立合作关系，实现中国核建高温堆控股有限公司、北京银行北京分行全员使用。

积极拓展内容资源，为“云闪付”引流。完成北京热力、路侧停车、静态交通、途购心选、北京普惠健康保等“云闪付”便民服务内容拓展；与北京银行合作“医保折卡关联”项目并独家输出至“云闪付”App；引入滴滴公交服务，日访问量峰值达 4 000 人次。

五、加强风险管理，持续做好受理市场秩序规范工作

优化特殊价格商户入网工作。在保证通过率的前提下，设定服务等级，将标准审核时效提升至 1 个工作日；建设特殊商户交易特征识别能力，形成各类商户的动态交易特征报表，作为新商户入网时的监控阈值参照。

优化市场规范工作。制定市场规范操作手册，优化每月价格类违规商户认定流程和认定方式；采用前后端部门联动的方式对机构开展量化评级，对评级较差的机构进行严格认定；自建线下业务套用线上订购业务通道的按日识别、处置能力，对于问题商户进行核查并处置；自建特殊商户交易特征监控能力，通过对商户入网设定的贷记卡交易占比、夜间交易占比、笔均金额等监控阈值开展交易自动监控。

加强风险防控工作。每月对预警级风险案例加工处理，结案率 100%；组织开展辖区内非金支付机构备付金校验服务工作。年内未发生重大业务风险事件、反洗钱违规事件和重大反洗钱风险事件，以及侵犯消费者权益保护的重大违规情况。

（张会芳）

北京高华证券有限责任公司

2021年末，北京高华证券有限责任公司（以下简称高华证券）总资产为32.59亿元，与上年持平；总负债为9.59亿元，比上年增长84%；所有者权益为23.00亿元，比上年减少16%；实现净利润1.90亿元，比上年减少9%；营业收入为9.54亿元，比上年增长23%；营业支出为6.47亿元，比上年增长31%。证券成交金额7 139.28亿元，比上年增加324.48亿元，同比增长4.76%；客户结算资金4 223.25亿元，比上年增加1 221.80亿元，同比增长40.71%。在中国证监会组织的2021年证券公司分类评价中获得A类评级。

截至年末，高华证券设有3家证券营业部、1家子公司，公司总部及其3家营业部共有正式员工280人，子公司乾坤期货有正式员工32人。

大和证券（中国）有限责任公司

大和证券（中国）有限责任公司［以下简称大和证券（中国）］于2020年12月18日完成工商登记注册，2021年6月10日取得《经营证券期货业务许可证》。2021年是大和证券（中国）展业首年，截至年末，总资产916 143 477.80元、总负债33 381 279.72元、所有者权益882 762 198.08元；全年实现营业收入56 916 016.00元、营业支出123 011 543.97元，2021年净亏损49 832 552.33元。

截至年末，大和证券（中国）设有1家证券营业部。

证券经纪业务　聚焦跨境业务、机构投资者服务。引导包括日本在内的境外资金投资A股市场，11月首家合格境外机构投资者（QFII）客户完成开户并开始进行交易。全年证券交易量553 127 493.84元，实现证券经纪业务收入415 697.26元。

自营业务　聚焦于固定收益市场，自有资金规模6亿元，年末持仓面额6亿元，全年交易量10.88亿元。

投行业务　完成首个A股IPO项目（副主承销商）、首个A股非公开发行项目（财务顾问）。完成首个收购日本相关资产的跨境并购项目。完成首个债券分销项目。全年实现投资银行业务手续费净收入10 256 112.46元。

东兴证券股份有限公司

2021 年末，东兴证券股份有限公司（以下简称东兴证券）总资产 989.65 亿元，较上年末增加 125.90 亿元，同比增长 14.58%；公司总负债 722.72 亿元，较上年增加 70.83 亿元，同比增长 10.86%；归母公司净资产 266.59 亿元，较上年末增加 55.11 亿元，同比增长 26.06%。全年实现营业收入 53.76 亿元，较上年减少 3.11 亿元，同比下降 5.48%；归属于上市公司股东净利润 16.52 亿元，较上年增加 1.12 亿元，同比增长 7.31%；每股收益为 0.582 元。2021 年末，公司净资本为 217.52 亿元，风险覆盖率达到 317.39%，具有较强的抗风险能力。在中国证监会组织的证券公司分类评价中获得 A 类 A 级评级。

截至年末，东兴证券设有 17 家分公司、76 家证券营业部、5 家一级全资子公司，共有员工 3 164 人，其中正式员工 3 113 人（含子公司）、劳务派遣人员 51 人。

证券经纪业务 全年股票基金代理买卖累计成交金额为 33 903.93 亿元，同比增长 5.78%，市场份额 0.6135%；累计实现证券经纪业务净收入（含席位租赁）8.74 亿元，同比下降 2.60%。互联网渠道开户量较上年同期增长 483.30%，东兴 198 App 交易量占比较上年同期增长 28.80%。

自营业务 全年实现营业收入 7.50 亿元，占公司营业收入的 13.95%。沪深交易所地方政府债券实际中标金额 163.94 亿元。获得开展银行间现券做市业务资格，实现业务资格再扩容。2021 年，场外期权、收益互换、浮动收益凭证的累计新增交易规模分别为 50.28 亿元、190.16 亿元、41.84 亿元，较上年同比分别增长 11.26%、212.92%、95.15%。

信用业务 截至年末，信用业务收入 12.86 亿元。融资融券本金余额为 189.29 亿元，同比增长 10.40%，实现融资融券利息收入 12.19 亿元，同比增长 17.05%，融资融券业务的整体维持担保比例为 278.42%。自有资金股票质押业务余额为 18.83 亿元，实现股票质押回购业务利息收入 0.67 亿元，股票质押式业务（表内自营）的整体维持担保比例为 65.44%。

投行业务 2021 年，投行业务实现营业收入 7.57 亿元，占公司营业收入的 14.08%；实现净收入 10.61 亿元，较上年下降 17.35%。全年完成股权项目主承销家数（不含可交债和并购重组配套融资）20 家，其中 IPO 项目 12 个。主承销 72 只公司债、8 只金融债。公司债券业务执业能力评价荣获 A 类，并获得银行间非金融企业债务融资工具主承销资格。完成并购重组财务顾问项目 2 个，实现财务顾问净收入 1.88 亿元。

资产管理业务 全年，资产管理业务分部实现营业收入 0.92 亿元，占公司营业收入的 1.70%。全年实现资产管理业务净收入 1.08 亿元；年末资产管理受托规模为 415.01 亿元，其中资产证券化业务管理规模 192.01 亿元，集合资产管理业务规模 103.98 亿元、单一资产管理业务规模 119.02 亿元。

公司公募基金管理业务通过全资子公司东兴基金管理有限公司开展。2021年末，公募基金管理总规模为132.42亿元，较上年末增长95.44%，非货币基金管理规模为80.04亿元，较上年末增长93.91%。

期货业务 公司期货业务通过全资子公司东兴期货有限责任公司（以下简称东兴期货）开展。截至年末，东兴期货共存续11只资管产品，管理规模为19.30亿元。期末客户权益突破67亿元，年度日均客户权益达56.92亿元，同比增长近50%，手续费收入同比增长84.55%；共执行“保险+期货”项目15个，较上年增长4倍，项目共涉及保费约9 000万元，保障金额超过4亿元，保障规模较上年增长超过1倍，项目数与保障规模均创历史新高。

第一创业证券承销保荐有限责任公司

2021年末，第一创业证券承销保荐有限责任公司（以下简称一创投行）资产总额为6.70亿元，比上年末减少4.11%；净资产为5.35亿元，比上年末减少2.79%。实现营业收入1.74亿元，比上年减少50.07%。

截至年末，一创投行正式员工总人数为199人。

投行业务 报告期内完成IPO项目2个、定向增发项目3个，总承销金额313 854万元；完成公司债项目27个、企业债2个，总承销金额1 194 989万元；实现财务顾问项目收入57个。

方正证券承销保荐有限责任公司

2021年末，方正证券承销保荐有限责任公司（以下简称方正承销保荐）资产总额37.26亿元、总负债11.72亿元、所有者权益25.55亿元；实现营业收入4.42亿元、营业支出4.44亿元，实现利润总额-0.02亿元，净利润0.06亿元。在中国证监会组织的证券公司分类评价中获得A类A级评级。

截至年末，方正承销保荐无证券营业部及子公司，共有员工333人。

投行业务 投行业务累计实现营业收入40 741万元，营业利润7 662万元。报告期内，完成赛伦生物科创板项目申报及过会、完成深圳市维海德技术股份有限公司创业板项目申报和铂科新材可转债项目申报；新三板业务持续督导企业113家，持续督导企业中创新层15家、北交所1家，完成精选层及北交所首批上市；完成华测导航、索通发展、平治信息3家上市公司再融资及天和防务并购重组及配套融资，为上市公司募集资金22.40亿元。报告期内，累计完成公司债、企业债、非政策性金融债、地方政府债等各类债券承销项目268个，累计实现债券承销规模556.12亿元，其中公司债、企业债承销规模482.28亿元。公司债券承销业务执业能力居行业前列，连续2年在中国证券业协会及国家发展和改革委员会组织的公司债、企业债执业能力评价中获得A类评级。

业务创新 全年，完成鹿得医疗北交所转板事宜。发行并主承销“21经开国投债”，募集资金17亿元。报告期内，承销了“21长金绿色债01”“21长金绿色债02”“G21临沂1”“G21宜控1”“G21桂冠1”5只绿色债券，合计募集资金55亿元。

客户服务 报告期内，共承销各类债券268只，帮助地方政府、企业通过发行债券累计实现融资556.12亿元。

国都证券股份有限公司

2021年末，国都证券股份有限公司（以下简称国都证券）资产总额326.95亿元，较年初增加4.68亿元，同比增长1.45%；负债总额223.06亿元，较年初减少0.47亿元，同比下降0.21%；归属于母公司的所有者权益为102.12亿元，较年初增加5.09亿元，同比增长5.25%；实现营业收入18.26亿元，比上年增加0.57亿元，同比增长3.22%；营业支出8.49亿元，比上年增加0.87亿元，同比增长11.39%；归属于母公司净利润8.32亿元，比上年增加0.03亿元，同比增长0.35%。

截至年末，国都证券设有56家证券营业部、4家分公司、4家子公司，共有员工1 047人。

证券经纪业务（含信用交易业务） 代理买卖证券业务净收入（含席位租赁）市场份额同比增长0.65%，融出资金规模同比增长25.52%，股票质押业务规模同比增长2.90%。截至年末，证券经纪业务（含信用交易业务）实现营业收入10.31亿元，同比增长11.99%。

证券投资业务 截至年末，证券自营业务实现营业收入6.36亿元，同比下降10.12%。

投行业务 年内，完成股权保荐承销项目4个，完成债券承销项目（包括ABS和CMBS项目）15个。截至年末，投资银行业务实现营业收入1.10亿元，同比下降32.41%。

受托资产管理业务 年内，成功开发出3只新产品，募集了1只偏股型基金，基金管理规模较上年同期有一定程度的增长。截至年末，资产管理业务实现营业收入0.19亿元，同比下降36.21%。

期货业务 截至年末，期货业务实现营业收入0.38亿元，同比下降26.16%。

另类投资业务 截至年末，另类投资业务实现营业收入0.62亿元，同比增长121.37%。

私募基金管理业务 截至年末，私募基金管理业务实现营业收入0.17亿元，同比增长254.40%。

海外业务 截至年末，海外业务实现营业收入0.38亿元，同比下降22.19%。

（李岩）

国开证券股份有限公司

2021年末，国开证券股份有限公司（以下简称国开证券）总资产423.34亿元；净资产162.52亿元；全年实现营业收入10.67亿元；净利润2.24亿元，比上年增加1.03亿元，增长85.25%。在中国证监会组织的证券公司分类评价中获得A类A级评级。

截至年末，国开证券设有23家分公司、1家证券营业部，并控股2家子公司——国开泰富基金管理有限公司（以下简称国开泰富）和国开证券投资有限公司，共有正式员工511人。

投行业务 年内，承销京东方、长电科技、北方华创和士兰微等科技型上市公司项目，承销规模349.33亿元。推进地方政府融资平台转型财务顾问业务，承做临潼城投、临江东方投资、临江东方发展、阆中阆腾城建等项目，助力化解地方政府债务风险。

债券承销业务 年内，国开证券全年承销金额1 156.30亿元。债券承销全口径规模4 858亿元，同比增长9.28%，ABS承销金额146.56亿元，承销规模同比增长73.8%。获得非金融企业债务融资工具承销业务资质，成功入围吉林省、贵州省地方政府债主承销商。

资产证券化业务 年内，发行全国首单公共租赁住房类REITs（北京保障房中心类REITs）、首单“碳中和”企业ABS（金风科技应收账款一期）产品等多个“首单”项目。发行上海地产三期、豫资二期、北京保障房中心常营公租房、杭州富阳保障房等项目，累计盘活公租房上万套。

资产管理业务 年内，业务规模55.74亿元，同比增长24%。落地首只银行理财子委外产品，规模较上年同期增长66%。截至期末，公司资产管理业务规模418亿元。

基金业务 年末，国开泰富（含其全资子公司）管理资产总额47.02亿元，其中专户管理资产规模4.06亿元、北京国开泰富资产管理有限公司管理资产规模42.96亿元。

公司特色 服务国家战略，承销“两新一重”领域债券规模2 721.71亿元，同比增长9.39%。完成3 000亿元铁道债申报工作并成功发行1 800亿元，重点支持川藏、中老等重点铁路项目建设。推进绿色低碳发展，累计承销各类绿色金融产品203亿元，承销市场首单“碳中和”企业ABS产品和全国首只绿色与乡村振兴“双标”公司债。促进区域协调发展，全年累计融资951.41亿元支持京津冀协同发展、长江经济带发展、粤港澳大湾区发展、长江三角洲区域一体化发展、黄河流域生态保护和高质量发展等国家区域重大战略。支持保障改善民生，发行71.26亿元保障房、公租房ABS支持北京市、浙江省、河南省等地保障性住房建设。募集资金25亿元集中用于支持革命老区振兴发展。扎实推进乡村振兴，对口帮扶贵州省务川县、湖北省蕲春县等5个脱贫县。

高盛高华证券有限责任公司

2021 年末，高盛高华证券有限责任公司（以下简称高盛高华证券）总资产为 41.64 亿元，比上年增长 16%；总负债为 9.69 亿元，比上年增长 106%；所有者权益 31.95 亿元，比上年增长 3%。营业收入 7.32 亿元，比上年增长 72%；营业支出 6.24 亿元，比上年增长 80%；净利润 0.81 亿元，比上年增长 39%。在中国证监会组织的 2021 年证券公司分类评价中获得 BBB 类评级。

截至年末，高盛高华证券设有 1 家分公司、1 家子公司，本部及分公司共有正式员工 128 人，子公司有正式员工 3 人。

投行业务 全年，主承销 2 笔 A 股科创板首次公开发行，其中 1 笔担任保荐人角色；4 笔 A 股非公开发行股票的承销，其中 1 笔 A 股非公开发行股票中担任保荐人角色，承销总金额达到 97.96 亿元。

机构改革 2021 年，高盛高华证券新设立自营与固定收益部、机构客户部、私人财富管理部和研究部等部门。自 2021 年 12 月 1 日起，原股东北京高华债券自营交易业务、系统及人员正式迁移至高盛高华。新设上海分公司，从事股票（包括人民币普通股、外资股）和债券（包括政府债券、公司债券）的承销与保荐业务。2021 年 7 月 28 日，高盛高华获得中国证监会关于通过子公司从事另类投资业务的批准。2021 年 8 月 3 日，盛泽成为高盛高华的全资子公司。盛泽目前从事科创板、创业板跟投业务。

华融证券股份有限公司

2021 年末，华融证券股份有限公司（以下简称华融证券）（审计报告合并口径）总资产 484.91 亿元，比上年减少 133.39 亿元，下降 21.57%；总负债 383.88 亿元，比上年减少 195.46 亿元，下降 33.74%；所有者权益 101.03 亿元，比上年增加 62.07 亿元，增长 159.30%；实现营业收入 8.27 亿元，比上年减少 3.59 亿元，下降 30.30%；营业支出 6.40 亿元，比上年减少 86.98 亿元，下降 93.14%；实现净利润 1.81 亿元，比上年增加 84.17 亿元，增长 102.20%。截至年末，财富业务客户资产总规模 2 799.34亿元，比上年增加 442.10 亿元，同比增长 18.76%；股基市场交易额 8 832.84亿元，比上年增加 757.25 亿元，同比增长 9.38%。

截至年末，华融证券设有 18 家分公

司（含1家在筹分公司）、64家证券营业部、3家子公司，共有员工1 670人。

证券经纪业务 全年，实现营业收入7.34亿元，其中代理买卖证券业务净收入2.72亿元、融资融券业务利息收入2.55亿元、产品销售净收入0.63亿元、客户保证金利息净收入0.80亿元。年末，公司累计账户总数达到131万户，较上年末增长7.3%；"双融"业务规模36.92亿元，较上年末增长13.6%；金融产品全年累计实销规模达到519.57亿元，较上年增长70.6%。

投行业务 年内，完成保荐承销项目3个，其中IPO项目1个，募集资金规模10.52亿元；上市公司再融资项目2个，募集资金总规模18.69亿元。截至年末，督导新三板挂牌公司38家（含1家北交所上市企业），完成新三板定向增发业务1个，募集资金规模10.15亿元。IPO项目储备增强。债券业务稳步发展，全年共完成债券主承销项目39个，发行总规模534.01亿元，公司承销规模276.78亿元；全年共承销地方政府债154只，承销规模69.28亿元。

资产管理业务 年末，私募资产管理产品共计94只（产品未完成清算备案且份额不为零），管理规模464.83亿份。其中，集合产品51只，管理规模166.01亿份；单一产品43只，管理规模298.82亿份。

融资融券业务 年末，"双融"业务规模36.92亿元，较上年末（32.50亿元）增加4.42亿元，增长13.60%。

投资顾问业务 年末，公司线上投资顾问服务产品的订阅客户人数破万，签约客户资产近30亿元。

期货中间介绍业务（IB业务） 具备IB业务展业条件的营业部由年初的12家增长至33家，开展中间介绍业务的营业部达到12家。

瑞信证券（中国）有限公司

（原瑞信方正证券有限责任公司，2021年6月29日更名）

2021年末，瑞信证券（中国）有限公司（以下简称瑞信证券）总资产173 631.34万元，比上年增加19 237.13万元，增长12.46%；负债总额22 032.76万元，比上年增加14 718.55万元，增长201.23%；所有者权益总额151 598.58万元，比上年增加4 518.58万元，增长3.07%；实现营业收入49 696.83元，比上年增加21 391.03万元，增长75.57%；营业（利润）6 215.26万元，比上年增加4 567.56万元，增长277.21%；证券股基债交易量为7 526.88亿元，比上年增加2 255.57亿元，增长42.79%；客户交易结算额为194.63万元，比上年减少238.3万元，下降55.04%。在中国证监会组织的证券公司分类评级中获得A类A级评级。

截至年末，瑞信证券设有2家分公司，共有正式员工237人。

投行业务 年内，投行业务净收入2.40亿元。其中，独家主承销商发行浙江华康IPO，发行规模15.04亿元。联席主承销商完成四维图新 40 亿元非公开发行和顺丰控股 200 亿元非公开发行项目。截至年末，瑞信证券完成 7 个主承销项目，总承销金额 65.59 亿元。

证券经纪业务 年内，税前经纪业务佣金总收入超过 2 亿元（约合3 200万美元）。报告期内，经纪业务手续费净收入为 19 832.49 万元，较上年同期增长 5.29%。

（李梦丽）

瑞银证券有限责任公司

2021 年末，瑞银证券有限责任公司（以下简称瑞银证券）总资产为 3 854 083 428元，比上年减少 14%；总负债 1 736 809 282 元，比上年减少 31%；所有者权益 2 117 274 146 元，比上年增长 6%；实现营业收入 1 003 305 496 元，比上年增长 16%；营业支出 835 726 342 元，比上年增长 13%；实现利润总额 175 759 715元，比上年增长 99%；净利润 130 367 354 元，比上年增长 141%。在中国证监会组织的证券公司分类评价中获得 A 类 A 级评级。

截至年末，瑞银证券设有 4 家证券营业部、3 家分公司及 1 家子公司。共有正式员工 356 人，子公司共有正式员工 22 人。

全球投行业务 2021 年度完成了多单非公开发行、公司债券发行、财务顾问项目。

全球金融市场业务 2021 年全球金融市场部完成业务收入较上年度大幅上升。交易量相比市场显著上升，QFII 业务、大宗交易和帮助投资者参与定向增发，及国内机构客户相关经纪业务表现突出。成为国内第一家外资新三板主办券商并成功获取北交所会员资格，正式开展新三板及北交所经纪业务。固定收益业务方面，灵活配置利率债、高评级信用债和同业存单，并继续作为专项做市商和债券通报价机构在市场波动中为境内外投资者提供交易流动性。场外衍生品业务进一步扩大，并推出了场内期权对冲交易。

期货业务 2021 年，期货实现业务收入较上年度大幅上升。开户数量持续增加，金融期货及商品期货经纪业务同步推进。瑞银期货积极开拓新的国际化商品期货品种，协助向海外客户推广中国期货的国际化业务。2021 年，瑞银期货分类评级保持 B 类 BB 级。

财富管理业务 2021 年，财富管理完成业务收入较上年度小幅上升。产品销售核心业务实现业务收入约 1.17 亿元，同比增长约 38%。经纪业务相关收入同比减少约 17%。推出收费式财富管理投资总监办公室研究报告服务，以更好地满足客户全方位的需求。

首创证券股份有限公司

2021 年末，首创证券股份有限公司（以下简称首创证券）总资产 326.01 亿元，比上年增加 61.39 亿元，增长 23.20%；总负债 228.70 亿元，比上年增加 53.57 亿元，增长 30.59%；所有者权益 97.30 亿元，比上年增加 7.82 亿元，增长 8.74%。营业收入 21.13 亿元，比上年增加 4.56 亿元，增长 27.47%；营业支出 10.23 亿元，比上年增加 1.59 亿元，增长 18.47%；净利润 8.59 亿元，比上年增加 2.47 亿元，增长 40.43%。在中国证监会组织的 2021 年证券公司分类评价中获得 A 类 A 级评级。

截至年末，首创证券设有 15 家分公司、50 家证券营业部，共有员工 1 625 人（含经纪人 327 人）。

资产管理业务 截至年末，资产管理净值规模达到 867.34 亿元；其中，主动管理规模 867.34 亿元（含专项资产管理规模 222.41 亿元），同比增长 7.72%。新拓展 10 余家代销机构以 TOF 模式进行合作。

新三板做市业务 截至年末，为 78 家挂牌企业提供做市报价服务。

股权融资业务 积极培育北交所企业。截至年末，累计完成 116 家推荐挂牌项目；督导挂牌公司 127 家。

债券承销业务 协助北京首都创业集团有限公司及其子公司、南方水泥有限公司、北京市基础设施投资有限公司、首钢集团有限公司、江苏金坛国发国际投资发展有限公司等企业发行债券约 130 亿元。主承销发行杭州市首只国企主体 AA+级绿色公司债券——杭州西湖文化旅游投资集团有限公司 2021 年非公开发行绿色公司债券；主承销商发行首创集团 2020 年公开发行住房租赁专项公司债券，获得《证券时报》“2021 中国证券业债券融资项目君鼎奖”。

资产证券化业务 先后为北京首都创业集团有限公司子公司、京东数字科技控股股份有限公司、中冶天工集团有限公司、南京江北新区建设投资集团有限公司、海尔集团（青岛）金融控股有限公司等企业发行 10 个 ABS 项目，新增管理规模约 112 亿元；销售中联首创证券—首创钜大奥特莱斯二期资产支持专项计划、首创证券—天赢 1 期资产支持专项计划、京东科技荟享系列资产支持专项计划、首创—江北建投园区水务收费收益权绿色资产支持专项计划等项目，销售规模约 74 亿元。

信用业务 截至年末，股票质押日均余额为 6.09 亿元，同比下降 38.36%。

（卢慧洋）

信达证券股份有限公司

2021 年末，信达证券股份有限公司（以下简称信达证券）总资产 646.61 亿元，比上年增加 173.42 亿元，增长 36.65%；总负债 518.19 亿元，比上年增加 161.33 亿元，增长 45.21%；所有者权益 128.43 亿元，比上年增加 12.09 亿元，增长 10.39%。全年实现营业收入 38.03 亿元，比上年增加 6.41 亿元，增长 20.27%；营业支出 23.43 亿元，比上年增加 1.38 亿元，增长 6.25%；实现归母公司净利润 11.72 亿元，比上年增加 3.52 亿元，增长 42.95%；净资产收益率达到 9.89%，比上年增长 2.04 个百分点。股票基金成交金额达 26 582.60 亿元，比上年增加 2 466.67 亿元，增长 10.23%；客户托管证券市值 2 518.96 亿元，比上年增加 363.29 亿元，增长 16.85%；客户保证金 128.09 亿元，比上年下降 5.01 亿元，下降 3.77%。在中国证监会组织的证券公司分类评价中获得 B 类 BBB 级评级。

截至年末，信达证券设有 87 家营业部（含 1 家撤销中）、16 家分公司、5 家子公司；共有签订劳动合同的员工 2 529 人，其中母公司 1 963 人、子公司 566 人。

证券经纪业务 全年，实现营业收入 16.85 亿元，同比增长 2.75%。代理买卖证券业务净收入（含席位租赁）8.4 亿元，同比增长 15%。新开户 36.5 万户，同比增长 149%，新开户市场份额创 5 年新高。融资类业务收入 7.1 亿元，同比增长 12.2%，其中融资融券业务利息收入 6.7 亿元，同比增长 12.7%。金融产品收入 7 670 万元，同比增长 58.1%。

投行业务 全年，投行业务净收入 4.40 亿元。发行碳中和专项信达致远 6 号绿色 ABS、中国铁路投资有限公司绿色公司债券。完成三友联众、新天然气等 4 个股权项目发行，完成中山奥美森项目申报；完成 21 西岭债券发行。

资产管理业务 全年，实现资产管理业务净收入 3.31 亿元，同比增长 134.78%。受托管理资产 1 605 亿元。股票和可转债产品业绩均处于行业前 15%。完成 17 只“另类资管”产品，共募集资金 72.1 亿元；协同中国信达江苏分公司向协鑫能源科技股份有限公司提供 7 亿元资金支持。

证券投资业务 全年，固定收益部实现投资收益 2.77 亿元，同比上年增加 1.38 亿元；金融产品部实现投资收益 1.18 亿元，同比上年增加 8 099 万元。公司地方债承分销规模逐年攀升；投资管理部参与了前两批 REITs 投资，分别获得了 7.5% 和 43% 的投资收益率；金融产品部场外衍生品新增规模约百亿元，增长超过 6 倍。

业务创新 全年，主承销中国铁路投资有限公司 2 年期固定利率品种绿色公司债券（第一期）（专项用于碳中和），发行规模 20 亿元。设立证券交易所市场首单“碳中和”可续发型短期 ABS——信达致远 6 号绿色资产支持专项计划，发行总规模为 50.6641 亿元。本期“碳中和”ABS 募投项目共涉及该水电资产包中的 9

个水力发电项目，与同等火力发电量相比，每年可减排二氧化碳 222.81 万吨，具有显著的碳减排等环境效益。

（赵雅君）

新时代证券股份有限公司

2021 年末，新时代证券股份有限公司（以下简称新时代证券）总资产 18 490 970 318.80 元，比上年增加 1 803 470 885.98元，同比增长 10.81%；总负债 8 676 545 790.21 元，比上年增加 1 432 006 258.46 元，同比增长 19.77%；所有者权益 9 814 424 528.59 元，比上年增加 371 464 627.52 元，同比增长 3.93%；实现营业收入 1 048 858 215.79 元，比上年增加 262 857 840.41 元，同比增长 33.44%；营业支出 559 663 835.34 元，比上年减少 22 037 372.34 元，同比下降 3.79%；实现利润总额468 307 229.07元，比上年增加 270 120 286.41 元，同比增长 136.30%；净利润 371 464 627.52 元，比上年增加 204 550 485.93 元，同比增长 122.55%。在中国证监会组织的 2021 年证券公司分类评价中获得 C 类 CCC 级评级。

截至年末，新时代证券设有 63 家证券营业部、3 家控股子公司，5 家分公司，共有员工 1 234 人。

证券经纪业务 全年，经纪业务实现营业收入 69 809.93 万元，比上年同期下降 0.47%；业务成本 33 418.90 万元，比上年同期下降 2.10%；实现营业利润 36 391.03万元，比上年同期增长 1.09%。营业部实现股基交易量 9 609.40 亿元，较上年同期下降 1.10%。各营业部累计新开户 115 852 户，期末客户结存数 1 227 656户，较上年末增长 9.92%。期末客户托管资产（含新三板）854.17 亿元，较上年末增长 11.36%。

融资融券业务 全年，信用账户开户 1 647 户，合格信用账户结存 25 428 户，同比上年末，信用账户数增长 5.58%。截至年末，公司融资融券余额 43.00 亿元，负债总额约 45.29 亿元，信用账户交易额约 2 285.40 亿元，融资融券余额市场占比由全年最低点 2.21‰提升至期末的 2.35‰，增长 6.33%。融资融券业务整体维持担保比例为 318.52%，全年融资融券业务未发生重大风险事件。

投行业务 全年，债券融资业务方面公司发行 3 只公募债券、2 只私募公司债券，融资总规模达 70 亿元；如期兑付完毕“20 镇旅 01”“16 东兴债”“20 天易 D1”“PR 沪南汇”“18 徐工 Y1”等 20 只债券。有序开展 5 只债券的违约处置工作，切实履行受托管理义务。新三板业务累计实现挂牌项目 161 家；新增定向发行业务 5 笔，目前在审定向发行项目 2 家，累计完成定向发行业务 99 笔，目前持续督导非上市公众公司 67 家。

期货中间介绍业务 截至 2021 年末，参与中间介绍业务的营业部共有 31 家，具有期货从业资格的人员数量为 131 人，参与期货中间介绍业务的投资者共 281 户。全年实现期货中间介绍业务的佣金收入 27.00 万元。

资产管理业务 全年，资产管理业务实现营业收入4 065.33万元，比上年同期增长9.73%；实现业务成本2 620.00万元，比上年同期下降2.77%；实现营业利润1 445.33万元，比上年同期增长43.07%。

自营投资业务 全年自营业务实现稳定投资收益。报告期内，公司自营投资业务实现营业收入16 812.35万元，实现业务成本2 426.36万元，实现营业利润14 385.99万元。

投顾签约 截至年末，公司投资顾问岗位人员101人，较上年增加6人。投资顾问人员综合创收合计458.01万元，创收金额占营业部净手续费收入的1.36%。

中德证券有限责任公司

2021年末，中德证券有限责任公司（以下简称中德证券）总资产1 423 873 326元、总负债231 402 942元、所有者权益1 192 470 384元；实现营业收入352 314 889元、营业支出321 320 700元，实现净利润1 528 793元。在中国证监会组织的证券公司分类评价中获得A类A级评级。

截至年末，中德证券共有正式员工290人。

投行业务 截至年末，中德证券实现营业收入人民币352 314 889元，其中，投行业务净收入人民币317 858 150元。共完成63个投行项目，包括2个IPO项目、9个定增项目、3个可转债项目、2个重大资产重组项目、28个债券项目，以及19个财务顾问项目。

中国国际金融股份有限公司

2021年末，中国国际金融股份有限公司（以下简称中金公司）母公司总资产3 303.61亿元（比上年增长15.47%）、总负债2 637.05亿元（比上年增长16.80%）、净资产666.57亿元（比上年增长10.50%）；全年实现营业收入149.73亿元（比上年增长32.99%）、营业支出107.90亿元（比上年增长27.61%），实现利润39.69亿元（比上年增长53.22%）。

截至年末，中金公司在境内拥有多家子公司，中金公司及其子公司在中国大陆拥有200多个营业网点。在香港、纽约、伦敦、新加坡、旧金山和法兰克福、东京7个国际金融中心设有分支机构。集团拥有员工13 557人，境内员工12 629人。

投行业务 股权融资。2021年，作为主承销商完成了A股IPO项目23个，主承销金额人民币1 005.38亿元。完成A股再融资项目37个，主承销金额人民币813.14亿元。作为保荐人主承销港股IPO项目31个，完成理想汽车、携程等项目，主承销规模59.81亿美元；作为账簿管理人主承销港股IPO项目41个，主承销规模40.00亿美元；作为全球协调人主承销港股IPO项目38个，主承销规模56.51亿美元；作为账簿管理人主承销港股再融资及减持项目21个，主承销规模53.07亿美元；作为账簿管理人主承销中资企业美股IPO项目8个，主承销规模12.56亿美元；作为账簿管理人主承销中资企业美股再融资项目1个，主承销规模0.60亿美元，完成科创板和创业板IPO融资规模近人民币600.00亿元，完成相关股本项目交易规模人民币1 323.07亿元。完成包括新疆大全科创板IPO、阳光电源A股再融资、比亚迪H股配售等项目。

债务及结构化融资。2021年，已累计完成固定收益项目1 062个，同比增长29.4%，其中包括境内债券承销项目850个，承销规模为人民币7 296.84亿元；境外债券承销项目212个，承销规模为125.09亿美元。协助普洛斯中国、沪杭甬高速完成全国首批基础设施公募REITs发行。协助国家能源集团、华能集团等公司完成交易所首批“碳中和”公司债发行，协助国家开发银行完成首次面向全球投资者的“碳中和”金融债发行，协助中能建投完成首单碳中和类REITs发行。协助深圳市政府发行首只地方政府离岸人民币债，协助广东省政府完成首只澳门市场内地地方政府债发行，协助温氏股份完成创业板非金融企业最大规模可转债发行。作为唯一中资投资银行连续5年合计8次作为主承销商及簿记管理人参与中国财政部外币主权债券发行。协助亚洲投资银行完成全球可持续发展债券发行，协助百度、武汉地铁等企业完成境外可持续发展债券发行。

财务顾问服务。已公告并购交易116宗，涉及交易总额约1 170.23亿美元，其中境内并购交易95宗，涉及交易总额约1 078.76亿美元；跨境及境外并购交易21宗，涉及交易总额约91.47亿美元。公告多宗大型央国企重组交易，涉及总资产超过1万亿元。完成中国中化与中国化工联合重组、四川交投铁投合并成立蜀道集团、山西省属煤炭企业专业化重组等项目。完成振东制药出售朗迪钙片、智联招聘控股权出售、全亿健康出售等项目。公告首创置业、创兴银行、中国机械工程等私有化交易；完成长城汽车投资戴姆勒巴西车厂、中邮人寿战略引入友邦保险等项目。在2021年成立债务重组管理组，助力政府和企业化解风险，保障职工就业，牵头完成盐湖股份重整恢复上市、中国平安重整投资方正集团、海航集团债务重整、天津物产债务重整、重庆力帆债务重整等项目；助力化解金融风险，牵头中国华融420亿元战略引资等项目。

股票业务 2021年，新开户数量大幅增长，交易额和市场份额再创新高；QFII客户覆盖率超过55%；公募及保险客户投研服务能力持续提升；重点私募客群全面覆盖，外资私募（WFOE）排名市场领先；与银行理财子公司构建全方位合作，多家银行客户投研排名第一位。推出首个银行理财碳中和配置指数。境外产品业务不断丰富产品及客户结构，形成具有国际竞争力的产品线，在境外中资券商中名列前茅。资本引荐业务品牌效应逐步显现，股票自营业务平稳发展，提升了权益类资产配置能力。中金（香港）跨境业务持续领先，互联互通交易份额保持市场前列；中金（新加坡）交易台已正式展业；中金（美国）在当地市场进一步确立中资机构领导地位；中金（英国）成为广大欧洲机构客户的主要中资券商合作伙伴。继续拓展德国、瑞士等其他国际市场，积极推进中欧通。境外团队配合执行90余个一级、二级市场项目，为上市公司引入境外战略、基石投资者。

固定收益及自营业务 全年，银行间做市业务规模68 261.8亿元，银行间回购业务（包含质押和买断）交易量3.40万亿元，拆借业务交易量1.67万亿元。债券通业务成交总量3 278.63亿元，境内债券承销规模1 982.46亿元。未出现风险债券及违约债券，债券整体信用风险可控。

利率业务。全年，利率业务现券交易量111 545.90亿元，利率衍生品交易量3 559.37亿元。全年中金利率赛道双边做市、请求做市和匿名点击成交总量35 133.21亿元。

信用业务。全年，信用业务双边做市、请求做市和匿名点击成交总量4.60万亿元。通过贷款违约保险（CDS）、信用风险缓释凭证（CRMW）等信用风险缓释工具助力信用债发行。

结构化业务。全年，为ABS二级市场提供做市流动性，ABS交易规模超过2 500亿元，同比增长约60%。担任公募REITs的做市商。截至2021年底，为已上市的11只REITs中的10只提供流动性服务；完成了挂钩公募REITs收益互换、以公募REITs为担保品的质押式协议回购等创新交易。推进票据交易业务，并于2021年9月正式开展交易。截至年末，票据累计交易规模超过200亿元，发展业务客户超过100家，涉及股份制商业银行、城市商业银行、农村商业银行的总行及各分支机构。

商品业务。年内，大宗商品场内外累计交易量约8 000.00亿元，新增8个场内做市品种，其中铝期权、铜期权、原油期权和液化石油气期权等主要品种综合排名市场前列。完成8个做市品种的资格申请，并完成做市系统的切换与升级，完成一系列做市策略开发并实现与系统的深度融合。日均委托接近160万笔，日均成交接近40.00亿元，做市品种市场占有率均超过5%。推动商品进出口良性循环与动态平衡，全年跨境商品业务累计规模约1 615.00亿元。为多家大型实体企业提供风险对冲服务和大宗商品研究、风控方面的路演培训。

外汇业务。年内，通过中国外汇交易中心共计达成外汇交易5 426笔，名义本金合计1 153.25亿美元。达成代客外汇交易25笔，名义本金合计8.11亿美元。

投资顾问业务。全年，投资顾问业务规模214.66亿元。投资中小微类债券53笔，金额55.05亿元，绿色金融债券1笔，金额0.11亿元，公募REITs6笔，金额0.48亿元，合计占产品规模的25.92%，为小微企业发展和绿色金融积极助力。

证券投资业务 始终坚持稳健的投资风格，在严格控制风险的前提下，使用自有资金或者合法筹集的资金以自己的名义买卖证券，以追求绝对回报作为主要目标。证券投资业务开展严格遵守相关法律法规、规章以及各项监管规定，并逐步健全完善内部制度体系，实现证券投资各业务环节的制度约束，投资研究、交易执行、资金划拨等严格遵循相应的授权审批和操作流程。在公司风险控制部门的建议和指导下建立起了严格、细致的风险限额体系，明确量化风控指标，确保操作流程规范化、透明化和受监督。在实际投资过程中，证券投资业务根据市场的变化，通过仓位控制、个股投资规模控制等方式严控风险，牢牢守住不发生重大风险的底线。

财富管理业务 截至年末，产品保有量突破3 000.00亿元，同比增长近90%。“中国50”“微50”等买方投资顾问业务规模近800.00亿元，同比增长超过180%。团队规模突破3 000人，为中金财富约453.51万户客户[①]提供专业服务；建立起由“三部落两中心”及内设的30个敏捷团队与16个职能部门组成的新组织架构。

资产管理业务 截至年末，资产管理业务规模为11 333.82亿元，同比增长111.72%。集合资管计划和单一资管计划管理规模（含社保、企业年金、养老金及职业年金）分别为5 688.40亿元和5 645.42亿元。管理产品数量761只，同比下降37.83%。

公募基金业务 全年，新发行公募产品9只，成功参与首批公募REITs试点发行了最大的产权类公募REITs，并完成了公募基金中基金（FOF，指通过多类资产配置，投资于不同市场和不同策略的组合基金）、同业存单指数基金、行业ETF等新产品的布局。截至年末，中金基金管理资产规模为851.9亿元，同比增加298.9亿元。其中，公募基金规模增加813.1亿元，同比增长50.6%；私募资产管理计划规模为38.8亿元。

私募投资基金业务 截至年末，在管认缴规模3 278.18亿元。完成35只“科技创新”“碳中和”国家战略基金，募集金额562.76亿元，并在中金启元基金层面引入社保基金作为投资人，完成对北京科创基金管理公司的控股。在投资与退出方面，中金资本全年完成194.84亿元直接投资，71.89亿元母基金投资，共有22家被投企业上市。已完成目标规模30亿美元的中韩合作基金签约。与各地政府开展多元合作，2021年在北京、长三角、川渝、湖南等地的区域化布局取得突破进展。

研究业务 年内，共发表中英文研究报告16 000余篇。推出《碳中和经济学：新约束下的宏观和行业分析》《创新：不灭的火炬——科技与产业链发展研究报告》两篇重要报告，并出版《碳中和经济学》图书。成功举办“碳中和2060论坛”“创新中国：2021科技创新与产业链发展论坛”。与“一带一路”绿色发展国际联盟联合举办“共话绿色丝绸之路”论坛，推出中金研究院《“一带一路”研究白皮书（2021）》，并共同发起《推进“绿色丝绸之路”智库研究合作的倡议》。在六地开展“乡村振兴”调研，形成《走进稻香深处：六区县乡村振兴调研报告》。

---

① 包括原中金财富、中金公司财富管理的客户和资产，不包括中央汇金托管数据。

中国银河证券股份有限公司

2021 年末，中国银河证券股份有限公司（以下简称银河证券）合并资产总额 5 601.35 亿元，比上年增加 1 144.05 亿元，增长 25.67%；合并负债总额 4 611.57亿元，比上年增加 974.35 亿元，增长 26.79%；合并所有者权益总额 989.78 亿元，比上年增加 169.70 亿元，增长 20.69%。实现合并营业收入 359.84 亿元，同比增长 51.52%；实现合并净利润 105.17 亿元，同比增长 43.83%。股基交易量（不含租赁席位）18.91 万亿元，比上年增加 1.15 万亿元，增长 7.03%。截至年末，托管客户证券资产约 3.40 万亿元，比上年增加 0.25 万亿元，增长 7.92%，客户资金余额 785.98 亿元，比上年增加 87.44 亿元，增长 21.28%。2021 年，银河证券在中国证监会组织的证券公司分类评价中获得 A 类 AA 级评级。

截至年末，银河证券设有 501 家证券营业部、37 家分公司、5 家子公司，共有员工 12 661 人。

证券经纪业务　年末，经纪业务客户数 1 322 万户，比上年增长 8.9%；金融产品保有规模 1 846 亿元，比上年增长 18%；销售金融产品 1 488 亿元，同比增长 12%。

自营业务　债券质押式报价回购业务继续保持业内领先地位，截至年末，未到期余额达 171.9 亿元，投资者人数 74.6 万人。获信用风险缓释工具核心交易商资格，并成为深圳证券交易所信用保护凭证创设机构；获上海黄金交易所银行间黄金询价业务资格、上海期货交易所标准仓单业务资格等；获批成为首批公募 REITs 战略投资者和做市商，并成功参与首批 9 只和第二批 2 只全部公募 REITs 项目的投资或做市。创新推出挂钩“上海金”的收益凭证以及挂钩中证债券指数的增强型场外衍生品。

投行业务　全年，完成 IPO 项目 5 个，再融资项目 11 个，股票总承销规模 152.22 亿元。承销债券合计 583 只，承销金额共计 2 298.33 亿元，同比增长 90.46%。发行公司首只乡村振兴债券、首只绿色汽车分期资产支持证券和首只碳中和债券。全年完成 2 个北交所上市保荐项目，完成 2 个全国中小企业股份转让系统（又称新三板）股票定向发行项目，累计募集金额 6 609.65 万元。先后为金贵银业、贵人鸟、供销大集、华昌达等 5 家上市公司担任司法重整财务顾问。

资产管理业务　年末，受托资产管理规模为 1 237.23 亿元。

融资融券业务　年末，融资融券余额 938 亿元，较上年末增长 15%，维持担保比例 286%。

投资顾问业务　年末，签约客户超过 30 万人次，签约资产超过 1 000 亿元。

期货中间介绍业务　首批获得为期货公司提供中间介绍业务的资格。截至年末，共计 192 家分支机构获得期货中间介绍业务资格，存量客户 4.42 万户，期末客户权益 45.81 亿元。

创新业务 数字人民币应用。“证券行业数字人民币应用场景创新试点”得到批准。项目设计并实施“数字人民币购买付费金融服务”“三方存管体系下数字人民币投资场外理财产品”及“数字理财钱包体系下数字人民币投资场外理财产品”三种证券行业应用场景。上线数字人民币购买金融服务产品功能，成为证券行业首家支持数字人民币支付的公司。

“主题基金＋基地式服务”模式。与地方政府、大型企业集团合作首创了“主题基金＋基地式服务”的业务模式，建设综合金融服务基地，以主题基金带动投资、促进招商、支持产业落地，并围绕具体产业和企业提供集投融资、研究支持、资源协同等为一体的综合金融服务，构建直接融资生态体系，重点关注战略性新兴产业、前沿科技和产业变革、新型基础设施建设以及居民消费升级相关的产业与服务，参与“十四五”规划重点发展项目，以金融力量促进区域经济和产业发展。

打造“德清模式”普惠样板。联合德清县政府、浙江股权交易中心在浙江股交中心共同设立“德清高新板”，开展县域经济服务创新，推动共建上市培育基地，打造涵盖企业股改挂牌、规范辅导、融资转让、上市培育的县域资本市场服务体系，为企业提供从四板到三板再到交易所的递进式资本市场服务，满足不同类型企业、企业不同发展阶段对资本市场服务的差异化需求，实现资本市场对中小微企业的普惠式覆盖。“德清高新板”已成为政府的优质企业政策综合利用平台、区域性股权市场的金融服务平台和银河证券在德清的资本市场服务平台。与全国多家股权交易市场开展深入合作，借鉴“德清模式”经验，围绕以区域性市场为基础的多层次资本市场助力县域经济发展。

中信建投证券股份有限公司

2021年末，中信建投证券股份有限公司（以下简称中信建投证券）总资产4 527.91亿元，比上年增长21.97%；归属于母公司股东的权益为798.18亿元，比上年增长17.84%；营业收入合计为298.72亿元，比上年增长27.93%；归属于母公司股东的净利润102.39亿元，比上年增长7.67%；加权平均净资产收益率为15.80%，比上年下降2.38个百分点。2021年，在中国证监会对证券公司的分类评价中，公司连续12年获评为A类AA级。

截至年末，中信建投证券设有5家子公司、38家分公司、275家证券营业部，共有员工11 778人。

投行业务 完成股权融资项目100家，主承销金额1 392.84亿元。其中，IPO主承销家数47家，主承销金额533.52亿元；股权再融资主承销家数53家，主承销金额859.32亿元。北交所首批上市81家企业中，保荐12家，实现科创板、创业板注册制、北交所首批上市企业保荐家数“三连冠”。共计完成主承销项目2 467个，主承销规模15 293.70

亿元。

证券经纪业务 代理买卖证券业务净收入比上年增长 2.41%。代理股票基金交易量比上年增长 7.55%。重点金融产品销量 1 077 亿元，代理销售金融产品净收入比上年增长 11.64%；新增客户 115.36 万户，客户资金账户总数1 023.15 万户；客户托管证券市值 5.59 万亿元，市场份额 7.91%。移动交易客户端“蜻蜓点金”App 客户月均活跃数位居行业第七位；基金投资顾问业务累计签约 9.18 万户。

证券金融业务 融资融券余额 670.16 亿元，比上年增长 21.51%；融资融券利息收入位居行业第十位；融资融券账户 16.87 万户，比上年增长 6.46%。公司股票质押式回购业务本金余额 104.29 亿元。其中，投资类（表内）股票质押式回购业务本金余额 43.45 亿元，平均履约保障比例 322.15%；管理类（表外）股票质押式回购业务本金余额 60.85 亿元。

资产管理业务 受托资产管理规模 4 272.72亿元，资产管理业务净收入 10.12 亿元。其中，主动管理型产品规模 3 858.14 亿元，占资产管理总规模的 90.30%，比上年增加 21.63 个百分点。

自营业务 设立自主研发的策略指数“中信建投全球多资产风险平价指数”。场外期权业务新增规模 3 434.47 亿元，比上年增长 39.34%，收益互换业务新增规模 1 029.61亿元，比上年增长 150.83%。

主经纪商业务 主经纪商系统（PB）存续客户数为 7 088 户，比上年增长 80.91%；共有 21 家公募基金公司和 9 家保险资管机构实盘使用本公司算法交易服务，共有 94 家客户使用本公司代理委托服务，合计交易 124 个标的。资产托管及运营服务总规模为 7 512.47 亿元，比上年增长 85.75%。其中，资产托管产品 4 468只、运营服务产品 4 542 只，比上年分别增长 72.58% 和 85.09%。

研究业务 公募基金佣金分仓收入市场占比为 4.56%。研究及销售团队共 229 人，分为 10 个产业大组，涵盖 36 个研究领域。完成证券研究报告 5 238 篇，为机构客户提供线上线下路演 36 168 次，调研 2 225 次。

期货业务 实现期货代理交易额 13.94 万亿元，比上年增长 21.92%；新增客户 23 339 户，比上年下降 1.92%；期末客户权益规模 205.65 亿元，比上年增长 44.29%。

私募股权投资业务 资本在管基金 54 只，在管备案规模 538.56 亿元，全年新增备案规模 164.19 亿元。全年完成项目投资近 40 亿元，已投项目中完成上市 4 个，过会 5 个。累计投资企业超过 230 家，累计投资金额超过 140 亿元，项目退出的平均投资收益率达 115%。

境外业务 在香港市场共参与并完成 IPO 项目 3 个，股权融资规模 41.82 亿港元；在离岸市场参与并完成债券承销项目 101 个，承销规模 2 999 亿港元，其中全球协调人项目共 42 个，承销规模 1 155 亿港元；代理股票交易金额 673.70 亿港元，比上年增长 56%；新增客户 11 708 户，比上年增长 304%；累计客户数 22 101 户，客户托管股份总市值 233.64 亿港元；孖展融资业务余额 1.70 亿港元，比上年增长 56%。

基金管理业务 基金资产管理规模 598.99 亿元，其中公募产品管理规模 482.91 亿元，比上年增长 80.95%；专户产品管理规模 114.96 亿元，比上年下降58.76%；ABS 产品管理规模 1.13 亿元，比上年下降 85.08%。管理公募基金 33只（其中 2021 年新成立的产品 12 只）。

另类投资业务 完成项目投资 34 个（其中科创板 IPO 跟投项目 12 个），投资金额 16.87 亿元。

中国银河证券股份有限公司北京分公司

2021 年，中国银河证券股份有限公司北京分公司营业部收入 16.5629 亿元，实现税前利润 10.8374 亿元。

证券经纪业务 截至年末，辖区营业部客户数量 115 万户，年内新开客户数 13.79 万户，开户市占率 0.71%，较上年下降 2.7%；客户总资产 9 941.12 亿元。

融资融券业务 年内，融资融券开户业务新开户 1 605 户，融资融券日均余额 131.75 亿元。

金融产品 累计销售金融产品 237.42 亿元，金融产品销售收入总计 2.5686 亿元。

（颜畅）

北信瑞丰基金管理有限公司

2021 年末，北信瑞丰基金管理有限公司（以下简称北信瑞丰）全年收入为 10 379.31 万元，比上年增加 101.56 万元，增长 0.99%，其中管理费收入 5 971.86万元；营业支出 10 026.21 万元，比上年增加 543.76 万元，增长 5.73%；净利润 334.85 万元，比上年减少 467.80 万元，下降 58.28%。截至年末，总资产 27 699.05 万元，比上年增加 1 371.29 万元，增长 5.21%；负债 8 975.73 万元，比上年增加 1 036.43 万元，增长 13.05%；所有者权益为 18 723.31 万元，比上年增加 334.85 万元，增长 1.82%。

2021 年，公募基金完成股票交易 178.78 亿元，比上年增加 70.25 亿元，增长 64.73%；交易所回购 410.1 亿元，比上年减少 422.59 亿元，下降 50.75%；银行间回购 1 150.5 亿元，比上年减少 365.9 亿元，增长下降 24.13%；交易所债券 15.4 亿元，比上年减少 7.05 亿元，下降 31.40%；银行间债券 208.33 亿元，比上年减少 37.33 亿元，下降 15.20%。专户产品完成股票交易 110.85 亿元，比上年减少 26.47 亿元，下降 19.28%；交易所回购 254.27 亿元，比上年增加 111.25 亿元，增长 77.79%；银行间回购 10.75 亿元，比上年减少 203.17 亿元，下降 94.97%；交易所债券 3.57 亿元，比上年减少 19.75 亿元，下降 84.69%；银行间债券 32.54 亿元，比上年减少 17.5 亿元，下降 34.97%。公募基金管理规模约 78.10 亿元，比上年减少 10.86 亿元，下降12.21%，共计69.52亿份，比上年减少10.82亿份，下降13.47%。

截至年末，北信瑞丰共有1家子公司、1家分公司。员工数量共131人，其中正式职工129人、外聘职工2人。北信瑞丰单体口径108人，子公司23人，分公司3人（公司总部员工兼任）。

公募基金业务 全年，公募基金业务实现管理费收入4 315.16万元；共计有20只存续公募基金，其中货币市场基金2只、债券型基金3只、混合型基金12只、股票型基金3只，公募资管规模达78.10亿元。全年完成新发行公募基金1只（股票型基金），募集资金2.11亿元。

特定客户资产管理 全年，新增4只特定客户资产管理计划，新增规模14.89亿元，管理费收入1 656.70万元。年末，存续资产管理计划36只，规模95.01亿元，其中单一产品32只，受托规模93.28亿元；集合产品4只，受托规模1.73亿元。

（朱婧倩）

长盛基金管理有限公司

2021年末，长盛基金管理有限公司（以下简称长盛基金）资产总额14.53亿元，净资产12.11亿元，管理资产规模1 019.49亿元。全年实现营业收入4.78亿元，同比增长20.12%；实现净利润0.78亿元，同比增长4.46%。

截至年末，长盛基金设有2家子公司、3个分支机构，共有员工180人（含子公司）。

2021年末，长盛基金资产管理规模为550.72亿元，比上年末增加94.94亿元。社保类资产合计管理规模为308.98亿元。特定客户资产管理规模为159.79亿元（专户与专户子公司）。其中，专户类与子公司资产管理规模分别为11.78亿元、148.01亿元。

东方基金管理股份有限公司

2021年末，东方基金管理股份有限公司（以下简称东方基金）总资产13.17亿元，较上年增加2.65亿元，增长25.17%；总负债4.31亿元，较上年增加1.65亿元，增长61.65%；所有者权益8.86亿元，较上年增加1.01亿元，增长12.79%；归属母公司股东权益6.73亿元，较上年增加0.82亿元，增长13.74%；全年实现营业收入6.96亿元，同比增加2.34亿元，增长50.64%；营业支出5.61亿元，同比增加1.71亿元，增长43.74%；实现净利润1.01亿元，比上年增加0.41亿元，增长68.52%。其中，归属母公司净利润0.81亿元，较上年增加0.41亿元，增长101.71%。

截至年末，东方基金共有员工211人，设有5家分公司及1家专户子公司。

公募基金业务 截至年末，管理公募基金55只，基金资产管理总规模713.41亿元，较上年末增加209.82亿元，增长41.66%。其中，非货币基金保有规模649.92亿元，较上年末增加216.99亿元，增长50.12%。

受托投资管理业务 全年，新成立私募资产管理计划22只，初始募集总规模3.92亿元，年内终止产品24只。截至年末，管理专户产品35只，规模570.33亿元，投资运作情况良好，其中清算中专户产品5只，资产净值2.07亿元。受托投资管理业务收入0.36亿元。

新业务开展 2021年，通过支付宝、天天基金等直播平台开展线上直播路演活动，加强了投资者教育宣传，公司旗下明星基金和明星基金经理市场知名度大幅提升。基金经理李瑞获评《中国基金报》英华奖“三年期股票投资最佳基金经理”，基金经理蒋茜上榜年度基金经理TOP榜单中的“投资新锐人气榜单”，公司荣获新华社旗下《今日财富》杂志社颁发的第七届金象奖“2021年中国财富管理投研奖”。

（杨笑尘）

东兴基金管理有限公司

2021年末，东兴基金管理有限公司（以下简称东兴基金）资产总额为23 067.48万元，比上年增加2 613.80万元，增长12.78%，负债总额为1 199.66万元，比上年增加1 057.81万元，增长745.72%，所有者权益为21 867.82万元，比上年增加1 555.99万元，增长7.66%。2021年，实现营业收入为2 293.63万元，比上年增加1 612.69万元，增长236.83%，实现利润总额－1 276.91万元，比上年减少1 696.10万元，下降404.61%。基金份额为12 920 501 961.46份，比上年增加6 319 223 378.62份，增长95.73%，基金净值为13 241 713 530.40元，比上年增加6 466 362 326.98元，增长95.44%，客户数量为70 167个，比上年增加35 322个，增长101.37%。

截至年末，东兴基金共有员工67人。

公募基金业务 截至年末，管理公募基金16只，公募基金管理规模达到132.42亿元，比上年增长95.44%。多只固定收益基金产品业绩表现优异，涌现出包括东兴兴利债基、东兴兴瑞一年定开债基、东兴兴福一年定开债基、东兴鑫享六个月滚动持有债基等拳头产品，固定收益类产品体系特色逐步显现。

（付兴辉）

方正富邦基金管理有限公司

2021年末，方正富邦基金管理有限公司（以下简称方正富邦基金）总资产503 513 900.01元、总负债79 605 467.02元、所有者权益423 908 432.99元；实现营业收入181 388 847.12元，比上年增加49 225 818.76元，增长37.25%；营业支出203 638 251.07元，比上年增加53 745 090.80元，增长35.86%；发生亏损19 909 208.91元，比上年减少2 890 128.59元，下降16.98%。股票交易量3 031 552.10万元，比上年增加1 769 998.42万元，增长140.30%；交易所市场债券交易量[①]10 149 000万元，比上年增加940 880万元，增长10.22%；银行间市场债券交易量[②]60 597 047.06万元，比上年增加15 633 542.58万元，增长34.77%；客户数量6 535 511户，比上年增加1 674 688户，增长34.45%。

截至年末，方正富邦基金设有1家子公司，共有员工136人，其中正式职工135人、外聘人员1人。

公募基金业务 全年，非货币基金产品规模突破200亿元。截至年末，旗下已成立基金共36只，资产管理规模合计453.33亿元，其中货币资产规模238.00亿元、非货币规模215.33亿元，比上年产品数量增加7只，非货规模增长101.75亿元。全年新发公募基金7只，募集规模68.96亿元。其中，年内发行最大单只权益产品——方正富邦趋势领航，首发规模14.17亿元；最大单只固收产品，首发规模33.00亿元。指数类规模75.34亿元，主动权益类规模51.02亿元，债券类规模88.97亿元，货币类规模238.00亿元，其中，权益类规模从67.56亿元到126.36亿元，增长187.03%。“深100ETF联接基金定投业务”，截至年末累计定投户数104 733户，累计定投金额19.85亿元。全年，旗下基金业绩表现优异。其中，成立1年以上的11只主动权益类基金中有8只近一年业绩排名前50%。2021年，天天基金和蚂蚁金服两大电商平台持有人户数由23万户增至55万户，非货币资产保有规模分别增长158.05%与335.30%。

特定客户资产管理业务 截至年末，基金专户存续产品22只，管理规模111.59亿元，比上年增加50.48亿元，增长82.61%。其中固定收益类产品14只，106.62亿元；权益类产品3只，4.26亿元；混合类产品5只，0.71亿元。共有14只固定收益类产品，其中5只集合资管计划，9只单一资管计划，规模合计106.62亿元，占专户产品总规模的95.55%。新增混合类产品4只，规模合计0.42亿元。

（周游）

① 含交易所场内及固收平台现券买卖。

② 含银行间正逆回购、现券买卖。

格林基金管理有限公司

2021 年末，格林基金管理有限公司（以下简称格林基金）总资产为 7 816.76 万元，比上年增加 2 724.40 万元，增长 53.50%；总负债为 1 251.80 万元，比上年增加 383.30 万元，增长 44.13%；所有者权益为 6 564.96 万元，比上年增加 2 341.10万元，增长 55.43%；实现营业收入 6 878.17 万元，比上年增加3 486.68 万元，增长 102.81%；营业支出为 6 836.77万元，比上年增加 1 382.82 万元，增长 25.35%；盈利 41.10 万元，首次实现年度盈利。

截至年末，格林基金设有 3 家分公司，共有正式员工 79 人，无外聘员工。

公募基金业务 2021 年，发行了 3 只公募产品，其中格林泓景债券型证券投资基金，募集规模 2.05 亿元，募集客户数共 261 户；格林鑫悦一年持有期混合型证券投资基金，募集规模 2.67 亿元，募集客户数共 2 674 户；格林研究优选混合型证券投资基金，募集规模 4.19 亿元，募集客户数共 4 767 户。

截至年末，格林基金共有公募基金产品 15 只，包括货币基金 1 只、债券基金 8 只、混合型基金 6 只，总规模 163.11 亿元，比上年增加 53.49 亿元，增长 48.80%。

私募资产管理业务 截至年末，格林基金共运作管理 34 只私募资产管理计划，管理规模合计 244.70 亿元，比上年增加 96.17 亿元，增长 64.75%。

（李遥）

工银瑞信基金管理有限公司

2021 年末，工银瑞信基金管理有限公司（以下简称工银瑞信）合并总资产为 176.50 亿元，比上年增加 27.78 亿元，增长 18.68%；所有者权益 140.89 亿元，比上年增加 27.89 亿元，增长 24.68%；全年营业收入 64.10 亿元，比上年增加 19.29 亿元，增长 43.04%；净利润 27.94 亿元，比上年增加 8.21 亿元，增长 41.62%。管理资产总规模 17 227.03 亿元，比上年增加 3 105.97 亿元，增长 22.00%；共管理 207 只公募基金，680 多个非公募组合。

截至年末，工银瑞信共设有 3 家分公司、2 家子公司，共有员工 712 人。

公募业务 全年发行新基金 45 只，募集规模 756.96 亿元。截至年末，公募基金管理规模 8 072.74 亿元，比上年增长 36.53%。其中，非货币基金业务年末规模 4 606.90亿元，比上年增长 42.09%。

非公募业务 2021 年末，管理的专户、年金社保、专项等各类非公募组合规模合计 9 154.29 亿元，比上年增长

11.53%。其中，年金社保等养老金资产规模为 6 448.88 亿元，比上年增长 24.84%，并已布局养老目标基金共 8 只。

创新业务 2021 年，获得基金投资银行顾问业务试点资格并开始展业。

（邓青松）

国金基金管理有限公司

2021 年末，国金基金管理有限公司（以下简称国金基金）资产总额 3.27 亿元，比上年增加 0.11 亿元，增长 3.48%；负债总额 1.02 亿元，比上年增加 0.38 亿元，增长 59.38%；所有者权益 2.25 亿元，比上年减少 0.27 亿元，下降 10.71%；营业收入 1.45 亿元，比上年减少 0.24 亿元，下降 14.20%；净利润 -2 789.59 万元，比上年减少 4 093.21 万元。公募基金及特定客户资产管理计划规模合计 384.79 亿份，管理资产净值 390.11 亿元。

截至 2021 年末，国金基金设有 2 家子公司，共有正式员工 129 人。

公募基金 截至年末，旗下共有公募基金 25 只，包括 3 只货币型基金、9 只债券型基金、10 只混合型基金、3 只股票型基金，公募基金管理规模约 363.86 亿元。

特定客户资产管理 截至年末，由国金基金担任管理人的专户产品总计 30 只，专户管理规模合计 26.25 亿元。

固定收益投资 截至年末，由固定收益投资团队管理 12 只固收类公募基金和 3 只固收类专户产品，累计管理规模 351.50 亿元。

量化投资 截至年末，由量化投资团队管理 7 只量化混合类公募基金和 20 只量化专户产品，累计管理规模 14.93 亿元。

权益投资 截至年末，由主动权益投资团队管理 6 只偏股混合类公募基金和 7 只权益类专户产品，累计管理规模 23.68 亿元。

（马正一）

国开泰富基金管理有限责任公司

2021 年末，国开泰富基金管理有限责任公司（以下简称国开泰富基金）合并总资产 252 937 448.04 元，比上年减少 94 719 417.12 元，下降 27.25%；合并总负债 26 198 258.88 元，比上年减少 39 685 342.46元，下降 60.24%；所有者权益 226 739 189.16 元，比上年减少 55 034 074.66元，下降 19.53%；全年实现营业收入 -21 266 258.5 元，比上年减少 48 507 070.90 元，下降 178.07%；营业支出 32 617 918.03 元，比上年减少 2 565 375.29 元，下降 7.29%；净亏损

55 034 074.66元，比上年增加45 043 728.36元，亏损增长450.87%。私募资产管理计划资产份额380 315 001.43份，比上年减少269 862 307.52份，下降41.51%；管理私募资产管理计划资产净值406 303 108.63元，比上年减少285 749 950.44元，下降41.29%。客户数量10户，比上年减少2 994户，下降99.67%。

截至年末，国开泰富基金设有1家子公司，共有员工37人。

公募基金业务 截至年末，无存续的公募基金。当年清盘基金2只，无新发基金，无申报新基金。

私募资产管理业务 截至年末，发行并管理的资产管理计划总数为2只，管理规模为4.06亿元。当年清盘资管计划3只，无新发行资管计划。

（刘欣灿）

国融基金管理有限公司

2021年末，国融基金管理有限公司（以下简称国融基金）基金管理总规模18.29亿元，比上年减少11.43亿元，下降38.46%，其中7只公募规模2.79亿元，比上年增加1.72亿元，增长160.75%；5只专户规模15.5亿元，比上年减少13.15亿元，下降45.90%。新发一对多专户基金2只，债券型公募基金1只。截至年末，国融基金总客户数量74 939户，比上年（55 275户）增加19 664户，增长35.57%；持有份额客户数量8 401户，比上年（7 260户）增加1 141户，增长15.72%。其中持有公募客户数量8 389户，比上年（7 227户）增加1 162户，增长16.08%；持有专户客户数量12户，比上年（33户）减少21户，下降63.64%。营业收入1 152.22万元，比上年减少146.32万元，同比下降11.24%。营业费用3 370.68万元，比上年减少89.90万元，同比下降2.60%。资产总额4 799.44万元，比上年增加217.68万元，同比增长4.75%。所有者权益4 016.25万元，比上年减少217.67万元，同比下降5.14%。负债总额783.19万元，比上年增加435.35万元，同比增长125.16%。营业利润－2 215.46万元，比上年减少56.42万元，营业利润同比下降2.61%。发行1只债券型基金。

基金销售 截至年末，认购2.30亿元、申购1.01亿元、赎回4.36亿元，其中公募基金认购2.05亿元、申购0.68亿元、赎回0.60亿元，专户认购0.25亿元、申购0.33亿元、赎回3.76亿元。

基金管理 截至年末，管理的公募基金数量为7只，其中6只为新交易结算模式的权益类混合型公募基金，1只为新交易结算模式的债券型公募基金。

托管业务及投资咨询业务 截至年末，投资顾问产品规模合计14.03亿元。投资咨询服务费收入999 857.95元。存续5只特定客户资产管理计划，期末资产净值为1 550 528 154.54元，管理费收入为2 088 540.24元。存续7只证券投资基金，期末资产净值为278 594 513.61元，管理费收入为1 303 916.78元。

固有资金投资业务 截至年末，固有资金投资规模 36 409 485.61 元，其中理财产品投资规模 32 752 145.95 元，银行存款投资规模 3 657 339.66 元，本年度取得收益 1 529 777.60 元，其中理财产品取得收益 1 300 135.78 元，资产管理计划取得收益 146 590.80 元，银行存款取得收益 83 051.02 元。

国寿安保基金管理有限公司

2021 年末，国寿安保基金管理有限公司（以下简称国寿安保基金）总资产为 30.29 亿元，比上年增加 5.07 亿元，增长 20.10%；总负债为 5.86 亿元，比上年增加 1.67 亿元，增长 39.86%；净资产为 24.43 亿元，比上年增加 3.41 亿元，增长 16.22%；实现营业收入 11.79 亿元，比上年增加 2.06 亿元，增长 21.17%；营业支出 7.19 亿元，比上年增加 0.72 亿元，增长 11.13%；实现净利润 3.46 亿元，比上年增加 1.01 亿元，增长 41.22%。管理规模合计 3 404.72 亿元，比上年增加 408.07 亿元，增长 13.62%。

截至年末，国寿安保基金设有 2 家分支机构、1 家子公司，共有员工 280 人。

公募基金业务 截至年末，国寿安保旗下共成立 17 只公募基金，公募资产规模 2 594.03 亿元，其中公募非货币基金规模 1 525.03 亿元。

特定客户资产管理业务 截至年末，共成立 31 只专户产品，专户规模 810.69 亿元。

（厉现芳）

泓德基金管理有限公司

2021 年末，泓德基金管理有限公司（以下简称泓德基金）总资产为 15.98 亿元，总负债 4.60 亿元，所有者权益为 11.38 亿元；全年实现营业收入 14.99 亿元，营业支出 6.99 亿元，税后净利润 6.87 亿元。

截至年末，泓德基金设有 1 家分支机构、无子公司，共有员工 127 人。

截至年末，泓德基金管理产品总资产管理规模达到 1 192.07 亿元，总份额为 849.82 亿份，比上年减少 250.24 亿元，同比下降 17.35%。其中，公募基金管理规模约 985.30 亿元，总份额为 724.29 亿份，规模比上年减少 183.30 亿元，同比下降 15.69%。全年共计管理公募基金产品 36 只，其中主动偏股型公募基金 25 只、债券型基金 9 只、货币型基金 2 只。年末客户数为 2 640 606 户，比上年增加 1 545 046户，增长 141.03%。

专户管理业务 截至年末，管理规模约 206.77 亿元，份额为 125.53 亿份，规模比上年减少 66.94 亿元，同比下降 24.46%。

证券交易业务 截至年末，全年股票交易量为 1 404.88 亿元，比上年增加 365.23 亿元，同比增长 35.13%，债券交易量为 133.99 亿元，比上年减少 271.90 亿元，同比下降 66.99%，基金交易量为 58.15 亿元，比上年增加 21.78 亿元，同比增长 59.88%。

期货交易业务 截至年末，全年期货交易量为 15 402 手，比上年同期增加 106 手，同比增长 0.69%。期货交易额为 221.88 亿元，比上年同期增加 39.12 亿元，同比增长 21.41%。

（李诗菁）

华融基金管理有限公司

2021 年末，华融基金管理有限公司（以下简称华融基金）资产总额 18 055.77 万元，较年初减少 2 757.28 万元，同比下降 13.25%；负债总额 2 137.46 万元，较年初增加 250.96 万元，同比增长 13.30%；所有者权益 15 918.31 万元，较年初减少 3 008.24万元，同比下降 15.89%。营业收入 1 968.57 万元，较上年增加 990.43 万元，同比增长 101.26%；净利润 –3 008.23 万元，较上年下降 479.62 万元，同比下降 18.97%。客户总数约 63 万人，日均管理规模超过 50.79 亿元，已同 30 家代销渠道建立销售合作关系。

截至年末，华融基金共有正式员工 49 人，外聘人员 10 人，设有 1 家分支机构（北京分公司）。

公募基金业务 截至年末，管理公募基金 7 只，资产管理规模达到 52.58 亿元。其中，非货币型基金的管理规模达到 40.62 亿元。新发 2 只“固收 +”产品，规模合计 8.5 亿元。

（张传文）

华商基金管理有限公司

2021 年末，华商基金管理有限公司（以下简称华商基金）总资产 1 402 954 229 元，比上年增加 161 226 837 元，增长 12.98%；总负债 225 297 242 元，比上年增加 80 423 422 元，增长 55.51%；所有者权益 1 177 656 987 元，比上年增加 80 803 415元，增长 7.37%；实现营业收入 632 132 435 元，比上年增加280 470 955元，增长 79.76%；营业支出 524 359 989 元，比上年增加 128 568 853 元，增长 32.48%；实现净利润 80 803 415 元，比上年增加 115 031 346元，增长 336.07%。

截至年末，公司设有 2 家分公司，共有员工 180 人。

公募资产管理业务 截至年末，公募基金数量共计 66 只，其中股票型基金 7 只、混合型基金 42 只、FOF 3 只、债券型基金 13 只、货币型基金 1 只。资产管理规模730.42亿元，比上年增加292.84亿元，增长66.92%。其中，公募资产管理规模633.70亿元，比上年增加236.08亿元，增长59.36%；非货币公募资产管理规模609.17亿元，比上年增加213.79亿元，增长54.08%；私募资产管理计划96.72亿元，比上年增加56.81亿元，增长142.35%。

私募资产管理业务 截至年末，管理私募资管计划36只，资产规模96.72亿元。

（董志宏）

华夏基金管理有限公司

2021年末，华夏基金管理有限公司（以下简称华夏基金）整体资产规模17 278.63亿元（含联接基金、子公司），其中，本部资产管理规模16 616.07亿元，比上年末增长13.72%。公募基金规模10 383.75亿元，比上年末增长29.05%。子公司管理规模662.56亿元。截至年末，实现合并总资产162.95亿元，合并负债总额为50.08亿元，合并所有者权益总额为112.87亿元。合并营业收入80.15亿元，发生营业支出47.97亿元；归属于母公司净利润23.12亿元。

截至年末，华夏基金设有8家分公司及3家子公司，共有员工1 232人（含子公司）。

公募基金 全年共成立92只公募产品。截至年末，华夏基金非货币非理财基金规模7 411.32亿元，偏股型基金规模5 759.27亿元。

社保和基本养老 华夏基金是首批全国社保基金投资管理人、首批基本养老保险基金投资管理人。截至年末，全国社保管理规模876.86亿元，基本养老业务规模453.29亿元。

年金业务 华夏基金是首批企业年金基金管理人。截至年末，企业年金运作规模1 413.14亿元，职业年金管理规模达772.30亿元。

专户理财 面向特定客户募集资金或接受特定客户财产委托，产品组合主要包括一对一专户、一对多专户业务。截至年末，境内专户规模为1 403.11亿元。

业务创新 发行华夏越秀高速公路封闭式基础设施REIT，发行规模21.3亿元。获批首批MSCI A50 ETF、首批北交所主题基金、首批科创创业50ETF、首批恒生科技ETF、首批沪港深500ETF等。

（常悦）

汇安基金管理有限责任公司

2021年末，汇安基金管理有限责任公司（以下简称汇安基金）总资产452 935 520.69元，比上年增加131 596 680.39元，增长40.95%；总负债327 672 022.98元，比上年增加 111 536 358.70 元，增长 51.60%；所有者权益 125 263 497.71 元，比上年增加 20 060 321.69元，增长 19.07%；全年实现营业收入 345 084 615.92 元，比上年增加43 291 051.91元，增长 14.34%；营业支出 313 891 768.01 元，比上年增加 64 780 793.36元，增长 26.00%；实现净利润 20 060 321.69 元，比上年减少 22 628 529.20元，下降 53.01%。

截至年末，汇安基金管理的公募基金份额共 42 562 468 564.80 份，比上年增加 14 297 459 055.40份，增长 50.58%；基金净值总额为 47 091 700 405.45 元，比上年增加 15 866 217 158.54元，增长 50.81%；资产管理计划份额共 36 103 553 473.33 份，比上年增加 85 753.06 份；资产净值总额为 42 548 582 334.13 元，比上年增加 53 541 568.39元，增长 0.13%。

截至年末，旗下共有 4 家分公司，全部员工 133 人。其中正式职工 129 人，外聘人员 4 人。

（赵庆玲）

汇泉基金管理有限公司

2021 年末，汇泉基金管理有限公司（以下简称汇泉基金）总资产 11 159.91 万元、总负债 1 464.43 万元、所有者权益 9 695.49万元；实现营业收入 3 482.05 万元、营业支出 3 397.46 万元，实现利润 84.60 万元。

截至年末，汇泉基金共有员工 48 人。

公募基金业务 截至年末，业务收入 2 369.37 万元，客户数量 64 370 户，产品 2 只，资产规模 367 883.47 万元。

私募资产管理业务 截至年末，业务收入 68.22 万元，客户数量 46 户，产品 3 只，资产规模 17 968.40 万元。

（王彬彬）

惠升基金管理有限责任公司

2021 年末，惠升基金管理有限责任公司（以下简称惠升基金）总资产 11 656.34万元，比上年减少 399.12 万元，下降 3.31%；总负债 1 257.96 万元，比上年减少 516.73 万元，下降 29.12%；所有者权益 10 398.38 万元，比上年增加 117.61 万元，增长 1.14%；实现营业收入 10 559.81 万元，比上年增加 4 321.44 万元，增长 69.27%；营业支出 10 142.61 万元，比上年增加 4 406.02 万元，增长 76.81%；实现利润 417.20 万元，比上年减少 84.59 万元，下降 16.86%。截至年末，公募基金和专户合计份额为 306.52 亿份，比上年增加 101.61 亿份，增长 49.59%；合计资产净值 314.71 亿元，比上年增加 95.83 亿元，增长 43.78%。全年证券交易量（股票、基金、债券等）为 594.46 亿元，比上年增加 48.25 亿元，增长 8.83%。客户交易结算额为：认购127.83亿元，比上年减少21.64亿元，下降14.48%；申购9.90亿元，比上年减少189.42亿元，下降95.76%；赎回交易金额40.13亿元，比上年减少108.38亿元，下降72.98%。截至年末，客户数为16.31万户，比上年增加4.40万户，增长36.91%。

截至年末，惠升基金设有3家分支机构、无子公司，共有员工62人。

公募基金业务　截至年末，管理的公募基金共18只，资产份额305.02亿份，基金净值313.11亿元。年内共成立8只公募基金产品，其中债券型基金4只、混合型基金4只，募集资金127.64亿元。全年新增合作销售机构10家。

特定客户资产管理业务　截至年末，管理的特定资产管理计划共4只，资产份额1.49亿份，资产规模1.60亿元。

业务创新　2021年12月16日，惠升基金成立了惠升中证同业存单AAA指数7天持有期证券投资基金，为行业内首批发行的6只存单指数基金之一。

（陈保胜）

嘉实基金管理有限公司

2021年末，嘉实基金管理有限公司（以下简称嘉实基金）总资产130.42亿元，全年实现营业收入74.94亿元，实现净利润20.05亿元。（集团）总资产管理规模达到14 334亿元。

截至年末，嘉实基金设有9家分公司，共有员工1 064人。旗下现有嘉实资本、嘉实财富、嘉实国际资产管理有限公司、嘉实远见科技等数家持牌与非持牌业务公司。

公募基金业务　截至年末，共管理256只开放式证券投资基金，基金资产规模7 939亿元，比上年增加765亿元。

非公募业务　截至年末，管理的非公募资产规模超过4 723亿元，比上年减少130亿元。

（吴怡）

建信基金管理有限责任公司

2021年末，建信基金管理有限责任公司（以下简称建信基金）资产管理总规模达1.36万亿元。总资产96.28亿元、总负债17.66亿元、所有者权益78.63亿元；全年实现营业收入30.95亿元、营业支出15.72亿元；实现净利润11.55亿元；总客户数达6 072万户，比上年增长36%，持有客户数超过1 700万户，全年增加780万户，增长81%。

截至年末，建信基金设有分公司和营销中心共11家、境内控股子公司建信资本1家、境外设全资控股香港子公司

1家，员工总数620人。

经营质效 截至年末，资产管理总规模1.36万亿元，其中，公募基金产品131只，公募基金规模6 766亿元，同比增长2 111亿元，增长45%；主动权益规模同比增长117%；专户业务规模4 336亿元；管理规模2 506亿元。

创新业务 2021年，公募基金新发产品27只，募集规模合计349亿元，比上年度增加100亿元。基金投资顾问牌照展业，发行首只公募REITs。推出“转债增强固收+”及“权益增强固收+”系列产品，全年落地28只产品，新增规模197亿元。QDII额度全年获增10亿美元，总额度增至15.5亿美元；香港子公司首只公募基金获香港证监会批核通过，QFII类产品已完成签单，欧盟可转让证券集合投资计划（UCITS）产品架设正式启动，开曼基金完成架构搭建及监管报备。

（姚持宇）

江信基金管理有限公司

2021年末，江信基金管理有限公司（以下简称江信基金）总资产19 060.94万元，比上年减少1 807.62万元，下降8.66%；总负债1 469.40万元，比上年增加308.26万元，增长26.55%；所有者权益17 591.53万元，比上年减少2 115.89万元，下降10.74%。全年实现营业收入7 680.28万元，比上年增加256.43万元，增长3.45%；全年营业支出10 039.23万元，比上年增加1 505.87万元，增长17.65%；全年实现净利润－2 115.89万元，比上年减少1 081.17万元，下降104.49%。

截至年末，江信基金设有1家上海分公司，共有员工64人。

公募基金业务 截至年末，公募基金管理规模24.94亿元，比上年增长16.98%。旗下共有9只公募基金产品，其中混合型基金2只、债券型基金6只、货币市场基金1只。

（王征）

九泰基金管理有限公司

2021年末，九泰基金管理有限公司（以下简称九泰基金）资产总计287 320 830.40元，比上年增加38 747 119.97元，增长15.59%；负债合计95 698 698.81元，比上年增加28 454 871.36元，增长42.32%；所有者权益合计191 622 131.59元，比上年增加10 292 248.61元，增长5.68%；2021年全年实现营业总收入193 828 180.55元，比上年增加39 509 024.96元，同比增长25.60%；营业总支出168 472 146.20元，比上年增加 22 130 406.83 元，同比增长 15.12%；本年实现净利润 10 292 248.61 元，比上年增加 11 262 931.21 元，同比增长 1 160.31%。

截至年末，存续的公募基金共 32 只，基金份额 38.57 亿份，比上年减少 40.79 亿份，下降 51.40%，基金资产净值 49.15 亿元，比上年减少 57.55 亿元，下降 53.94%；存续的专户共 15 只，专户份额 13.09 亿份，比上年减少 20.09 亿份，下降 60.55%，专户资产净值 15.67 亿元，比上年减少 26.07 亿元，下降 62.46%；基金和专户合计份额 51.66 亿份，比上年减少 60.88 亿份，下降 54.10%，合计资产净值 64.82 亿元，比上年减少 83.62 亿元，下降 56.33%。

截至年末，按客户名称、证件类型和证件号码合并统计，存续客户776 473 户，比上年增加70 668户，增长 10.01%，其中保有份额的客户 217 765 户，比上年减少12 482户，同比下降 5.42%。证券交易金额（股票、基金、债券等）为 59 654 428 130.00元，期货交易量为1 428 手、交易金额为2 040 904 220.00 元。

截至年末，九泰基金设有 3 家分公司，1 家子公司，员工人数合计 156 人。

公募基金业务　截至年末，募集成立 9 只公募基金，成立总规模 21.14 亿份，共涉及持有人 18 991 户。上报了第一只量化对冲主题基金、第一只 3 年期封转开基金。截至年末，存续公募基金 32 只，总规模 42.69 亿元，保有客户 216 766 户，实现业务收入 1.76 亿元。

特定客户资产管理业务　截至年末，存续资产管理计划 15 只，总规模 15.67 亿元，保有客户 48 户，实现业务收入 0.08 亿元。

（黄涛）

南华基金管理有限公司

2021 年末，南华基金管理有限公司（以下简称南华基金）总资产 12 061.17 万元，同比减少 635.21 万元，下降 5%，总负债 1 240.06 万元，同比增加 211.64 万元，增长 21%；所有者权益 10 821.11 万元，同比减少 846.85 万元，下降 7%。全年实现营业收入 2 939.06 万元，比上年减少 1 095.38 万元，下降 27%；营业支出 5 784.73 万元，比上年增加 578.69 万元，增长 11%；年度累计亏损2 846.85 万元，比上年累计亏损增加 1 678.30 万元，增长 144%。

公募基金业务　截至年末，共有 23 只公募基金产品。其中已成功获批 20 只开放式基金，包括 1 只偏股混合型发起式基金、5 只偏股混合型基金、2 只偏债混合型基金、8 只债券型基金、1 只货币型基金、1 只股票指数型基金、1 只股票型 ETF 及 1 只 ETF 联接基金，其中 2 只偏债混合型基金现已分别变更注册为纯债基金及中短债基金。旗下共有 12 只公募产品成立并稳健运营，公募产品总规模 96.92 亿元。

特定客户资产管理业务　截至年末，

成立41只专户产品，其中35只正在运作、6只已清盘。总管理规模合计为24.86亿元，目前35只专户产品客户共计64户（含机构投资者及自然人）。

（姜婷婷）

鹏扬基金管理有限公司

2021年末，鹏扬基金管理有限公司（以下简称鹏扬基金）总资产为761 500 468.46元，比上年增加232 971 235.93元，增长44.08%；总负债为364 007 697.55元，比上年增加92 190 051.42元，增长33.92%；所有者权益为397 492 770.91元，比上年增加140 781 184.51元，增长54.84%。全年实现营业收入737 964 709.08元，比上年增加190 301 722.15元，增长34.75%；营业支出590 894 839.15元，比上年增加189 463 951.81元，增长47.20%；实现净利润132 400 359.51元，比上年增加24 409 573.93元，增长22.60%。

截至年末，鹏扬基金共设立3家分公司，正式员工216人，无外聘人员。

公募基金业务 全年，成立18只公募基金产品。截至年末，共成立公募基金56只；基金份额合计82 780 270 548.97份，比上年增加21 725 215 127.95份，增长26.24%；基金净值合计90 322 167 771.26元，比上年增加24 305 651 695.01元，增长26.91%。公司固收及偏债混合型公募基金规模达到253亿元，比上年增长超过100亿元，普通偏债混合型及偏股混合型基金规模比上年大幅增长。成功发行2只股票ETF，指数基金及ETF整体规模比上年增长超过40亿元。债券型基金规模稳中有升，全年公募规模比上年增长超过240亿元，增速超过30%。

特定客户资产管理业务 全年，共成立64只私募资管计划。截至年末，专户资产管理规模为46 014 675 212.24元，比上年减少3 904 632 417.11元，下降7.82%。其中，单一专户规模为6 783 239 701.83元，集合专户规模为39 231 435 510.41元。专户产品的存量机构客户495户。年内，公司运作中的受托管理保险资金业务共计2项，均为单一专户产品。

（吉瑞）

泰达宏利基金管理有限公司

2021年末，泰达宏利基金管理有限公司（以下简称泰达宏利基金）年末资产总额9.97亿元，比上年末（9.03亿元）增加0.94亿元，增长10.4%；负债总额1.99亿元，比上年末（1.26亿元）增加0.73亿元，增长57.9%；所有者权益总额7.98亿元，比上年末（7.76亿元）增加0.22亿元，增长2.8%；2021

年度公司营业收入3.60亿元，比上年（2.98亿元）增加0.62亿元，增长20.8%；营业支出3.00亿元，比上年（2.45亿元）增加0.55亿元，增长22.4%；利润总额0.59亿元，比上年（0.52亿元）增加0.07亿元，增长13.5%。资产管理规模达692.41亿元，其中，公募基金非货币基金规模419.73亿元，公募含货币基金规模575.62亿元，专户管理规模为116.79亿元。

截至年末，认购83.44亿元，比上年减少36.19亿元，下降30.25%；申购686.59亿元，比上年增加201.45亿元，增长41.52%；赎回664.59亿元，比上年增加82.83亿元，增长14.24%；年末份额467.93亿份，比上年增加72.54亿份，增长18.35%；年末净值575.61亿元，比上年增加104.54亿元，增长18.16%；客户数1 632 868人，比上年增加772 095人，增长89.70%。

截至年末，泰达宏利基金下设3家分公司，共有正式员工149人，外聘员工10人。

公募基金业务 截至年末，旗下共管理62只公募基金，其中包括9只股票型基金、29只混合型基金、15只债券型基金、3只货币市场基金、1只QDII基金、5只FOF。全年共募集发行8只公募基金产品，募集规模合计为84.08亿元。

特定客户资产管理业务 截至年末，新设立资产管理计划10只，到期清算资产管理计划12只。存续资产管理计划29只，其中单一资产管理计划17只、集合资产管理计划12只，资产规模总计116.79亿元。

（张强）

先锋基金管理有限公司

2021年末，先锋基金管理有限公司（以下简称先锋基金）总资产为6 818.65万元，比上年增加42.52万元，增长0.63%；总负债为1 624.24万元，比上年增加794.06万元，增长95.65%；所有者权益为5 194.41万元，比上年减少751.54万元，下降12.64%；全年实现营业收入4 796.75万元，比上年增加39.35万元，增长0.83%；营业支出6 052.95万元，比上年减少653.11万元，下降9.74%；实现亏损1 251.54万元，比上年减少亏损665.65万元。

截至年末，先锋基金设有1家分公司，共有正式员工50人。

公募基金业务 截至年末，先锋基金管理公募基金9只，管理规模合计37.83亿元，比上年增加20.82亿元，增长122.40%。

私募资产管理业务 截至年末，先锋基金存续私募资产管理计划16只，管理规模合计17.54亿元。

新沃基金管理有限公司

2021年末，新沃基金管理有限公司（以下简称新沃基金）总资产5 152.58万元，比上年增加276.28万元，同比增长5.67%；总负债963.44万元，比上年增加277.73万元，同比增长40.50%；所有者权益4 189.14万元，比上年减少1.45万元，同比下降0.03%。全年实现营业收入2 540.70万元，比上年增加1 172.76万元，增长85.73%；营业支出2 922.13万元，比上年减少296.44万元，下降9.21%；实现净利润-381.46万元，比上年亏损额减少1 470.23万元，同比亏损额下降79.40%。

截至年末，新沃基金共有分支机构1家，共有正式职工43人，无外聘人员。

公募基金业务 截至年末，存续的公募基金产品共有6只，其中3只混合型基金、2只债券型基金、1只货币市场型基金，合计管理规模为54.05亿元，比上年增加46.42亿元，规模增长608.39%。全年新发2只新公募产品，其中1只债券型基金、1只混合型基金，发行规模合计52.86亿元。发行首只摊余成本法债券型基金——新沃安鑫87个月定期开放债券型证券投资基金，募集规模达50.50亿元。

特定客户资产管理业务 截至年末，存续的私募资产管理计划（专户产品）共3只。成立新沃尊享1号单一资产管理计划，该产品为混合型产品，成立规模为1 000万元。

（吕茵）

益民基金管理有限公司

2021年末，益民基金管理有限公司（以下简称益民基金）资产合计52 178.89万元，比上年增加5 903.83万元，增长12.76%，负债合计15 699.81万元，比上年增加4 220.65万元，增长36.77%，所有者权益合计36 479.08万元，比上年增加1 683.18万元，增长4.84%，营业收入合计9 788.02万元，比上年减少2 587.59万元，下降20.91%，营业支出合计6 250.74万元，比上年增加809.82万元，营业利润3 062.89万元，比上年减少3 871.79万元，下降55.83%。

截至年末，益民基金下设3家分公司、1家子公司，母公司员工45人，子公司员工21人。

公募基金业务 截至年末，公募基金业务共计实现管理费收入2 122.70万元。旗下公募基金产品6只，其中偏股混合型基金2只、灵活配置混合型基金4只，管理的基金资产规模合计14.38亿元。

私募资产管理业务 截至年末，私募资产管理业务共计实现管理费收入56.52万元。私募资产管理产品管理规模合计2.56亿元，存续的私募资产管理计划4只（本报告期期初共有私募资产管理计划6只，报告期内清盘2只），均为单一资产管理计划。

银华基金管理股份有限公司

2021年末，银华基金管理股份有限公司（以下简称银华基金）（合并口径）总资产为655 844.15万元，同比增长23.68%；总负债为289 054.66万元，同比增长39.91%；所有者权益366 789.49万元，同比增长13.32%；资产管理规模（含子公司）为9 070.39亿元。全年实现营业收入39.86亿元，同比增长22.41%；实现利润总额12.30亿元，同比增长10.53%。

截至年末，银华基金设有3家分公司、2家全资子公司，共有员工567人。

公募基金业务 截至年末，共发行新基金36只，新产品首发规模为669.36亿元。共管理公募基金159只，管理基金份额为3 359.57亿份，管理基金资产净值5 164.18亿元。获得基金投资顾问业务试点资格的批复。

社会责任 2021年，银华基金及员工个人通过公益基金会积极践行社会责任，以助学、乡村振兴、救灾为重点开展公益项目，新设立银华初阳阅读、公益暖阳、银华助学、残疾人帮扶等持续性项目；第一时间捐助300万元用于河南暴雨灾后救助。全年，银华基金和员工个人捐款合计超过1 000万元。

英大基金管理有限公司

2021年末，英大基金管理有限公司（以下简称英大基金）资产总额为120 808.40万元，比上年增加27 357.02万元，增长29.27%；负债总额为4 958.36万元，比上年增加2 722.16万元，增长121.73%；净资产为115 850.05万元，比上年增加24 634.85万元，增长27.01%。全年实现营业收入20 512.12万元，比上年增加9 064.69万元，增长79.19%；营业支出为12 684.42万元，比上年增加3 416.79万元，增长36.87%；实现净利润7 434.85万元，比上年增加5 605.61万元，增长306.44%。

截至年末，英大基金设有1家分公司、1家全资子公司，共有正式员工109人、派遣员工8人。

公募基金业务 截至年末，共管理14只产品，资产管理规模为5 542 288.54万元，比上年增加1 558 130.56万元，增长39.11%；实现管理费收入12 198.45

万元，比上年增加 6 550.32 万元，增长115.97%。

特定客户资产管理业务 截至年末，共管理专户产品 33 只，资产管理规模为 4 104 789.09万元，比上年减少 195 463.03 万元，下降 32.26%；实现管理费收入 368.80 万元，比上年增加 197.31 万元，增长115.97%。

专户子公司业务 截至年末，共管理资管产品18 只；资产管理规模为574 098.61 万元，比上年减少 15 522.01 万元，下降 2.48%；实现管理费收入 17.90 万元，比上年减少 104.80 万元，下降85.41%。

中航基金管理有限公司

2021 年末，中航基金管理有限公司（以下简称中航基金）单体口径资产总额为36 118.20 万元，比上年增加 4 643.18 万元，增长 14.75%；负债总额为 3 123.60万元，比上年增加 2 832.95 万元，增长 974.69%；所有者权益金额为 32 994.60 万元，比上年增加 1 810.23 万元，增长 5.80%。单体口径实现营业收入 8 876.61 万元，同比增加 5 369.83 万元，增长 153.13%，其中证券投资基金管理费收入 5 167.96 万元，同比增加 4 473.59万元，增长644.27%，资产管理计划管理费收入 2 919.72 万元，同比增加 1 072.80 万元，增长 58.09%；营业支出 6 638.56 万元，同比增加 3 440.96 万元，增长 107.61%；利润总额 2 238.05 万元，同比增加 1 928.97 万元，增长624.10%。

截至年末，公司客户总数为 346 087 户，持有公募基金客户数量为 228 113 户，比上年增长 498.28%，持有私募资产管理业务客户数量为406 户，比上年增长 22.66%。

截至年末，中航基金下设上海分公司外，无其他子公司、分支机构，公司员工数量为 88 人，无外聘人员。

资管产品管理 截至年末，资管产品份额总额为 30 146 607 901.54 份，同比上年增长66.25%；净值总额为32 879 645 256.73 元，同比上年增长 76.51%。公募基金份额总额 23 362 713 092.46 份，同比上年增长 127.87%；净值总额为 25 679 274 570.43 元，同比上年增长 144.98%。资产管理计划份额总额 6 783 894 809.08 份，同比下降 13.91%；净值总额 7 200 370 686.30 元，同比下降 11.60%。

公募基金业务 发行绿色公募 REITs 项目——中航首钢生物质封闭式基础设施证券投资基金。发行中航中证同业存单 AAA 指数 7 天持有期证券投资基金。发行了 ESG 债券主题公募基金。截至年末，公司管理公募基金 12 只，净资产规模 25 679 274 570.43元，比上年增长 144.98%；公募基金客户数量为 228 113 户，比上年增长 498.28%；公募基金管理业务收入为 51 679 618.94元，比上年增长 644.27%。

私募资产管理业务 截至年末，已备案且在运作过程中的私募资产管理计划共 31 只，其中权益类资产管理计划 2 只、混合类资产管理计划 14 只、固定收益类资产管理计划15只，年度内新成立资产管理计划16只。私募资产管理业务资产净值总规模为7 200 370 686.30元，比上年下降11.60%；全年私募资产管理业务的收入为29 197 200.76元，比上年增长58.09%；私募资产管理业务客户数量为406户，比上年增长22.66%。

（于代佳）

中加基金管理有限公司

2021年末，中加基金管理有限公司（以下简称中加基金）总资产16.85亿元，比上年增加1.87亿元，增长12.49%；总负债5.22亿元，比上年增加0.56亿元，增长11.98%；所有者权益11.63亿元，比上年增加1.31亿元，增长12.72%；全年实现营业收入4.44亿元，比上年增加0.14亿元，增长3.36%；营业支出2.43亿元，比上年减少0.09亿元，下降3.65%；全年实现净利润15 921.29万元，比上年增加1 594.53万元，增长11.13%。

截至年末，中加基金设有1家分支机构、2家子公司，共有正式员工184人。

公募基金业务 全年共成立公募产品10只。截至年末，在管公募基金产品62只，客户总数约25.8万户，管理总规模共计1 163.21亿元，其中非货币公募基金总规模1 052.73亿元，非货币公募基金规模比上年增加167亿元，增长19%。

特定客户资产管理业务 全年共发行12只私募资产管理计划。截至年末，在管私募资产管理计划25只，管理总规模共计376.63亿元，全年管理费收入3 930.44万元。

（王金州）

中金基金管理有限公司

2021年末，中金基金管理有限公司（以下简称中金基金）总资产5.11亿元，比上年增加1.06亿元，增长26%；总负债1.42亿元，比上年增加0.05亿元，增长4%；所有者权益3.68亿元，比上年增加1.02亿元，增长38%；实现营业收入2.45亿元，比上年增加0.83亿元，增长51%；营业支出2.43亿元，比上年增加0.38亿元，增长18%；实现利润0.02亿元，比上年增加0.45亿元，增长104%。

截至年末，中金基金设有2家分公司，共有正式员工140人。

公募基金业务 年内，成立9只公募基金，包括4只债券型基金、3只混合型基金、1只股票ETF、1只公募REITs。截至年末，存续运作公募基金共38只，规模813.07亿元，较上年增长50.59%。

特定客户资产管理业务 年内，成立9只私募固定收益类单一资产管理计划。

截至年末，存续运作私募资产管理计划 11 只，规模 38.84 亿元，较上年增长 197.85%。

业务创新 成立首只 ETF——中金 MSCI 中国 A 股国际质量交易型开放式指数基金。布局中金安益 30 天滚动持有短债债券型发起式短债主题基金。完成上海证券交易所仓储物流类公募 REITs（中金普洛斯仓储物流封闭式基础设施证券投资基金）发行上市。

（邱嘉妮）

中融基金管理有限公司

2021 年末，中融基金管理有限公司（以下简称中融基金）总资产 118 080.41 万元，比上年增加 9 982.18 万元，增长 9.23%；总负债 8 082.94 万元，比上年增加 2 327.72 万元，增长 40.45%；所有者权益 10 9997.47 万元，比上年增加7 654.46万元，增长 7.48%。营业收入 47 127.83 万元，比上年增加 7 418.83 万元，增长 18.68%；营业支出 37 593.31 万元，比上年增加4 230.91 万元，增长 12.68%；实现利润总额 9 544.80万元，比上年增加 2 836.90 万元，增长 42.29%。

截至年末，中融基金设有 2 家分公司、1 家子公司，共有正式员工 185 人。

公募基金业务 截至年末，公募基金管理规模 1 189.73 亿元，较上年末增加 3.13 亿元，增长 0.26%。其中，货币基金管理规模 375.75 亿元，较上年末减少 52.65 亿元，下降 12.29%；非货币公募基金时点规模 813.98 亿元，较上年末增加 55.78 亿元，增长 7.36%。公募存续产品有 73 只，其中股票型产品 10 只、债券型产品 26 只、混合型产品 33 只、FOF 2 只。

特定客户资产管理业务 截至年末，专户产品 28 只，管理规模 344.77 亿元，较上年末增加 80.02 亿元，增长 30.22%。

基金销售业务 年内建立了与银行、券商三方合作的券结业务营销模式，发行 2 只券结产品，首只券结产品中融低碳经济募集规模达 10.89 亿元。

（朱思娜）

中信建投基金管理有限公司

2021 年末，中信建投基金管理有限公司（以下简称中信建投基金）总资产 72 737.99万元，比上年增加 2 917.88 万元，增长4.18%，总负债 11 846.84 万元，比上年增加 1 319.59 万元，增长 12.54%，所有者权益总额 60 891.15 万元，比上年增加 1 598.29 万元，增长 2.70%。实现营业收入 22 477.82 万元，同比减少 7 538.18

万元，下降25.11%，营业支出20 508.72万元，同比减少3 120.90万元，下降13.21%，实现利润总额1 909.09万元，同比减少4 336.86万元，下降69.43%，净利润1 598.29万元，同比减少3 154.46万元，下降66.37%。

截至年末，中信建投基金设立子公司1家，共有员工164名，其中正式员工158名、外聘员工6名。

公募基金业务 截至年末，新成立公募基金12只，其中混合型4只、债券型7只、FOF 1只，有效认购共116 975户，共募集85.29亿元。全年共管理公募基金33只，管理规模482.91亿元，同比增长80.95%。全年管理费收入1.77亿元，同比增长66.04%，有效客户102.75万户，同比增长99.97%。各公募基金全年共实现净利润12.43亿元。

特定客户资产管理业务 截至年末，共管理专户产品63只，规模116.09亿元，同比下降59.45%。其中，母公司产品45只，规模86.15亿元，同比下降58.50%；子公司产品18只（含资产支持专项计划），规模29.94亿元，同比下降61.97%。全年管理费收入0.68亿元，同比下降60.68%。其中，母公司管理费收入0.54亿元，同比下降60.19%；子公司管理费收入0.14亿元，同比下降62.45%。

（闫金统）

中邮创业基金管理股份有限公司

2021年末，中邮创业基金管理股份有限公司（以下简称中邮创业基金）资产规模为255 542万元，同比增加6 626万元；负债规模为25 806万元，比上年增加4 050万元；年度营业收入60 829万元，比上年减少1 462万元，下降2.35%；年度营业支出43 772万元，比上年增加1 254万元，增长2.95%；全年度归属于母公司营业净利润为9 834万元，同比下降23.04%。截至年末，公募基金持有份额共计506.88亿份，资产净值为616.51亿元；专户基金持有份额共计105.97亿份，资产净值为108.63亿元。

截至年末，中邮创业基金设有2家子公司以及1家分公司，共有正式编制人员206人。

公募基金业务 全年共发行7只新基金，募集总金额共计185.69亿元。截至年末，旗下管理公募基金共53只，其中权益类基金34只、固定收益类基金19只。公募基金管理规模616.50亿元，其中权益类公募基金管理规模316.06亿元，同比上年增加36.56亿元，增长13.08%；固定收益类公募基金管理规模300.44亿元，同比上年增加151.52亿元，增长101.48%。

特定客户资产管理业务 截至年末，旗下管理特定客户资产管理计划共16只，其中一对一主动管理产品13只、一对多主动管理产品3只，特定客户资产管理业务规模约为109.1亿元，同比上年减少247.37亿元，下降69.39%。

（羡雨菲）

九州期货有限公司

2021年末，九州期货有限公司（以下简称九州期货）总资产114 327.21万元，比上年增加49 979.60万元，增长77.67%；总负债79 261.20万元，比上年增加45 546.54万元，增长135.09%；所有者权益35 066.02万元，比上年增加4 433.07万元，增长14.47%；实现营业收入25 550.78万元，同比增加16 573.27万元，增长184.61%；营业支出19 660.02万元，同比增加11 509.44万元，增长141.21%；实现净利润4 433.97万元，同比增加3 808.69万元，增长609.12%。在中国证监会组织的期货公司分类评价中获得C类CC级评级。

截至年末，九州期货设有3家分公司，共有员工58人。

期货经纪业务 截至年末，客户总数32 499人。累计成交金额为6 182.40亿元，同比增加2 118.21亿元，增长52.12%；累计成交手数为1 009.63万手，同比增加274.78万手，增长37.39%。客户保证金7.01亿元，比上年增加3.93亿元，增长127.86%。

IB业务 截至年末，IB业务客户权益359.81万元。

资产管理业务 截至年末，已累计向中国证券投资基金业协会设立备案资产管理计划21只，已到期终止（含提前终止）资产管理计划18只（其中2021年终止3只），存续资产管理计划3只，期末受托份额规模约为4.88亿元。

（刘钰）

北京首创期货有限责任公司

2021年末，北京首创期货有限责任公司（以下简称首创期货）总资产4 580 331 891.21元、总负债4 243 020 522.18元；实现营业收入163 978 236.89元、营业支出122 408 875.50元，实现利润41 569 361.39元；在中国证监会组织的期货公司分类评价中获得B类BBB级评级。

截至年末，首创期货设有19家期货营业部，共有员工223人。

期货经纪业务 截至年末，期末权益41.50亿元，比上年增长6.31%；日均权益44.45亿元，比上年增长42.94%。全年成交量3 750.92万手，成交额2.89万亿元，比上年增长11.42%。经纪业务手续费收入4 468.09万元，比上年增长12.43%；交易所返还收入5 950.29万元，比上年增长35.39%。

IB业务 截至年末，期货交易额10 052 804 999.00元，客户数量总计349户，期末权益5591 936.58元。

资产管理业务 截至年末，存续产品4只，存续规模6 587.25万元，资产管理业务收入259.80万元，比上年增长128.85%。

第一创业期货有限责任公司

2021年末，第一创业期货有限责任公司（以下简称第一创业期货）总资产46 951.82万元，比上年减少37 953.46万元，下降44.70%；总负债31 453.34万元，比上年减少38 350.79万元，下降54.94%；所有者权益15 498.48万元，比上年增加397.34万元，增长2.63%；全年实现营业收入2 866.20万元，比上年增加726.49万元，增长33.95%；营业支出2 383.60万元，比上年增加297.40万元，增长14.26%；净利润397.34万元，比上年增加337.04万元，增长559.01%。

截至年末，第一创业期货共有员工41人。在中国证监会组织的期货公司分类评价中获得B类BB级评级。

期货经纪业务 截至年末，客户数量9 380户，新开户520户，比上年增加462户，增长5.18%；客户权益2.98亿元，比上年减少3.91亿元，下降56.75%；全年期货交易量3 652 887手，比上年增加682 110手，增长22.96%；代理成交金额4 073.68亿元，比上年减少597.58亿元，下降12.79%。

IB业务 截至年末，IB业务客户数量7 903户，比上年增加407户，增长5.43%。客户权益1.75亿元，比上年减少1.95亿元，下降52.7%，代理成交金额2 596.53亿元，比上年增加492.2亿元，增长23.39%。全年交易量3 259 445手，比上年增加667 188手，增长25.74%。

（孙艳霞）

方正中期期货有限公司

2021年末，方正中期期货有限公司（以下简称方正中期期货）资产合计2 020 592.75万元，同比增长56.32%。实现营业收入98 348.22万元，同比增长52.22%；实现净利润26 869.66万元，同比增长107.98%。代理成交量27 369.93万手，同比增长1.23%；成交额2 122 177 264.10万元，同比增长10.47%。总客户数208 664户，同比增长20.45%。年末客户保证金1 813 016.28万元，同比增长60.98%。在中国证监会组织的期货公司分类评价中获得A类AA级评级。

截至年末，方正中期期货下设1家风险管理子公司，设有36家分支机构，共有员工730人。

期货经纪业务 截至年末，实现手续费收入73 115.37万元，同比增长59.04%，客户日均权益156.27亿元，同比增长

47.45%；期末权益 181.30 亿元，同比增长 61.04%。IB 业务日均权益 17.10 亿元，成交量 3 369.26 万手，留存手续费7 632.06万元，累计客户数量60 281户。股票期权业务累计开户 123 户，同比增长 26.8%，成交量 671.72 万张，日均客户权益 2.26 亿元，同比增长 2.4%。

资产管理业务 截至年末，实现收入 1 404.33 万元，累计发行管理产品 176 只，存续受托资产规模 118.87 亿元，其中自主管理产品规模 118.50 亿元，占总管理规模的 99.69%；个人客户占比 1.82%，机构客户占比 98.18%。

投资咨询业务 全年开展投资咨询业务 7 笔，实现收入 13.2 万元，比上年增长 100%。

风险管理业务 截至年末，全资子公司上海际丰投资管理有限责任公司实现营业收入 7 838.25 万元，利润总额 3 403.16 万元，净利润2 552.37 万元。场外衍生品成交达1 403 笔，成交名义本金达 159.67 亿元。共参与 24 个期货品种及 3 个期权品种的做市业务，期货交易量超过 1 439 万手，月均成交量超过 119 万手，期权交易量超过 152 万手，月均成交量超过 12 万手。

（马丹莉）

格林大华期货有限公司

2021 年末，格林大华期货有限公司（以下简称格林大华期货）总资产 1 041 925.89万元，比上年增加 335 325.29 万元，增长 47.46%，总负债 932 691.20 万元，比上年增加 312 219.21 万元，增长 50.32%，所有者权益 109 234.68 万元，比上年增加23 106.08 万元，增长 26.83%；实现营业收入 116 294.48 万元，比上年增加 61 005.02万元，增长 110.34%，营业支出 112 457.20 万元，比上年增加 52 405.36 万元，增长 87.27%，实现净利润 3 106.08 万元，比上年增加 7 015.81 万元，增长 179.44%；全年代理期货交易量（双边）5 425.69万手，比上年减少 422.25 万手，下降 7.22%；代理期货交易额（双边）50 956.96亿元，比上年增加 9 450.05 亿元，增长 22.77%；截至年末，客户数量 56 274 户，比上年增加 3 005 户，增长 5.64%；客户保证金 730 228.86 万元，比上年增加 223 734.09万元，增长 44.17%。在中国证监会组织的期货公司分类评价中获得 B 类 BBB 评级。

截至年末，格林大华期货设有 24 家分支机构（12 家分公司、12 家营业部）、1 家子公司，共有员工 344 人。

经纪业务 全年新增开户数 3 272 户，比上年下降 34.56%。其中，金融期货新开户数 533 户，比上年下降 8.42%；能源期货新开户数 778 户，比上年下降 8.90%；铁矿石、精对苯二甲酸（PTA）等特定品种新开户数 648 户，比上年下降 31.06%；商品期权新开户数 849 户，比上年下降 3.52%。

IB 业务 截至年末，具备 IB 资格证券分支机构 51 家；存量客户 13 799 户，同比增长 7.17%；资金权益 9.21 亿元，同比增长 62.10%；留存手续费 925.16 万元，同比增长 33.45%。

资管业务 截至年末，资管存续产品5只，存续规模1.58亿元，同比上年增长462.18%。新增产品发行3只，新发规模1.23亿元。

风险子公司业务 截至年末，子公司实现营业收入8.33亿元，比上年增长173.89%。开展了12个“保险+期货”场外衍生品业务项目。项目覆盖海南省、山西省等省份的天然橡胶、鸡蛋、玉米、生猪、红枣等农产品。承保总量3万吨大宗商品，货值2.3亿元，共计赔付744万元。其中，为海南省白沙黎族自治县的胶农承保橡胶2 200吨，赔付166万元；为山东桓台和河北廊坊承保玉米1.68万吨，赔付44.1万元；为新疆阿拉尔承保红枣0.47万吨，赔付175万元；为山东昌邑、河南济源、河北阳原、广东清远等地区承保3 100多吨生猪，赔付287万元。期现业务开展电解铜、铝锭、镍等有色金属及橡胶等化工类基差贸易业务，全年销售总量20 944吨，销售额达到8.33亿元；做市业务全年实现盈利3 114.81万元，累计取得21个期货品种做市商资格，其中大连商品交易所2个、上海期货交易所3个、上海国际能源交易中心2个、郑州商品交易所4个，做市规模从年初的1.5亿元增长至3.89亿元，同时开展铁矿石、焦煤、焦炭等品种增仓返利业务。

（褚晓泽）

冠通期货股份有限公司

2021年末，冠通期货股份有限公司（以下简称冠通期货）总资产200 720.12万元、总负债170 718.82万元、所有者权益30 001.30万元；实现营业收入11 950.54万元、营业支出6 986.59万元，实现利润3 696.11万元。在中国证监会组织的证券公司分类评价中获得B类BB级评级。

截至年末，冠通期货设有14家分支机构，共有员工134人。

期货经纪业务 全年累计代理成交量7 836.65万手，比上年减少3 522.26万手，下降31.01%；累计代理成交金额38 695.18亿元，比上年减少13 527.28亿元，下降25.90%；客户数量2.2064万户，比上年增加0.1872万户，增长9.27%；期末客户保证金165 003.49万元。

资产管理业务 截至年末，存续资产管理计划2只，持续募集资金1 899.00万元。3只产品提前清算。

（郭云娜）

国都期货有限公司

2021年末，国都期货有限公司（以下简称国都期货）总资产81 772.61万元，比上年减少 6 472.21 万元，下降 7.33%；负债总额 60 798.91 万元，比上年减少 6 395.98 万元，下降 9.52%；所有者权益 20 973.70 万元，比上年减少 76.23 万元，下降 0.36%。实现营业收入 3 815.64 万元，同比减少 1 351.47 万元，下降 26.16%；营业支出 3 975.25 万元，同比减少 59.18 万元，降低 1.47%；实现净利润 −76.22 万元，同比减少 945.84 万元。在中国证监会组织的期货公司分类评价中获得 B 类 B 级评级。

截至年末，国都期货共有员工 80 人，并在上海、合肥设有营业部。

经纪业务 截至年末，经纪业务手续费收入 2 819.47 万元，同比增长 40.17%；全年成交量 667.51 万手，同比增长 14.13%；交易额 5 449.92 亿元，同比增长 25.01%；年末客户权益 5.84 亿元，比上年下降 9.08%。其中，法人客户日均权益 3.25 亿元，比上年同期（1.98 亿元）增长 64.14%。

IB 业务 年内 IB 客户日均权益 33 099.89万元，同比增长 33.04%；新增客户数同比下降 16.46%。净留存手续费收入同比下降 29.47%。

国元期货有限公司

2021 年末，国元期货有限公司（以下简称国元期货）总资产 759 431.23 万元，比上年增加 358 771.49 万元，增长 89.55%，总负债 671 726.70 万元，比上年增加 349 853.19 万元，增长 108.69%，所有者权益 87 704.53 万元，比上年增加 8 918.30 万元，增长 11.32%；实现营业收入 36 522.59 万元，比上年增加 15 450.28万元，增长 73.32%，营业支出 24 692.73 万元，比上年增加 10 845.55 万元，增长 78.32%，实现净利润 8 920.01万元，比上年增加 3 375.08 万元，增长 60.87%；全年代理期货交易量 8 734.74 万手，比上年增加 1 034.55 万手，增长 13.44%；代理期货交易额 60 939.55亿元，比上年增加 10 432.26 亿元，增长 20.65%；截至年末，客户数量 71 253 户，比上年增加 18 155 户，增长 34.19%；客户保证金 654 498.06 万元，比上年增加 337 473.42 万元，增长 106.45%。在中国证监会组织的期货公司分类评价中获得 B 类 BBB 级评级。

截至年末，国元期货设有 11 家分支机构（5 家分公司、6 家营业部）、1 家全资子公司，共有员工 284 人。

经纪业务 全年新增开户数 18 549 户，比上年增长 7.99%。其中，金融期货新开户数 1 262 户，比上年增长 12.08%；能源期货新开户数 4 079 户，比上年增长 52.83%；铁矿石、精对苯二甲酸（PTA）等特定品种新开户数 4 019 户，比上年增长 72.56%；商品期权新开户数 4 076 户，比上年增长 61.04%。

IB 业务 截至年末，具备 IB 资格证券分支机构 101 家；存量客户 10 628 户，同比增长 15.47%；资金权益 3.26 亿元，同比增长 14.39%；留存手续费 755.07 万元，同比增长 26.57%。

资管业务 截至年末，资管存续产品6只，存续规模1.08亿元，比上年存续规模增长29%。当年新增产品发行3只，新发规模4 300万元。

风险子公司业务 截至年末，子公司累计实现营业收入7.48亿元，比上年增长268.47%，实现考核净利润1 942.55万元。开展32个场外衍生品业务项目，名义本金规模15.20亿元，同比增长36.80%，实现盈利561.17万元；主导和参与“保险+期货”项目16个、共计25笔，合计名义本金规模4.82亿元，其中含3个县域覆盖项目、12个乡村振兴项目；国内首单生猪和花生“保险+期货”项目，累计赔付1 091.00万元，平均赔付率为60.20%，最高赔付率达301%；期现业务开展棉花、橡胶和白银等仓单融资、合作购销和基差套利业务，现货销售金额达到7.11亿元，累计盈利253.96万元；做市业务全年实现盈利1 375.00万元，做市品种达到10个，做市资金规模从6 688.00万元最高增长至2.80亿元，做市成交额达到3 376.00亿元。

宏源期货有限公司

2021年，宏源期货有限公司（以下简称宏源期货）实现营业收入93.09亿元，同比增长4.24%；实现利润总额2.43亿元，同比增长44.64%；日均客户权益116亿元，同比增长58.90%；在中国证监会组织的期货公司分类评价中获得A类A级评级。

截至年末，宏源期货设有17家营业部、8家分公司、1家子公司，在职员工470人。

经纪业务 截至年末，累计完成新开户8 000余户，开通期权交易权限3 000余户；累计服务产业客户1 079户，同比增长19.49%；全年对85家中小微企业减免费用433.4万元；获得上海、深圳证券交易所股票期权经纪业务资格。IB业务客户日均权益同比增长62%。

风险管理业务 通过仓单服务为91家中小企业提供14.04亿元资金支持，较过去3年的平均值增长83.05%；场外衍生品业务新增名义本金规模超过305亿元；承做“保险+期货”项目29个，合计名义本金4.46亿元，覆盖11个省份，实现赔付金额近0.09亿元；做市业务品种增至12个，做市资金规模峰值达到5亿元，做市业务收益率稳定在8%以上。

资产管理业务 截至年末，主动管理产品数量28只，管理规模10.2亿元。

乡村振兴工作 全年累计在13个地区投入帮扶资金194万余元，通过开展产业帮扶、教育帮扶、消费帮扶、人才帮扶等，助力乡村振兴；向河南和山西洪涝灾害地区分别捐款30万元和10万元，组织员工捐款15.47万元，助力灾后重建。

（刘思维）

金鹏期货经纪有限公司

2021年末，金鹏期货经纪有限公司（以下简称金鹏期货）资产总额132 722.32万元，比上年增长28.74%；负债77 972.65万元；所有者权益54 749.68万元，比上年增长27.61%；营业收入16 368.81万元，比上年增长44.82%；利润11 846.39万元，比上年增长46%。在中国证监会组织的期货公司分类评价中获得B类BBB级评级。

截至年末，金鹏期货共有分支机构5家，员工总数56人。

经纪业务 期货交易量8 948 552手，比上年增长30.66%；交易额59 023 904.72万元，比上年增长26.09%。客户数量10 011户，比上年增长6.77%；年末客户权益73 867.35万元，比上年增长29.01%；经纪业务收入2 675.13万元，同比增加1 068.78万元，比上年增长66.53%。

资管业务 全年实现资产管理业务收入29.81万元。

（史琳）

民生期货有限公司

2021年末，民生期货有限公司（以下简称民生期货）资产总额256 453.32万元，较年初增加87 945.77万元，比上年增长52.19%。负债总额212 406.31万元，较年初增加85 768.16万元，比上年增长67.73%。其中，客户权益206 345.27万元。实现营业收入13 141.00万元，营业支出10 226.29万元，利润总额2 876.96万元，净利润2 106.40万元。

截至年末，民生期货共有9家营业部、6家分公司、1家子公司，共有员工176人。

经纪业务 年内，日均权益19.25亿元，预算完成率106.94%，同比增长106.99%；市场占比2.107‰，同比增长53.01%。截至年末，公司客户总数为22 100户，其中机构客户数366户，机构客户权益98 373.49万元，占总权益的46.83%；经纪业务净收入9 685.31万元，较上年同期增加6 207.61万元，增长178.5%。

IB业务 IB业务期末权益13 369.99万元，占公司总权益的6.4%；成交量2 310 954手，占公司总成交量的6.7%；成交额17 688 561.05万元，占公司总成交额的7.2%；全年实现IB业务收入248.42万元，占公司全年经纪业务净收入的9.23%。

资产管理业务 资产管理业务管理规模2.55亿元，运行产品数量4只。

首创京都期货有限公司

2021年末，首创京都期货有限公司（以下简称首创京都期货）资产总额为190 175万元，比上年增加38 024万元，增长25%；负债总额128 190万元，比上年增加36 435万元，增长40%；所有者权益61 985万元，比上年增加1 589万元，增长3%。实现营业收入5 909万元，取得利润总额2 040万元，净利润1 589万元。在中国证监会组织的期货公司分类评价中获得B类BB级评级。

截至年末，首创京都期货在上海设有1家分支机构，共有员工69人。

期货经纪业务 截至年末，资金权益12.63亿元，同比增加4.24亿元，增长51%。客户数量5 475户，同比增加306户，增长6%。经纪业务交易量483.30万手，同比增长24%；交易额5 004.12亿元，同比增长47%。

IB业务 截至年末，IB业务资格备案的证券营业网点共39家，IB客户数量为3 367户，同比增加185户，增长6%，账户权益规模为2.92亿元，同比增加1.89亿元，增长183%。

业务创新 完成“猪贝贝”商标国家知识产权注册、完成中国期货业协会委托的《生猪期货》投教丛书的编写工作，接受央视3次关于生猪期货的专访；被列为中国肉类协会《肉禽蛋》刊物专章供稿人、为大连商品交易所生猪期货首次交割总结会唯一受邀期货公司。开展“保险+期货”项目，项目名义本金81万余元，投保量计85吨。

风险控制管理 全年度追保4 461次，同比下降12%；强平46次，同比下降73%，未发生客户穿仓和监控中心保证金预警的情况。

机构改革 2021年公司增设上海分公司，年末机构和特殊法人账户的资金权益为10.64亿元，占公司整体权益的84%；成交金额为2 271.77亿元，占公司总成交金额的45%。

银河期货有限公司

2021年末，银河期货有限公司（以下简称银河期货）合并资产总额678.00亿元，同比增加276.30亿元，增长68.78%；负债总额638.69亿元，同比增加272.65亿元，增长74.49%；所有者权益39.31亿元，同比增加3.66亿元，增长10.26%；客户权益532.27亿元，同比增加234.80亿元，增长78.93%；实现合并营业收入151.19亿元，同比增加78.90亿元，增长109.14%；营业支出140.96亿元，同比增加73.53亿元，增长109.03%；净利润7.66亿元，同比增加4.05亿元，增长112.35%；成交额14.77万亿元，同比增加3.65万亿元，增长32.86%；成交量1.90亿手，同比增加0.40亿手，增长26.42%。在中国证监会组织的期货公司分类评价中获A类AA级评级。

截至年末，银河期货设有11家分公司、37家营业部、1家子公司，共有员工722人（含8名劳务派遣员工）。

经纪业务 全年，日均客户权益413.41亿元，同比增长61.07%；累计交易量1.90亿手（单边），同比增长26.42%；新开户数26 718户，同比增加1 750户，增长7%。

IB业务 全年，客户数4.42万户，同比增加7.23%；IB客户期末权益45.79亿元，同比增长67.46%。证券分支机构IB业务分成收入4 202.86万元，同比增长34.63%。

资管业务 推出“融券打新+折价大宗”产品和银行理财产品国债质押固收增强模式。截至年末，业务规模27.94亿元，同比增长4.50%；管理产品31只，同比增长3.33%。其中，自主管理规模7.46亿元，同比增长69.52%；自主产品17只，同比增长21.43%；资产管理业务收入1 565.57万元。发行业内首个场内期权FOF资管产品“权星FOF一期”，募集资金3 410万元。

投资咨询业务 全年共开展40项业务，其中28项新业务、12项存续业务。金融企业客户4家，实体企业客户22家。业务收入共计317.17万元。

衍生品业务 全年衍生品业务场外累计名义本金达669亿元，子公司协同收入（分成后）达5 873万元。

风险管理子公司 场外衍生品业务全年累计新增名义本金2 280.09亿元，同比增长58.75%；其中，商品类名义本金累计新增1 594.52亿元，金融类名义本金累计新增685.57亿元，共实现净收入2.23亿元，同比增长45%。期现业务签订现货购销合同5 001份，合同金额327.98亿元。在做市业务方面，拥有4个权益类期权、17个商品类期权及10个商品类期货的做市资格，拥有中国金融期货交易所、大连商品交易所、上海期货交易所、郑州商品交易所主要期权品种的主做市商资格和部分期货品种做市资格，以及上海证券交易所、深圳证券交易所股票期权一般做市商资格。

“保险+期货” 截至年末，已开展88个地方政府项目、13个交易所项目。涉及农户约12.63万户，覆盖农产品约53.99万吨，名义本金27.45亿元，权利金收入1.95亿元。银河期货“金融创新助力奔向小康路”入选国务院扶贫办（现为国家乡村振兴局）“企业精准扶贫专项案例50佳”。

（徐丽）

英大期货有限公司

2021年末，英大期货有限公司（以下简称英大期货）总资产509 262.67万元，同比增加200 790.76万元，增长65.09%；总负债401 141.26万元，同比增加168 278.27万元，增长72.26%；所有者权益108 121.41万元，同比增加32 512.49万元，增长43.00%；实现营业收入27 915.93万元，同比增加14 537.64万元，增长108.67%；实现利润总额2 784.63万元，同比增加832.26万元，增长42.63%。在中国证监会组织的期货公司分类评价中获得B类BBB级评级。

截至年末，英大期货设有11家分支机构、1家全资风险管理子公司，共有员工176人。

经纪业务 截至年末，期末权益为36.37亿元，增长86.42%；实现经纪业务收入2.30亿元，同比增加0.91亿元，增长65.46%。

资产管理业务 截至年末，实现资产管理业务营业收入509.24万元，增长40.52%。

风险管理子公司业务 截至年末，实现营业收入7 182.59万元，利润总额30.13万元。

（张梦洲）

中钢期货有限公司

2021年末，中钢期货有限公司（以下简称中钢期货）总资产210 215.26万元，增长14.51%；总负债172 506.05万元，增长18.21%；所有者权益37 709.21万元，增长0.19%；实现营业收入5 166.48万元，同比下降2 027.53万元；实现利润总额131.34万元，同比下降2 813.62万元。在中国证监会组织的期货公司分类评价中获得B类BB级评级。

截至年末，中钢期货设有6家期货营业部、3家分公司，共有员工108人。

经纪业务 截至年末，客户权益146 129.13万元，增长14.61%。实现经纪业务收入2 480.30万元，同比增加626.01万元，增长33.76%。

资产管理业务 截至年末，实现资产管理业务收入72.68万元，同比减少22.46万元，下降23.60%。

中国国际期货股份有限公司

2021年末，中国国际期货股份有限公司（以下简称国际期货）总资产69.77亿元，比上年增加1.21亿元，增长1.76%；总负债54.59亿元，比上年增加0.45亿元，增长0.83%；所有者权益15.17亿元，比上年增加0.76亿元，增长5.26%；实现营业收入2.43亿元，营业支出1.37亿元，实现利润0.80亿元。在中国证监会组织的期货公司分类评价中获得B类BBB级评级。

截至年末，国际期货设有25家分支机构、2家子公司，共有正式员工241人。

期货经纪业务 截至年末，代理交易量0.55亿手，约占期货市场的0.37%；

代理交易额 4.23 万亿元，约占期货市场的 0.47%；共有客户 6.97 万户，比上年增加 0.15 万户，增长 2.20%；客户保证金规模 46.71 亿元，比上年减少 2.21 亿元，下降 4.52%；实现手续费净收入 0.55 亿元，比上年减少 0.07 亿元，下降 10%。

资产管理业务 截至年末，共有 1 只资产管理产品，管理资产总额 1 000.01 万元，业务规模比上年下降 55.4%。

其他业务 截至年末，股票期权业务新开户 17 户，成交量 1 107 389 手，成交额 51 831.88 万元，商品期权业务新开户 749 户，成交量 1 723 358 手，成交额168 440.06 万元，原油期货业务新开户 731 户，成交量 267 004 手，成交额 11 585 450.66 万元。投资咨询业务，新开发客户 1 户，收入 29.25 万元。

（郭一帆）

中粮期货有限公司

2021 年末，中粮期货有限公司（以下简称中粮期货）全年实现营业收入 676 296.08万元，比上年增长 213%；实现利润总额 35 682.79 万元，比上年增长 39%；净利润 28 059.15 万元，比上年增长 35%。净资本 139 264.09 万元，比上年增长 14%；净资本与净资产比率 39%，比上年增加 3 个百分点，增长 8%。在中国证监会组织的 2021 年期货公司分类评价中获得 A 类 AA 级评级。

截至年末，中粮期货设有 19 家分支机构、2 家子公司，共有正式职工 452 人。

经纪业务 全年，新开金融客户 198 户。日均权益 193.40 亿元，比上年增长 48.29%；成交量 11 904.96 万手，比上年增长 18.39%；成交金额 74 090.34 亿元，比上年增长 46.34%。

风险管理业务 全年，实现期现业务贸易额 60 亿元，比上年增长 300%。承做“保险 + 期货”项目 27 个，其中乡村振兴项目 20 个，总承保货值 6.6 亿元，比上年增长 73.7%。

资产管理业务 截至年末，存续资产管理产品共计 11 只，管理规模 15.87 亿元，比上年增长 50.57%。

投资咨询业务 全年，开展投资咨询业务 26 笔，实现收入 99.67 万元，比上年增长 139%。

国际业务 首次协助客户申请完成洲际交易所（ICE）、新加坡交易所（SGX）场外交易资质，尝试开启黑色、能化产品的场外交易撮合、场内集中清算服务的业务模式。截至年末，营业收入 1 837 万元，比上年增长 20.30%；净利润 715.64 万元，比上年增长 64.68%；客户权益 20.81 亿元，比上年增长 6.49%。

做市业务 全年，共参与 35 个期货品种和 4 个期权品种做市交易。

业务创新 将创新业务与社会服务紧密结合，将“保险 + 期货”与乡村振兴紧密结合，将场外期权与企业购销行为紧密结合，将场外互换与进口企业套保紧密结合，形成创新工具协同前进新模式，全年累计服务中小微企业 400 余家。

中天期货有限责任公司

2021年末，中天期货有限责任公司（以下简称中天期货）总资产123 063.13万元，比上年增加12 452.93万元，增长11.26%；总负债99 944.87万元，比上年增加10 741.14万元，增长12.04%；所有者权益23 118.26万元，比上年增加1 711.79万元，增长8%；总客户数18 216户，比上年增加1 806户，增长11.01%；实现营业收入7 299.18万元，比上年增加318.35万元，增长4.56%；营业支出5 639.72万元，比上年增加351.71万元，增长6.65%；实现净利润1 711.79万元，比上年增加148.92万元，增长9.53%。在中国证监会组织的期货公司分类评价中获得B类BB级评级。

截至年末，中天期货设有3家期货营业部、6家分公司，共有员工114人。

期货经纪业务 截至年末，经纪业务净开户数1 806户，比上年增长4.57%；期末客户权益9.48亿元，比上年增长13.53%；累计交易量2 827.72万手，比上年增长23.22%；交易额16 551.46亿元，比上年增长27.28%。

中衍期货有限公司

2021年末，中衍期货有限公司（以下简称中衍期货）资产总额为260 379.37万元，比上年增加44 666.44万元，增长20.71%；扣除客户保证金后的资产为58 708.10万元，比上年减少219.77万元，下降0.37%，其中货币形态的资金和交易性金融资产合计占公司自有资产的21.73%。长期股权投资及会员资格投资占自有资产的39.38%，固定资产、无形资产及其他资产占自有资产的2.36%。负债总额为218 040.84万元，比上年增加50 523.14万元，增长30.16%；扣除客户保证金后的负债为16 369.57万元，比上年增加5 637.53万元，增长52.53%。所有者权益为42 338.53万元，比上年减少5 856.70万元，下降12.15%。

本期实现营业收入20 022.33万元，比上年增加5 440.69万元，增长37.31%；营业支出18 075.40万元，比上年增加5 616.83万元，增长45.08%；实现税前利润总额2 442.67万元，比上年增加263.25万元，增长12.08%。

本期交易量为5 818.53万手，比上年增加1 917.77万手，增长49.16%；交易额37 662.21亿元，比上年增加14 160.65亿元，增长60.25%；客户数量76 066户，比上年增加10 245户，增长15.56%；客户保证金201 671.27万元，比上年增加44 885.60万元，增长28.63%。2021年在中国证监会组织的期货公司分类评价中获得 B 类 BB 级评级。

截至年末，中衍期货设有 4 家分支机构、1 家风险子公司，共有员工 127 人。

期货经纪业务 2021 年，开户 10 731 户，比上年增长 69%。

资产管理业务 截至年末，正常运作的资产管理产品 2 只，受托资产净值 389 037 268.95元，业务收入 3 617 198.72 元。

基金销售业务 截至年末，上线两家基金公司的 150 只基金产品，比上年增加 1 只基金产品，全年总计新增开户数量 5 户，比上年增长 25%。共有3 351户客户开立基金交易账号，其中个人客户3 349户、机构客户 2 户。全年认购、申购金额合计 50 432 160 元，比上年增长16 730.22%；总赎回金额 43 994 901.71 元，比上年增长 12 957.09%；净申购金额 6 437 258.29 元，比上年增长 17 362.67%。全年公募基金代销业务手续费收入合计 920.48 万元，比上年增长 0.65%。

风险控制管理 截至年末，使用风险准备金弥补本年发生的客户穿仓损失 935 827.31元，使用自有资金垫付本年发生的穿仓损失 19 270.73 元。

中国人民财产保险股份有限公司北京市分公司

2021 年，中国人民财产保险股份有限公司北京市分公司累计实现保费收入 159.2 亿元，增速 2.98%，全险种市场占有率 30.0%；累计提供风险保障 52.03 万亿元；累计支付赔款 97.7 亿元。

车险业务 年内，车险增速高出市场 0.7 个百分点，市场份额 40.3%。上线车险投保人实名交费及新能源汽车商业专属条款；逐步增加“车驾管”服务项目，上线“车驾管”服务，打造云端线上与线下的服务生态。

商非险业务 年内，安全生产责任保险承保企业超过 4.3 万家，提供风险保障 4 502 亿元；为发往国内外的新冠疫苗提供货运险、责任险、财产险等一揽子保险保障；为全市 1 404 家养老机构提供 70 亿元保险保障；中标北京市知识产权保险试点项目，全年共承保 201 家企业 1 706 件专利，并作为全国保险行业唯一入选“商务部国家服务业扩大开放综合示范区首批十大最佳实践案例”在全国复制推广；签发北京市高标准商品住宅绿色建筑责任保险第一单；完成北京冬奥会相关专属条款开发、条款产品报备等工作。围绕惠车、惠企、惠金、惠农、惠政开展系列行动推动个人非车险产能提升。

农险业务 全年，共计承保林果干果、主粮作物、设施蔬菜等种植面积达 179.89 万亩，承保生猪、奶牛、肉鸡等畜禽7 363.82万只，为 3.57 万户次农户提供风险保障 204.35 亿元，承担全市 10 个农业生产区 58.7% 的农业风险保障需求。

健康险业务 落地商业补充保险产品北京普惠健康保项目，推动政府开放个人医保账户，实现份额内保费 1.78 亿元。协助构建多层次医疗风险分担机制，逐步形成了基于合作渠道医疗资源的“综合三级医院模式”，全年累计承保 24 万余人，承担约 500 亿元风险责任。

（李璐）

中国平安财产保险股份有限公司北京分公司

截至2021年末，中国平安财产保险股份有限公司北京分公司保费收入109.1亿元，其中车险保费收入58.3亿元、非车险保费收入50.8亿元，累计为社会提供超过26万亿元风险保障；累计承接有效理赔报案77.3万件，累计结案赔付金额58.27亿元，为近87万客户提供理赔服务；已拥有460万线上用户、230万个人客户、20余万团体客户，服务超过10万家小微企业。

车险业务 推动新能源车险产品上线；以“平安好车主”App为载体，搭建涵盖“车保险、车服务、车生活”的“一站式”服务平台，客户足不出户即可享受保单查询、理赔查询、批改批退、违章查询、事故救援、服务预约等便利化服务，涵盖各类线上丰富活动及车主资讯、保险常识普及，利用新媒体及线上平台进行保险知识教育等，致力于打造车服务生态圈。截至年末，“平安好车主”App北京地区注册用户数超过400万户，合作服务网点超过800家，服务种类超过80项。

非车险业务 年内，为11.4万家小微企业、中大型客户、重要客户（其中北京地区客户3.12万家），累计提供全面财产风险保障超过1万亿元。拓展海外项目，开展政保类专项产品。服务公路、铁路等传统基建，特高压等次新基建，干线油气管道建设，海上风电项目等，针对京津冀一体化建设、长三角多层次轨道交通等提供风险保障。服务各行企业创新发展，共计服务317家客户。凭借平安产险企业宝平台，为广大企业用户提供快速、便捷、高效的企业保险管理服务和企业增值服务。截至年末，“平安企业宝”App累计注册认证企业93 000家，其中2021年活跃企业数超过6万家，活跃率近70%。

重大承保 2021年7月，中标某核电厂3号、4号机组建筑安装工程一切险附加第三者责任险项目，为其承保两台机组，成为该项目首席承保人，总保额297.36亿元。

重大理赔 为某遭受特大暴雨的电力能源企业进行远程指导施救减损，组建理赔服务团队，开通绿色通道，提前预赔150万元用于企业的灾后重建，多次安排公估人员赶赴事故现场组织查勘并跟踪抢险及维修进度，并多次与受灾企业进行协调会，快速完成大额异地事故的全部定损核赔理赔。

产品服务创新 为客户提供“交钥匙”维修接送车服务，截至年末已成功服务千余客户。全年，车险理赔有效报案达41万笔，累计为近51万客户提供车险理赔服务，客户整体好评率92%。依托“平安企业宝”App线上理赔功能，实现在线报案、案件查询、重案提醒、在线交单等线上理赔功能，并实现单证下载、灾害预警、防灾指引等贴心服务，有效减少了理赔争议。推出“平安太乙影像云”，多维度赋能理赔作业，第一时间与异地事故现场取得联系，为异地工程险查勘提供了保证。全年赔付工程险大灾案件87笔，赔付金额 1 795 万元，其中异地出险案件 83 笔，赔付金额 1 757 万元，占比 98%。推出“溯源保”专属保险产品，为地方优势特色农产品进行“身份认证”，并通过平安“好车主”“好生活”等各大线上平台和线下采购渠道实现销售助力。为平谷大桃和门头沟苹果提供“产中溯源风控＋产后平台协销”的创新服务模式，与政府一同打造出保险深度参与、撬动产业发展、带动一方农户增收的产业振兴新模式。

（杨蕾）

华泰财产保险有限公司北京分公司

截至 2021 年末，华泰财产保险有限公司北京分公司实现保费收入 62 773.08 万元，其中车险保费收入 17 939.86 万元，非车险保费收入 44 833.22 万元。

业务发展 年内，非车险业务与境内 200 多家经纪公司开展深入合作，承保项目遍布全球；电商业务嵌入约 10 家互联网平台并具备全闭环的线上保险服务能力。参与中国长江三峡集团有限公司、国家能源集团有限责任公司、中国大唐集团有限公司等众多国企、央企的保险服务。为数百家企业提供了董监事保险保障方案。为生物医药链条上的众多企业积极提供保障方案。

重大赔付 2020 年 6 月 11 日晚至 12 日凌晨，四川省凉山州甘洛县境内暴雨并引发洪水及泥石流，导致被保险人所属的达子电站、二级电站主、副厂房、水轮发电机组、开关柜、引水隧洞、引水渠道、溢流堰、升压站、进厂公路等不同程度受损，最终赔付金额为 685 万元。

车牌号冀 AP6299 承载的一台平波电抗器在江苏盐城磕碰受损，货主天津经纬正能电气设备有限公司起诉契约承运人上海中远海运工程物流有限公司天津分公司（我司被保险人），扣减残值后，最终赔付金额 300.35 万元。

7 月 20 日，河南郑州遭受特大暴雨，北京个人客户理赔部派专人团队前往灾区驰援，协助当地兄弟机构开展救援、定损工作，8 月底处理的 70 件水灾案件全部结案支付，最终赔付金额 150 万元。

（童文静）

中国太平洋财产保险股份有限公司北京分公司

截至 2021 年末，中国太平洋财产保险股份有限公司北京分公司实现全险种保费收入 63.88 亿元，其中车险保费收入 36.14 亿元、非车险保费收入 27.74 亿元。

参与社会治理 年内，落地顺义区城市型防贫保险项目。

服务国家战略 发布“海外无忧”“海外职业责任保险”等专属险种，为

“走出去”的中国企业提供保障。连续两年护航服贸会，累计为服贸会提供 1 421 亿元风险保障。联合北京市经济和信息化局及相关研发企业，试点开发氢能源专属保险。

产品服务创新 落地全国首例国产汽车芯片车用保险。落地国内首单住宅项目绿色建筑性能责任保险。全面上线客联通平台，实现在线理赔新模式。使用机器人 RPA 辅助核损，提升核损效能。借助“太 AI”智能定损工具，提升定损精度。

（李芯妮）

太平财产保险有限公司北京分公司

截至2021 年末，太平财产保险有限公司北京分公司实现总保费收入 16.22 亿元，比上年增加 1.88 亿元，同比增长 13.2%。其中，车险保费收入 2.28 亿元、水险保费收入 0.50 亿元、非水险保费收入 3.93 亿元、意外健康险保费收入 9.51 亿元。累计赔款支出 10.86 亿元，比上年增加 7.39 亿元，综合赔付率为 64.94%。

业务发展 参与承保中国华电集团有限公司、国家电力投资集团有限公司、国家能源集团有限责任公司、中国能源建设集团有限公司等电力能源央企资产统保业务，全年累计承保陆基风电、水电和光伏大小项目约 300 余个，提供风险保障超过1 500亿元。服务“一带一路”，支持疫情期间中资企业海外项目快速复产。参与承保海外项目近百个，业务遍及巴基斯坦、印度尼西亚、泰国、越南、南非、美国、阿根廷等 48 个国家和地区，累计提供风险保障超过 2 000 亿元。中标北京市志愿服务指导中心组织招标的实名注册志愿者意外险项目，为北京市约 440 万名实名注册志愿者在志愿活动中保驾护航。

（陈思然）

中华联合财产保险股份有限公司北京分公司

截至2021 年末，中华联合财产保险股份有限公司北京分公司累计实现保费收入 13.08 亿元，同比增长 13.57%。其中，车险保费收入 4.50 亿元，同比下降 8.56%；非车险业务实现保费收入 7.51 亿元，同比增长 32.45%；农险业务实现保费收入 1.07 亿元，同比增长 14.82%。非车保险合计占比达到 66%。

服务民生 承保“大兴区首笔新冠疫苗预防接种意外伤害保险统保项目”，赔偿范围 80 万元，专项为接种新冠疫苗发生预防接种不良反应导致的身故、伤残、医疗费用支出提供多种保障；中标“丰台区失独家庭住院护理补贴保险”项目，为全区 2 200 多个失独家庭提供人身意外和意外医疗等保障，优化金融助老服务。参与中国节能环保集团有限公司、国家电力投资集团有限公司等多个风电、光伏新能源项目，为风电、光伏全产业链提供企财险、工程险等保险服务，覆盖新疆、宁夏等多个省份，累计提供风险保障300 亿元。

重大承保 开发面向科技企业和小微商户的线上化、普惠型综合保险，承保风险包括财产损失、利润损失、经营场所责任和雇主责任等。全年共承保 8.43 余万家民营、小微企业，累计提供风险保障1 198.74亿元。

（袁婕）

天安财产保险股份有限公司北京分公司

截至 2021 年末，天安财产保险股份有限公司北京分公司（以下简称天安财险北京分公司）实现保费收入22 443.93 万元，同比上年减少 3 713.36 万元，下降 14.20%；其中车险保费业务收入1 992.18万元，同比上年减少3 577.20万元，下降 64.23%。非车险业务保费收入20 451.75 万元，同比上年减少 136.17 万元，下降 0.01%。非车险业务中，责任险保费收入 9 150.15 万元，占总保费收入的 40.77%，同比上年减少 435.63 万元，下降 4.54 个百分点。责任险赔款支出 4 856.81 万元，比上年增加1 683.79万元，同比上升 53.06 个百分点；综合赔付率 62.31%，同比上升 3.46 个百分点。

重大承保和理赔 全年，某省医责共保项目，实现累计保费收入 3 311.51 万元。承保某车险于 2021 年发生交通事故，造成两笔机动车商业险（2015）赔款分别为 63.26 万元、62.10 万元，共计125.36 万元，是天安财险北京分公司 2021 年赔付最高的两件机动车商业险案件。

（孙鑫海）

中国大地财产保险股份有限公司北京分公司

截至 2021 年末，中国大地财产保险股份有限公司北京分公司实现保费收入 5.91 亿元，其中个人中心保费 2.54 亿元、团体中心保费 2.88 亿元。分险种来看，车险保费 1.42 亿元，财产险实现保费 3 亿元，意外险保费 0.37 亿元，健康险保费 0.21 亿元，信用保证保险新增保费 0.33 亿元。

承保 落地绿色建筑性能责任保险“中建壹品学府公馆项目”。全年签单工程质量潜在缺陷保险保费 3 082 万元。推动绑架与赎金综合保障保险，为“走出去”企业在海外员工的人身安全提供多种专业危机处理服务的综合型保障保险产品，全年为中国某集团公司及其下属公司提供风险保障达 111 亿元。

理赔 2021 年 3 月，为葛洲坝荆门水泥有限公司生料输送皮带着火事故进行现场查勘，并最终赔付 177 万元。

（肖帅）

中国人寿保险股份有限公司北京市分公司

截至 2021 年末，中国人寿保险股份有限公司北京市分公司实现总保费 124.56 亿元，同比增长 7.9%。首年期交保费 20.38 亿元，同比降低 4.87%；10 年期及以上保险首年期交保费 8.35 亿元，同比降低 0.32%；短期险保费 20.50 亿元，同比上升 13.78%。全年处理各类赔付、给付金额超过 22 亿元。

北京市老年人意外伤害保险项目 2021 年 11 月，与北京市民政局续签“老年人意外伤害保险”合同，为 7.5 万名北京市户籍 60 周岁及以上城乡特困人员、城乡最低生活保障待遇人员、优抚对象及无赡养人的老年人提供意外风险保障。

（夏海）

中国平安人寿保险股份有限公司北京分公司

截至 2021 年末，中国平安人寿保险股份有限公司北京分公司（以下简称平安人寿北京分公司）实现规模保费收入 263.88 亿元，同比增长 1.91%。其中，个险总保费全年累计 248.18 亿元，同比增长 1.17%；银保总保费全年累计 15.64 亿元，同比增长 15.69%；团险全年总保费 694.28 万元。客户数量超过 657 万户，累计为北京市民提供人身保障 28 470 亿元；累计有效保单5 208 666件，全年累计办理个人理赔108 459件，赔款、死伤医疗给付累计 16.19 亿元，年金及满期给付 32.60 亿元。

个人业务 依托超过 2 000 名医护人员的自建医疗团队，为客户提供 7×24 小时全天候远程诊疗，就医协助可覆盖全国 1 500多家三甲医院，复杂疾病可提供国内外专家会诊。推出“保险＋养老”“保险＋健康管理”。

银行代理业务 截至年末，银行代理业务年度首年期交规模保费达成 67 540 万元，同比增长 51.1%，其中外部渠道年度首年期交规模保费达成 3 104 万元，同比增长 −80.8%。客户经营渠道年度首年期交规模保费达成 1 345 万元，同比增长 29.9%。

重大承保与理赔 全年，个人理赔案件 11 万件，总赔付金额 17.5 亿元。提供“闪赔”服务，在 30 分钟内完成闪赔案件共 2.9 万件，合计闪赔金额 4 334.7 万元，最快闪赔用时 1.7 分钟。推进“智能预赔”服务，年内共计完成预赔案件 138 件，预赔金额 18.2 万元。客户 Z 女士投保“颐享世家”，累计承保保额 2 亿元，成为平安人寿北京分公司当年累计最高人身险保额承保新契约。客户Z女士投保“平安六福”，累计承保保额1 044.6万元，成为平安人寿北京分公司当年累计最高重疾险保额承保新契约。客户L女士投保“财富金瑞21”，累计承保保费7 000万元，成为平安人寿北京分公司当年累计最高保费承保新契约。客户M女士因确诊良性脑肿瘤，获赔重大疾病理赔金422.9万元，为平安人寿北京分公司当年理赔金额最高的案件。

客户服务 通过“保险保障+健康管理+医疗服务”的“一站式”解决方案，满足客户全生命周期健康医疗和风险保障需求。全年，使用平安“臻享RUN”“就医绿通”、在线问诊、齿科等健康服务客户达62.3万名。开展200余场线下公益急救知识宣讲，覆盖5 000余名首都群众。空中客服累计为14万余名客户提供线上服务，客服中心累计为13万名客户提供线下柜面服务。

社会公益 年内组织平安志愿者10批次、100余人次，走进朝阳区孙河地区养老院，持续开展养老爱老公益活动。围绕平安集团“快乐少年”支教主题，筛选出18位支教志愿者，走进浦洼乡平安希望小学开展支教活动，把科技、美术、体育、手工等丰富的课程带给山区儿童。与北京市公安局反诈中心共同发起主题为“有温度的守护　全方位的平安”的反诈宣导活动，志愿者们现场引导社区居民下载“国家反诈中心”App，帮助居民提高识骗能力和防骗意识。

（戴书敏）

中国太平洋人寿保险股份有限公司北京分公司

截至2021年末，中国太平洋人寿保险股份有限公司北京分公司实现保费总收入57.97亿元，同比增长4.0%；新单保费收入11.75亿元，同比增长12.5%；个人业务新单保费收入10.77亿元，同比增长16.1%；团险业务新单保费收入0.96亿元，同比下降17.4%。累计13个月继续率90.62%，同比提升2.76个点（保险专业术语单位）。赔款支出3.53亿元。

（黄品嘉）

泰康人寿保险有限责任公司北京分公司

截至2021年，泰康人寿保险有限责任公司北京分公司共实现原保险保费收入113.98亿元，同比增长40.95%。其中，个人代理渠道原保险保费收入80.31亿元，同比增长41.42%；银行邮政代理渠道原保险保费收入12.17亿元，同比下降14.25%；公司直销渠道原保险保费收入5.99亿元，同比下降16.59%；其他渠道原保险保费收入15.51亿元，同比增长474.85%。各项赔款和给付共计23.60亿元，同比增长 2.31%。其中，退保金支出 3.68 亿元，占比 15.58%；赔款支出 0.67 亿元，占比 2.82%；死伤医疗给付 2.80 亿元，占比 11.85%；满期给付 8.90 亿元，占比 37.72%；年金给付 7.55 亿元，占比 32.03%。年度新增客户 57 533 人，同比上年增长 1.1%。

保险业务与重大赔付 个人营销业务年度标准保费达成 12.5 亿元，新单价值 6.3 亿元，同比增长 69%；“幸福有约”系列产品 4 267 件，同比增长 133%。银行保险业务全年保费达成 3.83 亿元，同比增长 66%；总的新单价值达成 1.62 亿元，同比增长 104%；“幸福有约”系列产品 578 件，同比增长 30%。新业务全年保费达成 12 003 万元，同比增长 9%；价值达成 5 463 万元，同比增长 17%。13 个月保费继续率 90.4%，同比增长 1.1%，“幸福有约”系列产品 286 件，同比增长 66%。推出泰康质子重离子医疗保险。

（石岚希）

新华人寿保险股份有限公司北京分公司

截至 2021 年末，新华人寿保险股份有限公司北京分公司实现规模保费收入 120.86 亿元，同比增长 7.53%。其中，新契约总体保费收入 37.05 亿元，同比增长 25.81%；续期保费收入 83.81 亿元，同比增长 1.03%。个人业务规模保费 90.40 亿元，同比增长 5.84%；银行业务保费规模 16.94 亿元，同比增长 15.47%；团体业务保费收入 13.19 亿元，同比增长 6.89%。

理赔服务 全年为 82.61 万人次提供保险理赔服务，比上年增长 9.07%；全年累计赔付 16.12 亿元，比上年增长 8.33%。

社会责任 全年慰问延庆区一线环卫工人、光爱学校共 5 次，共计捐赠数额 14 724.56 元。通过播放金融保险知识微视频，派发防范电信网络诈骗宣传手册、反洗钱宣传折页等方式，对青少年重点群体开展金融宣传教育。

服务国家战略 全年，累计承保企业客户 3 376 家，项目数 9 921 个，保额 5.4 万亿元，涉及定期寿险、津贴、意外、医疗等各个领域。为北京市失独家庭提供“暖心计划”保障，累计承保保费 21 127 万元、支付养老金 11 523 万元，共计 35 240 人次受益。承保湖北、湖南、云南、四川、内蒙古、山西 6 个省份部分地区中国乡村儿童大病医保项目，覆盖近 30 万名乡村儿童，累计承保保费 6 395 万元，理赔 4 253 万元，理赔 7 651 人次。

（袁帅）

太平人寿保险有限公司北京分公司

截至2021年末，太平人寿保险有限公司北京分公司总保费收入69.59亿元，同比增长4.94%。全年处理个险、银险理赔共计10 149件，赔款及死伤医疗给付累计2.60亿元，满期给付及年金给付累计6.44亿元。

个人营销业务 年末，个险业务新契约保费6.25亿元，同比增长32.0%；续期保费37.60亿元，同比下降2.0%；个险业务13个月累计保费继续率97.7%，个险业务25个月累计保费继续率98.5%。

银行保险业务 年末，银保业务新契约保费5.04亿元，同比增长8.8%；续期保费19.85亿元，同比增长10.8%；银保业务13个月累计保费继续率99.0%，银保业务25个月累计保费继续率99.1%。

重大承保 2021年6月，高端客户朱某为自己投保“太平盛世稳赢 2018年金保险”，保额800万元。2021年9月，高端客户李某为子女投保终身寿险“太平岁悦添富终身寿险”，保额1 628万元。

重大理赔 客户杨先生2017—2020年为自己购买了“太平金无忧终身寿险（分红型）”“太平附加金无忧重大疾病保险”“太平福禄倍至终身重大疾病保险”“太平福禄康瑞终身重大疾病保险”等重疾险，累计保额达到270万元。2021年4月，杨先生因确诊肺癌申请理赔，分公司顺利完成了270万元保额理赔款的赔付。

社会公益 4月，前往河北省承德市丰宁县凤山镇开展贫困家庭慰问活动。入村走访了8户贫困家庭，为其送去太平客户及员工捐赠的衣物、米面油及其他生活用品，同时为家中孩子送去学习文具、体育用品等爱心物资。5月，组织游学团，带领来自国家扶贫工作重点县河北省丰宁县凤山中学的部分师生代表参加为期2天的赴京游学活动。爱心团队精心安排路线，组织参观了天安门广场、故宫博物院，游览了鸟巢、水立方、圆明园及清华园。12月，前往河北省承德市凤山县波罗诺镇开展贫困家庭慰问活动，入村走访了小川小学及3户贫困家庭，为小川小学的学生送去运动服、书架、图书、书桌、课桌椅、电脑以及毛绒玩具等，为贫困家庭捐赠衣物、米面油及其他生活用品和学习用品，捐赠物资价值达65 000元。

（贺景卉）

民生人寿保险股份有限公司北京分公司

截至2021年末，民生人寿保险股份有限公司北京分公司实现规模保费收入

21 297.82 万元，同比下降 2.71%。有效保单为 62 034 件，全年办结理赔案件 788 件，赔款、死伤医疗给付累计 1 744.34 万元，年金及满期给付累计 1 074.08 万元。

个人业务　全年，实现个险新单保费收入 1 072.4 万元，同比上升 3.2%，年度累计 13 个月保费继续率为 97%，续期应收达成 96.6%。办结理赔案件 788 件，同比增长 14%；总赔付金额为 1 913 万元，同比增长 51%；获赔率 99.71%，最快结案时效 1.5 个小时。

社会责任　全年举办志愿者活动 23 次，服务总时长 304 个小时。与知名公益组织联合，前往自闭症儿童教育培训基地担任助教；多次开展“旧衣捐赠”活动，利用闲置资源温暖乡村儿童。

（赵彬）

六、文件与规章

北京市第十五届人民代表大会常务委员会

北京市地方金融监督管理条例

〔十五届〕第48号

《北京市地方金融监督管理条例》已由北京市第十五届人民代表大会常务委员会第三十次会议于2021年4月16日通过，现予公布，自2021年7月1日起施行。

二零二一年四月十六日

北京市地方金融监督管理条例

（2021年4月16日北京市第十五届人民代表大会常务委员会第三十次会议通过）

第一章 总 则

第一条 为了规范地方金融组织及其经营行为，加强地方金融监督管理，防范化解地方金融风险，维护金融消费者合法权益，促进金融服务经济高质量发展，服务国家金融管理中心建设，根据有关法律、行政法规和国家对地方金融工作职责的规定，结合本市实际情况，制定本条例。

第二条 本市行政区域内地方金融组织及其监督管理，地方金融风险防范和处置等活动，适用本条例。

国家对地方金融监督管理另有规定的，从其规定。

本条例所称地方金融组织，是指国家授权由地方实施监督管理的小额贷款公司、融资担保公司、区域性股权市场、典当行、融资租赁公司、商业保理公司、地方资产管理公司、地方交易场所以及国家授权地方监督管理的其他金融组织。

第三条 本市地方金融监督管理应当遵循严格准入、审慎、协同、防控风险的原则，强化监管责任和地方金融组织经营责任。

第四条 地方金融组织应当依法合规经营，履行诚信义务，尊重并保障金融消费者的财产安全、知情、自主选择、公平交易、信息保护等权益；严守金融风险底线，承担防范和处置本组织金融风险的主体责任。

社会公众应当学习适当的金融风险识别常识和权益保护知识，增强金融风险防范能力。

第五条 市人民政府负责对本市地方金融监督管理工作的组织领导，统筹本市金融改革发展、金融风险防范处置等重大事项，建立金融工作议事协调机制，完善地方金融监督管理体系，加强监管力量，合理保障工作经费并列入本级预算，按照国家有关规定承担地方金融风险防范处置属地责任。

区人民政府按照市人民政府要求开展地方金融组织的监督管理和风险防范处置，履行地方金融风险防范处置属地责任。

第六条 本市金融工作议事协调机制应当加强与国务院金融稳定发展委员会办公室地方协调机制在金融监管、风险处置、信息共享和消费者权益保护等方面的协作。

本市推动建立与其他省、自治区和直辖市的金融监管协作机制和金融风险协同处置机制，强化信息共享和执法联动，促进区域金融协同发展，维护区域金融稳定。

第七条 市地方金融监督管理部门负责本市地方金融组织及其经营活动的监督管理，加强地方金融监管执法能力建设，宣传金融风险防范知识，建立健全金融消费者权益保护机制，实施金融风险监测预警和防范处置，联系中央金融管理部门在京分支机构、派出机构。

公安、市场监督管理、通信管理、网信及行业主管等部门按照各自职责做好地方金融监督管理相关工作。

区人民政府负责金融工作的部门依照有关规定承担本行政区域内地方金融组织的监督管理和风险防范处置的具体工作。

第八条 市人民政府应当编制实施金融业发展规划，推动金融市场体系建设，完善金融基础设施，优化金融营商环境，培育金融人才，促进金融资源聚集和集约高效发展。

第九条 本市鼓励规范金融创新，推进金融科技创新，协同中央金融管理部门开展金融科技创新监管试点，加强金融科技与专业服务创新示范区建设，推动建设金融科技创新中心，支持现代信息技术在金融发展创新、地方金融监管中的应用，促进地方金融治理体系和治理能力现代化。

第十条 本市支持深化、扩大金融领域开放创新，推动落实国家服务业扩大开放综合示范区和自由贸易试验区金融领域先行先试政策，提升科创金融、文化金融、绿色金融、普惠金融、数字金融和金融专业服务发展质量。

第二章　地方金融组织

第十一条 在本市设立地方金融组织，从事相关金融业务活动，应当具备下列条件，经市地方金融监督管理部门批准取得相应行政许可：

（一）有从事业务所要求的注册资本、固定场所、设备设施；

（二）有符合条件的股东或者发起人；

（三）有符合国家规定任职条件的董事、监事、高级管理人员和其他人员；

（四）有健全的公司治理结构，内部控制和风险管理制度；

（五）法律、行政法规和国家规定的其他条件。

具体许可办法由市地方金融监督管理部门制定，报市人民政府批准后公布实施。

任何单位或者个人未经批准不得设立地方金融组织，不得从事或者变相从事地方金融组织的业务活动。

第十二条 对于符合设立条件的，市地方金融监督管理部门应当依法按照程序颁发经营许可证或者其他审批文件。经营许可证或者其他审批文件应当载明地方金融组织的类别、名称、注册资本、业务范围、营业地址、营业区域等。

地方金融组织不得超越经营范围从事金融业务活动，不得出租、出借或者变相出租、出借金融业务活动经营许可证或者其他审批文件。

第十三条 地方金融组织下列事项应当经市地方金融监督管理部门审批：

（一）合并、分立；

（二）变更注册资本；

（三）变更业务范围、营业区域等；

（四）变更交易规则、交易品种；

（五）变更持股5%以上的股东，变更董事、监事、高级管理人员；

（六）设立分支机构。

第十四条 地方金融组织下列事项应当向市地方金融监督管理部门备案：

（一）变更名称；

（二）变更住所或者主要经营场所；

（三）市地方金融监督管理部门规定的其他备案事项。

第十五条 地方金融组织应当使用经登记的名称。

未经登记不得在名称和经营范围中使用小额贷款、融资担保、股权交易、典当、融资租赁、商业保理、资产管理、交易所（中心）等显示金融业务活动特征的字样。

市市场监督管理部门、市地方金融监督管理部门应当建立名称和经营范围登记管理会商机制。

第十六条 地方金融组织应当按照国家规定的业务经营和监督管理规则开展金融业务活动，遵守法人治理、内部控制、风险防范、信息披露、资产质量等方面的规范。

地方金融组织不得从事非法集资、洗钱等法律、行政法规，以及国家和本市规定禁止开展的业务或者活动。

第十七条 地方金融组织应当制定金融风险应急预案，明确金融风险的种类、级别、处置机构及人员、处置程序和应急措施等内容；地方金融监督管理部门应当予以指导。

地方金融组织在发生重大待决诉讼或者仲裁、接受刑事调查、重大负面舆情以及群体性事件等风险事件时，应当立即启动风险应急预案，及时采取应对处置措施，并在事件发生后二十四小时内向地方金融监督管理部门报告。

第十八条 地方金融组织的董事、监事和高级管理人员应当按照国家和本市相关监督管理要求，履行忠实勤勉义务和所在地方金融组织明确的风险管理职责，有效防控金融风险。

第十九条 地方金融组织的股东依照法律规定以其认缴的出资额或者认购的股份为限承担责任。

地方金融组织的控股股东或者实际控制人可以出具书面承诺，在本组织解散或者不再从事金融业务活动后，承担未清偿的债务；地方金融组织可以将承诺情况向社会公示。

第二十条 地方金融组织向金融消费者提供金融产品或者服务，应当了解金融消费者的风险承受能力，如实、充分提示可能影响金融消费者决策的信息、金融产品或者金融服务的性质和风险，必要时签署风险提示书，依法保障金融消费者知情、自主选择等权益。

地方金融组织应当建立健全投诉处理机制和争议处理机制，完善投诉和争议处理程序，及时受理投诉、处理争议。

第二十一条 地方金融组织不得超越经营范围或者采用虚假、欺诈、隐瞒、引人误解等方式开展营销宣传。

第二十二条 地方金融组织不再从事相关金融业务活动，应当按照要求向市地方金融监督管理部门提出书面申请，并提交资产状况证明、债权债务处置方案等相关材料。

地方金融组织解散，应当依法成立清算组进行清算，并对未到期债务及相关责任承接等作出明确安排。

地方金融组织解散、不再从事相关金融业务活动或者被依法宣告破产，市地方金融监督管理部门应当注销其经营许可证或者其他审批文件，通报市场监督管理部门并予以公告。

第二十三条 地方金融组织可以建立行业组织。行业组织应当依照法律、法规和章程规定开展工作，制定和实施行业自律规则，引领成员合规经营，反映行业建议诉求，维护成员合法权益，有针对性地开展行业宣传教育活动，加强从业人员业务培训和职业道德教育，加强行业金融风险监测预警，建立健全行业纠纷调解机制。

第三章 地方金融组织监督管理

第二十四条 市地方金融监督管理部门应当根据地方金融组织的经营范围、经营规模、管理水平、合规情况和风险状况等情况，对地方金融组织实行分级分类动态监督管理，并根据分级分类情况确定监督检查的方式、频次、范围和需要采取的监管措施。具体办法由市地方金融监督管理部门制定并公布。

地方金融监督管理部门对地方金融组织实施监督检查，可以采取现场检查和非现场监管、监管谈话等方式。

第二十五条 市地方金融监督管理部门可以根据业务特点和风险情况，对地方金融组织业务创新实施包容审慎监督管理，可以为创新型金融产品、服务、业务模式提供安全、可控的小范围内部测试环境。

第二十六条 市地方金融监督管理部门应当加强对地方金融组织的行业指导，提供规范、便利、高效的政务服务，做好政策宣传解读和行业风险预警提示。

第二十七条 地方金融监督管理部门开展现场检查时，可以采取下列措施：

（一）进入地方金融组织及相关单位经营活动场所进行检查；

（二）询问地方金融组织负责人及相关工作人员，要求其对检查事项作出说明；

（三）检查地方金融组织电子计算机业务数据系统等；

（四）调取、查阅、复制与检查事项有关的文件资料、电子数据等，对可能被转移、隐匿或者损毁的文件资料和电子计算机业务数据系统、电子设备等予以封存。

地方金融监督管理部门开展现场检查时，检查人员不得少于2人，并应当出示有效合法证件。

有关单位和个人应当配合检查，如实说明有关情况并提供文件资料，不得隐瞒、拒绝或者阻碍。

第二十八条 地方金融监督管理部门可以要求地方金融组织报送下列材料：

（一）经营情况报告、财务报告、审计报告等文件和资料；

（二）影响或者可能影响经营管理、财务状况、风险控制或者资产安全等重大事项的报告及其处置情况等资料；

（三）国家和本市规定的其他材料。

地方金融组织报送的材料内容应当真

实、准确、完整。

第二十九条 地方金融监督管理部门可以根据需要聘请会计师事务所、律师事务所等专业机构协助监督检查工作，并与其签署保密协议。

第三十条 地方金融监督管理部门根据监督管理的规定，可以对地方金融组织的法定代表人、董事、监事和高级管理人员，以及控股股东、实际控制人等进行监管谈话。

相关人员应当按照要求接受监管谈话，不得拒绝或者拖延，并如实回答监管谈话事项。

第三十一条 地方金融组织存在违法违规行为的，地方金融监督管理部门可以出具警示函，责令限期改正。地方金融组织应当在期限内将整改结果报送地方金融监督管理部门。

第三十二条 地方金融组织经营活动存在重大金融风险隐患，且严重损害金融消费者合法权益的，市地方金融监督管理部门可以区别情形，对其采取下列措施，并在必要时向社会提示风险：

（一）责令暂停部分业务、停止批准开办新业务；

（二）暂停批准设立分支机构；

（三）责令调整董事、监事和高级管理人员或者限制其权利；

（四）暂停审批变更董事、监事和高级管理人员；

（五）限制重大资产处置；

（六）责令其暂停控股股东转让股权或者限制实际控制人、有关股东的权利；

（七）责令暂停或者限制向股东、相关人员分配利润或者其他利益；

（八）法律、行政法规以及国家规定的其他措施。

地方金融组织应当采取有效措施，及时消除重大金融风险隐患，保障金融消费者合法权益，并向市地方金融监督管理部门报告相关情况。市地方金融监督管理部门确认隐患已经消除的，应当自确认之日起三个工作日内解除措施，并告知地方金融组织。

第三十三条 市地方金融监督管理部门发现地方金融组织及其经营活动已经形成重大金融风险或者存在严重违法情形的，可以对其经营活动场所、设施、财物予以查封、扣押。

第三十四条 市地方金融监督管理部门可以向有关职能部门提出协助请求，由有关职能部门依法采取下列措施：

（一）查询地方金融组织及其关联方的资金账户和其他具有支付、托管、结算等功能的账户信息，必要时复制相关文件和资料；

（二）涉嫌转移或者隐匿违法资金的，冻结涉案地方金融组织及其工作人员以及关联方的资金账户和其他具有支付、托管、结算等功能的账户。

第三十五条 市地方金融监督管理部门应当建立健全地方金融组织信息公示制度，以便于公众知晓的方式公布并及时更新地方金融组织设立、变更、终止等信息。

第三十六条 市地方金融监督管理部门应当建立健全地方金融组织及其从业人员的信用档案，依法将地方金融组织及其从业人员的信用信息向本市公共信用信息服务平台归集。对违法失信、风险较高的地方金融组织，应当加强现场检查，提高检查比例和频次。

第三十七条 本市鼓励地方金融组织的内部人员举报金融业务活动违法行为和

重大金融风险隐患，提高地方金融监督管理的针对性和有效性。

第四章　地方金融风险防范和处置

第三十八条　市、区人民政府按照国家有关规定承担地方金融风险防范处置属地责任，建立健全防范和处置地方金融风险的制度机制，组织、指导、协调相关部门开展违法违规金融活动的监测预警、风险防范和化解处置等。

根据国务院金融稳定发展委员会办公室地方协调机制和本市金融工作议事协调机制要求，中央金融管理部门在京分支机构、派出机构，地方金融监督管理部门、相关行业主管部门及其他有关部门，按照各自职责，开展各自领域违法违规金融活动的风险识别与监测预警、性质认定、移送等风险防范和处置工作。

第三十九条　市地方金融监督管理部门应当会同有关部门编制本市金融风险应急预案，明确金融风险种类、等级、组织指挥体系、处置机构及其职责、处置程序和应急措施等内容。

第四十条　市地方金融监督管理部门应当建立并完善地方金融监管信息系统，综合利用现代信息技术手段，建立金融风险监测预警平台，并与国家非法金融活动风险防控平台对接，收集风险信息。

本市各相关行业主管部门应当加强对本行业、本领域金融风险的监测预警，开展风险排查，跟踪风险变化，及时向市金融风险监测预警平台报送信息。

区人民政府应当建立健全金融风险监测预警机制，组织区有关部门、乡镇街道等单位建立健全金融风险群防群控预警机制，采取日常监管、技术监测、网格巡查、楼宇物业管理、专项排查、核实举报等方式，加强对金融风险的监测和预警，及时向市金融风险监测预警平台报送相关信息。

本市辖区内金融机构和非银行支付机构对各类账户大额交易和可疑交易情况进行监测分析，发现违法违规金融活动线索的，及时向中央金融管理部门在京分支机构、派出机构和市地方金融监督管理部门报告。

第四十一条　有关部门依法依职责采取下列措施，加强金融活动的风险防范：

（一）市地方金融监督管理部门和市市场监督管理部门配合中央金融管理部门在京分支机构、派出机构建立健全联席工作机制，加强对企业名称和经营范围的管理；

（二）通信管理部门对违法违规开展金融活动的经营性互联网信息服务提供者，应当吊销经营许可证；对违法违规开展金融活动的非经营性互联网信息服务提供者，应当注销备案；

（三）市场监督管理部门对违法违规金融业务广告应当责令停止发布，并依法予以查处；

（四）网信部门对包含违法违规金融活动内容的互联网信息，应当责令互联网信息服务提供者立即停止传输，及时采取删除、屏蔽信息等措施。

第四十二条　市地方金融监督管理部门、各相关行业主管部门应当根据金融风险监测预警平台的监测预警信息及有关单位的监测报告，研判金融风险的性质、影响范围、紧急程度、发展态势和可能造成的危害程度，必要时可以组织专业机构和专家进行综合分析和评估。发生金融突发事件的，应当按照国家和本市有关规定，及时提出启动金融风险应急响应建议。

第四十三条 按照金融风险应急预案启动应急响应的，有关部门有权适时采取下列一项或者多项措施：

（一）市地方金融监督管理部门扣押有关财物，查封有关场所及其设备设施；

（二）公安机关依法采取冻结涉案资金、限制相关涉案人员出境等措施；

（三）市场监督管理部门暂停办理登记和备案相关事项，责令停止发布相关广告；

（四）通信管理、网信等部门采取注销备案、吊销许可、限制或者暂停相关业务、关闭网站等措施；

（五）人民法院，人民检察院，以及相关行业主管部门按照各自职责做好风险防范和处置工作；

（六）其他为防止和避免金融风险进一步扩大依法需要采取的必要措施。

市政府有关部门商请中央金融管理部门在京分支机构、派出机构，要求银行等金融机构或者非银行支付机构，暂停提供相关服务，对相关银行账户、证券账户等进行管控。

第四十四条 对于违法违规金融活动，任何单位和个人有权举报。地方金融监督管理部门和相关部门应当依据监管职责及时处理举报，并对举报人信息严格保密。

第五章 法律责任

第四十五条 违反本条例规定，法律、行政法规规定有法律责任的，按照法律、行政法规的规定予以处理；构成犯罪的，依法追究刑事责任。

第四十六条 违反本条例第十一条第三款规定，未经批准设立地方金融组织，或者从事、变相从事地方金融组织业务活动的，由市地方金融监督管理部门予以取缔或者责令停止经营，没收违法所得，违法所得五十万元以上的，处违法所得三倍以上五倍以下的罚款；没有违法所得或者违法所得不足五十万元的，处五十万元以上三百万元以下的罚款。

第四十七条 违反本条例第十三条规定，地方金融组织对相关事项未按照规定报经审批的，由市地方金融监督管理部门责令限期改正，处十万元以上五十万元以下的罚款；逾期不改正的，责令停业整顿；情节严重的，吊销其经营许可证或者其他审批文件。

第四十八条 违反本条例第十四条规定，地方金融组织对相关事项未按照规定报经备案的，由市地方金融监督管理部门责令限期改正；逾期不改正的，处五万元以上二十万元以下的罚款；情节严重的，责令停业整顿。

第四十九条 违反本条例第十五条第二款规定，未经登记在名称或者经营范围中使用金融业务活动特征字样的，由市地方金融监督管理部门责令限期改正，没收违法所得，违法所得五万元以上的，处违法所得三倍以上五倍以下的罚款；没有违法所得或者违法所得不足五万元的，处五万元以上二十万元以下的罚款。

第五十条 违反本条例第十六条第一款规定，地方金融组织未遵守国家规定的业务经营和监督管理规则的，由市地方金融监督管理部门责令限期改正；逾期不改正的，处十万元以上一百万元以下的罚款，并可以责令停业整顿；情节严重的，吊销其经营许可证或者其他审批文件。

第五十一条 违反本条例规定，地方金融组织有下列行为之一的，由市地方金融监督管理部门责令限期改正，没收违法所得，违法所得十万元以上的，处违法所得一倍以上五倍以下的罚款；没有违法所得或者违法所得不足十万元的，处十万元以上五十万元以下的罚款；逾期不改正的，责令停业整顿；情节严重的，吊销其经营许可证或者其他审批文件：

（一）违反本条例第十二条第二款规定，超越经营范围从事金融业务活动，出租、出借或者变相出租、出借金融业务活动经营许可证或者其他审批文件的；

（二）违反本条例第二十条第一款规定，未依法保障金融消费者知情、自主选择等权益的；

（三）违反本条例第二十一条规定开展营销宣传的。

第五十二条 违反本条例第十七条第二款规定，地方金融组织未及时报告其发生重大风险事件的，或者违反本条例第二十八条规定，地方金融组织未按照要求报送有关材料或者有关材料不真实、准确、完整的，由市地方金融监督管理部门责令限期改正，处五万元以上二十万元以下的罚款；逾期不改正的，责令停业整顿；情节严重的，吊销其经营许可证或者其他审批文件。

第五十三条 违反本条例第三十条第二款规定，相关人员拒绝或者拖延监管谈话，或者未如实回答监管谈话事项，由市地方金融监督管理部门责令限期改正，可以处一万元以上五万元以下的罚款；情节严重的，可以处一定期限的市场禁入。

第五十四条 地方金融组织及其工作人员阻碍地方金融监督管理部门工作人员依法执行职务的，依照《中华人民共和国治安管理处罚法》予以处罚。

第五十五条 市地方金融监督管理部门依据本条例对地方金融组织给予行政处罚的，根据具体情形，可以同时对负有直接责任的法定代表人、董事、监事、高级管理人员和其他直接责任人员处以罚款，没收违法所得，违法所得五万元以上的，处违法所得一倍以上五倍以下的罚款；没有违法所得或者违法所得不足五万元的，处一万元以上五万元以下的罚款；情节严重的，可以处一定期限的市场禁入。

第六章 附 则

第五十六条 市地方金融监督管理部门可以根据法律、行政法规、本条例和国家规定制定审批、监督管理、行政处罚裁量基准等相关实施性规则。

开展信用互助的农民专业合作社开展地方金融业务活动的，适用本条例有关规定。

第五十七条 本条例自2021年7月1日起施行。

北京市人民政府

北京市人民政府印发《关于进一步推动提高北京上市公司质量的若干措施》的通知

京政发〔2021〕7号

各区人民政府，市政府各委、办、局，各市属机构：

现将《关于进一步推动提高北京上市公司质量的若干措施》印发给你们，请认真贯彻落实。

二零二一年四月二十日

关于进一步推动提高北京上市公司质量的若干措施

为深入贯彻落实《国务院关于进一步提高上市公司质量的意见》（国发〔2020〕14号），进一步推动提高北京上市公司质量，结合实际，制定如下措施。

一、总体要求

以习近平新时代中国特色社会主义思想为指导，全面贯彻党的十九大和十九届二中、三中、四中、五中全会精神，认真落实党中央、国务院决策部署和市委、市政府工作要求，立足新发展阶段、贯彻新发展理念、构建新发展格局，深化金融供给侧结构性改革，充分发挥各方合力，推动优质企业上市，优化存量公司结构，改善外部发展环境，努力使北京上市公司治理和内部控制更加规范，信息披露质量不断提高，突出问题得到有效解决，整体质量显著提升，推动首都资本市场稳定健康运行，在加强“四个中心”功能建设、推进“两区”建设等方面发挥更大作用，促进经济社会高质量发展。

二、提高上市公司治理水平

（一）规范公司治理和内部控制

强化对上市公司及其控股股东、实际控制人、董事、监事和高级管理人员行为规范引导，严惩涉及公司治理的相关违法违规行为。督促上市公司及其控股股东、实际控制人履行诚信义务，规范上市公司承诺履行、关联交易，推动解决同业竞争等问题。支持投资者保护机构、战略投资者、机构投资者和中小投资者参与公司治理。科学界定国有控股上市公司治理相关方的权责，健全国有控股上市公司治理机制。严格执行上市公司内控制度，提升内控有效性。（北京证监局、市国资委、市财政局、北京银保监局等有关单位负责）

（二）提升信息披露质量

督促上市公司及其他信息披露义务人真实、准确、完整、及时、公平披露信息，充分披露投资者作出价值判断和投资决策所必需的信息，并做到简明清晰、通俗易懂。强化上市公司会计人员管理，加强会计基础建设，提升财务信息披露质量。相关行业主管部门和机构要按照资本市场规则，支持、配合、督促上市公司依法依规履行信息披露义务。（北京证监局、市国资委、市经济和信息化局、市财政局等有关单位负责）

三、推动上市公司做优做强

（三）加强拟上市挂牌公司培育力度

依托“钻石工程”行动计划，构建以企业上市综合服务平台、外商投资企业境内上市服务平台为基础的企业上市综合服务体系。引导拟上市公司聚焦主业、提升规范运作水平。继续落实北京市企业上市挂牌补贴相关政策，推动落实高端人才奖励、研发费用奖补、科技信贷支持、科技补助等精准激励措施，丰富上市挂牌后备企业资源储备。支持证券交易所、全国中小企业股份转让系统开展拟上市挂牌公司的培育工作，大力发展天使投资、创业投资、股权投资，激发市场活力，打造掌握关键核心技术、彰显北京国际科技创新中心实力的上市公司集群。（市金融监管局、市财政局、市科委、中关村管委会、市经济和信息化局、北京证监局等有关单位与各区政府负责）

（四）发挥产业引领作用

引导北京上市公司带动就业、生产、生态改善和履行社会责任。发挥国有上市公司在提高北京上市公司质量工作中的引领作用，树立公司治理良好范本，引导上市公司合规经营、协调发展，主动回报社会和投资者。充分利用北京高科技产业集聚优势，引导上市公司在完善产业链、科技创新等方面发挥更大作用，推动国际科技创新中心建设。完善上市公司知识产权保护，依法落实侵权惩罚性赔偿制度，优化科技成果分享机制。（市科委、中关村管委会、市知识产权局、市国资委、市金融监管局等有关单位与各区政府负责）

（五）促进市场化并购重组

鼓励上市公司充分利用资本市场进行并购重组，丰富支付及融资工具，盘活存量、提质增效、转型发展。支持北京境内上市公司发行股份购买境外优质资产，允许更多符合条件的外国投资者对北京境内上市公司进行战略投资，提升上市公司国际竞争力。进一步强化资产评估体系建设，发挥证券市场价格、估值、资产评估结果在国有资产交易定价中的作用，支持国有企业依托资本市场开展混合所有制改革。支持社会资本参与上市公司并购重组。（北京证监局、市经济和信息化局、市国资委、市发展改革委、市财政局、人行营业管理部、市商务局、市市场监管局、北京外汇管理部等有关单位与各区政府负责）

（六）积极运用与创新金融产品

探索开展适合科技型上市公司的个性化融资服务。支持符合条件的金融机构探索资产证券化业务创新，通过 REITs、知识产权证券化等方式助力企业发展。推进知识产权保险试点，引导保险机构为上市公司定制个性化保险产品，为企业融资提供便利化服务。引导上市公司合理利用资本市场各类产品业务工具，理性融资。（市知识产权局、市发展改革委、北京证监局、北京银保监局、人行营业管理部、市金融监管局等有关单位负责）

四、健全上市公司退出机制

（七）拓宽多元化退出渠道

完善并购重组和破产重整等制度，优化流程、提高效率，畅通主动退市、并购重组、破产重整等上市公司多元化退出渠道。有关部门要综合施策，支持上市公司通过并购重组、破产重整等方式出清风险。支持符合条件的退市企业在全国中小企业股份转让系统重新培育发展。（北京证监局、市司法局、市国资委、市金融监管局等有关单位与各区政府负责）

（八）做好退市风险处置工作

加大退市监管力度，严厉打击通过财务造假、利益输送、操纵市场等方式恶意规避退市行为，将缺乏持续经营能力、严重违法违规扰乱市场秩序的公司及时清出市场。健全退市风险监测、预警、信息共享机制，以及退市风险协调处置机制，保障上市公司退市过程平稳有序。加大对违法违规主体的责任追究力度，保护投资者合法权益。（北京证监局、市公安局、市司法局、市国资委、市金融监管局、人行营业管理部、北京银保监局、市委网信办等有关单位与各区政府负责）

五、解决上市公司突出问题

（九）积极稳妥化解股票质押风险

坚持控制增量、化解存量，建立多部门共同参与的上市公司股票质押风险处置机制，强化场内外一致性监管，加强质押信息共享。强化对金融机构、上市公司大股东及实际控制人的风险约束机制。严格执行分层次、差异化的股票质押信息披露制度。严格控制限售股质押。支持银行、证券、保险、私募股权基金等机构参与上市公司股票质押风险化解。（北京证监局、市金融监管局、人行营业管理部、北京银保监局、市国资委等有关单位与各区政府负责）

（十）严肃处置资金占用、违规担保问题

坚持依法监管、分类处置，对已形成的资金占用、违规担保问题，要限期予以清偿或化解；严厉查处限期未整改或新发生的资金占用、违规担保问题，构成犯罪的依法追究刑事责任。上市公司实施破产重整的，应当提出解决资金占用、违规担保问题的切实可行方案。（北京证监局、市公安局等有关单位与各区政府负责）

（十一）强化应对重大突发事件政策支持

发生自然灾害、公共卫生等重大突发事件，对上市公司正常生产经营造成严重影响的，证券监管部门要在依法合规前提下，作出灵活安排；有关部门要依托中央宏观政策、金融稳定等协调机制，加强协作联动，落实好产业、金融、财税等方面政策；各级政府要及时采取措施，维护劳务用工、生产资料、公用事业品供应和物流运输渠道，支持上市公司尽快恢复正常生产经营。（市发展改革委、市财政局、市经济和信息化局、市商务局、北京市税务局、人行营业管理部、北京银保监局、北京证监局等有关单位与各区政府负责）

六、依法打击上市公司违法违规行为

（十二）加大执法力度

严格落实《中华人民共和国证券法》等法律规定，加大对欺诈发行、信息披露违法、操纵市场、内幕交易等违法违规行为的处罚力度。加强行政机关与司法机关协作，通过联合办案、专业支持、个案会商、调查手段互补等方式优化工作流程，实现涉刑案件快速移送、快速查办，严厉查处违法犯罪行为。完善违法违规行为认定规则，注意区分上市公司责任、股东责任与董事、监事、高级管理人员等个人责任；对涉案证券公司、证券服务机构等中介机构及从业人员一并查处。完善证券民事诉讼和赔偿制度，支持投资者保护机构依法作为代表人参加诉讼。（北京证监局、市司法局、市公安局、市财政局等有

关单位负责）

（十三）完善失信惩戒机制

科学界定失信行为和失信主体，对上市公司的失信行为，依法依规实施信用惩戒，强化上市公司信用意识，营造“褒扬诚信、惩戒失信”的市场环境。推动大数据应用，加强信用信息公开和共享，强化各部门联动机制，切实保障主体合法权益。（市经济和信息化局、北京证监局、市金融监管局、市公安局、市司法局等有关单位负责）

七、形成提高上市公司质量的工作合力

（十四）持续提升服务和监管效能

发挥本市企业上市协调机制和市区两级服务管家机制作用，各部门、各区快速响应、接诉即办，推动企业登陆资本市场上市挂牌。加强全程审慎监管，建立财政、税务、海关、金融、市场监管及行业监管等部门信息共享机制，推进科学监管、分类监管、专业监管、持续监管，提高上市公司监管有效性。落实相关部门与监管部门、证券交易所等在监管协作备忘录中确定事项，积极开展多层次监管合作。（各相关单位与各区政府负责）

（十五）督促中介机构归位尽责

加大对保荐机构、会计师事务所、律师事务所、资产评估机构、资信评级机构等中介机构在上市公司相关业务中执业质量的监管力度，压实中介机构核查验证、专业把关等法定职责，充分发挥中介机构“看门人”作用，为上市公司提供高质量服务。相关部门和机构要配合中介机构依法依规履职，及时、准确、完整地提供相关信息。（北京证监局、市财政局、市司法局、市金融监管局等有关单位负责）

（十六）强化舆论监督管理

进一步健全监管部门与本市主要新闻媒体在上市公司舆情监测、媒体通报等方面的协作机制，规范各类主体对利益相关上市公司的报道评论，加大对编造、传播虚假信息或者误导性信息行为的打击力度，规范信息传播秩序。充分发挥新闻媒体的舆论引导和监督作用，支持各类媒体加强政策解读与宣传，共同营造支持北京上市公司高质量发展的良好氛围。（北京证监局、市金融监管局、市委网信办等有关单位负责）

中国人民银行营业管理部
中国银行保险监督管理委员会北京监管局
中国证券监督管理委员会北京监管局
北京市地方金融监督管理局
北京市发展和改革委员会
北京市财政局
北京市经济和信息化局
北京市政务服务管理局
北京市科学技术委员会
中关村科技园区管理委员会
北京市人民政府国有资产监督管理委员会
北京市人力资源和社会保障局
北京市国有文化资产管理中心

人行营业管理部　北京银保监局　北京证监局　市金融监管局　市发展改革委　市财政局　市经济和信息化局　市政务服务局　市科委　中关村管委会　市国资委　市人力资源社会保障局　市文资中心关于印发《进一步完善北京民营和小微企业金融服务体制机制行动方案（2021—2023年）》的通知

银管发〔2021〕92号

各区政府，政府相关委、办、局，相关市属机构，辖区内各金融机构：

为进一步贯彻党中央、国务院关于深化民营和小微企业金融服务有关精神，落实中国人民银行等部委《关于进一步深化小微企业金融服务的意见》（银发〔2018〕162号）、《关于进一步强化中小微企业金融服务的指导意见》（银发〔2020〕120号）、《关于深入开展中小微企业金融服务能力提升工程的通知》（银发〔2021〕176号）等文件精神以及北京市委市政府的相关工作要求，结合北京市

“两区”建设、助力优化金融营商环境等目标，人行营业管理部、北京银保监局、北京证监局、市金融监管局、市发展改革委、市财政局、市经济和信息化局、市政务服务局、市科委、中关村管委会、市国资委、市人力资源社会保障局、市文资中心等部门研究制定了《进一步完善北京民营和小微企业金融服务体制机制行动方案（2021—2023 年）》，现予印发，请认真贯彻执行。

附件：进一步完善北京民营和小微企业金融服务体制机制行动方案（2021—2023 年）

二零二一年七月一日

进一步完善北京民营和小微企业金融服务体制机制行动方案（2021—2023 年）

为进一步贯彻党中央、国务院关于深化民营和小微企业金融服务有关精神，落实中国人民银行等部委《关于进一步深化小微企业金融服务的意见》（银发〔2018〕162 号）、《关于进一步强化中小微企业金融服务的指导意见》（银发〔2020〕120 号）、《关于深入开展中小微企业金融服务能力提升工程的通知》（银发〔2021〕176 号）等文件精神以及北京市委市政府的相关工作要求，结合北京市“两区”建设、助力优化金融营商环境等目标，人行营业管理部、北京银保监局、北京证监局、市金融监管局、市发展改革委、市财政局、市经济和信息化局、市政务服务局、市科委、中关村管委会、市国资委、市人力资源社会保障局、市文资中心共同制定本行动方案。

一、行动目标

北京地区民营和小微企业金融服务的体制机制不断完善，金融营商环境持续优化，金融服务实体经济的能力进一步增强，助力更多市场主体青山常在、生机盎然，2021—2023 年力争实现以下目标：小微企业贷款保持较快增速，普惠小微贷款年均增速高于各项贷款增速 10 个百分点以上；正常经营的民营和小微企业信贷获得率持续显著提升，综合融资成本稳中有降；小微企业应收账款融资规模年均不低于 500 亿元；三年内，人行营业管理部累计办理民营和小微企业票据再贴现不低于 1 000 亿元，累计向市场投放政策性资金不低于 2 000 亿元。

二、主要措施

（一）加强政策协同，发挥部门合力。

1. 充分发挥货币政策工具的导向作用。用好用足支农支小再贷款、再贴现政策，延续普惠小微企业贷款延期还本付息政策和信用贷款支持计划。支持符合条件的金融机构发行小微企业金融债，充分发挥“京创通”“京文通”“京绿通”等专项再贴现工具的精准滴灌作用，引导更多信贷资金进入科创、文化、绿色、高端制造业等领域。（人行营业管理部、北京银保监局）

2. 完善对商业银行服务小微企业的考核机制。督导辖内商业银行普惠小微贷款增速保持较高水平，督导五家国有大型商业银行北京市分行 2021 年普惠小微贷款增速不低于 30%。研究制定针对辖内商业银行的首贷考核办法，完善对辖内商业银行无还本续贷率、小微企业信用贷款占比、小微企业授信尽职免责等服务小微企业方面的考核与监管评价。引导辖内商业银行扩大信用贷款规模、持续增加首贷户、推广随借随还贷款，对文化、旅游等受疫情持续影响行业企业给予差异化支持政策。（北京银保监局、人行营业管理部）

3. 完善北京市贷款服务中心建设。持续完善北京市贷款服务中心“首贷”“续贷”“确权融资”“知识产权质押融资”等融资功能，优化业务办理流程、完善配套功能，提升企业融资体验，不断探索拓展金融服务范畴，研究增设“创业担保贷款”产品。北京金控集团小微金服公司完善对北京市贷款服务中心的系统支持，支撑相关业务开展。（市政务服务局、北京银保监局、市金融监管局、人行营业管理部、市经济和信息化局、北京金控集团）

4. 进一步完善融资担保体系。积极落实财政支持深化民营和小微企业金融服务综合改革试点工作。充分发挥北京市小微企业信用担保代偿补偿资金作用，优化代偿补偿机制，提升资金使用效率及小微企业覆盖面。充分发挥市、区两级政府性融资担保机构的融资撬动作用，建立完善以服务小微企业为导向的绩效评价办法。结合政府性融资担保机构的绩效评价结果及担保业务杠杆率情况，建立健全政府性融资担保机构的资本金补充、调整机制。深化银担合作，政府性融资担保机构和银行业金融机构要根据政策导向推进“总对总”合作、银担“2∶8”风险分担、并行审批等合作机制。（市财政局、市金融监管局、市经济和信息化局、北京银保监局）

5. 多措并举助力小微企业综合融资成本稳中有降。优化存款利率监管，引导辖内商业银行合理确定存款利率并提升贷款差异化定价能力，合理确定小微企业贷款利率，确保普惠小微贷款利率保持平稳态势，继续引导金融系统向实体经济减费让利。严格督促各类金融机构利率、手续费的公开透明，加大执法检查力度，对于各类金融机构违法违规收费的情况予以坚决查处。鼓励相关部门、各区积极出台并落实好小微企业贷款贴息、融资担保降费奖补等政策，助力小微企业综合融资成本稳中有降。（人行营业管理部、北京银保监局、市财政局、市经济和信息化局、市金融监管局、市科委、中关村管委会）

（二）线上线下结合，完善政银企对接长效机制。

6. 整合完善企业线上融资服务体系。积极推进北京市银企对接系统与北京畅融工程、北京小微金服平台、“创信融”平台、北京市中小企业公共服务平台、中关村企业线上融资服务平台、北京文创板平台、北京市金融公共数据专区等平台的对接与合作，促进各平台的功能互补与业务协同，为企业提供多层次、广覆盖、便捷化的融资服务。充分发挥北京市金融公共数据专区对金融科技创新应用的助力作用，助力辖内金融机构提升对民营和小微企业信用风险的评价能力。推动搭建北京地区外汇自律机制公共服务平台，推动银行下沉服务重心，增强企业“风险中性”的汇率风险管理能力。（人行营业管理部、市金融监管局、市经济和信息化局、市科委、中关村管委会、市文资中心、北京外汇管理部、北京金控集团）

7. 深入推进“访企业　问需求—零

信贷企业银企对接活动”。联合相关行业主管部门、数据平台以及各区资源，定期梳理形成重点领域的首贷企业名单，并依托北京市银企对接系统引导辖内商业银行加大走访力度，优化首贷服务。鼓励银行对于走访过程中有融资需求、但暂无法满足授信条件的企业，积极引导其对接北京市贷款服务中心的首贷服务，实现线上线下首贷服务的有机联动。（人行营业管理部、北京银保监局、市政务服务局）

8. 常态化开展线下银企对接活动，定期发布《北京优化金融营商环境便企服务手册》。北京金融管理部门联合相关行业主管部门、行业协会以及各区，常态化开展金融政策宣讲、银企对接和融资路演等活动，将北京市贷款服务中心打造成为北京市银企对接系统和北京畅融工程的线下落地平台。研究编制北京小微企业融资条件指数，定期发布《北京优化金融营商环境便企服务手册》，加强金融政策、金融服务典型案例的宣传推广力度，促进更多民营和小微企业、个体工商户等市场主体“知政策”“懂政策”“享政策”。（市金融监管局、人行营业管理部、北京银保监局、北京证监局、市政务服务局）

9. 坚持问题导向，搭建北京市企业金融服务意见与建议征集平台。线上线下结合，建立健全北京地区企业金融服务意见建议反馈机制，搭建北京市企业金融服务意见与建议征集平台，常态化征集广大企业代表、专家学者、人大代表、政协委员等对于金融服务方面的意见和建议。各相关部门、金融机构在网站、微信公众号等显著位置设置平台链接入口，坚持问题导向、线索导向，为精准把脉金融领域创新改革方向提供重要的信息支撑。（人行营业管理部、市经济和信息化局、市金融监管局）

10. 推行金融顾问制度，提升金融服务企业的精准性。选聘金融机构业务骨干和相关专业人士组建金融专业服务团队，发挥金融顾问专家的专业优势，为企业合理运用金融工具、优化融资结构、防范金融风险提供咨询服务。引导金融顾问专家主动对接企业融资需求，“一业一策”“一企一策”帮助企业制定投融资规划和融资方案。建立健全金融顾问的考核评价机制。（市金融监管局）

（三）加强科技赋能，提升服务质效。

11. 联合推进创业担保贷款业务增量扩面。联合相关部门扩大创业担保贷款业务的经办银行范围，开展“访企业 问需求——创贷拓户专项行动”。建立完善线上线下融合的创业担保贷款服务体系，加强对小微企业、个体工商户等市场主体的政策宣传，强化对经办银行、融资担保机构的业务督导，进一步发挥创业担保贷款政策的撬动作用，带动创业就业快速发展。（人行营业管理部、市财政局、市人力资源社会保障局、市金融监管局、北京银保监局）

12. 完善中小企业应收账款和政府采购合同确权融资服务体系。研究出台北京市支持中小企业应收账款和政府采购合同确权融资促进办法，通过信息系统对接、业务流程优化、机制保障、大数据赋能、线上线下结合等方式，推动北京市中小企业应收账款和政府采购合同确权融资业务增量扩面。由北京市贷款服务中心、北京小微金服平台提供政府采购项目供应商贷款相关服务，按照本市部署积极推进供应链金融公共服务平台建设，构建中小微企

业数字金融服务体系。（市政务服务局、市金融监管局、市财政局、市国资委、北京银保监局、人行营业管理部、北京金控集团）

13. 加快推动应收账款票据化。指导辖内供应链平台、金融机构和大型核心企业与上海票交所供应链票据平台对接，推动一批核心企业特别是京津冀产业链企业签发供应链票据支付上游企业账款，鼓励辖内银行提供供应链票据贴现等融资服务，在京津冀区域试点推广“贴现通”业务，精准支持民营和小微企业融资。（人行营业管理部、市经济和信息化局、北京证监局）

14. 进一步完善信息共享机制，助力提升商业银行信用贷款投放能力。建立健全以金融机构使用为导向、企业授权为支撑的涉企信息整合共享机制，规范北京市金融公共数据专区接入部门的数据提供与更新规则，优化北京市金融公共数据专区对辖内金融机构的服务模式，拓展多层次的信用服务产品。支持各行业主管部门、各区依托北京市金融公共数据专区等内外部资源建立信用贷款“白名单”，推动出台配套支持政策，提升辖内商业银行发放小微企业信用贷款的能力与动力。（人行营业管理部、市经济和信息化局、市金融监管局、北京金控集团）

15. 积极推动“京津冀征信链”建设工作。推动京津冀三地政务数据、商业信息和互联网信息的归集和应用，在京津冀及周边辐射区域建成覆盖全社会的征信系统，建成国内领先的征信市场和征信基础设施。（人行营业管理部）

（四）聚焦重点领域，提升金融服务专业化水平。

16. 加强金融对科创、高端制造业的支持力度。积极推进中关村科创金融试验区在京落地实施。进一步发挥中关村科技金融专营组织机构的引领示范作用，依托北京市金融公共数据专区汇聚的政务数据，加大金融科技创新应用，推出更多满足科创企业融资需求、契合科创企业发展特点的金融产品与服务。升级完善金融支持制造业高质量发展的政策体系，加强政策落实评估，引导辖内商业银行制造业中长期贷款保持较高增速。建立产业主管部门与金融管理部门合作的制造业融资对接机制，支持辖内金融机构综合运用银行贷款、债券融资、融资租赁、商业保理等方式，满足制造业企业、高精尖项目的融资需求。（人行营业管理部、北京银保监局、市金融监管局、市发展改革委、市科委、中关村管委会、市经济和信息化局、北京金控集团）

17. 进一步完善文化金融服务体系。以高质量创建国家文化与金融合作示范区为契机，优化文化金融服务体系。创新开展文化金融专营组织机构的认定与评估工作，推动各区出台配套支持政策，充分发挥文化金融专营组织机构的引领示范作用，推出更多适合中小文化企业的金融产品与服务，带动北京市文化金融服务水平提质增效。以市级、区级文化产业园为抓手，深入推进银企对接与政策宣传，进一步扩大“京文通”专项再贴现产品的试点企业范围。（人行营业管理部、北京银保监局、市金融监管局、市文资中心）

18. 提升“三农”金融服务水平。认真落实乡村振兴工作部署，结合北京市农村发展实际，依托北京市金融公共数据专区汇聚的数据，建设集合涉农企业、农业合作社、农户等涉农主体信息的共享平台或专区，支持北京农商银行、村镇银行、北京农业融资担保公司等机构有效利用金融大数据手段，开发特色金融产品和服务，提升全市“三农”金融服务的覆盖面、精准性、有效性。（市金融监管局、人行营业管理部、北京银保监局、市经济和信息化局、北京金控集团）

19. 建立完善绿色金融服务体系。创新发展绿色金融工具，积极引进绿色投资机构，鼓励金融机构更多投向绿色产业，带动社会资本投资绿色企业。梳理形成北京市绿色及相关产业企业名录并定期更新，不断提升金融服务绿色产业的精准性。（人行营业管理部、市金融监管局、市发展改革委、市经济和信息化局）

20. 完善多层次的知识产权融资服务体系。充分发挥地方财政补贴、再贷款再贴现、大数据赋能、政策性融资担保等各方政策合力，进一步释放知识产权在企业融资中的担保、增信作用，支持辖内金融机构为知识产权密集型企业提供多样化的知识产权融资产品。探索开展知识产权价值信用贷款试点工作。推动相关部门不断优化专利、版权、商标权等知识产权的质押登记流程，提升企业、金融机构办理的便捷化程度。（北京银保监局、人行营业管理部、市金融监管局、市财政局、市政务服务局、市科委、中关村管委会）

21. 加强股债联动模式，支持中小科创企业融资发展。加快推进科创金融机构之间的联动衔接，积极推广投、贷、保联动等多种服务模式创新。鼓励银行机构在依法合规、风险可控前提下，与创业投资机构、产业投资基金等合作创新多样化的金融服务模式。建立健全私募投资行业被投企业债权融资服务机制。（北京银保监局、市金融监管局、北京证监局、市科委、中关村管委会）

22. 进一步提升中关村科创企业跨境融资支持力度。对于符合条件的中关村示范区海淀园科创企业（以下简称试点企业），外债便利化额度由500万美元提高至1 000万美元，在额度内企业可自主借用外债，进一步满足“轻资产、高成长”高新技术企业的融资需求。取消试点企业的外债逐笔登记管理要求，企业可到所在地外汇局办理一次性外债登记，在登记金额内自行借、用、还外债资金。试点企业可将外债资金用于符合规定的股权投资（房地产投资除外），所投项目应真实合规、与试点企业经营相关、符合国家宏观调控政策以及外商投资准入相关要求。（北京外汇管理部、市科委、中关村管委会）

23. 充分发挥融资租赁的融资融物作用。指导辖内融资租赁公司加快建立以租赁标的物为核心的融资租赁风险管理体系，为民营和小微企业提供周期长、匹配度高、成本低的专业化、特色化服务方案，与辖内商业银行信贷产品形成差异化竞争。支持民营和小微企业与融资租赁机构开展多层次合作。在风险可控前提下，鼓励民营和小微企业通过直接融资租赁方式引进生产经营所需的设备，通过售后回租方式盘活企业存量资产，通过厂商租赁模式进行产品促销、拓展市场份额。研究并探索建立承租人违约情况下的租赁物快速取回处置机制。（市金融监管局）

24. 支持符合条件的重点领域企业登陆资本市场。依托企业上市挂牌综合服务平台和上市挂牌培育基地，大力做好企业上市挂牌培训辅导工作。继续完善衡量企业科创属性的“钻石指数”，建立北京市统一的上市挂牌后备企业资源库，持续加强后备企业挖掘培育。支持集成电路、卫星互联网、新一代信息技术、医药健康、智能装备、新能源、新材料、人工智能等重点领域和文化产业领域的优质企业上市挂牌。推动企业上市综合服务平台优化服务，支持符合条件的外商投资企业登陆境内资本市场，打造国内外循环发展新格局。（市金融监管局、北京证监局、市科委、中关村管委会、市经济和信息化局）

25. 推动私募股权交易市场健康发展。着力提升股权投资和创业投资份额转让效率，为私募股权基金提供优质缓释、退出通道，助力私募股权基金实现良性循环和接续发展。推动“专精特新”板建设，服务一批细分市场、聚焦主业、创新能力强、成长性好的“专精特新”企业，助力实体经济特别是高端制造业做强做优，提升产业链供应链的稳定性和竞争力。（市金融监管局、北京证监局）

三、组织保障

（一）加强党建引领业务

各相关部门要提高政治站位，不断加强党建对业务推进的引领作用，将深化民营和小微企业金融服务与“我为群众办实事”紧密结合，从企业的实际需求与困难出发，着力推进相关工作。

（二）充分发挥现有专班机制

充分发挥北京市金融支持稳企业保就业工作领导小组职能与作用，继续加强长效机制建设，形成重点服务民营和小微企业的工作会商机制。

（三）强化信息共享和反馈

各相关单位根据本行动方案提出的行动目标及工作实际，及时将相关数据和工作推进情况报送至人行营业管理部，人行营业管理部做好信息汇总和反馈工作。

（四）加强政策宣传和舆论引导

各相关单位、各金融机构要进一步加大普惠金融政策的宣传力度，提升政策知晓度，扩大政策惠及面，提高政策实施效果。要及时总结典型做法和案例，加强舆论引导，积极回应社会关切，营造良好的舆论氛围。

中国人民银行营业管理部

中国人民银行营业管理部
关于成立北京冬奥支付环境建设运行指挥部的通知

银管发〔2021〕129号

辖区内各相关商业银行、北京支付清算协会、中国银联北京分公司、维萨（VISA）公司：

今年10月以来，北京密集迎来国际、国内测试赛，冬奥会筹办进入最后冲刺阶段。为圆满完成冬奥会冲刺阶段支付环境建设任务，营业管理部在冬奥会倒计时100天的重要节点，正式发起成立北京冬奥支付服务环境建设暨数字人民币冬奥会场景试点运行指挥部（简称“北京冬奥支付环境建设运行指挥部”）。现将指挥部有关情况通知如下：

一、工作职责

负责统筹冲刺阶段冬奥支付服务环境建设及数字人民币冬奥场景试点工作，在人民银行总行牵头的北京—张家口冬奥会支付服务环境建设领导小组和北京冬奥会运行保障指挥部的领导下，依托北京市冬奥会支付环境建设领导小组，精准对接、及时跟进、不留死角，为 2022 年北京冬奥会提供安全便捷高效的支付服务环境。

二、组织架构

指挥部由中国人民银行营业管理部、北京市地方金融监管局、北京冬奥组委财务部、数字货币研究所，中国银行北京市分行等 14 家主要责任银行、银联北京分公司、VISA 公司等成员单位共同组成。指挥部领导及成员包括：

指挥长：

杨伟中　中国人民银行营业管理部党委书记、主任

常务副指挥长：

姚　力　中国人民银行营业管理部党委委员、副主任

副指挥长：

马玉兰　中国人民银行营业管理部党委委员、副主任

刘玉苓　中国人民银行营业管理部党委委员、副主任

王　颖　北京市地方金融监管局党组成员、副局长

成员：

李　强　北京冬奥组委财务部外汇处处长

吕　远　数字货币研究所创新部总经理

黄　力　中国工商银行北京市分行党委书记、行长

胡新智　中国农业银行北京市分行党委书记、行长

王志恒　中国银行党委委员、副行长兼北京市分行党委书记、行长

林朝晖　中国建设银行北京市分行党委书记、行长

刘建军　交通银行北京市分行党委书记、行长

杜春野　中国邮政储蓄银行北京分行党委书记、行长

刘红华　中信银行北京分行党委书记、行长

王　罡　中国光大银行北京分行党委书记、行长

张　诚　招商银行北京分行党委书记、行长

杨　毓　中国民生银行北京分行党委书记、行长

李大营　华夏银行北京分行行长、党委书记

张霆兴　兴业银行北京分行党委书记、行长

杨书剑　北京银行党委副书记、行长

付东升　北京农商银行行长

徐晓强　中国银联北京分公司总经理

张兆阳　VISA 公司大中华区政府事务负责人

指挥部下设办公室，办公室设在中国人民银行营业管理部，实行集中办公，办公室成员来自中国人民银行营业管理部、北京市地方金融监管局、中国银行北京市分行、银联北京分公司，负责具体协调推进冬奥支付服务环境建设和数字人民币冬奥场景试点工作。

三、工作机制

（一）明确重要事项“事不过夜、实

时调度”工作原则。坚决贯彻落实人民银行总行、北京市委市政府的决策部署，及时传达冬奥技术服务保障组工作要求，精准了解北京冬奥组委及涉奥单位支付需求，按照“事不过夜”原则，立即报告、实时调度。

（二）建立“每周例行调度”工作机制。每周一指挥长主持召开指挥部办公室工作会议，总结上周工作进展、研究存在问题、明确下一阶段工作重点。

（三）确立请示报告工作制度。指挥部办公室每日总结冬奥支付面临的困难和提请指挥部协调解决的问题，形成工作日报，根据实际需要向指挥长、副指挥长报告。

（四）构建信息报送机制。指挥部办公室每周制作工作简报，向人民银行总行、北京市委市政府、指挥部成员单位及其他相关单位报告北京冬奥支付环境建设及冬奥场景数字人民币试点工作新情况、新问题。

（五）建立信息沟通机制。建立涉冬奥支付环境建设委办局联系人名录、重点责任银行联系人名录，搭建与冬奥组委财务部、运服部等部门的直接联系，畅通信息沟通渠道。

四、工作安排

（一）2021 年 10 月至 11 月：制定指挥部运行工作方案，提请中国人民银行营业管理部党委会审批，启动集中办公。

（二）2021 年 11 月至 12 月：测试赛运行阶段，启动指挥部办公室日常工作，各成员单位按照工作职责抓好冲刺阶段责任落实。

（三）2022 年 1 至 3 月：赛时运行阶段，按照人民银行总行、北京市委市政府、北京冬奥组委工作部署，落实赛时支付环境保障任务。密切关注全网支付领域相关舆情，提前做好应对处置安排。

（四）集中办公地点：中国人民银行营业管理部。

五、下一步工作要求

下一步，各成员单位要充分认识冬奥会支付服务环境建设的重要意义，讲政治、顾大局，以“跑秒计时、压线冲刺”工作状态，解决具体困难和问题。各单位负责同志和分管负责同志要靠前指挥，扑下身子抓落实，将冬奥支付作为当前最紧要的工作来抓，按照人民银行决策部署，细化任务分工，逐项盯紧落实。

二零二一年十一月十九日

中国人民银行营业管理部
中国银行保险监督管理委员会北京监管局
中国证券监督管理委员会北京监管局
北京市地方金融监督管理局
北京市发展和改革委员会
北京市经济和信息化局
北京市财政局
北京市生态环境局

人行营业管理部　北京银保监局　北京证监局　市金融监管局　市发展改革委　市经济和信息化局　市财政局　市生态环境局关于印发《关于金融支持北京绿色低碳高质量发展的意见》的通知

银管发〔2021〕102号

为贯彻落实党中央、国务院决策部署，坚持新发展理念，以首善标准统筹推进经济高质量发展和生态环境高水平保护，充分发挥金融在支持北京绿色低碳领域发展和促进生态文明建设中的积极作用，助力实现“碳达峰、碳中和”目标，结合北京实际，人行营业管理部、北京银保监局、北京证监局、市金融监管局、市发展改革委、市经济和信息化局、市财政局、市生态环境局等部门研究制定了《关于金融支持北京绿色低碳高质量发展的意见》，现予印发，请认真贯彻执行。

附件：关于金融支持北京绿色低碳高质量发展的意见

二零二一年八月二十三日

关于金融支持北京绿色低碳高质量发展的意见

为贯彻落实党中央、国务院决策部署，坚持新发展理念，以首善标准统筹推进经济高质量发展和生态环境高水平保护，充分发挥金融在支持北京绿色低碳领域发展和促进生态文明建设中的积极作用，助力实现“碳达峰、碳中和”目标，现提出以下意见。

一、加大金融支持北京绿色低碳高质量发展的工作力度

（一）大力发展绿色金融，加大对北

京绿色低碳高质量发展的金融支持力度是深入践行“绿水青山就是金山银山”理念，推动生态文明建设的内在要求，也是推进金融供给侧结构性改革，支持北京经济社会绿色转型升级，促进经济可持续发展的重要举措。各金融管理部门、行业主管部门要提高站位，主动作为，将金融支持北京绿色低碳高质量发展作为重要任务，以北京市绿色金融改革创新试验区创建为契机，加强政策引导和协同配合，合力构建良好的绿色金融政策环境，统筹有序做好金融支持碳达峰、碳中和工作。各金融机构要转变发展观念，将绿色低碳发展目标纳入业务发展规划，加强组织领导和资源倾斜，创新金融产品和服务，加强专业人才培养，提升金融服务绿色低碳发展的能力。（责任单位：人行营业管理部、北京银保监局、北京证监局、市金融监管局、市发展改革委、市经济和信息化局、市财政局、市生态环境局）

二、积极发挥货币信贷政策引导作用

（二）充分发挥货币政策工具支持作用。用好用足碳减排政策支持工具，对政策执行情况开展监测和效果评估。创设“京绿通”专项再贴现货币政策工具，设置绿色企业票据再贴现绿色通道，优先支持服务绿色低碳产业较好的金融机构，充分发挥货币政策工具对绿色信贷的正向激励作用。（责任单位：人行营业管理部）

（三）加强信贷结构引导。完善信贷政策导向效果评估制度，强化“绿色”评估结果运用，扩大评估效果，激励辖区内银行加大绿色信贷投放。（责任单位：人行营业管理部）

（四）巩固 LPR 改革推动降低融资成本效果。持续推动辖区内金融机构运用 LPR，释放 LPR 改革促进降低贷款利率的潜力。鼓励法人银行通过内部转移定价优惠提升业务条线和分支行发放绿色贷款的积极性。（责任单位：人行营业管理部）

三、强化政策激励约束

（五）探索开展绿色金融评价运用。积极制定辖区内银行业金融机构（法人）绿色金融评价实施细则并做好评价工作，积极探索拓展评价结果应用，加强与央行评级等工作联动，着力提升银行业金融机构绿色金融绩效。（责任单位：人行营业管理部）

（六）鼓励加大对绿色项目的支持力度。用好本市已出台的各项财政资金政策，对满足条件的绿色项目（企业）提供支持。在本市形成绿色项目（企业）库并明确绿色项目标准后，相关部门探索建立支持绿色项目（企业）政策。（责任单位：市财政局、市经济和信息化局、市金融监管局、各区政府）

（七）进一步完善风险分担机制。鼓励政府性融资担保机构给予绿色融资增信支持。支持政府性融资担保机构提升担保能力。（责任单位：市金融监管局、市财政局、各区政府）

四、大力发展绿色直接融资体系

（八）加强债券市场融资支持作用。加大政策宣传和培育引导，鼓励辖区内法人银行发行绿色、“碳中和”金融债券，加强募集资金后续管理，确保资金切实投向绿色低碳项目。积极支持辖区内企业发行绿色、“碳中和”债务融资工具、公司债、企业债，支持企业通过发行绿色资产证券化、绿色资产支持票据等产品盘活资金。（责任单位：人行营业管理部、北京证监局、市金融监管局、市发展改革委）

（九）充分发挥股权融资作用。积极为辖区内绿色低碳企业开辟上市辅导等便利通道，引导证券公司等中介机构尽职尽责，加快推进创新能力强、成长性好的高技术绿色企业上市或挂牌融资，并强化环境信息披露工作。鼓励和支持绿色低碳企业并购重组。（责任单位：北京证监局、市金融监管局、市经济和信息化局）

（十）促进创业投资持续健康发展。进一步完善扶持创业投资发展的政策体系，促进创业投资发展，有效弥补创新型、成长型绿色企业的融资缺口。支持创投机构通过发行创新创业公司债券、债务融资工具等方式融资，募集资金专项用于绿色科技创新领域股权投资。（责任单位：北京证监局、市金融监管局、人行营业管理部、市经济和信息化局）

五、进一步发挥保险市场对绿色低碳发展的促进作用

（十一）鼓励保险业机构积极参与建设北京市政金企对接机制，加强绿色企业及绿色项目融资需求信息共享，引导保险资金通过债权、股权投资等多种方式加强对基础设施建设、绿色经济项目的支持力度，充分发挥保险资金投资范围广、资金期限长、运用形式灵活等优势。（责任单位：北京银保监局、市金融监管局）

（十二）鼓励保险业机构运用信用保证保险等保险产品为绿色企业和绿色项目提供增信措施，解决中小绿色企业融资难问题。鼓励开展环境污染责任保险、绿色建筑性能保险、绿色产业产品质量责任及其他绿色保险业务。（责任单位：北京银保监局、市金融监管局）

六、推动金融机构构建为绿色经济发展提供支撑的组织体系和产品服务体系

（十三）建立符合绿色金融发展要求的法人治理结构和组织体系。各金融机构应当健全绿色金融工作领导决策、执行和监督机制，确保治理结构和组织体系能够有效支撑绿色金融发展目标。鼓励银行设立绿色金融特色支行、绿色金融事业部等专营组织机构，组建绿色专业团队，加强专业人才队伍建设和业务培训，提高绿色金融服务的专业性。（责任单位：人行营业管理部、北京银保监局、北京证监局、市金融监管局）

（十四）建立符合绿色企业和项目特点的内部信贷管理制度。鼓励银行业金融机构持续完善环境效益影响模型，将碳减排纳入贷款额度测算、利率定价等信贷管理流程。鼓励配套绿色信贷专项规模，建立绿色信贷客户名单，开辟绿色信贷快速审批通道。发挥金融科技在绿色金融发展中的作用，通过科技手段对各项绿色金融业务进行识别、跟踪、贴标，监测评估绿色信贷效果。（责任单位：人行营业管理部、北京银保监局）

（十五）创新和丰富绿色金融产品。在风险可控、商业可持续前提下，鼓励银行业金融机构推广能效贷款、合同能源管理未来收益权质押贷款、碳排放权质押贷款等信贷品种，创新清洁能源、清洁生产、绿色园区、绿色建筑、绿色交通等绿色金融品种，大力支持重点行业绿色化改造、超低能耗建筑、新能源车、外调绿电等项目。推动绿色低碳产业链金融服务，鼓励发展订单、仓单、存货、应收账款融资等供应链金融产品。鼓励开展可再生能源补贴确权贷款。鼓励金融租赁机构开展绿色资产融资租赁业务，支持企业绿色运营。鼓励证券公司、基金公司等金融机构提供丰富多样的资本市场金融服务，降低绿色企业、绿色项目融资成本，协助上市公司开展 ESG 信息披露，创新开发气候友好型绿色金融产品。（责任单位：人行

营业管理部、北京银保监局、北京证监局、市金融监管局）

（十六）改进内部考核激励机制。各法人银行应建立支持绿色低碳发展的差异化考核激励机制，落实授信尽职免责要求。鼓励各法人银行优化风控体系，合理配置绿色信贷资产风险权重。对绿色金融服务较好的分支行，通过优化资源配置、安排专项激励费用、绩效考核倾斜、利润损失补偿等方式予以奖励。（责任单位：北京银保监局、人行营业管理部、北京证监局、市金融监管局）

（十七）强化环境风险管理。鼓励金融机构使用环境压力测试和情景分析等方法和工具，对金融机构在气候变化、环境监管和可持续发展等压力情况下面临的信用风险、市场风险和其他金融风险进行量化分析，加强环境风险管理。（责任单位：人行营业管理部、北京银保监局、北京证监局、市金融监管局）

（十八）积极推进碳排放信息披露。督导获得碳减排支持工具资金的金融机构按要求定期向社会披露碳减排信息。指导和推动有条件的地方法人金融机构有序开展碳排放信息披露，逐步实现按照统一信息披露标准的强制披露。（责任单位：人行营业管理部、北京银保监局、北京证监局、市金融监管局）

（十九）积极促进绿色企业跨境贸易投资便利化。鼓励辖区内商业银行提升跨境金融服务能力，将符合条件的绿色企业纳入北京地区优质诚信企业跨境人民币结算便利化试点名单，将符合条件的信用良好绿色企业纳入贸易外汇收支便利试点范围，为符合条件的绿色企业提供资本项目收入支付便利化服务。（责任单位：人行营业管理部、市金融监管局）

（二十）支持金融机构和绿色企业在符合宏观审慎管理框架下通过发行绿色债券或上市融资等方式从境外融入资金，支持中关村示范区符合条件的绿色科创企业运用外债便利化试点政策跨境融资，支持绿色企业发展。（责任单位：人行营业管理部、北京证监局）

（二十一）支持外资企业的境外母公司或子公司按规定在境内发行人民币绿色债券，支持境内绿色项目建设。（责任单位：人行营业管理部、北京证监局）

七、优化绿色金融营商环境

（二十二）推动绿色金融与服务机构发展。鼓励以绿色金融为特色业务的金融机构和绿色金融第三方服务机构在京落地和业务创新。支持外资金融机构以合资或独资形式依法合规在京设立法人机构，提供绿色金融产品与服务。推动开展绿色投资与绿色资产管理的国际机构在京发展。（责任单位：市金融监管局、北京银保监局、北京证监局、人行营业管理部）

（二十三）培育各类绿色机构投资者。鼓励各类机构投资者树立责任投资理念，投资绿色金融产品。鼓励机构投资者发布绿色责任投资报告。提升机构投资者对所投资产涉及的环境风险和碳排放的分析能力，就环境和气候因素影响开展压力测试。（责任单位：北京证监局、人行营业管理部、市金融监管局）

（二十四）鼓励设立各类绿色低碳发展基金。按政府引导、市场主导的原则，吸引有实力的机构投资者和社会资本投资节能环保、清洁能源、绿色交通、绿色建筑、生态环境等领域的企业和项目。（责任单位：市金融监管局、北京证监局）

（二十五）加强企业环境和社会风险信息共享。推动将企业环境违法违规记录、环境污染责任险参保情况等环境和社会风险信息纳入北京市金融公共数据专区，为金融机构开展绿色金融服务提供数据支撑。（责任单位：人行营业管理部、市生态环境局、市经济和信息化局、市金融监管局）

（二十六）深化绿色金融政银企对接机制。依托北京市银企对接系统，打造“京绿融”绿色融资服务专区，加强与北京畅融工程、北京小微金服平台、北京市金融公共数据专区对接，建立广覆盖、便捷化的绿色金融融资服务体系。通过“创信融”企业融资综合信用服务平台加大对绿色创新的金融支持，提高绿色企业获贷率及信用贷款率。（责任单位：人行营业管理部、市金融监管局、市经济和信息化局）

（二十七）推动京津冀绿色金融协同发展。发挥北京绿色金融的带动辐射作用，为深化京津冀地区的绿色产业链协同发展构建资金链。依托三地协调机制，积极推动优化京津冀三地绿色供应链融资服务，提升中小微企业使用商业汇票融资效率。（责任单位：人行营业管理部、北京银保监局、北京证监局、市金融监管局）

八、加强政策协调和组织保障

（二十八）加强整体协同。依托北京市金融监管协调机制，金融管理部门统一协调，解决绿色金融发展中的重要事项和重大问题，跟踪监督绿色金融政策落实情况。（责任单位：人行营业管理部、北京银保监局、北京证监局、市金融监管局）

（二十九）探索建立绿色项目、绿色企业名录库。市发展改革委、市经济和信息化局、市生态环境局负责汇总推荐本市绿色项目名录和主营业务符合绿色产业指导目录中的企业名录，根据企业和项目规范生产经营情况，对名单实施动态调整。市发展改革委、市经济和信息化局、市生态环境局与金融管理部门实时共享企业和项目名录。金融管理部门实时将名录内企业和项目获得央行政策性资金、绿色信贷、直接融资等支持情况及效果反馈市发展改革委、市经济和信息化局、市生态环境局。（责任单位：市发展改革委、市经济和信息化局、市生态环境局、人行营业管理部、北京银保监局、北京证监局、市金融监管局）

（三十）加强金融机构、企业、第三方服务机构对接工作，鼓励第三方能源环境效益认定评估机构积极为绿色企业、绿色项目提供认定评估服务。（责任单位：市发展改革委、市经济和信息化局、市生态环境局、人行营业管理部、北京银保监局、北京证监局、市金融监管局）

（三十一）以城市副中心为先导承载地推进绿色金融体系建设。牢固树立绿色发展理念，积极拓展绿色生态空间，提高绿色投资，加大绿色金融资源向城市副中心投放力度。推动绿色金融标准研发和宣传推广，打造绿色金融标准应用场景，推动绿色金融改革开放创新政策在城市副中心先行先试。（责任单位：市金融监管局、人行营业管理部）

（三十二）完善绿色金融统计与监测。加强绿色信贷统计工作，持续跟踪研究绿色信贷统计制度，探索开展绿色低碳产业融资状况调查统计工作。（责任单位：人行营业管理部）

中国银行保险监督管理委员会北京监管局

北京银保监局关于印发《关于简化中国（北京）自由贸易试验区内银行保险机构和高管准入方式的实施细则》的通知

京银保监发〔2021〕13号

各政策性银行北京市分行及总行营业部、国家开发银行在京营业机构、辖内各国有控股大型商业银行、辖内各股份制商业银行、北京银行、北京农商银行、北京中关村银行、辖内各村镇银行、各城市商业银行北京分行、辖内各外资银行，各保险公司北京分公司、各在京直接经营业务保险总公司：

现将《关于简化中国（北京）自由贸易试验区内银行保险机构和高管准入方式的实施细则》印发给你们，请认真贯彻落实。

二零二一年一月二十五日

关于简化中国（北京）自由贸易试验区内银行保险机构和高管准入方式的实施细则

第一章　总　则

第一条　为进一步明晰辖内银行保险机构和高管在中国（北京）自由贸易试验区内（以下简称自贸试验区内）的准入方式，推进简政放权工作，根据《关于向全国自贸试验区复制推广有关监管政策的指导意见》（银保监发〔2020〕15号）及有关监管规定，制定本实施细则。

第二条　本实施细则适用于自贸试验区内银行分行级以下（不含分行）、保险公司支公司及以下的分支机构。

第三条　各银行保险机构应压实主体责任，严格按照中国银保监会的有关规定对所涉机构和高管准入条件审核把关，确保报告（备案）材料的真实性、完整性和准确性，以及所涉机构、高管的合规性、适格性。

第四条　北京银保监局依照本实施细则和相关规定，简化自贸试验区内银行保险机构和高管准入方式，并对本实施细则的执行情况进行监督管理。

北京银保监局将通过随机抽查、走访约谈、监管通报等形式，加强对相关报告（备案）事项的跟踪指导和事中事后监管。一旦发现存在瞒报、漏报或其他不合规、不审慎行为，将依法采取监管措施或进行行政处罚。

第二章　机构准入

第五条　银行在自贸试验区内设立、变更、终止分行级以下（不含分行）分支机构的，无需报经北京银保监局事先审批，实行报告制。其中，变更情形包括迁址、更名、升格。

保险公司在自贸试验区内设立、撤销支公司及以下分支机构的，无需报经北京银保监局事先审批，实行备案制。

第六条　在适用本实施细则简化准入方式前，银行保险机构应对相关地区的金融市场结构、金融服务供应等情况进行充分调研，评估必要性和可行性，不得突击设立机构进行恶性竞争，不得盲目撤并机构。

第七条　银行分支机构的总行或上级管辖行、保险公司分支机构的总公司或省级分公司，在机构准入事项首次拟适用报告（备案）制管理前，应先行制定评估、验收的内部配套管理制度，明确标准和要求，明晰分工和职责，确保相关事项符合监管规定和审慎性要求。

制度建立及修订情况应通过正式公文形式向北京银保监局报告。

第八条　设立、变更、终止自贸试验区内银行分支机构的上级管辖行应当按照本实施细则第九条至十三条的规定，在做出设立、变更、终止决定的内部文件印发之日起 10 个工作日内，向北京银保监局提交报告材料。北京银保监局就报告材料的完整性进行形式审核，并加强事中事后监管。

第九条　银行分行级以下（不含分行）分支机构设立需提交以下材料：

（一）设立报告（包括新设机构的名称、营业地址、营运资金拨付、业务范围、主要负责人姓名、员工配备情况，及按照本实施细则第七条规定的自行验收评估情况）；

（二）董事会或有权上级行同意设立支行的有效批准文件及业务授权书；

（三）可行性研究报告；

（四）营业场所所有权或使用权的证明文件；

（五）符合公安、消防部门对营业场所安全、消防设施要求的相关材料文件；

（六）符合反洗钱和反恐怖融资有关要求的说明；

（七）新设机构高管人员相关材料（同本实施细则第二十三条）。

第十条　银行分行级以下（不含分行）分支机构迁址需提交以下材料：

（一）迁址报告（包括迁址原因、原址和新址地点、服务范围及对象、相关业务及人员安排等）；

（二）有权上级行的内部决定意见；

（三）营业场所所有权或使用权的证明文件；

（四）符合公安、消防部门对营业场所安全、消防设施要求的相关材料文件。

第十一条　银行分行级以下（不含分行）分支机构更名需提交以下材料：

（一）更名报告（含拟变更的名称、更名原因等）；

（二）有权上级行同意其变更名称的有效批准文件；

（三）因行政区划变动的，需要提供行政区划变动文件。

第十二条　银行分行级以下（不含分行）分支机构升格需提交以下材料：

（一）升格报告（包括升格原因、业务范围、拟任负责人及员工配备等情况）；

（二）有权上级行同意升格的有效批准文件或改革规划；

（三）有权上级行对升格后机构的业务范围授权文件；

（四）营业场所所有权或使用权的证明文件（变更营业场所时提交）；

（五）符合公安、消防部门对营业场所安全、消防设施要求的相关材料文件（变更或改造营业场所时提交）。

第十三条 银行分行级以下（不含分行）分支机构终止需提交以下材料：

（一）终止报告（含拟终止机构基本业务、业务发展规模、服务区域、主要服务对象、终止原因等）；

（二）董事会或有权上级行的有效批准文件；

（三）内部审计部门或外部审计机构对拟终止机构的审计报告；

（四）终止方案（包括资产处置、债务清偿、人员安置的计划和负责后续事项的人员名单及联系方式、对外公示时间及式样）。

第十四条 保险公司分支机构的总公司或省级分公司应在做出分支机构设立、撤销决定的内部文件印发之日起10个工作日内，按照本实施细则第十五条至十六条的规定，向北京银保监局报送备案材料。北京银保监局就备案材料的完整性进行形式审核，并加强事中事后监管。

第十五条 保险支公司及以下分支机构设立需提交以下材料：

（一）设立报告；

（二）保险机构设立事项备案表（附件1）；

（三）分支机构设立的可行性论证报告；

（四）设立及筹建情况完成报告；

（五）保险机构高级管理人员备案表（附件2）；

（六）验收视频。

支公司以下保险机构改建为支公司的，适用本条规定。

第十六条 保险支公司及以下分支机构撤销需提交以下材料：

（一）总公司或省级分公司出具的分支机构撤销备案报告（包括撤销分支机构的原因说明，机构撤销后业务后续处理方案以及撤销机构资产处置、债务清偿、人员安置的计划和负责后续事项的人员名单及联系方式）；

（二）总公司同意撤销分支机构的内部决定文件。

第十七条 银行保险机构如报告（备案）所涉及材料需第三方单位出具，应于获取第三方单位出具材料后的10个工作日内提交完整报告（备案）材料。

第十八条 北京银保监局在收到银行保险机构报送的完整报告（备案）材料后10个工作日内，通知机构申领、更换或回收《金融许可证》或《经营保险业务许可证》。

第十九条 银行保险机构应当在终止、撤销、变更营业场所后，根据相关规定及时办理公告事宜，妥善清除原机构标识、标记和其他反映本机构特征的装潢装饰，避免不法分子利用上述条件从事违法活动，保障金融消费者权益和公共金融服务不受影响。

第二十条 自贸试验区内的银行保险分支机构迁址至区外的，应按照银保监会行政许可相关规定执行。

适用本实施细则在自贸试验区内设立的银行保险分支机构，原则上仅可以在自贸试验区范围内变更营业场所。

第三章 高管准入

第二十一条 在自贸试验区内银行分行级以下（不含分行）分支机构担任主要负责人或者虽未担任相关职务但实际履行其职责的人员，无需报经北京银保监局事先审批，实行事后报告制。

上述报告制仅适用于高管任职资格审核范围内的分支机构负责人。

第二十二条 银行分支机构的总行或上级管辖行应严格对照有关法律法规要求，明确选任资格条件，明晰选任流程和职责，自行审查、核查并确认自贸试验区内分支机构高管人员实质符合监管规定的各项要求。

第二十三条 银行分支机构的上级管辖行应在做出高管人员任命的内部文件印发后10个工作日内，向北京银保监局报送以下报告材料，北京银保监局就报告材料的完整性进行形式审核，并加强事中事后监管：

（一）任职报告（需对照现行监管规定，做出对任职人符合各项要求的承诺）；

（二）有权上级行出具的内部任命文件；

（三）银行机构高级管理人员任职资格备案登记表（附件3）；

（四）任职人的身份证明和学历证明复印件；

（五）个人承诺书；

（六）任职人曾担任金融机构董事长或高级管理人员的，还应提交离任审计报告或经济责任审计报告。如任职人曾担任金融机构董事长或高级管理人员但不属于原任职机构审计范围的，请提供说明文件和原任职机构审计制度。

第二十四条 因自贸试验区内高管准入方式简化而未经任职资格许可担任高管人员的，调往自贸试验区外机构任职，应按照银保监会行政许可相关规定申请任职资格。

第四章 附 则

第二十五条 保险支公司及以下机构变更营业地址、高级管理人员的任职资格核准事项，仍按照《北京银保监局关于印发〈北京市保险支公司及以下机构和高级管理人员备案管理办法〉的通知》（京银保监发〔2020〕74号）的规定执行。

第二十六条 邮政储蓄银行代理营业机构准入事项，仍按照《中国银监会关于印发邮政储蓄银行代理营业机构管理办法（修订）的通知》（银监发〔2015〕49号）的规定执行。

第二十七条 本实施细则未尽事宜，应遵照现有规定执行。

第二十八条 本实施细则由北京银保监局负责解释。

第二十九条 本实施细则自印发之日起施行。

附件：略

中国银行保险监督管理委员会北京监管局
北京市知识产权局
北京市科学技术委员会
中关村科技园区管理委员会

中国银行保险监督管理委员会北京监管局 北京市知识产权局 北京市科学技术委员会、中关村科技园区管理委员会关于进一步做好知识产权质押融资相关工作的通知

京银保监发〔2021〕263 号

辖内各银行：

为贯彻落实党中央、国务院关于知识产权工作的重要部署，促进银行加大对知识产权运用的支持力度，进一步推动辖内知识产权质押融资业务发展，现就相关工作要求通知如下：

一、培育知识产权质押融资服务理念

（一）各银行应当统一思想认识，高度重视知识产权质押融资工作的重要性。根据自身业务特色和经营优势，探索知识产权质押融资业务发展模式，重点支持知识产权密集的创新型（科技型）企业的融资需求。

二、提升知识产权质押融资服务能力

（二）各银行应当积极对接市知识产权局等推送的知识产权领域表现较为突出的白名单企业，建立专人、专线等高效服务模式，并采取台账式管理方式逐笔跟踪进展，实现高质效“银企”对接。同时，各银行可将申请知识产权质押融资的企业名单提交至市知识产权局，并将其反馈的评估信息列为贷款审批的参考材料。

（三）各银行应当加强知识产权质押融资服务创新。一是积极开展“政银园投”合作，探索与国家知识产权试点示范园区深度合作，围绕产业专利集群或区域商标品牌，给予园区合理的意向性授信额度；探索与专业投资机构合作，共享科技型企业高成长性红利。二是积极创新质押标的。对企业专利权、商标专用权、著作权、集成电路布图设计专有权等各类知识产权进行打包质押，探索知识产权许可收益权等出质的可行性，拓宽质押物范围。三是扩大金融产品和服务供给。深化与知识产权管理部门、园区管理机构的战略合作，共同开发推广知识产权质押融资专门产品和服务。

（四）各银行应当加强贷前尽职调查，确保知识产权质押融资业务第一还款来源充足可靠，探索通过综合运用大数据、人工智能等新技术，加强基础数据采集和智能学习，研发适用于质押融资等场景的智能化知识产权评估工具，提升内部评估能力。注重贷后管理，加强对押品的

动态管理，定期分析借款人经营情况，对可能产生风险的不利情形要及时采取措施。研究加强金融科技支撑，以知识产权为核心指标分析评价企业创新能力、竞争力和发展潜力，优化审贷流程，提高贷款效率。

（五）各银行应当利用好政府补贴、补偿和奖励政策，充分发挥政策的撬动效应，进一步探索将科创型中小企业纳入知识产权金融服务体系的有效途径。市科委、中关村管委会将给予符合条件的企业贴息支持，在融资出现不良时，将按一定比例对银行进行风险补偿。

（六）各银行应当进一步建立健全适应知识产权质押融资特点的授信尽职和内部考核管理模式，对经办人员在知识产权质押融资业务办理过程中已经尽职履责的，实行免责。各银行知识产权质押融资不良率高出自身各项贷款不良率3个百分点（含）以内的，可不作为监管部门监管评级和银行内部考核评价的扣分因素。

（七）各银行应当按季度摸排本行知识产权质押融资业务开展情况，准确填报《TS-FG01 知识产权质押融资专项统计表》，并于季后10日内通过北京银保监局数据采集平台报送。在风险可控的前提下，各银行力争实现知识产权质押融资年累放贷款金额逐年合理增长；已开展知识产权质押融资业务的，力争实现年累放贷款金额较上年增速不低于20%。

（八）各银行应当积极与知识产权专业机构开展金融业务发展模式创新，加强对知识产权专业机构价值评估、管理运营、风险处置等服务的合作准入和持续管理。积极配合北京知识产权交易中心发挥盘活知识产权资产功能作用，探索通过股债联动、收购许可等创新方式处置违约质押物。

三、积极发挥科技金融专营组织机构作用

（九）设有科技金融专营组织机构①的银行，应当建立适合知识产权质押融资特点的风险评估、授信审查、授信尽职和奖惩制度，创新信贷审批制度和利率定价机制，培养知识产权质押融资专门人才，设立专职部门或团队。科技金融专营组织机构应当积极与国家知识产权试点示范园区开展战略性合作，通过单列信贷计划、优化不良率考核、专项激励等方式，有效推动知识产权质押融资业务发展。科技金融专营组织机构的知识产权质押融资业务规模增速达到一定比例的，市科委、中关村管委会将给予业务激励支持。

（十）设有科技金融专营组织机构的银行，应当结合自身业务发展特点，制定年度知识产权质押融资业务推动计划，并于每年1月底前以正式公文形式报送北京银保监局。2021年业务推动计划应于8月15日前报送。

四、积极推动贷款服务中心知识产权质押融资业务发展

（十一）已入驻贷款服务中心的银行，应当利用好中心的数据优势、流程优势，积极开发创新产品和服务；探索通过中心实现贷款申请、知识产权评估、质押登记申请、担保申请等协同“一站式”高效办理。

（十二）各入驻银行应当尽快在贷款

① 各银行设立在中关村“一区十六园”内，主要为科技创新创业企业服务的支行级机构［见《关于进一步推动中关村国家自主创新示范区科技金融专营组织机构创新发展意见》（银管发〔2017〕260号）］。

服务中心落地知识产权质押融资业务，并建立工作台账跟踪业务进展。按月统计并填写《贷款服务中心知识产权质押融资业务统计表》（附件1），自2021年7月起，于月末最后一个工作日报送至北京银保监局联系人邮箱。

（十三）各入驻银行应当及时总结贷款服务中心知识产权质押融资业务开展经验，报送典型案例，配合中心做好宣传、培训工作。

五、完善协同工作机制

（十四）北京银保监局，市知识产权局，市科委、中关村管委会等部门建立知识产权质押融资协同工作机制，加强信息数据共享，共同推动知识产权质押融资相关支持政策的制定和实施工作。

（十五）各银行应当加强组织领导，压实主体责任，明确知识产权质押融资业务推动的主责部门和人员，主责部门及人员变动应及时向北京银保监局报备。各银行应填写《知识产权质押融资业务主责部门及人员信息统计表》（附件2），并于2021年7月底前报送至北京银保监局联系人邮箱。

附件：略

北京市地方金融监督管理局
北京市财政局

北京市地方金融监督管理局　北京市财政局关于印发《北京市政府性融资担保体系支持小微企业、“三农”和战略性新兴产业发展的经营指引》的通知

各区金融监管部门，各区财政局，各有关单位：

《北京市政府性融资担保体系支持小微企业、“三农”和战略性新兴产业发展的经营指引》已经市政府同意，现印发给你们，请认真贯彻执行。

二零二一年五月十八日

北京市政府性融资担保体系支持小微企业、“三农”和战略性新兴产业发展的经营指引

第一章　总　则

第一条　为贯彻落实国务院办公厅《关于有效发挥政府性融资担保基金作用　切实支持小微企业和“三农”发展的指导意见》（国办发〔2019〕6号），引导本市政府性融资担保、再担保机构聚焦主业、支小支农、降低费率，增强金融

服务小微企业能力，制定本经营指引。

第二条 本指引所称政府性融资担保、再担保机构，是指依法设立，由政府及其授权机构、国有企业出资并实际控股，以服务小微企业和“三农”主体为主要经营目标的融资担保、再担保机构。具体包括本市市区两级政府性融资担保、再担保机构。

第三条 政府性融资担保、再担保机构要强化准公共定位，坚持专注主业、保本微利运营，发挥好政府性融资担保体系支持小微企业、“三农”、战略性新兴产业及符合首都功能定位产业发展的作用。

第二章 坚守主业主责

第四条 明确政策目标，扩大服务范围。政府性融资担保、再担保机构要以贷款担保业务为主，合理界定服务对象范围，不得新增住房置业担保、发行债券担保业务，进一步拓展小微企业担保业务和首贷担保业务。逐步将融资担保放大倍数提升到 5 倍以上。

第五条 控制新增业务单户规模。本着“先增量、后存量”原则，对于小微企业和“三农”融资担保规模，原则上新增业务单户规模不超过 2 000 万元，逐步实现新增小微企业、“三农”融资担保（再担保）金额占比不低于 80%，新增单户 1 000 万元及以下小微企业和“三农”融资担保（再担保）金额占比不低于 50%。

第三章 降低综合费率

第六条 引导降费让利。政府性融资担保、再担保机构要在可持续经营的前提下，进一步调降担保费率，逐步将平均担保费率降至 1% 以下。其中，对单户担保金额 500 万元及以下的小微企业、“三农”主体收取的担保费率原则上不超过 1%；对单户担保金额 500 万元以上的小微企业、“三农”主体收取的担保费率原则上不超过 1.5%。

第七条 实施差异化再担保费率。单户担保金额 500 万元及以下的，再担保费率不超过原保机构担保费率的 15%；单户担保金额 500 万元至 1 000 万元（含）的，再担保费率不超过原保机构担保费率的 40%。

第八条 规范收费行为。政府性融资担保、再担保机构除担保费、评审费外，不得以任何名义收取不合理费用。

第四章 降低抵（质）押要求

第九条 鼓励政府性融资担保、再担保机构对 500 万元及以下的支小支农支新融资担保业务实行无抵（质）押信用担保，对具有一定规模、带动能力强的企业主体信用额度可提高至 1 000 万元。鼓励政府性融资担保、再担保机构利用政务数据信息开发适合首贷企业的信用担保产品，逐步减少或取消反担保要求。

第五章 强化监管引导

第十条 优化绩效评价约束。弱化盈利考核，强化新增支小支农支新融资担保户数、新增支小支农支新融资担保金额占比、新增单户 1 000 万元及以下的支小支农支新融资担保金额占比等指标考核，落实绩效评价结果与政府性融资担保、再担保机构资本金补充、风险补偿、薪酬激励等相挂钩的激励约束机制。

第十一条 本指引自印发之日起施行。

附：

2021 年文件与规章目录选编

中国人民银行营业管理部

1. 中国人民银行营业管理部关于建立银行业金融机构房地产贷款集中度管理制度相关文件的通知

银管发〔2021〕6 号

2. 中国人民银行营业管理部关于印发《北京地区个人金融信用信息基础数据库接入机构 2021 年征信合规与信息安全工作指南》《北京地区个人金融信用信息基础数据库接入机构 2021 年征信合规与信息安全内部审计工作指南》的通知

银管发〔2021〕42 号

3. 中国人民银行营业管理部关于做好移动金融客户端应用软件等无障碍服务建设有关工作的通知

银管发〔2021〕51 号

4. 中国人民银行营业管理部关于推广北京市小微企业简易开户服务试点的通知

银管发〔2021〕53 号

5. 中国人民银行营业管理部　中国银行保险监督管理委员会北京监管局　中国证券监督管理委员会北京监管局　北京市地方金融监督管理局关于在京落实《地方金融组织统计制度（试行）》有关要求的通知

银管发〔2021〕54 号

6. 中国人民银行营业管理部　北京市地方金融监督管理局关于深入落实中国人民银行公告〔2021〕第 3 号　进一步做好明示贷款年化利率相关工作的通知

银管发〔2021〕57 号

7. 中国人民银行营业管理部关于专项再贴现产品有关事项的通知

银管发〔2021〕69 号

8. 中国人民银行营业管理部关于组织开展金融数据综合应用试点工作的通知

银管发〔2021〕71 号

9. 中国人民银行营业管理部　中国人民银行天津分行　中国人民银行石家庄中心支行关于印发《京津冀协同发展人民银行三地协调机制 2021 年工作要点》的通知

银管发〔2021〕75 号

10. 中国人民银行营业管理部　北京市财政局　北京市人力资源和社会保障局关于印发《北京市辖内试点银行开办创业担保贷款业务操作指引》的通知

银管发〔2021〕78 号

11. 中国人民银行营业管理部等七部门关于开展 2021 年创建国家文化与金融合作示范区文化金融专营组织机构认定与评估工作的通知

银管发〔2021〕80 号

12. 中国人民银行营业管理部　北京市财政局关于印发《北京冬奥会小微商户拓展奖励办法》的通知

银管发〔2021〕82 号

13. 人行营业管理部　北京银保监局　北京证监局　市金融监管局　市发展改革委　市财政局　市经济和信息化局　市政务服务局　市科委　中关村管委会　市国资委　市人力资源社会保障局　市文资中心关于印发《进一步完善北京民营和小微企业金融服务体制机制行动方案（2021—2023 年）》的通知

银管发〔2021〕92 号

14. 人行营业管理部　北京银保监局　北京证监局　市金融监管局　市发展改革委　市经信局　市财政局　市生态环境局关于印发《关于金融支持北京绿色低碳高质量发展的意见》的通知

银管发〔2021〕102 号

15. 中国人民银行营业管理部　北京市财政局关于开展数字人民币冬奥会场景试点工作有关事项的通知

银管发〔2021〕105 号

16. 中国人民银行营业管理部关于开展北京市国库集中收付代理银行资格认定的通知

银管发〔2021〕109 号

17. 中国人民银行营业管理部等五部门关于印发《关于进一步推进创业担保贷款增量扩面　助力更多市场主体创新创业的行动方案》的通知

银管发〔2021〕118 号

18. 中国人民银行营业管理部关于2021 年度国家债券兑付工作有关事项的通知

银管发〔2021〕125 号

19. 中国人民银行营业管理部关于成立北京冬奥支付环境建设运行指挥部的通知

银管发〔2021〕129 号

20. 中国人民银行营业管理部关于完善区域再贷款政策工具体系的通知

银管发〔2021〕133 号

21. 中国人民银行营业管理部关于做好2021 年度年终决算期间支付清算相关工作的通知

银管发〔2021〕144 号

中国银行保险监督管理委员会北京监管局

1. 北京银保监局关于印发《关于简化中国（北京）自由贸易试验区内银行保险机构和高管准入方式的实施细则》的通知

京银保监发〔2021〕13 号

2. 北京银保监局办公室关于进一步明确辖内农业保险业务经营条件的通知

京银保监办发〔2021〕65 号

3. 北京银保监局关于印发北京银行保险机构高管人员任职资格审批暂行办法的通知

京银保监发〔2021〕87 号

4. 北京银保监局关于加强银行业金融机构违法违规责任人员内部问责工作的通知

京银保监发〔2021〕114 号

5. 北京银保监局关于进一步加强北京地区银行业保险业消费投诉处理管理工作的通知

京银保监发〔2021〕254 号

6. 中国银行保险监督管理委员会北京监管局　北京市知识产权局　北京市科学技术委员会、中关村科技园区管理委员会关于进一步做好知识产权质押融资相关工作的通知

京银保监发〔2021〕263 号

7. 北京银保监局关于进一步优化银行业金融机构分支机构变更营业场所事项的通知

京银保监发〔2021〕269 号

8. 北京银保监局关于印发北京保险机构销售人员处罚信息登记管理办法的通知

京银保监发〔2021〕281号

9. 北京银保监局关于规范人身险销售人员自保件和互保件管理的通知

京银保监发〔2021〕282号

10. 北京银保监局关于进一步深化“证照分离”改革相关措施的通知

京银保监发〔2021〕284号

11. 北京银保监局关于规范在京保险中介机构营业场所管理有关事项的通知

京银保监发〔2021〕342号

12. 北京银保监局关于加强信用卡消费者权益保护的通知

京银保监发〔2021〕399号

中国证券监督管理委员会北京监管局

1. 关于开展资本市场金融科技创新试点（北京）项目申报工作的通知

京证监发〔2021〕128号

2. 关于进一步发挥首都资本市场作用助力乡村振兴促进共同富裕的通知

京证监发〔2021〕2231号

北京市地方金融监督管理局

1. 关于印发《关于本市开展合格境外有限合伙人试点的暂行办法》的通知

京金融〔2021〕145号

2. 关于印发《关于规范预付式消费领域资金监管的工作方案》的通知

京金融〔2021〕170号

3. 北京市地方金融监督管理条例

〔十五届〕第48号

4. 关于印发《北京市政府性融资担保体系支持小微企业、“三农”和战略性新兴产业发展的经营指引》的通知

京金融〔2021〕140号

5. 关于印发《北京市农村承包土地经营权抵押贷款实施办法（试行）》的通知

京金融〔2021〕152号

6. 关于印发《关于规范预付式消费领域资金监管的工作方案》的通知

京金融〔2021〕170号

7. 关于印发《北京市政府性融资担保机构支持小微企业、“三农”和战略性新兴产业融资担保业务尽职免责工作指引》的通知

京金融〔2021〕273号

8. 关于印发《北京市学科类校外培训机构预收费管理办法（试行）》的通知

京教民〔2021〕13号

七、专题与调研

提升企业汇率风险管理水平研究

中国人民银行营业管理部　国际收支处

随着人民币汇率形成机制改革的不断深入，汇率双向波动逐渐成为常态。在人民币汇率市场化进程中，企业汇率风险管理水平不断提高，但也存在企业风险管理意识相对淡薄、风险管理比较被动、汇率风险管理不到位导致汇率浮动“恐惧症”等情况，企业汇率风险管理意识及水平仍有待提升。本文基于 2021 年对北京 120 余家企业开展的外汇衍生品季度调查问卷结果及实地走访情况，深入剖析各类企业在汇率风险管理及衍生品业务办理方面遇到的问题和困难，分别从加强市场建设、完善监管政策、提升银行标准化服务水平、加强企业培训等方面提出具体建议，探索切实提高企业汇率风险管理能力的有效解决方案。

一、企业汇率避险行为研究

为了解企业汇率避险业务开展情况，2021 年以来，国家外汇管理局北京外汇管理部（以下简称北京外汇管理部）按季度对北京地区 120 余家发生过外汇衍生品业务的企业进行了问卷调查，结果如下。

（一）企业汇率风险敞口以进出口净敞口为主，小微企业和民营企业汇率风险管理制度建设尚待加强

在 2020 年企业汇率风险敞口构成上，进出口净敞口占 76.3%，服务贸易净敞口（如承包工程）、外债、境外直接投资、其他敞口分别占 10.5%、6.6%、4.0%、2.6%。汇率风险管理制度建设方面，72.7% 的企业已建立健全汇率风险管理制度；18.8% 的企业未建立完整的应对方案，在汇率波动加剧时才重视；8.5% 的企业未建立完整的应对方案，由企业负责人决定是否做套保。

（二）七成企业采取确定的保值策略

第三季度，在企业套保比例选择上，48.7% 的企业采取“固定保值”策略，即按一定百分比对风险敞口保值；22.2% 的企业采取“动态保值”策略，设置一定的套保浮动比例区间；29.1% 的企业套保策略不确定，套保比例因本企业对汇率走势主观预判而变。

（三）五成企业以银行授信方式办理衍生品业务

第三季度，以银行授信（无担保）、银行授信（集团公司担保）、保证金方式办理外汇衍生品业务的企业分别占 46.2%、32.5%、21.4%。

（四）超过九成企业认为 2020 年基本实现保值，六成企业采取“既要又要”的双重管理目标

2020 年，认为外汇衍生品基本实现保值和未达到预期目标的企业分别占 90.9%、9.1%。六成企业采取“既要又要”的双重管理目标：既想要套期保值规避风险，又想要在衍生工具方向上产生盈利。

（五）财务成本较高、看不清市场方向是企业开展外汇衍生品套保面临的主要问题

第三季度，企业开展外汇衍生品套保面临的问题包括财务成本较高（47%）、

看不清市场方向（42.7%）、市场波动导致公司外汇保值业务出现亏损（35%）、银行合规管理趋严手续繁琐（25.6%）。

二、引导企业汇率风险中性实践

随着人民币汇率形成机制改革不断深入，人民币汇率双向波动逐渐成为常态。为精准普及汇率风险中性理念，不断提升企业汇率风险管理能力，北京外汇管理部指导北京外汇市场自律机制在全国首创推出外汇衍生品银企对接公共服务平台（以下简称外汇衍生品服务平台），平台包含银企对接、外汇衍生品知识和问卷调查三个功能模块，通过“线上扫码，线下服务”方式，推动实现“企业获得服务更便捷”“银行拓展业务更精准”和“政府服务实体经济更有效”的三方共赢目标，更好地服务于首都经济高质量发展和对外开放新格局。

（一）明确服务标准化，精准对接中小微企业避险需求

针对中小微企业汇率风险管理服务中存在的“痛点”，依托平台搭建银企对接功能模块，明确了银行“标准服务、限时响应、精准对接”的工作要求，通过需求牵引供给，督导银行精准服务中小企业合理避险需求。

（二）构建风险中性教育普及工作体系，精准普及汇率避险知识

面对企业多样化的避险需求，依托平台创设政策和案例浏览模块，积极打造“实时、可视、标准、贴身”的汇率风险中性教育普及工作体系。企业和银行客户经理扫码后，可实时方便了解外汇衍生品政策、主要产品和交易案例等风险中性基本知识。组建专业化银行讲师队伍，风险中性产品宣讲标准化。通过后台跟踪，引导银行从普适宣传转变到贴身业务辅导，协助企业搭建汇率风险内部管理机制、准确测算风险敞口、正确叙做保值交易。

（三）引导银行下沉服务重心，打通银行服务“最后一公里”

为解决政策落实“最后一公里”问题，积极引导银行加强“总分支”多级联动，持续强化外汇服务。引导银行完善考核激励机制，提高基层网点外汇衍生品业务考核权重，增加基层专业人员配置，加大人员培训力度，切实提升基层人员汇率管理专业能力。

自2021年5月18日平台正式推广上线以来，截至2021年10月20日，平台线上浏览达2.8万次，平台接入银行共走访企业1300余家。1－9月，北京地区外汇衍生品签约金额同比增长24%，地区外汇套保率同比提高2.7个百分点。截至9月末，北京地区外汇衍生品业务存量企业较上年末增加了400余户，有力地支持了北京涉外经济的健康发展。

三、需关注的问题

（一）银行层面，内部审核制度仍需完善

现场核查发现，个别银行衍生品业务操作制度中规定的审查手段主要为客户授信管理，对授信额度内开展的衍生品业务无其他特别审查要求，不利于引导境内市场主体风险中性管理。

（二）企业层面，汇率风险中性意识仍待加强

一是企业对外汇套保成本整体较为敏感。企业外汇套保需要承担相应财务成本，如掉期点、期权费和保证金等，企业对外汇套期保值成本整体较为敏感。

二是仅少数企业能执行相对规范的套期会计处理准则。目前，我国外汇套保会计准则主要是《企业会计准则第22号——金

融工具确认和计量》和《企业会计准则第24号——套期保值》。其中，套期会计能更好地反映套期保值对企业财务状况的影响，分为公允价值套期、现金流量套期和境外经营净投资套期三类。但套期会计运用条件比较严格，会计处理相对烦琐，多数企业不熟悉，仅少数大型企业按套期会计记账核算。实务中，各企业记账方式各不相同，如将公允价值变动损益计入汇兑损益，到期前仅表外登记，到期交割日或平盘时将远期合约汇率与交割当天即期汇差计入财务费用，都最终影响当期利润。

表1　衍生金融工具的主要会计处理方法

<table>
<tr><th colspan="2">会计方法</th><th>浮动盈亏处理</th><th>对利润的影响</th></tr>
<tr><td colspan="2">公允价值会计方法（《企业会计准则第22号——金融工具确认和计量》）</td><td>计入公允价值变动损益</td><td>有影响</td></tr>
<tr><td rowspan="3">套期会计方法（《企业会计准则第24号——套期保值》）</td><td>公允价值套期</td><td>计入套期损益</td><td>有影响</td></tr>
<tr><td>现金流量套期</td><td rowspan="2">有效套期部分，计入其他综合收益（属于所有者权益科目）；
无效套期部分，计入公允价值变动损益</td><td rowspan="2">仅无效套期部分影响损益</td></tr>
<tr><td>境外经营净投资套期</td></tr>
</table>

资料来源：根据《企业会计准则第22号——金融工具确认和计量》和《企业会计准则第24号——套期保值》整理。

三是部分企业外汇风险管理不健全。有外汇风险敞口的企业或未明确内部汇率风险管理部门，导致主动汇率避险管理功能缺失；或过于看重外汇套保业务对利润的影响，给财务管理人员具体业务实践带来困难，担心套保交割时“亏”了。

四是业绩评估采取“既要又要”的双重管理目标。据165家参与外汇套保企业的调研显示，六成企业在评估外汇套保是否有效时，仍采用“将远期锁汇汇率与到期日即期汇率作比较”，既想要套期保值规避风险，又想要在衍生工具方向上产生盈利。这种“既要又要”的双重管理目标，导致企业财务部门产生“多做多错、不做不错”的自我保护意识。

五是政策执行层面对风险中性认识不到位。部分企业内部审计视外汇套保为高风险业务，习惯用远期履约报价与即期报价比较，要求企业解释差异较大原因，导致企业自主收缩外汇套保规模。同时，个别国企管理层不了解外汇套保功能，严格管理外汇套保需求，导致有套保需求的一线企业没有自主权。

四、政策建议

（一）建立并完善汇率风险教育体系，提高企业汇率风险管理能力

一是完善总分局联动、政银企联动的企业汇率风险宣传教育体系，对大型企业，开展实地入户宣传，送教上门，专人负责精准对接；对中小型企业，通过线上平台、线下宣讲会等方式，做好面对面辅导。二是要从政策宣传上升到业务辅导。要求银行提升展业能力，对有需求的企业，主动协助企业搭建汇率风险内部管理机制，指导和帮助企业准确测算汇率风险敞口、正确叙做保值交易。

（二）建议银行加强对客户衍生产品基础交易背景的尽职审查，引导境内客户形成中性的风险管理意识

建议银行做好境内投资者教育工作，

要求境内市场主体立足主业，参与衍生品业务必须以套期保值为目的，同时在开展业务时不以信用风险评估代替合规风险审查，主动作为充分了解客户的交易目的与性质，并加强对基础交易背景的跟进调查。

（三）建议企业建立健全的汇率风险管理机制、依据实需原则开展外汇衍生品并秉承风险中性理念

企业应搭建相应的套期保值管理机制，树立风险中性理念，加强相关业务人员业务培训，努力增加自身抗风性能力。企业要有专业的管理部门或团队，做好外汇衍生品业务事前决策、事中监测、事后监测。

（项银涛　卜国军　侯晓霞）

国际碳排放交易服务平台发展经验及启示

中国人民银行营业管理部　金融研究处

碳排放交易是利用市场机制实现温室气体排放权配置，控制碳排放总量、降低社会减排成本的有效政策工具，已在欧美等发达国家持续实施多年，形成了好的控排效果。

一、国际环境交易服务平台发展现状

全球碳排放交易市场发展迅速，作为第三方平台的碳交易所为碳交易发展提供了重要支撑。国际碳交易所已逐步形成较为完善的交易体系，呈现以下几个特点：一是主要以欧元计价；二是呈现出一定的融合趋势，部分碳交易所使用第三方对其进行监管和结算工作；三是已形成具有代表性的碳基准价格，碳期货市场价格主要参考欧洲气候交易所的碳期货合约价格，碳现货价格主要参考欧洲环境交易所的碳价走势。

表1　国际主要碳交易所基本特征

碳交易所	交易品种	参与者	参与方式	碳交易单位	交易系统与体制	计价货币
美国芝加哥气候交易所（CCX）	6种温室气体等	碳排放者与碳补偿贸易提供商	自愿	EUAs，CERs	由美国金融业监管局（FINRA）监管	美元
欧洲气候交易所（ECX）	CO_2	碳排放者	强制	EUAs，CERs	美国芝加哥气候交易所在欧洲的全资子公司，在英国金融服务管理局监管下交易排放合约，美国洲际交易所（ICE）负责将合约列在电子交易平台，并负责结算工作	欧元
欧洲能源交易所（EEX）	电力、天然气、煤炭、CO_2	所有市场参与者	自愿	EUAs	与欧洲期货交易所合作拍卖排放权，欧洲商品结算所负责结算工作；EEX所有会员共同承担违约责任，建立了公用的风险保障基金	欧元

续表

碳交易所	交易品种	参与者	参与方式	碳交易单位	交易系统与体制	计价货币
奥地利能源交易所（EXAA）	能源、CO_2	所有市场参与者	自愿	EUAs，CERs，ERUs	通过风险评估系统测定违约风险，会员缴纳抵押金，以应对可能出现的负债；EXAA负责结算工作	欧元
北欧电力交易所（Nordpool）	电力、CO_2	所有市场参与者	自愿	EUAs，CERs	NPS进行结算工作，会员在交易前必须按最低限额缴纳抵押金，可以根据每天的抵押金通知，为新参与者预测未来的净购买量	欧元
欧洲环境交易所（Bluenext）	CO_2	所有市场参与者	自愿	EUAs，CERs	纽约—泛欧证券交易集团持60%股份，法国国家银行持40%股份	欧元

二、国际环境交易服务平台的经验

一是分阶段搭建与审查交易平台。英国承诺在2050年实现温室气体净“零排放”，于2021年1月推行本国的碳排放交易系统（UK－ETS）。该系统的实施将分阶段进行，第一阶段为2021—2030年，第二阶段为2031—2040年。政府将会在2023年对该系统进行初步审查，并于2026年之前完成对系统设计方案的必要调整。2028年开始将全面评估系统在第一阶段的整体表现。芝加哥气候交易所（CCX）搭建包括三个部分的交易体系：其一，由电子数据库记录和确定会员的减排履约和碳金融工具（CFI）交易状况；其二，通过互联网在CCX注册账户持有人之间完成交易指令、成交确认并公示交易结果，交易标的是标准化的CFI，采取保证金交易，当天完成成交，次日交割，价格公开透明，不支持匿名交易和通过私下谈判协商达成的双边交易；其三，通过清算和结算平台处理所有交易活动的每日数据和信息。

二是逐步培养企业碳排放付费观念。欧盟碳排放交易系统（EU－ETS）采用免费配额和拍卖相结合的方式给成员国分配排放配额。经历7年的运行后，企业逐渐形成了碳排放需要付费的观念，欧盟才逐渐将效率作为分配的首要原则，推进向拍卖为主分配排放权的方式过渡。英国碳排放交易系统（UK－ETS）为保障系统的竞争力、降低碳泄漏风险，少部分比例的配额免费发放，其余均拍卖。计划2021年的免费配额①为5 800万吨，占总量的37%，之后逐年减少160万吨。

三是允许排放配额的储存和借贷。欧盟允许存储配额，使企业能够用当下的减排成果抵消未来扩大生产规模产生的额外排放，也可以立即将节省的配额在碳市场出售变现，激励企业尽早开展节能减排行动。而允许配额的借贷则使企业能够在一个相对较长的时间内调剂使用配额，促使企业制订较长远的减排规划。

---

① 免费配额的初始发放量依据“历史活动水平×基准线排放×碳泄漏暴露因子”的方法进行核算。具体可参照欧盟碳排放交易系统（EU－ETS）第四阶段列出的数据。

四是实行碳配额价格干预措施。英国碳排放交易系统（UK – ETS）为确保碳价的平滑连续性，在系统运行的第一年和第二年里，成本控制机制将通过压低价格的方式防止碳价剧烈波动，随后第三年将恢复为 EU – ETS 的价格控制机制设计。

五是引入外部减排成果。欧盟碳排放交易系统（EU – ETS）覆盖下的企业除了通过自主减排，或购买配额的方式完成减排任务之外，还可以使用“排放减量权证”（CER）、“减排单位”（VER）抵减自身排放，其在欧盟碳排放交易系统市场上与“欧盟排放配额”（EUA）有同等效力。这样既降低了 EUA 的市场价格，即企业的履约成本，又为欧洲以外的地区推进减排提供了现实的激励，在全球产生了显著的减排效应。

六是由相关法案规定成员碳排放行为。欧洲能源交易所（EEX）对成员国的排放量有严格规定和时间限制，欧盟有统一的法律约束交易所行为，各成员国必须按照事先制定的国家排放量配额计划，由欧盟中央管理处进行监测，否则将因为超额排放受到处罚，并且为了避免以罚代缴达不到减排目的，欧盟专门规定受到超额排放处罚的成员国在下一期仍需补交等量缺额排放量。芝加哥气候交易所（CCX）则是具有法律效力的自愿性交易平台，对碳排放的规定主要在局部法案中，包括《美国气候安全法》《2009 清洁能源与安全法案》和《2010 美国能源法草案》。

三、我国碳交易市场发展及环境权益交易服务平台的发展概况

目前，国内碳排放交易市场有两类基础产品，一类为分配给控排企业的碳配额，已明确在上海、武汉建立全国碳配额交易市场，上海市提出依托碳配额市场打造国际碳金融中心，在全国碳市场建设中，碳配额市场第一步将纳入发电行业，2021 年为首个履约周期。未来将逐渐覆盖发电、石化、化工、建材、钢铁、有色金属、造纸和国内民航 8 个行业，配额分配以免费为主，适时引入有偿分配。另一类为企业资源减排、经国家认证获得的减排凭证，即中国核证自愿减排量（CCER），主要由可再生能源、林业碳汇等项目产生，交易收入将激励项目发展，降低财政成本，与碳配额市场相比，核证资源减排交易可以帮助更多行业“碳达峰、碳中和”，重要性日益凸显。CCER 主要由减排项目产生，可由碳配额不足的企业购买用于履约，每个履约周期企业使用 CCER 比例存在上限，约为配额量的 5% ~10%。试点经验显示，通常 CCER 单价低于配额，企业购买使用积极性较高。

一是构建全方位环境权益交易体系，推广促进环境资源质押融资产品服务。如山西环境能源交易中心①，依托山西金融投资控股集团金融全牌照优势，打造以“一站式”排污权抵押融资业务为主的绿色金融服务平台。“一站式”排污权融资平台根据不同资产、相应环保管理机制等进行“量体裁衣”，设计相应的绿色金融模式，为中小企业提供融资支持，盘活企业绿色权益类资产，形成信贷、债权、股权多种类型结构，多层次、多元化的金融产品体系，并先后完成排污权融资、供热等特许经营权融资、林权抵押融资等产品

① 山西省产权交易中心致力于建设集物权、股权、债权、知识产权、环境权益等各类权益为一体的综合交易服务平台。

的发行工作。目前，正在开发基于碳排放权、用能权、水权、节能量、电力收费权等环境权益金融服务，助力山西省生态文明建设。

二是开展跨境碳排放权市场交易，引入境外机构资金。如深圳率先启动全国首个碳排放权交易市场，丰富准入机构类型，允许境外投资者以外币或境外人民币不限额度地参与深圳碳交易，保证有效绿色金融供给，充分发挥了境外投资者对深圳碳市场管控单位节能减排活动的资金融通作用。

三是助推绿色转型，服务实体经济高质量发展。如浙江衢州绿色金融改革创新试验区充分利用当地专业化特种纸产业集群的特点，指导4家商业银行突破特种纸产业融资政策壁垒，争取到“一行一策”差异化信贷政策，将特种纸产业从原先“压控类行业”调整为“适度支持行业”，助力衢州传统特种纸产业走出发展新路子。

四是绿色量化标准及服务探索取得多项成果。如北京绿色交易所开发完成中国首个自愿减排标准“熊猫标准”，开发“竹子造林碳汇项目方法学”与“小规模非煤矿区生态修复减排方法学”两个核证自愿减排方法学；与蚂蚁金服合作推出“蚂蚁森林”项目并开发近30种场景的减排算法，形成碳普惠案例经验。探索建设全国绿色项目库。开发搭建绿色项目登记及评估服务平台。

四、建议与启示

一是发挥政府引导作用，鼓励完善相关法律法规体系。建议健全法律法规层面对绿色资产交易的制度安排，借鉴欧盟经验，出台具体法规细则约束各类环境权益排放行为与交易所行为，为环境权益金融发展营造良好的外部环境，促进市场公平竞争。

二是加强顶层设计，分阶段完善平台布局。持续推进现有碳排放权、排污权、用能权等各类环境权益交易发展。借鉴英国经验，分阶段搭建包含各类环境权益交易的数据填报、交易平台，排放配额核定与发放、配额交易和清算等各环节的配套交易平台。强化产业协同布局，联合各类金融投资机构，共建绿色项目投融资服务平台，提供多样化的投资方式和便利的退出通道，降低金融机构进入门槛和退出成本。

三是完善市场机制，强化排放付费观念培养。明确碳减排及碳市场配额总量目标，协同推进建设各类环境权益的市场化的交易机制，逐步推动以拍卖为主的交易方式过渡，逐步培养企业碳排放、排污等各类排放付费观念。

四是加强产品创新，建立绿色金融生态链条。建立各类环境权益配额存储与借贷交易机制，推动发展完整的绿色金融产品生态链条，搭建绿色资产价值实现的市场化通道，从而逐步催生出绿色金融自生长的可持续发展商业模式。

五是加快推动全国CCER市场建设。按照《国务院关于支持北京城市副中心高质量发展的意见》要求，推动北京绿色交易所承担全国自愿减排等碳交易中心功能，更好服务“碳达峰、碳中和”国家战略。

（魏海玉）

商业银行供应链金融支持小微企业发展现状及政策建议

中国银行保险监督管理委员会北京监管局

近年来，北京地区中资商业银行供应链金融业务发展迅速，涵盖保理、存货仓单融资、应收账款质押融资、商票贴现、订单融资等多个业务种类，并充分结合产业发展需求、依托金融科技，有力推动小微企业融资增量扩面、提质降本。建议完善监管规定，持续优化金融基础设施，结合各地优势开展合作试点，督导机构强化授信管理，促进供应链金融稳健、有效地支持实体经济发展。

一、供应链金融支持小微企业融资情况

（一）业务规模增长迅速，有力带动小微企业融资增量扩面

目前，北京地区32家中资商业银行①中，有30家开展了供应链金融业务。整体来看，各行供应链融资业务规模增长迅速，对支持小微企业融资发挥了重要推动作用。截至2021年6月末，供应链融资业务余额1 150.95亿元，较2021年年初增加239.58亿元，增长26.29%，较2020年初增加557.43亿元，增长93.92%；为小微企业提供融资的业务余额601.45亿元，占供应链融资业务总余额的52.26%；为小微企业提供融资户数2.08万户，占总融资户数的88.69%。

其中，大型国有银行客户群体广、资金成本较低，在服务小微企业方面成效尤为显著。截至2021年6月末，大型国有商业银行、全国性股份制商业银行、城市商业银行、农村商业银行供应链融资业务中小微企业融资余额分别为440.40亿元、97.23亿元、48.21亿元、15.62亿元，总体比上年末有显著增长（见图1）。

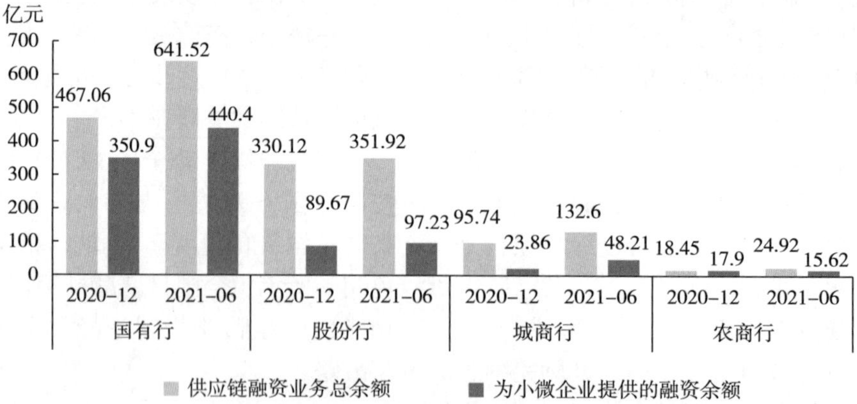

图1　辖内各类中资商业银行供应链金融支持小微企业融资情况分布

① 32家中资商业银行包括6家大型国有商业银行、12家全国性股份制商业银行、12家城市商业银行、1家民营银行、1家农村商业银行。其中，2家城市商业银行暂未开展此类业务。

（二）结合产业发展需求，为小微企业提供多样化融资服务

各行以保理业务为主，积极探索多种服务方式。截至2021年6月末，辖内中资商业银行为小微企业提供的供应链融资业务中，保理及其他应收账款转让融资①余额达556.35亿元，占比92.50%。此外，各行根据产业链上企业贸易往来及经营运转，对企业需求提供差异化的融资服务，包括存货或仓单融资、信用证、商票贴现、订单融资、应收账款质押融资、其他依托上下游贸易关系发放的款项等产品，业务余额分别为19.15亿元、14.00亿元、5.44亿元、2.35亿元、1.31亿元、2.85亿元（见图2）。

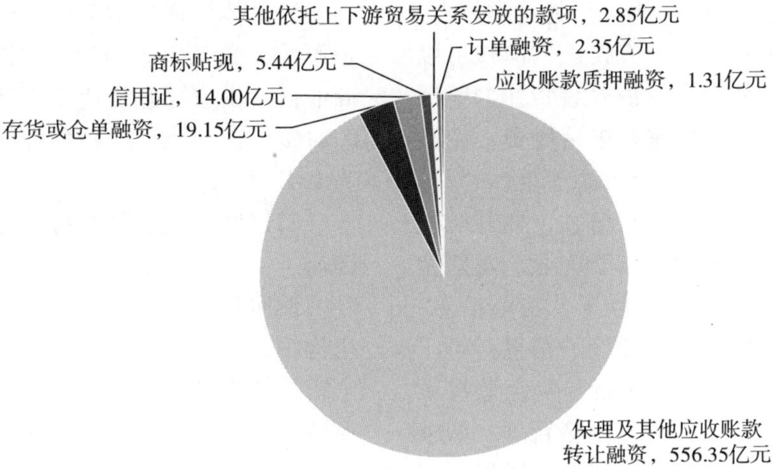

图2　截至2021年6月末小微企业各类供应链融资业务余额分布

在客户类型方面，融资人以上游供应商为主，下游经销商融资的业务规模较小。截至2021年6月末，融资小微企业为上游供应商、下游经销商的业务规模分别为566亿元、21.39亿元，占比分别为94.11%、3.56%。在以核心企业为枢纽的供应链中，上游供应商是核心企业应付账款的债权人，核心企业有较强的经济实力，应付账款偿还能力较强；下游经销商是应付款项的债务人，需向核心企业支付款项。故银行倾向于向供应商提供融资，占用核心企业授信；而对于下游经销商的融资，银行需要商品质押、追加担保来缓释风险，风险管理的难度和成本增加，业务规模较小。

在产业支持方面，仍以建筑业、制造业等传统行业为主，但呈现向信息技术服务等新兴产业延伸趋势。例如，辖内银行与华为、字节跳动合作开展供应链金融业务，向其上下游企业提供定向融资；或与每日优鲜等核心企业合作，通过反向保理和商票贴现等产品为上游的生鲜涉农企业提供融资。

① “其他应收账款转让融资”主要指将应收账款债权多级转让后，最终债权人凭应收账款债权向银行机构申请融资的业务。

（三）依托金融科技，强化外部合作，为小微企业融资提质降本

一是拓宽获客渠道，精准对接融资需求。银行与第三方金融服务公司或核心企业自建平台合作，通过系统对接，在线上获得合作方推送、经核心企业确权的应收账款信息，为资金紧张的上下游企业提供精准的融资服务。此外，多家银行自建或者接入应收账款转让平台。依托此类平台，供应商对于核心企业的应收账款债权可以债权凭证的方式沿产业链逐级转让，凭证持有人可依据凭证向银行申请融资，使银行服务触达产业链上多级小微企业。

二是多维度获取经营信息，提升风险管理质效。银行通过与核心企业、发票验真平台合作，获取交易数据、发票信息，提升融资前对客户风险评价的精度；对于存货或仓单融资业务，银行与物流监控方合作，加强对抵质押物的风险管理。如辖内某银行与北京全国棉花交易市场集团有限公司合作，依托该公司掌握的棉花交易商经营数据、评级信息，以及该公司提供的仓单质押，对交易商进行风险评价和授信融资。

三是操作流程线上化，提高小微企业融资效率。目前，银行越来越普遍地通过审批流程无纸化、合同签署线上化来减少业务办理时间。调研显示，目前辖内中资商业银行开展的大部分供应链融资业务的合同签署方式为，银行先线下与核心企业签订合作协议或融资额度协议，核心企业确权后，上下游企业的单笔融资合同在线上签署。各行在疫情期间提供的线上供应链金融服务，为支持小微企业融资发挥了重要作用。例如，受疫情影响，2020 年上半年建筑施工行业上游供应商回款账期拉长，辖内某银行通过供应链金融业务对该行业上游小微供应商提供线上融资，并实现 T+1 到账，有效维护疫情期间产业链资金稳定。

辖内银行对科技普遍化、纵深化的应用，畅通了核心企业确权渠道，丰富了银行风险管理工具，提升了小微企业融资效率，使供应链金融模式依托核心企业信用解决小微企业融资问题的独特优势进一步凸显，具体体现为融资成本更低、资产质量更优。截至 2021 年 6 月末，辖内中资商业银行供应链融资业务不良资产比重为 0.04%，而同期小微企业不良贷款率为 1.19%。

二、供应链金融支持小微企业存在的障碍

调研显示，开展供应链金融的 30 家机构中，“核心企业不愿意配合”被 20 家机构认为是利用供应链金融支持小微企业的主要障碍，是被选频率最高的一个因素。除此之外，“业务成本高、收益低”和“政府对税务、水电煤等数据开放度较低”等也被认为是开展业务的较大障碍（见图 3）。

（一）核心企业配合度不甚理想

供应链金融支持政策的出台在一定程度上提升了核心企业配合度，但目前仍存在一些障碍。例如，部分核心企业出于信息安全考虑，不倾向通过系统直连等方式与银行共享交易数据；对上游供应商融资的业务中，银行一般要求核心企业将款项打入专用账户以加强回款管理，但部分核心企业难以配合银行改变支付途径；随着贸易的进行，核心企业可能与上下游企业重新商议双方权责，实际支付的应付款项账期及金额可能与合同约定不一致，银行需与核心企业就有关细节再次沟通。实践中，因供应链金融业务涉及与核心企业等

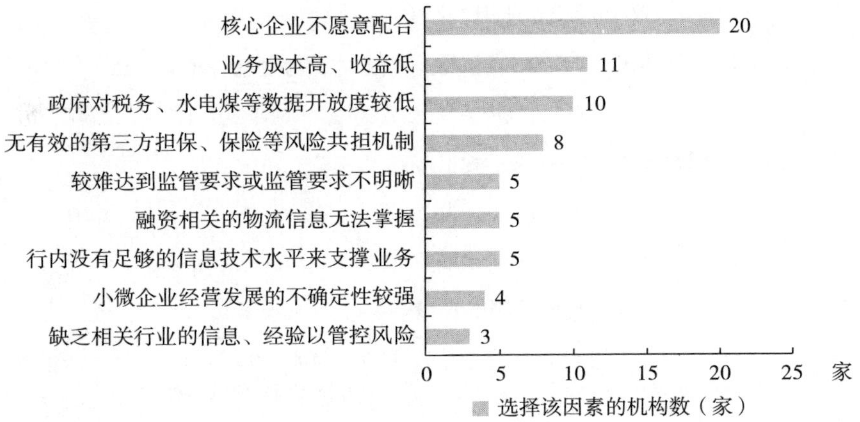

图3 机构认为利用供应链金融支持小微企业存在的主要障碍

各方多次协商，办理效率受较大影响，部分供应商资金链较为紧张的行业中，供应商出于时间因素考虑可能会放弃供应链融资，转而选择流动资金贷款等业务，依托自身资质直接办理融资。

（二）多方协商成本及业务管理成本较高、收益有限

一方面，业务参与方较多，推高沟通成本。与基于小微企业主体进行授信的流贷等业务不同，供应链金融基于贸易往来中各方的债务债权关系对企业放款，故该业务的参与方除小微企业和银行外，还包括对贸易背景进行确认的核心企业、第三方信息服务平台、仓储物流监管方、融资担保公司或保险公司等，各方权责落实到位方可有效管控风险。另一方面，异地客户较多，增加业务管理成本。因北京核心企业众多且大量上下游企业在外地，辖内银行供应链金融业务的融资人中异地企业相对较多。调研显示，截至2021年6月末，辖内中资商业银行开展的供应链金融业务中，融资人为异地企业的融资业务余额占供应链融资总余额的比例为68.94%。银行需赴异地对业务进行沟通、尽职调查、贷后检查等，管理成本较高。

（三）小微企业经营情况的透明度有待提高

由于小微企业本身缺乏抵质押物、财务报表可参考性较低，银行获取其经营信息的途径较为有限。若银行可以了解小微企业缴税情况、水电煤使用情况等能反映其真实运营轨迹的数据，将提升小微企业信贷可得性。近年来，中国银行保险监督管理委员会北京监管局（以下简称北京银保监局）积极推进“金融专网”建设工作，取得丰硕成果。目前，银行可对融资企业对公流水真实性进行验证，丰富风险管理手段，为解决小微企业融资面临的信息不对称问题提供了有益尝试。

三、供应链金融支持小微企业融资过程中的潜在风险

（一）核心企业信用风险

调研显示，核心企业是否对贸易背景进行确认、融资背景是否真实、核心企业经济实力是机构开展小微企业供应链融资最关注的几个因素，体现了核心企业在供应链融资中的关键作用。机构开展小微企业供应链融资的主要关注因素如图4所示。

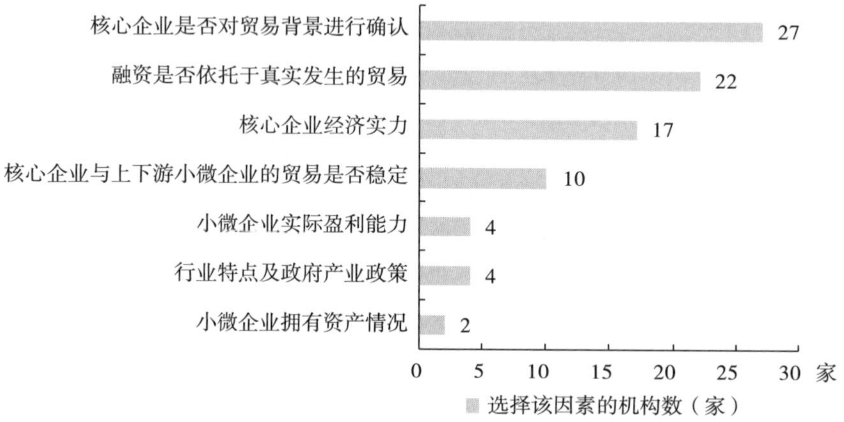

图4　机构开展小微企业供应链融资业务的主要关注因素

目前银行开展供应链金融业务，主要是占用核心企业授信为上下游小微企业提供融资。调研显示，截至2021年6月末，辖内中资商业银行开展的小微企业供应链融资业务中，需占用核心企业授信的业务规模占比93.75%，这发挥了核心企业对于小微企业的带动作用，但也在一定程度上增加了银行授信风险的集中度。在当前宏观经济形势较为复杂、产业政策及发展态势结构性调整持续进行、企业经营不确定性增加的背景下，需密切关注核心企业信用风险。例如，近年来部分房企风险加速暴露、文娱及外贸行业受新冠疫情影响较大、教培行业迎来新政、钢铁煤炭等行业持续转型等，对处于或涉足上述领域的核心企业产生深刻影响，可能导致核心企业对供应链融资的支撑力减弱，银行发展供应链金融需进一步加大风险防范力度。

（二）贸易背景虚构风险

对企业交易物流、资金流、信息流匹配度的交叉证明是核查贸易背景真实性的重要途径。但目前银行获取交易物流信息的业务主要为商品质押类业务，保理等大部分供应链融资业务开展过程中未获得商品物流信息。银行主要通过核心企业确权、审核商务合同及发票来判断贸易背景真实性。核心企业与供应商共谋套取银行资金、进行融资型贸易的可能性仍存，可能导致资金未用于支持产业链上小微企业的生产经营。

四、政策建议

（一）督导机构多维度、多渠道加强授信管理，积极稳健服务小微企业经营发展

督导机构在对小微企业开展供应链融资过程中加强对核心企业的授信管理及风险监测，通过对核心企业及行业发展形势的深入分析，依规妥善确定核心企业授信额度，结合企业需求提供有针对性的金融服务，充分发挥核心企业对上下游小微企业的带动作用；挖掘交易标的“物的信用”，通过将物流信息与贸易合同、资金流水等信息进行交叉验证，加强贸易背景真实性审核，切实支持小微企业经营，严防资金流入违规领域。

（二）加强政府部门联动，持续优化金融基础设施

加强各政府部门的联动，推动统一的应收账款转让平台的使用及持续优化，收

集业务相关核心企业的交易数据、融资款项支付路径、应付款项金额及账期等信息，并进行标准化管理，为应收账款转让提供安全、透明、市场化的交易环境，减少银行、核心企业、上下游小微企业等各方沟通协商的成本。加强基础信息平台建设，提高小微企业工商、税务、水电等数据的可获得性，便于机构对小微企业进行风险评价、开展金融服务。

（三）结合各地区产业优势开展合作试点，提高金融对于跨地域业务的服务质效

对于核心企业和上下游小微企业在不同地域的供应链金融业务。在机构层面，建议加强各地分支机构的协调，分别围绕核心企业和上下游企业、结合产业运转实际，各有侧重、明确分工、有效协同，实现服务对接，降低地域屏障造成的信息不对称和风险管理成本，避免潜在客户流失。在政府层面，建议发挥各区域产业优势，选取部分机构或行业作为试点，指导机构稳妥有序开展跨区域的供应链金融业务，保障产业链上小微企业融资，有效管控产业链信用风险，促进行业稳健发展。

（袁野）

药品保险业务创新发展迅速　社会作用显著　建议加强规范促进融合发展

中国银行保险监督管理委员会北京监管局

随着我国医疗卫生体制改革的深入，近年商业健康险取得长足发展，2020 年国内健康险保费收入 8 173 亿元，同比增长 15.7%。商业保险机构不断丰富健康险产品体系，大力创新针对特定疾病、特定药品的医疗保险产品，在降低患者非住院治疗等高额药品费用负担方面发挥重要作用，直接带动医药产业发展。北京银保监局对创新型药品险发展状况开展调研，深入分析其在完善多层次医疗保障体系中发挥的积极作用，并建议进一步规范发展创新型药品险，推动医疗健康数据共享，以此为切入点推动保险行业与医疗卫生行业加快融合，促进商业健康保险高质量发展。

一、创新型药品保险发展迅速

（一）惠民保和百万医疗推动特药责任普及

2018 年电影《我不是药神》热播，引发社会对特大疾病药品费用负担的广泛关注。继基本医保将部分特药纳入目录之后，各地政保合作的惠民保产品和百万医疗产品也纷纷覆盖特药责任。其中，惠民保产品经历 2020 年爆发式的增长，到 2021 年 6 月末，共有 26 个省份 112 个城市推出了 140 余款产品，超过 80% 的产品含有特药责任，推动了特药险为人们所熟知。惠民保产品的特药责任，一般报销医保目录外药物和院外购药，主要针对肺癌等前十大高发疾病的癌症靶向药、免疫药物。截至 6 月末，惠民保产品覆盖超过 6 000 万人，同比增长 400%；保费收入超过 50 亿元，同比增长 900%。与此同时，各家保险公司不断扩充百万医疗产品的特药责任，并推出独立销售的药品医疗保险。

（二）健康服务公司助推险种快速发展

在特药险的兴起中，健康服务公司起到了重要的助推作用。由于特种药品通常由药企指定的零售药房销售，且患者需要执业医生出具用药指导才能购药，健康服务机构具有的广泛药房合作网络以及审核处方控费能力，使其在特种药品供应链条中起到关键作用。健康服务机构通过联合保险公司和再保险公司推出保险产品，连接了医药企业、零售药店和保险公司，以“互联网＋医＋药＋险”的模式为客户提供在线诊疗、购药、保险赔付和健康管理服务。以某健康服务公司为例，其推出的“药康付”产品与超过50家药企达成合作，合作药房遍布全国400多个城市，服务网络覆盖广泛。健康服务公司依托股东药企的供药能力和再保险提供的风险管控能力，为保险公司提供了包括用药合理性审核、药房购药规划、理赔金额核实等流程管理以及个案管理服务。从各地惠民保产品来看，近90%的项目均由第三方健康服务公司提供平台服务。

（三）普通人群常见药品保险尚处于探索阶段

为做好常见药品费用支出风险管控、防止药品滥用，保险行业在常见药品保险保障设计方面也进行了有益探索，主要包括两种模式。一是通过次免赔额、单次限额、赔付比例和累计限额进行风险控制，在基本可接受的费率下保障门诊医疗及门诊常见药品。同时，通过与互联网医院合作，提升客户开药的便利性，降低线下就诊发生的检查费用。二是与特定平台合作，提供常见药品的折扣购药服务。如某寿险公司推出的“药无忧”，保险期间1年，保费约300元，单次购药限额500元且每月限3次，累计限次20次或限额1万元，为客户提供指定平台最低2折的购药服务。

二、药品险在完善多层次医疗保障体系中发挥积极作用

（一）降低大病患者的高额药品费用负担

特药险的推出，有效降低了部分大病和重症患者的高额医药费用负担。以某地惠民保项目为例，2020年，该项目共有27种抗肿瘤药物纳入自费项目补偿范围，涵盖了18种恶性肿瘤；全年有371人获得普惠型补充医疗保险恶性肿瘤药项目补偿，金额达2 589.97万元，同比增长186.34%，人均补偿6.98万元，平均减负达87.65%。

（二）有效支持医药产业发展

对药企和零售药店，特药险可以解决支付方和客群问题，降低药企的销售成本，促进创新药发展。以“北京普惠健康保”为例，年保费195元每人，除保障医保内门诊住院和医保外住院部分费用（保额各100万元）外，还保障25种国内特药和75种境外药品，保额各50万元。25种国内特药中，有15种在新型抗肿瘤药物临床应用指导原则（2020年版）的药品目录，还有3种为近期新获批上市且为北京市权威临床专家所推荐的药品，有力支持了创新药品的发展，并在支持本地药企发展上发挥积极作用。

（三）在提升慢病人群的健康管理和保障水平方面开展有益探索

一是针对重大疾病已患病人群，提供疾病复发时的药品医疗费用保障。由于已患病人群的复发概率相对较高，因此该类产品目前杠杆相对较低，保障额度不高。如某健康险公司推出的乳腺癌责任产品，包含“乳腺癌药品保险金”，针对患病人群的赔付限额为5 000元。二是针对慢病已患病人群，提供药品费用保障和发生并发症的治疗费用保障。保险公司一方面通过整合药品购买需求和药品供应资源，降低患者购药成本，另一方面通过健康管理服务，提升患者依从性，延缓疾病进展和防止严重并发症的发生。如某相互保险公司与药企合作推出的“福气保”，是针对慢性乙肝带病群体的疾病进展类保险。药企对符合条件的慢性乙肝患者，通过投保团体保险的形式，免费纳入“福气保”计划，提供相关用药福利和并发症治疗费用保障。又如某财险公司推出的“糖保宝”，面向投保前无疾病住院病史的糖尿病患者，保障与糖尿病预防、保健、治疗有关的药品费用，以及糖尿病并发症的治疗费用。

三、药品险发展中存在的问题

（一）药品目录缺乏权威依据

目前，特药险的药品目录制定缺乏权威依据。从各地惠民保的特药责任来看，不同产品的特药目录差异较大，且大多非当地医保部门制定目录。部分特药目录覆盖的高发疾病较少，实际理赔发生率不高。如某互联网平台推出的“城惠保”产品，15种特药仅覆盖成年人最高发十大癌症中的2种，即肺癌和乳腺癌。同时，由于药品责任的专业性较高，普通消费者难以了解各类药品覆盖的疾病种类，在购买药品险时存在信息不对称，在后续理赔中也易陷入纠纷。

（二）产品定价数据支撑不足

由于药品险仍属于创新险种，无充分的经验数据可循，因此基本医保和大病保险的数据对产品定价较为关键。但目前医疗数据的共享使用仍存在一定障碍，保险公司缺乏数据来源以支持产品定价，可能出现赔付率假设与实际不符的情况。如某惠民保产品运行一年以来，投保人数150万人，已结赔付案件485件，赔付金额662.6万元，但其中特药赔付仅54件，赔付金额108.74万元，案均赔款2.01万元。

四、相关建议

（一）推动医疗健康数据共享，为推出契合人民群众实际需求的健康险产品提供基础

如从用单一高发疾病诊疗数据、高额药品使用数据等统计级数据共享起步，助力针对细分人群、慢病人群的特色化产品开发，促进健康保险合理定价。同时，提升商业保险的风险管控能力，让商业保险敢保敢赔，进一步发挥商业保险在医疗保障体系中的重要作用，推动保险行业与医疗卫生行业加快融合，促进商业健康保险高质量发展。

（二）探索慢病人群健康管理的委托商保经办

推动保险机构通过家庭医生制度经办等，参与慢病人群的健康管理，以保险机制激励提高慢病患者的依存性，争取少得病、晚得病、不得重病，从而在长期上达到降低医保支出的目的。同时，以此提升保险公司的触客能力，有助于降低商业保险渠道成本，更好地让利保险消费者。

（三）引导规范药品险目录制定

随着药品险发展加速，涉及面越来越广，考虑到药品责任的专业性，对药品责任目录制定进行规范引导十分必要。建议协调卫生健康相关部门或相关领域权威专家组织，在充分考虑支持医药产业发展的基础上，对药品责任目录制定出台指导性意见，进一步规范创新型药品险发展。

（沈琛乾）

资本市场支持首都经济绿色低碳转型情况的报告

中国证券监督管理委员会北京监管局

一、近五年资本市场支持首都经济绿色低碳转型情况

自2016年8月末七部门①发布《关于构建绿色金融体系的指导意见》以来，资本市场在支持绿色金融发展方面取得显著进展，有力促进首都经济绿色低碳转型，呈现出以下特点。

一是大力支持绿色低碳企业上市。资本市场响应国家发展战略，找准各板块定位，积极支持绿色低碳领域企业上市。科创板将节能环保、新能源列入申报科创板发行上市的发行人应当所属的六大行业领域内，创业板重点支持符合高新技术产业和战略性新兴产业发展方向的企业。近五年来②北京共新增144家上市公司，其中61家为新一代信息技术、生物技术、新能源、新材料等战略性新兴产业企业，剩余83家企业中有47家属于软件和信息技术、金融、科学研究与技术服务、文化娱乐等服务业企业，未新增高耗能高排放行业上市公司，北京“两高”③ 行业上市公司数量占比从8.6%下降至5.6%。在减碳降碳重点领域，建工修复等6家有助于提升碳汇的节能环保类企业相继上市；在新能源汽车方面，北汽蓝谷通过重大资产重组注入新能源汽车资产，亿华通、精进电动在科创板上市；在新能源发电领域，三峡能源、中国能建等大型央企在主板上市。从上市公司行业分布变化可看出，近五年来北京产业结构向绿色低碳方向转型的成果显著。

二是不断提升市场资源配置效率。通过资本市场，全社会对于绿色低碳转型的共识已基本形成，不同行业上市公司的二级市场表现显著分化，投资者对绿色资产更为认可，市场资金更多向低碳绿色行业上市公司配置。近五年来，北京23家“两高”行业A股上市公司总市值从2.6万亿元下降至2.4万亿元，以石化企业市值降幅最为明显，同期北京地区A股上市公司总市值从14.4万亿元增加至18.5万亿元，“两高”行业上市公司市值占比从18.1%下降至12.9%。以发电企业市值变化为例，京能电力等3家火力发电企业总市值从1 572.7亿元略增至1 605.9亿元，同期长江电力等2家水电企业总市值从3 369.8亿元增长了65%至5 567.5

① 包括国家发展和改革委员会、财政部、商务部、国土资源部、海关总署、国家税务总局、环保部七部门。

② 统计时间区间为2016年10月1日至2021年10月31日，数据来自Wind。

③ 根据《国家发展改革委办公厅关于明确阶段性降低用电成本政策落实相关事项的函》，高耗能行业包括石油、煤炭及其他燃料加工业、化学原料和化学制品制造业、非金属矿物制品业、黑色金属冶炼和压延加工业、有色金属冶炼和压延加工业、电力、热力生产和供应业六大行业。《国家发展改革委、国家统计局印发关于加强应对气候变化统计工作的意见的通知》中明确高排放行业包括煤炭、石化、火电、钢铁等行业。本文统计“两高”上市公司包括证监会行业分类中的石油和天然气开采业、电力热力生产和供应业（只包括火电）、煤炭开采和洗选业、化工原料及化学制品制造业、黑色金属冶炼及压延加工业、有色金属冶炼及压延加工业、非金属矿物制品业。

亿元，而主要从事风电项目开发的节能风电近五年市值从194.5亿元增加至368.5亿元，涨幅达89%。近五年来，北京上市公司通过A股市场IPO和股权再融资共募集资金约1.1万亿元，绝大部分由绿色低碳行业企业募集，“两高”类上市公司募集资金占比仅为5%。

三是加大绿色金融工具创新力度。2016年以来，资本市场推出绿色公司债（含碳中和债）、绿色资产支持证券等多个创新品种，为企业向绿色低碳转型筹资提供支持。北京地区债券发行人利用绿色公司债券筹资规模居全国首位。近五年来，累计发行67只绿色公司债，募集资金1 128亿元，只数和金额分别占全市场的20.3%和36.4%；累计发行47只绿色资产支持证券，募资295.5亿元，只数和金额分别占全市场的12%和35.2%。为精准支持绿色低碳发展需求，沪深交易所于2021年初推出碳中和绿色公司债，截至10月底全市场已发行44只，募资总额433.7亿元，其中北京有9家发行人发行14只，共募资227亿元，规模占据全市场半壁江山。基础设施公募REITs试点方面，首批9家试点企业中2家北京企业首钢环境、首创水务均为绿色低碳类企业，其环保类基础资产组成的REITs基金上市后受到市场广泛认可；同时，试点范围扩大将能源基础设施等新纳入，将有助于盘活存量清洁能源项目资产，进一步拓宽融资渠道。

四是持续推动上市公司低碳转型。在“双碳”目标背景下，北京部分高碳行业上市公司正积极向绿色低碳转型。从研发支出看，北京“两高”行业上市公司正加大研发投入，2020年比2018年研发强度增长率超过50%，远超收入增速。拓展节能环保新能源领域业务，如中国石化正加快发展以氢能为核心的新能源产业链，中国石油2020年度国内天然气产量在油气结构中占比首次超过50%，北新建材、东方雨虹等积极推进绿色环保材料研发，石化油服等启动碳捕集、利用和封存（CCUS）项目建设，中国建筑等多家央企布局固废处理等循环经济业务。

二、“双碳”目标下首都企业转型面临的问题与挑战

实现“碳达峰、碳中和”是一场广泛而深刻的经济社会系统性变革。以上市公司和债券发行人为代表的公众企业是首都经济的基石，也是首都向绿色低碳转型的主力军，应密切关注企业在“双碳”目标背景下面临的转型挑战和困难，评估其对企业经营、员工就业及税收的影响，采取针对性政策措施帮助企业转型升级。

一是多重压力下部分企业可能出现经营困难。在向低碳转型过程中，原有供应链平衡被打破，部分企业可能面临多重压力。原材料价格和能源成本出现阶段性上升及波动加剧情况，企业成本增加，2021年以来煤炭、钢铁等价格大幅上升对中下游企业生产经营影响较大。能源结构转向可再生能源，部分“两高”行业企业可能面临收入下降、固定资产加速折旧和资产减值增加等压力。节能减排升级改造和低碳技术研发等支出也将增加。在多重挤压下部分企业可能出现经营困难，同时此类企业往往为资产和人员密集型企业，结构性失业压力较大。受疫情影响，2020年北京76家上市公司净利润为负，2021年第三季报数据显示87家上市公司净利润为负，相当部分上市公司抗风险能力已被大幅削弱，低碳转型下的成本上升可能导致上市公司亏损面进一步扩大。

二是成熟可推广的低碳技术供给严重不足。技术进步是实现“双碳”目标的关键，无论是高碳产业的技术升级，还是新能源产业的发展壮大，都离不开低碳技术的发展。但目前可推广可大规模应用的低碳技术还严重不足，CCUS、氢能、储能等技术还不够成熟，与发达国家技术差距较为明显，规模化产业化应用不够。制造业等领域企业节能降碳的成本较高，影响企业改造积极性。

三是部分领域企业低碳转型准备不充分。低碳转型影响的领域非常广泛，不同行业的企业虽然转型压力不一，但都需做好应对准备。北京企业对于低碳转型的意识和行动整体走在全国前列，但也有部分领域企业尚缺少准备，对政策、外部环境和金融市场已经及将要发生的变化缺乏研究和应对策略，生产经营模式基本未有改变。总体上看，央企在低碳转型问题上起步较早，在产业布局和运用资本市场方面进展明显，市属国企和民营企业进展相对较慢。

四是低碳转型涉及的资金支持缺口较大。虽然资本市场以多种方式为企业低碳转型提供资金支持，但实现“双碳”目标需要的资金投入规模巨大，金融体系目前还远满足不了企业低碳转型的资金需求。对高碳企业转型的金融支持不足，部分金融机构对“两高”行业企业采取“一刀切”的抽贷限贷政策，转型债券、可持续发展债券等创新品种有待开发推广，股票再融资难度较高。绿色债券支持政策需进一步完善，目前与普通债券相比在发行成本等方面缺少优势，企业发行动力不足。在对低碳技术的研发和科研成果转化方面，财政和金融支持政策还不够完善。绿色资产的投资需求与国际上存在较大差距，绿色投资生态尚未建立。

五是企业气候环境信息披露制度有待完善。与国际市场对气候信息披露规定相比，我国上市公司和发债企业在强制性要求、披露内容、披露强度等方面改善空间较大，远达不到实现“双碳”目标的要求，不利于投资者对低碳资产的识别和对企业经营外部性的评估，也不利于社会对公众企业低碳转型的监督。随着披露制度的统一完善和逐渐严格，相关上市公司资产价格可能面临重估。

六是节能环保类上市公司规模较小业绩不佳。实施生态环境保护修复和发展循环经济，有助于提升生态系统碳汇增量，发挥减少资源消耗和降碳的协同作用。北京目前有10家生态保护和环境治理类企业，不能满足实现“双碳”目标对生态环保类企业的市场需求，其中2017年后上市的6家公司体量尚小，2020年度平均营业收入仅11.3亿元，平均市值仅33亿元。东方园林等4家公司近年来总体上经营业绩不佳，平均营业收入从2018年的88亿元下降至2020年的73亿元，其中部分公司出现股票质押风险等情况，还处于风险化解和经营恢复阶段。

三、加快首都经济绿色低碳转型的政策建议

当前，气候变化问题已成为全人类的共同挑战，北京作为国际交往中心，加快实现“碳中和”步伐将有利于在国际上展现我国负责任大国的担当，同时北京作为众多央企总部所在地，在推进企业低碳转型方面的努力不仅关乎北京，更具有全局性意义。北京应统筹政府市场两种资源，充分调动各方积极性，积极发挥多层次资本市场作用，加快北京全球绿色金融和可持续金融中心建设，将绿色低碳打造成北京高质量发展的亮丽名片。

加强低碳技术研发攻关。充分发挥北京科研资源集中、科技实力雄厚的优势，动员科研院所、高校与企业各取所长，协同开展低碳、零碳、负碳关键核心技术攻关。要面向市场搞技术革命，鼓励创业投资基金、股权投资基金投资低碳技术领域，利用好风险资本对技术和市场的洞察力，加快技术成果转化应用。支持低碳技术型企业上市融资，发挥资本市场对技术创新的加速器和放大器效应。

发展绿色低碳产业集群。抓住能源结构转型机遇，大力发展新能源产业，发挥龙头企业在产业链中的引领作用，推动新能源汽车、氢能、新能源发电等领域全产业链发展。强化北京证券交易所服务“专精特新”中小企业主阵地作用，鼓励产业链的中小企业通过北交所上市融资发展成细分领域内的“冠军企业”。加强废弃资源综合利用，加快发展循环经济，提升北京节能环保企业竞争力。调整北京市属国有企业产业布局，推动向绿色低碳产业转型，培育打造绿色产业集团。

充分利用债券市场融资。根据相关研究机构测算，为实现“双碳”目标，我国需投入资金规模为150万亿~300万亿元，绿色融资缺口较大。要进一步发挥债券市场在筹措中长期资金方面的重要作用，扩大绿色债券市场规模，为低碳转型融资。可发行以政府为信用主体的绿色地方政府债，用于城市低碳改造、生态环境修复等绿色项目。完善市属国企激励约束机制，引导市属国企在债券发行中优先选择中长期绿色债券，要求市属国企在碳排放信息披露等方面发挥示范引领作用。推动沪深交易所尽快明确可持续发展挂钩债券、转型债券的定义和项目支持目录并创设相应品种，为高碳企业低碳转型提供金融支持。支持北交所建设适合中小企业发展特点的绿色债券市场。鼓励北京企业利用存量绿色资产发行资产支持证券（ABS）或公募REITs融资。发挥信用评级机构在京集聚优势，支持在京评级机构大力发展绿色债券评估认证业务，提高评估质量，提升第三方评估认证市场公信力。

出台财税专项支持政策。加大财政资金对低碳技术攻关支持，对科研院所、高校等予以财政补助和奖励。深入调研企业低碳转型中的困难，科学测算企业低碳转型成本，对企业节能减排改造、低碳技术研发等支出以税收减免或返还等方式予以补贴，分担一部分转型成本。设立北京低碳转型基金，发挥财政资金杠杆作用，帮助高碳行业企业以并购重组、淘汰落后产能等方式实现平稳转型。设立政策性绿色担保机构，为“专精特新”中小企业发展绿色低碳业务、发行绿色债券等提供担保。

加快培育绿色投资生态。将绿色金融纳入市属银行等金融机构考核评价体系，推动金融机构提高绿色金融资产投资比重，用好碳减排支持工具。鼓励机构投资者投资绿色债券，对利息收入予以一定程度的税收减免或返还。大力吸引境外养老金和主权财富基金等在京发展，为其投资境内绿色股票、绿色债券等金融产品提供支持。加大舆论宣传力度，形成鼓励绿色投资文化氛围。

（余辉　王晓岩　余超　苏慧）

关于7类地方金融组织准入条款修订情况的研究报告

北京市地方金融监督管理局

为落实《北京市地方金融监督管理条例》，修订准入审批规则，北京市地方金融监督管理局（以下简称市金融监管局）对小额贷款公司、融资担保公司、典当行、融资租赁公司、商业保理公司、地方资产管理公司、地方交易场所共7类地方金融组织进行了前期调研，经过对7类地方金融组织准入条款进行研究，相关情况如下。

一、共性条款

（一）提高准入门槛

一是提高注册资本且为实缴货币。融资担保由5 000万元提高至2亿元，小额贷款由有限责任公司5 000万元、股份有限公司1亿元统一修改为1亿元，交易场所由1亿元提高至2亿元；典当行1亿元、商业保理1亿元、融资租赁2亿元、地方资产管理公司10亿元，这4类沿用2020年相应指引的标准。

二是股东资质。股东以自有资金出资，对股东无重大违法违规、不良信用记录设定了资质要求，其中交易场所、融资租赁、商业保理的股东限定为法人。

三是董事、监事、高管任职资格。具备3年无重大违法违规、不良信用记录以及3年以上相应从业经验（交易场所要求5年）。

（二）统一审批流程

一是审批环节。统一经区金融办初核、市金融监管局复审两级审核，删除了7类机构（除交易场所）准入审批报市政府审批环节。

二是审批合并。将小额贷款准入审批合并，市金融监管局7类机构的准入均一步完成，仅交易场所保留两步（延续交易场所4号文审批程序，第一步批设时注册资本不实缴且不建设交易信息系统，第二步开业筹备时完成实缴并建设交易系统）。

三是增加现场核实。准入审核流程统一增加现场核实环节，准确掌握实际情况。

四是终止审查。明确终止审查情形，企业主动申请撤回、申请人依法终止或死亡等，市金融监管局可终止审查。

（三）明确审批时限

按照行政许可法、融资担保条例等规定，明确了20个工作日审批时限，可延长10个工作日。可根据需要聘请会计师事务所、律师事务所以及组织专家评审，评审以及现场核实所需时限均排除。

二、个性条款

（一）融资担保公司

一是完善股东资质条件。将“有具备持续出资能力的股东”区分为法人股东和自然人股东两类并分别细化资质条件。除自有资金、信誉良好等共性条件外，对法人股东，特别要求“具备持续出资能力，财务状况良好。最近2个会计年度连续盈利”；对自然人股东，特别要求“有完全民事行为能力；近三年年均收入不低于40万元人民币或者家庭净资产不低于300万元人民币，纳税记录与收入或财产情况相匹配”。

二是细化分支机构设立条件。区分了外省融资担保公司在北京市设立分支机构、北京市融资担保公司在本市设立分支机构、北京市融资担保公司在外省设立分支机构的条件及程序，将拨付给各分支机构的营运资金由5 000万元提高至2亿元。

（二）小额贷款公司

调整了持股比例限制。由“单一最大股东（包括其关联方）持有的股份不得超过公司注册资本总额的30%，其他单一股东及其关联方持有的股份不得超过公司注册资本总额的20%，且不得低于公司注册资本总额的1%”修改为“法人股东合计持股比例应占全部股份50%以上；单一最大股东及其关联方合并持股比例不超过全部股份80%”，增加规定了法人股东持股比例下限，提高了单一最大股东及其关联方持股的上限，取消了对其他单一股东及其关联方持股比例的要求。

（三）典当行

修改北京市设立分支机构的条件。由“最近2年无违法违规经营记录”修改为“信誉良好，最近3年无重大违法违规记录和严重不良信用记录”。

（四）交易场所

一是行业主管意见。将“由市金融监管部门征求相关行业主管部门意见后报市政府批准”修改为“市金融监管局复审，复审中应当征得行业主管部门同意。复审通过后，报请市政府批准”，要求行业主管部门提出同意的明确意见后，才能通过复审环节，上报市政府。

二是增加审批程序。按照国务院决定38号文规定，增加了“市政府批准前，应当征求清理整顿各类交易场所部际联席会议意见”环节。

三是修改分支机构设立。修改了分支机构的设立限制条件由“本市交易场所不得在本市设立分支机构；在外地设立分支机构的，应当由区金融工作部门初核、市金融监管部门复审，经市政府和拟设立分支机构所在地省级人民政府批准，并按照属地原则进行监管。外地交易场所在北京市设立分支机构的，由所在地省级人民政府批准后，依照北京市有关规定设立”修改为“交易场所原则上不得设立分支机构。确有必要设立的，应当分别经该交易场所所在地省级人民政府及拟设地省级人民政府批准，并由拟设地省级人民政府负责监管和风险处置”。

四是增加开业条件。资金实缴到位，交易信息系统符合安全、稳定、合规要求、北京市具有服务器且接入监管系统和统一结算平台等，同时，明确在6个月未提出开业申请或延期申请的、经两次复审均未达到开业条件的，设立审批文件自动作废。

（五）融资租赁公司

一是取消两参一控的要求。删除了“同一投资人及其关联方、一致行动人作为主要股东参股融资租赁公司的数量不得超过2家，或控股融资租赁公司的数量不得超过1家”。

二是完善股东资质条件。明确规定股东应为企业法人，要求主要股东或其关联主体具备与所从事融资租赁产品相关联的行业背景或金融行业背景。

三是增加特殊项目公司设立条件。创新性提出了设立特殊项目公司的条件。

（六）商业保理公司

取消两参一控的要求。删除了“同一投资人及其关联方、一致行动人作为主要股东参股商业保理公司的数量不得超过2家，或控股商业保理公司的数量不得超过1家”。

（七）地方资产管理公司

原设立条件保持不变，未增加个性条款。

附：

2021年专题与调研目录选编

中国人民银行营业管理部

一等奖

1. 提升企业汇率风险管理水平研究（国际收支处）

2. 从人民银行分支机构视角看金融监管协调机制的运行及改进（金融稳定处）

3. 关于房企风险与房地产预售资金制度的关系探讨（金融稳定处）

4. 关于探索构建北京地区个人外汇管理框架的调研报告（经常项目管理处）

二等奖

1. 全球氢能产业发展态势及我国应对建议（金融研究处）

2. 关于加强北京地区涉外企业汇率避险指导的建议（国际收支处）

3. 关于北京市国有企业的信用风险分析（金融稳定处）

4. 国际碳排放交易服务平台发展经验及对北京绿交所的启示（金融研究处）

5. 网络赌博团伙利用Ⅱ类个人银行账户从事犯罪活动相关风险亟需关注（反洗钱处）

6. 金融机构跨境融资宏观审慎政策调整效果研究（资本项目管理处）

7. 境外机构借道境内支付机构开展预付卡充值业务研究（外汇检查处）

8. 贵金属纪念币发行规则问题研究——中国共产党成立100周年纪念币关注度高　投诉举报显示公众对贵金属纪念币发行规则存疑（货币金银处）

9.《关于调整企业跨境融资宏观审慎调节参数的通知》首月实施情况反馈（资本项目管理处）

10. 中国大型银行部分经营指标与国际同行的差距明显缩小（金融研究处）

11. 信用信息支持中小微企业融资的主要做法、问题及建议——基于“创信融”平台的实践应用（征信管理处）

12. 我国要素禀赋变化与外循环发展趋势（国际收支处）

13. 营业管理部2021年干部职工思想状况动态分析调研报告（宣传群工部）

14. 维好协议的法律地位与外汇管理问题探讨（中关村中心支行）

15. 国际科创中心建设的标准、实践及启示研究（中关村中心支行）

16. 恒大集团风险演变及扩散问题探讨（中关村中心支行）

17. 加强和改善跨境交易真实性管理问题研究（外汇综合业务处）

18. 普惠小微企业贷款延期支持工具运用与会计计量探讨（会计财务处）

19. 关于调整银行类金融机构跨境融资宏观审慎政策的快速调查（资本项目管理处）

20. 上半年北京市消费增长存在五方面的问题值得关注（调查统计处）

三等奖

1. 中小银行与互联网平台合作开户模式存在四方面问题需关注（支付结算处）

2. 大数据显示：涉赌涉诈风险账户特征明显　建议建立定期高风险特征通报机制（支付结算处）

3. 数字人民币对支付市场、银行格局和政府监管的影响（支付结算处）

4. 银行函证制度的发展及在中央银行的优化运用（会计财务处）

5. 关于美国商业银行股权投资科创企业的情况梳理及启示（货币信贷管理处）

6. 新型城镇居民金融素养和金融供需现状调查报告——以北京市昌平区为例（跨境办）

7. 采用协议控制模式引入外商投资的监管问题研究（外汇检查处）

8. 空壳公司综合治理与风险防范思路探析（反洗钱处）

9. QDII 业务通道化现象偏离政策初衷值得关注（外汇检查处）

10. 房地产行业反洗钱监管研究：国际经验与中国实践（反洗钱处）

11. 区域流通中人民币整洁度量化模型的研究——以北京地区监测数据为例（货币金银处）

12. 关于全球税改对我国跨国公司影响的研究（经常项目管理处）

13. 居民家庭资产差距扩大　中等收入家庭房贷压力最大（调查统计处）

14. 资管业务发展对北京金融业的影响分析（调查统计处）

15. 经常项目外汇便利化政策落实面临的问题及建议（经常项目管理处）

16. 如何提升内部审计数字化水平（内审处）

17. 普通纪念币市场化改革效果分析——以北京市 2021 年贺岁币问卷调查数据为例（货币金银处）

18. 政府采购需求标准化建设研究（会计财务处）

19. LEI 在我国支付领域应用分析（清算中心）

20. 人口老龄化背景下的金融教育研究［法律事务处（金融消费权益保护处）］

21. 房地产金融宏观审慎管理工具运用：时机选择和政策效果（跨境办）

22. 做好五个转变　推动首都安全保卫工作高质量发展（保卫处）

23. 北京市、上海市服务业开放度与国际竞争力度量及关系实证研究（跨境办）

24. 大型互联网平台金融消费者权益保护研究与监管政策创新［法律事务处（金融消费权益保护处）］

25. 建党以来保卫工作的历史梳理及现实思考（保卫处）

26. 营业管理部大数据建设的实践经验与思考（科技处）

27. 欧盟推动碳中和的法制建设经验与启示［法律事务处（金融消费权益保护处）］

28. 内部审计的数字化转型势在必行（内审处）

29. 我国地方国库现金管理创新方案研究（国库处）

30. 聚焦新冠肺炎疫情下的审计风险应对（内审处）

31. 国库现金流预测方法、误差成因及改进探讨——基于北京市国库数据（国库处）

32. 从国库数据看北京市财税及经济恢复形势（国库处）

33. 关于解决不动产登记历史遗留问题的研究——以百万庄职工住宅项目不动

产首次登记为例（后勤服务中心）

34. 综合前置后存款准备金管理工作探悉（营业室）

35. ISO 9001 质量管理体系应用于钞票处理业务的实践与思考（钞票处理中心）

36. 关怀关爱离退休干部的几点思考（离退休干部处）

八、统计资料

（一）金融业务综合统计

表 1.1　北京市金融机构（含外资）本外币信贷收支统计

单位：亿元

项目名称	余额	比年初	项目名称	余额	比年初
一、各项存款	199 742	11 660	一、各项贷款	89 033	4 724
（一）境内存款	196 397	10 918	（一）境内贷款	87 376	4 878
1. 住户存款	48 744	4 258	1. 住户贷款	21 949	1 610
（1）活期存款	17 809	823	（1）短期贷款	3 408	530
（2）定期及其他存款	30 936	3 435	消费贷款	1 965	378
2. 非金融企业存款	68 903	2 895	经营贷款	1 442	152
（1）活期存款	20 381	-651	（2）中长期贷款	18 541	1 080
（2）定期及其他存款	48 523	3 546	消费贷款	15 565	800
3. 机关团体存款	43 012	1 067	经营贷款	2 976	280
4. 财政性存款	1 965	253	2. 企（事）业单位贷款	65 278	3 468
5. 非银行业金融机构存款	33 772	2 445	（1）短期贷款	22 780	-311
（二）境外存款	3 345	742	（2）中长期贷款	37 648	3 353
二、金融债券	1 685	196	（3）票据融资	4 286	375.2
其中：境外发行			（4）融资租赁	441	-17
三、卖出回购资产	1	-7	（5）各项垫款	122	67
四、借款及非银行业金融机构拆入	293	15	3. 非银行业金融机构贷款	150	-200
五、联行往来（净）			（二）境外贷款	1 657	-153
六、应付及暂收款	4 364	549	二、债券投资	10 451	730
七、各项准备	2 325	393	其中：境外债券	26	9
八、所有者权益	6 820	1 011	三、股权及其他投资	5 079	-1 984
其中：实收资本	2 081	605	四、买入返售资产	740	138
九、其他	11 123	-4 129	五、存放非银行业金融机构款项	54	15
			六、联行往来（净）	118 986	6 304
			其中：境内存放二级准备金	2 023	93
			七、金银占款		
			八、外汇占款		
			九、应收及预付款	1 273	-296
			十、投资性房地产	30	
			十一、固定资产	706	56
资金来源总计	226 353	9 688	资金运用总计	226 353	9 688

表1.2　北京市中资金融机构本外币信贷收支统计

单位：亿元

项目名称	余额	比年初	项目名称	余额	比年初
一、各项存款	196 671	11 644	一、各项贷款	87 559	4 617
（一）境内存款	193 654	10 975	（一）境内贷款	85 996	4 776
1. 住户存款	48 452	4 286	1. 住户贷款	21 737	1 614
（1）活期存款	17 649	827	（1）短期贷款	3 392	525
（2）定期及其他存款	30 803	3 458	消费贷款	1 952	365
2. 非金融企业存款	66 514	2 944	经营贷款	1 439	160
（1）活期存款	19 805	-596	（2）中长期贷款	18 346	1 089
（2）定期及其他存款	46 710	3 540	消费贷款	15 376	808
3. 机关团体存款	43 012	1 067	经营贷款	2 969	281
4. 财政性存款	1 965	253	2. 企（事）业单位贷款	64 109	3 362
5. 非银行业金融机构存款	33 711	2 426	（1）短期贷款	22 054	-451
（二）境外存款	3 017	669	（2）中长期贷款	37 221	3 372
二、金融债券	1 685	196	（3）票据融资	4 271	390
其中：境外发行			（4）融资租赁	441	-17
三、卖出回购资产	1	-7	（5）各项垫款	121	67
四、借款及非银行业金融机构拆入	292	15	3. 非银行业金融机构贷款	150	-200
五、联行往来（净）			（二）境外贷款	1 563	-159
六、应付及暂收款	4 329	548	二、债券投资	10 442	725
七、各项准备	2 306	394	其中：境外债券	20	6
八、所有者权益	6 425	978	三、股权及其他投资	5 079	-1 984
其中：实收资本	2 078	602	四、买入返售资产	740	138
九、其他	11 082	-4 266	五、存放非银行业金融机构款项	49	17
			六、联行往来（净）	116 933	6 226
			其中：境内存放二级准备金	2 020	91
			七、金银占款		
			八、外汇占款		
			九、应收及预付款	1 252	-295
			十、投资性房地产	30	
			十一、固定资产	704	56
资金来源总计	222 791	9 501	资金运用总计	222 791	9 501

表 1.3　北京市外资银行本外币信贷收支统计

单位：亿元

项目名称	余额	比年初	项目名称	余额	比年初
一、各项存款	3 113	43	一、各项贷款	1 560	12
（一）境内存款	2 785	-30	（一）境内贷款	1 466	7
1. 个人存款	292	-27	1. 短期贷款	780	86
其中：活期储蓄存款	160	-4	（1）个人贷款及透支	16	5
定期储蓄存款	51	-16	其中：个人消费贷款	13	13
结构性存款	40	-13	（2）单位贷款及透支	726	140
2. 单位存款	2 390	-49	经营贷款及透支	459	50
其中：活期存款	576	-55	固定资产贷款	20	-3
定期存款	303	-260	并购贷款		
保证金存款	40	-1	贸易融资	248	94
结构性存款	168	3	（3）非存款类金融机构贷款	39	-58
3. 国库定期存款			2. 中长期贷款	671	-65
4. 非存款类金融机构存款	103	46	（1）个人贷款	196	-9
（二）境外存款	328	73	其中：个人消费贷款	189	-8
二、代理财政性存款			（2）单位贷款	427	-20
三、金融债券			经营贷款	155	-7
其中：境外发行			固定资产贷款	207	-12
四、卖出回购资产			并购贷款	3	-8
五、向中央银行借款			贸易融资	62	6
六、银行业存款类金融机构往来	42	7	（3）非存款类金融机构贷款	48	-36
七、借款及非存款类金融机构拆入	1	-4	3. 票据融资	14	-14
八、联行往来（净）			4. 融资租赁		
九、应付及暂收款	36	1	5. 各项垫款	1	
其中：应付利息	18	2	（二）境外贷款	94	5
十、其他负债	523	13	二、债券投资	8	5
十一、所有者权益	395	33	三、股权及其他投资	0	
其中：实收资本	3	3	四、买入返售资产	0	
			五、存放中央银行存款	13	-5
			六、缴存中央银行财政性存款	0	
			七、银行业存款类金融机构往来	55	
			八、存放非存款类金融机构款项	5	-2
			九、联行往来	2 053	78
			十、库存现金	1	
			十一、应收及预付款	20	-1
			其中：应收利息	10	-1
			十二、投资性房地产	0	
			十三、固定资产	2	
			十四、其他资产	410	7
			十五、减：各项准备	18	
			其中：贷款减值准备	18	
资金来源总计	4 110	94	资金运用总计	4 110	94

表 1.4　北京市金融机构（含外资）人民币信贷收支统计

单位：亿元

项目名称	余额	比年初	项目名称	余额	比年初
一、各项存款	192 104	10 999	一、各项贷款	86 078	5 042
（一）境内存款	190 794	10 371	（一）境内贷款	85 990	5 039
1. 住户存款	47 184	4 296	1. 住户贷款	21 945	1 609
（1）活期存款	16 968	830	（1）短期贷款	3 405	529
（2）定期及其他存款	30 216	3 465	消费贷款	1 962	377
2. 非金融企业存款	65 955	2 175	经营贷款	1 442	152
（1）活期存款	18 344	-1 470	（2）中长期贷款	18 541	1 080
（2）定期及其他存款	47 611	3 645	消费贷款	15 564	800
3. 机关团体存款	42 882	1 107	经营贷款	2 976	280
4. 财政性存款	1 960	409	2. 企（事）业单位贷款	63 895	3 629
5. 非银行业金融机构存款	32 813	2 383	（1）短期贷款	22 095	-83
（二）境外存款	1 310	628	（2）中长期贷款	36 991	3 324
二、金融债券	1 685	196	（3）票据融资	4 286	375
其中：境外发行	0	0	（4）融资租赁	441	-17
三、卖出回购资产	1	-7	（5）各项垫款	82	29
四、借款及非银行业金融机构拆入	225	36	3. 非银行业金融机构贷款	150	-200
五、联行往来（净）	0	0	（二）境外贷款	87	3
六、应付及暂收款	4 330	501	二、债券投资	10 395	707
七、各项准备	2 202	414	其中：境外债券	2	
八、所有者权益	6 677	988	三、股权及其他投资	5 033	-1 885
其中：实收资本	2 077	603	四、买入返售资产	740	138
九、其他	8 337	-2 198	五、存放非银行业金融机构款项	32	16
			六、联行往来（净）	111 296	7 128
			其中：境内存放二级准备金	2 021	97
			七、金银占款		
			八、外汇买卖		
			九、应收及预付款	1 251	-275
			十、投资性房地产	30	
			十一、固定资产	706	56
资金来源总计	215 561	10 928	资金运用总计	215 561	10 928

表1.5　北京市中资金融机构人民币信贷收支统计

单位：亿元

项目名称	余额	比年初	项目名称	余额	比年初
一、各项存款	189 718	10 963	一、各项贷款	84 741	4 933
（一）境内存款	188 477	10 341	（一）境内贷款	84 663	4 929
1. 住户存款	47 002	4 298	1. 住户贷款	21 734	1 613
（1）活期存款	16 887	829	（1）短期贷款	3 389	524
（2）定期及其他存款	30 116	3 469	消费贷款	1 949	364
2. 非金融企业存款	63 870	2 161	经营贷款	1 439	160
（1）活期存款	18 040	-1 440	（2）中长期贷款	18 346	1 089
（2）定期及其他存款	45 830	3 602	消费贷款	15 376	808
3. 机关团体存款	42 882	1 107	经营贷款	2 969	281
4. 财政性存款	1 960	409	2. 企（事）业单位贷款	62 779	3 516
5. 非银行业金融机构存款	32 763	2 365	（1）短期贷款	21 408	-224
（二）境外存款	1 240	622	（2）中长期贷款	36 577	3 337
二、金融债券	1 685	196	（3）票据融资	4 271	390
其中：境外发行			（4）融资租赁	441	-17
三、卖出回购资产	1	-7	（5）各项垫款	82	29
四、借款及非银行业金融机构拆入	225	36	3. 非银行业金融机构贷款	150	-200
五、联行往来（净）			（二）境外贷款	79	3
六、应付及暂收款	4 279	546	二、债券投资	10 393	706
七、各项准备	2 185	414	其中：境外债券	2	
八、所有者权益	6 390	967	三、股权及其他投资	5 033	-1 885
其中：实收资本	2 076	602	四、买入返售资产	740	138
九、其他	8 111	-2 356	五、存放非银行业金融机构款项	32	16
			六、联行往来（净）	109 681	7 069
			其中：境内存放二级准备金	2 018	95
			七、金银占款		
			八、外汇买卖		
			九、应收及预付款	1 238	-274
			十、投资性房地产	30	
			十一、固定资产	704	56
资金来源总计	212 594	10 759	资金运用总计	212 594	10 759

表 1.6　北京市外资银行人民币信贷收支统计

单位：亿元

项目名称	余额	比年初	项目名称	余额	比年初
一、各项存款	2 428	63	一、各项贷款	1 415	12
（一）境内存款	2 359	57	（一）境内贷款	1 406	12
1. 个人存款	182	-2	1. 短期贷款	738	86
其中：活期储蓄存款	82	1	（1）个人贷款及透支	16	5
定期储蓄存款	22	-1	其中：个人消费贷款	13	13
结构性存款	37	-7	（2）单位贷款及透支	687	141
2. 单位存款	2 085	13	经营贷款及透支	438	60
其中：活期存款	303	-30	固定资产贷款	20	-3
定期存款	272	-223	并购贷款		
保证金存款	40	-1	贸易融资	230	84
结构性存款	168	3	（3）非存款类金融机构贷款	34	-60
3. 国库定期存款			2. 中长期贷款	653	-59
4. 非存款类金融机构存款	92	46	（1）个人贷款	195	-9
（二）境外存款	70	6	其中：个人消费贷款	188	-8
二、代理财政性存款			（2）单位贷款	414	-13
三、金融债券			经营贷款	153	-3
其中：境外发行			固定资产贷款	198	-9
四、卖出回购资产			并购贷款	3	-8
五、向中央银行借款			贸易融资	60	7
六、银行业存款类金融机构往来	27	3	（3）非存款类金融机构贷款	44	-38
七、借款及非存款类金融机构拆入		-4	3. 票据融资	14	-14
八、联行往来（净）			4. 融资租赁		
九、应付及暂收款	51	-46	5. 各项垫款		
其中：应付利息	18	3	（二）境外贷款	9	
十、其他负债	2 570	343	二、债券投资	2	1
十一、所有者权益	287	21	三、股权及其他投资		
其中：实收资本	1	1	四、买入返售资产		
			五、存放中央银行存款	12	-1
			六、缴存中央银行财政性存款	0	
			七、银行业存款类金融机构往来	19	2
			八、存放非存款类金融机构款项		
			九、联行往来	1 615	59
			其中：境内存放二级准备金	3	1
			十、库存现金		
			十一、应收及预付款	12	-1
			其中：应收利息	10	-1
			十二、投资性房地产		
			十三、固定资产	1	
			十四、其他资产	2 302	308
			十五、减：各项准备	17	
			其中：贷款减值准备	17	
资金来源总计	5 363	381	资金运用总计	5 363	381

表 1.7 北京市金融机构（含外资）外币信贷收支统计

单位：亿美元

项目名称	余额	比年初	项目名称	余额	比年初
一、各项存款	1 198	129	一、各项贷款	464	-38
（一）境内存款	879	104	（一）境内贷款	217	-20
1. 住户存款	245		1. 住户贷款	1	
（1）活期存款	132	2	（1）短期贷款		
（2）定期及其他存款	113	-2	消费贷款		
2. 非金融企业存款	462	121	经营贷款		
（1）活期存款	320	133	（2）中长期贷款		
（2）定期及其他存款	143	-12	消费贷款		
3. 机关团体存款	20	-6	经营贷款		
4. 财政性存款	1	-24	2. 企（事）业单位贷款	217	-20
5. 非银行业金融机构存款	150	13	（1）短期贷款	107	-32
（二）境外存款	319	25	（2）中长期贷款	103	7
二、金融债券			（3）票据融资		
其中：境外发行			（4）融资租赁		
三、卖出回购资产			（5）各项垫款	6	6
四、借款及非银行业金融机构拆入	11	-3	3. 非银行业金融机构贷款		
五、联行往来（净）			（二）境外贷款	246	-18
六、应付及暂收款	5	8	二、债券投资	9	4
七、各项准备	19	-3	其中：境外债券	4	1
八、所有者权益	22	4	三、股权及其他投资	7	-15
其中：实收资本	1		四、买入返售资产		
九、其他	437	-286	五、存放非银行业金融机构款项	3	
			六、联行往来（净）	1 206	-99
			其中：境内存放二级准备金		-1
			七、应收及预付款	3	-3
			八、投资性房地产		
			九、固定资产		
资金来源总计	1 693	-151	资金运用总计	1 693	-151

表 1.8　北京市中资金融机构外币信贷收支统计

单位：亿美元

项目名称	余额	比年初	项目名称	余额	比年初
一、各项存款	1 091	129	一、各项贷款	442	-38
（一）境内存款	812	116	（一）境内贷款	209	-19
1. 住户存款	227	3	1. 住户贷款		
（1）活期存款	120	2	（1）短期贷款		
（2）定期及其他存款	108	1	消费贷款		
2. 非金融企业存款	415	129	经营贷款		
（1）活期存款	277	136	（2）中长期贷款		
（2）定期及其他存款	138	-6	消费贷款		
3. 机关团体存款	20	-6	经营贷款		
4. 财政性存款	1	-24	2. 企（事）业单位贷款	209	-19
5. 非银行业金融机构存款	149	13	（1）短期贷款	101	-33
（二）境外存款	279	14	（2）中长期贷款	101	8
二、金融债券			（3）票据融资		
其中：境外发行			（4）融资租赁		
三、卖出回购资产			（5）各项垫款	6	6
四、借款及非银行业金融机构拆入	10	-3	3. 非银行业金融机构贷款		
五、联行往来（净）			（二）境外贷款	233	-20
六、应付及暂收款			二、债券投资	8	3
七、各项准备	19	-3	其中：境外债券	3	1
八、所有者权益	5	2	三、股权及其他投资	7	-15
其中：实收资本			四、买入返售资产		
九、其他	466	-282	五、存放非银行业金融机构款项	3	
			六、联行往来（净）	1 138	-103
			其中：境内存放二级准备金		-1
			七、应收及预付款	2	-3
			八、投资性房地产		
			九、固定资产		
资金来源总计	1 599	-156	资金运用总计	1 599	-156

表 1.9 北京市外资银行外币信贷收支统计

单位：亿美元

项目名称	余额	比年初	项目名称	余额	比年初
一、各项存款	107	-1	一、各项贷款	23	1
（一）境内存款	67	-12	（一）境内贷款	9	-1
1. 个人存款	17	-3	1. 短期贷款	7	
其中：活期储蓄存款	12	-1	（1）个人贷款及透支		
定期储蓄存款	5	-2	其中：个人消费贷款		
结构性存款	1	-1	（2）单位贷款及透支	6	
2. 单位存款	48	-8	经营贷款及透支	3	-1
其中：活期存款	43	-3	固定资产贷款		
定期存款	5	-5	并购贷款		
保证金存款			贸易融资	3	2
结构性存款	0		（3）非存款类金融机构贷款	1	
3. 国库定期存款			2. 中长期贷款	3	-1
4. 非存款类金融机构存款	2		（1）个人贷款		
（二）境外存款	40	11	其中：个人消费贷款		
二、代理财政性存款			（2）单位贷款	2	-1
三、金融债券			经营贷款		-1
其中：境外发行			固定资产贷款	1	0
四、卖出回购资产			并购贷款		
五、向中央银行借款			贸易融资		
六、银行业存款类金融机构往来	2	1	（3）非存款类金融机构贷款	1	
七、借款及非存款类金融机构拆入			3. 票据融资		
八、联行往来（净）			4. 融资租赁		
九、应付及暂收款	-2	7	5. 各项垫款		
其中：应付利息			（二）境外贷款	13	1
十、其他负债	-63	-25	二、债券投资	1	1
十一、所有者权益	17	2	三、股权及其他投资		
其中：实收资本			四、买入返售资产		
			五、存放中央银行存款		-1
			六、缴存中央银行财政性存款		
			七、银行业存款类金融机构往来	6	
			八、存放非存款类金融机构款项	1	
			九、联行往来	69	4
			其中：境内存放二级准备金		
			十、库存现金		
			十一、应收及预付款	1	
			其中：应收利息		
			十二、投资性房地产		
			十三、固定资产		
			十四、其他资产	-38	-20
			十五、减：各项准备		
			其中：贷款减值准备		
资金来源总计	62	-15	资金运用总计	62	-15

表 1.10　北京市金融机构本外币存贷款总量情况

单位：亿元、亿美元、%

项目名称	本期余额		比年初增减	
	2021 年	同比增长	2021 年	2020 年
一、金融机构存款				
（一）本外币存款	199 742	6.2	11 660	16 667
（二）人民币存款	192 104	6.1	10 999	16 404
其中：中资金融机构	189 718	6.1	10 963	16 339
外资金融机构	2 428	2.6	63	-28
（三）外币存款	1 198	12.0	129	107
其中：中资金融机构	1 091	13.5	129	76
外资金融机构	107	-0.5	-1	31
二、金融机构贷款				
（一）本外币贷款	89 033	5.6	4 724	7 609
（二）人民币贷款	86 078	6.2	5 042	7 635
其中：中资金融机构	84 741	6.2	4 933	7 807
外资金融机构	1 415	0.9	12	-187
（三）外币贷款	464	-7.6	-38	29
其中：中资金融机构	442	-8.0	-38	27
外资金融机构	23	2.4	1	

表 1.11　北京市金融机构存贷款总量全国占比情况

单位：亿元、亿美元、%

项目名称	北京		全国		占比	
	比年初增减	余额同比增长	比年初增减	余额同比增长	余额占比	增量占比
本外币存款	11 659.9	6.2	202 318.8	9.3	8.4	5.8
人民币存款	10 998.7	6.1	196 780.0	9.3	8.3	5.6
外币存款	128.7	12.0	1 076.8	12.1	12.0	12.0
本外币贷款	4 724.1	5.6	201 112.9	11.3	4.5	2.3
人民币贷款	5 042.3	6.2	199 490.0	11.6	4.5	2.5
外币贷款	-38.2	-7.6	457.5	5.3	5.1	-8.3

表 1.12　北京市银行业（含外资）人民币房地产信贷情况

单位：亿元、%

项目名称	余额		比年初增减	
	2021 年	同比增长	2021 年	2020 年
合计	**18 527.5**	**-2.5**	**-471.1**	**1 063.2**
一、房地产开发贷款	5 774.7	-15.9	-1 093.6	649.4
1. 地产开发贷款	1 097.9	-49.3	-1 068.3	-3.3
其中：政府土地储备机构贷款		-100.0	-1.9	-6.5
2. 房产开发贷款	4 676.8	-0.5	-25.3	652.6
（1）住房开发贷款	2 845.9	-13.1	-430.0	628.3
其中：保障性住房开发贷款	1 075.5	-20.1	-270.3	241.9
（2）商业用房开发贷款	1 830.9	28.9	410.1	34.5
（3）其他房产开发贷款		-100.0	-5.4	-10.3
二、购房贷款	12 752.8	5.1	622.5	415.4
1. 企业购房贷款	669.8	-3.6	-25.1	-18.8
（1）商业用房贷款	566.3	-5.7	-34.5	-22.9
（2）住房贷款	103.5	10.0	9.4	4.1
2. 机关团体购房贷款				
（1）商业用房贷款				
（2）住房贷款				
3. 个人购房贷款	12 083.0	5.7	647.6	434.2
（1）个人商业用房贷款	345.9	-25.4	-118.0	-139.9
（2）个人住房贷款	11 737.1	7.0	765.6	574.1
a. 新建房贷款	4 595.6	7.3	313.8	157.6
其中：抵押贷款	4 570.3	7.5	319.5	162.5
b. 再交易房贷款	7 141.5	6.8	451.7	416.5
三、证券化的房地产贷款	169.3	11.3	16.9	-1.5
1. 证券化个人住房贷款	169.3	11.3	17.0	-1.4
2. 其他证券化房地产贷款		-34.6	0.0	-0.1
附：个人购买保障性住房贷款	63.3	-6.3	-4.2	0.4
附：企业收购、租赁保障性住房贷款	79.2	42.2	23.5	9.2

表 1.13　北京市小额贷款公司情况统计表

机构数量（家）	从业人员数（人）	实收资本（亿元）	贷款余额（亿元）
113	941	150.2	138.6

注：1. 由于批准设立与正式营业并具备报数条件之间存在时滞，统计口径小额贷款公司数量与北京市公布的小额贷款公司批准设立数量有差别。

2. 以上统计表由中国人民银行营业管理部调查统计处提供。

表 1.14　2021 年北京地区储蓄国债统计（凭证式）

单位：亿元

期数	金额
一期	32.97
二期	28.87
三期	36.90
四期	30.68
五期	34.89
六期	34.54
七期	34.60
八期	37.42
合计	270.87

表 1.15　2021 年北京地区储蓄国债统计（电子式）

单位：亿元

期数	金额
一期	46.62
二期	49.15
三期	47.59
四期	54.38
五期	43.99
六期	50.87
七期	39.64
八期	46.28
九期	37.28
十期	46.75
合计	462.55

注：以上统计表由中国人民银行营业管理部国库处提供。

表 1.16　北京辖区上市公司情况统计（2017—2021 年）

项目	2017 年	2018 年	2019 年	2020 年	2021 年
股票市价总值（亿元）	137 764.24	115 933.86	139 278.59	151 721.16	162 885.83
其中：股票流通市值（亿元）	122 448.64	103 081.93	119 457.95	124 557.14	136 002.86
境内上市公司数（家）	306	316	346	381	413
其中：A 股（家）	278	285	311	345	372
A + B 股（家）	1	1	1	1	1
A + H 股（家）	27	30	34	35	40

注：以上统计表由中国证券监督管理委员会北京监管局提供。

表 1.17　北京地区基金管理公司业务综合统计

指标	2021 年 12 月		2020 年 12 月		2019 年 12 月	
	绝对值	同比增长（%）	绝对值	同比增长（%）	绝对值	同比增长（%）
主要经营地在辖区基金管理公司数（家）	36	0.00	36	5.88	34	6.25
其中：中外合资基金管理公司数（家）	11	0.00	11	0.00	11	0.00
辖区法人基金管理公司数（家）	21	0.00	21	10.53	19	0.00
其中：中外合资基金管理公司数（家）	8	0.00	8	0.00	8	0.00
辖区法人基金管理公司管理基金数（只）	1 206	22.44	985	21.76	809	13.62
其中：封闭式基金数（只）	11	37.50	8	14.29	7	0.00
开放式基金数（只）	1 195	22.31	977	21.82	802	13.76
辖区法人基金管理公司管理基金季末总规模（亿份）	27 817.69	36.08	20 441.66	13.17	18 062.31	-7.39
其中：封闭式基金总规模（亿份）	141.12	-42.81	246.77	46.11	168.89	10.20
开放式基金总规模（亿份）	27 676.57	37.05	20 194.89	12.86	17 893.42	-7.53
辖区法人基金管理公司管理基金资产季末净值（亿元）	32 333.95	35.60	23 844.31	21.93	19 555.79	-1.12
其中：封闭式基金资产净值（亿元）	268.68	-12.89	308.45	64.40	187.62	25.35
开放式基金资产净值（亿元）	32 065.26	36.24	23 535.86	21.52	19 368.17	-1.32
辖区法人基金管理公司 QDII 总规模（亿份）	634.44	347.26	141.85	-7.94	154.08	38.61
辖区法人基金管理公司 QDII 总净值（亿元）	515.08	150.96	205.24	78.47	115.00	-7.25
辖区法人基金管理公司当年新发基金数（只）	276	590.00	40	-72.22	144	-38.98
辖区法人基金管理公司新发基金首次募集规模（亿份）	3 195.17	212.94	1 021.03	-38.78	1 667.77	-29.81
辖区法人基金管理公司新发基金首次募集金额（亿元）	3 276.62	220.91	1 021.03	-38.78	1 667.77	-29.81
辖区法人基金管理公司新发基金年末净值（亿元）						

注：以上统计表由中国证券监督管理委员会北京监管局提供。

表 1.18　2021 年北京市保险业务统计

单位：万元、%

指标项目	2021 年	2020 年	增长率
一、原保险保费收入	**25 269 285.88**	**21 614 385.43**	**16.91**
1. 财产保险	4 434 854.55	4 389 000.24	1.04
其中：机动车辆保险	2 277 457.85	2 510 982.70	-9.30
2. 意外伤害保险	624 432.75	649 438.61	-3.85
3. 健康保险	5 222 733.74	4 457 035.52	17.18
4. 人寿保险	14 987 264.84	12 118 911.06	23.67
二、原保险赔付支出	**8 384 679.78**	**7 381 257.24**	**13.59**
1. 财产保险	2 706 915.17	2 613 703.27	3.57
其中：机动车辆保险	1 637 716.53	1 539 333.96	6.39
2. 意外伤害保险	258 307.10	251 952.56	2.52
3. 健康保险	2 769 920.06	1 912 228.62	44.85
4. 人寿保险	2 649 537.45	2 603 372.79	1.77

注：1. “原保险保费收入”为按《企业会计准则（2006）》设置的统计指标，指保险企业确认的原保险合同保费收入。

2. “原保险赔付支出”为按《企业会计准则（2006）》设置的统计指标，指保险企业支付的原保险合同赔付款项。

3. 原保险保费收入、原保险赔付支出为本年累计数。

4. 上述数据来源于各公司报送的保险数据，未经审计。

5. 因部分机构正在进行风险处置，行业汇总数据口径暂不包括这部分机构。

表 1.19　北京市各财产保险公司业务统计（按公司）

单位：万元、%

保费收入	公司简称	本年累计			
		原保险保费收入	同比增长	赔款支出	同比增长
中资	人保股份京分	1 591 769.01	2.98	972 501.03	2.55
	平安财京分	1 091 415.98	-4.12	674 821.14	11.87
	太保财京分	638 790.99	-7.80	382 613.45	-12.54
	国寿财产京分	271 399.05	8.74	188 786.35	19.38
	国任财险京分	207 791.32	297.03	128 766.46	1127.43
	太平保险京分	151 186.87	12.00	104 432.97	201.40
	阳光财产京分	144 270.79	32.70	63 066.32	24.03
	中华联合京分	130 825.96	13.57	66 346.69	-7.95
	英大财产京分	84 064.20	26.11	34 569.37	28.44
	众安财产京分（虚拟）	50 715.11	35.25	28 149.28	15.38
	大地财产京分	50 470.73	-19.53	44 511.69	27.62
	中石油专属保险京分（虚拟）	47 189.03	-14.20	19 229.05	-42.68
	中银保险京分	36 857.24	1 687.60	23 878.54	30.01
	亚太财险京分	36 451.73	22.23	26 861.82	16.12
	安心财产京分（虚拟）	35 742.63	-79.03	25 708.53	-12.98
	建信财产京分	34 754.03	24.94	16 268.90	-23.70
	永诚京分	29 044.15	31.33	14 372.88	0.89
	华安京分	27 179.91	10.90	11 073.46	-21.11
	黄河财险京分	21 347.41	112.17	6 007.17	128.49

续表

保费收入	公司简称	本年累计			
		原保险保费收入	同比增长	赔款支出	同比增长
中资	汇友互助京分（虚拟）	19 888.44	26.62	4 302.86	1 022.98
	中铁自保京分（虚拟）	19 243.41	33.64	3 199.12	-22.43
	泰康在线京分（虚拟）	16 117.18	-33.56	13 487.64	5.50
	渤海京分	15 516.04	59.54	10 516.97	71.72
	众惠相互京分（虚拟）	13 873.06	-45.97	6 714.67	88.39
	珠峰财险京分	13 688.32	-5.52	10 570.69	-5.52
	长安责任京分	9 147.62	-28.18	8 979.20	69.44
	都邦京分	8 534.86	72.21	3 651.26	463.54
	安华农业京分	7 742.41	37.80	5 185.73	80.02
	富德财险京分	7 394.50	56.19	1 083.40	-23.98
	紫金财产京分	7 294.13	4.29	4 344.91	-4.05
	大家京分	7 041.12	-10.89	4 485.45	21.67
	永安京分	6 575.62	-24.96	4 924.84	10.91
	华农京分	6 209.47	0.20	5 550.33	36.60
	长江财险京分	3 131.73	0.39	2 144.19	62.49
	合众财产京分（虚拟）	2 747.93	-10.07	3 856.15	26.69
	浙商财产京分	978.06	39.11	577.09	14.52
	安诚京分	813.50	49.60	120.36	-60.72
	泰山财险京分	647.25	-54.89	940.26	-62.61
	阳光信用京分（虚拟）	434.56	-73.78	15 600.42	87.44
	燕赵财产京分（虚拟）	47.07	0.00	0.00	0.00
	安邦京分	0.00	0.00	0.03	-99.87
小计		4 848 332.46	2.83	2 942 200.69	11.47
外资	京东安联京分	197 186.28	-12.35	113 591.34	34.10
	华泰京分	62 773.08	0.70	39 761.85	15.10
	利宝保险京分	42 704.60	236.55	13 766.44	620.82
	苏黎世京分	29 318.46	-38.64	7 552.75	-83.77
	中意财产京分	26 019.26	4.09	11 222.92	6.35
	国泰财产京分	25 752.51	-3.51	12 937.60	-33.91
	安盛天平京分	17 761.69	-17.42	15 556.99	10.34
	现代财产京分（虚拟）	9 554.09	31.88	3 106.06	26.75
	美亚京分	8 987.90	23.04	7 373.43	-2.00
	三星京分	7 604.49	0.06	1 318.08	5.03
	史带财产京分	6 089.95	-2.83	1 817.73	-16.41
	三井京分	6 002.79	-64.14	4 704.31	9.80
	东京海上京分	5 672.70	0.91	2 635.75	-10.35
	中航安盟京分	1 967.82	-19.35	1 339.18	-4.48
	安达保险京分	1 427.76	11.32	305.49	32.90
	日本财产京分	919.86	16.70	328.58	118.99
	瑞再企商京分	263.97	-85.13	208.53	160.57
	劳合社京分	25.45	1 413.06	0.00	0.00
小计		450 032.67	-5.86	237 527.03	1.33
合计		5 298 365.13	2.03	3 179 727.72	10.64

注：1. 虚拟指在北京开展业务但未设立北京分公司的保险公司，或未在北京设立分公司其互联网业务计入北京范围的保险公司。

2. 因部分机构正在进行风险处置，行业汇总数据口径暂不包括这部分机构。

表 1.20　北京市各财产保险公司业务统计（按险种）

单位：万元、%

险种名称	原保险保费收入	同比增长	赔款支出	同比增长
1. 企业财产保险	459 110.99	6.97	192 019.43	-2.31
2. 家庭财产保险	26 904.71	0.32	13 294.44	-16.28
其中：投资型家财险	149.14	-0.41	8.14	-50.08
3. 机动车辆保险	2 277 457.85	-9.30	1 637 716.53	6.39
其中：交强险	467 288.67	-5.42	294 059.55	26.94
4. 工程保险	130 883.02	24.70	68 484.76	45.78
5. 责任保险	701 802.41	9.79	356 995.67	30.27
6. 信用保险	46 797.53	874.03	20 724.13	-67.69
7. 保证保险	187 063.00	-2.59	87 566.63	-39.97
其中：机动车辆消费贷款保证保险	0.24	141.69	-411.03	-172.57
其中：个人贷款抵押房屋保证保险	3.50	112.50	4.43	-65.05
8. 船舶保险	8 214.05	-8.28	4 155.31	-62.38
9. 货物运输保险	163 087.72	37.88	60 554.07	34.31
10. 特殊风险保险	182 129.70	35.72	45 813.10	-55.62
11. 农业保险	130 614.12	30.36	125 096.53	42.81
12. 健康险	616 973.92	15.41	371 892.60	139.06
其中：投资型健康险	0.00	0.00	0.00	0.00
13. 意外伤害保险	246 536.66	-8.39	100 919.95	-3.49
其中：投资型意外险	0.33	0.75	0.00	-100.00
14. 其他险	120 789.45	-7.20	94 494.56	12.56
合计	5 298 365.13	2.03	3 179 727.72	10.64

表 1.21　北京市各人身保险公司业务统计（按公司）

单位：万元、%

公司简称	原保险保费收入	同比	退保金	同比	赔款支出	同比	死伤医疗给付	同比	满期给付	同比	年金给付	同比
平安寿京分	2 638 835.85	1.91	275 032.74	34.77	6 201.86	9.97	155 699.65	29.73	230 887.19	24.78	95 095.89	14.24
国寿股份京分	1 245 633.17	7.94	58 779.91	18.31	172 372.99	20.93	38 649.67	32.07	55 926.51	-7.83	34 229.15	-0.13
友邦京分	1 180 598.35	24.03	22 507.85	32.90	47 919.73	84.15	48 972.33	66.58	6 335.33	-39.74	24 275.82	8.71
泰康京分	1 139 783.46	40.95	36 779.74	18.24	6 655.44	53.32	27 965.26	50.10	89 018.90	-16.80	75 588.36	8.58
新华京分	1 126 530.15	7.37	121 264.40	34.88	39 433.15	8.64	69 611.83	33.14	189 017.21	-10.86	107 198.82	-4.00
大家人寿京分	743 565.30	90.72	56 999.67	-51.35	332.52	263.55	1 510.19	-28.82	602 516.55	23.25	275.08	-12.47
太平人寿京分	695 899.37	4.91	60 262.29	9.56	5 679.75	44.31	20 317.78	39.97	13 595.63	61.17	50 765.57	-0.84
君康人寿京分	667 982.44	5.77	-75 451.51	-222.94	66.11	-28.78	3 197.04	92.23	608.16	1 066.65	1 464.44	-4.97
中信保诚京分	655 302.90	13.51	22 175.14	75.00	25 349.86	16.22	18 979.25	69.70	16 858.68	36.99	1 747.10	37.07
信美人寿京分（虚拟）	652 542.31	93.12	18 214.26	46.73	328.21	-17.90	1 353.01	154.82	—	—	16.33	218.37
中意京分	602 055.56	81.36	7 423.58	14.67	54 102.14	41.63	5 960.37	43.05	20 709.19	-30.78	196 414.87	11.64
工银安盛京分	583 926.74	13.02	53 309.54	54.21	28 857.67	19.75	7 103.90	20.53	26 316.50	-72.79	3 063.61	-3.37
太保寿京分	579 697.43	4.05	49 496.83	27.23	7 758.60	10.74	34 820.57	29.04	110 701.28	-32.08	57 469.01	3.55
招商信诺京分	424 935.70	19.49	12 583.20	-60.10	19 143.70	21.55	4 800.06	31.51	16 763.06	84.40	5 972.50	19.82
人保寿险京分	424 500.87	-5.92	111 679.65	-45.21	70 369.65	0.70	30 149.11	-28.08	30 955.74	-18.85	9 309.09	7.33
信泰京分	421 687.26	61.89	12 649.61	149.74	23.65	-22.54	6 205.03	787.38	262.78	-61.21	197.19	78.38
弘康人寿京分（虚拟）	391 779.86	36.22	33 251.76	-12.66	89.40	831.20	14 214.69	100.54	231.25	-82.89	82.76	-41.21
中荷人寿京分	390 800.12	54.31	14 548.40	39.18	454.19	237.69	2 386.97	57.79	46 375.99	-22.92	6 374.58	12.96
北京人寿京分	374 759.21	62.18	9 341.67	90.87	21 396.61	13.56	1 118.53	44.95	—	—	—	—
中美联泰京分	332 835.31	3.83	27 791.89	0.15	3 407.00	48.37	20 244.28	33.13	39 602.15	183.10	2 888.70	4.91
爱心人寿京分	321 429.09	89.08	6 291.29	154.27	3 680.87	-38.02	1 432.69	85.83	0.00	999 999.00	0.00	999 999.00
百年人寿京分	258 509.36	23.81	45 165.08	568.38	1 697.05	72.10	6 272.38	91.02	2 600.88	28.80	5 494.36	0.62
泰康养老京分	234 862.21	25.92	3 090.03	-11.20	37 727.66	27.70	13 960.56	82.13	543.74	-15.11	1 435.83	54.46
阳光人寿京分	223 064.74	16.72	15 295.40	60.95	12 204.53	3.38	6 447.41	46.77	21 116.66	-32.78	40.27	11.11
平安养老京分	211 332.31	7.89	275.20	-67.89	154 304.40	29.90	9 037.03	49.55	—	—	365.17	35.45
交银人寿京分	210 809.59	-28.07	12 474.10	-63.84	275.61	-74.18	1 680.66	49.72	2 173.53	7.64	572.86	22.42
光大永明京分	195 573.48	54.01	7 442.11	6.26	22 787.10	50.44	4 442.08	69.28	8 882.54	-34.97	1 859.71	-4.39
英大人寿京分	193 309.42	112.31	3 469.22	11.14	2 981.78	9.03	746.64	132.77	6 260.08	-47.12	1 377.34	-5.36
渤海人寿京分（虚拟）	190 712.57	90.93	9 547.48	836.63	179.83	1 621.65	339.13	584.86	—	—	—	—
中邮人寿京分	181 966.31	1.19	40 670.99	140.51	2 488.84	11.14	999.27	50.76	17 358.70	26.83	3 124.27	-1.43
中华人寿京分	174 717.43	36.97	2 965.92	50.36	5 817.84	49.93	1 265.47	86.57	0.00	999 999.00	208.53	3.74
平安健康京分	164 290.29	30.66	68.95	116.46	61 553.71	68.65	3 179.11	125.36	—	—	—	—
昆仑健康京分	143 403.72	-12.84	4 068.96	42.15	1 567.99	-75.95	11 590.92	178.43	61.74	-3.84	0.00	999 999.00
富德生命人寿京分	130 565.12	10.80	58 888.34	15.35	7 849.60	84.81	3 190.98	59.92	37 545.43	15.44	2.74	-72.14

续表

公司简称	原保险保费收入	同比	退保金	同比	赔款支出	同比	死伤医疗给付	同比	满期给付	同比	年金给付	同比
国华人寿京分	129 384.79	-10.01	112 075.70	726.36	2.14	-82.31	1 283.68	13.45	1 090.85	-17.06	5 068.62	3.36
建信人寿京分	119 791.62	73.28	17 457.21	-77.81	18 810.96	36.05	947.65	77.84	29 362.36	98.81	1 290.66	1.36
中英人寿京分	112 706.45	4.65	6 528.80	24.57	7 658.79	-0.28	4 170.41	21.06	18 901.62	-5.01	3 441.49	-1.18
恒安标准京分	104 777.08	181.68	929.06	6.47	2 272.42	25.81	1 544.84	28.94	453.98	-81.50	861.13	15.78
中银三星京分	94 737.50	52.01	3 002.93	40.33	3 472.19	22.13	988.31	41.77	2 796.59	-4.71	1 063.67	11.42
汇丰人寿京分	94 664.45	18.25	2 426.81	22.19	—	—	49.50	-50.55	—	—	5 196.60	14.73
长城京分	87 786.34	92.04	4 957.68	-9.49	1 061.64	33.05	967.88	49.04	11 451.60	367.76	3 345.95	-2.31
农银人寿京分	82 647.60	-13.60	46 813.89	76.59	697.08	246.24	906.47	49.18	34 647.71	-21.25	1 182.83	-0.05
鼎诚人寿京分	78 997.01	1 192.74	730.43	109.09	61.18	473.79	249.18	-9.12	425.40	-58.09	138.41	-30.85
中融人寿京分	77 982.12	-9.68	1 634.30	133.43	11.56	-57.40	329.25	1 078.20	0.00	-100.00	0.30	999 999.00
同方全球人寿京分	77 733.75	17.21	1 482.29	1.46	18 103.88	2.19	5 085.39	109.55	4 754.54	222.02	748.31	-21.63
和谐健康京分	73 587.47	2 570.87	6 380.72	-69.64	56.66	-38.12	2 878.31	50.18	1 057 510.24	36.78	—	—
利安人寿京分	69 388.80	28.19	2 491.35	203.87	2 729.50	14.27	400.78	34.59	299.36	999 999.00	38.41	-46.27
复星联合健康京分	65 470.38	61.00	1 508.96	720.69	20 745.22	82.45	3 213.05	271.58	—	—	—	—
中德安联京分	64 575.93	-18.39	3 747.41	52.18	1 379.64	-4.81	900.36	55.00	38.10	-65.55	5 469.09	3.94
瑞泰人寿京分（虚拟）	62 831.47	49.88	782.22	-24.84	6 211.63	103.16	5 741.10	141.20	349.54	39.48	6.92	-22.77
中宏人寿京分	60 584.41	22.25	1 420.72	12.71	1 515.75	3.45	1 147.98	37.20	296.50	323.57	2 017.11	2.27
太平养老京分	58 390.06	18.54	497.21	-26.80	30 870.87	33.90	1 832.74	-1.09	4.22	0.00	29.26	13.24
复星保德信京分	45 508.11	-38.35	2 305.56	113.24	7.89	-85.15	1 007.33	290.45	—	—	581.72	-1.94
珠江人寿京分	40 729.59	40.20	2 459.02	-59.90	3 508.77	-34.89	200.38	94.21	0.00	999 999.00	31.23	-34.01
人保健康京分	38 392.47	13.14	1 514.84	-10.91	17 864.67	38.04	1 179.64	43.57	3 468.15	-32.23	0.00	999 999.00
长生人寿京分	37 439.35	44.26	1 240.78	19.92	700.14	-29.93	444.34	6.44	1 418.98	273.92	0.00	999 999.00
合众人寿京分	35 483.69	15.47	3 102.42	0.83	1 610.69	70.75	1 287.08	-7.15	4 991.26	332.14	1 586.43	-5.69
幸福人寿京分	33 317.13	36.63	16 618.80	-78.86	5 022.28	62.88	906.75	125.53	18 544.88	-59.77	2 404.93	-69.44
华泰人寿京分	23 602.98	14.54	1 352.33	-12.60	748.02	55.51	581.73	2.02	5 417.86	1 130.55	567.70	5.68
民生人寿京分	21 297.83	-2.71	2 217.14	25.87	390.74	129.09	1 349.15	25.97	8 630.78	-4.50	2 116.29	2.84
陆家嘴国泰人寿京分	19 748.33	9.40	2 652.21	191.64	1 719.88	15.59	60.96	-58.32	15.00	999 999.00	67.94	7.41
北大方正人寿京分	19 021.16	35.58	1 127.25	-49.97	4 629.52	-1.46	635.58	230.43	0.00	999 999.00	233.92	-4.12
太保安联健康京分	17 532.93	35.40	—	—	16 490.21	92.78	60.00	3 831.45	—	—	—	—
大家养老京分	11 296.97	5 600.42	1 089.26	-25.06	3 150.22	30 883.55	0.00	-100.00	0.00	999 999.00	224.62	64.04
小康人寿京分	2 536.04	36 906.15	34.07	-75.82	31.45	12 977.48	4.39	-57.83	729.64	4.59	6.05	-43.26
国寿存续京分	779.93	-11.67	1 477.32	18.95	36.21	42.46	6 391.59	28.01	2 559.59	-45.84	57 717.86	30.43
合计	19 970 920.76	21.61	1 390 412.42	1.60	996 630.81	27.21	624 589.66	37.86	2 801 384.19	10.37	782 347.39	6.76

注：1. 虚拟指在北京开展业务但未设立北京分公司的保险公司。

2. 因部分机构正在进行风险处置，行业汇总数据口径暂不包括这部分机构。

表 1.22　北京市各人身保险公司业务统计（按险种）

单位：万元

险种名称	原保险保费收入	赔款支出	死伤医疗给付	满期给付	年金给付	退保金
一、寿险小计	14 987 264.84	—	128 205.06	1 738 984.99	782 347.39	1 239 780.79
1. 普通寿险	9 257 497.75	—	80 050.45	679 914.72	267 032.31	798 649.51
（1）定期寿险	228 337.58	—	25 192.50	77.80	—	6 927.23
（2）两全寿险	769 307.32	—	19 362.94	668 943.05	26 843.16	118 421.68
（3）终身寿险	3 748 920.55	—	21 189.55	4 152.44	—	126 286.49
（4）年金保险	4 510 932.31	—	14 305.46	6 741.43	240 189.15	547 014.12
2. 分红寿险	5 683 691.60	—	42 314.41	1 042 964.08	515 162.03	441 090.54
（1）定期寿险	0.00	—	0.00	—	—	—
（2）两全寿险	2 531 313.55	—	24 796.27	929 188.85	97 047.65	208 671.34
（3）终身寿险	416 762.34	—	5 790.36	51.95	—	38 340.07
（4）年金保险	2 735 615.71	—	11 727.78	113 723.29	418 114.38	194 079.13
3. 投资连结保险	3 667.85	—	640.60	11 704.20	—	5.36
4. 万能保险	42 407.64	—	5 199.61	4 401.99	153.06	35.38
二、意外伤害险小计	377 896.09	157 387.15	—	—	—	—
1. 一年期以内业务	29 424.25	8 175.90	—	—	—	—
2. 一年期业务	251 674.76	149 211.25	—	—	—	—
3. 一年期以上业务	96 797.08	—	—	—	—	—
三、健康险小计	4 605 759.82	839 243.66	496 384.60	1 062 399.20	—	150 631.63
1. 短期业务	1 315 142.37	839 243.66	—	—	—	—
2. 长期业务	3 290 617.45	—	496 384.60	1 062 399.20	—	150 631.63
合计	19 970 920.76	996 630.81	624 589.66	2 801 384.19	782 347.39	1 390 412.42

注：1. 因部分机构正在进行风险处置，行业汇总数据口径暂不包括这部分机构。

2. 以上统计表由中国银行保险监督管理委员会北京监管局提供。

表 1.23　中国人民银行对金融机构存款利率

单位：年利率%

种类	2002－02－21	2003－12－21	2005－03－17	2008－11－27	2020－04－28
一、金融机构存款					
准备金存款	1.89	1.89	1.89	1.62	1.62
超额准备金	1.89	1.62	0.99	0.72	0.36
欠交准备金①	按日利率万分之六计收利息	同前			
二、保险公司存款	1.89	1.89	1.89		
三、邮政储蓄转存款②	4.347	4.131			

注：①2004 年 12 月 30 日银发〔2004〕302 号文，规定金融机构未按照中国人民银行规定交存存款准备金的，按照相关法规规定处罚；依法减轻处罚的，对其欠交存款准备金不足部分按每日万分之六的比例处以罚款。

②2002 年 12 月 31 日银发〔2002〕393 号文，规定从 2003 年 1 月 1 日起邮政储蓄转存款利率暂调整为 4.131%。2003 年 9 月 1 日银发〔2003〕177 号文，规定自 2003 年 8 月 1 日起，邮政储蓄新增存款转存人民银行的部分，按照金融机构准备金存款利率（年利率为 1.89%）计息；此前的邮政储蓄在人民银行的转存款暂按现行转存款利率计息（年利率为 4.131%）。

表1.24　中国人民银行对金融机构贷款利率

单位：年利率%

项目[1]	2010－12－26	2014－03－20	2014－12－19	2015－05－28	2015－11－05	2018－06－23	2020－02－16	2020－07－01
一、流动性再贷款[2]								
1个月	3.25				2.9			
3个月	3.55				3.2			
6个月	3.75				3.4			
1年	3.85				3.5			
二、信贷政策支持再贷款								
（一）支农再贷款[3]								
3个月	3.05		2.8	2.55	2.45		2.2	1.95
6个月	3.25		3.0	2.75	2.65		2.4	2.15
1年	3.35		3.1	2.85	2.75		2.5	2.25
（二）支小再贷款								
3个月		3.7	3.3	3.05	2.95	2.45	2.2	1.95
6个月		3.9	3.5	3.25	3.15	2.65	2.4	2.15
1年		4.0	3.6	3.35	3.25	2.75	2.5	2.25
三．再贴现	2.25	同前	同前	同前	同前	同前	同前	2.00
四、逾期贷款	按日利率万分之五计收利息	同前	同前	同前	同前	同前	同前	同前

注：①2014年2月7日银发〔2014〕36号文，决定对再贷款分类予以调整，将流动性再贷款划分为流动性再贷款和信贷政策支持再贷款，金融稳定再贷款和专项政策性再贷款分类总体不变。流动性再贷款利率执行人民银行总行确定的流动性再贷款利率，信贷政策支持再贷款执行人民银行总行确定的信贷政策支持再贷款利率。

②2014年2月7日银发〔2014〕36号文指出，人民银行对全国性存款类金融机构发放的流动性再贷款，期限设置为1个月、3个月、6个月、1年四个档次。在此之前流动性再贷款期限为20天以内、3个月以内、6个月以内和1年。

③该时点利率为对农村信用社再贷款（不含紧急贷款）利率。2014年12月29日银发〔2014〕396号文指出，将正常支农再贷款各期限档次利率分别下调0.25个百分点，贫困地区支农再贷款利率在调整后的正常支农再贷款利率基础上下调1个百分点。

表 1.25　金融机构存款利率

单位：年利率%

项目	2002-02-21	2004-10-29	2006-04-28	2006-08-19	2007-03-18	2007-05-19	2007-07-21	2007-08-22	2007-09-15	2007-12-21	2008-10-09	2008-10-30	2008-11-27	2008-12-23
一、活期存款	0.72	0.72	0.72	0.72	0.72	0.72	0.81	0.81	0.81	0.72	0.72	0.72	0.36	0.36
二、定期存款														
1. 整存整取														
3 个月	1.71	1.71	1.71	1.80	1.98	2.07	2.34	2.61	2.88	3.33	3.15	2.88	1.98	1.71
6 个月	1.89	2.07	2.07	2.25	2.43	2.61	2.88	3.15	3.42	3.78	3.51	3.24	2.25	1.98
1 年	1.98	2.25	2.25	2.52	2.79	3.06	3.33	3.60	3.87	4.14	3.87	3.6	2.52	2.25
2 年	2.25	2.70	2.70	3.06	3.33	3.69	3.96	4.23	4.50	4.68	4.41	4.14	3.06	2.79
3 年	2.52	3.24	3.24	3.69	3.96	4.41	4.68	4.95	5.22	5.40	5.13	4.77	3.60	3.33
5 年	2.79	3.60	3.60	4.14	4.41	4.95	5.22	5.49	5.76	5.85	5.58	5.13	3.87	3.60
2. 零存整取、整存零取、存本取息														
1 年	1.71	1.71	1.71	1.80	1.98	2.07	2.34	2.61	2.88	3.33	3.15	2.88	1.98	1.71
3 年	1.89	2.07	2.07	2.25	2.43	2.61	2.88	3.15	3.42	3.78	3.51	3.24	2.25	1.98
5 年	1.98	2.25	2.25	2.52	2.79	3.06	3.33	3.60	3.87	4.14	3.87	3.60	2.52	2.25
3. 定活两便	按一年以内定期整存整取同档次利率60%执行	按一年以内定期整存整取同档次利率60%执行	同前	同前	同前	同前	同前	同前	同前	同前	同前	同前	同前	同前
三、协定存款	1.44	1.44	1.44	1.44	1.44	1.44	1.53	1.53	1.53	1.53	1.53	1.53	1.17	1.17
四、通知存款														
1 天	1.08	1.08	1.08	1.08	1.08	1.08	1.17	1.17	1.17	1.17	1.17	1.17	0.81	0.81
7 天	1.62	1.62	1.62	1.62	1.62	1.62	1.71	1.71	1.71	1.71	1.71	1.71	1.35	1.35

续表

项目	2009-12-31	2010-10-20	2010-12-26	2011-02-09	2011-04-06	2011-07-07	2012-06-08①	2012-07-06	2014-11-22②	2015-03-01③	2015-05-11④	2015-06-28	2015-08-26⑤	2015-10-24⑥
一、活期存款	0.36	0.36	0.36	0.40	0.50	0.50	0.40	0.35	0.35	0.35	0.35	0.35	0.35	0.35
二、定期存款														
1. 整存整取														
3个月	1.71	1.91	2.25	2.60	2.85	3.10	2.85	2.60	2.35	2.10	1.85	1.60	1.35	1.10
6个月	1.98	2.20	2.50	2.80	3.05	3.30	3.05	2.80	2.55	2.30	2.05	1.80	1.55	1.30
1年	2.25	2.50	2.75	3.00	3.25	3.50	3.25	3.00	2.75	2.50	2.25	2.00	1.75	1.50
2年	2.79	3.25	3.55	3.90	4.15	4.40	4.10	3.75	3.35	3.10	2.85	2.60	2.35	2.10
3年	3.33	3.85	4.15	4.50	4.75	5.00	4.65	4.25	4.00	3.75	3.50	3.25	3.00	2.75
5年	3.60	4.20	4.55	5.00	5.25	5.50	5.10	4.75						
2. 零存整取、整存零取、存本取息														
1年	1.71	1.91	2.25	2.60	2.85	3.10	2.85	2.60	2.35	2.10	1.85	1.60	1.35	1.10
3年	1.98	2.20	2.50	2.80	3.05	3.30	3.05	2.80	2.55	2.30	2.05	1.80	1.55	1.30
5年	2.25	2.50	2.75	3.00	3.25	3.50	3.25	3.00						
3. 定活两便	同前	同前	同前	同前	同前	同前	同前	同前	同前	同前	同前	同前	同前	同前
三、协定存款	1.17	1.17	1.17	1.21	1.31	1.31	1.21	1.15	1.15	1.15	1.15	1.15	1.15	1.15
四、通知存款														
1天	0.81	0.81	0.81	0.85	0.95	0.95	0.85	0.80	0.80	0.80	0.80	0.80	0.80	0.80
7天	1.35	1.35	1.35	1.39	1.49	1.49	1.39	1.35	1.35	1.35	1.35	1.35	1.35	1.35

注：①自2012年6月8日起，金融机构存款利率浮动区间由基准利率的（0，1］倍调整为（0，1.1］倍。

②自2014年11月22日起，存款利率浮动区间的上限由基准利率的1.1倍调整为1.2倍。人民银行不再公布人民币五年期定期存款基准利率。

③自2015年3月1日起，人民币存款利率浮动区间的上限由基准利率的1.2倍调整为1.3倍。

④自2015年5月11日起，存款利率浮动区间上限由基准利率的1.3倍调整为1.5倍。

⑤自2015年8月26日起，1年以上（不含1年）定期存款利率浮动上限放开，其余期限品种存款利率浮动上限仍为基准利率的1.5倍。

⑥自2015年10月24日起，活期存款、1年以内（含）定期存款、协定存款、通知存款利率上限放开。

表 1.26　金融机构贷款利率

单位：年利率%

项目	2002－02－21	2004－10－29	2005－03－17	2006－04－28	2006－08－19	2007－03－18	2007－05－19	2007－07－21	2007－08－22	2007－09－15	2007－12－21	2008－09－16	2008－10－09	2008－10－30	2008－11－27	2008－12－23
一、短期贷款																
6个月以内（含6个月）	5.04	5.22	5.22	5.40	5.58	5.67	5.85	6.03	6.21	6.48	6.57	6.21	6.12	6.03	5.04	4.86
6个月至1年（含1年）	5.31	5.58	5.58	5.85	6.12	6.39	6.57	6.84	7.02	7.29	7.47	7.20	6.93	6.66	5.58	5.31
二、中长期贷款																
1至3年（含3年）	5.49	5.76	5.76	6.03	6.30	6.57	6.75	7.02	7.20	7.47	7.56	7.29	7.02	6.75	5.67	5.40
3至5年（含5年）	5.58	5.85	5.85	6.12	6.48	6.75	6.93	7.20	7.38	7.65	7.74	7.56	7.29	7.02	5.94	5.76
5年以上	5.76	6.12	6.12	6.39	6.84	7.11	7.20	7.38	7.56	7.83	7.83	7.74	7.47	7.20	6.12	5.94
三、贴现	在再贴现利率基础上，按不超过同期贷款利率（含浮动）加点	在再贴现利率基础上，按不超过同期贷款利率（含浮动）加点	同前	同前	同前	同前	同前	同前	同前	同前	同前	同前	同前	同前	同前	同前
四、个人住房贷款																
1. 个人住房公积金贷款																
5年以下（含5年）	3.60	3.78	3.96	4.14	4.14	4.32	4.41	4.50	4.59	4.77	4.77	4.59	4.32	4.05	3.51	3.33
5年以上	4.05	4.23	4.41	4.59	4.59	4.77	4.86	4.95	5.04	5.22	5.22	5.13	4.86	4.59	4.05	3.87
2. 自营性个人住房贷款[①]																
5年以下（含5年）	4.77	4.95	取消优惠利率，改按商业性贷款利率执行	同前	同前	同前	同前	同前	同前	同前	同前	同前	同前	同前	同前	同前
5年以上	5.04	5.31														

续表

项目	2009-12-31	2010-10-20	2010-12-26	2011-02-09	2011-04-06	2011-07-07	2012-06-08②	2012-07-06③	2013-07-20④	2014-11-22⑤	2015-03-01	2015-05-11	2015-06-28	2015-08-26	2015-10-24
一、短期贷款															
6个月以内（含6个月）	4.86	5.10	5.35	5.60	5.85	6.10	5.85	5.60	同前	5.60	5.35	5.10	4.85	4.60	4.35
6个月至1年（含1年）	5.31	5.56	5.81	6.06	6.31	6.56	6.31	6.00		5.60	5.35	5.10	4.85	4.60	4.35
二、中长期贷款															
1至3年（含3年）	5.40	5.60	5.85	6.10	6.40	6.65	6.40	6.15	同前	6.00	5.75	5.50	5.25	5.00	4.75
3至5年（含5年）	5.76	5.96	6.22	6.45	6.65	6.90	6.90	6.40		6.00	5.75	5.50	5.25	5.00	4.75
5年以上	5.94	6.14	6.40	6.60	6.80	7.05	6.80	6.55		6.15	5.90	5.65	5.40	5.15	4.90
三、贴现	同前	同前	同前	同前	同前	同前	同前	同前	改变贴现利率在再贴现利率基础上加点确定的方式，由金融机构自主确定	同前	同前	同前	同前	同前	同前
四、个人住房贷款															
1. 个人住房公积金贷款															
5年以下（含5年）	3.33	3.50	3.75	4.00	4.20	4.45	4.20	4.00	同前	3.75	3.50	3.25	3.00	2.75	2.75
5年以上	3.87	4.05	4.30	4.50	4.70	4.90	4.70	4.50		4.25	4.00	3.75	3.50	3.25	3.25
2. 自营性个人住房贷款①															
5年以下（含5年）	同前	同前	同前	同前	同前	同前	同前	同前	同前	同前	同前	同前	同前	同前	同前
5年以上															

注：①自2006年8月19日起，商业银行个人住房贷款利率的下限扩大为贷款基准利率的0.85倍，自2008年10月27日起，商业银行个人住房贷款利率的下限扩大为贷款基准利率的0.7倍，其他商业性贷款利率下限仍保持0.9倍不变。

②自2012年6月8日起，金融机构贷款利率的下限由基准利率的0.9倍调整为0.8倍。

③自2012年7月6日起，金融机构贷款利率的下限由基准利率的0.8倍调整为0.7倍。

④自2013年7月20日起，取消金融机构贷款利率0.7倍的下限，个人住房贷款利率仍保持原区间不变；取消票据贴现利率管制，改变贴现利率在再贴现利率基础上加点确定的方式，由金融机构自主确定；取消农村信用社贷款利率2.3倍的上限。

⑤自2014年11月22日起，贷款基准利率期限档次简并为1年以内（含1年）、1至5年（含5年）和5年以上三个档次。

以上统计表由中国人民银行营业管理部货币信贷管理处提供。

表 1.27　2021 年中国人民银行发行普通纪念币一览

名称	发行日期	材质	式样	规格	面值（元）	图案		发行数量
						正面	背面	
2021 年贺岁普通纪念币	2021－01－29	双色铜合金	圆形	直径 27mm	10	正面图案为“中国人民银行”“10元”字样、汉语拼音字母“SHIYUAN”及年号“2021”，底纹衬以团花图案	背面主景图案为中国传统剪纸艺术与装饰年画元素相结合的一头抬头牛造型，衬景图案为花灯和五谷，币面左侧刊“辛丑”字样	1.5 亿枚
中国共产党成立100 周年普通纪念币	2021－09－15	双色铜合金	圆形	直径 27mm	10	正面图案为中华人民共和国国徽，国徽上方刊“中华人民共和国”国名，下方刊年号“2021”字样	背面主景图案为中国共产党成立100 周年庆祝活动标识，辅以花卉、飘带、光芒线等设计元素。主景图案上方刊“庆祝中国共产党成立 100 周年”字样，下方刊面额“10”字样	1.8 亿枚
第 24 届冬季奥林匹克运动会普通纪念币——冰上运动项目	2021－11－18	铜合金	圆形	直径 30mm	5	正面主景图案为第 24 届冬季奥林匹克运动会会徽，辅以图案化的北京冬奥会比赛场馆、长城、雪山等元素，币面上方刊“中华人民共和国”国名，下方刊年号“2022”字样	背面主景图案为短道速滑运动员形象，背景为抽象化的线条等组合元素，并刊“第 24 届冬季奥林匹克运动会”字样及面额	2 亿枚
第 24 届冬季奥林匹克运动会普通纪念币——雪上运动项目	2021－11－18	铜合金	圆形	直径 30mm	5	正面主景图案为第 24 届冬季奥林匹克运动会会徽，辅以图案化的北京冬奥会比赛场馆、长城、雪山等元素，币面上方刊“中华人民共和国”国名，下方刊年号“2022”字样	背面主景图案为高山滑雪运动员形象，背景图案为高山、雪花，局部为彩色图案，并刊“第 24 届冬季奥林匹克运动会”字样及面额	2 亿枚

续表

名称	发行日期	材质	式样	规格	面值（元）	图案		发行数量
						正面	背面	
第 24 届冬季奥林匹克运动会纪念钞——冰上运动项目	2021－12－21	塑料	长方形	145mm×70mm	20	正面主景为花样滑冰运动员图案，上方为中华人民共和国国徽、“中国人民银行”行名，左侧为第 24 届冬季奥林匹克运动会会徽，右侧为光彩光变乐谱图案、面额数字“20”与汉字“贰拾圆”，下方为动感全息图案、透明视窗、盲文面额标记和冠字号码	背面主景为第 24 届冬季奥林匹克运动会竞赛场馆“冰立方”图案，上方为“中国人民银行”汉语拼音，蒙、藏、维、壮 4 种民族文字的“中国人民银行”字样及面额，“第 24 届冬季奥林匹克运动会纪念”和面额数字“20”，右侧为面额数字“20”、汉语拼音字母“YUAN”，下方为年号“2022 年”和行长章	2 亿张
第 24 届冬季奥林匹克运动会纪念钞——雪上运动项目	2021－12－21	纸	长方形	145mm×70mm	20	正面主景为自由式滑雪运动员图案，上方为中华人民共和国国徽、“中国人民银行”行名，右侧为第 24 届冬季奥林匹克运动会会徽、面额数字“20”与汉字“贰拾圆”，下方为动感全息图案、盲文面额标记和冠字号码	背面主景为第 24 届冬季奥林匹克运动会竞赛场馆“雪如意”图案，上方为“中国人民银行”汉语拼音，蒙、藏、维、壮 4 种民族文字的“中国人民银行”字样及面额，“第 24 届冬季奥林匹克运动会纪念”、年号“2022 年”和行长章和面额数字“20”，左侧为面额数字“20”、汉语拼音字母“YUAN”，下方为光彩光变雪花图案、雪山长城图案与面额数字“20”	2 亿张

注：1. 普通纪念币发行日期为首次对公众办理预约兑换日期。

2. 本表由北京市钱币学会提供。

（二）机构、人员统计

表 2.1　北京辖区内金融管理机构数量与从业人员数量统计

（2021 年 12 月 31 日）

单位：家、人

机 构 名 称	机 构 数 量	职 工 人 数
中国人民银行营业管理部	1	686
中国银行保险监督管理委员会北京监管局	1	370
中国证券监督管理委员会北京监管局	1	131
北京市地方金融监督管理局	1	99
合计	4	1 286

注：表中数据由表中各部门提供。

表 2.2　北京辖区内银行及其他金融机构数量与从业人员数量统计

（2021 年 12 月 31 日）

单位：家、人

机 构 名 称	机构数			从业人员数	营业员工数
	法人机构	分行级（含总行营业部、办事处、代表处）	支行及支行以下营业网点		
国家开发银行在京营业机构		2		367	
政策性银行合计		3	13	492	364
中国进出口银行北京分行		1		75	6
中国农业发展银行在京营业机构		2	13	417	358
国有商业银行合计		15	1 736	53 007	33 060
工商银行北京市分行		2	553	18 780	11 268
农业银行北京市分行		4	337	8 190	5 420
中国银行北京市分行		3	276	9 998	6 205
建设银行北京市分行		4	441	11 671	6 929
交通银行北京市分行		2	129	4 368	3 238
股份制商业银行合计		18	818	26 467	17 037
中信银行总行营业部		1	75	3 035	1 975
光大银行北京分行		1	87	2 867	1 972
华夏银行北京分行		1	68	2 188	1 413
广发银行北京分行		2	53	1 661	1 233
平安银行北京分行		1	55	1 975	1 134
招商银行北京分行		2	115	5 045	3 120
上海浦东发展银行北京分行		1	87	1 928	1 411
兴业银行北京分行		1	74	2 243	1 604
民生银行总行营业部		2	158	3 557	2 117

续表

机构名称	机构数			从业人员数	营业员工数
	法人机构	分行级（含总行营业部、办事处、代表处）	支行及支行以下营业网点		
浙商银行北京分行		2	21	906	467
渤海银行北京分行		2	20	722	436
恒丰银行北京分行		2	5	340	155
城市商业银行合计	1	15	400	14 551	9 090
北京银行	1	4	251	8 499	5 632
天津银行北京分行		1	16	381	252
大连银行北京分行		1	5	259	108
杭州银行北京分行		1	16	676	328
南京银行北京分行		1	14	598	388
盛京银行北京分行		1	8	337	171
上海银行北京分行		1	17	709	358
江苏银行北京分行		1	22	665	457
宁波银行北京分行		1	17	1 298	706
包商银行北京分行		1	15	236	153
锦州银行北京分行		1	6	223	124
厦门国际银行北京分行		1	13	670	413
民营银行	1			331	
北京中关村银行	1			331	
农村金融机构合计	12	13	256	10 250	8 387
北京农商银行	1	2	224	9 430	7 854
村镇银行	11	11	32	820	533
邮政储蓄银行北京分行		1	565	3 694	1 716
卡中心		16	1	6 432	8
外资银行	9	48	56	5 040	2 260
外资银行代表处		54		153	
外资非银行代表处		56		151	
非银行金融机构合计	100	5		13 504	13 504
资产管理公司		4		269	269
企业集团财务公司	73	1		5 384	5 384
信托公司	12			4 287	4 287
金融租赁公司	3			422	422
汽车金融公司	7			2 285	2 285
消费金融公司	3			570	570
货币经纪公司	2			287	287
合计	123	246	3 845	134 439	85 426

注：1. 营业员工数指营业网点的所有员工数。

2. 中国工商银行票据营业部北京分部的数据计入“工商银行北京市分行”。

3. 本表由中国银行保险监督管理委员会北京监管局提供。

表 2.3 北京辖区内证券机构数量与从业人员数量统计

（2021 年 12 月 31 日）

单位：家、人、万户

机构类别	机构数量	从业人员数量	投资者开户数
证券公司	18	35 571	2 850. 64
证券分公司	106	2 715	304. 26
证券营业部	527	8 279	1 637. 22
基金管理公司	36	7 394	75 368
基金分公司	89	1 760	
期货经纪公司	19	4 179	103. 65
期货营业部	119	931	26. 2
证券投资咨询公司	15	2 500	—
上市公司	413		3 676. 23
外资代表处	37		

注：本统计表由中国证券监督管理委员会北京监管局提供。

表 2.4 2021 年北京辖区内保险机构数量与从业人员数量统计

单位：家、人

机构类型	总公司	分公司	支公司	营业部	营销服务部	专属机构（电销中心）	公司职工	保险营销员
中资产险	11	31	117	28	54		10 918	4 707
中资寿险	10	44	106	14	156	8	12 314	82 951
中资再保险								
外资产险	2	17	6		1		1 113	269
外资寿险	6	22	6		39	4	4 535	30 482
外资再保险								
政策性保险				3			125	66
资产管理公司								
保险集团								
相互保险组织								
合计	29	114	235	45	250	12	29 005	118 475
中介法人机构								
其中：代理公司	170	320					163 225	
经纪公司	171	144					105 429	
公估公司	47	19					2 390	
总计	388	483					271 044	

注：本表数字由中国银行保险监督管理委员会北京监管局提供。

九、大　事　记

1月

1月2日 中国银行股份有限公司北京自贸试验区国际商务服务片区支行举行揭牌仪式。此网点支行是中国银行北京市分行在朝阳地区首批取得监管批复成立的北京自贸试验区银行。

1月13日 北京市政府组织召开全市安全生产责任保险（以下简称安责险）工作经验总结会，重点推广西城区安责险模式。中国太平洋财产保险股份有限公司北京分公司作为保险公司代表在会上做经验发言，以“坚持首善标准、红墙意识，首都试点西城先行”“坚持居安思危、未雨绸缪，排查隐患防范未然”“坚持与时俱进、开拓进取，保险助力应急管理”三个主题回顾了西城区安责险发展历程，并提出保险进一步融入应急管理的服务设想。

1月27日 中国农业银行股份有限公司北京市分行成功中标2021年第一批北京市人民政府债券，为深化银政合作和提供“政府债券+”服务奠定了良好基础。

1月29日 中国证券监督管理委员会北京监管局会同北京市公安局、北京市人民检察院、北京市地方金融监督管理局、中国证券投资基金业协会等部门，组织召开某系私募基金涉嫌刑事犯罪专题研究会，就案件风险、涉嫌非法吸收公共存款证据及性质分析、行刑衔接等开展专题研讨。

2月

2月1日 中信银行股份有限公司北京分行联合中信建投证券股份有限公司成功落地首只百亿元规模新能源投资基金“国能新能源基金”的托管业务，为响应国家“双碳”战略贡献力量。

2月3日 北京市地方金融监督管理局联合中国人民银行营业管理部、中国银行保险监督管理委员会北京监督管理局、中国证券监督管理委员会北京监督管理局及丰台区人民政府共同举办首都金融业发展与“两区”建设新闻发布会。

2月6日 中国工商银行股份有限公司北京市分行配合国家电网在“电e宝”付款台（e企付）增加数字货币支付功能，落地同业首单数字人民币对公线上支付业务。

2月 盛京银行股份有限公司北京分行收到北京市朝阳区人民政府发来的感谢信，感谢盛京银行股份有限公司北京分行助推朝阳区扶贫协作和对口支援的6个地区按期实现脱贫摘帽，为脱贫攻坚工作作出突出贡献。

3月

3月1日 中国建设银行股份有限公司北京市分行首批8家分支机构取得中国电子口岸中心北京分中心代理委托授权，正式开办“关银一KEY通”业务。

3月12日 中华联合财产保险股份有限公司北京分公司与北京市气象局签订《战略合作框架协议》，促进气象、保险领域深度融合发展，提升气象灾害风险综合管理水平，深化风险分散和转移机制，全面服务北京地区“三农”产业高质量发展。

上海银行股份有限公司北京分行成功主承销银行间市场首单“碳中和”资产

证券化产品。

3月15日 中国证券监督管理委员会北京监管局指导辖区5家投资教育基地，首次以直播形式举办“保护投资者合法权益2021我们在行动”投资者教育活动。通过直播平台在线观看的投资者达100万人次以上。

3月17日 中信银行股份有限公司北京分行携手伦敦分行正式落地辖内首单境外机构银行间人民币债券市场投资业务，打开了跨境证券投资领域新蓝海。

3月18日 北京金融法院正式成立。北京金融法院是继2018年设立上海金融法院后，我国第二家金融法院。北京金融法院专门管辖北京市应由中级人民法院管辖的金融民商事案件和涉金融行政案件。设立北京金融法院，是贯彻落实中央重大战略部署的必然要求，对于保障国家金融战略实施、服务金融工作三项重大任务、完善金融审判体系、防范化解系统性金融风险、推动经济高质量发展、进一步提升我国金融司法的国际影响力和话语权，具有重要意义。

中国工商银行股份有限公司北京市分行为中粮集团有限公司发行20亿元首只国内首批乡村振兴中期票据，是中央企业首只乡村振兴债。

3月19日 天津银行股份有限公司北京分行与天津银行股份有限公司上海分行联动营销，首笔自贸联动跨境银团贷款业务成功落地。

3月25日 上海浦东发展银行股份有限公司北京分行牵头主承销的国电电力发展股份有限公司2021年度第一期绿色中期票据（碳中和债）成功落地。这是国内市场首只非金融企业发行的境内外双标认证的“碳中和”债，发行金额8.4亿元。募集资金用于8座风力发电厂的建设，总装机容量达446.18兆瓦，每年预计可减排67万吨二氧化碳当量。

3月 中国银行保险监督管理委员会北京监管局创新建立北京市贷款服务中心，有效整合首贷、续贷、确权融资和知识产权质押融资功能，构建“四位一体”小微金融服务新格局。

4月

4月1日 中国太平洋财产保险股份有限公司北京分公司与北京市经济和信息化局签署战略合作协议并启动创新合作项目。双方在创新融资、氢能源、航空航天、智能驾驶、高端制造和生物医药六大领域进行合作。

4月16日 北京市第十五届人民代表大会常务委员会第三十次会议审议通过《北京市地方金融监督管理条例》，自2021年7月1日起施行。该条例是北京市第一部金融类地方性法规，对加强国家金融管理中心建设、提高北京地方金融监管法治化水平、推进金融治理体系和治理能力现代化具有重要意义。

4月20日 由中国证券监督管理委员会北京监管局牵头、以北京市人民政府名义印发《关于进一步推动提高北京上市公司质量的若干措施》，该措施为提高北京上市公司质量、促进首都经济高质量发展提供有力的制度保障。

4月23日 中国银行保险监督管理委员会北京监管局与北京市公安局公安交通管理局、中国银行保险信息技术管理有限公司共同签订“警保合作”工作机制框架协议，全面升级事故远程处理工作。

5 月

5 月 7 日 北京市地方金融监督管理局和中国邮政储蓄银行股份有限公司北京分行联合挂牌“北京市小微快贷中心 三农金融服务站”，中国邮政储蓄银行股份有限公司北京分行成为北京地区首家挂牌服务于乡村振兴的金融机构。

5 月 13 日 中国人民财产保险股份有限公司北京市分公司再次中标“北京市 2021 年知识产权保险试点工作其他财产保险服务采购项目”，成为唯一获得 2021 年北京市知识产权试点项目承保资格的保险公司。

5 月 28 日 中国银行股份有限公司北京市分行与通州区人民政府签署全面战略合作协议，为城市副中心重点建设项目提供金融资源支持和优质金融服务。

5 月 15－20 日 中国证券监督管理委员会北京监管局举办“5 · 15 全国投资者保护宣传日”，精准“走入”直播活动。直播活动在中国财富网等 20 余家媒体平台同步播放，新华社 App 置顶转播，“新华社全媒体 +”账号侧面报道，“投资者教育”话题阅读量超 1 亿人次并登上微博“热搜”，6 天累计观看人次达 518 万，是利用网络直播形式开展投资教育宣传的一次成功实践。

6 月

6 月 8 日 中国汽车芯片产业创新战略联盟发起成立汽车芯片车用保险工作组，在国内首次开展国产汽车芯片车用保险及补偿机制试点工作。中国太平洋财产保险有限公司北京分公司作为保险业代表出席中国汽车芯片产业创新战略联盟组织的“汽车芯片保险签约仪式”。

6 月 10 日 首家在北京设立的外资控股证券公司大和证券（中国）获得中国证券监督管理委员会颁发的《经营证券期货业务许可证》，正式对外开展业务。

6 月 11 日 中国银行股份有限公司北京市分行与延庆区委区政府正式签署银政合作协议，紧抓北京冬奥会筹办举办契机，结合“两区”建设，围绕重点功能区、重点产业、重点领域等红线外场景进行全面布局，依法依规在双方各自职责范围内加快线上线下消费场景数字人民币支付服务环境建设，共同推动延庆经济社会高质量绿色发展。

6 月 11 日 全国首家外商独资货币经纪公司——上田八木货币经纪（中国）有限公司开业。

6 月 16 日 中国证券监督管理委员会北京监管局与北京金融法院、中证资本市场法律服务中心有限公司正式签署《证券期货纠纷诉调对接合作协议》。

6 月 17 日 中国银行股份有限公司北京市分行与路孚特公司（伦敦证券交易所集团负责数据和分析业务的公司）共同主办“中国银行 · 路孚特 2021 年市场展望论坛”。

6 月 18 日 北京市地方金融监督管理局、中国人民银行营业管理部、中国银行保险监督管理委员会北京监管局与丰台区人民政府联合举办了小微金融服务顾问制度启动会暨支行长座谈会。中国民生银行股份有限公司北京分行承办会议。

交通银行股份有限公司北京市分行与北京人民在线网络有限公司在京签订战略合作协议。

7月

7月6日 中国平安财产保险股份有限公司北京分公司借助平安好车主 App 平台，帮助平谷区桃农协销平谷大桃，并为其大桃承保溯源保险，使农产品从“田间到餐桌”全程关键要素动态呈现，提升农产品品牌效应，为农民提供有温度的金融服务。

7月8日 “京津冀征信链”共建协议签约和启动仪式在石家庄举行。京津冀三地人民银行分支机构指导辖内9家征信机构作为首批上链机构自愿签署“京津冀征信链”共建协议。杨伟中代表中国人民银行营业管理部签署《“京津冀征信链”共建协议》。

7月10日 中国建设银行股份有限公司北京市分行与中国健康养老集团有限公司签署战略合作协议。

7月12日 中国证券监督管理委员会北京监管局、中国证券业协会、国信证券股份有限公司、中央民族大学共同签署《证券期货投资者教育进校园工作合作备忘录》，探索建立少数民族金融人才协同育人新机制。

7月20日 中国平安财产保险股份有限公司北京分公司第一时间派出理赔团队，支援河南特大洪涝灾害灾情。在援豫期间，受理车险案件量3 000余件，累计理赔金额1.2亿元；财产险案件162件，累计理赔金额5 653万元。

7月22日 中国农业银行股份有限公司北京市分行与国家税务总局北京市税务局合作上线“纳税e贷”“账户e贷”系列产品，破解了北京地区“银税”系统对接瓶颈，实现申请、签约、放款全流程线上操作，有效解决小微企业融资难、融资贵、融资慢等问题。

7月23日 中信银行股份有限公司北京分行普惠“创信e贷”上线。这是首个与监管部门数据直连、纯信用、纯线上化信用贷款，产品设计借助大数据风控技术，将企业纳税数据与工商、司法、征信类信息相结合，为依法纳税、稳定经营、信用记录良好的小微企业提供信贷融资。

7月26日 由北京市医疗保障局、北京市地方金融监督管理局共同指导，中国银行保险监督管理委员会北京监管局监管，中国人民财产保险股份有限公司、中国人寿保险股份有限公司、泰康人寿保险有限责任公司、中国太平洋人寿保险股份有限公司、中国平安人寿保险股份有限公司5家保险公司共同设计开发的“北京普惠健康保”正式在京发布。“北京普惠健康保”是一种普惠性商业健康保险，在保障对象和保障范围上与北京市基本医疗保险紧密衔接，可覆盖超2 000万北京基本医保在保人员。

7月28日 中国人民银行营业管理部召开《进一步完善北京民营和小微企业金融服务体制机制行动方案》政策发布会。中国人民银行营业管理部杨伟中主任发布行动方案。部分北京市委办局相关负责同志，辖内47家中资银行、5家融资担保机构、5家融资租赁机构、部分企业代表参加活动。

7月22日 平安银行股份有限公司北京分行、北京市公安局反诈中心共同发起主题为“有温度的守护，全方位的平安”的反诈宣导活动。“警企合作”走进社区，面向老年人、学生等特殊人群，全方位宣传防范电信诈骗、非法网贷和征信风险等金融风险和消费者权益保护等公众宣传。

7月30日　杭州银行股份有限公司科创金融（北京）中心成立开业。

8月

8月6日　中国建设银行股份有限公司北京市分行为农业农村部“信贷直通车”活动量身打造的专属信贷产品“新农直通贷”正式上线。

8月16日　中国人民财产保险股份有限公司北京市分公司与朝阳区人民政府签订朝阳区服务型企业疫情防控保险保单，累计提供1 000万元的风险保障。

8月18日　兴业银行股份有限公司北京分行参与投资的全国首单公共租赁住房类REITs——“国开—北京保障房中心公租房资产支持专项计划”成功发行。

8月24日　中国邮政储蓄银行股份有限公司北京分行与北京中关村银行股份有限公司举行数字人民币合作协议签约仪式，双方将在客户开发、日常结算、数字人民币推广等方面开展深度合作，共同推进数字人民币的场景应用。

8月27日　中国银行股份有限公司北京市分行与北京市投资促进服务中心签署战略合作框架协议，双方将充分发挥各自专业领域的优势和资源，在全球招商和金融增值服务等方面开展深度合作，面向全球投资人充分宣传推介北京优势，为来京投资企业提供高水平金融服务。

中国银行保险监督管理委员会北京监管局与北京市公安局经侦总队、北京保险行业协会、中国银行保险信息技术管理有限公司共同签署《保险反欺诈交流会商机制》。

8月　浙商银行股份有限公司北京分行与中国机械设备工程股份有限公司签署巴林王国锡特拉东部保障房项目施工总承包建设合同。该项目为基建企业“走出去”提供有力资金支持，是服务“一带一路”沿线国家的重要举措。

9月

9月1日　中国民生银行股份有限公司北京分行各项存款余额达8 099亿元，首破8 000亿元大关。

华夏银行股份有限公司北京分行石景山“图书馆银行”开业，这是华夏银行在北京成立的首家图书馆银行实施网点转型，助力书香社会建设的新举措。

9月1－28日　太平财产保险股份有限公司北京分公司开展金融宣教活动，共举办线上线下活动9次，参与人数260人，公司官方微信公众号发布原创教育宣传信息3条，“以案说险”2条，线上活动阅读转发次数达到2.2万次，通过12家外部媒体推送宣传信息，被评为北京地区2021年9月金融联合宣教活动表现突出的组织单位。

9月3日　北京证券交易所正式注册成立。设立北京证券交易所，“将继续支持中小企业创新发展，深化新三板改革，打造服务创新型中小企业主阵地”。设立北京证券交易所是实施国家创新驱动发展战略、持续培育发展新动能的重要举措，对于更好发挥资本市场功能作用、促进科技与资本融合、支持中小企业创新发展具有重要意义。11月15日，北京证券交易所正式开市，首批上市企业81家。截至2021年末，共有上市公司82家，总股本122.69亿股，总市值2 722.75亿元，年内累计成交金额 1 609. 80 亿元。

中国太平洋财产保险股份有限公司北京分公司签发行业全国首单住宅项目绿色建筑性能责任保险，开创了绿色建筑责任保险在住宅项目领域中的全新尝试。

9 月 3 –7 日 2021 年中国国际服务贸易交易会在北京召开。上海浦东发展银行股份有限公司北京分行携绿色金融品牌“浦发绿创”、人工智能及助力首都经济发展的“京系号”金融服务体系等系列创新成果亮相中国国际服务贸易交易会，为社会各界和客户带来了海派金融文化体验和绿色金融、数字金融服务等前瞻理念。

9 月 6 日 中国人民财产保险股份有限公司北京市分公司成功签发首都高标准商品住宅绿色建筑性能责任保险第一单。

9 月 6 日 中国人民银行营业管理部在京举办金融创新助力首都经济高质量发展金融支持绿色低碳发展政策、“两区”建设成果发布会。中国人民银行营业管理部发布了《金融支持北京绿色低碳高质量发展的意见》，并举行“京绿通”专项再贴现产品、高精尖“双益贷”签约仪式。中信银行股份有限公司北京分行、广发银行股份有限公司北京分行、招商银行股份有限公司北京分行与中国人民银行营业管理部进行“京绿通”专项再贴现产品签约；中国人民银行营业管理部、北京市经济和信息化局、北京银行股份有限公司进行“高精尖”双益贷签约。

9 月 7 日 交通银行股份有限公司北京市分行与北京市地方金融监督管理局共同成立北京市“两区”金融创新联合实验室，助力全面提升“两区”建设金融创新能力、服务实体经济能力和对外开放能力。

9 月 9 日 中华联合财产保险股份有限公司北京市门头沟支公司获中国银行保险监督管理委员会北京监管局批准成立，中华联合财产保险股份有限公司北京分公司服务乡村振兴的保险触角触及北京市所有郊区。

9 月 10 日 北京国际信托有限公司与河北省迁西县人民政府举办“迁西绿色产业投资项目”签约仪式。

9 月 30 日 中国工商银行股份有限公司北京市分行为中国电力财务有限公司投产上线全国首个银企互联渠道数字人民币项目。

9 月 中国银联股份有限公司北京分公司就“境外人员身份联网核验系统”的应用，与中国人民银行营业管理部、北京市公安局出入境管理局、中国银行北京市分行签署了境外人员身份核验工作四方合作备忘录。

9 月 中国银行股份有限公司北京市分行与法兰克福分行联动，成功落地北京自贸区首笔汽车金融公司跨境融资业务 5 亿元，为“两区”建设作出贡献。

10 月

10 月 11 日 中国农业银行股份有限公司北京市分行与北京市政交通一卡通公司共同推出数字人民币支付乘车服务，并为外籍人士、老年人士等特殊群体提供具有“公交 + 地铁 + 商业”支付功能的数字人民币硬钱包。

10 月 15 –18 日 中国人寿保险股份有限公司北京市分公司与中国残疾人事业新闻宣传促进会联合举办“建党百年，我来北京看冬奥”公益活动。来自广西壮族自治区、湖北省共四个中国人寿保险股份有限公司定点扶贫县特教学校的7位残疾青少年及其家属受邀参加活动。

10月18日 第二十九届中国北京种业大会开幕式在北京园博园举行。兴业银行股份有限公司北京分行作为本届大会独家金融机构合作伙伴，充分发挥在金融科技、乡村振兴、普惠金融等领域服务优势，全方位搭建种业交流与创新合作平台，助力北京打造“种业之都”。

10月20日 中国民生银行股份有限公司北京分行成功入围国民养老资产托管机构“白名单”，标志着在保险托管领域取得了重大突破，开创了与养老保险公司开展全面托管业务合作的新局面。

10月20－22日 2021金融街论坛年会在北京举行，本届大会主题为“经济韧性与金融作为”。全球400余位重量级嘉宾围绕构建“双循环”新发展格局热点议题开展了广泛讨论，释放中国经济韧性强劲的积极信号，交流金融服务高质量发展的有效途径，促进全球金融深度交流合作。

10月22日 江苏银行股份有限公司北京分行与国家能源集团联合动力技术有限公司签署全面战略合作协议，在本外币结算、表内外授信、供应链金融等方面开启全面合作。

10月27日 中国民生银行股份有限公司北京分行成功落地首单挂钩“民生银行海外ESG资产轮动指数”的结构性存款，认购规模2.4亿元。

10月 中国银行股份有限公司北京市分行为国电电力内蒙古新能源发展有限公司发放补贴确权贷款，为绿色金融新产品拓展做出新的尝试。

11月

11月4日 兴业银行股份有限公司北京分行主承销在银行间市场公开发行的福建华电福瑞能源发展有限公司2021年度第一期超短期融资债券。本期债券发行金额为20亿元，发行期限51天，是全国首批能源保供用途债券。

11月12日 中国人民财产保险股份有限公司北京市分公司主承签发北京市首张建筑师负责制保险单，为北京市建筑设计研究院的北重产业园改造项目提供1 500万元的风险保障。

11月23日 江苏银行股份有限公司北京分行与北京首创城市发展集团有限公司签订全面战略合作协议，双方在信贷业务、投资银行业务、债券业务等方面开启全面合作。

11月26日 中国农业银行股份有限公司北京市分行与中国农业发展银行北京市分行签署战略合作协议，双方将在城市建设领域和涉农领域开展务实合作，携手服务乡村振兴，打造银银合作典范。

上海浦东发展银行股份有限公司北京分行推出金融创新产品“北鸣贷”，该产品最高额度8 000万元，贷款最长期限3年，享受专项绿色审批通道，助力“专精特新”企业在北京证券交易所上市。

11月 中国人寿保险股份有限公司北京市分公司继续承保北京市老年人意外伤害保险项目，为北京市户籍60周岁以上共计7.5万余城乡特困人员、城乡最低生活保障人员、优抚对象及无赡养人（或赡养人无赡养能力）的独居老年人提供为期一年的人身意外伤害保险保障服务。

中国银联股份有限公司北京分公司与中国银行股份有限公司北京市分行签署《境外人员便利支付身份验证业务合作协议》，完成系统对接，实现短期境外人员身份核验功能，具有信源唯一性，为境外人员办理银行业务以及使用境内移动支付业务提供便利。

中国人民财产保险股份有限公司北京市分公司顺利完成朝阳区服务型企业疫情防控保险的首轮赔款支付工作。共涉及企业员工 491 人次，累计赔款金额 79.78 万元。

12 月

12 月 7 日 中国工商银行股份有限公司北京市分行与中国人民银行营业管理部签署《“京津冀产业链金融支持计划”试点合作意向书》。

12 月 10 日 平安银行股份有限公司北京分行与全国中小企业股份转让系统有限责任公司、北京证券交易所签署战略合作协议。三方将进一步加强沟通交流，在综合金融服务、挂牌上市培育、企业信贷融资、产品投资、创新研究、科技金融、信息共享等多个方面开展合作，并建立常态化双边交流机制。

12 月 16 日 中国银行股份有限公司北京市分行与北京经济技术开发区管理委员会签署《“十四五”时期战略合作协议》，将锚定产业金融，围绕“4＋2＋1”产业、“两区”建设等领域，瞄准人才、企业需求，不断深入合作，为北京经济技术开发区高质量发展源源不断注入金融活力。

12 月 19 日 中国证券监督管理委员会北京监管局与中国证券业协会、深圳证券交易所、中国政法大学和国信证券股份有限公司共同签署《证券期货投资者教育进校园工作合作备忘录》，创新搭建五方合作新机制，稳步推进投资者教育纳入国民教育体系。

12 月 20 日 兴业银行股份有限公司北京分行联合中信证券股份有限公司达成全国首单挂钩绿色超短期融资券（碳中和债）信用风险缓释合约交易。

12 月 24 日 中国证券监督管理委员会北京监管局联合北京市司法局、北京市律师协会首次发布《北京证券法律服务监管工作通讯》，加强与辖区内从事证券法律业务的律师事务所的专业交流，优化服务机制，拓宽信息渠道，搭建沟通桥梁，提升律师事务所服务资本市场的能力。

12 月 中国银行股份有限公司北京市分行成功为威讯联合半导体公司开立北京地区首笔海关税款担保保函，标志着海关总署在全国范围实施的以企业为单元的税款担保改革在北京地区正式落地。

十、附　　录

（一）北京市金融机构名录

（2021 年 12 月 31 日）

1. 金融管理机构

机构名称	地　址	邮　编	电　话
中国人民银行营业管理部	西城区月坛南街 79 号	100045	68559550
（国家外汇管理局北京外汇管理部）	（海淀区莲花池东路 39 号西金大厦）	100036	68559550
中国银行保险监督管理委员会北京监管局	西城区金融大街 20 号交通银行大厦 B 座	100033	58391797
中国证券监督管理委员会北京监管局	西城区金融街 26 号金阳大厦 6 层	100033	88088060
北京市地方金融监督管理局	西城区槐柏树街 2 号市府大楼 2 号楼	100053	63020601

2. 银行业机构

（1）中资银行

机构名称	地　址	邮　编	电　话
国家开发银行战略客户部	西城区太平桥大街 16 号丰融国际大厦 11 层	100032	68307631
国家开发银行北京市分行	西城区复兴门内大街 158 号远洋大厦 8 层	100031	63223057
中国进出口银行北京分行	东城区北河沿大街 77 号	100009	64099688
中国农业发展银行总行营业部	西城区月坛北街甲 2 号月坛大厦南楼	100045	68081194
中国农业发展银行北京市分行	丰台区南四环西路 186 号一区 1 号楼 5 层	100060	68081840

中国出口信用保险公司第一营业部	西城区丰盛胡同22号丰铭国际大厦A座9层	100032	66580452
中国出口信用保险公司第二营业部	西城区丰盛胡同22号丰铭国际大厦A座9层	100032	66582375
中国出口信用保险公司第三营业部	西城区丰盛胡同22号丰铭国际大厦A座8层	100032	66582202
中国工商银行北京市分行	西城区复兴门南大街2号天银大厦B座	100031	66410579
中国工商银行北京通州分行	通州区新华西街47号	101100	69547015
中国农业银行北京市分行	东城区朝阳门北大街13号	100027	68365208
中国农业银行北京自贸试验区分行	海淀区知春路6号	100091	82270080－1038
中国农业银行北京城市副中心分行	通州区八里桥南街1号院9号楼	101199	69542656
中国农业银行北京经济技术开发区分行	北京经济技术开发区中和街3号	100176	86382946
中国银行北京市分行	东城区朝阳门内大街2号凯恒中心A、C、E座	100010	85121717
中国银行北京通州分行	通州区车站路44号	101100	80506266
中国银行北京经济技术开发区分行	北京经济技术开发区荣京东街3号1－2层2－201号	100176	67825802
中国建设银行北京市分行	西城区宣武门西大街28号楼4门	100053	63603682
中国建设银行北京中关村分行	海淀区知春路96号	100086	82118322
中国建设银行北京通州分行	通州区玉带河西街25号	101100	69546921
交通银行北京市分行	西城区金融大街22号	100033	88669795
交通银行北京通州分行	通州区九棵树街1层187号、191号、195号，2层185号、189号、193号	101100	81511871
中国邮政储蓄银行北京分行	丰台区北甲地路2号院6甲1	100067	86353872
中信银行股份有限公司北京分行	东城区朝阳门北大街8号富华大厦C座	100027	65558007
中国光大银行股份有限公司北京分行	西城区宣武门内大街1号	100031	66567699
华夏银行股份有限公司北京分行	西城区金融大街11号	100033	58598600
广发银行股份有限公司北京分行	西城区莱市口大街1号院2号楼	100053	65169365
平安银行股份有限公司北京分行	西城区复兴门内大街158号远洋大厦5层	100031	66292349

招商银行股份有限公司北京分行	西城区复兴门内大街156号A座	100031	66426889
上海浦东发展银行股份有限公司北京分行	西城区太平桥大街18号丰融国际大厦	100032	57395588
兴业银行股份有限公司北京分行	朝阳区朝阳门北大街20号兴业银行大厦	100020	59886666－100112
中国民生银行股份有限公司北京分行	西城区复兴门内大街2号	100031	58560736
渤海银行股份有限公司北京分行	西城区复兴门内大街28号凯晨世贸中心东座F1层	100031	86000000
浙商银行股份有限公司北京分行	东城区朝阳门南小街269号	100033	88006088
恒丰银行股份有限公司北京分行	西城区复兴门内大街156号招商国际金融中信C座4层	100031	58932515
华夏银行北京城市副中心分行	通州区新华东街11号院2号楼3层3001室	101100	80887876
北京银行股份有限公司	西城区金融大街丙17号	100033	66426500
北京中关村银行股份有限公司	海淀区知春路65号院1号楼中国卫星通信大厦	100190	83023264
北京银行股份有限公司中关村分行	海淀区彩和坊路6号朔黄发展大厦4层	100080	60190019
北京银行股份有限公司北京分行	西城区复兴门内大街156号D座8层	100031	66420125
北京银行股份有限公司城市副中心分行	朝阳区广渠路28号甲201号楼3层	100022	67743600
天津银行股份有限公司北京分行	西城区东河沿胡同73号宣武门大厦	100052	83175993
大连银行股份有限公司北京分行	朝阳区建国路93号北京万达广场B座1~2层	100022	65812731
杭州银行股份有限公司北京分行	东城区建国门内大街26号新闻大厦11层	100005	64088100
盛京银行股份有限公司北京分行	朝阳区光华路4号院4号楼	100026	85597777－5035
南京银行股份有限公司北京分行	海淀区阜成路101号B座	100092	56879595
上海银行股份有限公司北京分行	朝阳区建国门外大街丙12号宝钢大厦1层、8－10层	100020	57610049
江苏银行股份有限公司北京分行	朝阳区光熙家园1号楼	100028	56986006
宁波银行股份有限公司北京分行	朝阳区建国门外大街6号B座4－13层	100020	53266120
徽商银行股份有限公司北京分行	朝阳区北四环东路115号院8号楼地上部分	100101	57040521
锦州银行股份有限公司北京分行	东城区建国门北大街5号	100005	85072095

厦门国际银行股份有限公司北京分行	西城区三里河东路5号中商大厦1层	100045	68533333－200
北京延庆村镇银行股份有限公司	延庆区高塔街73号	102199	69178738
北京密云汇丰村镇银行有限责任公司	密云区新东路126－1号	101500	58120710
北京怀柔融兴村镇银行有限责任公司	怀柔区南华园二区甲41号楼	101400	61620106
北京大兴九银村镇银行股份有限公司	大兴区西红门镇欣荣北大街18号院3号	100162	80255566
北京昌平发展村镇银行股份有限公司	昌平区水南路9－22号商业1层底商	102200	60783888
北京大兴华夏村镇银行股份有限公司	大兴区康庄路52号院14号楼	102600	69221122
北京顺义银座村镇银行股份有限公司	顺义区西辛南区乙62号	101300	61408713
北京通州中银富登村镇银行股份有限公司	通州区杨庄南里甲66号	101121	52998500
北京门头沟珠江村镇银行股份有限公司	门头沟区永定镇石龙南路8号	102308	60865137
北京房山沪农商村镇银行股份有限公司	房山区良乡拱辰北大街1号2号楼	102488	61378796
北京平谷新华村镇银行股份有限公司	平谷区迎宾花园4号楼1－3层	101200	89999790

（2）中资银行分支机构

中国农业发展银行北京市分行

机构名称	地　　址	邮　编	电　话
分行营业部	丰台区南四环西路186号汉威国际广场1区1号楼5层	100060	68081051
天坛支行	东城区东花市南里东区15号楼底商	100062	87103181
西三环支行	海淀区西三环北路87号国际财经中心1层	100089	88568363
门头沟支行	门头沟区滨河路87号	102300	69828640
房山区支行	房山区良乡西路28号	102488	69373003
通州区支行	通州区北苑南路甲42号	101100	69518973
昌平区支行	昌平区北环路4号	102200	89784518

顺义区支行	顺义区怡馨家园3号楼	101300	69449488
大兴区支行	大兴区黄村西大街51号	102622	69209352
平谷区支行	平谷区平谷镇太和园甲7号楼	101200	69980042
怀柔区支行	怀柔区后横街15号	101400	69684840
密云区支行	密云区新南路73号	101500	69043434
延庆区支行	延庆区妫水南街33号1幢－1至3层102室	102100	69188337

中国工商银行股份有限公司北京市分行

机构名称	地　址	邮　编	电　话
分行营业部	西城区复兴门南大街2号	100031	66411138
宣武支行	西城区广安门内大街116号	100053	63264148
东城支行	东城区东四十条24号	100007	81026157
新街口支行	西城区西直门内大街143号	100035	62218008
崇文支行	东城区永定门外大街86号	100075	87205462
海淀西区支行	海淀区北四环西路65号	100080	82886359
广安门支行	西城区广外南滨河路3号楼	100055	63480656
朝阳支行	朝阳区朝外大街1号	100020	65993578
丰台支行	丰台区文体路19号	100071	63815968
石景山支行	石景山区政达路2号	100043	68874128
海淀支行	海淀区中关村东路100号	100190	82625799
门头沟支行	门头沟区新桥大街16号	102300	69844598
南礼士路支行	西城区月坛南街1号院1号楼1~3层，5号楼9层	100045	68030535
珠市口支行	东城区珠市口东大街15号	100052	67197611
长安支行	西城区宣内大街乙6号	100031	66031114

房山支行	房山区良乡西潞北大街32号	102488	89350798
九龙山支行	朝阳区广渠路甲40号	100022	67720366
昌平支行	昌平科技园区综合办公楼	102200	69744966
顺义支行	顺义区石园西路	101300	69468260
通州分行	通州区新华西街47号	101100	69547015
大兴支行	大兴区兴政街24号	102600	69269131
平谷支行	平谷区府前西街14号	101200	69961425
怀柔支行	怀柔区商业街23号	101400	69648423
密云支行	密云区鼓楼南大街	101500	69067176
延庆支行	延庆区东大街37号	102100	69141243
西客站支行	海淀区什坊院3号西金大厦	100036	63955342
亚运村支行	朝阳区慧忠北里407号楼	100012	64863543
方庄支行	丰台区方庄小区芳城园三区18号楼	100078	67690060
翠微路支行	海淀区阜成路79号	100142	88131790
中关村支行	海淀区上地信息路2号	100085	82896252
望京支行	朝阳区酒仙桥路10号	100015	64372346
王府井支行	东城区金宝街18号	100008	65273513
自贸试验区国际商务服务片区支行	朝阳区东环南路2号	100022	65669958
和平里支行	东城区安定门东大街28号雍和大厦1－3层	100007	64216766
地安门支行	西城区德胜门外大街77号	100088	82251116
金融街支行	西城区丰汇园11号楼	100032	58362270
自贸试验区支行	北京经济技术开发区荣昌东街甲5号A座101单元	100176	67863557

中国农业银行股份有限公司北京市分行

机构名称	地　址	邮　编	电　话
东城支行	东城区金宝街58号华丽大厦	100005	65283536
西城支行	西城区车公庄北街16号院1号楼	100044	88319655
崇文支行	东城区珠市口东大街1号新阳商务楼A座	100062	67091344
宣武支行	西城区宣武门外大街甲1号环球财讯中心D座	100052	53266781
朝阳支行	朝阳区朝外工体路东2号	100020	65522914
海淀支行	海淀区海淀大街37号	100080	62533651
丰台支行	丰台区东大街9号	100071	63811911
石景山支行	石景山区八角南路18号	100043	68885947
万寿路支行	海淀区西四环中路16号院6号楼	100039	88209625
亚运村支行	朝阳区安定路33号化信大厦A座	100029	64411280
经济技术开发区分行	北京经济技术开发区中和街3号	100176	56965304
海淀东区支行	海淀区学院路丁11号	100083	82376481
朝阳东区支行	朝阳区建外大街8号IFC大厦B座31层	100022	85660026
城市副中心分行	通州区八里桥南街1号院9号楼	101100	80509939
顺义支行	顺义区府前西街2号	101300	69444435
昌平支行	昌平区西环路25号蓝郡嘉苑13号楼	102200	69740107
大兴支行	大兴区兴丰南大街128号	102600	69264906
房山支行	房山区良乡拱辰北大街19号	102488	81389558
怀柔支行	怀柔区青春路39号	101400	69644982
平谷支行	平谷区府前街23号	101200	69961393
密云支行	密云区滨河路24号	101500	69041923

延庆支行	延庆区东外大街 73 号	102100	69141625
自贸试验区分行	海淀区知春路 6 号锦秋国际大厦 A 座 3 层	100191	82961104
分行营业部	东城区朝阳门北大街 13 号	100010	68358266
门头沟支行	门头沟区新桥南大街 10 号	102300	69854602

中国银行股份有限公司北京市分行

机构名称	地　　址	邮　编	电　话
分行营业部	东城区朝阳门内大街 2 号凯恒中心大厦	100010	85121491
雅宝路支行	朝阳区雅宝路 8 号	100020	85662950
王府井支行	东城区东长安街 1 号	100738	85190600
奥运村支行	朝阳区北辰东路 8 号院 1 号楼	100101	64818079
金融中心支行	西城区金融大街 7 号英蓝国际中心 1 层	100033	66555033
中银营业部	西城区复兴门内大街 1 号 1 层	100818	66596688
中银大厦支行	西城区复兴门内大街 1 号 1 层 G 区	100818	66591141
石景山支行	石景山区八角西街 57 号	100043	68864969
国际贸易中心支行	朝阳区建国门外大街 1 号	100004	65058027
使馆区支行	朝阳区三里屯路 5 号	100027	84429005
中关村支行	海淀区海淀大街 8 号中钢国际广场	100080	62687060
方庄中心支行	丰台区南三环东路 23 号	100078	59763751
东城支行	东城区交道口东大街 81 号	100007	64065271
西城支行	西城区阜外大街 5 号	100037	68001383
崇文支行	东城区广渠门内大街 47 号	100062	87550686
宣武支行	西城区南新华街 1 号	100052	63916155
朝阳支行	朝阳区东三环北路霞光里 18 号佳程广场 A 座	100027	59207001

商务区支行	朝阳区北三环东路 8 号	100028	64689535
海淀支行	海淀区北四环西路 58 号	100080	82607380
丰台支行	丰台区西三环南路 14 号院 1 号楼	100073	53256988
房山支行	房山区良乡拱晨北大街 3 号	102488	89354126
首都机场支行	顺义区首都机场四纬路 9 号 C 区	100621	64558010 - 156
通州分行	通州区车站路 44 号	101100	80506514
经济技术开发区分行	北京经济技术开发区荣京东街 3 号 1 - 2 层 2 - 201 号	100176	67825908
大兴支行	大兴区黄村镇兴丰大街（三段）199 号	102600	81291679
昌平支行	昌平区南环路 57 号	102200	69745394
顺义支行	顺义区府前西街 4 号	101300	69420847
平谷支行	平谷区林荫北街 11 号	101200	69973914
密云支行	密云区密云镇鼓楼南大街 24 号	101500	69043791
怀柔支行	怀柔区开放路 33 号	101400	69658329
延庆支行	延庆区延庆镇庆园街 12 号	102100	69144079

中国建设银行股份有限公司北京市分行

机构名称	地　址	邮　编	电　话
分行营业部	西城区闹市口大街 1 号院 1 号楼	100033	63603260
中关村分行	海淀区知春路 96 号	100086	51998353
通州分行	通州区玉带河西街 25 号	101100	69546921
东四支行	东城区美术馆后街 8 号	100010	51997802
西四支行	西城区阜外大街甲 26 号	100037	51999817
前门支行	东城区西打磨厂街 1 号	100062	67083819

城建支行	丰台区方庄蒲芳路28号	100078	51999175
宣武支行	西城区广内大街314号	100053	63553958
铁道专业支行	丰台区莲花池东路114－1号	100055	51996539
朝阳支行	朝阳门外大街乙10号	100020	51995613
丰台支行	丰台区西四环南路54号	100161	63818306
石景山支行	石景山区石景山路22号	100043	51993506
长安支行	海淀区复兴路33号翠微大厦西配楼	100036	68151160
开发区支行	北京经济技术开发区景园北街2号55栋	100176	67881039
安华支行	朝阳区安定路35号	100029	51993358
西单支行	西城区西单北大街34号	100032	66035636
安慧支行	朝阳区北辰东路8号汇欣大厦B座1~2层	100101	84970820
光华支行	朝阳区光华路7号汉威大厦	100004	65613608
月坛支行	西城区金融大街19号富凯大厦B座	100033	66573046
鼎昆支行	西城区黄寺大街23号	100120	51996260
苏州桥支行	海淀区北三环西路99号西海国际中心118号	100086	82194459
阜成路支行	海淀区阜成路19号	100048	68726207
东大街支行	丰台区东大街25号	100071	63818305
望京支行	朝阳区花家地北里1号	100102	64729808
华贸支行	朝阳区建国路89号院18号楼北座	100025	51996592
地坛支行	东城区安定门外大街138号皇城国际大厦1层	100011	64268439
科创支行	海淀区苏州街3号	100080	82684252
房山支行	房山区良乡拱辰北大街1号	102488	81389590
门头沟支行	门头沟区双峪路22号	102300	69835874
顺义支行	顺义区府前中街7号	101300	69443295
昌平支行	昌平区东环路95号	102200	69742953

延庆支行	延庆区东外大街97号	102100	69103211
怀柔支行	怀柔区南大街22号	101400	69644594
密云支行	密云区新南路71号	101500	69044996/69062241
平谷支行	平谷区文化南街19号	101200	69961565
大兴支行	大兴区兴政街25号	102600	69244497

交通银行股份有限公司北京市分行

机构名称	地　址	邮　编	电　话
通州分行	通州区九棵树街1层	101100	81511871
通州梨园支行	通州区九棵树东街156号	101100	60553287
台湖支行	通州区东石东五路2号院6号楼	101116	81509295
临河里支行	通州区临河里53号楼1层116~118室	101100	81512890
营业部	西城区金融大街33号	100033	66102323
金融大街支行	西城区金融大街22号和20号	100033	88668030
东单支行	东城区大雅宝胡同8号	100005	65125868
东单北大街支行	东城区东单北大街乙112号	100005	65274814
王府井支行	东城区王府井大街200号	100005	65289470
工体北路支行	东城区新中街68号	100027	65521157
东大桥支行	朝阳区工体东路20号百富国际大厦南侧1层	100020	65862053
建国门支行	朝阳区雅宝路8号南华声国际大厦首层	100020	65125868
亚运村支行	朝阳区安慧里二区4号楼	100101	64912548
惠新支行	朝阳区惠新东街5号	100029	64912507
慧忠北里支行	朝阳区慧忠北里小区111号	100012	64800993
亚北支行	朝阳区安立路60号院润丰花园6号楼X座西段	100101	64820724

北苑支行	朝阳区北苑6号院一区102号楼公建04号房天怡家园底商首层	100012	84945329
媒体村支行	朝阳区北辰绿色家园天朗园C座1层西侧	110107	84932021
和平里支行	朝阳区外馆东街51号柳清居裙房	100011	64408115
胜古园支行	朝阳区胜古西庄胜古家园3号楼	100029	64426223
兴化路支行	东城区和平里兴化路11号	100013	64283098
中轴路支行	朝阳区安贞西里三区26楼	100029	84134538
西坝河支行	朝阳区西坝河西里28号英特公寓首层及3层南侧	100028	64476041
太阳宫支行	朝阳区太阳宫火星园10号楼206~207室、109~112室	100028	84158643
阜外支行	西城区车公庄大街9号院1号楼商业3号	100044	88395396
西直门支行	海淀区高梁桥斜街59号院2号楼09号	100044	62239929
百万庄支行	西城区百万庄大街11号1层	100037	68342240
三里河支行	西城区三里河一区五号院8号楼首层	100034	68028553
官园支行	西城区车公庄路新华里16-3号京侨国际公馆1-3层	100044	88395396
海淀支行	海淀区苏州街16号神州数码大厦	100080	82608175
双榆树支行	海淀区中关村东路123号都市网景E座首层南侧	100086	62142618
中关村支行	海淀区成府路蓝旗营高校住宅楼首层西端	100084	62768691
蓟门桥支行	海淀区西土城路1号院6-8号1至2层6-8室	100191	82589337
万柳支行	海淀区长春桥路11号万柳亿城大厦B座北侧1~2层	100089	58816704
西区支行	海淀区复兴路四十号中国铁道建筑总公司综合办公大厦1-5层东侧	100039	68216713
永定路支行	海淀区永定路66号	100039	68230978

翠微路支行	海淀区翠微路12号1－2层西侧	100036	68250874
定慧寺支行	海淀区定慧寺恩济庄二区北3号楼	100142	88117661
丰台东路支行	丰台区万芳园一区1号楼1层02号	100070	83683726
三元支行	朝阳区曙光西里28号中冶大厦	100028	84493935
团结湖支行	朝阳区农展馆南路13号瑞辰国际中心首层1号铺（F1－1号房屋）	100125	85983575
麦子店支行	朝阳区农展馆北路甲5号	100125	65935314
水碓子支行	朝阳区水碓北里19号楼	100026	85960974
东润支行	朝阳区南十里居28号东润枫景底商首层	100016	64361088
天坛支行	东城区天坛东里北区12号	100061	67197198
华威路支行	朝阳区华威北里20号楼	100021	67785143
崇文门支行	东城区东兴隆街56号北京商界1层	100062	67022908
东方庄支行	丰台区芳城东里9号楼1层	100078	87623896
西单支行	西城区西长安街甲17号	100031	66078429
北蜂窝路支行	海淀区北蜂窝路乙15号	100038	63985269
自贸试验区支行	北京经济技术开发区隆庆街3号	100176	67883551
东高地支行	丰台区南苑路警备东路6号方仕国际酒店1～2层北端房屋	100076	67063671
文化园西路支行	北京经济技术开发区文化园西路8号院30号楼1层108室	100176	87220590
旧宫支行	大兴区旧宫镇旧桥路1号院1号楼103室	100163	56407580
望京支行	朝阳区望京街9号	100102	59203676
望京中环路支行	朝阳区望京西园3区304楼	100102	64756837
望京南湖中园支行	朝阳区望京南湖中园K3—301号楼	100102	84713883
望京西园支行	朝阳区望京西园四区416号楼	100102	64713569

酒仙桥支行	朝阳区酒仙桥路 10 号星城国际大厦 C 座	100016	64350991
望京东路支行	朝阳区望京东园四区 13 号楼 1 层 109 室	100102	84294760
顺义支行	顺义区仓上街 AMB 大厦 B 区 1 层	101300	89448050
顺义天竺支行	顺义区天竺花园天韵广场 109－4 号商铺	101312	64577282
顺义石门支行	顺义区石门街 6 号顺义供销社大厦	101300	60416538
东区支行	朝阳区广渠路 21 号	100124	58202964
广渠路支行	朝阳区双井 1 号优仕阁大厦 B 座和 C 座首层	100022	58614207
东三环中路支行	朝阳区东三环中路 61 号商用物业 1～3 层	100022	59037431
林萃路支行	朝阳区林萃路倚林家园 24 号楼 108－1 室	100192	82724866
安翔里支行	朝阳区安翔里 1 号	100101	64853141
清河支行	海淀区龙岗路清景园 4 号楼 1 层	100192	62920576
西三旗支行	昌平区建材城西路 87 号院 8 号楼新龙大厦	100096	82969332
建材城西路支行	海淀区建材城西路 27 号 1 层 116 室	100096	82463362
丰台支行	丰台区南四环西路 188 号 5 区 24 号楼	100070	63705569
玉泉营支行	丰台区草桥欣园一区 6 号楼 1 层 102 号	100070	87584450
长辛店支行	丰台区张郭庄南路 16 号	100072	83880276
丰台北路支行	丰台区丰台北路 36 号	100071	83897709
丰台科技园支行	丰台区汽车博物馆东路 1 号院 4 号楼南座	100160	57327656
西三环支行	海淀区西三环北路 89 号	100089	88825870
紫竹桥支行	海淀区紫竹院路 1 号人济山庄 D 座裙房 103 号、203 号	100044	88556270
阜成路支行	海淀区阜成路 14 号 1 层	100048	68768149
车公庄西路支行	海淀区车公庄西路 20 号	100044	68411979
世纪城支行	海淀区蓝靛厂世纪城小区金夕园甲 1 号楼 4 段	100097	88463291
闵庄路支行	海淀区闵庄南路 9 号玉泉馨苑服务楼首层	100195	88403062

田村路支行	海淀区畅茜园景宜里7号楼	110143	88181633
青年路支行	朝阳区青年路27号院1号楼	100025	56089566
常营支行	朝阳区丽景园底商6号楼1~2层	100024	56303350
朝阳北路支行	朝阳区朝阳北路99号楼	100123	85526505
朝阳路支行	朝阳区八里庄西里99号1~2层	100025	85795583
宣武支行	西城区骡马市大街16号太平金融中心1层101单元及6层部分	100055	63516532
马连道支行	西城区广外大街248号（机械大厦）	100055	63327912
右安门支行	西城区白纸坊东街10号	100054	63513255
广安门支行	西城区广安门内大街319号1层1-101室、2层2-302室	100031	83131683
政务中心支行	丰台区西三环南路1号	100161	89151024
东直门支行	东城区东直门外大街48号东方银座大厦	100027	84476501
春秀路支行	朝阳区春秀路甲1号	100027	64152845
和平里东街支行	东城区和平里东街民旺园31号楼1层南侧	100013	84252419
国土房管局大厦支行	东城区和平里北街6号	100013	64409445
上地支行	海淀区上地科技路甲2号	100085	62964297
北清路支行	昌平区北清路1号院（珠江摩尔项目）5号楼3层	102209	80700789
自贸试验区永丰支行	海淀区丰豪东路9号院2号楼01层2单元108~109室	100085	62456215
北三环中路支行	西城区北三环中路29号院2号楼1层	100029	82015856
马甸支行	西城区德胜门外大街5号	100088	62381996
北太平庄支行	海淀区花园东路32号	100191	62352647
德胜门支行	西城区德外关厢地区中交大厦1~2层东侧	100088	82015220
自贸试验区国际商务服务片区支行	朝阳区西大望路3号蓝堡北区写字楼101~103号	100026	85997420

光华路支行	朝阳区光华路甲8号	100026	65832085
建国路支行	朝阳区建国路90号	100022	85891257
大兴支行	大兴区龙河路97－131号（单号）、109－1号1至3层119室	102600	69206535
兴华大街支行	大兴区兴华大街二段13号院3号楼－2号	102600	80220731
西红门支行	大兴区西红门北一街1号院3号楼1层106号	100162	80220725
清城支行	大兴区富强路106号	102600	89293651
中关村园区支行	海淀区中关村新科祥园甲6号楼1～2层东南侧	100190	82523490
五棵松支行	海淀区复兴路69号A1－02号房	100036	88213725
公主坟支行	海淀区复兴路甲14号	100045	63960827
西长安支行	西城区二七剧场路西侧1至3层	100045	63960821
慧忠里支行	朝阳区慧忠北里413号楼	100012	64924239
宝盛里支行	海淀区黑泉路8号1幢康健宝盛广场A座1层1002号	100192	62999986
来广营支行	朝阳区来广营西路7号院18号楼1至2层111～112室	100012	84363511
芳群园支行	丰台区芳群园四区23号	100078	67672631
东三环支行	朝阳区东三环北路19号嘉盛中心B2座中青大厦1～2层	100020	65869818
朝外支行	朝阳区朝阳门外大街16号	100021	85253857
天通苑支行	昌平区天通苑小区203B—4单元	102218	84826491
石景山支行	石景山区石景山路29号京燕饭店东配楼2层	100043	68872697
苹果园支行	石景山区海特花园57号楼1层	100041	68800712
永安里支行	朝阳区建外永安里甲3号通用时代国际中心首层	100022	65699303
回龙观支行	昌平区回龙观镇天龙苑25号1层01房屋	102208	81748370

育惠东路支行	朝阳区小营路12号亚运花园1层	100101	84624402
农科院支行	海淀区学院南路55号6号楼	100081	62119839
松榆里支行	朝阳区弘燕路周庄山水文园（二期）201号楼103号房屋	100022	67328200
木樨园支行	丰台区东木樨园9号	100075	87299717
彩虹城支行	丰台区光彩路65号1号楼101－B底商、101－C底商	100075	87866609

招商银行股份有限公司北京分行

机构名称	地　址	邮　编	电　话
分行营业部	西城区复兴门内大街156号A座	100031	66426622
长安街支行	东城区东总布胡同58号	100736	65292024
中关村支行	海淀区中关村南大街2号数码大厦A座2层	100086	52786212
东三环支行	朝阳区东三环北路1号	100027	64623026
甘家口支行	西城区百万庄大街甲39号	100037	68365433
亚运村支行	朝阳区北辰东路8号	100101	84987476
双榆树支行	海淀区白石桥路7号理工科技大厦1层	100081	62467183
万寿路支行	海淀区万寿路西街2号北京文博大厦1层	100036	68286557
小关支行	朝阳区芍药居北里101号	100101	64822450
工体支行	朝阳区新东路10号楼	100006	65272067
朝外大街支行	朝阳区朝外大街26号	100020	85653253
宣武门支行	西城区宣外大街30号	100052	63164385
西三环支行	海淀区阜成路67号	100036	68716009
朝阳门支行	东城区朝阳门北大街6号	100027	85282349

北三环支行	东城区北三环东路36号D座	100086	59575075
光华路支行	朝阳区光华路1号（商业写字楼）2层201室	100020	85296382
东方广场支行	东城区东长安街1号东方广场E3座2层	100005	85150201
崇文门支行	东城区东兴隆街58号	100062	67089468
建国路支行	朝阳区建国路116号	100022	65660168
大屯路支行	朝阳区大屯路南沙滩66号华源冠军城1号楼	100089	82884290
首体支行	海淀区西直门外大街168号腾达大厦	100044	88577116
大运村支行	海淀区知春路27号	100086	82357645
万泉河支行	海淀区万柳东路阳春光华家园甲5号	100089	82573007
方庄支行	丰台区方庄通润商务会馆B区首层	100078	87656923
清华园支行	海淀区中关村东路1号院8号楼1层B1G03室	100084	62793655
静安里支行	朝阳区左家庄北里58号天虹商场1层	100028	57622875
金融街支行	西城区金融大街35号	100033	88091265
德胜门支行	西城区德胜门外大街81号	100088	82065228
海淀支行	海淀区北四环西路56号	100080	62695363
世纪城支行	海淀区蓝靛厂垂虹园甲1号楼	100089	88876703
望京支行	朝阳区南湖南路15号院甲1号金隅丽港城	100102	64799870
东直门支行	东城区东直门外大街46号天恒大厦1层	100027	84608015
万达广场支行	朝阳区建国路93号万达广场7号楼	100022	58203546
慧忠北里支行	朝阳区慧忠北里305号楼	100012	64880995
北苑路支行	朝阳区北苑路168号首层	100101	84468546
建外大街支行	朝阳区东三环中路39号建外SOHO小区6号楼	100022	59000510
万通中心支行	朝阳区朝外大街甲6号万通中心1层	100020	59070211
望京西园支行	朝阳区望京西园134号楼1层	100102	64789785
大望路支行	朝阳区西大望路15号3号楼首层	100022	87723210

上地支行	海淀区农大南路 1 号院 2 号楼 B 座首层	100085	62667340
清华科技园支行	海淀区清华大学东门外紫光大厦	100086	62602911
东四环支行	朝阳区东四环中路 56 号远洋国际中心首层	100025	59080172
清河支行	海淀区清河中街 68 号华润五彩城购物中心二期 L175C 室、L270C 室	100085	82810951
京广桥支行	朝阳区东三环北路 38 号院 1 号楼首层	100026	85879760
玉泉路支行	海淀区复兴路 83 号景藏健康大厦首层	100039	68170065
朝阳公园支行	朝阳区朝阳公园路佳隆国际大厦首层	100125	65398883
北辰大厦支行	朝阳区北辰东路 8 号院 1 号楼北辰时代大厦 30 层	100101	
建国门支行	朝阳区建国门外大街 24 号京华公寓	100022	65150612
阜外大街支行	西城区阜成门外大街 22 号外经贸大厦 1 层	100037	68784023
富力城支行	朝阳区东三环中路 55 号楼 1 ~2 层	100022	58767070
立水桥支行	朝阳区北苑路 13 号院 1 号楼 1 ~9 号	100012	52086577
金融街中心支行	西城区金融大街 16 号	100033	66290749
青年路支行	朝阳区青年路西里 5 号院 15 号楼 1 ~2 层	100123	85563076
华贸中心支行	朝阳区建国路 79 号、81 号北京华贸中心	100025	65981757
十里河支行	朝阳区东三环南路 19 号联合国际大厦首层	100122	87667094
西二旗支行	海淀区上地十街 1 号院 6 号楼	100085	62410167
陶然亭支行	西城区南纬路 39 号 -1 至 3 层 3 单元商业 601 室	100050	59362234
天通苑支行	昌平区东小口镇天通中苑 F 区商业楼 1 ~2 层	102218	57859588
西翠路支行	海淀区西翠路 17 号院	100036	68277623
太阳宫支行	朝阳区太阳宫南街 21 号楼 1 层	100028	84158938
西直门支行	海淀区西直门北大街 32 号院	100082	62252085
海淀黄庄支行	海淀区丹棱街 6 号	100080	57569765
丰台科技园支行	丰台区科学城中核路 1 号 03 号楼	100070	83816865

广渠门支行	东城区广渠门内大街27号	100062	87103306
北太平庄支行	海淀区北太平庄路18号	100083	82274783
回龙观支行	昌平区回龙观西大街16号院1号楼	100085	59548108
亦庄支行	大兴区经济技术开发区4号街区	100176	57862359
望京西路支行	朝阳区南湖中园316号楼	100102	64728174
姚家园支行	朝阳区星火西路17号楼	100123	85855171
大成路支行	丰台区大成路8号	100141	68291432
北京通州分行	通州区九棵树中路1至9号（单号）	101121	56865615
西客站支行	丰台区西客站南广场东区A、B、C座楼10号商业楼1层	100073	63301781
鲁谷支行	石景山区玉泉西里一区2号楼	100040	68547146
六里桥支行	丰台区华源四里甲4号	100161	63634346
亦庄文化园支行	北京经济技术开发区文化园西路8号院30号楼	100176	87520584
广渠路支行	朝阳区广渠路36号院5号楼	100022	61655881
公益西桥支行	丰台区城南嘉园益城园16号楼	100068	67525031
清华东路支行	海淀区学院路6号1号楼	100083	62313361
莱户营支行	丰台区丽泽路5号	100073	63384813
科荟路支行	朝阳区林萃西里16号	100192	57761780
万丰路支行	丰台区丰桥路七号院8号楼	100073	83615332
石景山支行	石景山区政达路6号院3号楼	100040	57796493
旧宫东路支行	大兴区旧宫镇旧桥路1号院3号楼	100076	57862361
望京利泽支行	朝阳区利泽西街8号院1号楼	100102	84676819
阳光上东支行	朝阳区东四环北路6号二区1号楼1层	100016	52509479
常营支行	朝阳区常惠路6号	100024	65406701
财富中心支行	朝阳区东三环中路5号楼	100102	65969957

富力又一城支行	朝阳区黄厂南里2号院12号楼1层	100121	59643762
三元桥支行	朝阳区曙光西里甲1号	100028	58220767
望京融科支行	朝阳区望京东园523号融科望京中心A座101单元	100102	64140953
西红门支行	大兴区欣旺北大街8号	100041	50927475
华贸城支行	朝阳区水岸南街8号院2号楼	100012	64187166
通州北苑支行	通州区北苑一路1号院3号楼116号	100022	60565811
月坛支行	西城区月坛南街1号院1号楼4-101号	100045	86493169
酒仙桥支行	朝阳区酒仙桥路6号院7号楼1至19层	100015	85563103
山水文园支行	朝阳区弘燕山水文园2号楼103~104号	100122	85175564
百子湾支行	朝阳区广渠路18号院3号楼1层109~113室	100022	85175564
西二旗中路支行	海淀区西二旗中路33号院8号楼102号	100085	82727626
顺义支行	顺义区新顺南大街18号	101300	89464428
大兴支行	大兴区金星西路5号及5号院1号楼1F-38室、2F-38室	102627	80256588
望京商务区支行	朝阳区望京东园四区2号楼中航资本大厦16层	100055	63259849
圆明园西路支行	海淀区圆明园西路18号1层1715号	100122	85175564
广安门支行	西城区手帕口南街1-1号	100055	63259849
首都机场支行	顺义区首都机场二经路1号东海商务中心1层105室	100621	56865632
门头沟支行	门头沟区新城东街17号院3号楼102室	102300	85175564
亦庄信创园支行	北京经济技术开发区科谷一街8号院1号楼1层102~104室	100176	67857568
河北雄安分行	河北省容城县容城镇和平社区奥威路116号	071799	0312-5692050
自贸试验区高端产业片区支行	北京经济技术开发区科谷一街8号院1号楼1层102~104室	100176	67857568

国贸支行	朝阳区中国国际贸易中心国贸大厦 B 座 63 层 01－12 单元	100026	59070808
天宫院支行	大兴区新源大街 51 号 1 层部分商铺	102629	61256620
中关村软件园支行	海淀区东北旺西路 8 号院 39 号楼 1 层 101 号	100193	62969983
自贸试验区永丰支行	海淀区北清路 81 号院四区 5 号 1 层 103 室	100094	62453245
自贸试验区祥云小镇支行	顺义区空港街道安祥街 12 号院 3 号楼 1 层 101 单元	101318	80495318
雍和宫支行	东城区和平里东街 11 号创新楼 A 座 1 层 1－H1 号	100193	62969983
田村支行	海淀区田村路 43 号环京现代物流设施项目二段 1 层 A－1F－101 室	100143	88875156
丰台支行	丰台区汽车博物馆东路 6 号院 4 号楼 2～3 单元部分	100071	63715516
西罗园支行	丰台区马家堡东路 8 号楼 1 至 4 层内 1 层 106～110 室	100077	87288490
临河里支行	通州区梨园镇临河里 33 号 101－002 室	101101	80819314

上海浦东发展银行股份有限公司北京分行

机构名称	地　址	邮　编	电　话
分行营业部	西城区太平桥大街 18 号丰融国际大厦	100032	57395588
金融街支行	西城区金融大街 35 号国际企业大厦 A 座	100033	88091847
宣武支行	西城区广安门内大街 316 号	100053	63585776
雍和支行	东城区和平里东街 11 号 1－C1 号	100013	84138423
中关村支行	海淀区海淀南路 15 号	100080	62550747
朝阳支行	朝阳区朝阳门外大街 18 号丰联广场大厦 1 层	100020	65888121

建国路支行	朝阳区建国路99号中服大厦	100020	65819177
万寿路支行	海淀区万寿路西街2号	100036	68233372
安外支行	东城区安外大街甲88号	100011	64264903
阜成支行	西城区车公庄大街3号	100044	88383590
崇文门支行	东城区东兴隆街56号1层106室、2层202室	100062	65676188
海淀园支行	海淀区北四环西路62号中国化工集团公司大厦1层	100080	82660900
西直门支行	西城区西直门外大街18号楼金贸大厦1单元	100044	88026239
东三环支行	朝阳区静安里26号通成大厦1层	100028	84584729
亚运村支行	朝阳区媒体村天畅园8号楼底商1~2层	100107	84891031
知春路支行	海淀区知春路9号蓟门坤讯大厦	100083	82319520
安华桥支行	朝阳区安贞西里3区15号凯康海油大厦	100029	64417341
东长安街支行	东城区建国门内大街28号民生金融中心B座1~2层	100000	85116060
电子城支行	朝阳区酒仙桥路10号	100016	64350556
北京经济技术开发区支行	北京经济技术开发区荣华南路10号院2号楼1~2层	100176	67890993
永定路支行	海淀区永定路甲51号	100039	68152005
复兴路支行	海淀区北蜂窝路5号1号楼	100038	51932666
花园路支行	海淀区花园东路10号高德大厦C座1层南侧	100191	82030630
莱户营支行	丰台区丽泽路1号院16号楼北侧1~2层	100073	63470661
紫竹院支行	海淀区紫竹院路116号嘉豪国际中心C座	100097	51709797
通州宋庄支行	通州区小堡村南3号楼1号院	101118	56673335
和平里支行	朝阳区和平西苑20号楼B座101-1室、101-2室	100013	52081598
马家堡支行	丰台区马家堡西路15号时代风帆大厦	100068	67562966

世纪城支行	海淀区蓝靛厂晨月园甲1号楼	100097	88895800
清华园支行	海淀区中关村东路1号院5号楼文津国际酒店1层	100084	62618572
三里屯支行	朝阳区工体北路甲6号中宇大厦	100027	59752555
望京支行	朝阳区望京花园西区101号楼	100102	84780661
北沙滩支行	朝阳区北沙滩一号院31号楼B座	100083	64866883
德胜支行	西城区德胜门外大街乙十号1层及2层南侧	100088	82063208
东四支行	东城区东四十条68号平安发展大厦	100007	84086436
富力城支行	朝阳区东三环中路61号万丽酒店	100022	59037768
通州支行	通州区梨园镇云景东路432号隆孚大厦1~2层	101101	57902222
广渠门支行	东城区广渠门内大街27号1层101室	100062	87102681
通惠支行	朝阳区广渠路17号院1号楼-3至14层101内1层102室	100022	85997995
慧忠支行	朝阳区慧忠北里309号楼1层101室	100012	64872366
金台路支行	朝阳区六里屯北里18号楼A座西侧	100026	65088998
丰台支行	丰台区汽车博物馆西路8号院（华夏幸福创新中心）1号楼	100070	63259702
方庄支行	丰台区紫芳园四区5号楼	100078	87557088
顺义支行	顺义区仓上街2号智能大厦A区1~2室	101300	61429550
大兴支行	大兴区兴华大街2号1幢1层	102600	80220031
天华园支行	北京经济技术开发区天华园二里19号	100176	67891180
昌平支行	昌平区南环东路24号1~3层	102200	69741599
回龙观支行	昌平区回龙观镇龙域北街8号院1号楼112~113室	100085	82830359
陶然亭支行	西城区陶然亭路2号9号楼1层111室	100050	83989166
石景山支行	石景山区玉泉西里二区1号楼	100040	88682992

南湖支行	朝阳区湖光北街9号1层101内1521室	100102	64729337
玉带河支行	通州区玉带河东街348号1层全部	101101	56866550
西红门支行	大兴区宏福路3号院1号楼1层102室	100162	60259972
黄村支行	大兴区兴华大街三段25号1~2层	102699	69261809
姚家园支行	朝阳区星火西路19号楼1~2层	100016	85828819
双清路支行	海淀区月泉路八家嘉园南一门底商23-1号	100091	62918533
林萃路支行	朝阳区林萃西里25号楼1层09号	100101	82170133
常营支行	朝阳区常惠路6号楼1层112、2层209	100024	85095200
青塔支行	丰台区青塔西路58号院22号楼1层104~106号	100166	63827010
万柳支行	海淀区万柳蜂鸟家园2号楼1层	100089	82622260
天通苑支行	昌平区立汤路186号甲5幢	102218	64935955
西大望路支行	朝阳区西大望路甲22号院1号楼商业部分1层12号	100022	67720081
旧宫支行	大兴区旧桥路1号院1号楼1层108~109室	100163	56407179
福熙大道支行	朝阳区清河营东路3号院15号楼1层102内2号	100012	84920150
回龙观东区支行	昌平区回龙观东大街195号1-108室	102208	80750613
六里桥支行	丰台区华源四里甲2号楼12层、21层	100073	69940788
八角支行	石景山区时代花园东街8号院1号楼1层101室	100043	68815138
榴乡路支行	丰台区榴乡路84号院1号楼-1~1层	100079	67909002
光华路支行	朝阳区光华路9号楼C座1层126室	100020	65873304
远洋自然小微支行	丰台区马家堡东路108号院10-108号	100068	58032620
雍景四季社区支行	石景山区西黄村西里七号商业楼	100144	88701778
雅世合金小微支行	海淀区永定路2号院6号楼1层6-1（商铺2）	100039	57797199
科南路小微支行	海淀区科学院南路55号	100086	62566775
龙跃苑社区支行	昌平区回龙观东大街336号院2号楼1层101室	102208	80746853

橡树湾小微支行	海淀区学府家园二区7-1号至7-20号、1层7-15号	100085	82156706
今典花园小微支行	海淀区文慧园北路9号今典花园9号楼空间蒙太奇1层部分区域	100082	62235088
科兴佳园小微支行	丰台区靛厂路26号12号楼底商10-1号	100036	68260095
彩虹城小微支行	丰台区光彩路65号楼1至2层商业03号	100075	87260629
华业东方玫瑰小微支行	通州区临河里33号楼106号	101100	56865787
远洋一方社区支行	朝阳区双桥东路5号院1号楼1层103第1层	100121	56649255
华贸天地小微支行	朝阳区清河营南街7号院7号楼-1层（1）136号	100012	84870781
万年花城小微支行	丰台区樊羊路15号院11号楼1层	100070	63760266
北工大软件园小微支行	经济技术开发区地盛北街1号院43号楼1层101室	100176	67896090
融泽嘉园社区支行	昌平区回龙观镇回龙观村龙域中路1号院7号楼105号内	100085	82817820
增光路小微支行	海淀区增光路37号中海馥园3号楼108号	100037	88586283
胜古誉园社区支行	朝阳区安贞胜古中路胜古誉园3号楼	100029	64450550
大成路小微支行	丰台区大成南里三区4号楼1层02号	100141	68165060
融科橄榄城小微支行	朝阳区望京东园513号楼	100102	84781956

广发银行股份有限公司北京分行

机构名称	地　址	邮　编	电　话
分行营业部	西城区菜市口大街1号1层105单元	100053	65169365
中关村支行	海淀区中关村大街45号	100086	62510817
月坛支行	西城区月坛北街2号	100045	68083560
亚运村支行	朝阳区北辰东路8号	100101	84980397

建国路支行	朝阳区建国路99号楼中服大厦1层	100010	65360977
新外支行	海淀区车公庄西路乙19号（在车公庄支行临时营业）	100875	88018708
朝阳门支行	东城区朝阳门内大街288号院1号楼	100010	65253518
西三环支行	海淀区西三环北路72号A座1层	100037	88415116
国展支行	朝阳区西坝河东里18号	100028	84603160
西客站支行	西城区广莲路1号	100055	63954696
魏公村支行	海淀区中关村南大街甲18号院A座2层	100081	82481600
东直门支行	东城区东中街9号东环广场A座首层	100027	64182979
车公庄支行	海淀区车公庄西路乙19号	100044	88018708
科学园支行	海淀区科学院南路2号院1号楼融科资讯中心B座1层	100190	82169897
方庄支行	丰台区方庄路5号	100078	87681131
安贞支行	朝阳区安定路39号	100029	64445675
太阳宫支行	朝阳区夏家园11号楼1层04号	100028	64253709
金融街支行	西城区金融大街16号	100033	88088122
京广支行	朝阳区朝外大街甲6号万通中心1层	100020	59070619
知春路支行	海淀区知春路希格玛大厦49号	100190	88099481
王府井支行	东城区王府井大街301－1号	100006	65271106
奥运村支行	朝阳区北沙滩甲1号中科电大厦首层	100083	64838714
黄寺支行	西城区德外大街12号	100011	62039096
天通苑支行	昌平区天通苑北1区甲6号楼	102218	81758583
翠微支行	海淀区翠微路甲10号1幢1层	100036	68230632
大望路支行	朝阳区西大望路15号4号楼外企大厦B座	100022	87723502
望京支行	朝阳区阜荣街10号1层一层商业147~148号	100028	64717609

青年路支行	朝阳区青年路7号院2号楼1层	100123	85823640
上地支行	海淀区农大南路1号院4号楼	100190	82349382
东四环支行	朝阳区慈云寺北里118号楼1层	100025	85787133
和平里支行	东城区和平里东街民旺园30号楼配商105～106室	100013	64216120
广渠门支行	东城区广渠门内大街27号	100062	87103071
五棵松支行	海淀区西四环中路16号院1号楼	100039	68285062
广渠路支行	朝阳区建国路93号B座	100022	59693929
宣武门支行	西城区宣武门外大街甲1号	100052	83153358
清华东路支行	海淀区清华东路25号	100083	61196193
海淀支行	海淀区海淀大街27号8号楼	100097	62622950
日坛支行	朝阳区建国门外大街丁12号楼英皇集团中心1层	100020	56916498
西单支行	西城区复兴门内大街45号1号楼西南侧配楼	100801	88088330
丰台支行	丰台区育仁南路3号院3号楼1层、金诚信大厦首层	100052	83609002
万柳支行	海淀区长春桥路5号10号楼	100097	62571889
安立路支行	朝阳区慧忠北里105号楼B段	100012	84504207
石景山支行	石景山区实兴大街30号院15号楼1层102室	100144	68809123
西直门支行	西城区西直门外大街112号1层101A室	100044	68104188
工体支行	朝阳区新东路12号院3号楼1层	100027	84004983
世纪城支行	海淀区远大路1号居然之家1层	100097	88875611
朝阳北路支行	朝阳区西大望路15号4号楼外企大厦B座（在大望路支行临时营业）	100022	87103071
顺义支行	顺义区仁和镇新顺南大街8号院1幢	101300	61429590
双井支行	东城区广渠门内大街27号（在广渠门支行临时营业）	100062	87103071

玉泉路支行	石景山区鲁谷路 74 号 1 层	100040	68547678
来广营支行	朝阳区来广营西路 5 号院 3 号楼	100012	84369935
朝外支行	朝阳区朝外大街 16 号 1 幢 1 层 107 室	100020	85728830
亦庄支行	北京经济技术开发区荣华南路 1 号院 1 号楼 1 层	100176	67886070
通州分行	通州区江米店街 2 号院 1 号楼	101101	65277968

兴业银行股份有限公司北京分行

机构名称	地　址	邮　编	电　话
分行营业部	朝阳区朝阳门北大街 20 号	100020	59886666
积水潭支行	西城区新街口外大街冰窖口胡同 8 号院首层（德胜园区）	100088	66035292
广安门支行	西城区广安门内大街 315 号（信息大厦 A 座首层）	100053	63691537
西单支行	西城区宣武门内大街甲 6 号	100031	66035292
月坛支行	西城区车公庄大街 9 号院五栋大楼 A－A03 室	100044	88395672
丽泽支行	西城区马连道中新佳园二区商业楼南侧 1～2 层	100055	59560221
金融街支行	西城区金城坊街 1 号 C106	100033	63134483
东城支行	东城区鼓楼外大街 26 号荣宝大厦 1～2 层	100120	84110095
东单支行	东城区东单 3 条 8－2 号	100005	65212373
永定门支行	东城区永定门外大街 101－3 号楼 1 层	100077	87803747
崇文门支行	东城区珠市口东大街 5 号首层	100062	67016186
东四支行	东城区朝阳门北大街 5 号第五广场 B 座	100010	64088698
东长安街支行	东城区灯市口大街 50 号 1 层底商 B 单元	100005	65980023
朝阳支行	朝阳区朝外大街 22 号 2 层及首层西侧 03 单元	100020	65883385
朝外支行	朝阳区朝外大街 77 号	100020	65522429

亚运村支行	朝阳区亚运村安慧里16号楼	100101	84885261
东外支行	朝阳区东直门外大街23号	100600	64688102
安华支行	朝阳区北三环安华桥福建大厦	100029	64450941
三元桥支行	朝阳区霄云路21号1层、4层	100027	84540815
光华路支行	朝阳区东三环中路25号住总大厦1~2层	100020	65082570
望京支行	朝阳区望京阜荣街15号院3号楼首层	100102	68638798
海淀支行	海淀区海淀南路30号东侧1-3层	100080	82607709
甘家口支行	海淀区三里河路19号甘家口大厦1层北侧	100037	88392787
中关村支行	海淀区中关村南大街32号中关村科技发展大厦A座1层、11层	100081	62140577
上地支行	海淀区农大南路1号院2号楼B座102~103室	100084	62960282
西客站支行	海淀区复兴路12号恩菲科技大厦1层	100038	63959951
长安支行	海淀区复兴路65号北京电信实业大厦首层	100036	68130944
西直门支行	海淀区学院南路62号中关村资本大厦	100083	83020157
知春路支行	海淀区北四环西路9号	100080	62616265
花园路支行	海淀区花园东路19号配楼1层、3层	100191	82247800
世纪坛支行	海淀区复兴路甲1号水利指挥中心南1层南	100038	68525871
中关村西区支行	海淀区丹棱街3号1层	100080	82607656
金源支行	海淀区蓝靛厂东路2号院2号楼（金源时代商务中心2号楼）	100080	88894051
首体支行	海淀区首体南路9号主语商务中心2号楼1层和2层东侧	100048	68790567
魏公村支行	海淀区中关村南大街17号韦伯时代中心首层	100081	88571330
丰台支行	丰台区方庄路5号	100078	87527090
丽泽商务区支行	丰台区丰北路18号恒泰中心A座	100071	67617607

石景山支行	石景山区玉泉西里二区1号楼-1至2层商业	100040	68638798
鲁谷支行	石景山区政达路6号院2号楼1层117~118号	100043	57796805
经济技术开发区支行	北京经济技术开发区荣京东街3号1幢1层102号	100040	67870507
大兴支行	大兴区黄村镇兴华中路9号1~2层	102600	81297431
房山支行	房山区长阳镇昊天北大街15号1幢1~2层	102041	89363966
大兴瀛海支行	大兴区瀛海镇南海家园六里5号楼101~102室	100076	50927003
通州支行	通州区车站路39号1~2栋	101100	69530061
顺义支行	顺义区仁和地区裕龙花园西区9号楼1~2层	101300	64583310
通州运河支行	通州区玉带河东街2号院1号楼明珠大厦1层	101100	80542072
顺义天竺支行	顺义区天竺地区小天竺路1号埃力生商厦甲2首层	100621	64571358
昌平支行	昌平区城南街道龙水路26号（龙水路22号院1号楼）	102200	57700011
怀柔支行	怀柔区青春路4号楼1层1062号、2层2107号	101499	69640988
万柳支行	海淀区万泉庄路21号1层	100089	58297260
大兴庞各庄支行	大兴区庞各庄镇御园小区民生路2号院1号楼底商	102601	89258603
大兴礼贤支行	大兴区礼贤镇拆迁综合指挥部大楼1层及2层	102604	89290107
大兴榆垡支行	大兴区榆垡新城嘉园D区1层	102602	89290015
西城支行	西城区西直门南大街6号国二招宾馆1层	100035	66001882
望京南湖支行	朝阳区南湖南路15号院甲2号楼1至2层2-1-105室	100028	56923523
化工路支行	朝阳区化工路59号焦奥中心1号楼底层	100124	87399664
安立路支行	朝阳区慧忠北里309号楼104~106室	100101	64837802
陶然亭支行	西城区陶然亭路2号9号楼1层108室	100050	83953697
白纸坊支行	西城区右安门内大街28号院5号楼1层112号商铺	100054	83557758
国瑞城社区支行	东城区珠市口东大街5号首层	100062	67116791

新奥洋房社区支行	朝阳区东直门外大街23号	100075	87863968
旧宫社区支行	大兴区旧宫镇旧忠路12号院2号楼底商	100076	87153142
酒仙桥支行	朝阳区酒仙桥路6号院7号楼1层101内103室	100016	50868308
总部基地支行	丰台区南四环西路188号十七区2号楼1层101室	100070	83631836
怡海花园支行	丰台区怡海花园内怡海路3号四区6号铺位	100070	63710071
海户路社区支行	丰台区骏景园中区10号楼4－106室	100068	87870237
珠江帝景社区支行	朝阳区广渠路28号院401号楼106室	100022	58633151
橡树湾社区支行	海淀区学府树家园二区橡树湾二期底商7－13号	100085	82815766
龙域支行	昌平区回龙观镇龙域北街五号院2号楼11～14号商铺	100085	57049992
通州北苑支行	通州区万达金街C区110号	101199	60560312
玉泉路支行	海淀区玉泉北里一区9号玉泉新城A9楼	100049	68107847
双井支行	朝阳区东三环南路1号院2号楼1层102室	100022	87797912
玲珑路支行	海淀区玲珑路9号院5号楼106室	100097	88400593
平谷支行	平谷区迎宾街一号院9号楼1层101室	101299	69986967
马驹桥支行	通州区马驹桥镇新海东路2号10号楼	101102	80595359
门头沟支行	门头沟区双峪路1号1层1－27室	102300	87634452

平安银行股份有限公司北京分行

机构名称	地　址	邮　编	电　话
延庆支行	延庆区川北小区46号楼1层46－2北第3门第4门	102199	69106844
望京阜通支行	朝阳区阜荣街10号1层商业118室、143室	100102	84780699
通明湖信息城支行	北京经济技术开发区科谷一街8号院信创园B区8号楼1层	101111	87162426

通州运河支行	通州区通湖大街 11 号	101199	80519123
三环新城支行	丰台区丰桥路七号院 8 号楼（B 段）1 至 2 层 11 内 1 层 101 号	100070	58140058
怀柔支行	怀柔区兴怀大街 17 号	101400	61673345
密云支行	密云区新南路 21 号	101500	61093012
顺义支行	顺义区站前街 3 号院 1 号楼	101300	57784140
旧宫东路支行	大兴区旧桥路 1 号院 3 号楼 1 至 2 层 106 室	100076	50868321
平谷支行	平谷区迎宾街 1 号院 21 号楼	101200	50981178
房山支行	房山区良乡地区月华大街 3 号 1 层西侧	102488	60349093
西三环支行	丰台区丰台北路 18 号院 2 号楼 101 室	100061	83733843
大兴支行	大兴区兴华大街 3 段 25 号 1 层 101 号	102600	81290306
东三环支行	朝阳区新源南路 1 号 -1 至 4 层	100027	57309415
通州支行	通州区临河里 33 号楼 101 ~064 室、065 室	101101	50838702
上地支行	海淀区上地西路 41 号院 1 号楼 1 层 B015 室	100085	50960876
大兴新航城支行	大兴区空港新苑 YF -2 片区 118 -3 号楼 1 层 101 室	102602	89215714
石景山支行	石景山区石景山路 2 号北京台湾街 C -02 -10 号楼 -10 -1 -K 室	100040	63377326
崇文门支行	东城区崇文门外大街 7 号、9 号 1 幢南段 1 层 001 号	100062	67085906
十里河支行	朝阳区周庄山水文园 202 号楼 105 室	100021	87667376
北苑支行	朝阳区天畅园 5 号楼 1 层 5 -103 室	100107	84829736
亦庄支行	北京经济技术开发区文化园西路 6 号院 18 号楼 103 室	100176	87927514
世纪金源支行	海淀区蓝靛厂东路 2 号院 2 号楼（金源时代商务中心 2 号楼）	100097	88877366 -638

总部基地支行	丰台区育仁南路1号院5号楼1层104~106室	100028	50949301
天通苑支行	昌平区立汤路186号甲5幢1层109~111室	102218	84673953
金融街支行	西城区金融大街23号平安大厦106单元	100033	50949295
大红门支行	丰台区石榴庄西街232号1幢1层1号、3层1号	100075	87862752
方庄支行	丰台区紫芳园四区5号楼5-03号	100078	87669591-626
朝阳支行	朝阳区劲松南路1号院1幢1层125号	100021	67729847
朝外支行	朝阳区朝外大街18号一层101C+116号	100020	65889651
常营支行	朝阳区常惠路6号楼1层118室、2层214~215室	100024	50950866
丰台支行	丰台区华源四里甲4号楼	100073	63252082
清华园支行	海淀区成府路113号	100084	62760580-621
亚奥支行	朝阳区北辰东路8号5号楼2层	100101	84982996
开阳桥支行	丰台区开阳路1号	100069	83973602-606
东四环支行	朝阳区八里庄西里99号1层105室、2层205~206室	100102	85865073
花园桥支行	海淀区西三环北路87号	100089	88825851
望京支行	朝阳区望京新城南湖西园125号1~2层	100101	84721377
光华路支行	朝阳区光华路4号东方梅地亚中心A座	100026	65832833-6618
德胜门支行	西城区安德路81号（德胜园区）	100011	82061004
万柳支行	海淀区万柳怡水园2号楼101室	100089	82636493
亚运村支行	朝阳区安立路66号1号楼101室	100101	64907719
和平支行	东城区北三环东路37号院B座101-1号	100013	84720921
东城支行	东城区金宝街58号	100005	65127792
东直门支行	东城区东直门外大街48号首层07号	100027	84477837
海淀支行	海淀区中关村南大街甲32号	100081	62187559
知春路支行	海淀区知春路113号	100086	62637549

宣武门外支行	西城区宣武门外大街 32 号 1 幢 1 层 1－06 室	100050	63017277
官园支行	西城区车公庄大街乙 1 号富通大厦	100044	68334240
朝阳门支行	朝阳区关东店北街国安宾馆 1 层	100020	65061188－6853
姚家园支行	朝阳区星火西路 19 号楼 1 层 4 号	100123	84538668－810
中关村支行	海淀区苏州街 1 号	100080	62547455
花园路支行	海淀区花园东路 11 号 1 层 101 室、9 层 901 室	100029	57625289
神华支行	东城区安定门外大街 208 号院 1 号楼 1F－05 室	100011	64485661

中信银行股份有限公司北京分行

机构名称	地　址	邮　编	电　话
分行营业部	东城区朝阳门北大街 8 号富华大厦 E 座及 F 座 1 层	100027	65558375
清华科技园支行	海淀区中关村东路 1 号清华科技园 9 号楼搜狐网络大厦 1 层	100084	58722190
朝阳支行	朝阳区农展馆南里 12 号通广大厦配楼 1 层	100026	65389585
上地支行	海淀区上地东里 1 区 4 号楼科贸大厦 1 层	100085	62969970
金运大厦支行	海淀区西直门北大街甲 43 号金运大厦 B 座 1 层	100082	62294403
中粮广场支行	东城区建国门内大街 8 号中粮广场 A 座 1 层	100005	65228710
万达广场支行	朝阳区建国路 93 号北京万达广场东区商业 B 座	100026	58208405
西单支行	西城区复兴门内大街 45 号院主楼东配楼	100032	66035426
崇文支行	东城区东花市南里富贵园三区东南角底商	100062	67151793－868
酒仙桥支行	朝阳区酒仙桥路 14 号兆维大厦 1 层	100015	64319780
交大支行	海淀区上园村 3 号交大科技大厦 1 层南侧 102 室	100081	66579713
奥运村支行	朝阳区大屯路慧忠北里 309 号楼天创世缘 D 座 1 层	100101	64802811
首体南路支行	海淀区首体南路 22 号国兴大厦 1 层	100037	88354767

京城大厦支行	朝阳区新源里南路6号京城大厦1层	100027	84865387
国际大厦支行	朝阳区建国门外大街19号国际大厦1层	100022	65008673
望京支行	朝阳区望京利泽中园2区208号院内B座1层	100102	64391220
广渠路支行	朝阳区广渠路36号院首城国际D区26号楼	100022	87768422
安贞支行	朝阳区安定路5号院4号楼中建财富国际中心东侧配楼1层	100029	64417162
新兴支行	海淀区西三环中路17号新兴宾馆写字楼1层	100036	68212510
知春路支行	海淀区知春路14号	100088	62369830
东大桥支行	朝阳区工体东路18号	100020	65030016－8004
海淀支行	海淀区海淀北一街2号鸿城拓展大厦1层	100080	62613870
广安门支行	西城区广安门外南滨河路1号高新大厦1层	100055	63288594
中关村支行	海淀区中关村南大街1号友谊宾馆苏园公寓13－1328号	100098	62187401
北京经济技术开发区支行	北京经济技术开发区天华园一里三区14号楼1层	100176	67875909
三元桥支行	朝阳区曙光西里甲1号第三置业大厦D座1层	100028	58221129
世纪城支行	海淀区世纪城三期垂虹园甲2号	100097	88862232
尚都国际中心支行	朝阳区东大桥路8号尚都国际中心A座1层	100020	58700914
紫竹桥支行	海淀区北洼路9号世纪新景园7号楼	100089	88583982/88583990
花园路支行	海淀区塔院志新村2号飞利信大厦1层	100191	62082701
万柳支行	海淀区万柳星标家园5－32号、5－31号、5－217号	100089	82567560
财富中心支行	朝阳区东三环中路7号北京财富中心1期商铺E101室、E205室	100020	65309351
长安支行	朝阳区广渠路23号院6号楼底商	100124	61654807
北辰支行	朝阳区慧忠里320号住总大厦1层	100101	84837899

福码大厦支行	朝阳区广顺路北大街33号院1号楼福码大厦办公楼B座1层102室	100102	84729168
出国中心支行	朝阳区小亮马桥西路6号院7号楼1层	100027	84551178
太阳宫支行	朝阳区夏家园12号楼半岛国际公寓102号底商	100028	84419878
观湖国际支行	朝阳区东四环北路88号院甲1号楼1～2层	100025	59623402
来福士支行	东城区东直门南大街1号来福士中心1层01单元、2层01和02单元	100007	64008610
富力支行	朝阳区双花园南里二区13号楼1至2层	100022	65687832
媒体村支行	朝阳区红军营南路北辰绿色家园天朗园C座1层	100107	84915068
国奥村支行	朝阳区林萃东路2号院甲3号楼1层F101室、2层F201室	100101	84374633
金泰国际支行	朝阳区广泰东路1号院13号楼L1层、L3层	100124	87213757
北苑支行	朝阳区水岸南街8号院6号楼B1－01室、1F－01室、2F－01室	100012	84360115
通州支行	通州区翠景北里7号楼底商	101101	81593096
丰台支行	丰台区太平桥路华源四里甲7号楼1层底商	100073	63252018
瑞城中心支行	朝阳区亮马桥路48号院中信证券大厦1层	100016	60837010
顺义支行	顺义区后沙峪镇双裕东区丁1号楼1层	101318	60416939
回龙观支行	昌平区回龙观西大街北侧北店时代广场1层	102208	60728100
中信城支行	西城区菜市口大街甲2号院6号楼	100052	83194420
房山支行	房山区西潞街道良乡西路26号西路时代大厦1～2层	102488	69389317
珠市口支行	东城区珠市口东大街5号光明日报社办公楼西侧1楼底商	100062	67029851
密云支行	密云区鼓楼东大街19号院19－10（密东广场）	101599	61094656

方庄支行	丰台区方庄紫芳园四区3号楼	100078	87153978
怀柔支行	怀柔区青春路21号慧友大厦	101499	61628741
石景山支行	石景山区政达路6号院中惠国际中心D座1楼	100040	68705670
和平里支行	东城区和平里六区8号1段	100013	84504966
德外支行	西城区德胜门外大街甲10号中轻大厦1层	100120	62426501
八里庄支行	朝阳区八里庄东里1号A区1号楼	100025	65501791
三里屯支行	朝阳区新东路8号院3号楼	100027	84185830
大兴支行	大兴区金星西路6号兴创大厦1层	102627	60260012
高碑店支行	朝阳区高碑店兴隆街2号兴隆小区综合楼潮青汇百货1层东侧	100123	85787801
十里河支行	朝阳区周庄山水文园201号楼101	100021	67480452
天桥支行	西城区天桥南大街1号天桥艺术大厦B座1层	100050	83132981-8006
翠微路支行	海淀区复兴路20号二期铺面房-01室	100036	68267133
中信大厦支行	朝阳区光华路10号院1号楼B1M层	100026	65559058
西红门支行	大兴区西红门鸿坤广场购物中心F1-18C室、F2-16C室	100162	80225561
橡树湾支行	海淀区学府树家园3号楼3-1号至3-12号1层3-3室、3-9室	100085	62845296
宝盛广场支行	海淀区黑泉路8号宝盛广场A座1001室	100192	62740968
西山壹号院支行	海淀区德惠路1号院13号楼1层2-101室	100094	62730587
门头沟支行	门头沟区石龙工业区18号骏洋国际大厦1层	102308	60868120
枫丹壹号支行	大兴区鹿华路5号院13号楼109~110室	100176	87927698
望京银峰支行	朝阳区阜通东大街1号院3号楼1层	100102	64717703
金融街支行	西城区金融大街27号投资广场A座1层	100033	66293012

安华桥支行	朝阳区安贞西里三区 26 楼 1 层 0108 室、2 层 0203 室	100011	84002890
陶然亭社区支行	西城区陶然亭路 2 号 8 号楼 1 层 106 室	100050	83194432

中国光大银行股份有限公司北京分行

机构名称	地　址	邮　编	电　话
分行营业部	西城区宣武门内大街 1 号	100031	66567688
朝内支行	东城区朝阳门北大街 17 号人保大厦 1 层	100010	65279078
宣武支行	西城区广安门外大街 1 号深圳大厦 1 层	100055	63271188－8697
德胜门支行	西城区黄寺大街 23 号北广大厦 1 层	100011	82236900
海淀支行	海淀区中关村大街 18 号科贸电子城 1 层	100190	82598021－800
朝阳支行	朝阳区朝外大街 16 号中国人寿大厦 1 层	100020	85252009
建国门支行	朝阳区建国门外大街甲 6 号中环世贸中心 D 座 1 层	100022	65630255
复兴路支行	海淀区复兴路 47 号天行建商务大厦	100036	51921033
学院路支行	海淀区西直门北大街 56 号生命人寿大厦 1 层	100082	63018827
天宁寺支行	西城区莲花池东路 1 号	100045	63489739
西城支行	西城区车公庄大街甲 4 号－1 物华大厦	100044	68002194
中关村支行	海淀区知春路 63 号	100190	62563410
东城支行	东城区东四北大街 337 号	100010	64079747
新源支行	朝阳区新源西里中街 12 号	100027	64648252
安定门支行	东城区安定门外大街 208 号中粮置地广场 1 层	100011	64280003
礼士路支行	西城区南礼士路 66 号建威大厦	100045	68025382
亚运村支行	朝阳区慧忠路 5 号远大中心 C 座 1 层	100101	84891160
交大支行	海淀区西直门外上园村 3 号交大知行大厦	100044	62249612

阜城路支行	海淀区西三环北路100号金玉大厦1层	100037	68727490
花园路支行	海淀区花园东路10号高德大厦B段1层	100191	82038352
三里河支行	西城区月坛南街71号1层配楼1—3层	100045	68519372
工体路支行	东城区东中街46号鸿基大厦1~2层	100027	64171771
首体南路支行	海淀区首体南路甲20号7号楼1层	100044	88577896
西直门支行	西城区德宝新园22号德宝饭店1层	100044	68332338
方庄支行	丰台区方庄芳古园1区29号楼-5	100078	87673414
长安支行	西城区复兴门外大街6号光大大厦	100045	68561246
长虹桥支行	朝阳区农展馆南路13号瑞辰国际中心1层	100125	65958221
世纪城支行	海淀区板井路59号	100097	88508844
万柳支行	海淀区万柳中路11号	100089	82362712
北太平庄支行	海淀区北太平庄路18号城建大厦B座1层	100088	62091421
惠新西街支行	朝阳区安外小关东里14号	100029	64417446
望京支行	朝阳区望京中环南路花家地街花家地商业1号楼	100102	84723281
金源支行	海淀区蓝靛厂垂虹园甲5号	100097	88878901
自贸试验区商务中心区支行	朝阳区光华路2号阳光100G座	100026	65063528
亦庄支行	北京经济技术开发区天宝园5里2区1-c2号	100176	67820492
金融街支行	西城区金融大街28号院2号楼1层	100032	66578055
石景山支行	石景山区阜石路166号泽洋大厦北座1层	100043	52638610
京广桥支行	朝阳区东三环中路7号北京财富中心写字楼A座1层E108室	100020	65309889
崇文支行	东城区广渠门内大街27号	100062	87103728
苏州街支行	海淀区苏州街18号长远天地D座1层	100080	82609760
丰台支行	丰台区南四环西路168号汉威国际广场4区6号楼1层	100070	83368199

劲松桥支行	朝阳区东三环南路甲52号-1	100022	67727118
清华园支行	海淀区双青路88号华园世纪商务楼1层	100083	82527673
上地支行	海淀区上地三街9号嘉华大厦B座1层	100085	62978318
顺义支行	顺义区站前西街3号顺鑫国际商务中心1层	101300	61409500
东高地支行	丰台区东高地万源西里36栋—甲44栋航天万源广场1层	100076	68753688
东长安街支行	朝阳区建国门外大街22号赛特大厦1层102号	100022	65125233
西坝河支行	朝阳区西坝河北里23号恒川广场1层	100028	64473806
丽泽支行	丰台区丰台北路18号恒泰中心C座1层	100071	83733385
金融街丰盛支行	西城区太平桥大街25号	100032	63639100
奥运支行	朝阳区南沙滩66号院1号楼1-2-1室	100101	84097001
五棵松支行	海淀区复兴路69号院11号楼1层	100039	68266156
望京西支行	朝阳区望京新城南湖西园125号楼	100102	64751830
和平里支行	东城区和平里东街10号院1号楼	100013	64212258
姚家园路支行	朝阳区星火西路19号楼	100025	85855778
马连道西支行	丰台区华源四里甲4号楼	100073	63259978
经济技术开发区支行	北京经济技术开发区景园北街2号59幢	100176	87163918
宣武门外支行	西城区宣武门外大街32号富卓商厦1层	100052	63189602
大兴金星路支行	大兴区金星路12号院3号楼	102628	69221131
大兴支行	大兴区兴华南路1号	102628	81281531
通州支行	通州区新华东街296号1层	101100	80882801
双井桥支行	朝阳区广渠路39号院2号楼汉督国际中心1层02单元	100022	87759599
科技园支行	丰台区科学城恒富街2号院5号楼阳光四季1层	100070	63712533
顺义后沙浴支行	顺义区后沙峪镇安富街8号院1号楼1层103号	101300	60408695

学清路支行	海淀区学清路10号院学清嘉创大厦B座1层	100083	82170737
西客站支行	西城区莲花池东路甲5号院白云时代大厦1层	100045	63385690
怀柔支行	怀柔区南大街3号	101400	56877454
陶然亭支行	西城区太平街6号1-2层110号	100050	59362250

华夏银行股份有限公司北京分行

机构名称	地　址	邮　编	电　话
石景山支行	石景山区石景山路66号	100041	88294148
和平门支行	西城区前门西大街14号	100052	63163290
紫竹桥支行	海淀区广源闸5号	100081	68703275
东四支行	东城区东四十条21号北京一商集团大厦1层	100007	64019779
长安支行	西城区三里河东路5号	100045	68535115
中关村支行	海淀区北四环56号	100080	62695278
知春支行	海淀区知春路111号理想大厦1层	100086	82665348
灯市口支行	东城区灯市口大街33号	100006	65261075
安定门支行	东城区安定门外大街甲68号	100011	84287858
建国门支行	东城区建国门内大街5号	100005	65132004
朝阳门支行	朝阳区工体西路18号光彩国际公寓S107号	100020	65536200
京广支行	朝阳区东三环中路7号北京财富中心	100020	65330559
首体支行	海淀区西直门外大街168号腾达大厦1层	100044	88576283
东直门支行	朝阳区东土城路14号	100013	85271101
中轴路支行	东城区鼓楼外大街45号	100011	62361848
奥运村支行	朝阳区慧忠北里410号楼1层	100101	64858139
万柳支行	海淀区万柳中路29号	100089	82577095

两广支行	东城区东珠市口 1 号	100062	67086078
国贸支行	朝阳区双花园南里三区合生国际花园 24 号楼 1 ~2 层	100022	65667131
光华支行	朝阳区光华路 8 号	100026	65832410
魏公村支行	海淀区中关村南大街甲 12 号	100081	62109308
东单支行	东城区建内大街 22 号	100005	85237918
北沙滩支行	朝阳区德胜门外北沙滩 1 号	100083	64848676
德外支行	西城区德外大街 3 号	100088	82011388
西直门支行	海淀区西直门北大街 60 号	100088	82295260
分行营业部	西城区金融大街 11 号	100034	58598428
望京支行	朝阳区望京广顺大街 222 号	100102	84725997
世纪城支行	海淀区蓝靛厂 2 号金源时代商务中心 2 号楼 A 座	100089	88861768
车公庄支行	西城区车公庄大街 12 号核建大厦首层	100037	88306398
东外支行	东城区东外大街 35 号	100027	84511042
上地支行	海淀区信息路甲 28 号科实大厦	100085	82771598
丰台科支行	丰台区航丰路 1 号时代财富天地大厦	100070	58090566
广外支行	西城区广安门外大街甲 397 号	100055	63328322
青年路支行	朝阳区青年路雅成一里 19 号世丰国际大厦 1 层	100025	85521533
通州支行	通州区梨园北杨洼 25 号商务楼	101100	81537960
北三环支行	西城区北三环中路 6 号	100011	58572871
亦庄支行	北京经济技术开发区荣昌东街甲 5 号隆盛大厦 A 座 1 层	100176	67806862
顺义支行	顺义区石园南区 33 号楼首层	101300	89443092
房山支行	房山区良乡苏庄东街 9 号	102488	69369931
怀柔支行	怀柔区青春路 26 号工会综合楼	101400	61604075

大望路支行	朝阳区百子湾南2路70号1层102室	100124	87724593
天通苑支行	昌平区天通苑北一区甲4号	102218	80782905
玉泉路支行	石景山区鲁谷路74号中国瑞达大厦1层	100040	68608568
方庄支行	丰台区方庄芳古园一区28号楼－2号	100078	84827482
菜户营支行	丰台区菜户营58号	100054	63356771
姚家园支行	朝阳区姚家园路105号观湖国际大厦	100025	59282276
学院路支行	海淀区学院路30号科技园大厦	100083	62660706
媒体村支行	朝阳区红军营南路媒体村天畅园8号楼1层	100107	84827683
新发地支行	丰台区新发地锦程园19号楼	100045	83790335
四道口支行	海淀区四道口2号	100081	82481231
陶然支行	西城区太平街8号院朱雀门30号	100050	83197751
北京自贸试验区国际商务服务片区支行	朝阳区建国门外大街3号京伦饭店1层	100020	56765757
朝内支行	东城区朝内大街南竹杆胡同2号银河SOHO1层	100010	56765293
西客站支行	丰台区广安路9号国投财富广场1号楼1～2层	100055	83665598
大兴支行	大兴区金星西路绿地中央广场D座1层	102600	59513215
门头沟支行	门头沟区大峪新桥大街57号	102300	61807782
运河支行	通州区通胡大街1号院2号楼武夷花园商业楼	101199	56760055
惠新西街支行	朝阳区安苑路18号1层	100029	64920832
丰体北路支行	丰台区西四环南路35号1层101室	100071	57784123
长阳支行	房山区长政南街6号院一里13号1层101东侧	102445	59724205
密云支行	密云区鼓楼东大街密东广场19－8首层	101599	89690176
十里堡支行	朝阳区十里堡乙2号院5号楼1层501内F102室	100027	50873539
昌平支行	昌平区城北街道鼓楼南街37号北侧1～2层	102299	89760056
丽泽支行	丰台区西三环南路14号院1号楼1层103	100073	

中国民生银行股份有限公司北京分行

机构名称	地　　址	邮　编	电　话
北京分行（分行营业部）	朝阳区朝阳门南大街10号兆泰国际中心B座1层02单元、3－12层	100020	86603025
中关村分行	海淀区海淀大街5号1层EF1－01室、2层EF2－01室	100080	86401812
木樨地支行	海淀区复兴路甲3号	100038	68579345
阜成门支行	西城区阜外大街2号万通新世界广场B座	100037	68588449
建国门支行	朝阳区建国门外大街21号国际俱乐部	100020	65325937
中关村支行	海淀区知春路113号银网中心	100086	62619096
丽都支行	朝阳区丽都花园路5号东方金融中心1层	100016	64473910
工体支行	朝阳区工体东路18号2号楼1层105室	100020	65022703
安定门支行	朝阳区安外大街1号信义大厦	100011	58295809
万寿路支行	海淀区复兴路甲65号	100036	68169091
西客站支行	丰台区广外莲花池中色大厦首层	100055	63485530
正义路支行	东城区东长安街35号首层西侧	100006	65284468
上地支行	海淀区上地东里一区4号楼科贸大厦	100085	62971290
国贸支行	朝阳区建国门外东环南路2号	100022	65676300
首体支行	西城区西直门外大街甲143号凯旋大厦	100044	68310386
金融街支行	西城区金融大街33号通泰大厦B座	100140	88087334
什刹海支行	东城区地安门东大街56号	100009	84050115
北太平庄支行	西城区北三环中路29号院2号楼1层102室	100029	62382704
广安门支行	西城区广内大街338号港中旅大厦	100053	83512515

方庄支行	丰台区芳古园一区28－3号通润会馆	100078	67670385
朝阳门支行	朝阳区朝外大街22号泛利大厦	100020	65884529
紫竹支行	海淀区紫竹院路31号华澳中心嘉慧苑	100089	88510821
魏公村支行	海淀区中关村南大街16号科技出版社	100081	68937489
东单支行	东城区金鱼胡同18号丽苑公寓	100006	85110682
亚运村支行	朝阳区北四环东路131号中国藏学研究中心院内中国西藏博物馆	100101	64916864
苏州街支行	海淀区海淀南路32号中信国安数码港	100080	62526249
西直门支行	海淀区西直门大街45号时代之光名苑	100044	62266015
和平里支行	东城区青龙胡同一号歌华大厦B座	100007	84186208
崇文门支行	东城区崇外大街9号正仁大厦	100062	67089851
奥运村支行	朝阳区北辰西路8号院2号楼北辰世纪中心A座2层	100101	84377376
三元支行	朝阳区东三环北路甲2号京信大厦西南配楼	100027	84489520
西单支行	西城区西单北大街107号北京电信综合楼	100032	58503909
劲松支行	朝阳区劲松三区甲302号华腾大厦	100021	87730408
成府路支行	海淀区成府路298号中关村方正大厦	100080	82529408
德胜门支行	西城区德外大街新风街2号天成科技大厦	100088	82271439
电子城支行	朝阳区酒仙桥路14号兆维大厦	100015	58671027
首都机场支行	朝阳区航安路首都机场“职工之家”综合楼	100621	64595916
西二环支行	西城区平安里西大街26号新时代大厦首层101－01室	100034	88009826
空港支行	顺义区天竺空港工业区经纬四街9号院办公楼	101318	64595916
复兴门支行	西城区金融大街6号金嘉大厦1层109室	100033	66016251
南二环支行	东城区永定门外大街101号百荣世贸商城A区	100077	87804382

建国门外支行	朝阳区建国门外大街甲 12 号新华保险大厦	100022	65693081
京广支行	朝阳区西大望路 3 号院 2 号楼	100026	65974216
航天桥支行	海淀区西三环北路 100 号 1 层 1－1－1－2 室、2 层 1－5 室	100048	88516466－600
双清路支行	海淀区双清路 77 号院 1 号楼 1 层 101 号	100085	62684317
望京支行	朝阳区南湖东园 122 号博泰国际 B 座	100102	64755278
环保园支行	海淀区地锦路 5 号中关村环保园原动力空间 1 号楼	100095	59738716
首体南路支行	海淀区首体南路 9 号中国电工大厦	100048	68790947
大兴支行	大兴区欣雅街 16 号院 7 号楼 101 室	102600	80258280
东二环支行	东城区东直门南大街甲 3 号居然大厦	100007	64012217
顺义支行	顺义区仁和镇顺平东路 7 号院 1 号楼 1－2 层	101300	81487783
总部基地支行	丰台区丰台镇富丰路 2 号星火科技大厦 2－6 幢	100070	83739712
世纪金源支行	海淀区蓝靛厂垂虹园甲 4 号楼	100097	88877430
国奥支行	朝阳区安立路 66 号 4 号楼	100101	64906808
朝阳北路支行	朝阳区朝阳北路 107 号院 58 号楼	100025	58626018
亦庄支行	北京经济技术开发区隆庆街 7 号 1 幢	100076	67879915
通州支行	通州区九棵树西路京洲园 195 号楼 1－2 层	101121	81595959
长椿街支行	西城区宣武门西大街 97 号 2 号楼	100031	88086601
光华支行	朝阳区金桐西路 10 号 01 层（01）102 室、02 层（02）202 室	100020	85906828
华威支行	朝阳区松榆南路 38 号院 1 号楼 1 层 101 室、2 层 201 室	100122	87328256
顺义新城支行	顺义区顺安南路 68 号首层	101300	56360188
万柳支行	海淀区万柳中路 6 号院 2 号楼	100089	82362533
广渠门支行	东城区广渠家园 10 号楼 1 层 101 室	100022	85003233

昌平支行	昌平区白浮泉路26号院2号楼	102200	80112288－8018
房山支行	房山区拱辰街道政通路12号1号楼首层大厅	102488	60305550
陶然桥支行	东城区永定门西滨河路8号院7楼101室（东塔01、03）	100077	57837821
石景山支行	石景山区银河南街2号院1号楼1层2单元	100040	68633588
西大望路支行	朝阳区西大望路19号院1号楼1层、2层部分	100022	87756735
回龙观支行	昌平区回龙观西大街16号院1号楼首层A107室、1层A203室	102208	60779375
媒体村支行	朝阳区天朗园C座1层01商业	100107	84923352－600
亮马桥支行	朝阳区亮马桥路48号院4号楼1层101室	100125	84401191
万丰路支行	丰台区万丰路303号梦都酒家首层	100161	63858550
林萃路支行	朝阳区林萃西里16号楼1层F1－27室	100085	50866206
常营支行	朝阳区常惠路4号楼1至2层122室	100024	65774955
杏石口支行	海淀区杏石口路80号益园文化创意产业基地A区1号楼108号	100095	65884508
东坝支行	朝阳区朝新嘉园东里六区1号楼1至2层112室和3层306室	100018	65676308
大兴新城支行	大兴区枣园东巷1号院1号楼1至2层101室、201室	102611	60280088
大兴机场支行	大兴区礼贤镇航源路与天兴六街交叉口东南角大兴南航城1号楼1层101室	102611	89210011
香山支行	海淀区闵庄路3号清华科技园玉泉慧谷二期1号楼1层	100097	88405400
望京科技园支行	朝阳区望京东园五区502号楼1至2层精品店	100102	64799009
东四支行	东城区东四北大街265号	100007	64025688

南苑支行	丰台区马家堡东路189号院2号楼首层	100077	56678898
天通苑支行	昌平区东小口镇立汤路181号院6号楼1层	102218	62382704
知春路支行	海淀区知春路13号航南大厦首层	100083	82310055
中关村软件园支行	海淀区西北旺东路10号院16号楼1层102号	100094	56647098
太阳宫支行	朝阳区太阳宫中路16号院1号楼冠捷大厦101室	100028	84629097
丽泽商务区支行	丰台区丽泽路5号1层101号-2室	100073	63384900
门头沟支行	门头沟区滨河路115号滨河大厦1层西北侧	102399	61809096
新源里支行	朝阳区新源南路8号院4号楼1层103单元	100027	85952619
东三环支行	朝阳区东三环北路甲26号楼1层105~108室，2层204~205室	100026	85952689
新街口支行	西城区新街口北大街3号1层103~104室，2层201室	100035	62269792
丰台科技园支行	丰台区汽车博物馆西路8号华夏幸福创新中心1号楼1层108-109室	100070	58120801
西长安街支行	西城区复兴门内大街2号1-2层	100031	58560254

渤海银行股份有限公司北京分行

机构名称	地　址	邮　编	电　话
通州分行	通州区新华西街60号院1号楼1层120-1、153号	101100	50952500
分行营业部	西城区复兴门内大街28号凯晨世贸中心东C座1-3层	100031	66270902
魏公村支行	海淀区中关村南大街31号神舟大厦科技大厦东侧1层、4层406-408号	100081	68729023
商务中心区支行	朝阳区光华路15号院亿利生态广场1号楼01层105室	100026	85885416

亚运村支行	朝阳区慧忠里318号	100101	64953846
万柳支行	海淀区长春桥路11号亿城中心4号楼112号、202号	100089	62416917
望京支行	朝阳区广顺南大街21号	100102	64775100
德胜门支行	西城区德外大街36号德胜凯旋大厦A座1层大堂南侧及2层南侧	100088	82069650
京广支行	朝阳区呼家楼京广中心商务楼首层104室、1401室	100020	65973500
东二环支行	东城区南竹杆胡同2号银河SOHO部分商铺	100010	65206358
航天桥支行	海淀区西三环北路100号1层1-2西侧	100048	68729031
西客站支行	西城区莲花池东路106号汇融大厦底商01号	100055	63943178
总部基地支行	丰台区南四环西路188号一区31号楼1层101东南角及2层201东南角	100070	83203087
首体南路支行	海淀区首体南路20号4、5号楼1层102号房间东南角	100044	88357191
安贞支行	朝阳区安定路35号1层餐厅	100029	64443055
万寿路支行	海淀区万寿路西街2号1层北侧	100036	88175076
经济技术开发区支行	北京经济技术开发区天华北街11号院2号楼101室、108室	100176	67866885
东单支行	东城区建国门内大街28号1幢1层101~103室、2层201~202室	100010	85175037
奥体支行	朝阳区清林东路4号院6号楼1层商业6106~6107商铺	100107	84913763
天通苑支行	昌平区立汤路186甲5幢1-129号底商1至2层	102218	84812264
橡树湾社区支行	海淀区学府树家园二区7-1号至7-20号7-5房屋	100085	82815613

广顺北大街社区支行	朝阳区利泽西街上京新航线306号楼1层109号	100102	64190260

浙商银行股份有限公司北京分行

机构名称	地　址	邮　编	电　话
分行营业部	东城区朝阳门南小街269号	100005	86600150
城市副中心分行	通州区北皇木厂北街5号院3号楼1层商业3－1号	101149	86600633
中关村支行	海淀区丹棱楼1号院1号楼互联网金融中心大厦1层	100081	86600660
丰台支行	丰台区汽车博物馆东路2号院1号楼	100070	86600736
五方支行	朝阳区王四营甲2观音堂文化大道观68号	100023	86600765
十里河支行	朝阳区大洋坊路闽龙广场	100122	86600802
朝阳支行	朝阳区朝新嘉园东里东区18号楼D101室	100018	86600830
大兴支行	大兴区兴华大街三段25－1号	102600	61210030
长虹桥支行	朝阳区工人体育场北路甲2号盈科中心	100027	86600884
通州支行	通州区中山大街59号楼1号楼1层102室	101149	86600912
金宝街支行	东城区金宝街2号雅安国际公寓底商	100005	86600941
顺义支行	顺义区站前东街2号	101300	59725356
方庄支行	丰台区方庄南路2号1层	100078	59544137
石景山支行	石景山区银河南街2号院1号楼	100040	68606090
西直门支行	西城区西直门外大街18号金茂大厦C1座	100044	88380410
望京支行	朝阳区望京园301号楼	100102	50911778
天通苑支行	昌平区天通中苑62号楼101室	102218	84934097
亦庄支行	北京经济开发区荣华中路22号院2号楼	100176	67850012
魏公村支行	海淀区中关村南大街甲12号寰太大厦1层	100081	86600711

珠市口支行	东城区珠市口东大街15－1号	100010	85345877
金融街支行	西城区金融大街6号楼1层101室	100032	85345849

北京银行股份有限公司

机构名称	地　址	邮　编	电　话
广源支行	西城区广安门外大街305号院7号楼1层	100055	63263871
北三环支行	西城区北三环中路6号1幢1层、2层（德胜园区）	100045	82080570
车公庄支行	西城区车公庄大街乙8号	100044	68341547
官园支行	西城区平安里大街22号国家京剧院大厦1～2层	100035	66251347
右安门支行	西城区右安门内大街65号	100054	63516971
西四支行	西城区西单北大街30号	100031	66072541
阜成支行	西城区阜外大街2号	100037	68037200
复兴支行	西城区月坛南街14号	100045	68525276
三里河支行	西城区月坛南街85号	100045	68587528
展览路支行	西城区西直门外南路八号	100044	68355049
西直门支行	西城区冠英园西区31号楼	100035	66183464
月坛支行	西城区阜外大街27号1层	100037	68104630
琉璃厂支行	宣武区南新华街48号	100052	63180499
广安支行	西城区广安门外白菜湾5号楼1层	100055	63263871
前门文创支行	西城区前门西大街正阳市场1号楼	100051	63189317
天宁支行	西城区核桃园西街36号	100053	63041920
滨河路支行	西城区枣林前街119号	100053	63517012
白云支行	西城区广莲路甲5号1幢101－01室	100055	63408261
宣武门支行	西城区广安门内大街6号	100053	83510072

燕京支行	西城区复兴门外大街甲 19 号	100045	68518684
总行营业部	西城区金融大街甲 17 号、乙 17 号	100033	66225011
金融街支行	西城区金融大街丁 26 号	100033	88087451
陶然支行	西城区永定门内西街 5 号	100050	83162495
西单支行	西城区复兴门内大街 156 号（招商国际金融中心 B 座）	100031	66426729
长安街支行	西城区真武庙一号中国职工之家 C 座首层	100045	68562588
北京分行	西城区复兴门内大街 156 号 D 座、B 座	100031	66420125
马连道支行	西城区马连道南街 1 号院 2 号楼	100055	63282060
陶然亭路支行	西城区陶然亭路 45 号网信鸿玺宾馆 1 层	100052	83559985
报国寺支行	西城区广安门内大街甲 306 –3 号	100053	63567487
永定门支行	西城区天桥南大街 1 号 1 座 1 层 01 单元	100050	67217268
南纬路支行	西城区南纬路 35 号 1 层	100050	63012791
华安支行	西城区地安门西大街 171 号	100035	66118400
车公庄大街社区支行	西城区车公庄大街 9 号院 2 号楼 1 层 01 商业门厅	100044	88312862
德外支行	西城区德胜门外新风大街 2 号天成科技大厦 A 座	100120	82029822
慧园支行	西城区教场口街 9 号院 7 号楼及巳 9 号楼 1 层	100120	82061213
北京自贸试验区城市副中心运河商务区支行	通州区通胡大街 11 号 –1	101199	80853166
通州支行	通州区中山大街 59 号院 1 号楼 1 层	101100	89501576
瑞都支行	通州区九棵树街 165 号、167 号、171 号、175 号	101100	89501820
光机电园区支行	通州区次二村南 6 号 1 幢 1 层	101111	81509319
马驹桥支行	通州区马驹桥镇 245 号院 12 号商业楼 105 号	101102	60570929
国际新城支行	通州区梨园南大街 326 号	101101	81531799
梨园西里社区支行	通州区梨园西里 27 号楼 1 层 1 单元 01 室	101101	81531799
城市副中心分行	通州区梨园南街 326 号 2 层	101101	67743600

通州绿色支行	通州区车站路22号	101100	80882177
宋庄支行	通州区小堡村南3号院1号楼1至4层101室	101118	80519032
潞城支行	通州区潞城镇古月佳园27号楼	101117	80510012
运河东大街支行	通州区潞城镇运河东大街57号1号楼B1层	101117	80855808
后沙峪支行	顺义区后沙峪镇双裕街45号地上1层1－10号	101318	80478101
天竺支行	顺义区天竺地区天竺花园天韵阁1层	101312	64563799
石园支行	顺义区仁和镇石园南区33号楼102号	101320	89452683
首都国际机场支行	顺义区首都机场三号航站楼A2E3－1（首都机场内）	100621	64532594
北京自贸试验区临空经济核心区支行	顺义区天竺空港工业区B区空港融慧园4号楼	101318	80470116
绿港国际中心支行	顺义区首都机场四纬路2号绿港国际商务中心	100621	84169617
石门支行	顺义区仁和镇前进花园石门苑甲13号（国泰宏城购物广场F1－2）	101300	89418302
金汉绿港支行	顺义区绿港家园四区8号楼1～2层1088室	101399	69479251
裕龙支行	顺义区裕龙花园三区7号楼5号	101321	89430810
顺义新城支行	顺义区佳和宜园1号楼101室	101319	56441345
顺义支行	顺义区站前街粮食局商办楼	101300	81483012
南彩支行	顺义区顺平辅线177号15幢1层101号	101399	61426510
杨镇支行	顺义区杨镇阳洲鑫园二区21号1至3层	101309	61419757
东方太阳城社区支行	顺义区东方太阳城万晴园101号楼（商业街）107号	101300	89428214/89426184
石景山支行	石景山区石景山路54号院3号楼617～618室、1205室	100043	68878226
京源路支行	石景山区石景山路23号中础大厦1层	100043	68878211
远洋山水支行	石景山区玉泉西里二区18号楼1层	100040	68862729

杨庄中区社区支行	石景山区杨庄中区21号楼3单元101号	100043	88706368
中关村石景山园支行	石景山区实兴大街30号院16号楼102室、201室	100144	68866384
时代花园社区支行	石景山区时代花园东街8号院1号楼1层109室	100043	68809010
府前街支行	平谷区平谷镇新平东路13号	101200	61995618
平谷支行	平谷区紫贵庄园9号楼1层10室	101299	89999875
马坊支行	平谷区马坊镇金河街106号院6号楼1至2层6-5室	101204	56877237
季庄支行	密云区果园新里北区综合楼1层	101500	69026772
密云支行	密云区鼓楼东大街19-5室	101500	69061611
门头沟支行	门头沟区双峪路5号	102300	69862695
石龙经济开发区支行	门头沟区石龙经济开发区永安路20号3号楼	102300	69802619
惠民家园支行	门头沟区惠民家园二区29号楼1至2层102-5室	102300	69856920
西长安街支行	门头沟区石龙南路1号骏洋国际大厦首层106号	102300	60806500
怀柔支行	怀柔区府前西街2号F1-a1室	101400	69697086
杨宋支行	怀柔区怀耿路120号院5号楼	101400	56449061
中关村分行	海淀区彩和坊路6号首层	100080	60190019
北京自贸试验区科技创新片区支行	海淀区永丰路9号院1号楼	100094	82789926
新华支行	海淀区万柳中路15号1层底商	100089	82565337
双榆树支行	海淀区双榆树东里甲22号	100086	82134639
翠微路支行	海淀区复兴路33号	100036	68173868
中关村支行	海淀区中关村科学院南路12号住宅	100086	62572923
魏公村支行	海淀区西三环北路甲2号院3号楼1层、负1层	100081	68937792
学院路支行	海淀区学院路30号	100083	62317337
双清苑支行	海淀区双清苑小区商业配套服务楼1号楼1层116号	100080	82851817

清华园支行	海淀区双清路西王庄同方大厦	100084	62770454
万寿路支行	海淀区万寿路17号院综合楼B座	100036	68224509
西客站支行	海淀区羊坊店路21号1层东北角	100038	63960084
永定路支行	海淀区复兴路40号中国铁建科研大厦首层西侧	100039	52689316
白石桥支行	海淀区中关村南大街48号	100081	62196712
北太平庄支行	海淀区北三环中路戌40号	100088	62373337
北洼路支行	海淀区北洼路28号	100089	68422033
四道口支行	海淀区西直门外大柳树路2号铁科院北区11号楼	100081	83020082
航天支行	海淀区海淀南路30号	100080	82671127
阜裕支行	海淀区阜成路101号北京永兴花园饭店1～2层	100142	68454214
双秀支行	海淀区北三环中路31号	100088	82000835
甘家口支行	海淀区三里河路39号	100037	68349985
清华大学支行	海淀区清华大学照澜院商业楼1层	100084	62788731
海淀路支行	海淀区中关村大街22号中科大厦B座中段	100190	62628330
北京大学支行	海淀区成府路298号方正大厦1层北侧	100871	82529710
金运支行	海淀区西直门北大街甲43号金运大厦A座	100044	52129220
中关村科技园区支行	海淀区中关村大街甲28号海淀文化艺术大厦B座1层	100086	82533046
上地支行	海淀区上地信息路1号院3号楼首层东部	100085	82895879
世纪城支行	海淀区板井路69号世纪金源国际公寓东区首层商业	100097	88462516
友谊支行	海淀区中关村南大街3号海淀科技大厦1层	100081	68945863
紫竹支行	海淀区车道沟10号院中国兵器大厦首层	100089	58830116
北航支行	海淀区学院路35号世宁大厦首层102室	100191	82315523
四季青支行	海淀区兰靛厂世纪城三期时雨园甲1－1	100097	88892391

永丰支行	海淀区西北旺德政路南茉莉园甲19号楼Ⅱ段	100094	82403621
万泉路支行	海淀区新建宫门路1号	100091	62878394
中关村海淀园支行	海淀区海淀北一街2号首创拓展大厦1~2层	100080	62699552
清河支行	海淀区清河清景园5号商业楼地上1层A区	100192	62990536
田村支行	海淀区田村路畅茜园圣华里小区9号楼1层	100049	68162750
橡树湾支行	海淀区学府树家园二区1号楼	100085	82815415
五棵松支行	海淀区复兴路75号1幢101号东北角	100850	68165527
温泉支行	海淀区温泉路临58号1层	100095	82491770
东升科技园支行	海淀区西小口路66号中关村东升科技园B区2号楼1层B105室	100096	82815415
互联网金融中心支行	海淀区丹棱街1号院1号楼101号	100080	82362040
玉渊潭支行	海淀区美丽园中路16号院5号楼裕友大厦	100097	88503010
国兴家园支行	海淀区首体南路20号	100044	88357232
苏家坨支行	海淀区凤仪佳苑七里8号楼	100194	57809300
学知支行	海淀区知春路七号致真大厦B座1层104单元、2层203单元	100191	62382509
大钟寺支行	海淀区中关村南大街12号培训中心01-02层	100081	82185405
万柳支行	海淀区万柳中路7号万柳医院医疗辅楼	100089	82560179
新街口北大街支行	海淀区德胜门西大街15号远洋风景8号楼1单元102号	100082	82291458
中关村软件园支行	海淀区西北旺东路10号院东区1号楼106室	100086	59403096
东高地支行	丰台区东高地万源西里41栋	100076	88535663
丰台支行	丰台区丰台镇东安街1号	100071	63822841
青塔支行	丰台区青塔西路9号	100141	68217502
西罗园支行	丰台区洋桥12号综合楼1层101室	100068	67254322

成寿寺支行	丰台区南三环四方景园二区配套商业1－5号	100164	87647760
两桥支行	丰台区西四环南路31号	100071	63825045
玉泉营支行	丰台区南三环西路16号3号楼1层101室	100070	87576150
总部基地支行	丰台区南四环西路188号三区5号101～102室	100070	63701838
方庄支行	丰台区方庄芳星园二区甲3号院6号	100078	67665046
三环新城支行	丰台区丰桥路7号院8号楼28号	100070	83293271
金融港支行	丰台区南四环西路188号17区15号1层101室	100070	63298514
马家堡支行	丰台区星河苑2号院9号楼01～03商业	100068	67500378
太平桥支行	丰台区华源四里甲2号	100073	63380365
政务中心支行	丰台区西三环南路1号	100161	89151008
光彩路社区支行	丰台区贾家花园3号院13号楼112室	100071	87822559
长辛店支行	丰台区杜家坎南路9号	100072	83872332
科兴佳园社区支行	丰台区靛厂路26号院科兴佳园12号楼底商第8门1层8－1号	100036	63380365
马家堡东路社区支行	丰台区马家堡东路101号院4号楼1层4－4室、2层4－9室	100068	57703880
西马场路社区支行	丰台区西马场路6号院3号楼1层105室	100068	87822058
风荷曲苑社区支行	丰台区万丰路68号院和谐广场1层112A室	100161	63380365
木樨园小微支行	丰台区骏景园北区30号楼102室	100071	87866760
草桥东路社区支行	丰台区草桥东路14号楼1层商业	100068	87587790
加州水郡支行	房山区长阳镇昊天北大街48号加州水郡东区商业中心A座106室	102445	80393773
良乡支行	房山区西潞街道长虹西路71号	102488	60330575
燕山支行	房山区燕山岗南路东一巷6号C座1层	102500	69344783
房山支行	房山区良乡月华大街3号龙建大厦首层	102488	89367759

窦店支行	房山区窦店镇大窦路257号院21号楼105～107室	102433	80320426
城关支行	房山区城关东大街4号院1号楼102房	102442	61375285
长阳支行	房山区广阳新路7号院3号楼1层、2层部分	102445	69385370
沙滩支行	东城区北河沿大街97号	100006	65286241
东单支行	东城区建内大街19号（中纺大厦1层）	100005	65262729
工体北路支行	东城区新中西里13号巨石大厦首层	100027	64160705
和平里支行	东城区和平里东街1号	100013	84232278
建国支行	东城区建国门内大街乙18号	100005	65120062
东四支行	东城区东四北大街303－8号	100007	64071885
长城支行	东城区金鱼胡同18号万富大厦首层	100006	65250466
灯市口支行	东城区灯市口大街50号	100006	65237315
安定门支行	东城区交道口南大街16号	100007	64056706
中轴路支行	东城区安德路16号（洲际大厦首层）	100011	84882476
东直门支行	东城区东直门南大街9号4号楼1层	100007	84098619
天桥支行	东城区珠市口东大街20号	100050	67075123
天坛支行	东城区天坛东路72号	100061	67169110
花市支行	东城区东花市北里中区甲27号楼	100062	67102129
光明支行	东城区光明路11号	100061	67129143
广渠门支行	东城区夕照寺街2号电信工程局办公大楼1层	100061	67153236
国家文化与金融合作示范区雍和文创支行	东城区东直门北小街青龙胡同1号歌华大厦首层	100007	84186328
广渠门外大街支行	东城区广渠家园5号首东国际大厦1层101号	100022	87518733
景山支行	东城区东四十条24号青蓝大厦1层西侧	100007	84010610
磁器口支行	东城区珠市口东大街3号101室	100062	67085450
海运支行	东城区东直门南大街5号	100007	58156085
新怡家园社区支行	东城区新怡家园5号楼1层2单元01商业	100062	67075132

黄村支行	大兴区黄村镇兴华路212号	102600	69237798
经济技术开发区支行	北京经济技术开发区宏达北路12号	100176	67872609
西红门支行	大兴区西红门镇北一街1号院24号楼1层103号	100162	80258233
亦庄支行	北京经济技术开发区文化园西路8号院25号楼1层108室、2层204室	100176	87925514
大兴经济开发区支行	大兴区金星路12号院2号楼1层西侧	102627	69261626
魏善庄支行	大兴区魏善庄镇魏北路28号院18号楼	102611	89232810
大兴支行	大兴区黄村镇永华南里1号楼	102600	69232938
兴华大街社区支行	大兴区兴华大街（二段）19号院16号楼1层102室	102600	69237798
大兴国际机场支行	大兴区大兴国际机场1层国际到达区东侧（编号S－AR01－007）	102604	81699712
骏城社区支行	大兴区兴盛园13甲号楼首层南侧	102600	80258233
丽园路社区支行	大兴区丽园路30号院25号楼1层105室	102600	60217685
双桥支行	朝阳区双柳北街39号商业2层203号	100024	65750688
奥运村支行	朝阳区北辰西路8号院2号楼	100101	84378389
南磨房支行	朝阳区南磨房路16号院甲1号楼1至2层107～108室	100021	87518755
红星支行	朝阳区朝外大街20号	100020	65885738
北辰路支行	朝阳区北辰东路8号汇珍楼1层	100101	84977985
朝外支行	朝阳区朝外大街12号（海蓝云天商城1层西门）	100020	65993325
惠新支行	朝阳区惠新东街4号	100029	84663959
东大桥支行	朝阳区东直门外大街22号楼东侧	100027	64167512
酒仙桥支行	朝阳区酒仙桥路6号院5号楼1至19层101内1层102室、2层201室	100015	64376762

九龙山支行	朝阳区农光里 117 号	100021	87518798
东长安街支行	朝阳区建国门外大街乙 12 号	100022	65683635
芳草地支行	朝阳区东大桥路 10 号	100020	65867822
金台路支行	朝阳区团结湖路 52 号	100026	85984057
亚运村支行	朝阳区慧忠北里天创世缘 309 楼 A 座首层	100012	64802490
青年路支行	朝阳区青年路 7 号院 1 号楼 1 层 10101 ~ 10102 室、2 层 10201 室	100123	85565027
新源支行	朝阳区北三环东路 6 号	100028	64622978
安华路支行	朝阳区安华里五区配套商业楼 1 层 101 室	100011	64408271
樱花支行	朝阳区北三环东路 15 号（北京化工大学校门旁）	100029	64428053
孙河支行	朝阳区孙河乡康营家园小区 KY15 区 D8R 号楼	100015	84591236
富力又一城支行	朝阳区黄厂南里 2 号院 31 号楼 1 层 01 ~ 03 室、05 ~ 06 室	100121	59641420
金海国际支行	朝阳区广渠路 21 号 2 号楼 1 层 04 号	100022	58906484
望京支行	朝阳区望京西园 429 号楼底商 101 ~ 102 室、201 室	100102	64775719
商务中心区支行	朝阳区光华路丙 12 号首层	100020	65083217
北苑路支行	朝阳区北苑路 172 号万兴苑 11 号楼 1 层 04 室	100101	84854563
健翔支行	朝阳区安翔北里甲 11 号	100101	64889925
国家文创实验区支行	朝阳区广渠路 28 号甲 201 号楼 1 层甲 201 - 北 105 室	100101	57528610
望京科技园支行	朝阳区利泽西街 8 号院 1 号楼 119 号、120 号、121 号	100102	64789992
奥北支行	朝阳区天乐园 1 号楼 1 层 1 - 6 号	100107	84927536
奥东支行	朝阳区惠新西街 19 号	100029	51300080，51300081

朝阳北路支行	朝阳区朝阳北路102号楼101室、125~128室	100123	85790017
姚家园支行	朝阳区星火西路19号楼1~2层	100025	85855902
太阳宫支行	朝阳区夏家园11号楼1层5号商业和2层11号商业	100028	84298962
芍药居支行	朝阳区芍药居16号楼16-2-3室	100029	84627697
常营支行	朝阳区朝阳北路17号楼-1至3层109（内1层27、28）	100024	50866278
华侨城支行	朝阳区金蝉欢乐园2号院甲1号楼N2-F1-02室、N2-F2-01室	100023	67386203
高碑店支行	朝阳区高碑店北路5号	100123	85776808
东一时区社区支行	朝阳区双桥东路10号院1号楼1层8008室	100024	65750688
西坝河支行	朝阳区太阳宫火星园1号楼1层	100028	84298461
现代城支行	朝阳区建国路八十八号现代城A区S座0101室	100022	85801169
力源里社区支行	朝阳区力源里北街2号院5号楼1层108室	100025	85757767
崔各庄支行	朝阳区崔各庄乡京旺家园1区8号楼3-6门底商	100103	64354819
东四环支行	朝阳区慈云寺北里210号楼1层102室	100025	85886436
松榆南路社区支行	朝阳区松榆南路38号院1号楼B座0103室	100021	87518798
新城国际小微支行	朝阳区朝阳门外大街6号院22号楼1层商业103室	100024	65089280
燕莎支行	朝阳区东方东路19号亮马桥外交办公大楼1层东侧	100600	85322826
北京自贸试验区支行	朝阳区关东店17号楼101内1层	100020	65865739
电子城支行	朝阳区来广营西路5号院诚盈中心6号楼1层101~104室	100012	64363756
瞰都国际社区支行	朝阳区东四环北路10号1号楼1层商业01~02室	100016	64376762
东坝支行	朝阳区朝新嘉园东里七区4号楼1层03~04号	100018	85095292

松榆里支行	朝阳区周庄山水文园202号楼102室	100122	87518755
将府家园社区支行	朝阳区将府家园北里202号楼1层2单元105室、106室	100010	64376762
百环家园社区支行	朝阳区广渠路36号院乙6号楼－1至1层23	100022	58906484
国贸支行	朝阳区西大望路三号院2号楼－1至1层S－126	100026	85950815
北七家支行	昌平区北七家镇立汤路58号王子大厦瑰宝商业中心	102209	89756282
昌平支行	昌平区政府街2号	102200	80103301
天通苑支行	昌平区东小口镇立汤路188号北方明珠大厦商业首层06B室	102218	58608621
回龙观支行	昌平区回龙观镇北店时代广场商业综合楼E段地上1层	102208	80750322
昌平区科技园支行	昌平区振兴路39号	102200	80103753
西三旗支行	昌平区建材城西路87号2号楼1层	100096	82969622
宏福科技园支行	昌平区北七家镇宏福创业园商业街D栋	102209	81775472
双创支行	昌平区回龙观东大街338号回龙观创客广场B1－049室	102208	82989682
新龙城社区支行	昌平区回龙观昌平路380号院12号楼4单元102室	102208	82962732
东关支行	昌平区府学路9号	102200	80103785
延庆支行	延庆区延庆镇高塔街67号2幢	102100	61123416
世园支行	延庆区延庆镇湖北西路5号1号楼1～2层	102100	61125796

天津银行股份有限公司北京分行

机构名称	地　址	邮　编	电　话
分行营业部	西城区东河沿胡同73号宣武门大厦	100052	83175930

朝外支行	朝阳区朝外大街乙6号朝外SOHOD座0185号、1133号	100020	59004326
三元桥支行	朝阳区东三环北路乙2号圣元中心A座1层101号底商、6层601号	100027	84471301
中关村支行	海淀区海淀中街15号远中悦来1-E、1-F底商	100080	58730423
新兴桥支行	海淀区复兴路21号1幢底商和10层写字间	100036	68573491
丰台支行	丰台区石榴庄西街232号商业楼1层1F01室、2层2F01室	100075	63706631
金融街支行	西城区二龙路甲33号新龙大厦B座	100032	66227910
西直门支行	海淀区西直门北大街52号	100082	82206898
东城支行	东城区朝阳门内大街8号底商105~106室	100010	57929148
广渠门支行	东城区广渠家园3楼1层101-02室	100022	50831640
东直门支行	东城区东直门外大街46号1号楼1层101室、2层201室	100027	84608981
航天桥支行	海淀区西三环北路100号1层1-2北侧及5层2-5010室、2-5011室	100048	68456685
房山支行	房山区良乡地区政通西里小区1、2号楼南侧1层101室、2层201室	102488	60309553
大兴支行	大兴区兴业大街（三段）32号-3-2北侧，32号-3-32层	102600	89293614
通州支行	通州区新华西街61号8-1-3，1层东侧	101100	56865717
顺义支行	顺义区站前街1号院1号楼1层103室、2层203室	101300	81487825
昌平支行	昌平区城南街道龙水路12号2号楼1层西侧、2层西北侧	102200	89787929

大连银行股份有限公司北京分行

机构名称	地　址	邮　编	电　话
分行营业部	朝阳区建国路 93 号院 B 座 1 ~2 层	100022	65813121
西城支行	西城区金融大街甲 9 号	100033	66016356
海淀支行	海淀区中关村南大街 6 号中电信息大厦 1 层	100086	62308121
经济技术开发区支行	北京经济技术开发区宏达北路 16 号	100176	87220795
丰台支行	丰台区怡海花园恒丰园 7 号楼 1 层 1 号	100070	63713132
朝阳支行	朝阳区阜通东大街 10 号楼 1 层 102 室、2 层 2 - 001 室	100102	86409353

杭州银行股份有限公司北京分行

机构名称	地　址	邮　编	电　话
分行营业部	东城区建国门内大街 26 号新闻大厦 1 层南侧	100005	64088117
安贞支行	朝阳区安定路 10 号中国有色大厦 1 层	100029	64423711
顺义支行	顺义区府前东街 10 号	101300	60417021
朝阳支行	朝阳区甜水园东街 10 号	100026	65000847
中关村支行	海淀区北四环西路 52 号方正国际大厦	100080	61934118
通州支行	通州区九棵树街 177 号	101100	89542758
丰台支行	丰台区望园东里 28 号楼	100161	63822337
大兴支行	大兴区兴华大街（二段）13 号院 2 号楼	102606	80255721
平谷支行	平谷区新平北路南侧紫贵庄园西侧 9 号楼 10 号	101200	61997288
房山支行	房山区良乡西潞南大街 8 号楼 1 －1 号	102401	69389718
昌平支行	昌平区府学路 1 －3 号	102200	89787271

上地支行	海淀区小营西路33号	100085	57041785
石景山文创支行	石景山区石景山路45号	100043	88951260
次渠支行	通州区次渠南里120号	101111	80823358
东城支行	东城区北花市大街4号	100062	67093183
顺义裕龙支行	顺义区裕龙四区甲5号	101300	61426870
朝阳文创支行	朝阳区建国路35号华润时代中心1层、15层	100123	85788797

南京银行股份有限公司北京分行

机构名称	地　　址	邮　编	电　话
分行营业部	海淀区阜成路101号B座	100092	56872008
车公庄支行	海淀区首体南路20号4、5号楼	100044	88334001
万柳支行	海淀区万泉庄路28号万柳新贵大厦A座1－2层	100089	58720008
中关村支行	海淀区中关村南三街6号中科资源大厦裙楼	100080	82649800
西坝河支行	朝阳区西坝河北里23号楼	100028	64473898
朝阳门支行	东城区朝阳门南小街2号	100010	65267509
呼家楼支行	朝阳区呼家楼北街7号楼1－2层	100026	65860699
顺义支行	顺义区华英园9号楼	101300	89425691
北辰支行	朝阳区北辰东路8号12号楼	100101	84975583
通州支行	通州区滨河中路249号1层、251号1层、253号1层、253号2层	101101	80570207
方庄支行	丰台区四方景园二区配套商业1－3号	100078	87656026
西客站支行	丰台区华源三里1号楼首科商务酒店	100073	63254707
金融街支行	西城区金融大街10号大厦B座1层	100033	83399112
劲松支行	朝阳区劲松四区401号楼	100021	88119870

丰体支行	丰台区西四环南路 35 号 1 号楼 1 层 104～105 室	100070	88619369

盛京银行股份有限公司北京分行

机构名称	地　址	邮　编	电　话
分行营业部	朝阳区光华路 4 号东方梅地亚中心 D 座	100026	85597777
中关村支行	海淀区海淀北二街 8 号 1 层 108～109 单元	100080	82012999
官园支行	西城区车公庄大街 9 号院 1 号楼商业 5（德胜园区）	100044	85251177
五棵松支行	海淀区复兴路 69 号 3 号楼	100038	88199777
顺义支行	顺义区站前东街 2 号 1 幢 1 层 102 室	101300	61426812
大兴支行	大兴区兴业大街三段 26 号楼	102600	69267591
石景山支行	石景山区玉泉西里一区 2 号楼 1 层 107 室	100040	68636855
望京支行	朝阳区望京东园四区绿地中心 A 座 D 区	100102	64391577
通州支行	通州区观音庵北街 3 号院 1 号楼 1 层 136 室	101149	69513102

上海银行股份有限公司北京分行

机构名称	地　址	邮　编	电　话
分行营业部	朝阳区建国门外大街丙 12 号 1 层	100022	57610106
中关村支行	海淀区北四环西路 66 号	100080	62418625
东城支行	东城区安定路 20 号	100029	84109289
海淀支行	海淀区学院南路 15 号	100082	82418720
西城支行	西城区鲍家街 43 号	100031	66411135
金融街支行	西城区金融大街甲 9 号	100033	62528760
高碑店支行	朝阳区建国路 27 号	100124	85763072

大兴支行	大兴区金星西路6号院	102627	80220182
亦庄支行	北京经济技术开发区荣华中路22号院	100176	59725781
融新支行	朝阳区创远路34号院	100102	58352980
西红门社区支行	大兴区西红门镇宏福路6号院	100162	50950688
顺义支行	顺义区火寺路9号院	101318	50934999
崔各庄社区支行	朝阳区崔各庄乡京旺家园3号楼	100015	84327783
合生汇社区支行	朝阳区西大望路合生汇写字楼	100022	56175362
朝阳支行	朝阳区东三环北路17号	100027	65000605
城市副中心支行	通州区新光大中心8B座	101199	56939709
丰台支行	丰台区汉威国际广场3区5号楼	100071	58352288

江苏银行股份有限公司北京分行

机构名称	地　址	邮　编	电　话
分行营业部	朝阳区光熙家园1号楼	100028	56986950
德胜支行	西城区德胜门外大街36号德胜凯旋大厦A座	100120	82063188
东直门支行	东城区东直门南大街甲3号居然大厦	100007	64025328
宣武门支行	西城区宣武门外大街甲1号环球财讯中心大厦	100052	63039950
西三环支行	海淀区西三环北路87号国际财经中心	100089	88824955
朝阳门支行	东城区朝阳门内大街8号朝阳首府大厦	100010	57929210
东四环支行	朝阳区百子湾东里101号楼首层	100124	67048235
马连道支行	西城区红莲南路28号楼红莲大厦A座	100055	63325956
安定门支行	东城区安定门外大街丁88号	100000	64407800
石景山支行	石景山区石景山路31号盛景国际广场	100043	57537005
中关村支行	海淀区中关村南三街6号中科资源大厦1层	100190	62631232

中关村西区支行	海淀区善缘街1号立方庭大厦1层	100080	82483853
亚运村支行	朝阳区安慧北里秀园16号楼118	100101	84468312
总部基地支行	丰台区南四环西路128号院3号楼诺德中心1层	100070	83816960
东三环支行	朝阳区东三环北路甲26号楼博瑞大厦201～203室、103室	100011	65167590
望京支行	朝阳区望京园601号楼1层102室	100102	84766295
亦庄支行	北京经济技术开发区荣华南路10号院4号楼1层106室	100176	50949890
通州支行	通州区九棵树东路152号	101101	56175691
上地支行	海淀区马连洼北路亿城国际中心1层	100085	50955736
自贸试验区支行	朝阳区光华路5号院世纪财富中心3号楼1层及夹层103单元	100026	50953462
广渠门支行	东城区东花市南里东区8号尼奥大厦1层	100062	50955239
西城文创支行	西城区三里河东路30号院1号楼105～106室	100045	68051080

徽商银行股份有限公司北京分行

机构名称	地　　址	邮　编	电　话
分行营业部	朝阳区北四环东路115号	100101	57040582
中关村支行	海淀区中关村彩和坊路8号110～111号、210～211号	100080	60190675
大红门支行	丰台区马家堡东路101号院2号楼2－9号	100070	57704118
通州支行	通州区九棵树东路150号	101100	60552383
望京支行	朝阳区望京西路47号楼	100102	64790062
劲松支行	朝阳区劲松南路1号1幢1层106号	100020	87777293

方庄支行	丰台区方庄紫芳园四区 5 号楼 102 室	100078	56175727
甜水园支行	朝阳区甜水园北里 16 号楼 1 层 1－10 室	100026	59016120
常营支行	朝阳区常惠路 6 号楼 1 层 116 室	110110	59016142
万科星园社区支行	朝阳区仰山路万科星园甲 3 号 1 层 C4 室	110105	50952761
惠新里社区支行	朝阳区惠新里 218、219 号楼 1 层 1－6 室	110101	64925520
大红门服装城小微支行	丰台区骏景园北区 29 号楼 101 室	110106	87777798
嘉园里社区支行	丰台区草桥东路 14 号楼商业 1D 室	110106	17356038681
三环新城社区支行	丰台区丰桥路 8 号院甲 14 号 1 层 16 室	110106	57854264
乔庄北街社区支行	通州区乔庄北街 228 号 1 层全部	110112	60552099
华纺易城社区支行	朝阳区青年路 29 号院 20 号楼 1 层 20－7 室	100101	59294021

宁波银行股份有限公司北京分行

机构名称	地　址	邮　编	电　话
分行营业部	海淀区西三环北路 100 号	100037	53223219
中关村支行	海淀区海淀大街 1 号 1 层、6 层	100080	53239623
丰台支行	丰台区万丰路 300 号	100161	53239551
东城支行	东城区东兴隆街 58 号 06 室	100062	53239527
望京支行	朝阳区酒仙桥中路 26 号院 1 号楼 1 层	100015	53231702
亚运村支行	朝阳区慧忠北里 214 号	100012	53272272
石景山支行	石景山区石景山路 2 号北京台湾街 B 区 1 号楼	100040	53272326
顺义支行	顺义区怡馨家园 1 号楼 1 层	101300	53272282
通州支行	通州区车站路 40 号、42 号	101199	53871168
西城科技支行	西城区北三环中路 3 号 1 幢 1 层 101 室、5 层	100029	86333089
海淀科技支行	海淀区中关村南大街甲 27 号 1 层、6 层	100089	86332817

光彩支行	丰台区光彩路66号院1号楼1~2层01室	100079	86332900
朝阳支行	朝阳区东三环南路甲52号楼商1号	100022	86332275
昌平支行	昌平区鼓楼南街37号1层	102299	86333416
自贸试验区支行	北京经济技术开发区荣华南路16号1幢1层、3层	100176	86332013
大兴支行	大兴区丽园路9号1层115~116室	102627	86332248
航天桥支行	海淀区西三环北路100号1层1-1-1-1室，2层1-4室	100142	53266280

北京农村商业银行股份有限公司

机构名称	地　址	邮　编	电　话
总行营业部	西城区月坛南街1号院1号楼5-102室、5-203室	100045	63229001
朝阳支行	朝阳区北苑路90号	100101	64945340
朝阳支行青年北路分理处	朝阳区姚家园西里1号院1号楼1层底商	100012	85569487
朝阳支行奥园分理处	朝阳区京奥家园326号楼1层108号	100016	85300980
朝阳支行绿色家园分理处	朝阳区朝来绿色家园广华居小区15号楼1层	100018	84952013
朝阳支行望京分理处	朝阳区望京南湖中园130号	100102	64759036
朝阳支行北花园分理处	朝阳区京通辅路北侧内蒙古饭店东侧	100025	65751256
朝阳支行广渠东路分理处	朝阳区广渠东路1号1层	100103	52055066
朝阳支行南皋分理处	朝阳区崔各庄乡政府北侧50米南皋路商业街1号楼	100020	84396070
朝阳支行京旺家园分理处	朝阳区崔各庄乡京旺家园小区一期B4-3号楼1层	100027	84306826
朝阳支行东辛店分理处	朝阳区崔各庄乡东辛店村	100028	64327823
朝阳支行酒仙桥分理处	朝阳区酒仙桥南十里居14号楼1层	100025	64369892

朝阳支行康营分理处	朝阳区孙河乡康营家园 E06 号楼	100018	84102835
朝阳支行六里屯分理处	朝阳区水碓子北里 1 号楼 1 层 5 单元 1－5 号	100020	59079610
朝阳支行樱花园分理处	朝阳区樱花西街 28 楼 1 层	100023	64419511
朝阳支行财富嘉园分理处	朝阳区小营路 19 号	100076	58239039
朝阳支行亚北分理处	朝阳区安立路 28 号院 1 层 F1－04 号商铺	100022	84921692
朝阳支行北沙滩分理处	朝阳区德胜门外双泉堡甲 4 号	100021	64853909
朝阳支行民族园分理处	朝阳区北土城西路 7 号 1 层 2 单元 101 室	100022	82275696
朝阳支行北苑分理处	朝阳区北苑 6 号院天怡家园 102 号楼 01 号	100121	84957577
亚运村支行	朝阳区安外安立路甲 56 号	100023	84802802
将台支行	朝阳区酒仙桥路 14 号 51 号楼兆维华灯大厦 1 层 A108 室	100101	84799276
金盏支行	朝阳区金盏乡长店组团 13 号综合楼 1 层底商	100101	84334505
来广营支行	朝阳区望京北路 18 号	100101	64390756
高碑店支行	朝阳区建国路 29 号兴隆家园 9 号楼 101 室、201 室	100101	85775446
和平支行	朝阳区来广营东路 5 号东郊农场综合服务楼	100101	84701595
光华路支行	朝阳区光华路甲 14 号诺安大厦 1 层	100020	51309953
新源支行	朝阳区新源里 16 号琨莎中心 1 座 101 室、102 室、107 室	100101	84682528
太阳宫支行	朝阳区西坝河北里 15 号楼	100101	64215209
姚家园支行	朝阳区平房乡政府北侧 10 米	100101	85574332
商务中心区支行	朝阳区朝阳门北大街 16 号 1 层、3 层、4 层	100020	85605254
商务中心区支行十里河分理处	朝阳区东三环十里河桥东综合商业楼 1 层	100021	87363709
商务中心区支行老君堂分理处	朝阳区十八里店乡老君堂村 378 路总站南侧	100023	87306948
商务中心区支行吕家营分理处	朝阳区十八里店乡吕家营村村委会对面	100023	87698644
商务中心区支行西直河分理处	朝阳区十八里店乡西直河村商业中心大厦北侧 1 层	100023	87301120

商务中心区支行关厢分理处	朝阳区鸿博家园A区2#楼公建1层西侧	100173	87607560
商务中心区支行中海园分理处	朝阳区成寿寺路138号院4号楼B号	100176	67697519
商务中心区支行城外诚分理处	朝阳区成寿寺路肖村3号	100176	87633368
商务中心区支行华侨城分理处	朝阳区金蝉南里14号楼	100023	51384184
商务中心区支行富华堂分理处	朝阳区双桥路2号院2号楼北门面房101号	100024	6540106
商务中心区支行温泉东里分理处	朝阳区双桥温泉东里14号楼	100024	65766782
商务中心区支行定福家园分理处	朝阳区定福家园南里2号院3号楼1~2层3-2号	100024	58791721
商务中心区支行常营分理处	朝阳区常营乡万象新天家园116号	100024	65788186
十八里店支行	朝阳区周家庄中路7号院13号楼A段	100021	67301569
小红门支行	朝阳区小红门乡少角村142号院4号楼附属商业楼	100176	67632185
南磨房支行	朝阳区大望路平乐园路口南300米	100023	67359159
双桥支行	朝阳区朝阳路27号院1号楼、2号楼	100024	65760120
京粮支行	朝阳区东三环中路16号	100020	51672165
黑庄户支行	朝阳区黑庄户乡政府旁边路南	100023	85382975
盛景园支行	朝阳区王四营乡观音景园小区双龙超市东侧	100023	87744560
丰台支行	丰台区西局南街101号	100161	63857797
丰台支行宋庄分理处	丰台区永外宋庄路73号院甲2号楼	100079	87626631
丰台支行石榴园分理处	丰台区石榴庄101号	100079	67272805
丰台支行东高地分理处	丰台区东高地南街7号	100076	67970226
丰台支行科丰桥分理处	丰台区韩庄子小区4-6号	100070	63717022
丰台支行草桥分理处	丰台区草桥欣园四区1号楼	100068	87507862
丰台支行幸福家园分理处	丰台区郭公庄北街5号院4号楼1层北侧	100070	83792760
丰台支行大红门商贸城分理处	丰台区南苑路15号	100076	87811423
丰台支行天伦锦城分理处	丰台区新发地锦城园15号楼A栋1层底商	100160	83715168
丰台支行靛厂分理处	丰台区西四环中路82号	100166	88214680

丰台支行右安门分理处	丰台区右安门外大街2号	100069	63569022
丰台支行鑫宝苑分理处	丰台区鑫宝苑小区2号楼底商	100000	87870370
丰台支行芳城园分理处	丰台区方庄路3号	100078	67686245
丰台支行马家堡分理处	丰台区角门北路3号院6号楼	100068	87561080
丰台支行大红门分理处	丰台区大红门西里19号院2号楼	100075	67253706
成寿寺支行	丰台区四方景园二区配套商业2－11号	100078	87644288
花乡支行	丰台区看丹路甲15号	100070	63727772
六里桥支行	丰台区华源一街2号楼	100073	63334899
世界公园支行	丰台区丰葆路富锦嘉园综合服务楼1层北段	100160	83623563
新发地支行	丰台区新发地京新酒店西侧	100160	83724852
政务中心支行	丰台区西三环南路1号	100071	89151016
三环新城支行	丰台区丰台东路58号院1号楼	100070	83293061
未来城支行	丰台区益辰欣园小区10号楼	100160	83706040
明春苑支行	丰台区明春苑小区向南100米	100160	83700759
槐新支行	丰台区槐房西路316号院3号楼	100076	67991983
卢沟桥支行	丰台区丰台体育中心北路1号	100070	63804182
卢沟桥支行西府景园分理处	丰台区梅市口路15号	100070	83658152
卢沟桥支行大成里分理处	丰台区大成南里二区3号楼首层	100074	68185526
卢沟桥支行长兴路分理处	丰台区长辛店镇大灰厂14号	100072	83801067
卢沟桥支行中体花园分理处	丰台区长辛店镇桥西崔村二里15号	100070	83301097
卢沟桥支行望欣园分理处	丰台区小井新村商业楼9－50号	100000	63826598
卢沟桥支行丰益园分理处	丰台区丰管路1号院12楼底层	100073	83663839
卢沟桥支行莱户营分理处	丰台区三路居路88号院18号楼2号	100000	63357709
卢沟桥支行晓月苑分理处	丰台区卢沟桥宛平小区17号楼	100070	83217492
卢沟桥支行丰体南路分理处	丰台区丰体南路3号丰体时代大厦首层	100070	83735770

小井支行	丰台区丰北路 81 号 1 层 1－4 号	100070	63814548
小屯支行	丰台区卢沟桥张仪村路 125 号院 18 号	100074	83695899
王佐支行	丰台区云岗南宫路 3 号	100072	83310529
长辛店支行	丰台区长辛店杜家坎南路甲 6 号	100055	63864195
马连道支行	西城区马连道南街 1 号院 3 号楼 1 层	100055	63342786
丽泽支行	西城区北京西站南路 80 号院 6 号楼 1 层 101 室	100000	63257536
宛平支行	丰台区卢沟桥晓月中路 5 号楼 B1～B2 室	100069	83896722
右安门支行	丰台区右安门外大街 56 号 2 号楼底商	100074	83974591
银河新区支行	丰台区王佐镇西王佐 27 号首层	100072	83818506
张郭庄支行	丰台区长辛店张郭庄南路 4 号	100072	83881732
石景山支行	石景山区杨庄东路 78 号	100043	68877815
石景山支行古城分理处	石景山区古城西路甲 8 号	100043	68876053
石景山支行苹果园分理处	石景山区实兴大街 5 号	100043	68865258
石景山支行八大处分理处	石景山区八大处路 28－甲 1 幢 1 层	100043	68848241
石景山支行融玉分理处	石景山区双峪路 10－5 号	100043	88993137
石景山支行阜石路分理处	石景山区石门路 318 号	100043	88902255
石景山支行七星园分理处	石景山区七星园小区向阳综合楼 1 层	100043	68626320
石景山支行黄楼分理处	石景山区永乐小区 62 栋楼前底商	100043	68654192
八角支行	石景山区八角南路 7 号	100043	68872063
西山支行	石景山区西黄新村西里 4 号楼 1 层 3 单元 103 室	100043	88701303
京原支行	石景山区玉泉路玉泉大厦 1 层	100043	88255285
海淀支行	海淀区苏州街 77 号	100089	82518896
海淀支行魏公村分理处	海淀区中关村南大街 24 号	100081	62189150
海淀支行正白旗分理处	海淀区农大南路 88 号万霖商厦 2 号 1 层	100193	62985098
海淀支行塔院分理处	海淀区花园路甲 2 号	100191	62057411

海淀支行八家分理处	海淀区八家嘉园配套商业22－8号	100085	62840987
海淀支行宝盛里分理处	海淀区宝盛里小区2号楼3门3段	100192	62992351
海淀支行紫竹桥分理处	海淀区增光路35号1层	100037	88589520
海淀支行北洼路分理处	海淀区岭南路9号	100048	68483370
海淀支行定慧寺分理处	海淀区阜成路68号	100142	88128347
海淀支行裕惠分理处	海淀区阜成路73号裕惠大厦C座	100142	68709121
海淀支行铁家坟分理处	海淀区金沟河路10号院1号楼	100143	68134142
海淀支行五路居分理处	海淀区西四环北路136号	100142	88468490
海淀支行海淀路分理处	海淀区海淀路50号	100080	62656778
海淀支行大有庄分理处	海淀区燕北园334楼1层西大厅	100091	62863513
海淀支行双榆树分理处	海淀区科学院南路31号	100086	61934272
中关村支行	海淀区彩和坊路10号中关村瀚海国际大厦	100080	62680126
世纪城支行	海淀区蓝靛厂晴波园甲5号楼	100097	62881169
东升支行	海淀区清华东路甲1号	100083	62313172
志新路支行	海淀区志新路二里庄35号	100083	59862769
清河支行	海淀区营福路9号院2号楼	100192	62944698
玉渊潭支行	海淀区阜成路81号	100142	88152155
莲花路支行	丰台区莲花池西里10号1层西侧	100073	63957532
大钟寺支行	海淀区北三环西路甲18号中鼎大厦B座	100080	62124722
海淀新区支行	海淀区丰秀中路3号院14号楼	100094	62475676
海淀新区支行颐和分理处	海淀区西北旺镇颐和山庄云锦园1号	100094	62487914
海淀新区支行永丰路分理处	海淀区西北旺镇永丰路北京朗丽兹西山花园酒店管理公司首层	100095	62467639
海淀新区支行信息路分理处	海淀区上地信息路19－2号	100084	82783663
海淀新区支行清上园分理处	海淀区安宁庄东路7号	100085	82810346

海淀新区支行西二旗分理处	海淀区西北旺镇西二旗小区商服楼1层	100085	62843414
海淀新区支行百旺分理处	海淀区德政路夏霖园13号楼1层101室	100094	82404107
海淀新区支行马连洼分理处	海淀区马连洼梅园小区7号楼1层	100193	62810334
海淀新区支行唐家岭分理处	海淀区西北旺镇唐家岭新城	100095	82784065
海淀新区支行天秀分理处	海淀区天秀花园安和园2号楼4单元东侧至5单元西侧首层	100193	62833873
海淀新区支行白水洼分理处	海淀区上庄镇白水洼村344号	102206	62471156
海淀新区支行前章村分理处	海淀区上庄镇前章村357号	100194	62471668
海淀新区支行环山分理处	海淀区温泉镇环山村78号	100095	62461733
海淀新区支行北分厂分理处	海淀区北清路3号	100095	62480014
海淀新区支行前沙涧分理处	海淀区苏家坨镇中心区A地块经济适用房A5地块配套公建21层	100095	62455940
海淀新区支行凤凰岭分理处	海淀区苏家坨镇聂各庄路18号	100194	62481665
上地支行	海淀区上地信息路7号	100085	82782008
上庄支行	海淀区上庄镇上庄路72号	100094	62472813
温泉支行	海淀区温泉镇温泉路59号	100095	62456151
苏家坨支行	海淀区苏家坨镇西小营村东	100194	62454903
北安河支行	海淀区苏家坨镇北安河路5号	100095	62459721
四季青支行	海淀区板井路81号	100097	68854336
四季青支行京香分理处	海淀区京香花园216号	100093	62590649
四季青支行紫竹院分理处	海淀区车道沟1号	100089	68424642
四季青支行北坞分理处	海淀区北坞嘉园A地块配套公建A13号楼南侧	100195	88506709
四季青支行南辛庄分理处	海淀区北辛庄352号	100093	62591639
四季青支行四王府分理处	海淀区香山厢白旗乙15号	100093	62590279
四季青支行京粮广场分理处	海淀区田村路43号环京现代物流设施项目	100049	88189834

四季青支行西山分理处	海淀区杏石路48号	100195	62590935
四季青支行香山分理处	海淀区香山北辛村甲51号	100093	62593402
四季青支行曙光花园分理处	海淀区彰化路7号楼F101号	100097	88877815
军博支行	海淀区会城门北口路东	100038	63442066
杏石路支行	海淀区杏石口路甲29号	100195	88471291
门头沟支行	门头沟区滨河路115号滨河大厦1层、12层	102300	69820909
门头沟支行清水分理处	门头沟区清水镇上清水村上清水车站50米	102311	60855422
门头沟支行付家台分理处	门头沟区雁翅镇付家台中学对面	102305	61839764
门头沟支行何各庄分理处	门头沟区石门营新区六区21号楼1层102室	102308	69836344
门头沟支行潭柘寺分理处	门头沟区潭柘新区5号院9号楼201室、202室	102308	60861567
门头沟支行军庄分理处	门头沟区军庄镇军庄村口南100米	102399	60811992
门头沟支行王平分理处	门头沟区王平镇王平大街11号	102301	61859457
门头沟支行妙峰山分理处	门头沟区妙峰山镇镇政府对面	102399	61881148
门头沟支行新桥分理处	门头沟区新桥大街69号	102399	69838944
门头沟支行梧桐苑分理处	门头沟区龙兴南二路8号院4号楼1层101号、102号	102308	60860930
斋堂支行	门头沟区斋堂镇斋堂大街43号	102309	69816714
永定支行	门头沟区永兴小区15号楼底商	102308	69809505
城龙支行	门头沟区门头沟路38号	102300	69828008
龙泉支行	门头沟区滨河路47号2幢1~2层、地下1层	102399	69832079
昌平支行	昌平区昌平镇鼓楼南大街西侧	102200	69744185
昌平支行沙阳路分理处	昌平区沙河镇沙阳路11号	102206	61701262
昌平支行科技园分理处	昌平区白浮泉路10号	102200	80100819
昌平支行东关分理处	昌平区昌平镇南环东路22号	102200	69749147
昌平支行东海分理处	昌平区城关镇东关府学路建安里7号	102200	89731583

昌平支行桃洼分理处	昌平区南口镇后洼村南兴路中段北侧	102202	69771185
昌平支行流村分理处	昌平区流村镇北流村西科技园环岛西 500 米	102204	89771169
昌平支行龙水路分理处	昌平区城区镇龙水路 38 号院 10 号楼底商	102200	69744889
昌平支行大东流分理处	昌平区大东流村 114 号	102211	61711450
昌平支行下庄分理处	昌平区兴寿镇下庄村安泗路东侧拔丝厂北	102212	89726124
昌平支行西沙屯分理处	昌平区沙河镇西沙屯村西侧京昌路百葛桥东南	102206	80762266
昌平支行七里渠分理处	昌平区沙河镇豆各庄村 10 号	102206	69737514
昌平支行亭自庄分理处	昌平区马池口镇北小营村东 628 号	102202	60756436
昌平支行水南路分理处	昌平区昌平镇水屯村南燕龙商业大厦 2 号楼 1 层 106 室	102200	80105309
昌平支行长陵分理处	昌平区长陵镇政府南侧	102213	60761042
昌平支行西关分理处	昌平区城区镇西关路 12 号华尔森小区 1 号楼	102200	69708934
兴昌支行	昌平区昌平镇东环路中医院对面	102200	69744889
南口支行	昌平区南口镇东大街保温瓶厂南侧	102202	69771185
小汤山支行	昌平区小汤山镇地税所西院	102211	61781226
兴寿支行	昌平区兴寿镇兴寿村 709 号	102212	61726064
阳坊支行	昌平区阳坊镇南阳路大都饭店北侧	102205	69700458
沙河支行	昌平区沙河镇兆丰家园 12－1 号楼 1 层底商	102206	89700636
马池口支行	昌平区马池口镇马池口村新街 347 号	102200	60772425
崔村支行	昌平区崔村镇西崔村 11 号	102212	60721355
南邵支行	昌平区南环路南邵回迁小区 11 号、12 号	102200	60732142
十三陵支行	昌平区十三陵镇胡庄	102200	89761489
北环支行	昌平区昌平镇北环路 2 号金兰大厦 3 单元地下 1 层 C1～C2 单元	102200	69709340
百善支行	昌平区百善镇政府西侧	102211	61739209

天通苑支行	昌平区东小口镇中滩村东镇政府后面	102218	84811204
天通苑支行立汤路分理处	昌平区立汤路186号甲5幢1－116号、1－117号	102218	84675196
天通苑支行回龙观西大街分理处	昌平区回龙观西大街16号院2号楼B102～B104室	102208	89777065
天通苑支行霍家营分理处	昌平区东小口镇旺龙花园底商	102208	69792040
龙禧支行	昌平区回龙观镇北店嘉园小区21号	102208	81722368
天通苑支行龙冠分理处	昌平区龙域北街8号院1号楼1层114室	102208	82170968
天通苑支行北清路分理处	昌平区北清路1号院珠江摩尔大厦5号楼5－3－107商铺	102206	69731627
天通苑支行龙华分理处	昌平区回龙观西三旗桥东育新花园北门对面	102208	82914612
天通苑支行龙兴分理处	昌平区回龙观镇二拨子村南侧物业楼	102208	80794096
燕丹支行	昌平区北七家镇燕丹村7号	102209	61758224
天通苑支行平西府分理处	昌平区北七家镇平西府村王府街5号	102209	81789774
天通苑支行望都分理处	昌平区北七家镇望都家园小区正门东侧	102209	89751194
天通苑支行宏福分理处	昌平区北七家镇郑各庄村东8－1号	102209	81777908
天通苑支行科星西路分理处	昌平区良庄街4号楼05号	102208	69798920
回龙观支行	昌平区回龙观镇政府北100米	102208	62713086
北七家支行	昌平区北七家镇政府街八仙别墅北	102209	69751141
天通苑东区支行	昌平区东小口镇天通苑东苑东三区2号楼	102218	61765593
通州分行	通州区梨园北街63号、65号	101101	80881658
永顺支行翠福园分理处	通州区安顺北里18号楼	101100	89576530
永顺支行龙旺庄分理处	通州区永顺镇龙旺庄村49号	101100	89598154
永顺支行西街分理处	通州区永顺镇永顺南街107号	101100	89532791
永顺支行潞苑分理处	通州区永顺镇陈列馆路潞苑嘉园商业服务楼4号	101100	89597344
潞城支行运河分理处	通州区乔庄路18号乔庄综合楼	101100	60555699
潞城支行甘棠分理处	通州区潞城镇食品工业园区58号	101117	61521019

梨园支行云景里分理处	通州区梨园镇车里坟村委会西 50 米	101100	60521201
梨园支行瑞都景园分理处	通州区九棵树街 131 号	101101	60527469
梨园支行玉带路分理处	通州区西营前街 12 号楼底商	101101	60530510
宋庄支行徐辛庄分理处	通州区宋庄镇徐辛庄村集贸市场东北	101118	89568866
宋庄支行富豪分理处	通州区宋庄镇富豪村中街西侧	101118	89551740
漷县支行郎府分理处	通州区西集镇张各庄村西	101108	61556088
漷县支行金三角分理处	通州区漷县镇金三角工贸城东北	101112	80566494
永乐店支行小务分理处	通州区永乐店镇小务村 329 号	101105	80551301
永乐店支行柴厂屯分理处	通州区永乐店镇柴厂屯村 623 号	101105	80511319
永乐店支行渠头分理处	通州区聚富苑民族产业发展基地聚富北路 2 号 1 幢	101127	80576330
永乐店支行于家务分理处	通州区于家务回族乡于家务村五街 79 号	101105	80533661
张家湾支行御苑分理处	通州区张家湾镇张湾村太玉园 B 区 1090 ~ 1092 号	101113	69571385
台湖支行加州分理处	通州区颐瑞西里 2 号楼 130 号	101100	69557721
台湖支行次渠分理处	通州区台湖镇次一村华馨园小区北侧	101111	69501790
马驹桥支行杜兴路分理处	通州区马驹桥镇大杜社村杜兴路西侧	101103	61585940
永顺支行	通州区新华北街 31 号	101100	69546729
宋庄支行	通州区宋庄文化创意产业集聚区京榆旧路南公共服务平台 1 ~ 2 层	101118	69591088
潞城支行	通州区潞城镇政府东侧	101117	89581549
西集支行	通州区西集镇国防路 39 号	101108	61578600
漷县支行	通州区漷县镇漷兴一街北侧	101109	80586913
永乐店支行	通州区永乐店镇永乐大街 54 号	101105	69560337
张家湾支行	通州区张家湾镇光华路西侧	101113	69571387
台湖支行	通州区台湖北里 30 号楼 1 ~ 2 层 101 室	101116	61536918
晶城支行	通州区通胡大街 11 号	101100	89526078

梨园支行	通州区梨园镇九棵树大街17号	101101	81513748
翠屏北里支行	通州区翠屏北里西区商11~12号	101100	81523761
马驹桥支行	通州区马驹桥镇兴华南街245号院12号楼106~107号	101102	60509375
光机电支行	通州区中关村科技园区通州园区光机电一体化产业基地政府路8号	101111	81500270
顺义支行建南分理处	顺义区石门街甲6号院1号楼1层101号铺位	101300	69424280
顺义支行澜西园分理处	顺义区澜西园四区6号	101300	60496937
顺义支行港馨分理处	顺义区港馨家园28号楼11号、12号	101300	89448143
顺义支行石园分理处	顺义区石园北区一居68－12号	101300	81493815
顺义支行向阳分理处	顺义区佳和宜园1号楼1层105号	101300	59392042
顺义支行板桥分理处	顺义区赵全营镇牛板路板桥段19号	101300	60442203
顺义支行北石槽分理处	顺义区北石槽镇府前街25号	101300	60422565
顺义支行北务分理处	顺义区北务镇政府街9号	101300	61421931
顺义支行张镇分理处	顺义区张镇大街7号	101300	61480761
顺义支行顺平路分理处	顺义区南彩镇顺平路俸伯段87号	101300	89472668
顺义支行李遂分理处	顺义区李遂集贸市场商业楼A段13号	101300	89481679
顺义支行龙湾屯分理处	顺义区龙湾屯镇府前街9号	101300	60461321
顺义支行木林分理处	顺义区木林镇府前街55号	101300	60456237
顺义支行大孙各庄分理处	顺义区大孙各庄镇府前东街11号	101300	61432043
顺义支行张喜庄分理处	顺义区高丽营镇张喜庄村商业街中区38号	101300	69491585
顺义支行裕龙分理处	顺义区裕龙花园三区7号楼1层	101300	69421524
顺义支行东方苑分理处	顺义区安泰大街6号院1号楼1层103室	101300	69458603
顺义支行沿河分理处	顺义区李桥镇仁李路沿河段43号	101300	69486078
仁和支行	顺义区石园南区33号楼	101300	89448105

建新东街支行	顺义区建南东街2号	101300	69443034
平各庄支行	顺义区仁和镇平各庄村顺通路27号	101300	89492041
马坡支行	顺义区马坡地区西马坡村西	101300	69402009
赵全营支行	顺义区赵全营镇政府西300米	101300	60432619
杨镇支行	顺义区双阳西区甲4号楼1~2层甲4-10~11号	101300	61451286
南彩支行	顺义区南彩镇顺平路南彩段45号	101300	89469253
北小营支行	顺义区北小营府前街11号	101300	60483641
高丽营支行	顺义区高丽营镇顺沙路高丽营段7号	101300	69455929
光明街支行	顺义区光明北街9号	101300	69429097
空港支行	顺义区天竺镇府前街37号	101300	80467224
南法信支行	顺义区南法信镇华英园9号	101300	69478100
李家桥支行	顺义区李桥中心街53号	101300	81473831
后沙峪支行	顺义区后沙峪镇双裕街15号	101300	80496703
机场南路支行	朝阳区首都机场南路3号	100621	64573633
牛栏山支行	顺义区牛栏山镇牛板路牛山段邮局东侧	101300	69411241
大兴支行	大兴区黄村东大街9号	102600	69255471
大兴支行东路分理处	大兴区旧宫镇北小红门路136-7号	100076	87963994
大兴支行宏福路分理处	大兴区西红门兴海家园日苑34号楼	100162	60243719
大兴支行临空分理处	大兴区礼贤镇小马坊村拆迁指挥部大楼1层东侧	102607	89290899
大兴支行研垡分理处	大兴区魏善庄镇政府西	102611	89201977
大兴支行长子营分理处	大兴区长子营镇政府内	102615	80265756
大兴支行新建分理处	大兴区西红门镇经济技术产业区中鼎北路1号	100076	81285183
大兴支行兴城分理处	大兴区黄村西大街6号	102600	69247786
大兴支行芦城分理处	大兴区黄村镇芦城村泰城服装厂东侧	102612	61239438
大兴支行狼垡分理处	大兴区黄村镇狼垡二村亿发公司北侧	102613	61222047

大兴支行联港嘉园分理处	大兴区罗奇营路26号1层104室	102600	61251442
大兴支行康盛园分理处	大兴区康盛园兴盛街175号	102600	60207460
旧宫支行	大兴区旧宫镇旧宫东路90号	100076	87967249
西红门支行	大兴区西红门镇政府西侧1米	100162	60253045
北臧村支行	大兴区庆丰西路1号院17号楼104～105号	102609	61253449
庞各庄支行	大兴区庞各庄镇农行分理处南1米	102601	89287419
榆垡支行	大兴区榆垡镇卫生院东侧5米	102602	89213416
安定支行	大兴区安定镇农行分理处西侧	102607	80231261
青云店支行	大兴区青云店大东新村B区47号楼	102605	80281033
清澄支行	大兴区黄村镇清澄名苑南区31号楼政府综合服务大厅内	102600	81296809
采育支行	大兴区采育镇育林街2号院5号楼1～2层1号	102606	80271469
金星支行	大兴区西红门镇金星庄村黄亦路50号1层	100162	61285905
黄村支行	大兴区黄村镇兴华路216号	102600	69266642
孙村支行	大兴区海鑫北路15号院10号楼	102600	61267484
清源支行	大兴区兴丰大街二段146号	102600	69261797
经济技术开发区支行	北京经济技术开发区荣华南路10号院2号楼	100176	87531082
经济技术开发区支行东区分理处	大兴区亦庄镇小羊坊小康家园1号楼底商	100176	87396423
经济技术开发区支行凉水河分理处	大兴区亦庄镇泰河园一里一区13号楼底商	100176	67889112
经济技术开发区支行贵园分理处	大兴区亦庄镇贵园小区南里北商服平房	100176	67876822
经济技术开发区支行天华园分理处	北京经济技术开发区康定街18号10号楼1层10号	100176	87856166
经济技术开发区支行南海家园分理处	北京经济技术开发区南海家园二里20号楼北侧商业房1层	100176	53582209
经济技术开发区支行太和分理处	北京经济技术开发区鹿海园五里1号楼1号底商	100176	69286036
经济技术开发区支行瀛祥路分理处	大兴区瀛海镇瀛海家园瀛坤路4号院1层E1－2室	100176	69289880

亦庄支行	大兴区亦庄镇政府内	100176	67881973
瀛海支行	大兴区瀛吉街8号院1号楼1~2层101室	100176	69278315
房山支行	房山区良乡长虹东路1号	102488	69367916
房山支行北关分理处	房山区城关镇北大街8号	102400	69310022
房山支行石楼分理处	房山区石楼镇石楼大街20号	102422	89300223
房山支行石化分理处	房山区城关农林路西侧	102400	69318327
房山支行周口店分理处	房山区周口店镇周口店村派出所对面	102405	69301448
房山支行坨里分理处	房山区青龙湖镇坨里村	102471	80373850
房山支行南召分理处	房山区琉璃河镇西南召村3区1号	102431	80399631
房山支行南窖分理处	房山区南窖乡政府院内	102418	60375701
房山支行史家营分理处	房山区史家营乡政府左侧	102461	60397806
房山支行佛子庄分理处	房山区佛子庄乡政府西侧	102417	60365953
房山支行大安山分理处	房山区大安山乡政府院内	102419	60373822
房山支行霞云岭分理处	房山区霞云岭乡政府院内	102421	60367334
房山支行葫芦垡分理处	房山区长阳镇葫芦垡村	102445	60352094
房山支行稻田分理处	房山区长阳镇天泰新景小区大门南侧2号	102442	80350663
房山支行碧桂园分理处	房山区长阳镇昊天北大街38号	102445	80392488
房山支行交道分理处	房山区窦店镇交道三街村	102434	80318027
房山支行十渡分理处	房山区十渡镇十渡大街91号	102411	61340742
房山支行蒲洼乡分理处	房山区蒲洼乡蒲洼大街8号	102477	61371645
房山支行大石窝分理处	房山区大石窝镇石窝大队东侧	102407	61323077
房山支行韩村河分理处	房山区韩村河镇西东村岳李路29号	102423	80389155
房山支行行宫分理处	房山区拱辰街道办事处行宫小区三里10号楼	102488	60326370
房山支行北潞园分理处	房山区西潞街道办事处北潞春家园E7号	102488	89394469
房山支行苏庄建鑫园分理处	房山区西潞街道办事处苏庄建鑫园大街19号	102488	61355997

房山支行官道分理处	房山区良乡镇良官大街58号	102446	60331880
燕房支行	房山区城关镇南大街16号	102400	89337649
阎村支行	房山区阎村镇紫园路115号	102412	89319361
青龙湖支行	房山区青龙湖镇豆各庄村下四区43号	102447	60322343
琉璃河支行	房山区琉璃河镇东街28号	102403	89381453
河北镇支行	房山区河北镇李各庄村	102417	60377286
长阳支行	房山区辛瓜地路12号院3号楼	102400	80351572
窦店支行	房山区窦店镇窦店村	102433	69396668
张坊支行	房山区张坊镇张坊村中二区61号	102409	61339993
长沟支行	房山区长沟镇长沟大街48号	102407	61365265
西潞支行	房山区良乡西路东里甲1号西潞商业大厦1层	102488	89368086
良乡支行	房山区良乡中路26号	102488	69361014
平谷支行	平谷区平乐街8号院	101200	89989578
平谷支行新平北路分理处	平谷区平谷镇府前街1号	101200	69974122
平谷支行兴谷分理处	平谷区平谷镇平翔路2号院4号楼1~2层4－15号	101200	69956936
平谷支行乐政务分理处	平谷区王辛庄镇乐政务乐园路24号	101209	61921066
平谷支行马昌营分理处	平谷区马昌营镇古槐路53号院	101214	61912495
平谷支行黄松峪分理处	平谷区金海湖镇黄松峪东街273号	101201	60971163
平谷支行靠山集分理处	平谷区金海湖镇靠山集大街4号院	101202	60983104
平谷支行山东庄分理处	平谷区山东庄镇西沥津西路85号	101211	60937373
平谷支行桥山路分理处	平谷区山东庄镇府前路10号院	101211	60937524
平谷支行熊耳寨分理处	平谷区熊儿寨乡熊儿寨东路12号	101207	61961892
平谷支行刘店分理处	平谷区刘家店镇银店大街13号	101208	61972002
平谷支行镇罗营分理处	平谷区镇罗营镇镇罗营东街15号院	101215	61969048
平谷支行双鹿分理处	平谷区平谷镇航宇北街6号	101200	89991774

平谷支行文化南街分理处	平谷区平谷镇文化南街 7 号	101200	69963716
平谷支行岳阳分理处	平谷区迎宾环岛东南角 1 号楼 1 层商铺 -13 号	101200	89995891
平谷支行乐园分理处	平谷区新平北路 9 号	101200	69921934
平谷支行世纪兴分理处	平谷区平谷镇新平北路 57 号	101200	89984948
东高村支行	平谷区东高村镇东高村兴业路 6 号院	101200	69900791
王辛庄支行	平谷区王辛庄镇齐各庄前街 75 号	101209	89980549
马坊支行	平谷区马坊镇西大街 17 号	101204	60996889
金海湖支行	平谷区金海湖镇韩庄北街 160 号院	101201	69995688
南独乐河支行	平谷区南独乐河镇同乐路 128 号	101212	60920732
大华山支行	平谷区大华山镇大华山大街 136 号院	101207	61947600
峪口支行	平谷区峪口镇峪口西大街 2 号院	101205	61904035
大兴庄支行	平谷区大兴庄镇大兴庄村东	101205	89931168
新开街支行	平谷区平谷镇林荫北街 13 号 1 层、2 层东侧	101200	69975139
绿谷支行	平谷区光明西小区 5 号	101200	69961812
夏各庄支行	平谷区夏各庄镇安固村村东 6 号	110600	60913102
密云支行	密云区鼓楼南大街 25 号	101500	69045330
密云支行新农村分理处	密云区穆家峪镇新农村偏东	101500	89011014
密云支行新城子分理处	密云区新城子镇新城子村主街路东	101500	81022342
密云支行北庄分理处	密云区北庄镇北庄村委会对面	101500	81001707
密云支行双井分理处	密云区十里堡镇双井村双燕街 2 -1 号	101500	89097786
密云支行西田各庄分理处	密云区西田各庄镇西田各庄村东南	101500	61018075
密云支行石城分理处	密云区石城镇南石城村镇政府对面	101500	61025583
密云支行大城子分理处	密云区大城子镇大城子村镇政府南侧	101500	61071419
密云支行焦家务分理处	密云区巨各庄镇前焦家务村东	101500	61031145
密云支行东邵渠分理处	密云区东邵渠镇东邵渠村东侧	101500	61061419

密云支行古北口分理处	密云区古北口镇古北口村派出所东侧	101500	81051063
密云支行不老屯分理处	密云区不老屯镇政府东侧	101500	81091586
密云支行冯家峪分理处	密云区冯家峪镇冯家峪村 40 号	101500	81060073
密云支行康居分理处	密云区康居小区新兴公司楼 1 层	101500	69021948
密云支行滨阳西里分理处	密云区新中街世纪家园小区 3 号楼底商 14－1 至 14－5 号	101500	69046577
密云支行檀城分理处	密云区密云镇金地来大酒店 1 层	101500	69043006
密云支行西滨河分理处	密云区果园新里中区商业楼地上 1 层	101500	69063510
密云支行檀西路分理处	密云区檀西路 135 号院 3 号楼南段	101500	69049420
密云支行新东路分理处	密云区百世城街 8#楼北段 1 层	101500	69057241
密云支行水源路分理处	密云区蓝河湾 37 号楼 1 层 108 号	101500	81081206
密云支行鼓楼分理处	密云区鼓楼北大街 13 号	101500	69043454
穆家峪支行	密云区穆家峪镇南穆家峪村南侧	101500	61051833
河南寨支行	密云区河南寨镇滨河工业开发区	101500	61086033
十里堡支行	密云区十里堡镇政府东侧	101500	89096276
溪翁庄支行	密云区溪翁庄镇溪翁庄村委会北楼	101512	69012347
巨各庄支行	密云区巨各庄镇巨各庄村南侧	101501	61030163
高岭支行	密云区高岭镇高岭村政府路东侧	101507	81081281
季庄支行	密云区果园西路 21 号	101500	89099803
檀州支行	密云区鼓楼东大街世豪大酒店对面	101500	69043475
太师屯支行	密云区太师屯镇永安街 149 号 1～4 层 149－6 号	101504	69032543
怀柔支行	怀柔区迎宾北路 18 号	101499	69626174
怀柔支行迎宾路分理处	怀柔区北大街 14 号	101499	57495972
怀柔支行幸福西街分理处	怀柔区北房镇北房村幸福西街 17 号	101499	61683546
怀柔支行凤翔分理处	怀柔区杨宋镇杨宋庄村兴杨路 22 号	101499	61678464

怀柔支行辛营分理处	怀柔区渤海镇三渡河村 33 号	101405	57496010
怀柔支行两河分理处	怀柔区庙城镇高两河村西侧	101401	57495970
怀柔支行北宅分理处	怀柔区桥梓镇北宅村	101402	57496025
怀柔支行黄坎分理处	怀柔区九渡河镇黄坎村 281 号	101403	61691841
怀柔支行九渡河分理处	怀柔区九渡河镇九渡河村	101403	57496027
怀柔支行宝山寺分理处	怀柔区宝山镇宝山寺村	101411	60625654
怀柔支行喇叭沟门分理处	怀柔区喇叭沟门满族乡喇叭沟门村	101414	57496002
怀柔支行长哨营分理处	怀柔区长哨营满族乡长哨营村	101412	60621815
怀柔支行琉璃庙分理处	怀柔区琉璃庙镇琉璃庙村 155 号	101409	61618420
怀柔支行商业街分理处	怀柔区商业街 14 号	101499	69622364
怀柔支行东环路分理处	怀柔区东关一区 19 号	101499	69686595
怀柔支行金台园分理处	怀柔区金台园 56 号楼 2 单元 101～102 室	101499	69685374
泉河支行	怀柔区迎宾北路 32 号	101499	69646145
杨宋支行	怀柔区杨宋镇凤翔科技开发区四园 1 号	101499	61679451
雁栖支行	怀柔区雁栖镇下庄村 435 号	101407	61641348
怀北支行	怀柔区怀北镇西庄村 317 号	101408	69662627
渤海支行	怀柔区渤海镇沙峪村 350 号	101405	61631741
庙城支行	怀柔区庙城镇庙城 293 号院 3 号楼 1～2 层 101 室、102 室	101401	60693356
桥梓支行	怀柔区桥梓镇桥梓村村北	101402	57496022
汤河口支行	怀柔区汤河口镇汤河口村 16 号	101411	89671054
富乐支行	怀柔区富乐大街乐红园小区 1 号楼	101499	89688706
青春路支行	怀柔区青春路 8 号	101499	69642910
延庆支行	延庆区东外大街 109 号	102100	69189202
延庆支行百莲路分理处	延庆区百莲路 12～16 号	102100	61116915

延庆支行城关分理处	延庆区延庆镇西街2号	102100	69185844
延庆支行四海分理处	延庆区四海镇四海村中心	102107	60187957
延庆支行刘斌堡分理处	延庆区刘斌堡乡刘斌堡村东	102104	60181356
延庆支行大庄科分理处	延庆区大庄科乡政府院内	102106	60189104
延庆支行珍珠泉分理处	延庆区珍珠泉乡珍珠泉村西社区办公楼1层	102107	60186604
延庆支行千家店分理处	延庆区千家店镇东店村130号	102104	60188498
延庆支行康庄分理处	延庆区康庄镇商业街C区1号、2号	102101	61161215
延庆支行沈家营分理处	延庆区沈家营镇政府东侧	102100	61132755
延庆支行香营分理处	延庆区香营乡政府院内	102104	60161292
延庆支行大榆树分理处	延庆区大榆树镇大榆树村东	102100	61182033
延庆支行城东分理处	延庆区延庆镇石河营建材城西门北侧	102100	69149418
延庆支行井庄分理处	延庆区井庄镇政府南侧200米路东	102105	61192469
夏都支行	延庆区高塔路62号	102100	69141623
张山营支行	延庆区张山营镇张山营村南	102115	69111994
永宁支行	延庆区永宁镇北门口	102104	60171284
八达岭支行	延庆区八达岭镇政府院内	102102	69129421
旧县支行	延庆区旧县镇村北侧	102109	61152932
南菜园支行	延庆区延庆镇南菜园开发区17号	102100	69171149
西城支行	西城区复兴门外大街4号楼迤东1~3层	100045	68562978
鼓楼支行	西城区旧鼓楼外大街甲1号	100120	62358423－8008
陶然亭支行	西城区太平街6号1~2层	100050	59361658
北太平庄支行	西城区新街口外大街12号	100088	82083660
车公庄支行	海淀区首体南路9号主语家园17号楼	100048	68790575
宣武支行	西城区广安门南街6号广安大厦1层、4层	100054	83531956
牛街支行	西城区牛街20号、22号	100053	83521113

阜外支行	西城区车公庄大街9号院1号楼商业2号	100044	88312399
两广路支行	西城区广安门内大街311号院2号楼1层	100053	83130213
东城支行	东城区北三环东路37号A座	100013	52979432
隆福支行	东城区东四北大街526号C区1层	100010	64026712
王府井支行	东城区东单北大街3号	100005	65229768
永外支行	东城区安乐林路69甲69号	100075	67213502
工体支行	东城区工体西路工体综合楼	100027	65515361
雍和宫支行	东城区安定门东大街28号2号楼B1～B2号	100007	64097201
崇文支行	东城区崇文门外大街9号正仁大厦1层	100062	67092273
建国门支行	朝阳区东三环中路39号建外SOHO12号楼1200商铺	100022	58696373
尚都支行	朝阳区东大桥路8号SOHO尚都南塔2160室	100020	59003249
广渠门支行	东城区东花市南里东区15号楼2－101号	100062	87101003
天坛支行	东城区光明路13号1层	100061	67161243
东四十条支行	东城区东四十条甲22号	100007	52185015

中国邮政储蓄银行股份有限公司北京分行

机构名称	地　址	邮　编	电　话
昌平区支行	昌平区政府街	102200	69746413
天通北苑支行	昌平区天通北苑二区甲11号楼1门	102218	81771247
沙河支行	昌平区沙河镇顺沙路19号院二区底商1－2号	102206	69732648
龙水路支行	昌平区畅春阁小区龙水路22号院1号楼1层101室	102200	69706766
龙锦苑支行	昌平区回龙观龙锦苑五区	102208	80757025
东小口支行	昌平区中滩村6号院6号楼1层101～102室	102218	64127938

昌崔路支行	昌平区昌崔路 201 号大厦 1 层	102200	80107709
北七家支行	昌平区北七家镇定泗路北侧雅安商厦 C 号商业 1 层部分底商	102209	80126276
白浮泉路支行	昌平区白浮泉路 26 号院 3 号楼 1 层 102 室	102200	56914918
回龙观西大街支行	合署至龙锦苑支行办公	102208	80757025
黄平路支行	合署至龙锦苑支行办公	102208	80757025
朝阳区支行	朝阳区西大望路 59 号甲 3 号楼	100022	67753157
姚家园路支行	朝阳区姚家园路甲一号活力东方奥特莱斯购物广场首层	100123	51193713
杨闸支行	朝阳区朝阳路 8 号杨闸环岛西南侧朗廷大厦底商	100024	85583351
双龙南里支行	朝阳区双龙南里 204 号楼	100021	87321621
三间房支行	朝阳区三间房 223 号	100024	65762454
农光里支行	朝阳区农光里 102 号楼	100021	67317246
吕家营支行	朝阳区观筑庭园 801 号楼 1 层 104 室、2 层 204 室	100122	87641653
垡头支行	朝阳区垡头一区 4 号楼东	100023	67385807
常营支行	朝阳区朝阳北路万象新天家园 426 号楼 1 层 C～D 室	100024	65431812
十里河支行	合署至常营支行办公	100024	87641653
大兴区支行	大兴区黄村镇兴丰大街三段 88 号	102600	69243272
兴华路支行	大兴区黄村镇兴华路二段六号院	102627	60243749
埝坛支行	大兴区天河西路 19 号	102629	61252695
黄村西大街支行	大兴区兴华大街中段 27 号	102600	89295357
东城区支行	朝阳区光华路 50 号	100600	65217055
交道口东大街支行	东城区交道口东大街 10 号楼底商 B	100007	64001693
建内大街支行	东城区站西路 2 号	100001	65196657

崇文支行	东城区崇文门外大街11号-7室和11号-212室	100078	67086258
水碓子支行	朝阳区金台北街6号楼	100026	65005146
双井支行	朝阳区广渠东路48号楼	100022	67701770
广渠门外大街支行	朝阳区广渠门外大街甲28号院16号楼1层西侧A5室	100022	67740889
工体东路支行	朝阳区工人体育场东路甲2号1层101室	100027	85871557
崇外大街支行	合署至工体东路支行办公	100027	85871557
房山区支行	房山区良乡镇良乡西路11号	102488	89358306
政通路支行	房山区拱辰街道政通路23号	102488	89352352
长政街支行	房山区康泽路3号院10号楼1层101室	102401	69351297
长虹东路支行	房山区良乡地区鸿顺园商业1号楼1层	102488	69387298
迎风街支行	房山区燕山迎风街43号	102500	69347148
农林路支行	房山区城关农林路燕宾鑫源商贸中心	102400	69323310
窦店支行	房山区窦店镇山水汇豪苑66号1层底商	102433	80307698
城关支行	房山区兴房大街19号	102400	69314309
丰台区支行	丰台区西罗园1区15号楼	100077	87255517
长辛店支行	丰台区长辛店大街1号	100072	83876093
云岗支行	丰台区云岗南区西里2号	100074	83316121
右安南桥支行	丰台区北甲地路2号院	100068	86353008
科学城支行	丰台区帝京路5号	100070	63714433
开阳里支行	丰台区开阳里5区3号楼	100069	83559587
金融港支行	丰台区南四环西路188号16区21楼1层	100070	56097525
角门支行	丰台区马家堡路120号	100068	67528604
公益西桥支行	丰台区角门18号枫竹苑二区1号楼1层底商	100068	67500829
丰台南路支行	丰台区风格与林苑甲9号楼1层102室	100070	83712880

丰台大街支行	丰台区西四环南路94号	100071	63816717
丰海北街支行	丰台区南苑路7号福成大厦地上1层	100166	87289861
方庄支行	丰台区蒲方路22号	100078	67678476
莱户营支行	丰台区三路居路88号院18号楼1层106室	100073	83204657
百荣支行	合署至莱户营支行办公	100073	83204657
大红门服装城支行	合署至角门支行办公	100068	67528604
海淀区支行	海淀区圆明园西路骚子营小区内	100091	62875156
知春路支行	海淀区知春路1号	100083	82310721
学院路支行	海淀区成府路17号1~2层	100083	82373385
香山支行	海淀区北辛村5号	100093	82592744
文慧园西路支行	海淀区文慧园小区15、16号楼底商A段1层	100082	62235092
魏公村支行	海淀区中关村南大街17号	100081	88578918
万寿寺支行	海淀区西三环北路25号	100089	88569680
苏州街支行	海淀区厂洼2号楼	100089	68423230
世纪城支行	海淀区世纪城小区烟树园1号楼	100097	88874740
北太平庄支行	海淀区马甸村1号	100088	62029544
太阳园支行	合署至知春路支行办公	100083	82310721
紫竹院路支行	合署至万寿寺支行办公	100089	88569680
怀柔区支行	怀柔区青春路18号	101400	69626806
迎宾路支行	怀柔区滨湖小区1号	101400	60639503
金融大街支行	西城区金融大街3号A座1~2层	100808	66555336
新街口支行	西城区西内大街32号	100035	66131033
新华里支行	西城区新华里16号院2号楼103-02号	100044	88359239
西外大街支行	西城区西外大街德宝新园甲22号	100044	68352749
西四支行	西城区西四南大街16号	100034	66179752

门头沟区支行	门头沟区新桥南大街13号院1号楼1层北1－1号、北1－2号、北1－3号	102300	69842927
大峪支行	门头沟区河滩路2号	102300	60804074
滨河路支行	门头沟区滨河西区皓月园6号楼底商11－3号	102300	69821761
密云区支行	密云区鼓楼东大街	101500	69042963
双燕街支行	密云区双燕街6号1幢	101500	61096063
果园西路支行	密云区果园西路42号、44号	101500	69099490
密东广场支行	合署至密云区支行办公	101500	69042963
平谷区支行	平谷区迎宾路1号院27幢1层	101200	69962700
紫贵支行	平谷区紫贵庄园13号楼1至2层10～12室	101200	89979702
新平支行	平谷区旧城街16号	101200	69981139
石景山区支行	合署至晋元庄支行办公	100043	58971471
重兴园支行	石景山区重兴园甲一号	100040	68632039
新古城支行	石景山区古城南里2－3号楼	100043	68876125
金顶街支行	石景山区金顶街二区甲2栋	100041	88713519
永定路支行	海淀区永定路甲88号	100039	68231346
万寿路支行	海淀区万寿路7号	100036	68214390
玲珑路支行	海淀区西四环北路160号1层2区105室	100039	88119067
晋元庄支行	海淀区建西苑晋元庄小区33号楼商业9号	100043	58971472
鲁谷支行	石景山区鲁谷路39号	100040	88685282
顺义区支行	顺义区站前街8号院1号楼101号	101300	69424651
双裕街支行	顺义区后沙峪镇双裕街甲7号	101300	80479883
石园南区支行	顺义区石园南区花园路南侧新华书店1层底商	101300	89440898
国门支行	顺义区李桥镇李天路南半壁店段11号	101300	61496917
东兴路支行	合署至顺义区支行办公	101300	89403270

双阳南区支行	合署至石园南区支行办公	101300	61458227
通州区支行	通州区运河西大街174号	101100	81587584
中仓支行	通州区车站路28号	101100	80882381
新华支行	通州区新华西街57号	101100	69554110
通胡大街支行	通州区通胡大街25号院－1至－10号	101100	89537237
永顺支行	合署至通胡大街支行办公	101100	81597149
望京支行	朝阳区望京西园1区120号楼	100102	84718103
左家庄中街支行	朝阳区左家庄中街6号院9号楼1层111室、2层207室	100028	64628165
亚运村支行	朝阳区安慧里2区11号楼	100101	64938202
万科星园支行	朝阳区仰山路万科星园甲7号	100107	84921227
花家地支行	朝阳区花家地北里1号楼	100102	64737340
北苑支行	朝阳区朝来绿色家园嬴秋苑18号楼底商	100012	84953875
广顺北大街支行	合署至望京支行办公	100102	84718103
南湖南路支行	合署至花家地支行办公	100102	64737340
大山子支行	合署至左家庄中街支行办公	100028	64628165
西城区支行	西城区阜成门北大街17号	100047	68334197
三里河支行	西城区月坛南街65号	100045	68539131
牛街支行	西城区牛街4号	100053	83555017
广安门支行	西城区广安门外大街172号	100055	63279593
首体南路支行	海淀区首体南路9号主语家园17号楼底商11～12号	100044	68790664
会城门支行	海淀区北蜂窝1号	100038	63952700
南滨河路支行	合署至广安门支行办公	100055	63279593
真武庙支行	合署至广安门支行办公	100055	63279593

永安路支行	合署至广安门支行办公	100055	63279593
延庆区支行	延庆区东外大街 79 号	102100	69185122
妫水南街支行	延庆区延庆镇妫水南街 19 号 1－2 层 109 室	102100	69141308
亦庄支行	北京经济技术开发区隆庆街 4 号	100179	67882357
马驹桥支行	通州区马驹桥镇兴华西大街南侧潼关三区底商 22－23 号	101102	60597058
经济开发区光机电支行	北京经济技术开发区东石东一路 4 号院 2 号楼 1 层 107～109 室	101100	61537688
东高地支行	丰台区东高地斜街 13 号	100076	67994791
彩虹城支行	丰台区光彩路 66 号院 5 号楼 1 层 103 号	100079	87866180
中关村支行	海淀区海淀路 87 号	100080	62610262
中关村西区支行	海淀区彩和坊路 10 号	100080	82957065
上地信息产业开发区支行	海淀区上地信息产业开发区综合楼	100085	62976834
清河镇支行	海淀区清河三街	100085	62929688
中关村南大街支行	合署至中关村西区支行办公	100080	82483232
育新花园支行	合署至清河镇支行办公	100085	82957065
上地支行	合署至上地信息产业开发区支行办公	100085	62976834
德政路支行	合署至上地信息产业开发区支行办公	100085	62610262

（3）专营机构

机构名称	地　址	邮　编	电　话
北京银行股份有限公司资金运营中心	西城区金融大街丙 17 号	100033	66223691
昆仑银行股份有限公司国际业务结算中心	西城区金融大街 1 号	100033	89026264

中国工商银行股份有限公司票据营业部北京分部	西城区西单北大街129号9号楼3层及3号楼3层	100031	83361841
北京银行股份有限公司信用卡中心	丰台区南四环西路188号17区15号楼	100070	66426500
中国工商银行股份有限公司牡丹卡中心	西城区金融大街5号新盛大厦A座	100000	66100123
中国银行股份有限公司银行卡中心	西城区宣武门内大街8号浩洋大厦	100000	83265169
中国民生银行股份有限公司信用卡中心	丰台区海鹰路6号院9号楼	100000	63628818
中国民生银行股份有限公司信用卡中心华北分中心	朝阳区惠新东街甲2号（住总地产大厦）2303~2304号	100033	66223691
中国民生银行股份有限公司信用卡中心北京第一分中心	朝阳区南磨房路华腾北搪商务大厦12层	100020	53771822-7171
中国民生银行股份有限公司信用卡中心北京第二分中心	海淀区西直门北大街32号院1号楼（枫蓝国际中心）18层	100082	18603695355
中国光大银行股份有限公司信用卡中心	石景山区政达路6号院1号楼B座	100043	56963953
交通银行股份有限公司太平洋信用卡中心北京分中心	东城区和平里东街51号雍和壹中心B7 3层	100010	56676291
华夏银行股份有限公司信用卡中心	石景山区政达路6号院6号楼	100040	63698001
华夏银行股份有限公司信用卡中心北京分中心	朝阳区安外大街1号荔枝大厦5层502室	100045	400-66-95577
中信银行股份有限公司信用卡中心北京分中心	朝阳区夏家园半岛国际公寓11号楼底商6~7号	100028	58434111
中国邮政储蓄银行股份有限公司信用卡中心	石景山区鲁谷路51号院2号楼	100043	57609123
广发银行股份有限公司信用卡中心北京分中心	朝阳区东三环北路19号楼9层901内05~08室、11层1101内04~07室	100026	85266129
平安银行股份有限公司信用卡中心北京分中心	朝阳区新源南路1号-1至4层101内2层203室	100027	57115281
平安银行股份有限公司汽车消费金融中心北京分中心	朝阳区新源南路1号-1至4层101内2层202室	100027	84406828
招商银行股份有限公司信用卡中心北京分中心	朝阳区东三环北路38号院2号楼4层、7~9层	100026	84271176

（4）外资银行

机构名称	地　址	邮　编	电　话
德意志银行（中国）有限公司	朝阳区建国路81号德意志银行大厦28层2802B~2803室、2805~2807室	100025	59698888
摩根大通银行（中国）有限公司	西城区金融大街7号英蓝国际金融中心19层	100033	59318000
法国兴业银行（中国）有限公司	朝阳区新源南路8号院4号楼12层1201内01-14单元	100027	58513888
蒙特利尔银行（中国）有限公司	朝阳区建国路77号华贸中心3号写字楼27层03B、05单元	100025	85881671
友利银行（中国）有限公司	朝阳区望京东园四区13号楼A座11~12层）、B座1层104-106室	100102	84123000
韩亚银行（中国）有限公司	朝阳区道家园18号楼7层至11层	100025	66581111
新韩银行（中国）有限公司	朝阳区工体北路甲6号中宇大厦12层，11层部分	100027	85290101
国民银行（中国）有限公司	朝阳区建国门外大街甲6号1幢19层01-05室和08室	100022	56712801
瑞士银行（中国）有限公司	西城区金融大街7号英蓝国际金融中心1220B-1230单元	100140	58327000

分行

机构名称	地　址	邮　编	电　话
德意志银行（中国）有限公司北京分行	朝阳区建国路81号德意志银行大厦26层	100025	59698899
摩根大通银行（中国）有限公司北京分行	西城区金融大街7号英蓝国际金融中心20层	100033	59318862
法国兴业银行（中国）有限公司北京分行	朝阳区新源南路8号院4号楼12层1201内15-16单元	100027	58513888

蒙特利尔银行（中国）有限公司北京分行	朝阳区建国路77号华贸中心3号写字楼27层部分单元	100025	85881688
友利银行（中国）有限公司北京分行	朝阳区景辉街31号1号楼-6层至57层101内18层1801-3室、1801-4室	100026	50948888
韩亚银行（中国）有限公司北京分行	朝阳区霄云路38号现代汽车大厦1层101号、9层905号	100027	84581111
新韩银行（中国）有限公司北京分行	朝阳区工体北路甲6号中宇大厦首层	100027	85235555
国民银行（中国）有限公司北京分行	朝阳区建国门外大街甲6号1幢1层06B室和11层01室、08室	100000	56712937
汇丰银行（中国）有限公司北京分行	朝阳区东三环中路5号财富金融中心第1层102号商铺、16~18层	100020	59998888
渣打银行（中国）有限公司北京分行	朝阳区东三环中路1号1幢1单元11层1101室	100020	59188000
东亚银行（中国）有限公司北京分行	朝阳区光华路5号院1号楼东亚银行大厦首层101~103单元、27-29层	100020	65891000
花旗银行（中国）有限公司北京分行	西城区武定侯大街6号卓著中心地下1层、1层、16-18部分单元	100020	59376000
瑞穗银行（中国）有限公司北京分行	朝阳区东三环中路1号环球金融中心西楼8层1号、4~6号单元	100020	65251888
三菱日联银行（中国）有限公司北京分行	朝阳区东三环北路5号北京发展大厦	100004	65908888
星展银行（中国）有限公司北京分行	朝阳区东三环中路5号楼1层、21~22层部分	100020	57529000
恒生银行（中国）有限公司北京分行	朝阳区东三环中路5号楼8层01~04号	100020	85293601
大华银行（中国）有限公司北京分行	朝阳区景华南街5号远洋光华国际C栋27层部分单元	100025	58792668
三井住友银行（中国）有限公司北京分行	朝阳区光华路1号嘉里中心北楼16层1601室和南楼16层1618室、1630室	100020	59204600

南洋商业银行（中国）有限公司北京分行	朝阳区东三环北路霞光里18号佳程广场B座1层A~D单元和2层	100027	58390888
澳大利亚和新西兰银行（中国）有限公司北京分行	朝阳区建国路77号华贸中心3号写字楼32层部分单元	100004	65998188
法国巴黎银行（中国）有限公司北京分行	朝阳区建国门外大街1号国贸大厦20层部分单元	100004	65350851
华侨永亨银行（中国）有限公司北京分行	朝阳区建国路91号金地中心B座28层2809~2818单元	100004	58456188
中信银行国际（中国）有限公司北京分行	朝阳区东三环中路5号财富金融中心4层（电梯楼层5层）01－04单元	100020	85911161
企业银行（中国）有限公司北京分行	朝阳区工人体育场北路8号院1号楼12层部分单元	100027	85270585
盘谷银行（中国）有限公司北京分行	朝阳区建国门外大街甲12号新华保险大厦1层东区	100022	65690088
东方汇理银行（中国）有限公司北京分行	朝阳区东三环中路5号楼财富金融中心19层部分单元	100020	56514000
浦发硅谷银行有限公司北京分行	朝阳区建国门外大街1号（一期）16幢部分单元	100020	65350598
富邦华一银行有限公司北京分行	西城区金融大街35号国际企业大厦1层部分单元	100033	83329666
摩根士丹利国际银行（中国）有限公司北京分行	东城区安定门外大街208号院1号楼13层部分单元	100011	83563019
奥地利奥合国际银行股份有限公司北京分行	朝阳区建国门外大街21号院6号楼第7层700单元	100020	65323388
加拿大皇家银行有限公司北京分行	西城区金融大街7号英蓝国际金融中心9层921－925单元	100033	58399388
美国道富银行有限公司北京分行	朝阳区东三环中路1号环球金融中心东塔1501－1502单元	100033	66574501

美国北美信托银行有限公司北京分行	朝阳建外大街2号银泰中心C座2106B室	100022	85135300
美国银行有限公司北京分行	朝阳区建国门外大街1号院1号楼国贸大厦35层01－21室	100004	58358888
美国纽约梅隆银行有限公司北京分行	西城区金融大街7号英蓝国际金融中心7层729－730室	100033	88007500
德国商业银行股份有限公司北京分行	朝阳区建国门外大街2号北京银泰中心C座26层2602单元	100022	85676888
荷兰合作银行有限公司北京分行	朝阳区建国路乙118号京汇大厦10层部分单元	100020	56951088
韩国产业银行北京分行	朝阳区建国路81号26办公1T01内部分单元	100025	65688858
澳大利亚西太平洋银行有限公司北京分行	朝阳区东三环中路1号1幢2单元14层1401内09单元	100020	85877339
澳大利亚澳洲联邦银行公众股份有限公司北京分行	东城区建国门外大街1号国贸大厦46层03C室，4－6室，7B室	100004	56803000
马来西亚马来亚银行有限公司北京分行	朝阳区建外大街1号国贸大厦32层02B1单元、03单元	100004	85351855
西班牙桑坦德银行有限公司北京分行	朝阳区东三环中路1号环球金融中心办公楼西楼16层13－14号单元	100020	56511000
澳大利亚国民银行有限公司北京分行	朝阳区建国门外大街1号国贸写字楼1座23层01，29－32单元	100004	65359800
荷兰安智银行股份有限公司北京分行	朝阳区建国门外大街1号院1号楼中国国际贸易中心A座23层07－12单元	100004	60906606
法国外贸银行股份有限公司北京分行	朝阳区建国门外大街2号院3号楼17层1701内1702单元	100022	69000588
美国富国银行有限公司北京分行	西城区金融大街7号英蓝国际金融中心7层F721－F723单元	100033	59407888

巴基斯坦哈比银行有限责任公司北京分行	朝阳区建国门外大街1号国贸大厦A座25层02－07单元，08C单元	100020	85250000
韩国农协银行股份公司北京分行	朝阳区景辉街31号院1号楼－6至57层101内17层1701－2室	100020	84783510

（5）外资银行分支机构

东亚银行（中国）有限公司

机构名称	地　址	邮　编	电　话
北京望京支行	朝阳区望京中环南路甲2号1层首层4号	100102	84720036
北京富华支行	东城区朝阳门北大街8号富华大厦5－1室	100027	65543110
北京中关村支行	海淀区科学南路2号院1号楼融科资讯中心B座3层302单元	100080	62682151
北京金融街支行	西城区武定侯街2号泰康国际大厦首层106单元	100004	59315060

汇丰银行（中国）有限公司

机构名称	地　址	邮　编	电　话
北京京伦支行	朝阳区建国门外大街三号京伦饭店1层西侧W－2－6单元	100020	58669866
北京中关村支行	海淀区中关村南大街2号北京科技会展中心数码大厦A座1层	100086	62159288
北京燕莎中心支行	朝阳区亮马桥路50号凯宾斯基饭店1层03－04商铺、3层0300－0311室	100016	84519500
北京英蓝国际金融中心支行	西城区金融大街7号英蓝国际金融中心首层	100140	66555288

北京丽都广场支行	朝阳区将台路6号丽都A2商业楼首层商场208室	100016	64338800
北京中关村西区支行	海淀区丹棱街3号中国电子大厦B座1层	100080	59997288
北京北辰支行	朝阳区北辰东路8号北辰时代大厦首层0101单元	100101	59997711
北京远大路支行	海淀区远大路1号金源燕莎商厦首层1002单元	100097	59997888
北京华贸支行	朝阳区建国路89号院13号楼L09单元商铺地下1层及地上1层	100025	59997268
北京翠微路支行	海淀区翠微路17号B楼底商	100036	59997968
北京光华路支行	朝阳区光华路丙12号数码01大厦1层102号商铺	100020	59997999
北京中粮广场支行	东城区建国门内大街8号中粮广场A座101~109单元、125~128单元、135单元	100005	59998859
北京东直门支行	东城区东直门南大街3号楼国华投资大厦1层102单元	100007	59996589
北京清华科技园支行	海淀区中关村东路1号院9号楼搜狐网络大厦1层07A单元	100084	59996566
北京望京支行	朝阳区望京街8号院3号楼101A单元	100102	59996500

花旗银行（中国）有限公司

机构名称	地　址	邮　编	电　话
北京嘉里中心支行	朝阳区光华路1号嘉里中心办公楼首层02单元和北办公楼2层201单元	100020	59379008
北京华贸支行	朝阳区建国路79号北京华贸购物中心1层及2层部分商铺	100025	59379500
北京盈科中心支行	朝阳区工人体育场北路甲2号B栋9层部分单元	100027	59379239

恒生银行（中国）有限公司

机构名称	地　址	邮　编	电　话
北京中关村支行	海淀区丹棱街3号中国电子大厦A座103室	100080	62500000
北京酒仙桥支行	朝阳区酒仙桥路18号1层159单元	100005	85293507
北京工体北路支行	东城区工体北路66号1号楼L105单元、L205单元	100007	85293726
北京嘉里中心支行	朝阳区光华路1号（写字楼）首层08单元	100020	85293556
北京金融街支行	西城区太平桥大街18号1层107单元	100020	85293677

韩亚银行（中国）有限公司

机构名称	地　址	邮　编	电　话
北京中关村支行	海淀区海淀中街15号远中悦来15－15～15－17底商	100083	62666710
北京望京支行	朝阳区望京广顺北大街33号福码大厦1层101A室	100102	64721111
北京顺义支行	顺义区站前街8号院1号楼101－2号	101300	61479711

南洋商业银行（中国）有限公司

机构名称	地　址	邮　编	电　话
北京中关村支行	海淀区海淀北二街8号中关村SOHO大厦1层105～106号	100080	59718565
北京东直门支行	东城区东中街29号商业南1层RB1J号	100027	64624200

瑞士银行（中国）有限公司

机构名称	地　　址	邮　编	电　话
北京朝阳区支行	朝阳区建国门外大街1号院1号楼国贸大厦A座32层01单元、02C单元	100020	59696048

新韩银行（中国）有限公司

机构名称	地　　址	邮　编	电　话
北京顺义支行	顺义区站前街三号顺鑫国际商务中心1层01号、2层01号	100005	60406008
北京望京支行	朝阳区望京西园429号楼1层103号	100102	64729866
北京亦庄支行	北京经济技术开发区荣华南路1号院2号楼1层102～103号	100176	

星展银行（中国）有限公司

机构名称	地　　址	邮　编	电　话
北京金地中心支行	朝阳区建国路91号金地中心A座1层101单元	100022	57529251
北京燕莎中心支行	朝阳区亮马桥路50号1号楼S103及C317室	100125	57529201
北京中关村支行	海淀区海淀东三街2号欧美汇大厦1层102单元	100080	57529366
北京将台支行	朝阳区酒仙桥路18号183单元	100016	57529353
北京金融大街支行	西城区金融大街7号英蓝国际金融中心F105－106单元	100033	57529012

北京亚运村支行	朝阳区北辰东路 8 号 25 号楼 1 层 102 单元	100101	57529576
北京东方广场支行	东城区东长安街 1 号北京东方广场东方新天地商场首层 SS03 号店铺	100738	57529552

友利银行（中国）有限公司

机构名称	地　　址	邮　编	电　话
北京望京支行	朝阳区阜荣街 10 号 1 层	100102	84718866
北京顺义支行	顺义区仓上街 2 号 AMB 大厦 A 区 1 层	101300	89452220
北京三元桥支行	朝阳区东三环北路丙 2 号 26A06 ~07 号	100027	84407177

渣打银行（中国）有限公司

机构名称	地　　址	邮　编	电　话
北京燕莎中心支行	朝阳区亮马桥路 50 号 1 号楼 1 层 S102B/S124 号展厅	100125	59182666
北京中关村支行	海淀区海淀中街 6 号新东方大厦 1 层西北角	100080	59185333
北京华贸支行	朝阳区建国路 77 –81 号华贸购物中心 L122 –L123 单元	100025	59185408
北京东方广场支行	东城区东长安街 1 号东方广场东方经贸城中一办公楼平台层 P –C1（01 –03）号商铺	100738	59185710
北京亚运村支行	朝阳区安定路 5 号院 8 号楼外运大厦 A 座 1 层 103 室	100101	59185482
北京东直门支行	东城区东直门南大街 1 号北京来福士中心办公楼 2 层 03 单元	100007	59185969

北京金融街支行	西城区丰盛胡同22号丰铭国际大厦A座第1层102－1单元	100033	59188980
北京永定门支行	东城区永定门西滨河路8号院7楼中海地产广场西塔2层01单元	100077	59188776
北京亦庄支行	北京经济技术开发区荣华中路10号亦城国际中心1幢裙房底商1层103号	100176	59182905
北京环球金融中心支行	朝阳区东三环中路1号1幢01层（01）111单元	100020	59185358

（6）资产管理公司

机构名称	地　址	邮　编	电　话
中国华融资产管理股份有限公司北京市分公司	西城区阜成门内大街293号	100034	66511186
中国长城资产管理股份有限公司北京市分公司	朝阳区工体南路东2号	100020	65528676
中国东方资产管理股份有限公司北京市分公司	东城区崇文门外大街44号大康大厦1－4层	100062	87559933
中国信达资产管理股份有限公司北京市分公司	东城区北三环东路36号环球贸易中心E座17～18层	100013	59025026

（7）信托公司

机构名称	地　址	邮　编	电　话
中诚信托有限责任公司	东城区安外大街2号中诚安贞大厦	100013	84267000
中信信托有限责任公司	朝阳区新源南路6号京城大厦13层	100004	13381075218
中国对外经济贸易信托有限公司	西城区复兴门内大街28号凯晨世贸中心中座6层	100031	59567790
中粮信托有限责任公司	朝阳区朝阳门南大街8号中粮福临门大厦11层	100005	86378188
中国金谷国际信托有限责任公司	西城区金融大街33号通泰大厦C座10层	100033	88086816

华鑫国际信托有限公司	西城区新华里16号院2号楼102号、202号、302号	100044	83568201
英大国际信托有限责任公司	东城区建国门内大街乙18号院英大国际大厦4层	100005	51960228
中国民生信托有限公司	建国门内大街28号民生金融中心C座19层	100005	85259091
北京国际信托有限公司	朝阳区安立路30号院1~2号楼	100012	59680888
国民信托有限公司	东城区西滨河路18号国民信托中心	100011	84268088
国投泰康信托有限公司	西城区阜成门北大街2号楼16~17层	100034	83321800
建信信托有限责任公司	西城区闹市口大街一号院长安兴融中心4号楼10层	100031	67596169

（8）金融租赁公司

机构名称	地　址	邮　编	电　话
建信金融租赁有限公司	西城区闹市口大街长安兴融中心1号院4号楼6层	100031	67594572
北银金融租赁有限公司	东城区总布胡同58号天润财富中心9~10层	100006	66429099
中国外贸金融租赁有限公司	海淀区三里河路1号北京市西苑饭店11号楼	100044	68321925

（9）汽车金融公司

机构名称	地　址	邮　编	电　话
丰田汽车金融（中国）有限公司	朝阳区东三环中路1号环球金融中心西楼7层	100020	57639933
梅赛德斯－奔驰汽车金融有限公司	朝阳区望京街8号院3号楼7~12层部分单元	100102	84173745
沃尔沃汽车金融（中国）有限公司	朝阳区景华南街5号远洋光华中心C座11层	100020	65982199
大众汽车金融（中国）有限公司	朝阳区望京阜荣街15号院3号楼	100102	65897100

东风标致雪铁龙汽车金融有限公司	朝阳区东三环中路20号乐成中心B座17层、21层、25层部分	100022	65628168
宝马汽车金融（中国）有限公司	朝阳区东三环北路霞光里18号佳程广场B座22层	100027	84147013
北京现代汽车金融有限公司	朝阳区望京东园七区19号楼20～25层	100102	13581931296

（10）财务公司

机构名称	地　址	邮　编	电　话
大唐电信集团财务有限公司	海淀区学院路40号一区26号楼5层北区	100191	62301628
国药集团财务有限公司	海淀区知春路20号中国医药大厦7层	100088	82092606
西门子财务服务有限责任公司	朝阳区望京中环南路7号17幢16层043室	100102	64763801
北京首都旅游集团财务有限公司	朝阳区广渠路38号北京一轻大厦9层	100022	87953578
中煤财务有限责任公司	朝阳区黄寺大街1号中煤大厦6层	100120	82277130
中国移动通信集团财务有限公司	西城区月坛南街1号院3号楼19～20层	100045	010－52601615
三峡财务有限责任公司	海淀区玲珑路9号院东区4号楼	100097	010－57081388
中海石油财务有限责任公司	东城区朝阳门北大街25号	100010	84528257
国投财务有限公司	西城区阜成门北大街2号楼18层	100034	010－83325055
国机财务有限责任公司	海淀区丹棱街3号	100080	82606838
海航集团财务有限公司	朝阳区霄云路甲26号海航大厦写字楼22层	100125	56692579
京能集团财务有限公司	朝阳区永安东里16号商务中心区国际大厦23层01～03号	100022	85218571
国家能源集团财务有限公司	西城区西直门外大街18号楼2层7单元201～202室	100011	010－57336263
首都机场集团财务有限公司	顺义区首都机场四纬路9号B区3层66室	100621	64557031
亿利集团财务有限公司	朝阳区光华路15号院1号楼19层1903室	100031	010－57370424

中核财务有限责任公司	海淀区玲珑路9号院东区10号楼7至8层	100089	81926199
北京控股集团财务有限公司	朝阳区化工路59号院2号楼5层	100023	010－65879864
北京金隅财务有限公司	东城区北三环东路36号B座2102室	100013	59575678
中油财务有限责任公司	东城区东直门北大街9号A座	100007	62093632
中国石化财务有限责任公司	朝阳区朝阳门北大街22号石化大厦7层	100728	010－59966358
中航工业集团财务有限责任公司	朝阳区东三环中路乙10号艾维克大厦18层	100022	65675017
五矿集团财务有限责任公司	海淀区三里河路5号A247－A267（单）A226－A236（双）C106室	100044	68495776
航天科工财务有限责任公司	海淀区紫竹院路116号嘉豪国际中心B座12层	100097	58930277
中节能财务有限公司	西城区平安里西大街26号新时代大厦5层、8层和16层	100034	83496193
中国铁路财务有限责任公司	海淀区北蜂窝路5号院1－1号楼	100038	51898108
北京汽车集团财务有限公司	丰台区汽车博物馆东路6号院4号楼G座17－19层	100160	83362210
兵工财务有限责任公司	东城区安定门外青年湖南街19号	100011	84114795
兵器装备集团财务有限责任公司	海淀区车道沟10号院3号科研办公楼5层	100089	68966627
诚通财务有限责任公司	西城区复兴门内大街158号远洋大厦12层	100070	010－83278171
中国电子财务有限责任公司	海淀区中关村东路66号甲1号楼20～21层	100190	62672055
中国航空集团财务有限责任公司	朝阳区霄云路36号国航大厦18层01～03单元和26层	100027	84609870
中国航油集团财务有限公司	朝阳区安定路5号院3号楼21层01单元	100029	010－86497362
中国化工财务有限公司	海淀区北四环西路62号	100080	82677968
中铝财务有限责任公司	西城区文兴街1号院1号楼C座2～7层部分	100044	81923508
供销集团财务有限公司	西城区宣武门外大街甲1号C座7层	100052	010－59338332
中国黄金集团财务有限公司	东城区安定门外大街9号1层	100011	56353763

物美商业财务有限责任公司	海淀区西四环北路 158 号慧科大厦 9 层 901 室、12 层 1201 室	100142	010－88192008
首钢集团财务有限公司	石景山区古城大街 36 号院 1 号楼	100000	56678852
中信财务有限公司	朝阳区新源南路 6 号京城大厦低层栋 B 座 2 层	100004	010－59668279
保利财务有限责任公司	东城区朝阳门北大街 1 号新保利大厦 8C 室	100010	84192374
北大方正集团财务有限公司	海淀区成府路 298 号	100871	82524798
华联财务有限责任公司	西城区金融大街 33 号通泰大厦 B 座 428 室	100033	88086592－666
通用技术集团财务有限责任公司	丰台区西三环中路 90 号通用技术大厦 6 层	100055	63348391
国家电投集团财务有限公司	西直门外大街 18 号金茂大厦 C1 座 15－18 层	100044	010－56625823
中国大唐集团财务有限责任公司	西城区菜市口大街 1 号 13～14 层	100053	010－83956857
中国华电集团财务公司	西城区宣武门内大街 2 号中国华电大厦 B 座 10 层	100031	83568080
中化工程集团财务有限公司	东城区东直门内大街 2 号化学工程大厦 13 层	100007	010－59765353
中铁财务有限责任公司	海淀区复兴路 69 号中国中铁大厦 C 座 5 层	100039	010－51952316
清华控股集团财务有限公司	海淀区中关村东路 1 号院 8 号楼清华科技园科技大厦 A 座 10 层	100084	82159898
中国电力财务有限公司	东城区建国门内大街乙 18 号院 1 号楼英大国际大厦	100005	51960605
中国华能财务有限责任公司	西城区复兴门南大街丙 2 号天银大厦 C 段西区 7～8 层	100031	010－63080829
航天科技财务有限责任公司	西城区平安里西大街 31 号	100035	66498873
中国电子科技财务有限公司	石景山区石景山路 54 号院 4 号路 4 层	100043	68772300
中国铁建财务有限责任公司	海淀区复兴路 40 号中国铁建大厦 10 层东	100855	52689072
中建财务有限责任公司	朝阳区安定路 5 号院 3 号楼 30 层 01 单元	100029	86496308
中冶集团财务有限公司	朝阳区曙光西里 28 号中冶大厦 31 层	100028	010－59869881
中国建材集团财务有限公司	海淀区复兴路 17 号国海广场 2 号楼（B 座）9 层	100102	68139285

中交财务有限公司	西城区德胜门外大街83号德胜国际中心B座16层	100088	82016357
北京金融街集团财务有限公司	西城区真武庙四条八号院十号楼202室	100045	68065890
中化集团财务有限责任公司	西城区复兴门内大街28号凯晨世贸中心中座F3层	100031	59569458
中粮财务有限责任公司	朝阳区朝阳门南大街8号中粮福临门大厦19层	100020	85006238
中国电建集团财务有限责任公司	海淀区西直门外大街168号腾达大厦8层	100044	58367922
新华联集团财务有限公司	通州区台湖镇政府大街新华联总部大厦4层	101116	80538439
北京首农食品集团财务有限公司	西城区广安门大街316号京粮古船大厦5层	100053	83570625
联通集团财务有限公司	西城区金融大街21号中国联通大厦A座10层	100033	66258255
中车财务有限公司	丰台区芳城园一区15号楼附楼1-5层	100078	010-51897058
招商局集团财务有限公司	朝阳区安定路5号院10号楼B栋15层1501号	100082	52296342
中国航发集团财务有限公司	海淀区西三环北路甲2号7号楼7层	100081	68981828
国新集团财务有限责任公司	海淀区复兴路12号恩菲科技大厦B座1层	100038	83257423
中国电信集团财务有限公司	西城区西直门内大街118号冠华大厦8层	100035	56793225
中储粮集团财务有限公司	西城区西直门外大街甲143号凯旋大厦A座5层	100044	88016750
中国能源建设集团财务有限公司	朝阳区西大望路甲26号院1号楼8层	100021	010-59098567
新兴际华集团财务有限公司	朝阳区向军北里28号院1号楼2层201室	100020	65061833

（11）货币经纪公司

机构名称	地　址	邮　编	电　话
中诚宝捷思货币经纪有限公司	东城区崇文门外大街8号院1号楼12层西塔1201~1202号	100062	63195018
上田八木货币经纪（中国）有限公司	通州区贡院街一号院北京国际财富中心15号楼	101199	56670826

（12）消费金融公司

机构名称	地 址	邮 编	电 话
北银消费金融有限公司	海淀区中关村大街22号中科大厦B座	100080	60190750/89948125
中信消费金融有限公司	朝阳区建国门外大街8号楼39层3301单元39008室	100022	65911008
阳光消费金融有限公司	石景山区石景山路乙18号院1号楼17层2008室	100040	81136980

（13）境外银行北京代表处

机构名称	地 址	邮 编	电 话
德国巴登—符腾堡州银行北京代表处	朝阳区东方东路19号院5号楼-3至24层101内01座11层1101B室	100004	65900166/0167
德国中央合作银行股份有限公司北京代表处	朝阳区东方东路19号院5号楼-3至24层101内12层1201D室	100004	85261162
德国迈世勒银行股份公司北京代表处	朝阳区亮马桥路50号燕莎中心C502室	100125	64600458
意大利联合圣保罗银行股份有限公司北京代表处	朝阳区新源南路6号京城大厦2108室	100004	84862108
意大利西雅那银行股份有限公司北京代表处	朝阳区建国门外大街1号（一期）16幢16层04-05单元	100004	65053136/3137
意大利裕信银行股份有限公司北京代表处	朝阳区建国门外大街19号国际大厦2604室	100004	65003716
法国工商银行有限公司北京代表处	朝阳区建国门内大街7号光华长安大厦1座310室	100005	65102167
法国标致雪铁龙融资银行有限公司北京代表处	朝阳区亮马桥路50号北京燕莎中心1号楼C210B室	100016	59275981

俄罗斯工业通讯银行公众式股份公司北京代表处	朝阳区建国门外大街22号赛特大厦1308室	100004	85120068
俄罗斯外贸银行公众股份公司北京代表处	朝阳区建国门外大街19号国际大厦21BC室	100020	85262800
俄罗斯开发与对外经济银行（外经银行）国有公司北京代表处	朝阳区建国门外大街19号国际大厦20A室	100004	6592－8905
俄罗斯天然气工业银行股份公司北京代表处	朝阳区建国门外大街甲六号中环世贸中心C座1205室	100022	65630516/0051
俄罗斯储蓄银行公开股份公司北京代表处	朝阳区亮马桥50号北京燕莎中心办公楼C305－306A室	100016	64627039
俄罗斯农业银行股份公司北京代表处	朝阳区建国门外大街22号赛特大厦809室	100004	65686880
白俄罗斯银行储蓄银行公开股份公司北京代表处	朝阳区东大桥路9号楼1单元3层301房间A13室	100022	59604290
瑞士苏黎世州银行北京代表处	朝阳区东三环北路38号3号楼6层705室	100125	64672539
瑞士信贷银行有限公司北京代表处	西城区金融大街甲9号金融街中心南楼11层1101B单元	100027	63916889
瑞典北欧斯安银行有限公司北京代表处	朝阳区东方东路19号院5号楼－3至24层101内15层1505B室	100004	65900906
西班牙对外银行有限公司北京代表处	东城区建国门内大街7号7层12号	100005	65170937/65170939/65179166
西班牙萨瓦德尔银行股份有限公司北京代表处	东城区东直门外大街46号天恒大厦8层805室	100027	84608366/77/88
西班牙商业银行股份有限公司北京代表处	东城区建国门内大街7号光华长安大厦1座610～611室	100005	59111199
英国巴克莱银行有限公司北京代表处	东城区建国门北大街8号华润大厦2108室	100005	58165023
英国高盛国际银行无限责任公司北京代表处	西城区金融大街7号英蓝国际金融中心17层1731室	100140	66273138

塞浦路斯银行公共有限公司北京代表处	朝阳区建国门外大街2号院3号楼15层1503室	100022	65057723
巴基斯坦国民银行股份有限公司北京代表处	朝阳区新源南路2号昆仑饭店401室	100004	65903388－435
巴基斯坦联合银行股份有限公司北京代表处	朝阳区建国路乙118号京汇大厦2110室	100022	65675560/65675579
巴基斯坦艾尔哈比银行有限公司北京代表处	朝阳区建国门外大街1号（一期）16幢11层18－03室	100033	57379677
巴基斯坦阿斯卡利银行股份有限公司北京代表处	朝阳区建国门外大街1号（二期）24层2401－23单元	100004	59298655
菲律宾首都银行及信托有限公司北京代表处	东城区建国门内大街18号恒基中心办公一楼1座1410室	100005	65183359/8
哈萨克斯坦人民储蓄银行股份公司北京代表处	朝阳区东四环中路41号嘉泰国际大厦A座2006室	100025	84532708
韩国输出入银行北京代表处	朝阳区大望京科技商务园区宏泰东街浦项中心A栋29层2901室	100102	64653371
日本三菱日联信托银行股份有限公司北京代表处	朝阳区建国门外大街甲26号长富宫办公楼304室	100022	65139016/65139017
日本三井住友信托银行股份有限公司北京代表处	朝阳区建国门外大街26号2号楼2008室	100022	65265325
日本农林中央金库有限公司北京代表处	朝阳区建国门外大街甲26号长富宫办公楼601室	100022	65130858
泰国开泰银行（大众）有限公司北京代表处	朝阳区建国门外大街19号国际大厦22层C室	100004	65008333/85262226
泰国汇商银行大众有限公司北京代表处	朝阳区建国门外大街1号（一期）16幢15层02－03单元	100004	57372681
合作金库商业银行股份有限公司北京代表处	朝阳区建国门外大街甲24号东海中心507室	100005	65188175
中国信托商业银行股份有限公司北京代表处	朝阳区光华路甲8号和乔大厦B座111室	100026	65813700
伊朗德佳拉特银行北京代表处	朝阳区亮马桥路50号燕莎中心写字楼C208室	100125	84551116

蒙古国郭勒穆特银行有限公司北京代表处	朝阳区建国门外大街19号中信国际大厦1号楼第20层	100004	65033876
阿联酋国民银行股份有限公司北京代表处	朝阳区麦子店西路3号5层518室	100125	13801235120
喀麦隆非洲第一银行有限公司北京代表处	朝阳区光华路8号楼1-4 3层A330A房间	100025	51149178
尼日利亚第一银行股份有限公司北京代表处	东城区建国门内大街8号中粮广场B座1431室	100005	65286820
尼日利亚詹尼斯银行股份有限公司北京代表处	朝阳区建国门外大街1号国贸大厦三期15层1559室	100004	57372661
加拿大帝国商业银行有限公司北京代表处	朝阳区建国门外大街1号国贸大厦B座56层03单元	100022	65667071-103
加拿大丰业银行有限公司北京代表处	东城区建国门北大街8号华润大厦503室	100005	85192050
美国国泰银行有限公司北京代表处	海淀区首都体育馆南路6号3号楼1155室	100004	65159115/9118
美国华美银行股份有限公司北京代表处	东城区建国门内大街7号光华长安大厦6楼609室	100005	65101551
古巴国民银行北京代表处	朝阳区建国门外大街丙24号京泰大厦706室、708室	100022	65156586
智利银行股份有限公司北京代表处	朝阳区建国门外大街乙12号双子座大厦西塔606室	100022	58794301
阿根廷国民银行北京代表处	朝阳区建国门外大街1号国贸写字楼2座7层719室	100004	65051661
巴基斯坦联盟银行有限公司北京代表处	朝阳区东三环北路甲26号楼4层B26室	100125	65350174
匈牙利储蓄商业银行公共有限公司北京代表处	朝阳区建国门外大街1号院16号楼23层2315室	100022	85098729
卢森堡国际银行有限责任公司北京代表处	海淀区科学院南路2号C座12层S1210室	100000	82697692

（14）境外非银行金融机构北京代表处

机构名称	地　址	邮　编	电　话
美国万事达卡国际组织北京代表处	东城区建国门北大街8号华润大厦701~702室	100005	85199309

美国威士国际组织（亚太）有限公司北京代表处	朝阳区东三环中路5号财富金融中心48层	100020	85873018、13901053984
日本国际信用卡公司北京代表处	朝阳区建国路乙118号京汇大厦2006室	100022	18519958680
宝捷思资本市场（香港）有限公司北京代表处	东城区崇文门外大街8号院1号楼12层西塔1204－1号	100190	13911359079
英国路孚特交易服务有限公司北京代表处	东城区东长安街1号东方广场东一办公楼18层5－12室	100738	13810544648
韩国货币经纪株式会社北京代表处	朝阳区建国门外大街2号银泰写字楼C座1542号	100022	15801252538
西联金融服务公司北京代表处	朝阳区建国门外大街乙12号双子座大厦东塔22层2208A室	100022	13811157273
英国银星速汇有限公司北京代表处	朝阳区新源里16号琨莎中心1座1003室	100027	13801386349
CMC Markets英国公共有限公司北京代表处	西城区武定侯街6号11层1101－1202L室	100738	13488721341
比利时欧洲清算银行有限公司北京代表处	西城区武定侯街6号卓著中心308室	100033	58543212、13683035208
美国嘉盛集团北京代表处	朝阳区广顺南大街16号1号楼17层1901内173室	100102	13911626168

3. 证券业机构

（1）证券公司

机构名称	地　址	邮　编	电　话
北京高华证券有限责任公司	西城区金融大街7号英蓝国际金融中心18层	100034	4006508356
第一创业证券承销保荐有限责任公司	西城区武定侯街6号卓著中心10层	100033	63212001
东兴证券股份有限公司	西城区金融大街5号新盛大厦B座12－15层	100033	66555835

高盛高华证券有限责任公司	西城区金融大街7号英蓝国际金融中心18层	100034	66273358
国都证券股份有限公司	东城区东直门南大街3号国华投资大厦9－10层	100007	4008188118
国开证券股份有限公司	西城区阜成门外大街29号	100007	51789114
华融证券股份有限公司	西城区金融大街8号A座5层	100033	95390
瑞信方正证券有限责任公司	东城区金宝街89号19层	100033	66538666
瑞银证券有限责任公司	西城区金融大街7号英蓝国际金融中心15层	100034	4008878827
首创证券股份有限公司	西城区德胜门外大街115号德胜尚城E座	100088	4006200620
新时代证券股份有限公司	海淀区北三环西路99号西海国际中心1号楼15层	100086	4006989898
信达证券股份有限公司	西城区闹市口大街9号院1号楼信达金融中心	100031	4008008899
中德证券有限责任公司	朝阳区建国路81号华贸中心写字楼1座22层	100025	59026663
中国国际金融股份有限公司	建国门外1号国贸大厦2座，建外大街甲6号爱思开大厦38层	100022	65051166
方正证券承销保荐有限责任公司	朝阳区北四环中路27号院5号楼北京盘古大观写字楼40－43层	100140	4008895618
中国银河证券股份有限公司	丰台区西营街8号院1号楼青海金融大厦	100073	4008888888
中信建投证券股份有限公司	东城区朝内大街188号	100010	95587
大和证券（中国）有限责任公司	西城区锦什坊街35号1号楼11层1109室	100120	80936899

（2）证券分公司

机构名称	地　址	邮　编	电　话
安信证券股份有限公司北京分公司	西城区阜成门北大街2号楼15层	100033	83321198
渤海证券股份有限公司北京分公司	西城区西直门外大街甲143号C座第F2层M单元	100044	88016588
财达证券股份有限公司北京分公司	海淀区首体南路20号4/5号楼2层201室	100191	62355006
财通证券股份有限公司北京分公司	西城区月坛南街14号月新大厦10层1007室	100052	62666600

财通证券资产管理有限公司北京分公司	西城区月坛南街 14 号月新大厦 10 层 1005 室	100045	0571－89720027
川财证券有限责任公司北京分公司	东城区建国门内大街 28 号 1 幢 6 层 601 室	100005	66495971
大同证券有限责任公司北京分公司	朝阳区光华东里 8 号院 2 号楼 18 层 1801 内 2001 室	100020	65852699
德邦证券股份有限公司北京分公司	东城区金宝街 89 号金宝大厦 7 层 03～05 单元	100044	58302537
第一创业证券股份有限公司北京分公司	西城区金融大街 9 号等 2 幢甲 9 号楼 8 层 801C 室	100033	63197866
东北证券股份有限公司北京分公司	西城区西直门外大街 1 号院 3 号楼 9D1－D3 室	100033	58302526
东北证券股份有限公司北京中关村分公司	东城区安德路甲 61 号 2 号楼 3 层 A－301 室、303 室、305 室	100011	64522878
东莞证券股份有限公司北京分公司	海淀区中关村南大街 17 号 3 号楼 19 层 1910－1913 室	100089	58473288
东吴证券股份有限公司北京分公司	西城区金融大街 19 号富凯大厦 B 座 1003 室	100033	66573700
东亚前海证券有限责任公司北京分公司	东城区朝阳门北大街 8 号	100005	85283100
方正证券股份有限公司北京分公司	丰台区菜户营南路 139 号院 1 号楼－2 至 8 层 101 内 6 层 601 室	100055	59355478
方正证券股份有限公司北京证券资产管理分公司	朝阳区朝阳门南大街 10 号兆泰国际中心 A 座 18 层 02 单元	100037	57395177
光大证券股份有限公司北京分公司	西城区月坛北街 2 号月坛大厦东配楼 2 层	100037	58452088
广发证券股份有限公司北京分公司	西城区月坛北街 2 号月坛大厦 18 层	100045	59136868
国海证券股份有限公司北京分公司	海淀区西直门外大街 168 号	100044	68366838
国金证券股份有限公司北京分公司	怀柔区杨宋镇和平路甲 7 号楼 1－2 层 5 单元 101 室	101499	95310
国联证券股份有限公司北京分公司	东城区安定门外大街 208 号中粮置地广场 A 座 4 层 407 单元	100044	68798616
国融证券股份有限公司北京分公司	西城区闹市口大街 1 号院长安兴融中心 4 号楼 11 层	100020	95385/65958678
国盛证券有限责任公司北京分公司	朝阳区永安东里 8 号 1 幢 17 层 1702 内 14 单元	100033	56500252

国泰君安证券股份有限公司北京分公司	海淀区知春路7号致真大厦B座202室	100086	82263606
国信证券股份有限公司北京分公司	海淀区三里河路13号1层、10－12层	100044	88315666
国元证券股份有限公司北京分公司	东城区东直门外大街46号天恒大厦A座21层	100027	84608789
海通证券股份有限公司北京分公司	海淀区中关村南大街甲56号方圆大厦写字楼7层701室	100044	88027666
宏信证券有限责任公司北京分公司	海淀区海淀紫竹院路116号嘉豪国际中心A座西2层	100022	56088926
华安证券股份有限公司北京分公司	朝阳区东三环中路20号A座27层（23层）	100022	56683566
华宝证券股份有限公司北京分公司	西城区金融大街11号7层702室	100020	57610206
华创证券有限责任公司北京分公司	西城区锦什坊大街26号楼4层401室	100033	63609811
华福证券有限责任公司北京分公司	朝阳区朝阳门北大街20号1至25层101内1层107、22层	100027	89926958
华金证券股份有限公司北京分公司	朝阳区建国路108号、甲108、乙108、110、112、116、118、甲118、乙118地下部分等	100005	85552667
华金证券股份有限公司北京第二分公司	东城区建国门南大街7号璞邸酒店C座8层802A室、808－809室	100005	85879637
华兴证券有限公司北京分公司	朝阳区工人体育场北路甲2号盈科中心B座16层01单元	100027	65301116
华龙证券股份有限公司北京分公司	西城区金融大街33号6层603室、620室、622室	100033	88086251
华融证券股份有限公司北京分公司	西城区金融大街8号3层	100032	85556858
华泰证券股份有限公司北京分公司	西城区太平桥大街丰盛胡同28号太平洋保险大厦A座18层1801室	100032	63211166－616
华西证券股份有限公司北京分公司	海淀区紫竹院路31号华澳中心2层	100097	51669396－219
华鑫证券有限责任公司北京分公司	西城区阜成门外大街甲28号西楼10－01室、10－02室	100037	88306898

华英证券有限责任公司北京分公司	东城区安定门外大街208号院1号楼4层405单元	100020	0510－85200970/58113000
汇丰前海证券有限责任公司北京分公司	朝阳区东三环中路1号1幢2单元2001内07－09单元	100020	57952392
江海证券有限公司北京分公司	朝阳区东三环南路58号富顿中心2层202室	100022	58674866
江海证券有限公司北京第二分公司	朝阳区东三环南路甲52楼13层16A室	100020	58672104
九州证券股份有限公司北京分公司	朝阳区慧忠里103楼7层A座701室	100032	83150768
开源证券股份有限公司北京分公司	朝阳区天泽路16号院2号楼4层（04）401内	100027	58080500
开源证券股份有限公司北京第三分公司	丰台区榴乡路88号院18号楼6层601室	100075	58080620
联储证券有限责任公司北京分公司	朝阳区安定路5号院3号楼27层04单元	100013	86499821
民生证券股份有限公司北京分公司	海淀区西北旺东路10号院东区1号楼3层305A室	100094	58741955
南京证券股份有限公司北京分公司	朝阳区东三环19号联合国际大厦甲段M层	100021	87820580
平安证券股份有限公司北京市分公司	东城区东花北里西区23号B座	100032	59734825
山西证券股份有限公司北京分公司	海淀区高梁桥斜街13号院甲33号楼2层201室	100044	62236800
申港证券股份有限公司北京分公司	海淀区首体南路9号4楼5层501室	100044	56931989
申万宏源证券承销保荐有限责任公司北京分公司	西城区太平桥大街19号B座5层	100034	88085789
申万宏源证券有限公司北京分公司	海淀区西直门北大街甲43号1幢5层	100044	87770336
申万宏源证券有限公司北京资产管理分公司	西城区太平桥大街19号B座2层	100033	88085731
世纪证券有限责任公司北京分公司	东城区东四十条68号平安发展大厦东区3层312室	100007	65867552
首创证券股份有限公司北京分公司	朝阳区北辰东路8号8号楼2层212室	100101	84975825
太平洋证券股份有限公司北京分公司	西城区北展北街5、7、9、11、13、15、17号（单号），2层9号	100044	88321608
天风证券股份有限公司北京证券承销分公司	西城区佟麟阁路36号	100031	65534527

万和证券股份有限公司北京分公司	西城区玉廊西园9号楼7层701室	100027	84367301
网信证券有限责任公司北京分公司	西城区珠市口西大街120号1号楼7层0701～0705室	100022	85111399
五矿证券有限公司北京分公司	海淀区首体南路9号4楼6层603室	100048	56176256
西部证券股份有限公司北京第二分公司	西城区丰盛胡同28号楼4层401室	100045	62139009
西部证券股份有限公司北京第一分公司	西城区月坛南街59号1401－1室	100086	68529007
东方财富证券股份有限公司北京分公司	海淀区西直门北大街32号枫蓝国际大厦B座1506室	100082	82206330
西南证券股份有限公司北京分公司	西城区北三环中路27号4层427室	100022	62015533
湘财证券股份有限公司北京承销与保荐分公司	西城区月坛南街1号院1号楼2层1－204－01单元	100032	56510920
湘财证券股份有限公司北京资产管理分公司	西城区月坛南街1号院1号楼2层1－204－02单元	100032	56510801
湘财证券股份有限公司北京分公司	朝阳区芍药居北里101号世奥国际中心A座7层	100029	84646666
新时代证券股份有限公司北京分公司	海淀区中关村东路66号1号楼20层2306－B室	100190	62672700
兴业证券股份有限公司北京分公司	朝阳区建国门外大街甲6号1幢1层B座1－1内04室	100033	82005889
银河金汇证券资产管理有限公司北京分公司	西城区金融大街35号国际企业大厦C座6层	100033	66237650
粤开证券股份有限公司北京分公司	西城区广安门外大街377号4幢2－3层	100055	64408910
长城国瑞证券有限公司北京分公司	大兴区庞各庄镇瓜乡路10号3号楼790室	102601	68085907
长城证券股份有限公司北京分公司	西城区西直门外大街112号阳光大厦8－9层	100044	88367710
长江证券股份有限公司北京分公司	西城区金融大街33号通泰大厦B段15层	100033	58815299
招商证券股份有限公司北京分公司	朝阳区建国路118号8层A1A2单元、11层B1B2单元	100022	65684912
浙江浙商证券资产管理有限公司北京分公司	西城区广安门外大街1号4层412室	100708	0571－87903370

中国银河证券股份有限公司北京分公司	西城区太平桥大街111号5层	100033	58872898
中国中金财富证券有限公司北京分公司	丰台区宋庄路71号院1号楼11层1102室	100032	58878788
中航证券有限公司北京分公司	朝阳区望京东园四区2号楼35层3501号01室	100101	84801312
中山证券有限责任公司北京分公司	西城区车公庄大街乙1号	100044	68346977
中泰证券股份有限公司北京分公司	朝阳区新源南路8号启皓中心西塔16层08单元	100027	65081287
中天国富证券有限公司北京分公司	朝阳区朝阳门南大街10号兆泰国际中心A座20层北侧部分	100020	58251762
中信建投证券股份有限公司北京鸿翼分公司	东城区朝阳门内大街2号凯恒中心B座9层	100005	86451427
中信证券股份有限公司北京分公司	东城区建国门北大街5号金成建国5号4层	100005	60836833
中银国际证券股份有限公司北京分公司	西城区西单北大街110号西单汇7层	100032	66229255
中邮证券有限责任公司北京证券资产管理分公司	东城区珠市口东大街17号1层118～119室、122室、130室	100088	67017788－8008
中原证券股份有限公司北京分公司	西城区月坛北街2号月坛大厦北座主楼16层1611室	100055	83065732
东北证券股份有限公司北京固定收益分公司	东城区安德路甲61号2号楼3层A－301A室	100010	62310854
摩根士丹利华鑫证券有限责任公司北京分公司	东城区安定门外大街208号院1号楼12层	100011	58288300
信达证券股份有限公司北京分公司	石景山区八角西街68号	100043	68887451
野村东方国际证券有限公司北京分公司	朝阳区东三环北路5号发展大厦1层100C室、118室	100020	56329301
华林证券股份有限公司北京第一分公司	朝阳区北三环东路28号易亨大厦2层	100013	64405986
中信建投证券股份有限公司北京东城分公司	东城区东直门南大街6号	100020	64172758
国海证券股份有限公司北京第一分公司	朝阳区和平街11区38号楼	100013	64211802
中信建投证券股份有限公司北京朝阳分公司	朝阳区安立路66号4号楼	100107	64906210
中信建投证券股份有限公司北京海淀分公司	海淀区丹棱街18号创富大厦1层108室、2层	100080	82666938
中信建投证券股份有限公司北京京南分公司	丰台区南大红门路15号梅源场南段	100076	68759942/62

中信建投证券股份有限公司北京京西分公司	西城区三里河路39号迈行大厦5层	100044	88381545
甬兴证券有限公司北京分公司	西城区平安里西大街26号楼16层1601－10室	100034	56508299
东方证券承销保荐有限公司北京分公司	丰台区东管头1号院1号楼1－215室	100071	02123153888
浙商证券股份有限公司北京分公司	海淀区中关村南大街6号中电信息大厦5层	100086	82168390
上海东方证券资产管理有限公司北京分公司	西城区武定侯街2号、4号13层F2－1（B）1301－05室、1301－06室	100033	83927308

（3）证券营业部

机构名称	地　　址	邮　编	电　话
爱建证券有限责任公司北京科学院南路证券营业部	海淀区中关村新科祥园甲3号楼2层01室	100080	61934401
安信证券股份有限公司北京北苑路证券营业部	朝阳区天溪园20号楼1层商业24室	100107	84932761
安信证券股份有限公司北京滨河路证券营业部	门头沟区滨河路115号滨河大厦1407室	102300	69820626
安信证券股份有限公司北京东升科技园证券营业部	海淀区西小口路66号中关村东升科技园北领地B－2号楼西门	100192	62928212
安信证券股份有限公司北京广安路证券营业部	丰台区广安路9号院国投财富广场5号楼3A12室	100071	83688930
安信证券股份有限公司北京阜成门证券营业部	西城区阜成门北大街2号楼7层701室	100034	83321505
安信证券股份有限公司北京将台西路证券营业部	朝阳区丽都花园路5号院1号楼6层601号	100016	84766301
安信证券股份有限公司北京复兴门外大街证券营业部	西城区复兴门外大街A2号中化大厦11层	100045	68616066
安信证券股份有限公司北京火沙路证券营业部	顺义区后沙峪镇裕民大街3号院1幢1层1071室	101318	61438832
安信证券股份有限公司北京建国门外大街证券营业部	朝阳区建国门外大街乙24号燕华苑1座N101室	100021	85985637

安信证券股份有限公司北京青塔西路证券营业部	丰台区青塔西路52号院10号楼1至2层2单元甲37号	100071	63878966
安信证券股份有限公司北京石佛营路证券营业部	朝阳区八里庄北里129号院10号楼115室	100025	85527007
安信证券股份有限公司北京怀柔南大街证券营业部	怀柔区南大街1号2幢一层东向西第二间	101499	82565282
安信证券股份有限公司北京西关二巷证券营业部	通州区新华南二街12号院2号楼1层2－13室	101100	80884800
安信证券股份有限公司北京东直门南大街证券营业部	东城区东直门南大街5号6层616~618室	100007	60774588
安信证券股份有限公司北京东四环中路证券营业部	朝阳区东四环中路82号2座2－1座01层101－2室	100025	67386787
安信证券股份有限公司北京兴华大街证券营业部	大兴区丽园路7号1－2层116室	100070	89293310
安信证券股份有限公司北京远大路证券营业部	海淀区蓝靛厂金源时代购物中心B区2号楼B座12层	100097	88893680
安信证券股份有限公司北京政通路证券营业部	房山区良乡政通路12号501室	102401	61378661
安信证券股份有限公司北京中关村东路证券营业部	海淀区中关村南一条甲1号2号楼1层102室	100190	62561618
安信证券股份有限公司北京中关村南大街证券营业部	海淀区中关村南大街甲32号中关村科技发展大厦B座2层	100081	62140241
安信证券股份有限公司北京霄云路证券营业部	朝阳区霞光里15号霄云中心A座21层2101室	100125	84488362
北京高华证券有限责任公司北京金融大街证券营业部	西城区金融大街7号英蓝国际金融中心18层	100034	66273539
渤海证券股份有限公司北京大兴兴华大街证券营业部	大兴区兴华大街（二段）13号院5号楼1层4－2室	102600	69261315

渤海证券股份有限公司北京广顺北大街证券营业部	朝阳区（望京）广顺北大街33号院1号楼福码大厦A座705~706室	100102	64776160
渤海证券股份有限公司北京慧忠里证券营业部	朝阳区北辰东路8号汇欣大厦A座1层	100101	64892180
渤海证券股份有限公司北京西外大街证券营业部	西城区西直门外大街甲143号凯旋大厦C座2层	100044	88016467
渤海证券股份有限公司北京广渠门外大街证券营业部	东城区广渠家园3楼1层101－1室	100124	15811285287
财达证券股份有限公司北京知春路证券营业部	海淀区知春路17号1层036室	100083	62356660
财达证券股份有限公司北京首体南路证券营业部	海淀区首体南路20号国兴家园D座	100044	88354732
财信证券有限责任公司北京德胜门外大街证券营业部	西城区德胜门外大街13号院1号楼305室	100037	68003012
财信证券有限责任公司北京朝阳东三环中路证券营业部	朝阳区建外SOHO东区7号楼3层SH－7302室	100020	80456300
财信证券有限责任公司北京中关村东路证券营业部	海淀区中关村东路89号恒兴大厦南门301室	100080	62615553
财信证券有限责任公司北京宏泰东街证券营业部	朝阳区望京东园三区15号楼1层101室	100102	64754006
财通证券股份有限公司北京北三环证券营业部	朝阳区安贞西里三区26楼9层906室	100025	64453706
长城国瑞证券有限公司北京工体南路证券营业部	朝阳区朝外大街16号1幢7层703室	100020	50947396
长城国瑞证券有限公司北京远大路证券营业部	海淀区蓝靛厂东路2号院（金源时代商务中心2号楼）1单元A座17E室	100097	88508825
长城国瑞证券有限公司北京西直门证券营业部	西城区西直门外大街18号楼9层6单元1002室	100044	68080680
长城证券股份有限公司北京崇文门外大街证券营业部	东城区崇文门外大街新怡家园甲3号楼11层1106B室	100062	67089320

长城证券股份有限公司北京滨河中路证券营业部	通州区江米店街2号院5号楼9层914－915室、917室	100034	89528571
长城证券股份有限公司北京望京西路证券营业部	朝阳区望京西路50－1号卷石天地大厦A座7层	100102	64562003
长城证券股份有限公司北京阜成门外大街证券营业部	西城区阜成门外大街甲28号西楼19层1909室	100034	68339069
长城证券股份有限公司北京小营路证券营业部	朝阳区北苑路86号院215号楼1层商业107室	100101	64964121
长城证券股份有限公司北京知春路证券营业部	海淀区知春路51号2层201室	100086	82533097
长城证券股份有限公司北京中核路证券营业部	丰台区科学城中核路一号3号楼2层	100070	83670879
长江证券股份有限公司北京百万庄大街证券营业部	西城区百万庄大街22号机工大厦2层	100037	68361550
长江证券股份有限公司北京回龙观西大街证券营业部	昌平区回龙观西大街16号院1号楼1－6层	102206	80765516
长江证券股份有限公司北京德胜门外大街证券营业部	西城区德胜门外大街13号院1号楼1层105A室	100009	82209680
长江证券股份有限公司北京广渠门内大街证券营业部	东城区广渠门内大街45号雍贵中心D座202室	100062	51696663
长江证券股份有限公司北京国贸证券营业部	朝阳区建国路93号院万达广场9号楼101室	101100	58203808
长江证券股份有限公司北京万柳东路证券营业部	海淀区长春桥路万柳亿城中心A座901室	100089	58818680
长江证券股份有限公司北京望京证券营业部	朝阳区阜通东大街1号院5号楼2层3209室	100102	52091528
长江证券股份有限公司北京新源里证券营业部	朝阳区新源里16号琨莎中心2号楼3A、4层	100027	64679391
长江证券股份有限公司北京中关村东路证券营业部	海淀区北四环西路9号银谷大厦3层306室	100190	62423429
大通证券股份有限公司北京建国路证券营业部	朝阳区建国路86号院1号楼8层04室	100022	67740699

大同证券有限责任公司北京西四环中路证券营业部	海淀区西四环中路 39－7 号万地名苑（大厦）1 层	100039	68155388
德邦证券股份有限公司北京朝阳北路证券营业部	朝阳区朝阳北路 237 号复星国际中心 19 层 1903 室、1905 室	100020	65089628
第一创业证券股份有限公司北京朝阳证券营业部	朝阳区东三环北路甲 19 号楼 17 层 2006 室	100621	88866799
第一创业证券股份有限公司北京和平里证券营业部	朝阳区西坝河南路 1 号 4 号楼 9 层	100621	88956762
第一创业证券股份有限公司北京新街口北大街证券营业部	西城区新街口北大街 3 号 6 层 605～606 室	100035	63197144
第一创业证券股份有限公司北京中关村证券营业部	海淀区北四环西路 66 号 11 层 1220～1221 室	100080	62423577
东北证券股份有限公司北京朝外大街证券营业部	朝阳区朝外大街乙 6 号 20 层 2303 室、2305 室	100020	59000933
东北证券股份有限公司北京三里河东路证券营业部	西城区三里河东路 5 号中商大厦 4 层	100045	68573809
东北证券股份有限公司北京通州证券营业部	通州区玉带河东街 336 号楼 1 层	101199	65256081
东方证券股份有限公司北京安立路证券营业部	朝阳区北辰东路 8 号院 27 号楼 2 层 202－203 号、3 层 301 号	100101	84896009
东方证券股份有限公司北京国贸证券营业部	朝阳区光华路 8 号 17 幢 1 层 A111 室及 2 层 A212 室	100020	80456075
东方证券股份有限公司北京学院路证券营业部	海淀区学院路 30 号科大天工大厦 B 座 12 层	100083	62660253
东方证券股份有限公司北京望京证券营业部	朝阳区望京西园丙 410 号楼 1 层 410C－1（1）5 号	100102	64747101
东海证券股份有限公司北京安苑北里证券营业部	朝阳区安苑北里 25 号长白山国际酒店 3 层	100029	56537997

东海证券股份有限公司北京西三环北路证券营业部	海淀区西三环北路87号财经中心D座9层	100101	84892359
东莞证券股份有限公司北京西城太平街证券营业部	西城区太平街8号院30号楼3层301－01室	102202	63166002
东莞证券股份有限公司北京兴华大街证券营业部	大兴区黄村镇富强路97号	102611	62699490
东吴证券股份有限公司北京安定路证券营业部	朝阳区安定路39号长新大厦5层506室	100029	84113676
东吴证券股份有限公司北京宣武门外大街证券营业部	西城区宣武门外大街6、8、10、12、16、18号6号楼3层323室	100034	57724920
东兴证券股份有限公司北京北四环中路证券营业部	海淀区北四环中路229号海泰大厦2层	100083	82884280
东兴证券股份有限公司北京大望路证券营业部	朝阳区西大望路15号外企大厦B座4层	100022	67771886－699
东兴证券股份有限公司北京复兴路证券营业部	海淀区复兴路65号电信实业大厦1层103室	100036	50981825
东兴证券股份有限公司北京知春路证券营业部	海淀区知春路甲63号中国卫星通信大厦西座1层01单元	100088	66551710
东兴证券股份有限公司北京金融大街证券营业部	西城区金融大街9号楼3层302室	100032	66555383
东兴证券股份有限公司北京金宝街证券营业部	东城区金宝街2号1层	100005	65277088
方正证券股份有限公司北京安定门外大街证券营业部	东城区安定门外大街66号3幢101室	100011	84215585
方正证券股份有限公司北京阜外大街证券营业部	西城区展览馆路42、44、46号楼、48号楼5层588室	100044	68571606
方正证券股份有限公司北京回龙观西大街证券营业部	昌平区回龙观西大街16号院1号楼1层A105室	100037	57766982
方正证券股份有限公司北京玉带河东街证券营业部	通州区玉带河东街105号1－2层全部	102208	60567762

方正证券股份有限公司北京安慧东里证券营业部	朝阳区小营路17号1幢2层206室	101100	64830266-609
方正证券股份有限公司北京彩和坊路证券营业部	海淀区彩和坊路8号天创科技大厦1层101~102室	100080	62698099
方正证券股份有限公司北京丰台西局欣园证券营业部	丰台区西局欣园南区3号楼	100161	63859115
方正证券股份有限公司北京佟麟阁路证券营业部	西城区佟麟阁路95号尚信大厦6-7层新华社西门	100031	66412303
方正证券股份有限公司北京望京证券营业部	朝阳区望京街9号商业楼层325-1室、325-2室、326-1室、326-2室	100102	84484501
方正证券股份有限公司北京荣华中路证券营业部	北京经济技术开发区荣华中路5号院2号楼1层102室	100176	67875110
方正证券股份有限公司北京马家堡西路证券营业部	丰台区星河苑2号院14号楼1层商业01室	100068	67509788
光大证券股份有限公司北京大兴证券营业部	大兴区金星西路19号及19号院2号楼101室	102600	53221989
光大证券股份有限公司北京东中街证券营业部	东城区东中街29号东环广场B座写字楼2层	100027	64182899
光大证券股份有限公司北京光华路证券营业部	朝阳区光华路4号院3号楼C座1506室、1507室	100020	85951550
光大证券股份有限公司北京三元桥证券营业部	朝阳区东三环北路霞光里18号1号楼B座3层307单元	100621	64182800
光大证券股份有限公司北京朝阳路证券营业部	朝阳区东四环中路41号9层918~922室	100124	66066839
光大证券股份有限公司北京丽泽路证券营业部	丰台区西三环南路14号院1号楼2层201-1室	100054	83067026
光大证券股份有限公司北京四季青证券营业部	海淀区通汇路14号B区202室	100195	60562870
光大证券股份有限公司北京西直门证券营业部	西城区西直门外大街1号院2号楼8层8C12室	100044	58302858
光大证券股份有限公司北京小营路证券营业部	朝阳区惠新东街甲2号楼-3至25层101内7层701室	100029	59046206

光大证券股份有限公司北京总部基地证券营业部	丰台区外环西路 26 号院 5 号楼 4 层	100070	68588150
光大证券股份有限公司北京月坛北街证券营业部	西城区月坛北街 2 号月坛大厦东配楼 3 层、5 层	100045	68081180
光大证券股份有限公司北京中关村大街证券营业部	海淀区海淀大街 8 号 A 座 2 层 A－C 室	100080	82484423
光大证券股份有限公司北京永安里证券营业部	朝阳区通用国际中心 A 座 606 室	100022	58793155
广发证券股份有限公司北京安立路证券营业部	朝阳区安立路 68 号 3 层 D375－D379 室	100027	64669682
广发证券股份有限公司北京朝阳门证券营业部	东城区朝阳门银河 SOHO A 座 2 层 10201/02 室	100007	59653680
广发证券股份有限公司北京阜成门南大街证券营业部	西城区阜成门南大街甲 3 号	100037	68020650
广发证券股份有限公司北京广安门内大街证券营业部	西城区广内大街 316 号京粮古船大厦 6 层	100053	63547192
广发证券股份有限公司北京建外大街证券营业部	朝阳区建外大街 19 号国际大厦 A 座 301 室	100004	65150629
广发证券股份有限公司北京鲁谷路证券营业部	石景山区鲁谷路 74 号中国瑞达大厦 6 层 F608－609 室	100040	68609553
广发证券股份有限公司北京中关村东路证券营业部	海淀区中关村东路 8 号东升大厦 A 座 601 室	100083	82526215
广发证券股份有限公司北京善缘街证券营业部	海淀区善缘街 1 号 1 层 16－1 室	100093	82636787
广发证券股份有限公司北京宣武门外大街证券营业部	西城区宣武门外大街甲 1 号环球财讯中心 D 座 11 层	100034	83948111
国都证券股份有限公司北京北三环中路证券营业部	西城区北三环中路 6 号 3 幢伦洋大厦 13 层 1306 室	100029	59633865
国都证券股份有限公司北京朝阳路证券营业部	朝阳区八里庄西里 97 号 97 号楼 1506 号	100025	65505073

国都证券股份有限公司北京东中街证券营业部	东城区东中街40号1号楼1层06号-2房屋	100027	65533232
国都证券股份有限公司北京阜外大街证券营业部	西城区阜成门外大街22号1幢3层301室	100037	68994200
国都证券股份有限公司北京九棵树街证券营业部	通州区九棵树街109号、113号、117号	101100	59392156
国都证券股份有限公司北京鲁谷路证券营业部	石景山区鲁谷路74号中国瑞达大厦10层F1008～F1010号	100040	68176013
国都证券股份有限公司北京门头沟滨河路证券营业部	门头沟区滨河霁月园8号楼滨河路153-15号1层	102300	69829803
国都证券股份有限公司北京三元西桥证券营业部	朝阳区曙光西里甲6号院9号楼2层10室	100025	59762885
国都证券股份有限公司北京月坛北街证券营业部	西城区月坛北街25号47幢1层001室	100045	58406885
国都证券股份有限公司北京中关村南大街证券营业部	海淀区中关村南大街5号理工科技大厦3层	100081	68949686
国海证券股份有限公司北京中关村大街证券营业部	海淀区中关村大街11号9层955室	100093	61460370
国海证券股份有限公司北京新华西街证券营业部	通州区新华西街58号院2号楼24层2415室	101100	69559298
国金证券股份有限公司北京长椿街证券营业部	西城区长椿街3号2-101室	100033	66215599
国金证券股份有限公司北京建国门内大街证券营业部	东城区建国门内大街26号1号17层南侧	100600	85050010
浙商证券股份有限公司北京北辰东路证券营业部	朝阳区北辰东路8号院1号楼20层2001内2012室	100083	88869360
国开证券股份有限公司北京珠市口东大街证券营业部	东城区珠市口东大街14号中欣银宝通大厦2层	100050	67072757

国联证券股份有限公司北京金宝街证券营业部	东城区金宝街58号6层10－12号	100010	59576215
国联证券股份有限公司北京建材城西路证券营业部	昌平区建材城西路87号2号楼	100096	57391185
国联证券股份有限公司北京马家堡东路证券营业部	丰台区马家堡东路168号6号楼1层21号底商	100068	56158989
国联证券股份有限公司北京石景山路证券营业部	海淀区北四环西路9号楼2层211室、213室、215室、217室	100040	88685951
国联证券股份有限公司北京农大南路证券营业部	海淀区厢黄旗2号楼1层X05－4－01室	100084	63173041
国融证券股份有限公司北京东四环中路证券营业部	朝阳区延静里中街3号院甲6号楼－2至22层101内1层105－106室	100026	52088310－803
国融证券股份有限公司北京北辰东路证券营业部	朝阳区北辰东路8号院12楼3层302室	100101	84981734
国融证券股份有限公司北京宣武门西大街证券营业部	西城区宣武门西大街甲129号11层1107~1110室	100034	66418320
国融证券股份有限公司北京阜通东大街证券营业部	朝阳区阜通东大街1号院3号楼4层1单元110505室	100102	58221808
国融证券股份有限公司北京中关村大街证券营业部	海淀区中关村大街甲59号文化大厦1606室	100093	82200303
国融证券股份有限公司北京阜成门外大街证券营业部	西城区阜成门外大街2号20层A2010室	100079	56762128/95385
国盛证券有限责任公司北京德胜门外大街证券营业部	西城区德胜门外大街83号德胜国际中心B座302室	100088	82625941
国盛证券有限责任公司北京建国门外大街证券营业部	朝阳区永安东里8号1幢17层1702内13单元	100022	80223383

国泰君安证券股份有限公司北京安贞门证券营业部	朝阳区安定路5号院9号楼1层105单元	100029	82263815
国泰君安证券股份有限公司北京朝阳门证券营业部	朝阳区朝外大街22号1层A1号	100020	50953121
国泰君安证券股份有限公司北京德外大街证券营业部	西城区德胜门外大街13号院1号楼109－A、301室	100088	82263987
国泰君安证券股份有限公司北京方庄路证券营业部	丰台区方庄路1号	100078	82263728
国泰君安证券股份有限公司北京光华路证券营业部	朝阳区光华路1号（商业写字楼）01层03单元	100020	82263796
国泰君安证券股份有限公司北京怀柔府前街证券营业部	怀柔区府前街3号	101400	69680343
国泰君安证券股份有限公司北京建国路证券营业部	朝阳区建国路93号院5号楼119室	100022	82263772
国泰君安证券股份有限公司北京金融街证券营业部	西城区金融大街28号院盈泰商务中心2号楼首层、2层203/204室	100140	82263951
国泰君安证券股份有限公司北京鲁谷路证券营业部	石景山区银河大街6号院1号楼南塔106－108室	100040	82263836
国泰君安证券股份有限公司北京苏州桥证券营业部	海淀区北三环西路99号院1号楼1层105A－106A室	100086	82263806
国泰君安证券股份有限公司北京通州新华西街证券营业部	通州区新华西街60号101号	101100	82263833
国泰君安证券股份有限公司北京望京阜通东大街证券营业部	朝阳区阜通东大街12号楼1层101内101A室、105内105A室	100102	82263825
国泰君安证券股份有限公司北京亦庄宏达北路证券营业部	北京经济技术开发区宏达北路16号101室	100176	82263899

国泰君安证券股份有限公司北京知春路证券营业部	海淀区知春路7号致真大厦B座1层	100083	82263551
国泰君安证券股份有限公司北京中关村大街证券营业部	海淀区海淀北二街8号1层107室、6层708室	100080	82263758
国信证券股份有限公司北京昌平路证券营业部	昌平区城北街道满井胡同135号院1号楼1－1号、1－2号	101599	88315572
国信证券股份有限公司北京朝阳北路证券营业部	朝阳区朝阳北路199号摩码大厦012号、0103号	100026	88315572
国信证券股份有限公司北京丰台科技园证券营业部	丰台区汽车博物馆东路2号院2号楼1至18层101内1层104室	100068	88315572
国信证券股份有限公司北京海淀苏州街证券营业部	海淀区苏州街18号院2号楼1层2107和7层702室	100083	88315572
国信证券股份有限公司北京朝阳门证券营业部	东城区南竹杆胡同2号1幢3层10329室	100010	88315572
国信证券股份有限公司北京石景山路证券营业部	石景山区古城南街9号院2号楼1层	100043	88315572
国信证券股份有限公司北京望京证券营业部	朝阳区阜通东大街1号院3号楼1层1112号01室	100102	88315572
国信证券股份有限公司北京通州北苑证券营业部	通州区北苑一路1号院2号楼1层2－8室、2－9室	101101	88315572
国信证券股份有限公司北京亚运村证券营业部	朝阳区慧忠北里309号楼2层223－1室、226－1室	100101	88315572
国信证券股份有限公司北京成府路证券营业部	海淀区成府路28号12层4－1202室	100093	95536
国信证券股份有限公司北京甘家口证券营业部	西城区三里河路13号10层	100044	88315509
国元证券股份有限公司北京东直门外大街证券营业部	东城区东直门外大街46号天恒大厦9层	100027	95511－8－2
国元证券股份有限公司北京通州新华大街证券营业部	通州区北苑一路1号院1号楼1层1－6号、1至2层1－7号	101199	68731507

国元证券股份有限公司北京西坝河南路证券营业部	朝阳区西坝河南路1号金泰大厦805室	100028	51297760－602
海通证券股份有限公司北京阜外大街证券营业部	西城区阜成门外大街2号S1002/S1003室	100037	87103750
海通证券股份有限公司北京工人体育场北路证券营业部	东城区工人体育场北路66号瑞士公寓E座3A层	100028	68818516
海通证券股份有限公司北京光华路证券营业部	朝阳区光华路甲8号和乔大厦C座3层302室	100026	65830992
海通证券股份有限公司北京亮马桥路证券营业部	朝阳区亮马桥路50号1号楼S104－S105室	100125	65831388
海通证券股份有限公司北京密云鼓楼东大街证券营业部	密云区鼓楼东大街19号	101500	89081210
海通证券股份有限公司北京平谷金乡路证券营业部	平谷区金乡路1号1层、3层	101200	89999209
海通证券股份有限公司北京知春路证券营业部	海淀区知春路63号51号楼3层309室	100080	82674988－521
海通证券股份有限公司北京中关村南大街证券营业部	海淀区中关村南大街甲56号方圆大厦商务楼5－6层	100044	88027676
海通证券股份有限公司北京通州新华北路证券营业部	通州区观音庵南街4号院3号楼1至2层116室	101100	88026888
恒泰证券股份有限公司北京东三环证券营业部	朝阳区百子湾南2路76号院5号楼1层11A室、2层11B室	102611	87798672
恒泰证券股份有限公司北京东直门内北小街证券营业部	东城区东直门内北小街16号14楼、18楼底商	100011	84128826
恒泰证券股份有限公司北京光华路证券营业部	朝阳区光华路8号30幢2层B207A室	100025	65921130
恒泰证券股份有限公司北京广安门外大街证券营业部	西城区广安门外大街1号深圳大厦2层240号	100055	63359697

恒泰证券股份有限公司北京建材城西路证券营业部	昌平区回龙观镇建材城西路87号2号楼10层2单元1005室	100085	82916166-801
恒泰证券股份有限公司北京建国门内大街证券营业部	东城区建国门内大街19号中纺大厦510室	100005	65262718
恒泰证券股份有限公司北京金融大街第二证券营业部	西城区金融大街17号人寿中心大厦10层1001室	100033	83270880
恒泰证券股份有限公司北京金融大街证券营业部	西城区金融大街15号鑫茂大厦5层501-1室	100041	57058588
恒泰证券股份有限公司北京榴乡路证券营业部	丰台区榴乡路88号院2号楼1层104室	100079	56762090
恒泰证券股份有限公司北京新华大街证券营业部	通州区新华西街58号院3号楼23层2302室	101100	85772321
恒泰证券股份有限公司北京知春路证券营业部	海淀区知春路128号1号楼12层1293室	100080	61943928
红塔证券股份有限公司北京慧忠里证券营业部	朝阳区慧忠里103楼14层B座1402室	100101	84881879
红塔证券股份有限公司北京万泉庄路证券营业部	海淀区万泉庄路15号3层301-005室	100097	88466879
红塔证券股份有限公司北京兴怀大街证券营业部	怀柔区兴怀大街甲15号1层5-101室	101499	69642666
宏信证券有限责任公司北京东三环中路证券营业部	东城区朝阳门内大街8号朝阳首府2层208室	100022	59417641
宏信证券有限责任公司北京紫竹院路证券营业部	海淀区紫竹院路116号嘉豪国际中心A座西2层	100022	56088926
华安证券股份有限公司北京东三环中路证券营业部	朝阳区广渠路39号汉督国际3层	100022	67765100
华安证券股份有限公司北京慧忠北里证券营业部	朝阳区安立路80号马哥孛罗大厦905室	100012	64849373

华安证券股份有限公司北京西直门证券营业部	海淀区万柳中路 11 号派顿大厦 6 层 609 室	100044	82449905
华安证券股份有限公司北京中关村大街证券营业部	海淀区中关村南大街乙 12 号院 1 号楼 5 层 608 室、610－612 室	100037	88820500
华宝证券股份有限公司北京建外大街证券营业部	朝阳区建国门外大街丙 12 号楼 1 层 102 单元	100020	57610201
华创证券有限责任公司北京东三环中路证券营业部	朝阳区东三环中路 24 号楼 15 单元 03 室	100061	57613057
华创证券有限责任公司北京万寿路证券营业部	海淀区复兴路 21 号 1 幢 6 层 606 室	100036	68588060
华创证券有限责任公司北京新兴桥证券营业部	海淀区复兴路 21 号 1 幢 6 层 601－603 室、8 层 801－802 室	100036	59370926
华福证券有限责任公司北京北四环东路证券营业部	朝阳区安慧里四区 16 号楼 1 层 101 室、103 室	100101	84885266
华福证券有限责任公司北京方庄路证券营业部	丰台区方庄路 5 号 2 层 201－205 室	100078	67637937
华福证券有限责任公司北京海淀南路证券营业部	海淀区海淀南路 30 号 1 层	100080	68748339
华福证券有限责任公司北京南湖南路证券营业部	朝阳区南湖南路 15 号院甲 2 号楼 1 至 2 层 2－1－105 室	100102	56923536
华福证券有限责任公司北京农大南路证券营业部	海淀区农大南路 1 号院 2 号楼 7 层办公 B－719－1 室	100084	62660156
华福证券有限责任公司北京复兴路证券营业部	海淀区复兴路 65 号 9 层 910 号	100036	50953147
华福证券有限责任公司北京西直门南大街证券营业部	西城区西直门南大街 6 号国二招宾馆东楼 2－6 号	100044	66012232
华金证券股份有限公司北京万柳中路证券营业部	海淀区万柳蜂鸟家园 2 号楼 3 层 103 室	100089	82872598
华林证券股份有限公司北京荣京东街证券营业部	北京经济技术开发区荣京东街 3 号 1 幢 3 层 2 单元 317 室	100176	87227921

华林证券股份有限公司北京石景山路证券营业部	石景山区石景山路乙18号院3号楼20层2209室	100043	88690750
华林证券股份有限公司北京双峪路证券营业部	门头沟区双峪路35号院1号20层2207室	102300	69868099
华林证券股份有限公司北京珠市口西大街证券营业部	西城区珠市口西大街120号1号楼5层0506~0509室	100050	63018648
华林证券股份有限公司北京新华西街证券营业部	通州区新华西街60号院2号楼9层912室	101199	60568581
华龙证券股份有限公司北京安外大街证券营业部	东城区安外大街191号	100101	64401588
华龙证券股份有限公司北京三元桥证券营业部	朝阳区静安东街国门大厦B座1层	100028	64686886
华融证券股份有限公司北京朝外大街证券营业部	朝阳区朝阳门外大街甲6号1层2035室、2层3018~3019室	100020	85610992
华融证券股份有限公司北京金融大街证券营业部	西城区金融大街8号华融大厦A座	100033	58568052
华融证券股份有限公司北京右安门证券营业部	丰台区西铁营中路2号院17号楼1层101号	100073	63380941
华融证券股份有限公司北京文慧园证券营业部	海淀区文慧园北路9号今典花园9号楼1层北侧	100082	58639209
华融证券股份有限公司北京中关村证券营业部	海淀区丹棱街6号丹棱SOHO1幢1层101室	100080	53972218
华泰证券股份有限公司北京东三环北路证券营业部	朝阳区东三环北路27号楼1层（01）102内01单元	100125	59725333/59725304
华泰证券股份有限公司北京苏州街证券营业部	海淀区苏州街29号维亚大厦9层901~903室	100080	62648570
华泰证券股份有限公司北京西三环国际财经中心证券营业部	海淀区西三环北路87号4层403室	100048	68488760
华泰证券股份有限公司北京学院南路证券营业部	海淀区学院南路62号中关村资本大厦1层107室、3层309室	100082	82263226/82263193
华泰证券股份有限公司北京雍和宫证券营业部	东城区安定门东大街28号雍和大厦F座5层501室、D座1层116室、2层216室	100013	84273969/84279040

华泰证券股份有限公司北京月坛南街证券营业部	西城区月坛南街甲12号万丰怡和商务会馆3层	100045	68019696/68010996
华西证券股份有限公司北京广渠路证券营业部	朝阳区广渠路28号223号楼5层503室	100124	56916479
华西证券股份有限公司北京马家堡东路证券营业部	丰台区马家堡东路121号院2号楼1层	100077	56921790
华西证券股份有限公司北京上地三街证券营业部	海淀区上地三街9号B座4层B503室	100093	88467078
华西证券股份有限公司北京紫竹院路证券营业部	海淀区紫竹院路31号华澳中心2层	100089	51669396－219
华西证券股份有限公司北京望京东路证券营业部	朝阳区望京东园七区1号楼1至2层1－29室、1－30室	100102	64777260
华鑫证券有限责任公司北京菜市口大街证券营业部	西城区菜市口大街甲2号院1号楼201室	100052	83490477
华鑫证券有限责任公司北京平安大街证券营业部	西城区平安里西大街31号1层101室	100034	88306852
江海证券有限公司北京东三环南路证券营业部	朝阳区东三环南路58号富顿中心A座2层	100022	58674800
江海证券有限公司北京长春桥证券营业部	海淀区长春桥路11号3号楼19层1901－1室、1907室	100089	62690599
江海证券有限公司北京回龙观营业部	昌平区回龙观镇黄平路19号院1号楼A单元609室	100096	65447141
金元证券股份有限公司北京广渠门内大街证券营业部	东城区广渠门内大街121号1层106室	100062	67697220
金元证券股份有限公司北京花园东路证券营业部	海淀区花园东路11号泰兴大厦10层1002室	100191	57625767
开源证券股份有限公司北京西直门外大街证券营业部	西城区西直门外大街18号楼8层6单元908室	100044	88335008

联储证券有限责任公司北京建国路证券营业部	朝阳区建国路93号9号楼5层6层	100025	51078622
联储证券有限责任公司北京北三环东路证券营业部	朝阳区光熙门北里34号楼	100028	64789928
民生证券股份有限公司北京北蜂窝路证券营业部	海淀区北蜂窝路5号院1号写字楼2层	100038	63982363
民生证券股份有限公司北京宣武门外大街证券营业部	西城区宣武门外大街6、8、10、12、16、18号、6号楼5层508－509室	100034	83553228
民生证券股份有限公司北京长虹桥证券营业部	朝阳区农展馆南路12号1号楼9层9001室	100621	85236120
民生证券股份有限公司北京总部证券营业部	东城区建国门内大街28号3幢01－105室	100005	65258636
民生证券股份有限公司北京顺义府前东街证券营业部	顺义区府前东街2号1号楼顺建大厦6层	101499	69460811
南京证券股份有限公司北京东三环南路证券营业部	朝阳区东三环南路19号联合国际大厦甲段M层	100021	64913500
南京证券股份有限公司北京南大街证券营业部	怀柔区南大街25号	101499	52412658
平安证券股份有限公司北京金融大街证券营业部	西城区金融大街23号12层1－9内1209室	100033	59734801
平安证券股份有限公司北京望京证券营业部	朝阳区望京SOHO塔1A座110801室	110801	68878898
平安证券股份有限公司北京北土城西路证券营业部	海淀区北土城西路牡丹商业街2层205室	100191	95511－8－2
瑞银证券有限责任公司北京金融大街证券营业部	西城区金融大街7号英蓝国际金融中心15层	100140	68731507
山西证券股份有限公司北京建国门外大街证券营业部	朝阳区建国门外大街8号楼IFC大厦A座21层2103单元	110000	51297760－602
山西证券股份有限公司北京太平庄证券营业部	海淀区高粱桥斜街13号	100081	87103750
山西证券股份有限公司北京裕丰路证券营业部	顺义区空港街道裕丰路16号院8号楼1层103室	101300	68818516

上海证券有限责任公司北京朝阳弘燕路证券营业部	朝阳区周庄山水文园5号楼1层底商06室	100112	67301168
上海证券有限责任公司北京和平里北街证券营业部	东城区和平里北街16号院和平里大酒店1层	100007	84085515
上海证券有限责任公司北京万寿路证券营业部	海淀区万寿路翠微中里14号楼	100036	68254010
申万宏源证券有限公司北京安定路证券营业部	朝阳区安定路39号长新大厦3层	100029	64448210
申万宏源证券有限公司北京东四环中路证券营业部	朝阳区东四环中路56号远洋国际中心A座25层	100025	82031568
申万宏源证券有限公司北京丽泽路证券营业部	丰台区东管头1号院1号楼1－222室	100073	63898151
申万宏源证券有限公司北京金融大街证券营业部	西城区太平桥大街19号1层102室	100140	88085853
申万宏源证券有限公司北京劲松九区证券营业部	朝阳区劲松九区909楼	100021	67736289
申万宏源证券有限公司北京紫竹院路证券营业部	海淀区紫竹院路116号嘉豪国际A座西侧3层	100089	88511326
世纪证券有限责任公司北京月坛证券营业部	西城区月坛北街26号写字楼5层502室	100045	68085355
世纪证券有限责任公司北京光华路证券营业部	朝阳区光华路丙12号1号楼10层1102室	100020	65008899
首创证券股份有限公司北京北辰东路证券营业部	朝阳区北辰东路8号Q座1层115号	100101	84974405
首创证券股份有限公司北京长阳祥云街证券营业部	房山区长阳镇祥云街6号院2号楼2层202室	102442	57531069
首创证券股份有限公司北京马甸证券营业部	西城区北三环中路23号楼1层1－1室	100088	82279870
首创证券股份有限公司北京五道口证券营业部	海淀区五道口地区成府路蓝旗营1号楼东2层	100084	62793470
首创证券股份有限公司北京延庆东顺城街证券营业部	延庆区延庆镇东街2号南侧5层	102199	69180556

首创证券股份有限公司北京雍和宫证券营业部	东城区安定门东大街28号1号楼C单元301号	100013	84290832
太平洋证券股份有限公司北京西直门外大街证券营业部	西城区北展北街5、7、9、11、13、15、17号1层9－9室、9－10室	100044	88329021
太平洋证券股份有限公司北京海淀大街证券营业部	海淀区海淀北二街6号普天大厦北门1层	100080	82870678
太平洋证券股份有限公司北京崇文门证券营业部	东城区新怡家园5号楼1层5单元01商业09室	100062	65188601
太平洋证券股份有限公司北京金融大街证券营业部	西城区金融大街27号投资广场B1208室	100031	66080812
天风证券股份有限公司北京常通路证券营业部	朝阳区常通路2号院1号楼4层2单元501/18层2单元	100052	83557110
天风证券股份有限公司北京莲花桥证券营业部	海淀区莲花池东路39号6层602室	100089	58816940
天风证券股份有限公司北京东三环北路证券营业部	朝阳区东三环北路17号恒安大厦806A室	100027	95391
天风证券股份有限公司北京诺德樊羊路证券营业部	丰台区育仁南路1号院4号楼11层1110~1111号	100160	87095979
万和证券股份有限公司北京亦庄证券营业部	北京经济技术开发区天华北街11号院2号楼8层807室	100176	62966232
万联证券股份有限公司北京上地创业路证券营业部	海淀区上地创业路17号1层C区	100031	66063023
网信证券有限责任公司北京上地农大南路证券营业部	海淀区上地六街28号院2号楼1层105号	100020	60607040
网信证券有限责任公司北京霄云路证券营业部	朝阳区霄云路28号网信大厦A座108室	100027	89929918
五矿证券有限公司北京广安门外大街证券营业部	西城区广安门外大街168号1幢11层1－1209室	100055	63362790

五矿证券有限公司北京将台路证券营业部	朝阳区将台路甲 2 号燕翔饭店内 2603 室	100016	64376256
西部证券股份有限公司北京德胜门外大街证券营业部	西城区德胜门外大街乙 10 号泰富大厦 4 层	100088	62015962
西部证券股份有限公司北京学院南路证券营业部	海淀区海淀大柳树富海中心 2 号楼 3 层 301 室	100081	62120091
东方财富证券股份有限公司北京朝内大街证券营业部	东城区 INN4 号楼 106 室	100010	58641970
东方财富证券股份有限公司北京海淀大街证券营业部	海淀区彩和坊路 10 号 1 层 121 ~ 122 室	100082	81046708
东方财富证券股份有限公司北京航丰路证券营业部	丰台区航丰路 1 号院 1 号楼 1 至 2 层 101 内 103 室	100070	63703597
东方财富证券股份有限公司北京建国路证券营业部	朝阳区建国路 93 号院 12 号楼 1205 号	101100	58208817
东方财富证券股份有限公司北京金融大街证券营业部	西城区太平桥大街 8 号院 10 号楼 1 至 2 层 34 号	100031	59352926
东方财富证券股份有限公司北京三元桥证券营业部	朝阳区曙光西里甲 1 号 1 层 05（跃层）	100012	58220096
东方财富证券股份有限公司北京宣武门证券营业部	西城区宣武门外大街 28 号 2 幢 7 层 A707 ~ A709 室	100034	83531821
东方财富证券股份有限公司北京望京北路证券营业部	朝阳区利泽中园 208 号 1 幢 1 层 101 内 1104 室	100102	53526043
东方财富证券股份有限公司北京西三环北路证券营业部	海淀区西三环北路 72 号 A 座 2103 室	100048	53973903
西南证券股份有限公司北京北三环中路证券营业部	西城区北三环中路 27 号商房大厦 4 层 416 室	100011	62015677

西南证券股份有限公司北京昌平证券营业部	昌平区城北街道政府街西路2号1层103－106室	102200	89745866
西南证券股份有限公司北京房山证券营业部	房山区良乡西潞南大街10号楼1层101室	102488	89366955
西南证券股份有限公司北京丽泽路证券营业部	丰台区丽泽路24号院1号楼6层101内602－3A室	100195	62501676
西南证券股份有限公司北京平谷证券营业部	平谷区府前西街18号院2号楼2－1室	101200	89996588
湘财证券股份有限公司北京朝外大街证券营业部	朝阳区朝外大街乙12号10层0－1107室	100020	85632392
湘财证券股份有限公司北京建国门内大街证券营业部	东城区建国门内大街7号16层17室	100025	65585711
湘财证券股份有限公司北京首体南路证券营业部	海淀区首体南路9号主语国际5号楼3层	100089	82518108
湘财证券股份有限公司北京顺义站前街证券营业部	顺义区仁和镇站前街1号院1号楼顺鑫国际商务中心6层东侧	101300	81496902
新时代证券股份有限公司北京北三环西路证券营业部	海淀区北三环西路99号院1号楼2层201室	100086	83561154
新时代证券股份有限公司北京朝外大街证券营业部	朝阳区朝外大街怡景园北里3、4、5号楼1层B2室	100027	57271228
新时代证券股份有限公司北京宣武门外大街证券营业部	西城区宣武门外大街26、28、30号2幢4层28号B408室	100052	88312798
新时代证券股份有限公司北京榴乡路证券营业部	丰台区榴乡路88号院13号楼3层302室	100079	67527234
新时代证券股份有限公司北京南礼士路证券营业部	西城区南礼士路三号海通大厦A座3～4层	100037	68025244
新时代证券股份有限公司北京天通苑证券营业部	昌平区东小口镇天通苑405号楼2层	102218	84810632

新时代证券股份有限公司北京新华北路证券营业部	通州区运河核心区 IV－01 地块绿地大厦 1 号楼 9 层 901 室	101100	80887484
新时代证券股份有限公司北京羊坊店路证券营业部	海淀区羊坊店路 18 号 2 幢 3 层 301－004 室	100049	63986282
新时代证券股份有限公司北京中关村东路证券营业部	海淀区中关村东路 66 号 1 号楼 20 层 2306－A 室	100190	62672788
信达证券股份有限公司北京北四环东路证券营业部	朝阳区北辰东路 8 号时代大厦 12 层亚运村内	100100	84987895
信达证券股份有限公司北京朝阳路证券营业部	朝阳区朝阳路 67 号 9 号楼 3 层 k306 室	100025	85786680
信达证券股份有限公司北京朝阳门证券营业部	东城区南竹杆胡同 2 号 1 幢 3 层 10327 室	100007	59576718
信达证券股份有限公司北京海淀西街证券营业部	海淀区善缘街 1 号 1 层 07 室	100080	62416202
信达证券股份有限公司北京科丰桥证券营业部	丰台区南四环西路 188 号十五区 17 号楼 1 层 101 室	100070	63738611
信达证券股份有限公司北京前门证券营业部	东城区东交民巷 28 号红都商务会馆 B 座 2 层	100006	65281117
信达证券股份有限公司北京五棵松证券营业部	海淀区复兴路 69 号院 11 号 5 层 501 号及 1 层 102 号	100036	68252131
信达证券股份有限公司北京西单北大街证券营业部	西城区华远北街 2 号辟才胡同东口南通港大厦 4 层	100032	83988698
信达证券股份有限公司北京裕民路证券营业部	朝阳区裕民路 12 号中国国际科技会展中心（元辰鑫）C 座 4 层	100029	82253821
兴业证券股份有限公司北京望京西路证券营业部	朝阳区南湖南路 15 号院甲 5 号楼 3 层 301 号 01 辟才胡同东口南	100621	65397011
兴业证券股份有限公司北京北辰东路证券营业部	朝阳区朝阳北路 103 号第 14 层 1712 室、1715 室	100029	85830020
兴业证券股份有限公司西城区宣武门外大街证券营业部	西城区宣武门外大街 28 号富卓大厦 B1001 室	100052	63017201

兴业证券股份有限公司北京太阳宫中路证券营业部	朝阳区太阳宫中路12号冠城大厦1706室	100028	84298357
兴业证券股份有限公司北京复兴门外大街证券营业部	西城区南礼士路66号1号楼12层1－21内1206室、1207室	100037	59544500
兴业证券股份有限公司北京大望路证券营业部	朝阳区西大望路63号院8号楼1至3层1单元105室	100621	82000245
兴业证券股份有限公司北京中关村北二街证券营业部	海淀区海淀北二街8号6层709室	100080	69943619
兴业证券股份有限公司北京东直门南大街证券营业部	东城区东直门南大街5号4层417－418室	100007	69525658
兴业证券股份有限公司北京信息路证券营业部	海淀区农大南路1号院2号楼2层办公B－201室	101499	62966232
银泰证券有限责任公司北京马甸路证券营业部	海淀区冠城园8号楼B座1层8－1室	100006	65287668
银泰证券有限责任公司北京南横东街证券营业部	西城区菜市口大街6号院2号楼1层102室	100052	83986065
英大证券有限责任公司北京朝阳证券营业部	朝阳区呼家楼京广中心商务楼3层301室	100007	84002095
粤开证券股份有限公司北京北辰东路证券营业部	朝阳区北辰东路8号北京国际会议中心8层东区	100101	62279238
粤开证券股份有限公司北京西城证券营业部	西城区广安门外大街377号4幢1层	100055	64408910
粤开证券股份有限公司北京房山西路证券营业部	房山区良乡地区西潞东里甲1号楼2层X－03－221室、222室、226室	102488	64408910
粤开证券股份有限公司北京朝阳证券营业部	朝阳区东三环北路17号5层506室	100053	66235729
招商证券股份有限公司北京安立路证券营业部	朝阳区安立路甲56号2层3－8室	100088	84802608
招商证券股份有限公司北京安外大街证券营业部	东城区安定门外大街2号安贞大厦1、4层	100013	64289962
招商证券股份有限公司北京北三环东路证券营业部	朝阳区北三环东路西坝河东里18号三元大厦8层	100028	84603516

招商证券股份有限公司北京北苑路证券营业部	朝阳区北苑路甲 13 号 2 号楼 105B 室	100107	84922166
招商证券股份有限公司北京朝外大街证券营业部	朝阳区朝外大街 6 号新城国际 5 号楼 1－5 层	100088	65979550
招商证券股份有限公司北京朝阳公园路证券营业部	朝阳区朝阳公园 19 号佳隆国际大厦 101 室	1001250	15910970031
招商证券股份有限公司北京朝阳路八里庄证券营业部	朝阳区八里庄西里 100 号 3 层 301 室	100025	85790299
招商证券股份有限公司北京车公庄西路证券营业部	海淀区首体南路 9 号 4 楼 3 层 304－13 号	100044	68423637
招商证券股份有限公司北京东三环北路证券营业部	朝阳区东三环北路 19 号楼 17 层 2001 内 01/02 部分室	100020	65865272
招商证券股份有限公司北京东四十条证券营业部	东城区东四十条甲 22 号南新仓国际大厦 A 座 3 层	100007	64002881
招商证券股份有限公司北京方庄路证券营业部	丰台区紫芳园四区 2 号楼 1 至 2 层 202 室	100078	67681187
招商证券股份有限公司北京光明路证券营业部	东城区光明路 11 号天玉大厦 501 室、502 室、601 室、602 室	100006	67119776
招商证券股份有限公司北京广渠路证券营业部	朝阳区广渠路 66 号院 22 号楼 1 层 101 内 105 室	100022	87785600
招商证券股份有限公司北京建国路证券营业部	朝阳区建国路 118 号招商局大厦 8 层	100022	65684895
招商证券股份有限公司北京金融大街证券营业部	西城区金融大街 33 号通泰大厦 C 座 605 室	100140	88088850
招商证券股份有限公司北京酒仙桥路证券营业部	朝阳区酒仙桥路乙 21 号 3 幢 5 层 5E 室	100016	84317566
招商证券股份有限公司北京平安大街证券营业部	西城区平安里西大街 28 号中海国际中心 101－02 室	100032	63220151
招商证券股份有限公司北京上地农大南路证券营业部	海淀区农大南路 1 号院 2 号楼 4 层办公 B－421 室	100084	62667620

招商证券股份有限公司北京顺义仓上街证券营业部	顺义区仓上街2号智能大厦B区8层（顺义工行南AMB大厦）	101300	89452551
招商证券股份有限公司北京通州新华西街证券营业部	通州区北苑一路1号院2号楼1层2－1室	101101	60568191
招商证券股份有限公司北京望京阜安西路证券营业部	朝阳区望京SOHO塔22层2218室	100102	64715398
招商证券股份有限公司北京西翠路证券营业部	海淀区西翠路17号院24号楼1层103室	100036	68156899
招商证券股份有限公司北京西直门北大街证券营业部	海淀区西直门北大街60号首钢国际大厦6层	100088	82291140
招商证券股份有限公司北京颐和园路证券营业部	海淀区颐和园路1号海淀桥北、硅谷电脑城对面	100080	82498132
招商证券股份有限公司北京亦庄证券营业部	北京经济技术开发区荣华南路1号院2号楼1层101室	100176	67870898
招商证券股份有限公司北京远大路证券营业部	海淀区远大路39号1号楼418室	100097	88449793
招商证券股份有限公司北京知春东里证券营业部	海淀区知春东里15号楼建行海淀分行南	100086	82111305
招商证券股份有限公司北京中核路证券营业部	丰台区中核路3号院3号楼607－608室（园区）	100070	63789056
浙商证券股份有限公司北京朝阳门北大街证券营业部	东城区朝阳门北大街8号富华大厦E座4层首创大厦南	100027	65546281
浙商证券股份有限公司北京广安门外大街证券营业部	西城区广安门外大街1号深圳大厦4－411室	100052	83557706
中国国际金融股份有限公司北京建国门外大街证券营业部	朝阳区建国门外大街1号（二期）6层06～07单元	100022	65051166
中国银河证券股份有限公司北京西大望路证券营业部	朝阳区南磨房路16号院1号楼1层102室	100021	68731507

中国银河证券股份有限公司北京旧宫证券营业部	北京经济技术开发区旧忠路10号院10号楼1层107室	100163	51297760－602
中国银河证券股份有限公司北京青年路证券营业部	朝阳区青年路7号院3号楼16层31608室	130062	87103750
中国银河证券股份有限公司北京安贞门证券营业部	朝阳区安定路33号化信大厦A座11层	100120	82013416
中国银河证券股份有限公司北京菜市口大街证券营业部	西城区菜市口大街甲2号院2号楼1至2层125室	100054	63560650
中国银河证券股份有限公司北京朝阳路证券营业部	朝阳区八里庄西里100号住邦2000商务楼1号楼3层305B室	100025	85868352
中国银河证券股份有限公司北京朝阳门北大街证券营业部	东城区朝阳门北大街5号B座1层F－03单元	100037	68362042
中国银河证券股份有限公司北京翠林路证券营业部	丰台区西铁营中路1号院1号楼万达广场写字楼15层1509室	100069	63582096
中国银河证券股份有限公司北京大望路证券营业部	朝阳区建国路93号院4号楼1层121室	100022	56175420
中国银河证券股份有限公司北京东四环南路证券营业部	朝阳区十八里店乡周庄嘉园7号院16号楼底商11～12门	100020	67322733
中国银河证券股份有限公司北京方庄南路证券营业部	丰台区方庄南路2号103室	100078	57539003
中国银河证券股份有限公司北京丰科路证券营业部	丰台区六圈路2号院4号楼1至2层106室	100070	83628812
中国银河证券股份有限公司北京阜成路证券营业部	海淀区阜成路67号银都大厦1、3、4层空军总院对面	100036	68731590
中国银河证券股份有限公司北京阜外大街证券营业部	西城区阜外大街甲9号国宾酒店1层	100037	68292077

中国银河证券股份有限公司北京后沙峪证券营业部	顺义区后沙峪镇裕庆路20号院9号楼1层107~108室	101318	80489844
中国银河证券股份有限公司北京呼家楼证券营业部	朝阳区工体东路18号2号楼1层103室	100020	65910583
中国银河证券股份有限公司北京建国路证券营业部	朝阳区建国路126号瑞赛大厦1层	100078	65663592
中国银河证券股份有限公司北京金融街证券营业部	西城区太平桥大街111号3~4层	100032	58872889
中国银河证券股份有限公司北京来广营证券营业部	朝阳区来广营西路5号院诚盈中心2号楼2层201单元	100102	84929227
中国银河证券股份有限公司北京立通路证券营业部	朝阳区锦芳路1号院15号楼1层15－3室	100022	84925059
中国银河证券股份有限公司北京亮马桥路证券营业部	朝阳区亮马桥路42号光明大厦B座11层1113室	100125	84418775
中国银河证券股份有限公司北京上地证券营业部	海淀区信息路甲28号4层D座04B－C室	100085	62966812
中国银河证券股份有限公司北京太阳宫证券营业部	朝阳区夏家园11号楼2层10号商业	100013	64464780
中国银河证券股份有限公司北京陶然桥证券营业部	东城区马家堡路1号陶然大厦9层901~906室	100068	67572513
中国银河证券股份有限公司北京通州九棵树证券营业部	通州区九棵树街100号1至2层	101100	81599653
中国银河证券股份有限公司北京通州证券营业部	通州区新华南二街12号院2号楼1层2~6室	101100	60517533
中国银河证券股份有限公司北京望京证券营业部	朝阳区望京阜通东大街12号2层	100102	52397822

中国银河证券股份有限公司北京丽泽证券营业部	丰台区金泽西路8号院1号楼-4至22层101内1层102A室	100070	63361296
中国银河证券股份有限公司北京兴华大街证券营业部	大兴区兴华大街（二段）19号院17号楼101室	102699	60254042
中国银河证券股份有限公司北京北四环证券营业部	海淀区北四环中路265号1层101室	100083	82837556
中国银河证券股份有限公司北京学院南路证券营业部	海淀区学院南路34号2号楼1~3层	100082	62276479
中国银河证券股份有限公司北京亚运村证券营业部	朝阳区北辰东路8号院27号楼1层104号	100101	64932408
中国银河证券股份有限公司北京颐和园路证券营业部	海淀区北四环西路66号17层2001室	100080	82169272
中国银河证券股份有限公司北京亦庄证券营业部	北京经济技术开发区荣华中路5号院1号楼1层103室	100176	58357877
中国银河证券股份有限公司北京远大路证券营业部	海淀区蓝靛厂东路2号院金源时代商务中心2号楼2层1单元	100097	88890209
中国银河证券股份有限公司北京知春路证券营业部	海淀区中关村大街27号11层1109室	100086	82102780
中国银河证券股份有限公司北京中关村大街证券营业部	海淀区中关村南大街甲18号国际大厦D座3层	100081	62512173
中国银河证券股份有限公司北京珠市口大街证券营业部	东城区珠市口东大街2号磁器口路口向西200米路南1层110室	100062	87103750
中国银河证券股份有限公司北京雍和宫证券营业部	东城区和平里东街11号创新楼A座B1-A1号	100007	64466577
中国银河证券股份有限公司北京积水潭证券营业部	西城区新街口北大街3号2层211磁器口路口向西200米路南	100035	62254899

中国银河证券股份有限公司北京广安门证券营业部	西城区南滨河路27号7号楼A座405磁器口路口向西200米路南	100055	63560616
中国银河证券股份有限公司北京时代花园南路证券营业部	石景山区时代花园南路19号院1号楼1层102室	100042	68818516
中航证券有限公司北京东三环证券营业部	朝阳区曙光西里甲5号院22号楼1703B单元	100028	84059882
中航证券有限公司北京慧忠路证券营业部	朝阳区慧忠路5号远大中心A座9层	100012	84801300
中国中金财富证券有限公司北京北三环东路证券营业部	东城区北三环东路36号环球贸易中心A座1－2层	100101	58256070
中国中金财富证券有限公司北京朝阳路证券营业部	朝阳区朝阳路延静里中街3号长信大厦3层	100025	65086086
中国中金财富证券有限公司北京望京街证券营业部	朝阳区望京街9号商业楼2层211室	100040	88684839
中国中金财富证券有限公司北京阜成门外大街证券营业部	西城区阜成门外大街2号15层A1503室	100037	68019608
中国中金财富证券有限公司北京富丰路证券营业部	丰台区科技园富丰路4号工商联大厦A座104室	100070	83623790
中国中金财富证券有限公司北京花园路证券营业部	海淀区花园路1号1层107室	100016	64343066
中国中金财富证券有限公司北京丰台北路证券营业部	丰台区丰台北路18号院4号楼10层1001内1008～1010室	100073	63361148
中国中金财富证券有限公司北京顺义站前街证券营业部	顺义区仁和镇站前街3号院1号楼7层713室	101300	56862298
中国中金财富证券有限公司北京宋庄路证券营业部	丰台区宋庄路71号院1号楼	100078	58878767
中国中金财富证券有限公司北京万寿路证券营业部	海淀区万寿路西街2号3层301室及1层131室	100036	68274158

中国中金财富证券有限公司北京中关村南大街证券营业部	海淀区中关村南大街乙12号院1号楼22层2601室	100081	82168126
中国中金财富证券有限公司北京建国门外大街证券营业部	朝阳区建国门外大街2号院3号楼36层3601内01室	100022	85679169
中国中金财富证券有限公司北京科学院南路证券营业部	海淀区科学院南路2号院1号楼13层1309－1311单元	100086	82861086
中国中金财富证券有限公司北京亚运村证券营业部	朝阳区北辰东路8号北辰时代大厦27层2701～2703单元	100101	66051166
中山证券有限责任公司北京方庄证券营业部	丰台区方庄芳城园一区十号楼10－59幢1层102室	100071	87618688
中山证券有限责任公司北京宣武门外大街证券营业部	西城区宣武门外大街6号629室	100052	63109155
中泰证券股份有限公司北京安立路证券营业部	朝阳区慧忠里103号洛克时代中心A座103－2室	100101	84872166
中泰证券股份有限公司北京百万庄大街证券营业部	西城区百万庄大街16号1号楼1～2层	100040	66553529
中泰证券股份有限公司北京朝外大街证券营业部	朝阳区朝外大街20号联合大厦2层202室、3层310室	100020	65882608
中泰证券股份有限公司北京大望路证券营业部	朝阳区西大望路63号8号楼1层1单元102～103室、1至3层1单元106室	100022	59600369
中泰证券股份有限公司北京新源南路证券营业部	朝阳区新源南路8号院4号楼13层1301内04单元	100027	62695562
中泰证券股份有限公司北京光华路证券营业部	朝阳区建国门外大街1号国贸大厦A座53层13－19单元	100004	56793100
中泰证券股份有限公司北京广渠路证券营业部	朝阳区广渠路36号院5号楼2层206室	100022	87728790
中泰证券股份有限公司北京自贸试验区证券营业部	朝阳区东三环中路乙10号艾维克大厦首层北侧	100022	65660560

中泰证券股份有限公司北京苏州桥证券营业部	海淀区北三环西路99号1号楼2层	100086	82887698
中泰证券股份有限公司北京望京证券营业部	朝阳区望京东园四区6号楼3层303单元	100102	64789872
中泰证券股份有限公司北京学院南路证券营业部	海淀区学院南路62号中关村资本大厦807室	100044	83020178
中天证券股份有限公司北京北四环证券营业部	朝阳区将台乡驼房营路8号新华科技大厦14层1415室	100015	60769070
中天证券股份有限公司北京朝阳证券营业部	朝阳区百子湾西里403号3号楼206室	100124	57193918
中信建投证券股份有限公司北京方庄路证券营业部	丰台区紫芳园四区1号楼202号	100078	87161717
中信建投证券股份有限公司北京青年路证券营业部	朝阳区青年路29号院11号楼1层11－1室	100123	58777809
中信建投证券股份有限公司北京通州通朝大街证券营业部	通州区翠屏西路10号1至2层全部	101121	50952289
中信建投证券股份有限公司北京广渠门内大街证券营业部	东城区广渠门内大街35号1层FGY111A室、111B室	100062	67187108
中信建投证券股份有限公司北京朝外大街证券营业部	朝阳区朝外大街乙12号昆泰国际大厦29号底商	100020	50866396
中信建投证券股份有限公司北京常惠路证券营业部	朝阳区常惠路6号楼1层114室，3单元411～412室	100024	64172768
中信建投证券股份有限公司北京松榆南路证券营业部	朝阳区松榆西里11号楼1层11－2号	100021	67278196
中信建投证券股份有限公司北京广渠路证券营业部	朝阳区广渠路28号223号楼1层01内L112～L113室	100022	64172805
中信建投证券股份有限公司北京朝阳公园南路证券营业部	朝阳区朝阳公园南路10号院2号楼2～3室	100026	64176065

中信建投证券股份有限公司北京东三环中路证券营业部	朝阳区东三环中路9号1层0102室、2层0205室、B1层0102A室、17层1704室	100020	85911109
中信建投证券股份有限公司北京朝阳路证券营业部	朝阳区八里庄西里99号1层102室内102－1室	100025	85868091
中信建投证券股份有限公司北京顺义站前街证券营业部	顺义区站前街1号院1号楼顺鑫国际商务中心7层725室	101300	56326285
中信建投证券股份有限公司北京怀柔府前街证券营业部	怀柔区府前街3号3－5、1－2层	101499	60685098
中信建投证券股份有限公司北京北辰西路证券营业部	朝阳区北土城西路7号1层6单元101室	100029	82994802
中信建投证券股份有限公司北京酒仙桥路证券营业部	朝阳区酒仙桥路甲10号3号楼1层、1108室	100015	53805898
中信建投证券股份有限公司北京北四环东路证券营业部	朝阳区惠新东街2号01层（01）101内3号、05层（05）501内D71号	100102	64304768
中信建投证券股份有限公司北京北三环东路证券营业部	朝阳区北三环东路28号1层101室	100013	89099066
中信建投证券股份有限公司北京红军营南路证券营业部	朝阳区天溪园20号楼1层商业22部分面积及2层商业45号	100107	56326111
中信建投证券股份有限公司北京望京中环南路证券营业部	朝阳区望京中环南路9号3号楼7层2号楼1层	100102	64723010
中信建投证券股份有限公司北京阜安西路证券营业部	朝阳区望京西园一区134号楼1层107室－1号	100102	84766768
中信建投证券股份有限公司北京大屯路证券营业部	朝阳区南沙滩66号院1号楼1层1－1（1）室	100101	58739503
中信建投证券股份有限公司北京富丰路证券营业部	丰台区富丰路2号星火科技大厦1层、15层	100070	83739073

中信建投证券股份有限公司北京亦庄荣华中路证券营业部	北京经济技术开发区荣华中路10号亦城国际中心A座106室	100176	57780069
中信建投证券股份有限公司北京太平桥路证券营业部	丰台区太平桥路华源四里13号楼	100073	63259608
中信建投证券股份有限公司北京大兴金星西路证券营业部	大兴区金星西路六号院1号楼兴创大厦102室、901室	102600	60295066
中信建投证券股份有限公司北京厚金路证券营业部	朝阳区金蝉里22号院3号楼1层101室	100023	68759965
中信建投证券股份有限公司北京榴乡路证券营业部	丰台区榴乡路88号院22号楼1层103~104室	100079	56762122
中信建投证券股份有限公司北京云岗路证券营业部	丰台区王佐镇长青路87号院2号商业楼西3号	100074	83378558
中信建投证券股份有限公司北京马家堡西路证券营业部	丰台区马家堡西路15号时代风帆大厦102号	100068	67578532
中信建投证券股份有限公司北京丰台北路证券营业部	丰台区丰台北路18号恒泰广场1号楼102室	100166	63872797
中信建投证券股份有限公司北京时代花园南路证券营业部	石景山区时代花园南路17号茂华大厦1层	100043	88980277
中信建投证券股份有限公司北京良乡拱辰南大街证券营业部	房山区拱辰南大街1号1层105室、111室	102401	88980268
中信建投证券股份有限公司北京西翠路证券营业部	海淀区西翠路17号院20号楼1层商铺9号	100036	68156829
中信建投证券股份有限公司北京宣武门外大街证券营业部	西城区宣武门外大街28号富卓大厦A座3层308~309室	100052	63175505
中信建投证券股份有限公司北京玉泉路证券营业部	石景山区玉泉路63号1层115室	100040	68628807

中信建投证券股份有限公司北京虎坊路证券营业部	西城区虎坊路17幢1－2层商业E06室	100052	83559860
中信建投证券股份有限公司北京德胜门外大街证券营业部	西城区德胜门外大街11号18幢1层107－1室	100088	82281653
中信建投证券股份有限公司北京金融大街证券营业部	西城区锦什坊街35号院1号楼1102室	100033	66555976
中信建投证券股份有限公司北京燕山燕房路证券营业部	房山区燕山燕房路临99号	102500	81337869
中信建投证券股份有限公司北京回龙观西大街证券营业部	昌平区回龙观镇西大街85号	102208	57536727
中信建投证券股份有限公司北京昌平昌崔路证券营业部	昌平区东关昌崔路203号菓岭假日广场1楼	102200	89787158
中信建投证券股份有限公司北京远大路证券营业部	海淀区蓝靛厂金源时代购物中心B区2号	100097	88871811
中信建投证券股份有限公司北京知春路证券营业部	海淀区知春路6号锦秋国际大厦1层B02室、15层A07室	100015	82666371
中信建投证券股份有限公司北京大柳树路证券营业部	海淀区上园村3号交大科技大厦101－1室	100044	62440568
中信建投证券股份有限公司北京中关村东路证券营业部	海淀区中关村东路66号世纪科贸大厦C座1－2层商业8号	100190	82666909
中信建投证券股份有限公司北京农大南路证券营业部	海淀区农大南路1号院硅谷亮城2A座1层	100084	82349798
中信建投证券股份有限公司北京马连洼北路证券营业部	海淀区马连洼北路138号院1号楼1层102室	100193	62893193
中信建投证券股份有限公司北京朝阳门内大街证券营业部	东城区朝阳门内大街2号B座9层03单元918室	100028	84150996

中信证券股份有限公司北京安外大街证券营业部	朝阳区安定门外大街1号1层	100011	64258036
中信证券股份有限公司北京北三环中路证券营业部	海淀区北三环中路43－73号楼	100088	82070509
中信证券股份有限公司北京北苑证券营业部	朝阳区天朗园C座1层商业内1－015室	100107	84840192
中信证券股份有限公司北京东三环中路证券营业部	朝阳区广渠路39号院2号楼7层01单元	100078	87152735
中信证券股份有限公司北京东直门证券营业部	东城区东直门外大街48号1幢4层04－商业－05号	100027	57602580
中信证券股份有限公司北京复外大街证券营业部	西城区白云路1号白云大厦3层	100045	89190625
中信证券股份有限公司北京国贸证券营业部	朝阳区建国路甲92号世茂大厦B座5楼	100020	85890121
中信证券股份有限公司北京呼家楼证券营业部	朝阳区光华路9号楼1层125室、5层534室	100020	57602565
中信证券股份有限公司北京建外大街证券营业部	朝阳区建国门外大街19号1号楼1层5层01室、02室、05室	100022	57602580
中信证券股份有限公司北京金融大街证券营业部	西城区金融大街35号1号楼1层107单元、9层919－922单元	100033	88092075
中信证券股份有限公司北京京城大厦证券营业部	朝阳区新源南路6号京城大厦24层2404室	100027	89946958
中信证券股份有限公司北京三元桥证券营业部	朝阳区曙光西里甲5号院16号楼1层101A单元、102单元	100028	84554127
中信证券股份有限公司北京首体南路证券营业部	海淀区首体南路9号4楼1至2层	100044	65648811
中信证券股份有限公司北京天通苑证券营业部	昌平区天通北苑一区甲4号楼102门	102218	80141028
中信证券股份有限公司北京万柳证券营业部	海淀区万柳中路11号1层105室	100089	82563032

中信证券股份有限公司北京望京证券营业部	朝阳区望京东园七区保利国际广场 T2 楼 102 室	100102	84785402
中信证券股份有限公司北京远大路证券营业部	海淀区远大路 1 号 1 层 J－1042 室	100097	88878805
中信证券股份有限公司北京中关村大街证券营业部	海淀区丹棱街 1 号院 1 号楼互联网金融中心首层 102 单元	100071	59270818
中信证券股份有限公司北京中关村东路证券营业部	海淀区中关村东路 8 号东升大厦 AB 座 503B/807B 单元	100083	59933919
中信证券股份有限公司北京紫竹院路证券营业部	海淀区紫竹院路 69 号中国兵器大厦 9 层	100089	68966702
中信证券股份有限公司北京总部证券营业部	朝阳区亮马桥路 48 号院 4 号楼 1 层 101 内 A1 室	100026	60837213
中信证券股份有限公司北京三里河东路证券营业部	西城区月坛南街 49 号 2 幢 2 层 201～212 室	100036	68546185
中银国际证券股份有限公司北京北四环西路证券营业部	海淀区北四环西路 9 号 1502 室	100190	82525081
中银国际证券股份有限公司北京东三环北路证券营业部	朝阳区东三环北路 19 号楼 14 层 1701 内 10 室	100026	56235200
中银国际证券股份有限公司北京通州九棵树证券营业部	通州区翠景北里 21 号楼 20 层 2003 室	101101	66229255
中银国际证券股份有限公司北京宣外大街证券营业部	西城区宣武门外大街甲 1 号环球财讯中心 1 层 103 室	100052	83199777
中银国际证券股份有限公司北京荣京东街证券营业部	北京经济技术开发区荣京东街 3 号 1 幢 4 层 1 单元 409 室	100176	67864100
中邮证券有限责任公司北京宣武门东大街证券营业部	西城区宣武门东大街 2 号 1 层	100082	82292738
中原证券股份有限公司北京月坛北街证券营业部	西城区月坛北街 2 号月坛大厦北座主楼 16 层 1601～1602 室	100045	83065726

中原证券股份有限公司北京酒仙桥路证券营业部	朝阳区酒仙桥路14号53幢9层909室	100016	58671016
方正证券股份有限公司北京朝外西街证券营业部	朝阳区朝外西街3号1幢2层2019单元	100020	56992442
大和证券（中国）有限责任公司北京光华路证券营业部	朝阳区光华路1号（写字楼）7层705室	100020	80936986
方正证券股份有限公司北京上地三街证券营业部	海淀区上地三街9号E座1层105－1室	100085	62962951

（4）基金管理公司

机构名称	地址	邮编	电话
华夏基金管理有限公司	西城区月坛南街1号院7号楼11层	100045	400－818－6666
嘉实基金管理有限公司	东城区建国门北大街8号华润大厦8层	100005	400－600－8800
长盛基金管理有限公司	朝阳区安定路5号院3号楼中建财富国际中心3～5层	100088	400－888－2666
银华基金管理股份有限公司	东城区东长安街1号东方广场C2座10层	100738	400－678－3333
泰达宏利基金管理有限公司	朝阳区针织路23号中国人寿金融中心6层02－07单元	100033	400－698－8888
东方基金管理有限责任公司	丰台区金泽路161号院1号楼远洋锐中心26层	100033	400－628－5888
工银瑞信基金管理有限公司	西城区金融大街5号新盛大厦A座	100033	400－811－9999
建信基金管理有限责任公司	西城区金融大街7号英蓝国际金融中心16层	100033	400－819－5533
华商基金管理有限公司	西城区平安里西大街28号楼19层	100035	400－700－8880
益民基金管理有限公司	西城区宣武门外大街10号庄胜广场中央办公楼南翼13A层	400011	400－650－8808

中邮创业基金管理股份有限公司	东城区和平里中街乙十六号	100013	400－880－1618
方正富邦基金管理有限公司	朝阳区北四环中路 27 号院 5 号楼 11 层 02－11 单元	100037	400－818－0990
国金基金管理有限公司	海淀区西三环北路 87 号国际财经中心 D 座 14 层	100089	400－020－0018
英大基金管理有限公司	东城区东三环中路 1 号环球金融中心西塔 22 层	100020	400－890－5288
江信基金管理有限公司	海淀区北三环西路 99 号西海国际中心 1 号楼 2001－A 室	100086	400－622－0583
中加基金管理有限公司	西城区南纬路 35 号	100050	400－009－5526
中融基金管理有限公司	朝阳区望京东园四区 2 号中航产融大厦 17 楼	100016	56517000
国开泰富基金管理有限责任公司	西城区西直门南小街国英园 9 号楼	100010	59363299
中信建投基金管理有限公司	东城区朝内大街 2 号凯恒中心 B 座 19 层、17 层	100010	4009－108－108
国寿安保基金管理有限公司	西城区金融大街 28 号 11～12 层	100033	50850888
中金基金管理有限公司	朝阳区国贸大厦三期 B 座 43 层	100032	400－868－1166
北信瑞丰基金管理有限公司	海淀区西三环北路 100 号光耀东方中心 A 座 6 层、25 层	100048	400－061－7297
九泰基金管理有限公司	朝阳区安立路 30 号仰山公园 2 号楼 1 栋西侧	100012	400－628－0606
泓德基金管理有限公司	西城区德胜门外大街 125 号德胜尚城 B 座 3 层	100088	400－910－0888
新沃基金管理有限公司	海淀区丹棱街 3 号中国电子大厦 B 座 16 层	100080	58290600
汇安基金管理有限责任公司	东城区东直门南大街 5 号中青旅大厦 1301 室	100007	65711600
先锋基金管理有限公司	海淀区北太平庄路 18 号城建大厦 A 座 24 层	100088	400－815－9998
中航基金管理有限公司	朝阳区天辰东路 1 号北京亚洲金融大厦 B 座 1001 室	100101	400－666－2186
鹏扬基金管理有限公司	西城区复兴门外大街 A2 号中化大厦 16 层	100045	400－968－6688
格林基金管理有限公司	朝阳区东三环中路 5 号财富金融中心（FFC）58 层	100032	4001－000－501
南华基金管理有限公司	西城区武定侯街 2 号泰康国际大厦 10 层 1003 单元	100007	400－810－5599

国融基金管理有限公司	海淀区西直门外大街168号腾达大厦2008室	100044	400－819－0098
惠升基金管理有限责任公司	西城区金融大街27号投资广场B座18层	100033	400－000－5588
华融基金管理有限公司	朝阳区朝阳门北大街18号中国人保寿险大厦	100020	400－819－0789
东兴基金管理有限公司	西城区平安里大街28号中海国际中心6层	100034	400－670－1800
汇泉基金管理有限公司	海淀区西直门外大街168号腾达大厦16层	100044	400－001－5252

（5）基金子公司

机构名称	地　址	邮　编	电　话
	专户子公司		
华夏资本管理有限公司	西城区金融大街33号通泰大厦B座9层	100032	88066688
嘉实资本管理有限公司	东城区建国门北大街8号华润大厦2层	100005	65215588
工银瑞信投资管理有限公司	西城区金融大街5号新盛大厦A座6层	100033	400－811－9999
首誉光控资产管理有限公司	西城区平安里西大街28号中海国际中心601室	100034	83496800
银华长安资本管理（北京）有限公司	东城区东长安街1号东方广场C2座5层	100738	400－678－3333
国泓资产管理有限公司	西城区宣武门外大街10号庄胜广场中央办公楼南翼13A室	100052	63105556
北京千石创富资本管理有限公司	海淀区西三环北路87号国际财经中心D座14层	100089	400－020－0018
北京方正富邦创融资产管理有限公司	朝阳区北四环中路27号5号楼11层01/18室	100032	400－818－0990
建信资本管理有限责任公司	西城区闹市口大街1号院长安兴融中心2号楼5B室	100034	58527791
东方汇智资产管理有限公司	西城区金融街23号平安大厦8层819室	100033	63134998
中融（北京）资产管理有限公司	朝阳区望京东园四区2号中航产融大厦17层	100005	56517000
长盛创富资产管理有限公司	朝阳区安定路5号院3号楼中建财富国际中心3～5层	100088	86497667

北银丰业资产管理有限公司	西城区南纬路 35 号	100070	400－009－5526
北京国开泰富资产管理有限公司	西城区西直门南小街国英园 9 号楼	100010	59360222
国寿财富管理有限公司	西城区西单北大街甲 131 号大悦城写字楼 12 层 1203 室	100033	59250538
元达信资本管理（北京）有限公司	东城区朝内大街 2 号凯恒大厦 B 座 17 层	100010	59100216
上海北信瑞丰资产管理有限公司	海淀区西三环北路 100 号光耀东方中心 A 座 25 层	100048	400－061－7297
北京英大资本管理有限公司	朝阳区东三环中路 1 号环球金融中心西塔 22 层 2201 室	100020	400－898－8200
	销售子公司		
嘉实财富管理有限公司	朝阳区建国门外大街 21 号北京国际俱乐部 C 座写字楼 11 层	100022	400－021－8850
九泰基金销售（北京）有限公司	朝阳区安立路 30 号仰山公园 2 号楼 1 栋西侧	100107	87940999
上海华夏财富投资管理有限公司	西城区金融大街 33 号通泰大厦 B 座 8 层	100033	88066632

（6）基金分公司

机构名称	地　址	邮　编	电　话
国泰基金管理有限公司北京分公司	西城区金融大街 7 号 F808～810 室	100034	66553055
南方基金管理股份有限公司北京分公司	西城区武定侯街 6 号 6 层 F2－1（A）601 室	100140	66573399
华夏基金管理有限公司北京分公司	西城区金融大街 33 号 B 座 1 层、8 层	100033	400－818－6666
华安基金管理有限公司北京分公司	西城区金融大街 7 号 522 室	100033	57635999
博时基金管理有限公司北京分公司	东城区建国门内大街 18 号恒基中心 1 座 23 层	100005	65171166
鹏华基金管理有限公司北京分公司	西城区金融大街甲 9 号 502 室	100033	88082426
嘉实基金管理有限公司北京分公司	东城区天坛东路 72 号 5 幢 2 层 205A 室	100008	400－600－8800
长盛基金管理有限公司北京分公司	朝阳区安定路 5 号院 3 号楼 5 层 05 单元	100029	400－888－2666

大成基金管理有限公司北京分公司	西城区平安里西大街28号楼13层1301室	100034	88009300
富国基金管理有限公司北京分公司	西城区武定侯街6号16层1900室	100033	59315278
银华基金管理股份有限公司北京分公司	东城区东方广场东方经贸城中二办公楼10层2~8室	100738	400-678-3333
易方达基金管理有限公司北京分公司	西城区金融大街19号富凯大厦B1703室	100033	400-881-8088
融通基金管理有限公司北京分公司	西城区丰汇园11号楼南翼515室	100033	66190999
国投瑞银基金管理有限公司北京分公司	西城区金融大街7号英蓝国际金融中心811~815室	100033	66555550
银河基金管理有限公司北京分公司	西城区月坛西街6号院9号、10号楼商业201室	100045	56086900
泰达宏利基金管理有限公司北京分公司	西城区西直门外大街1号院3号楼18D13-15室	100044	66577730
金鹰基金管理有限公司北京分公司	西城区兴盛街2号院1号楼1层01商业05号	100085	68086288
华宝基金管理有限公司北京分公司	朝阳区建国门外大街丙12号楼17层1701室A区	100020	58260666
摩根士丹利华鑫基金管理有限公司北京分公司	东城区安定门外大街208号院1号楼12层1205单元	100032	66155568
海富通基金管理有限公司北京分公司	西城区金融大街7号621单元	100140	59379001
长信基金管理有限责任公司北京分公司	西城区金融街17号604室	100140	68042292
天治基金管理有限公司北京分公司	西城区金融大街19号7层B703A-01室	100032	66578008
景顺长城基金管理有限公司北京分公司	西城区金融大街7号英蓝国际金融中心608~610室	100033	66555001
广发基金管理有限公司北京分公司	西城区金融大街9号楼11层1101单元	100033	68083113
申万菱信基金管理有限公司北京分公司	西城区广安门北滨河路2号2幢	100033	66574388
中海基金管理有限公司北京分公司	西城区复兴门内大街158号1号楼F218室	100031	66493582
光大保德信基金管理有限公司北京分公司	西城区武定侯街2号、4号10层	100020	66215307
上投摩根基金管理有限公司北京分公司	西城区金融大街7号英蓝国际金融中心19层1925室	100033	400-889-4888

国海富兰克林基金管理有限公司北京分公司	西城区金融大街23号10层1005室	100033	59315299
天弘基金管理有限公司北京分公司	西城区月坛北街2号月坛大厦A21室	100140	83571789
华泰柏瑞基金管理有限公司北京分公司	西城区锦什坊街35号院1号楼2层208室	100032	66582808
新华基金管理股份有限公司北京分公司	西城区平安里西大街26号楼9层901室、11层1101室	100089	68726666
汇添富基金管理股份有限公司北京分公司	西城区武定侯街2号、4号15层	100052	021－28932768
交银施罗德基金管理有限公司北京分公司	西城区金融大街20号13层1311～1312室	100033	66584999
益民基金管理有限公司北京分公司	西城区宣武门外大街6号庄胜广场南翼13A室	100052	63101218
信达澳银基金管理有限公司北京分公司	西城区阜成门外大街22号1幢4层401－12室	100037	56652660
泰信基金管理有限公司北京分公司	西城区广成街4号院1号楼305－306室	100032	66215978
中银基金管理有限公司北京分公司	西城区西单北大街110号8层F8（016－027）室	100032	88000688
招商基金管理有限公司北京分公司	西城区月坛南街1号院3号楼1801室	100032	0755－83196666
建信基金管理有限责任公司北京分公司	西城区金融大街7号英蓝国际金融中心1630室	100033	66228888
长城基金管理有限公司北京分公司	西城区金融大街7号英蓝国际金融中心F916－F917单元	100033	88091156
中欧基金管理有限公司北京分公司	东城区东长安街1号东方广场东方经贸城西三办公楼10层7～10室	100738	63082766
兴证全球基金管理有限公司北京分公司	朝阳区建国门外大街甲6号1幢32层B座1－32内3206室	100033	63211225
工银瑞信基金管理有限公司北京分公司	西城区金融大街5号、甲5号1层甲5号105室	100033	66583239
安信基金管理有限责任公司北京分公司	西城区阜成门北大街2号楼5层501室	100034	0755－82509999
东方基金管理股份有限公司北京分公司	西城区锦什坊街28号楼2层201室	100033	66295888
东海基金管理有限责任公司北京分公司	海淀区西三环北路87号15层4－1502室	100048	88825682
前海开源基金管理有限公司北京分公司	西城区武定侯街6号15层F2－1（A）1501室	100738	4001－666－998
财通基金管理有限公司北京分公司	西城区月坛南街14号月新大厦第10层1006室	100032	400－820－9888

宝盈基金管理有限公司北京分公司	海淀区复兴路69号院10号楼10层1001室	100032	68083668
国寿安保基金管理有限公司北京分公司	房山区长沟镇金元大街1号北京基金小镇大厦A座150室	100033	50850888
万家基金管理有限公司北京分公司	东城区朝阳门北大街9号15层08单元	100033	59013764
泓德基金管理有限公司北京分公司	西城区德胜门外大街125号3层301B－1室	100032	4009－100－888
兴银基金管理有限责任公司北京分公司	朝阳区东三环北路38号院3号楼18层2101室	100088	4000－096－326
新沃基金管理有限公司北京分公司	丰台区东管头1号1号楼1－48室	100027	58290600
嘉合基金管理有限公司北京分公司	西城区金融大街7号6层627室	100080	021－6016900
农银汇理基金管理有限公司北京分公司	东城区建国门内大街乙18号院2号楼1117室	100031	4006－895－599
西部利得基金管理有限公司北京分公司	东城区东长安街1号东方广场东方经贸城西一办公楼15层09－11室	100005	56300100
诺德基金管理有限公司北京分公司	海淀区中关村东路1号院8号楼4层B301C－2室	100738	4008880009
富荣基金管理有限公司北京分公司	西城区金融大街33号9层918单元	100084	4006－855－600
嘉实基金管理有限公司北京怀柔分公司	怀柔区桥梓镇八龙桥雅苑2号楼3层2～3室	100033	400－600－8800
兴业基金管理有限公司北京分公司	朝阳区朝阳门北大街20号1至25层101内25层2501室	101400	89926967
国融基金管理有限公司北京分公司	海淀区西直门外大街168号腾达大厦20层06～11号	100020	400－819－0098
鹏扬基金管理有限公司北京分公司	西城区复兴门外大街A2号1幢16层1601室	100044	68105888
浦银安盛基金管理有限公司北京分公司	西城区太平桥大街18号16层1602室	100045	021－2321288
诺安基金管理有限公司北京分公司	朝阳区光华路甲14号1幢8层801内801～806室	100032	59027888
汇安基金管理有限责任公司北京分公司	东城区东直门南大街5号中青旅大厦13层1301～1308室	100033	56711600
惠升基金管理有限责任公司北京分公司	西城区金融大街27号楼16层B－1808室	100045	400－000－5588
合煦智远基金管理有限公司北京分公司	东城区东直门外大街46号1号楼16层	100033	0755－21835858

南华基金管理有限公司北京分公司	西城区武定侯街2号、4号10层	100007	58965805
中融基金管理有限公司北京分公司	通州区贡院街1号院1号楼2层206－84室	100007	56517000
中科沃土基金管理有限公司北京分公司	朝阳区京顺路5号10号楼1层A801室	100007	020－37128708
德邦基金管理有限公司北京分公司	顺义区后沙峪镇安富街6号1136室	100036	021－26010999
先锋基金管理有限公司北京分公司	海淀区北太平庄路18号24层A2401室	100020	58239856
国联安基金管理有限公司北京分公司	西城区金融大街33号B座601室、612室	100012	59312803
中信保诚基金管理有限公司北京分公司	朝阳区东三环中路1号1幢2单元5层501内07号单元	100033	021－68649788
华融基金管理有限公司北京分公司	通州区滨惠北一街3号院1号楼1层1－8－16室	100020	400－898－9999
恒生前海基金管理有限公司北京分公司	朝阳区建国路79号6层6办公2T01内62室	100020	0755－88982200
同泰基金管理有限公司北京分公司	西城区南礼士路66号1号楼10层1－15－1010室	100020	400－830－1666
金元顺安基金管理有限公司北京分公司	怀柔区雁栖镇京加路青秀园街5号院1号楼文化服务中心301室	100045	68058550
创金合信基金管理有限公司北京分公司	朝阳区楼梓庄路2号院3号楼5层509内1号	100032	63197791
新疆前海联合基金管理有限公司北京分公司	朝阳区建国路112号16层1601－2室	100055	400－640－0099
华富基金管理有限公司北京分公司	西城区金融大街7号－4至19层101内9层F907B室	100020	021－68886996
兴华基金管理有限公司北京分公司	怀柔区雁栖镇京加路青秀园街5号院1号楼文化服务中心302室	101407	400－067－8815
凯石基金管理有限公司北京分公司	西城区宣武门外大街26、28、30号2幢13层28号B1501室	100071	66515900－8960
华润元大基金管理有限公司北京分公司	东城区建国门北大街8号华润大厦5层504A室	100005	4000－1000－89
富安达基金管理有限公司北京分公司	怀柔区南大街25号楼1层25－1室	101499	400－630－6999

（7）基金管理公司理财中心

机构名称	地址	邮编	电话
华夏基金管理有限公司北京科学院南路投资理财中心	海淀区中关村科学院南路新科祥园甲3号	100080	82523195
华夏基金管理有限公司北京东中街投资理财中心	东城区东中街29号东环广场B座1层	100027	64185183
华夏基金管理有限公司北京东四环投资理财中心	朝阳区八里庄西里100号1幢103号	100025	85869755
华夏基金管理有限公司北京望京投资理财中心	朝阳区望京东园四区11号楼1层103－1室	100102	64709882
华夏基金管理有限公司北京朝外大街投资理财中心	朝阳区望京东园四区11号楼1层103－2室	100102	8806149
华夏基金管理有限公司北京朝阳投资理财中心	朝阳区望京东园四区11号楼1层103－3室	100102	8806149
华夏基金管理有限公司北京亚运村投资理财中心	朝阳区望京东园四区11号楼1层103－4室	100102	8806149
华夏基金管理有限公司北京崇文投资理财中心	东城区广渠门内大街35号首层东区1～3层	100062	8806149
华夏基金管理有限公司北京西三环投资理财中心	海淀区北三环西路48号3号楼2层2D－03室	100860	8806149
华夏基金管理有限公司北京海淀投资理财中心	海淀区中关村南大街11号光大国信大厦1层	100081	8806149
华夏基金管理有限公司北京世纪城投资理财中心	海淀区蓝靛厂时雨园甲2－4号	100089	8806149

（8）证券投资咨询公司

机构名称	地址	邮编	电话
北部资产经营股份有限公司	西城区广安门内大街338室811室	100032	18500178777
东高（科技）有限公司	西城区红莲南路28号6－1幢2层B456室	100032	15011506785
北京首证投资顾问有限公司	丰台区榴乡路88号院10号楼4层401－11室	100071	53806050
北京天相财富管理顾问有限公司	西城区金融街19号B座701室	100032	66045898
北京指南针科技发展股份有限公司	昌平区北七家镇七北路42号院2号楼1单元501室	102200	82559988
北京中富金石咨询有限公司	朝阳区东大桥路8号1号楼15层1807室	100020	58701668
北京中资北方投资顾问有限公司	朝阳区东四环中路82号2座2－1座01层101－02室	100020	18639102125
北京博星证券投资顾问有限公司	西城区西直门内南小街国英园1号楼1012室	100032	50950886
鼎信汇金（北京）投资管理有限公司	朝阳区霄云路40号院1号楼3层306室	100020	82050520
北京海问咨询有限公司	朝阳区东大桥路8号1号楼15层1811室	100020	60842107
北京金美林投资顾问有限公司	海淀区中关村大街11号6层645室	100089	18501307980
北京和众汇富科技股份有限公司	海淀区西三环北路11号海通时代商务中心21号楼2层2111室	100089	53347218
和讯信息科技有限公司	朝阳区朝外大街22号10层	100020	13901354895
北京股商证券投资咨询有限公司	海淀区燕西台嘉苑甲15号2层2060室	100089	64428161
北京中方信富投资管理咨询有限公司	朝阳区东三环北路甲19号嘉盛中心706室	100020	59671057

（9）期货公司

机构名称	地址	邮编	电话
北京首创期货有限责任公司	西城区宣武门外大街甲1号3层301～302室、314室	100052	4007009595
第一创业期货有限责任公司	西城区新街口北大街3号6层603～604室	100035	4008881888
方正中期期货有限公司	石景山区金府路32号院3号楼5层512室	100026	4008802277
格林大华期货有限公司	朝阳区建国门外大街8号楼21层2102室	100022	4007009898 4006537777
冠通期货股份有限公司	朝阳区朝阳门外大街甲6号万通中心4座18层	100020	4006678656
国都期货有限公司	东城区东直门南大街3号国华投资大厦8层、10层	100007	4007007588
国元期货有限公司	东城区东直门外大街46号1号楼19层1901室	100027	4008888218
宏源期货有限公司	西城区太平桥大街19号4层4B室	100033	4006008899
九州期货有限公司	海淀区西直门北大街甲43号1号楼1－26－1418号	100044	82211853
金鹏期货经纪有限公司	西城区复兴门内金融街投资广场B座9层	100033	66212370
首创京都期货有限公司	朝阳区北辰东路8号辰运大厦2层B区	100101	4000653019
民生期货有限公司	东城区建国门内大街28号民生金融中心D座7层	100005	85127555
银河期货有限公司	朝阳区朝外大街16号1幢13层1302单元	100020	4008867799
中天期货有限责任公司	丰台区方庄芳古园1区29号楼	100078	4007718181
英大期货有限公司	朝阳区呼家楼京广中心3层301室	100020	4000188688
中钢期货有限公司	海淀区海淀大街8号A座19层	100080	4007006700
中国国际期货股份有限公司	朝阳区建国门外光华路14号1幢6层609～610号	100020	95162

中粮期货有限公司	东城区东直门南大街5号中青旅大厦15层、3层305～313室、4层402～404室	100007	4007060158
中衍期货有限公司	朝阳区东四环中路82号金长安大厦B座7层	100124	4006881117

（10）期货公司营业部

机构名称	地址	邮编	电话
安粮期货股份有限公司北京营业部	丰台区汽车博物馆东路1号院3号楼9层1002室	100070	57327606
宝城期货有限责任公司北京营业部	朝阳区望京西路甲50号1号楼1层1－09内701单元	100102	64795780
北京首创期货有限责任公司北京北辰东路营业部	朝阳区北辰东路8号亚运村1号门	100101	84973126
北京首创期货有限责任公司北京东三环营业部	朝阳区东三环北路3号A座15层15号内1505室	100027	65089658
倍特期货有限公司北京营业部	东城区东直门外大街48号1幢10层办公楼10F室	100007	59576408
渤海期货股份有限公司北京营业部	朝阳区东三环北路甲2号京信大厦25层2532室	100000	64649822
财达期货有限公司北京分公司	海淀区首体南路20号国兴大厦D座2层西侧（201室）	100089	88386866
长城期货股份有限公司北京分公司	西城区南礼士路66号1号楼11层1114～1115室	100032	85270312
长江期货股份有限公司北京海淀区营业部	海淀区中关村南大街1号北京友谊宾馆20810室	100080	63968268
长江期货股份有限公司北京建国门营业部	东城区建国门北大街8号华润大厦6层605B室	100005	15237117758
创元期货股份有限公司北京第二分公司	海淀区西直门外大街168号腾达大厦23层05～06号	100089	68002268
创元期货股份有限公司北京分公司	东城区北三环东路36号1号楼B1209室	100029	58257989
大地期货有限公司北京分公司	海淀区西直门北大街32号院1号楼14层1703室	100082	88019357
道通期货经纪有限公司北京蓝靛厂东路营业部	海淀区蓝靛厂东路2号院2号楼金源时代商务中心2号楼10（9）层3单元（c座）10B－1室	100097	88870187

东方汇金期货有限公司北京分公司	东城区永定门西滨河路8号院7楼东塔4层501室	100077	59947979
东海期货有限责任公司北京花园桥营业部	海淀区西三环北路72号院B座1810室	100080	88584490
东吴期货有限公司北京营业部	西城区西直门外大街1号院2号楼17C4室	100044	58301050
东兴期货有限责任公司北京营业部	西城区德胜门外大街13号院1号楼10层1003室	100032	66553323
方正中期期货有限公司北京朝阳分公司	朝阳区东三环北路38号院1号楼19层2201室	100020	85881205
方正中期期货有限公司北京分公司	西城区展览馆路48号楼4层408室	100037	68578910
方正中期期货有限公司北京石景山分公司	石景山区金府路32号院3号楼5层510~511室	100043	82868239
方正中期期货有限公司北京望京营业部	朝阳区望京中环南路9号1号楼12层8~9号	100102	62681567
格林大华期货有限公司北京分公司	朝阳区建国门外大街8号楼20层1702单元20010室	100022	56711850
冠通期货股份有限公司北京营业部	海淀区中关村南大街5号2区683号楼1801室	100081	62576919
光大期货有限公司北京分公司	西城区月坛北街2号月坛大厦东配楼5层	100045	68084650
广发期货有限公司北京分公司	西城区宣武门外大街甲1号1101~1102室、1114房间05室	100052	65863690
广发期货有限公司北京营业部	海淀区西三环北路89号10层B-04室	100048	88569180
广州期货股份有限公司北京分公司	西城区月坛南街59号5层501-1室、501-26室、501-27室	100045	58565351
国海良时期货有限公司北京分公司	丰台区广安路9号院3号楼4层411室	100055	63365512
国金期货有限责任公司北京分公司	西城区广安门外大街248号1号楼13层1305~1306室	100055	83118631
国联期货股份有限公司北京北三环东路营业部	朝阳区北三环东路28号易亨大厦1208室	100020	58773708
国贸期货有限公司北京营业部	朝阳区建国门外大街甲14号03层（03）301号02-2室	100020	56120900
国泰君安期货有限公司北京分公司	朝阳区建国门外大街乙12号西塔25层07-08单元	100022	58795766

国泰君安期货有限公司北京三元桥营业部	朝阳区曙光西里甲5号院22号楼15层1501~1502单元	100028	64669901
国投安信期货有限公司北京朝阳营业部	朝阳区东三环北路甲19号楼28层3202室	100020	65915662
国投安信期货有限公司北京第二分公司	西城区宣武门外大街6、8、10、12、16、18号，10号楼12层1206~1207室	100052	63019685
国投安信期货有限公司北京分公司	西城区广安门外南滨河路1号8~9层	100055	58747676
国信期货有限责任公司北京营业部	朝阳区北辰东路8号院16号楼8层804内A0804~A0805室	100020	84981046
海航期货股份有限公司北京营业部	朝阳区芍药居北里101号世奥国际中心A座1612室	100101	65974689
海通期货股份有限公司北京南礼士路营业部	西城区南礼士路66号院1号楼9层908室	100045	68086576
海通期货股份有限公司华北分公司	西城区南礼士路66号院1号楼9层907室	100045	68086896
和融期货有限责任公司北京分公司	东城区广渠家园5楼4层404－2室	100010	50831726
弘业期货股份有限公司北京分公司	朝阳区建国路118号9层901内c1单元	100004	68031609
弘业期货股份有限公司北京营业部	朝阳区建国路118号9层901内B2单元	100026	68014686
宏源期货有限公司北京分公司	海淀区西直门北大街甲43号1幢6层1－20－1室	100044	82290898
宏源期货有限公司东城区营业部	东城区南竹杆胡同2号1幢4层10508室	100020	64064100
宏源期货有限公司北京西直门北大街营业部	海淀区西直门北大街甲43号1幢6层01~06室、11室	100044	82292218
华金期货有限公司北京分公司	朝阳区建国路108号部分楼层	100020	58140617
华融融达期货股份有限公司华北分公司	西城区德胜门外大街125号2层201B－D室	100088	59321090
华泰期货有限公司北京分公司	西城区丰盛胡同28号楼8层801－2~801－6室	100032	64405621
华泰期货有限公司北京西三环营业部	海淀区西三环北路87号7层4－702室	100089	88585871
华泰期货有限公司北京营业部	东城区北三环东路36号1号楼B2303/05室	100013	64527562
华闻期货有限公司北京分公司	朝阳区东三环中路24号楼22层2202室	100020	57613006

华闻期货有限公司北京营业部	丰台区广安路9号院6号楼14层1420室	100055	53320932
华西期货有限责任公司北京营业部	东城区建国门内大街18号办一1104室	100010	65174391
徽商期货有限责任公司北京分公司	东城区南竹杆胡同6号楼4层07室	100010	58641775
混沌天成期货股份有限公司北京分公司	朝阳区光华路7号13层16B18室	100020	63397137
建信期货有限责任公司北京营业部	西城区宣武门大街28号大成广场7门5层501室	100031	83125560
江海汇鑫期货有限公司北京营业部	海淀区西三环北路72号A座2906室	100037	51665806
金鹏期货经纪有限公司丰台营业部	丰台区汽车博物馆东路1号院4号楼北座902室（园区）	100160	83681815
金瑞期货股份有限公司北京营业部	西城区华远北街2号2层207室、222室	100032	84584588
金石期货有限公司北京营业部	东城区建国门内大街18号恒基中心办6层612室	100004	65180667
鲁证期货股份有限公司北京朝阳分公司	朝阳区建国路112号9层901内903室	100020	13552009095
鲁证期货股份有限公司北京营业部	西城区新街口北大街3号3层301－L304室	100032	82194010
迈科期货股份有限公司北京营业部	东城区建国门内大街8号中粮广场B座10层1011室	100005	64082007
美尔雅期货有限公司北京朝外营业部	朝阳区朝阳门外大街甲6号万通中心10层3座1009室	100026	84463746
南华期货股份有限公司北京分公司	西城区宣武门外大街26、28、30号2幢5层28号A501室和A502室	100052	63163006
南华期货股份有限公司北京营业部	西城区武定侯街2号、4号10层F2－1（B）1001－1室	100032	18611405981
平安期货有限公司北京分公司	东城区东花市北里西区23号楼1层1室	100010	0755－22623300
前海期货有限公司北京分公司	东城区建国门内大街8号B座1211室	100005	62155857
瑞达期货股份有限公司北京分公司	东城区南竹杆胡同1号8层909室	100010	62155857
上海大陆期货有限公司北京营业部	海淀区高粱桥斜街59号院1号楼7层715室	100080	65180889
上海东证期货有限公司北京安立路营业部	朝阳区北辰东路8号院27号楼3层302～303号	100101	84896646

上海东证期货有限公司北京朝阳门营业部	朝阳区朝外大街22号4层401～402室	100020	85630311
上海中期期货股份有限公司北京分公司	丰台区广安路9号院2号楼911～913号	100055	63363837
申银万国期货有限公司北京分公司	海淀区西直门北大街甲43号1幢5层1－18室	100081	67789206－601
申银万国期货有限公司北京劲松九区营业部	朝阳区劲松九区909楼4层	100021	67789206－606
神华期货有限公司北京营业部	海淀区苏州街18号院长远天地大厦4号楼3A01室	100080	82613962
晟鑫期货经纪有限公司北京营业部	昌平区东小口镇立汤路186甲4号楼11层1106室	100192	84608496
天风期货股份有限公司北京分公司	通州区观音庵南街1号院1号楼18层2单元1812室	101100	69551033
天富期货有限公司北京营业部	东城区安定门东大街28号1号楼C单元610号	100007	64178233
五矿期货有限公司北京分公司	海淀区首都体育馆南路6号3号楼12层1253～1254室	100080	68331355
五矿期货有限公司北京营业部	丰台区广安路9号院6号楼408～409室	100071	64185322
物产中大期货有限公司北京营业部	东城区安定门外大街138号5层A座506室	100010	65060066
西部期货有限公司北京分公司	朝阳区朝外大街26号B1501室	100020	85116877
新湖期货股份有限公司北京分公司	朝阳区朝阳门外大街20号1幢06层610室	100020	64008506
新纪元期货股份有限公司北京东四十条营业部	东城区东四十条68号平安发展大厦4层407室	100007	842613809
信达期货有限公司北京营业部	朝阳区和平街东土城路12号院3号楼1606室	100020	64101702
兴业期货有限公司北京分公司	朝阳区朝阳门北大街20号1至25层101内2503室	100020	69000897
兴证期货有限公司北京分公司	朝阳区建国门外大街甲6号1幢27层A座1－27内2704室	100022	18106025856
一德期货有限公司北京北三环东路营业部	东城区北三环东路36号E栋7层02/03室	100013	88312828－8668
银河期货有限公司北京朝外大街营业部	朝阳区朝外大街16号1幢11层1104室	100020	68569786
银河期货有限公司北京分公司	朝阳区朝外大街16号1幢11层1105室	100026	68569728
银河期货有限公司北京营业部	东城区广渠门内大街80号8层815号	100025	68569719
英大期货有限公司北京东三环中路营业部	朝阳区呼家楼（京广中心）6层605A室	100020	65978388

永安期货股份有限公司北京分公司	东城区金宝街58号6层	100005	65120691
云晨期货有限责任公司北京分公司	西城区文兴街1号院1号楼中铝金融大厦103室	100032	81923978
招金期货有限公司北京营业部	朝阳区南磨房路37号17层1909室	100020	65087306
招商期货有限公司北京西直门北大街营业部	海淀区西直门北大街60号首钢国际大厦5层0507~0508号	100081	23895801
浙江新世纪期货有限公司北京营业部	东城区建国门内大街8号中粮广场B座12层1222室	100005	59576281
浙商期货有限公司北京分公司	朝阳区光华路甲14号1幢12层1203室	100020	65082206
中财期货有限公司北京海淀营业部	海淀区莲花苑5号楼11层1117室，1119~1121室	100036	63942832－8008
中电投先融期货股份有限公司北京营业部	朝阳区东四环中路82号3座06层706室	100124	87785456
中钢期货有限公司北京营业部	西城区广义街5号3－701室	100053	64253186
中国国际期货股份有限公司北京中关村南大街营业部	海淀区中关村南大街2号B座10层1102C室	100086	51905951
中辉期货有限公司北京分公司	朝阳区东三环中路39号院23号楼（南办公楼）16层1907室	100045	58699118
中金期货有限公司北京建外大街营业部	朝阳区建国门外大街1号（二期）7层21单元	100091	85679888
中粮期货有限公司北京北辰东路营业部	朝阳区北辰东路8号15号楼（H座）9层902室	100101	84986951
中粮期货有限公司北京分公司	东城区东滨河路甲1号大象投资大厦4层	100013	52831601
中融汇信期货有限公司北京分公司	朝阳区东三环北路甲19号楼10层1101室	100020	50960060
中融汇信期货有限公司北京营业部	朝阳区北辰东路8号15号楼（H）座22层2203室	100101	67766695
中投天琪期货有限公司北京营业部	朝阳区朝外大街18号24层A27室	100020	65880625
中信建投期货有限公司北京北三环西路营业部	海淀区中关村南大街6号9层912室	100086	82128101
中信建投期货有限公司北京朝阳门北大街营业部	东城区朝阳门北大街6号首创大厦207室	100027	85282788
中信建投期货有限公司北京国贸营业部	朝阳区光华路8号17幢1层A113室	100026	15010963733

中信期货有限公司北京朝阳分公司	朝阳区亮马桥路48号院4号楼3层302室	100026	57762916
中信期货有限公司北京分公司	东城区广渠门内大街47号7层	100062	57762888
中信期货有限公司东城分公司	东城区东长安街1号东方广场东方经贸城西二办公楼11层1106室、1108室	100010	57762882
中银国际期货有限责任公司北京分公司	朝阳区朝阳门外大街18号9层A907～A908室	100020	85794139

（11）境外证券类机构北京代表处

机构名称	地　址	邮　编	电　话
德国商业银行股份有限公司（证券业务）北京代表处	朝阳区建国门外大街乙－12号双子座大厦东塔2507室	100022	65673233
德意志银行股份有限公司（证券业务）北京代表处	朝阳区建国路81号德意志银行大厦28层	100025	59698008
法国巴黎资本（亚洲）有限公司北京代表处	朝阳区建国门外大街1号院1号楼20层2021C室	100020	65353336
高盛（中国）有限责任公司北京代表处	西城区金融大街7号英蓝国际金融中心17层	100034	66273261/66273400
韩国三星证券公司北京代表处	朝阳区景辉街31号院1号楼三星大厦2101－4室	100022	65221855/65227891
韩国未来资产大宇有限公司北京代表处	朝阳区东三环北路2号2层01－12室内A018号	100027	64136231
韩国投资证券株式会社北京代表处	朝阳区曙光西里甲1号	100027	85712802
花旗环球金融中国有限公司北京代表处	西城区武定侯街6号18层1801室、1802A－1室、1802B－1室	100033	59376609
交银国际控股有限公司北京代表处	西城区平安里西大街28号10层01～03单元、05单元	100035	88009788
京华山一国际（香港）有限公司北京代表处	东城区建国门内大街18号办公楼1座1101室	100005	65182871

美国富瑞金融集团北京代表处	朝阳区建国门外大街1号国贸一期写字楼14层98室	100004	57379013
美国科本资本市场公司北京代表处	朝阳区建国门外大街1号（1期）16幢12层26单元	100004	18611704683
美林国际有限公司北京代表处	朝阳区建国门外大街1号院1号楼35层3501－3503室	100020	58780200
蒙特利尔银行利时证券公司北京代表处	朝阳区建国路77号华贸中心3号写字楼27层02A和03A单元	100022	85881700
摩根士丹利亚洲有限公司北京代表处	西城区太平桥大街18号丰融国际中心1座12层3B单元	100034	83563858
日本大和证券株式会社北京代表处	朝阳区光华路1号（商业写字楼）北路3层301～302单元	100026	65006688
日本摩乃科斯证券股份有限公司北京代表处	朝阳区建国门外大街26号2号楼8007室	100022	65281955
日本瑞穗证券股份有限公司北京代表处	朝阳区建国门外大街甲26号长富宫办公楼8011室	100020	65234779
日本三井住友信托银行股份有限公司（证券业务）北京代表处	朝阳区建国门外大街26号长富宫办公楼5层5011室	100020	65598556
日本野村证券株式会社北京代表处	朝阳区东三环北路5号北京发展大厦1212室	100020	58661888
瑞士信贷（香港）有限公司北京代表处	西城区金融大街甲9号1101单元	100033	88090988
台湾元大证券股份有限公司北京代表处	东城区建内大街7号光华长安大厦2座1722室	100005	65101266
香港第一上海融资有限公司北京代表处	东城区建国门内大街7号光华长安大厦1座507B室	100005	65102588
香港摩根大通证券（亚太）有限公司北京代表处	西城区金融大街7号北京英蓝国际金融中心F2005～F2006室，F2021～F2028室	100034	59318888
香港上海汇丰银行有限公司（证券业务）北京代表处	朝阳区东三环中路5号财富金融中心（FFC）16层1604室	100022	59998235

香港致富证券有限公司北京代表处	朝阳区建国门外大街1号（1期）16幢6层608室	100020	66555862
中银国际控股有限公司北京代表处	西城区西单北大街110号8层	100032	83262151
日本盛华日兴证券株式会社北京代表处	朝阳区建国路79号4层4办公2T01内03A号	100020	85958898

（12）境外资产管理类机构北京代表处

机构名称	地　址	邮　编	电　话
宏富投资管理有限公司北京代表处	朝阳区光华路7号汉威大厦A座11A16室	100004	85261820
邓普顿国际股份有限公司北京代表处	朝阳区建国路79号26层26办公T201内02室	100022	88091365
信安环球投资有限公司北京代表处	朝阳区建国门外大街1号16幢4层414B室、415室	100004	64637989
香港摩根资产管理（亚太）有限公司北京代表处	西城区金融大街7号17层F2007A单元	100034	59318486
富达基金（香港）有限公司北京代表处	朝阳区建国路79号29层29办公2T01内08A室	100034	66553282
法国法盛投资管理公司北京代表处	朝阳区工体北路甲6号中宇大厦2001室	100027	59752825
新加坡摩根士丹利投资管理公司北京代表处	东城区安定门外大街208号院1号楼13层1303单元	100035	83563893
美国桥水投资公司北京代表处	朝阳区建外大街1号国贸大厦47层4701室	100004	57061600
加拿大迈凯希金融公司北京代表处	东城区建国门内大街8号B座12层1201室	100005	65271837

（13）境外证券交易所北京代表处

机构名称	地　址	邮　编	电　话
美国纽约证券交易所有限责任公司北京代表处	朝阳区建国门外大街1号国贸写字楼1座1203室	100020	65052188
香港交易及结算所有限公司北京代表处	西城区金融大街7号英蓝国际金融中心902－903室	100034	85190288

韩国交易所北京代表处	朝阳区阜通东大街6号院方恒国际中心A座2808室	100102	65331986/1987
日本东京证券交易所株式会社北京代表处	朝阳区建外大街2号北京银泰中心C座2204~2205室	100022	85171128
新加坡交易所有限公司北京代表处	朝阳区建国门外大街1号国贸三期33层09~12单元	100020	66290660
美国纳斯达克股票市场有限责任公司北京代表处	朝阳区光华东里8号院3号楼4层401内511室	100020	59772056
德国德意志交易所股份有限公司北京代表处	朝阳区建国门外大街1号国贸大厦B座23层19单元	100020	65028300
伦敦证券交易所有限责任公司北京代表处	东城区建国门北大街8号华润大厦1231室	100005	58111913

4. 保险业机构

（1）中资保险公司

机构名称	地　址	邮　编	电　话
中国人民财产保险股份有限公司北京市分公司	东城区朝阳门北大街17号	100010	95518
中国大地财产保险股份有限公司北京分公司	西城区骡马市大街18号楼104~207室、208室	100032	82277914
中华联合财产保险股份有限公司北京分公司	东城区安外西滨河路18号首府大厦3号楼	100011	64519985
中国太平洋财产保险股份有限公司北京分公司	西城区复兴门内大街158号远洋大厦F6层	100031	83506810
中国平安财产保险股份有限公司北京分公司	西城区金融大街23号	100032	58391471
天安财产保险股份有限公司北京分公司	海淀区羊坊店路18号1幢10层1003室	100038	88574500
华安财产保险股份有限公司北京分公司	丰台区广安路9号院国投财富广场5号楼17层	100055	88829888

永安财产保险股份有限公司北京分公司	石景山区古城南街9号院4号楼13层1308～1309室	100043	65733600
太平财产保险有限公司北京分公司	西城区骡马市大街16号楼8层1层102A室、8层	100052	83253001
亚太财产保险有限公司北京分公司	东城区永定门西滨河路8号院7楼6层70101室、10层110106室～110107室	100010	13911738605
中银保险有限公司北京分公司	东城区朝阳门内大街2号凯恒中心E座7层701705室，B座706A室，B座1605室	100010	85290888
永诚财产保险股份有限公司北京分公司	海淀区西三环北路72号院A座20层	100044	56323715
安华农业保险股份有限公司北京分公司	朝阳区管庄周家井大院内世通大厦B座11层1106号、1109号	100024	64393103
阳光财产保险股份有限公司北京分公司	通州区永顺镇商通大道1号院2号楼4层401～402室	101149	56406700
都邦财产保险股份有限公司北京分公司	海淀区晾果厂6号9层	100038	68097955
渤海财产保险股份有限公司北京分公司	丰台区汽车博物馆西路8号院3号楼6层601室、611～614室	100070	82292277
华农财产保险股份有限公司北京市分公司	朝阳区朝阳北路237号楼6层707～708室	100022	63749622
中国人寿财产保险股份有限公司北京市分公司	朝阳区朝外大街16号2层212B213A室，15层1501150室5，16层1603室、1605室	100020	85253888
安诚财产保险股份有限公司北京分公司	东城区白桥大街22号北京工商联大厦2层	100062	59095559
长安责任保险股份有限公司北京市分公司	丰台区丰台北路18号院1号楼2层0203－0207室	100071	63370171
英大泰和财产保险股份有限公司北京分公司	西城区西单北大街111号西单国际大厦9层	100022	51967360
紫金财产保险股份有限公司北京分公司	丰台区南四环西路186号二区1号楼2层01室	100070	13581879449
浙商财产保险股份有限公司北京分公司	东城区白桥大街15号3层30103室、30105室	100062	67195677
国任财产保险股份有限公司北京分公司	海淀区学院南路62号1号楼513室	100062	63885007
富德财产保险股份有限公司北京分公司	海淀区西直门北大街56号8层南栋0101806室	100082	58978255

长江财产保险股份有限公司北京分公司	朝阳区阜通东大街1号院3号楼11层2单元121206室	100102	13367252023
泰山财产保险股份有限公司北京分公司	丰台区丰台北路18号院1号楼5层501内509－512室	100161	83830551
珠峰财产保险股份有限公司北京分公司	石景山区金府路32号院3号楼6层608室	100041	58691859
建信财产保险有限公司北京分公司	朝阳区东三环北路甲26号楼19～20层	100020	85098218
黄河财产保险股份有限公司北京分公司	东城区崇文门外大街8号院1号楼2层东塔203～204室	100062	57329737
大家财产保险有限责任公司北京分公司	朝阳区东三环中路55号8层801室	100020	59601843
英大泰和财产保险股份有限公司	东城区建国门内大街乙18号院1号楼英大国际大厦78层	100005	51968807
合众财产保险股份有限公司	石景山区田村路555号	100049	59949999
中国铁路财产保险自保有限公司	海淀区玲珑路9号院5号楼北楼915层	100089	51896100
中银保险有限公司	西城区西单北大街110号西单汇大厦9～11层	100032	83260000
中邮人寿保险股份有限公司北京分公司	西城区阜成门北大街19号中邮保险北京分公司	100037	68303868
中国人民人寿保险股份有限公司北京市分公司	海淀区首体南路38号创景大厦5～7层	100037	15034537748
光大永明人寿保险有限公司北京分公司	丰台区西三环南路14号院2号楼9层、1层0101室	100073	59128100
信泰人寿保险股份有限公司北京分公司	朝阳区北辰东路8号院北辰时代大厦2层	100020	13718028173
中国太平洋人寿保险股份有限公司北京分公司	西城区复兴门内大街158号远洋大厦F6层东区	100031	83955401
新华养老保险股份有限公司北京分公司	朝阳区建外大街甲12号新华保险大厦17层1702室、1706B室	100022	65695223
中融人寿保险股份有限公司北京分公司	西城区金泰鑫侨大厦8号楼	100044	50866190
新华人寿保险股份有限公司北京分公司	东城区东四十条68号6～8层	100007	84189462
中华联合人寿保险股份有限公司北京分公司	朝阳区建国门外大街甲6号1幢13层D座16层	100022	63809985

昆仑健康保险股份有限公司北京分公司	朝阳区广渠路11号院1号楼7层金泰国际大厦	100023	59719600
君康人寿保险股份有限公司北京分公司	朝阳区太阳宫中路16号院1号楼11层部分、16层1608室	100028	13601382916
幸福人寿保险股份有限公司北京分公司	东城区珠市口东大街13号1层101室	100050	67094550
复星联合健康保险股份有限公司北京分公司	朝阳区朝阳北路237号复星国际中心1508室	100020	65924019
大家人寿保险股份有限公司北京分公司	朝阳区东三环中路55号6层	100022	59229481
大家养老保险股份有限公司北京分公司	海淀区花园东路11号泰兴大厦7层705室	100191	85256650
和谐健康保险股份有限公司北京分公司	朝阳区东三环南路1号院2号佳龙大厦14层1404～1408室	100022	51423906
太平人寿保险有限公司北京分公司	海淀区西直门北大街52号太平金融大厦	100052	82299500
阳光人寿保险股份有限公司北京分公司	通州区云景北里53号熙锦大厦C座16层	101121	67796828
合众人寿保险股份有限公司北京分公司	朝阳区朝外大街乙12号昆泰国际大厦20层（整层）	100020	58797755
英大泰和人寿保险股份有限公司北京分公司	西城区宣武门外大街28号富卓大厦A座10层	100052	58684222
华夏人寿保险股份有限公司北京分公司	西城区宣武门外大街10号庄胜广场北楼南翼10层	100052	63106600
太平养老保险股份有限公司北京分公司	西城区骡马市大街16号太平金融中心9层	100052	59579000
国华人寿保险股份有限公司北京分公司	西城区白纸坊东街2号院6号楼605室	100054	83256699
泰康人寿保险有限责任公司北京分公司	东城区崇文门外大街8号院1号楼7～8层	100062	13611078199
泰康养老保险股份有限公司北京分公司	东城区东长安街1号东方广场西三办公楼307室	100006	85159100
建信人寿保险股份有限公司北京分公司	朝阳区光华路15号院1号楼18层	100026	56502691
爱心人寿保险股份有限公司北京分公司	朝阳区广渠路28号223号楼8层805内	100124	56433856
中国平安人寿保险股份有限公司北京分公司	西城区金融街23号平安大厦13～14层	100032	13501269719
北京人寿保险股份有限公司北京分公司	西城区西直门外大街18号楼金茂大厦B座1026室	100044	68303362
长城人寿保险股份有限公司北京分公司	西城区西直门外大街1号院2号楼18层20C1～20C13室	100044	15830798008

富德生命人寿保险股份有限公司北京分公司	海淀区西直门北大街 52、54、56 号 2 层、3 层、5 层南栋 0101 室	100082	58978171
平安养老保险股份有限公司北京分公司	西城区金融大街 23 号平安大厦 9 层	100033	59731355
中国人寿养老保险股份有限公司北京市分公司	朝阳区朝外大街 16 号中国人寿大厦南区 19 层	100020	56909916
百年人寿保险股份有限公司北京分公司	东城区东直门南大街 11 号中汇广场 A 座 16 层	100007	18911647417
中国人寿保险股份有限公司北京市分公司	朝阳区朝外大街 16 号中国人寿大厦南区 19 层	100020	56909916
利安人寿保险股份有限公司北京分公司	海淀区海淀南路 32 号中电投大厦 9 层	100080	59012606
珠江人寿保险股份有限公司北京分公司	朝阳区广渠路 28 号合生财富广场 7 层	100124	57783737
农银人寿保险股份有限公司北京分公司	海淀区苏州街 3 号大恒科技大厦北座 5 层	100080	82827788
民生人寿保险股份有限公司北京分公司	朝阳区东三环北路 38 号民生大厦 6 层	100026	59206622
中国人民健康保险股份有限公司北京分公司	朝阳区金台西路 2 号 41 幢人民日报社 9 号楼 2 层	100026	59867888
长江养老保险股份有限公司北京分公司	西城区丰盛胡同 28 号楼太平洋保险大厦 2 层 201－9～201－17 室	100032	66510003
国宝人寿保险股份有限公司北京分公司	石景山区金府路 32 号院 3 号楼	100041	65678907
太平洋健康保险股份有限公司北京分公司	东城区东长安街 1 号东方广场东方经贸城中一办公楼 5 层 1～2 室、11 室	100006	58045322
小康人寿保险有限责任公司北京分公司	朝阳区东三环中路 5 号财富金融中心 60 层 05 号	100027	85288588

（2）中资保险公司分支机构

中国人民财产保险股份有限公司北京市分公司

机构名称	地　　址	邮　编	电　话
东城支公司	东城区王家园胡同 16 号阳光国际大厦主楼 2～5 层	100027	65548700
重点客户营业部	东城区朝阳门北大街 17 号 5 层	100010	58195922

大型商业风险营业部	东城区朝阳门北大街 17 号 5 层	100010	58195331
崇文支公司	崇文区左安门内大街 5 号	100061	67199886
营业部	东城区朝阳门北大街 17 号 1 ~ 3 层	100010	58195983
责任险营业部	西城区教场口街 9 号院 2 – 2 号	100120	82067568
直属支公司	西城区西直门南大街 2 号	100035	66002737
金融街营业部	西城区宣武门西大街甲 129 号金隅大厦 901 室	100031	66410024
西城支公司	西城区德外大街 73 号	100088	62370120
宣武支公司	西城区菜市口南大街平原里小区 20 号楼	100054	83526226
海淀支公司	海淀区阜成路 81 号	100142	88130258
海淀支公司会城门营业部	海淀区北蜂窝甲 4 号	100080	63262413
中关村科技支公司	海淀区学院南路乙 68 号	100081	82102741
电子商务营业部	密云区经济开发区云西一街 16 号 12 层	101500	87771792
中关村营业部	海淀区学院南路乙 68 号 6 层	100081	62151606
国际业务营业部	朝阳区建国路甲 92 号 –4 至 24 层内 10 层 1004 ~ 1011 室、1018 室	100027	56122418
涉外业务营业部	海淀区学院南路乙 68 号 5 层	100029	64440311
朝阳支公司	朝阳区霄云里 4 号楼	100125	84485276
劲松营业部	朝阳区华威里 10 号楼	100021	58615145
顺义支公司空港营业部	顺义区新顺南大街 1 号 303 ~ 304 室	101300	69441191
延庆支公司永宁营销服务部	延庆县永宁镇永宁大街 40 号临 1 号	102104	60177690
平谷支公司峪口营销服务部	平谷区峪口镇峪口西大街 39 号	101206	69962201
大兴支公司兴政街营销服务部	大兴区黄村镇兴政街南侧 1 幢 5 层 509 室	102600	69244765
平谷支公司平谷镇营业部	平谷区平谷镇府前西街 16 号 1 幢 101 室	101200	69962201
丰台支公司科学城营销服务部	丰台区中核路 3 号院 3 号楼 1011 ~ 1012 室	100070	63707963
海淀支公司海淀黄庄营业部	海淀区中关村大街 27 号 106 ~ 109 室	100080	82856786

经济技术开发区支公司	北京经济技术开发区同济中路2号2幢105单元、303单元	100176	67883277
大兴支公司林校路营业部	大兴区黄村镇兴政街南侧中国人民财产保险股份有限公司大兴支公司院内1幢4层405室	102600	69244765
门头沟支公司永定营销服务部	门头沟区曹各庄路32号院2号楼106室	102300	69843284
丰台支公司长辛店营销服务部	丰台区太子峪路2号	100071	63867868
朝阳营业部	朝阳区酒仙桥路14号兆维工业园136楼3层西侧	100025	84485283
自贸试验区支公司	朝阳区呼家楼（京广中心）404～409室	100026	65013939
重要客户营业部	东城区朝阳门北大街17号5层	100010	58195092
海淀营业部	海淀区永丰路9号院1号楼2层北段	100080	62460529
集团客户营业部	密云区经济开发区云西一街16号12层1215室	101121	58195393
九五五一八营销服务部	朝阳区广渠路66号百环家园19号楼1层	100010	58195092
电子商务营销服务部	朝阳区广渠路66号百环家园19号楼1层	100010	58195092
房山支公司房山营销服务部	房山区良乡政通路6号1层102室	102401	69310831
房山支公司	房山区良乡政通路6号	102488	89366688
个人信用贷款保证保险营业部	海淀区学院南路乙68号3层	100027	64688652
密云支公司行宫营销服务部	密云区行宫小区24－26号楼间2号配房1至2层南户	101500	69058049
密云支公司溪翁庄营销服务部	密云区溪翁庄密溪路6号楼8号楼0120号、6号楼8号楼0220号	101512	69012365
密云支公司	密云区密云镇鼓楼南大街41号	101500	69041586
延庆支公司康庄营销服务部	延庆区康庄镇兴隆商业街174号	102101	61168991
延庆支公司	延庆区延庆镇妫水北街70号	102100	69144641
平谷支公司夏各庄营销服务部	平谷区夏各庄镇夏各庄村夏各庄商业楼东1号	101213	60950950
昌平支公司南口营销服务部	昌平区南口镇道北中区综合服务楼第1层711号	102202	80100994

通州支公司漷县营销服务部	通州区漷县镇长凌营 1 号楼 1 层 A 商 12 号	101109	80520528
通州支公司张家湾营销服务部	通州区张家湾镇光华路 9 号	101104	61505061
平谷支公司南独乐河营销服务部	平谷区南独乐河镇人民政府西侧平房	101212	89982294
平谷支公司大华山营销服务部	平谷区大华山镇大华山大街 229 号	101200	69962201
平谷支公司	平谷区城官镇府前西街 16 号	101200	69962201
怀柔支公司桥梓营销服务部	怀柔区桥梓镇前桥梓村 590 号	101400	69676099
怀柔支公司杨宋营销服务部	怀柔区杨宋镇凤翔科技开发区和平路甲 1 号楼 1 至 2 层 6 单元 101 室	101400	60680987
怀柔支公司	怀柔区青春路 21 号	101400	69648438
大兴支公司	大兴区黄村兴政路 26 号	102600	69244765
天通苑营业部	昌平区北七家镇天通苑东苑三区 2 号楼 29 门	102218	80141601
昌平支公司第一营业部	昌平区昌平镇北环路 21 号 1 层 106 室	102200	89702479
昌平支公司昌平营业部	昌平区昌平镇北环路 21 号 2 层 202 室	102200	69711604
昌平支公司	昌平区城区镇北环路 21 号	102200	69723366
顺义支公司杨镇营销服务部	顺义区杨镇地区沙子营村村委会南 1000 米	101309	58195092
顺义支公司	顺义区新顺南大街	101300	69466005
通州支公司台湖营销服务部	通州区台湖镇次渠大街 19 号商 6 室	101116	60560501
通州支公司	通州区玉带河大街 4 号	101100	60560501
燕山支公司	房山区燕山迎风街三里金融综合楼	102500	69341187
石景山支公司	石景山区时代花园南路 17 号	100043	88980531
丰台支公司	丰台区丰台镇东大街 11 号	100071	63812311
门头沟支公司	门头沟区新桥大街 18 号楼	102300	69843284
特殊风险营业部	朝阳区驼房营西里甲 3 号楼	100016	84982988

中国太平洋财产保险股份有限公司北京分公司

机构名称	地址	邮编	电话
东城支公司	东城区白桥大街15号10层1001－09～1001－10室	100062	83507185
西城支公司	西城区阜成门外大街22号1幢14层1401－8号	100037	83507305
海淀支公司	海淀区西三环北路甲2号院2号楼5层01室、03室	100089	83507978
丰台支公司	丰台区南四环西路186号三区3号楼5层01～06室	100070	83507206
朝阳支公司	朝阳区左家庄路2号3层	100027	83507506
通州支公司	通州区观音庵北街4号院1号楼2层204～208室	101199	83507831
昌平支公司	昌平区高科技园区创新路6号	102200	83507709
顺义支公司	顺义区南法信地区府前街56号院1号楼9层2－913～2－924室	101300	83507636
经济技术开发区支公司	北京经济技术开发区宏达北路16号1号楼2层201室	100176	83507090
石景山支公司	石景山区玉泉路63号1层111室、5层505～506室、513室	100040	83507693
平谷支公司	平谷区平谷镇谷丰东路8号1幢1层	101200	69966096
大兴支公司	大兴区春和路39号院3号楼10层21112室	102600	83507079
房山支公司	房山区翠枫路7号院7号楼6层601～602室	102488	83506087
科技支公司	西城区复兴门内大街158号F101室	100031	83506802
分公司营业部	朝阳区建国路91号院9号楼25层2501～2518室	100005	83506200
密云营销服务部	密云区新南路69号3层兰华3层01（3016室）	101500	83506852
蓝龙家园营销服务部	门头沟区蓝龙家园6号楼2层E区	102399	83507677

第一营销服务部	丰台区南四环西路186号四区7号楼5层01～12室	101199	83507808
延庆营销服务部	延庆区龙庆南路6号	102100	83507705

中国平安财产保险股份有限公司北京分公司

机构名称	地　址	邮　编	电　话
第一营业部	西城区金融大街23号15层1－10内1519室	100033	57997065
第二营业部	朝阳区光华路5号院2号楼2层204－212室、3层、15～16层	100020	57997104
朝阳支公司	朝阳区光华路5号院2号楼14层1701内	100020	5971021
丰台支公司	丰台区育仁南路3号院3号楼1层101－3室	100160	57997260
房山支公司	房山区梅花庄村5号楼1层东侧	102401	89363579
怀柔支公司	怀柔区中国（怀柔）影视产业示范区影创空间大厦703～705室（怀耿路120号院2号楼）	101499	89429126
通州支公司	通州区杨庄南里66号楼01号、07号	101121	51700013
大兴支公司	大兴区春和路52号6幢A座7层707室	102600	51700015
顺义支公司	顺义区南法信镇华英园9号楼4层4032～4042室及其他部分室	101300	59710021
昌平支公司	昌平区沙河镇能源东路1号院1号楼10层1单元1009～1012室	102299	57859100
平谷支公司	平谷区谷丰东路30号院15号楼2层	101299	89429126
密云支公司	密云区水源路南侧A－04地块2号商业办公楼4层1单元403～407室	101599	58391467
延庆支公司	延庆区妫水北街5号院6号楼3层301～303室、305室	102199	89418529

门头沟支公司	门头沟区石龙工业区桥园路1号1幢2层203室	102399	69839250
石景山支公司	石景山区金府路32号院3号楼5层502室	100040	57997012

华泰财产保险有限公司北京分公司

机构名称	地　址	邮　编	电　话
西城支公司	西城区德胜门外大街125号301B1室	100088	59375588
通州支公司	通州区砖厂南里47号楼4层409室	101100	81573903
房山支公司	房山区篱笆园南路10号院9号楼1层109室	102488	59375590
大兴支公司	大兴区金苑路3号1幢4层D53A室	102627	69244880

太平财产保险有限公司北京分公司

机构名称	地　址	邮　编	电　话
朝阳支公司	朝阳区东三环北路甲2号8号楼-3内22层22B7室	100027	83157370
丰台支公司	丰台区南四环西路186号汉威国际广场三区5号楼7层01~02室	100070	83670899
海淀支公司	海淀区马连洼北路8号万霖科技大厦B座4层409~411室	100085	88893759
通州支公司	通州区北晁木厂北街5号院1号楼（世界侨商中心2号楼）708~709室	101199	81556790
石景山支公司	石景山区城兴街255号院1号楼12层1201-6室	100043	63319920

中华联合财产保险股份有限公司北京分公司

机构名称	地　址	邮　编	电　话
崇文支公司	东城区永生巷 4 号棠颂楼 2 层 206 室	100061	67100878
西城支公司	西城区莲花池东路 106 号汇融大厦 B 座 901 室	100055	63952008
东城支公司	东城区安外西滨河路 18 号首府大厦 3 号楼 3 层	100011	64519988－8014
石景山支公司	石景山区时代花园南路 17 号茂华大厦 6 层 601～602 室	100043	68888002
房山支公司	房山区西潞南大街 18 号 1 号楼 1 层	102400	89354699
昌平支公司	昌平区科技园区振兴路 36 号首科凯奇基地 2 号楼 3 层东侧 301～310 室	102299	69749500
顺义支公司	顺义区金蝶软件园 A 座 801 室	101399	69461367
通州支公司	通州区梨园镇梨园村商业楼	101100	60549180
怀柔支公司	怀柔区富乐小区北里 25 号正楼	101400	69632691
大兴支公司	大兴区兴政街 31 号科技大厦 6 楼	102600	61219197
北京市经济技术开发区支公司	大兴区兴政街 31 号科技大厦 6 楼	102600	61219257
密云支公司	密云县新南路甲 52 号院 1 号楼 1 层西侧大厅	101500	89036981
平谷支公司	平谷区文化南街 9 号 9－6 底商	101200	89987899
延庆支公司	延庆区东外大街 28 号 2 幢 3 层	102100	69149901
丰台支公司	丰台区马家堡东路 168 号院上海花园 10 号楼底商	100068	67245717
门头沟支公司	门头沟区莲石湖西路 98 号院 7 号楼 208 室	102308	15810709161

永安财产保险股份有限公司北京分公司

机构名称	地　址	邮　编	电　话
第一营销服务部	石景山区古城南街9号院4号楼13层1301室	100043	65733600
石景山支公司	石景山区古城南街9号院4号楼13层1307室	100043	65733600
密云支公司	密云区百合园7号楼1层7-3室	101500	61098469

天安财产保险股份有限公司北京分公司

机构名称	地　址	邮　编	电　话
海淀支公司	海淀区羊坊店路18号1幢10层1001室	100038	88574613
通州营销服务部	通州区北皇木厂街1号院1号楼14层1403室	101149	88574505
朝阳营销服务部	朝阳区望京中环南路甲2号5层B501室	100102	88574738
顺义营销服务部	顺义区南法信大街118号院1号楼4层1401室	101300	88574720
平谷营销服务部	平谷区平谷镇谷丰东路12-9号南11层	101200	18518885179
房山营销服务部	房山区拱辰街道西潞南大街5号1幢2层201室	102488	88574736

中国大地财产保险股份有限公司北京分公司

机构名称	地　址	邮　编	电　话
第一营销服务部	东城区东大地街1号14号楼1层102室	100062	82277924
丰台支公司	丰台区卢沟桥桥西街临340号4层401室	100073	82277922
朝阳支公司	朝阳区建国门外大街17号28号楼418室	100020	82277905
顺义支公司	顺义区南法信大街118号天博中心1号楼2401室	101300	69450846

大兴支公司	大兴区清澄名苑北区 27 号楼 2－511 室	102699	69264580
平谷支公司	平谷区平谷镇新平东路 140 号	101200	61993266
房山支公司	房山区拱辰街道政通路 12 号 1 号楼 2 层 205 室	102408	60305871
通州支公司	通州区张家湾镇土桥村北京新建房地产开发有限公司 13 幢 128 号	101100	80873600

华安财产保险股份有限公司北京分公司

机构名称	地址	邮编	电话
丰台支公司	丰台区马家堡东路 108 号院 10 号楼 1 层 102 室	100068	58031988
房山支公司	房山区城关街道农林路 1 号 1 层 003 室	102400	69316041
通州支公司	通州区观音庵北街 3 号院 1 号楼 10 层 2 单元 1008 室	101100	89530520
昌平支公司	昌平区回龙观新龙城小区 40 号 2 单元 102 室	102208	82945885
顺义支公司	顺义区望泉家园 12 号楼 1 层 2 单元商业 23 室	100122	87651952

亚太财产保险有限公司北京分公司

机构名称	地址	邮编	电话
东城支公司	东城区永定门西滨河路 8 号院 7 楼 6 层 7－01～03 单元	100010	13911738605
平谷支公司	平谷区平谷镇东鹿角村平三路临 1 号北院 3 层 306 室	101200	13911738605

永诚财产保险股份有限公司北京分公司

机构名称	地　址	邮　编	电　话
海淀营销服务部	海淀区西三环北路72号院A座20层	100044	56323700
昌平营销服务部	昌平区西环北路16号豪恒大厦4层	102200	56323735
西城支公司	西城区半步桥街48号金泰开阳大厦508室	100054	56323755

安华农业保险股份有限公司北京分公司

机构名称	地　址	邮　编	电　话
昌平营销服务部	昌平区昌崔路198号院2号楼5层513室	102200	89704717
平谷营销服务部	平谷区谷丰东路30号院5号楼102室	101200	89979005
顺义支公司	顺义区府前街56号院1号楼8层1-813室	101316	69442108
延庆营销服务部	延庆区康安小区30#-03商业楼	102100	69148726
北京市密云支公司	密云区新南路92号楼5层5205室	101500	69050210
大兴支公司	大兴区兴华大街（二段）3号院2号楼5层610室	102627	69299878
北京市分公司营业部	朝阳区管庄周家井大院内世通大厦B座11层1105号	100024	64393090
房山营销服务部	房山区良乡拱辰南大街42号楼1层至2层08号	102401	60343862
通州营销服务部	通州区临河里1号楼8层2单元812室	101149	80854850
怀柔支公司	怀柔区开放路48号甲楼1层13室	101400	60685951

阳光财产保险股份有限公司北京分公司

机构名称	地　址	邮　编	电　话
北京经济技术开发区营销服务部	北京经济技术开发区荣京东街3号1幢3层2单元328室	100176	67881920
东城营销服务部	东城区安德路甲61号2号楼1层A－101室	100120	84129868
昌平营销服务部	昌平区鼓楼北街5－1至5－20号楼1至2层5－6室	102200	69746061
丰台营销服务部	丰台区星火路1号昌宁大厦Q409－1室	100070	18601307238
房山营销服务部	房山区良乡镇嘉瑞通小区3号楼3－4～3－5号	102488	69351818
通州营销服务部	通州区云景南大街33号1层	101100	81571169
顺义营销服务部	顺义区站前街8号院2号楼101内101－4号	101300	69440345
大兴营销服务部	大兴区观音寺南里海北路1幢1－17号	102600	69249322
平谷营销服务部	平谷区平谷镇西环南路5号5幢2层	101200	69976002
延庆营销服务部	延庆区延庆镇石河营建材城综合楼南大2号	102100	69188390
朝阳支公司	朝阳区朝外大街乙12号办公楼26层、21层2401室、2412B室、2415室	100021	56406801
海淀支公司	海淀区阜成路81号院1号楼5层517室	100142	88504393
怀柔支公司	怀柔区金台园2号	101400	61625606

渤海财产保险股份有限公司北京分公司

机构名称	地　址	邮　编	电　话
通州营销服务部	通州区工业开发区云杉南路17号4幢209号	101100	61573426

顺义支公司	顺义区复兴四街3号院4号楼1至8层101内713室	101300	81498704
昌平营销服务部	昌平区城南街道南郝庄北京世涛基业房地产开发有限公司院里2幢203室	102200	69715836
大兴支公司	大兴区新居里甲3号楼1层9室	102600	61216620
平谷支公司	平谷区平谷镇新平北路51号楼51-9号（1-3层）	101200	69985106
海淀支公司	海淀区晾果厂6号9层908室	100038	68097955

华农财产保险股份有限公司北京市分公司

机构名称	地址	邮编	电话
通州营销服务部	通州区葛布店东里99-5号、100-1~100-6号、1层99-5室	101100	13436309315
营销服务部	顺义区浅香北街16号院1号楼1层104室	101307	61451948
昌平营销服务部	昌平区科技园区振兴路28号2楼315室	102299	80113236
平谷营销服务部	平谷区迎宾街1号院26幢2层8-17室	101201	56866775
房山支公司	房山区拱辰街道政通路12号1号楼5层512室、514室	102403	60342177

中国人寿财产保险股份有限公司北京市分公司

机构名称	地址	邮编	电话
分行营业部	朝阳区广渠路3号中水电国际大厦7层701~705室	100020	5199808
东城支公司	东城区东直门外大街46号16层08室	100027	84130362

西城支公司	西城区金城坊街15－101号	100033	66015035
石景山支公司	石景山区时代花园南路17号茂华大厦14层1401～1402室	100043	68800916
宣武支公司	西城区半步桥街48号1层1101室	100054	63365157
朝阳支公司	朝阳区静安东里12号院2号楼1层C128室	100028	3368612
丰台支公司	丰台区西铁营中路2号院17号楼7层701～704室、712～713室	100070	3668016
海淀支公司	海淀区西直门北大街甲43号1号楼15层1－26－1523号	100044	80885253
房山支公司	房山区良乡长虹西路丙26号1幢6层601～608室	102488	89369695
通州支公司	通州区运河园路9号院3号楼1层102室	101100	81572211
顺义支公司	顺义区双兴北区33号楼1层	101300	69426932
大兴支公司	大兴区金苑路3号1幢2层B25室	102600	69266813
门头沟支公司	门头沟区大峪剧场东街8号8－3－1商铺	102300	61801585
怀柔支公司	怀柔区开放东路13号院4号楼2层03号	101400	60639519

长安责任保险股份有限公司北京市分公司

机构名称	地　址	邮　编	电　话
朝阳营销服务部	朝阳区北苑东路19号院5号楼26层2611室	100012	64932669
丰台支公司	丰台区丰管路16号9号楼3层3007室	100071	83833918
通州支公司	通州区玉带河东街153号1－2层全部	101199	57123700

英大泰和财产保险股份有限公司北京分公司

机构名称	地　址	邮　编	电　话
大兴支公司	大兴区乐园路4号院3号楼8层905（兴贸中心）	100176	57387182
海淀支公司	海淀区复兴路甲23号8层8－09室、8－29室	100036	68298150
通州支公司	通州区临河里1号楼A栋14层1401～1402室	101100	81529400
顺义支公司	顺义区仁和镇站前北街4号院2幢1层	101300	69466727
昌平支公司	昌平区振兴路18号1幢3层301～311室	102200	52047071
平谷营销服务部	平谷区平谷镇林荫南街9号楼1－2层9－64号	101200	69951022
朝阳支公司	朝阳区和平街东土城路12号院3号楼16层1601室（怡和阳光大厦）	100033	64218618

紫金财产保险股份有限公司北京分公司

机构名称	地　址	邮　编	电　话
第一支公司	丰台区南四环西路186号二区1号楼－1至8层101内2层08室	100070	13581879449
平谷支公司	平谷区迎宾街1号院26幢2层2－24室	101200	18500940206

浙商财产保险股份有限公司北京分公司

机构名称	地　址	邮　编	电　话
东城营销服务部	东城区白桥大街15号3层301－03室、301－05室	100062	67195677

国任财产保险股份有限公司北京分公司

机构名称	地　址	邮　编	电　话
海淀支公司	海淀区学院南路62号1号楼501~502室	100062	63885007

大家财产保险有限责任公司北京分公司

机构名称	地　址	邮　编	电　话
西城支公司	西城区太平街6号8层E-906室	100032	63176302
朝阳支公司	朝阳区东三环中路55号富力城双子座B座8层	100020	59229229
石景山支公司	石景山区阜石路166号1号楼7层708~709室	100043	88907001
房山支公司	房山区良乡拱辰南大街42号楼A座8层801~802室	102400	63730360
密云支公司	密云区长城大厦A段1-2层北侧西	101500	69021288

富德财产保险股份有限公司北京分公司

机构名称	地　址	邮　编	电　话
海淀支公司	海淀区西直门北大街52、54、56号8层南栋0101-805室	100082	58978248

珠峰财产保险股份有限公司北京分公司

机构名称	地　址	邮　编	电　话
石景山支公司	石景山区金府路32号院3号楼6层609室	100041	58691832

朝阳支公司	朝阳区化工路59号院1号楼1至14层01内6层A－705A室	100023	87391277
丰台支公司	丰台区五圈南路30号院1号楼D座5层501室	100160	53935096

易安财产保险有限责任公司

机构名称	地　址	邮　编	电　话
北京营业部	海淀区西土城路1号院1号楼泰富酒店写字楼5层	100191	53916197

燕赵财产保险股份有限公司

机构名称	地　址	邮　编	电　话
丰台支公司	丰台区广安路9号院1号楼5层503～510室	100055	81095123

中国人寿保险股份有限公司北京市分公司

机构名称	地　址	邮　编	电　话
阜成门支公司	西城区阜外大街3号东润时代大厦303室	100037	68001517
西直门营销区部	西城区后广平胡同36号	100035	
中关村支公司	海淀区知春路128号泛亚大厦15层	100086	62573189
海淀营销区部	海淀区知春路20号中国医药大厦北门中国人寿105～111室	100088	82800104
东区营销区部	东城区东中街32号	100027	85991510
朝阳支公司	朝阳区朝外大街22号泛利大厦7层	100020	65880125
金台路同城柜面	朝阳区金台北街7号	100026	65022591

石景山支公司	石景山区石景山路 3 号玉泉大厦 4 层东侧 401 ~ 409 室	100049	88255400
北纬路同城柜面	西城区北纬路 1 号	100050	63166366
丰台支公司	丰台区王佐长青路 87 号院 2 号楼	100074	83319230
房山支公司	房山区良乡西潞北大街 26 号	102488	89350157
门头沟支公司	门头沟区滨河路 64 号	102300	69866670
密云支公司	密云区滨河路 22 号	101500	69024089
平谷支公司	平谷区金谷园 21 号楼 16 号	101200	69984204
顺义支公司	顺义区府前东街 2 号	101300	69466735
通州支公司	通州区玉带河东街 248 号	101100	80883969
昌平支公司	昌平区创新路 5 号	102200	69445704
怀柔支公司	怀柔区商业街 2 号	101400	69648171
延庆支公司	延庆区东外大街 62 号	102100	69172770
大兴支公司	大兴区兴业大街 3 段 26 号	102600	69295431
第一营销区部	朝阳区东三环北路 19 号中青大厦 3 层	100027	
第三营销区部	西城区天桥南大街 1 号天桥艺术大厦 B 座 306 ~ 308 室	100050	63026749
第五营销区部	海淀中关村大街 32 号和盛大厦 16 层	100080	88820494
第一收展区部	朝阳区金台北街 7 号	100020	59646606
第二收展区部	海淀区马甸东路 17 号金澳国际写字楼 2 层	100088	62057899
第三收展区部	西城区北纬路 1 号	100020	66511656
东城收展区部	朝阳区朝外大街 22 号泛利大厦 7 层	100020	
西城收展区部	西城区白纸坊东路经济日报社综合楼 A 座 201 室、105 室	100054	80456649
海淀收展区部	海淀区三里河路 39 号迈行大厦 2006 室	100037	

城区支公司	朝阳区朝外大街16号中国人寿大厦24层	100020	66031298
大客户业务部	朝阳区朝外大街16号中国人寿大厦24层	100020	63171097
开发区支公司	朝阳区朝外大街16号中国人寿大厦24层	100020	85639895
中介新渠道业务部	朝阳区朝外大街16号中国人寿大厦24层	100020	85728813
西城支公司	西城区新街口北大街3号新街高和大厦504~505号	100035	66133774
海淀支公司	西城区新街口北大街3号新街高和大厦504~505号	100035	66122816
知春路同城柜面	海淀区知春路20号	100088	62056697
人寿大厦同城柜面	朝阳区朝外大街16号中国人寿大厦2层	100020	85251466
金融街同城柜面	西城区金融街12号中国人寿广场B座首层	100032	66575129
石景山同城柜面	石景山区鲁谷东街18号1层	100040	88255820
国贸营销区部	朝阳区建国路91号院8号楼39层	100022	
后广平同城柜面	西城区后广平胡同36号	100035	66173123

中国太平洋人寿保险股份有限公司北京分公司

机构名称	地　址	邮　编	电　话
朝阳支公司	朝阳区安贞里二区1号楼	100029	62980499
金台营销服务部	朝阳区建国路91号院8号楼21层2101~2115室	100011	83955204
劲松营销服务部	朝阳区广和南里二条16号院3号楼2层205~207室	100021	83955204
通州北苑营销服务部	通州区新华东街116号4层西侧	100000	83955204
昌平支公司	昌平区昌平镇西环路29号29－1室	102200	83955204
大兴支公司	大兴区兴创大厦12层01室、03室	102600	83955204

东城支公司	东城区北京站东街8号信通大厦B座6层	100005	83955204
复兴支公司	西城区复兴门内大街158号G层G05室	100081	83955204
国贸支公司	朝阳区广和南里二条16号院3号楼2层201室、204室、208－221室及1层大厅、3－4层	100021	83955204
航星支公司	东城区和平里东街11号创新楼B座2层2－E1室	100081	83955204
回龙观营销服务部	昌平区黄平路19号院1号楼B座7～9层	100096	83955204
密云支公司	密云区新中街42号	101500	83955204
顺义支公司	顺义区顺义仓上街2号AMB大厦4层401～408室、5层、10层	101300	83955204
通州支公司	通州区临河里1号楼1层108号及1号楼1单元12～13层	101199	83955204
西城支公司	西城区西外大街新兴东巷甲15号	100044	83955204
银河支公司	朝阳区工人体育场北路13号院1号楼4层4－02室	100027	83955204

中国平安人寿保险股份有限公司北京分公司

机构名称	地　址	邮　编	电　话
朝阳区永安营销服务部	朝阳区建华南路6号院1号楼	100022	65126776
朝阳光熙门营销服务部	朝阳区西坝河西里23号4幢3～4层	100028	56316873
东城雍和宫营销服务部	东城区藏经馆路11号	100007	64078251
朝阳京广桥营销服务部	朝阳区东三环中路16号10～11层	100028	51672514
朝阳新源路营销服务部	通州区九棵树东路117号	101000	18519160202
国峰营销服务部	朝阳区常惠路6号楼4单元	100024	53956882
平谷迎宾街营销服务部	平谷区迎宾街1号院5号楼3～6层	101200	61993911
顺义龙府营销服务部	顺义区站前北街78号1号	101300	69439079

海淀北太平庄营销服务部	海淀区北太平庄路2号7号楼德恒商务会馆A座2~5层	100088	82023825
丰台莲花池营销服务部	丰台区西站南广场驻京办1号楼1层A108号	100055	63498511
海淀甘家口营销服务部	海淀区三里河路17号甘家口大厦13层	100089	88392193
大兴区天宫院营销服务部	大兴区庆祥北路3号院1号楼	102699	61205790
朝阳国贸营销服务部	朝阳区东三环中路16号3层	100028	51672514
丰台科丰桥营销服务部	丰台区航丰路1号院4号楼	100070	83659811
延庆板泉路营销服务部	延庆区延庆镇东外大街26号4层	102100	69173765
昌平永安营销服务部	昌平区西环路16号3层、1层06号	102200	89747087
昌平天通苑营销服务部	昌平区东小口镇天通北苑北一区甲5号楼	102218	61750579
良乡翠枫路营销服务部	房山区翠枫路7号院5号楼4~10层、2号楼1层102~103室	102412	56177677
房山良乡营销服务部	房山区良乡拱辰北大街3号1号楼	102488	89366764
密云鑫盛营销服务部	密云区新南路86号院1号楼	101500	61092062
怀柔北大街营销服务部	怀柔区北大街12号1~3层、4层401~403号	101400	69686296
西铁营营销服务部	丰台区西铁营中路1号院1号楼	100069	83500096
酒仙桥营销服务部	朝阳区酒仙桥路6号院6号楼1~18层101内3~5层	100015	64310885
海淀区杏石口营销服务部	海淀区杏石口路80号益园文化创意产业基地A区1号楼4层401号	100195	59730665
海淀苏州桥营销服务部	海淀区小南庄路怡秀园甲1号楼3~4层	100009	56316505
西城西单营销服务部	西城区背阴胡同甲35号3幢2~5层	100032	66189140
朝阳柳芳营销服务部	朝阳区和平街东土城路12号院3号楼5层	100020	84241790
朝阳亮马桥营销服务部	朝阳区新源南路3号	100027	59761266
东城东四营销服务部	东城区前炒面胡同33号16号楼6~7层	100010	52901501

大兴区康庄路营销服务部	大兴区康庄路52号院14号楼	102600	69200452
丰台开阳桥营销服务部	丰台区开阳路1号院瀚海花园大厦2层03号、8层~10层	100067	15350738633
通州博通营销服务部	通州区葛布店南里1号1~3幢、7幢	101100	13581774586
古城营销服务部	石景山区城兴街255号院1号楼	100043	15810236266
石景山玉泉路营销服务部	石景山区石景山路3号玉泉大厦2层、3层西侧	100049	88252600

新华人寿保险股份有限公司北京分公司

机构名称	地　　址	邮　编	电　话
海淀支公司	海淀区花园路甲13号院7号楼11层1103室	100088	62076313
朝阳支公司	朝阳区东三环北路东方东路9号b幢5层	100027	64668832
西城支公司	西城区西直门外大街112号3层307室	100044	68330061
东城支公司	东城区崇外大街新怡家园甲3号楼7层	100062	67087332
达官营支公司	西城区红居街13号楼1层106室、3层308室、4层401室	100055	63365955
石景山支公司	石景山区城兴街255号院1号楼7层701－1~701－2室、701－6室	100043	68684601
大兴支公司	大兴区工业开发区金苑路3号金融大厦2层B01室	102627	69299923
房山支公司	房山区拱辰街道西潞南大街5号3层	102401	69381192
通州支公司	通州区云景东路1号105－6层	101121	59782722
顺义支公司	顺义区石园南大街18号院2号楼5层	101320	69420380
西城区新外大街营销服务部	西城区黄寺大街甲23号院1号楼1层101－01~05室	100011	62076313

平谷支公司	平谷区迎宾路1号院23号楼1层106室、2层201~203室	101299	89991882
密云区鼓楼营销服务部	密云区果园新里北区综合楼东侧1层	101599	69068746
昌平支公司	昌平区府学路15号1层101~105室、2层201~203室、3层	102299	80107796
兴大营销服务部	大兴区忠凉路1号院3号楼8层801~806室	100163	50950568
怀柔营销服务部	怀柔区迎宾北路1号2幢1层106室、201~205室	101499	69643245
延庆营销服务部	延庆区延庆东街2号1~3幢	102199	69141001
东四十条营销服务部	东城区东四十条68号1号楼2层203室、206室、209室	100007	84189464
冠城营业部	朝阳区安贞西里五区一号2层202室、3层301室、4层401室	100029	62076313
德外营业部	西城区黄寺大街甲23号院1号楼2层（德胜园区）	100011	62076313
酒仙桥支公司	朝阳区酒仙桥中路26号院1号楼5层602室、603室、605~606室	100015	85271846
广渠路营销服务部	朝阳区东四环中路82号1座10层1101~1103室	100025	67498953
广安门营销服务部	西城区红居街13号楼5层501室	100055	83141728
花园路营业部	海淀区花园路甲13号院7号楼1101-1室	100088	82230784
回龙观营销服务部	昌平区回龙观镇西大街118号1幢1层101内A103室	102208	59812411
十里河营业部	朝阳区东三环南路98号1幢12层1515~1518室、13层1615~1618室	100021	58611031

泰康人寿保险有限责任公司北京分公司

机构名称	地　址	邮　编	电　话
朝阳广渠路支公司	朝阳区广渠路38号楼3层303～307室	100022	13810613351
窦店支公司	房山区窦店镇窦店村京南嘉园小区4号商务楼	102433	13603219716
朝阳百子湾营销服务部	朝阳区广渠路11号院1号楼9层	100024	15810525262
海淀知春路营销服务部	海淀区知春路甲48号2号楼23层23C室	100020	13426330343
朝阳第一营销服务部	朝阳区呼家楼新苑4号楼6层601内A室	101512	15311997186
顺义第一营销服务部	顺义区站前街8号院1号楼7层715室、717室、8层806室、808室、812～813室	101399	13911126437
燕山营业部	房山区燕山迎风南路甲6号楼	102500	15611086776
东城第一营销服务部	东城区南竹杆胡同2号1幢30907～30912室	100031	13910734360
西城第一营销服务部	西城区西直门外大街1号院1号楼第13层	100035	13801319556
东城朝阳门营销服务部	东城区东水井胡同5号楼12层	100010	17611082528
西城第二支公司	西城区西直门外大街1号院1号楼7层	100053	13801319556
房山支公司	房山区良乡西潞南大街8号3层南侧	102488	13801029965
平谷支公司	平谷区平谷镇新开街23号房屋2～3层	101200	69980214
延庆支公司	延庆县延庆镇高塔街66号3层	102100	13910699094
朝阳第一支公司	朝阳区广渠路38号楼3层301室	100022	18910357537
昌平支公司	昌平区北街道政府街西路2号101室	102299	18701329325
大兴支公司	大兴区金苑路3号金融大厦B21室	102628	13301181138
顺义支公司	顺义区站前街8号院1号楼8层814～817室	101399	13911126437
丰台支公司	丰台区西三环南路14号院1号楼1105～1107室	100079	13902100397
海淀支公司	海淀区知春路甲48号1号楼7A室	100086	85732598

海淀第二支公司	海淀区莲花池东路39号8层803～804室	100040	13426330343
东城支公司	东城区东水井胡同北京INN2号楼7层710室、712室	100027	15001316857
东城长安支公司	东城区崇文门外大街8号院1号楼东座3层302～306室	100005	13521055872
西城支公司	西城区西直门外大街1号院3号楼13～15层及18层部分单元	100041	13810803673
东城第一支公司	东城区崇文门外大街8号院1号楼4层东塔403室、405室、西塔7层701～703室、8层802～803室	100031	13895616963
怀柔支公司	怀柔区南大街18号8层	101400	13910764227
电话销售中心	东城区崇文门外大街8号院1号楼4层东塔404室	100005	65181007
通州支公司	通州区通惠南路6号8号楼4层1～2室、10号楼3层9室	101199	89501622
大孙各庄营销服务部	顺义区大孙各庄镇府前街7号	101308	69469722
密云支公司	密云区果园新里北区综合楼3层301室	101599	69087922
房山第一营销服务部	房山区天星街1号院10号楼8层804室	102488	13716208585

太平人寿保险有限公司北京分公司

机构名称	地址	邮编	电话
海淀支公司	海淀区西直门北大街52号北栋0101号01～2层，3层A室，4～10层	100082	86401512
东城支公司	东城区朝阳门北大街6号5层5A～5B室，10层1002～1003室	100027	86401716

良乡支公司	房山区拱辰街道政通路 12 号 1 号楼 1 层 116 ~ 117 室、119 – 130 室、133 室，4 层部分单元	102488	86401614
平谷支公司	平谷区迎宾街 1 号院 9 号楼 7 ~ 10 层	101200	86401667
国贸支公司	朝阳区建国路乙 118 号 25 层 03C ~ 08H 室	100022	86401766
昌平支公司	昌平区水库路 G6 号配套公建楼 4 层	102200	86401639
大兴支公司	大兴区乐园路 4 号院 3 号楼 10 层部分单元	102600	86401635
通州支公司	通州区运河核心区 IV – 01 地块绿地大厦 1 号楼 4 层 2 单元 408 ~ 412 室，7 层 2 单元 710 ~ 711 室	101100	86401587
回龙观支公司	昌平区回龙观东大街 195 号院 1 号楼 5 层 E2 室	102208	86401787
密云营销服务部	密云区密云镇鼓楼南大街 67 号（00179）1 幢 6 层 601 室	101500	86401560
顺义营销服务部	顺义区府前东街 2 号 1 号楼 8 层部分单元	101300	86401576
电话销售中心	海淀区西直门北大街 52 号北栋 0101（太平金融大厦）1 层电话中心、5 层电话中心	100052	82299500

民生人寿保险股份有限公司北京分公司

机构名称	地　址	邮编	电话
朝阳支公司	朝阳区东三环北路 38 号民生大厦 5 层（局部）	100012	59206361
怀柔支公司	怀柔区金台园甲 56 号房屋第五层（局部）	101400	69698459
朝阳营销服务部	朝阳区东三环北路 38 号民生大厦 5 层（局部）	100026	59206571
朝阳呼家楼营销服务部	朝阳区东三环北路 38 号民生大厦 6 层（局部）	100102	59206614
通州营销服务部	通州区新华西街 58 号院 3 号楼 1211 室	101199	80886736
朝阳东三环北路营销服务部	朝阳区东三环北路 38 号民生大厦 5 层（局部）	100124	59206131
平谷营销服务部	平谷区平谷镇新平北路 51 号 4 层（局部）	101200	69986013

房山营销服务部	房山区天星街1号院14号楼2层207室	102488	69363879
顺义营销服务部	顺义区仁和镇站前街8号院1号楼8层801室、803室、805室	101300	69427824
密云营销服务部	密云区新京承路长城环岛西南侧华冠大厦4层407～416室	101500	69080173

光大永明人寿保险股份有限公司北京分公司

机构名称	地址	邮编	电话
朝阳营销服务部	朝阳区朝外大街18号丰联广场大厦12层B1210室、B1212室	100020	59128100
丰台营销服务部	丰台区西三环南路14号院1号楼2101～2104室、2112室	100073	59128101
宏海营销服务部	朝阳区朝外大街22号5层507号	100020	59128102
良乡营销服务部	房山区拱辰街道西潞南大街5号同方大厦5层515～521室	102488	59128103
顺义营销服务部	顺义区站前街8号院1号楼7层701室、703室、705室	101399	59128104
西城营销服务部	西城区广安门外大街168号1幢7层1－809室	100055	59128105

富德生命人寿保险股份有限公司北京分公司

机构名称	地址	邮编	电话
大兴支公司	大兴区金星西路6号院1号楼18层1802室	102600	18500266820
东城营销服务部	东城区王家园胡同10号2层217室	110101	18500266821

房山长阳营销服务部	房山区拱辰街道天星街1号院2楼11层1221室	102488	18500266822
房山支公司	房山区翠枫路8号院2号楼8~9层	102401	18500266823
海淀支公司	海淀区西直门北大街56号南栋0101-11层1101室	100082	18500266824
门头沟支公司	门头沟区双峪路35号院1号6层613室、615室	102300	18500266825
密云营销服务部	密云区康居南区综合楼2层201~204室、207~208室	101599	18500266826
通州营销服务部	通州区云景北里53号18层1801~1802室、1806室	101121	18500266827

爱心人寿保险股份有限公司北京分公司

机构名称	地　　址	邮　编	电　话
朝阳支公司	朝阳区广渠路28号223号楼8层803~804室	100000	68303362
石景山支公司	石景山区八角东街65号院裙房1号楼1层	100042	68303362

国华人寿保险股份有限公司北京分公司

机构名称	地　　址	邮　编	电　话
宣武营销服务部	朝阳区朝阳北路237号复星国际中心5层501~502室、509~510室	100020	83256699

合众人寿保险股份有限公司北京分公司

机构名称	地　　址	邮　编	电　话
昌平营销服务部	昌平区北七家镇天通北苑三区34号-1至2层3单元102-1室	102218	58797756

朝阳门营销服务部	朝阳区朝外大街乙12号办公楼17层	100020	58797757
大兴营销服务部	大兴区丽园路7号8层802室	100162	58797758
东城营销服务部	东城区东水井胡同11号楼4层5A11室	100010	58797759
房山营销服务部	房山区拱辰街道西潞南大街5号1幢4层402室	102401	58797760
海淀营销服务部	海淀区杏石口路9号1幢1层101室	100195	58797761
平谷营销服务部	平谷区兴谷经济开发区谷丰东路30号院2号楼5层	101200	58797762
顺义营销服务部	顺义区新顺南大街8号院2幢5层2单元506室	101300	58797763
通州营销服务部	通州区新华西街60号院4号楼9层905室	101199	58797764
北京电话销售中心	海淀区莲花苑5号楼3层	100089	58797755

中国人民健康保险股份有限公司北京分公司

机构名称	地　址	邮　编	电　话
房山营销服务部	房山区天星街1号院14号楼9层1016室、1019～1020室	102488	18500139885
怀柔营销服务部	怀柔区青春路21号402室、411室	101400	59867888
密云营业部	密云区密云镇鼓楼南大街41号107室、119室、219～220室	101500	59867888
朝阳支公司	朝阳区日坛北路17号院1号楼12层1222～1223室	100011	59867888
平谷支公司	平谷区平谷镇府前西街16号2幢2层	101299	59867888
通州支公司	通州区运河西大街15号1～2层	101101	59867888

华夏人寿保险股份有限公司北京分公司

机构名称	地　址	邮　编	电　话
朝阳营销服务部	朝阳区北苑路176号	100101	18601099289
平谷营销服务部	平谷区迎宾街1号院9号楼3层、5~6层	101200	18601099290
通州营销服务部	通州区临河里1号楼1单元	101121	18601099291
西城营销服务部	西城区宣武门外大街6~12（双）号、16号、18号10号楼	100097	18601099292
电话销售中心	朝阳区高碑店乡店西店村1069号1号楼401室、601室	100022	18601099288

信泰人寿保险股份有限公司北京分公司

机构名称	地　址	邮　编	电　话
海淀营销服务部	海淀区万寿路西街2号6层620~625室	100089	13718028173
门头沟营销服务部	门头沟区新城东街17号院6号楼5层503~504室	101113	13718028174
西城营销服务部	西城区广安门外大街168号1幢13层2-1606C室	100055	13718028175

长城人寿保险股份有限公司北京分公司

机构名称	地　址	邮　编	电　话
密云营销服务部	密云区新南路43号331室	102401	15011572425

昆仑健康保险股份有限公司北京分公司

机构名称	地址	邮编	电话
第二营销服务部	密云区新南路43号院1号楼4层	100022	59719600

和谐健康保险股份有限公司北京分公司

机构名称	地址	邮编	电话
朝阳支公司	朝阳区东三环南路1号院2号楼14层1403室	100022	13051887745

中国人民人寿保险股份有限公司北京市分公司

机构名称	地址	邮编	电话
昌平支公司	昌平区城北街道政府街西路2号6层601~613室	102200	18310300949
朝阳支公司	朝阳区建国路88号院8号楼9层1001~1010室	100020	18310300949
东城支公司	东城区东安门大街55号4层	100006	18310300949
房山支公司	房山区天星街1号院8号楼11层1105~1109室	102400	18310300949
大兴区营销服务部	大兴区丽园路9号11层1101~1103室、13层1301室	102600	18310300949
延庆区营销服务部	延庆区妫水北街64号五层F503商铺	102199	18310300949
丰台支公司	丰台区南四环西路186号二区3号楼2层01~06室、3层01~06室	100070	18310300949
海淀支公司	海淀区北太平庄路25号18幢4层401~404室	100085	18310300949
怀柔支公司	怀柔区府前西街1号院1号楼10层	101400	18310300949

密云支公司	密云县密云镇新南路21号2~4层	101500	18310300949
平谷支公司	平谷区平谷镇保安街61号	110226	18310300949
石景山支公司	石景山区苹果园西小街19号院1号楼11层01~07室	100043	18310300949
双桥支公司	朝阳区管庄周家井大院内世通大厦B座10层1001~1002号	100176	18310300949
通州支公司	通州区九棵树东路386号A区1~2层	101121	18310300949
西城支公司	西城区玉廊西园9号楼9层901-2室	100032	18310300949
分公司营业部	朝阳区朝阳门北大街18号	100020	18310300949

英大泰和人寿保险股份有限公司北京分公司

机构名称	地　址	邮　编	电　话
昌平营销服务部	昌平区西环路32-1至32-11号1至2层32-11龙泽大厦A313室	102200	58684222
西城第一营销服务部	西城区宣武门外大街26号、28号、30号2幢A座7层03室	100052	58684224
西城第二营销服务部	西城区宣武门外大街26号、28号、30号2幢A座7层01室	100052	58684223

幸福人寿保险股份有限公司北京分公司

机构名称	地　址	邮　编	电　话
第一营销服务部	东城区珠市口东大街13号1层102室	100050	67094550
丰台支公司	丰台区角门18号枫竹苑二区1号楼11层1107室	100068	67094550

阳光人寿保险股份有限公司北京分公司

机构名称	地址	邮编	电话
大兴支公司	大兴区金星西路6号院1号楼10层1007室	101300	65268111
石景山支公司	石景山区石景山路22号A座长城大厦7层702室	100043	65268111
东城支公司	东城区永定门西滨河路8号院7楼东塔	100077	65268111
朝阳营销服务部	朝阳区广渠路11号院1号楼8层801内A803室、A805室	100022	65268111
通州保险电话销售中心	通州区通胡大街25号10号楼第4层	101117	65268111
北京保险电话销售中心	通州区永顺镇商通大道1号及1号院2号楼1层	101100	65268111

百年人寿保险股份有限公司北京分公司

机构名称	地址	邮编	电话
东城营业部	东城区东直门南大街11号中汇广场A座16层1607~1608室	100007	18911647417

太平养老保险股份有限公司北京分公司

机构名称	地址	邮编	电话
中关村支公司	海淀区学院路30号科大天工大厦B座9层05~07室	100083	59579000

大家人寿保险股份有限公司北京分公司

机构名称	地　址	邮　编	电　话
朝阳支公司	朝阳区光华路8号30幢B418室	100123	59229481

北京人寿保险股份有限公司北京分公司

机构名称	地　址	邮　编	电　话
朝阳支公司	朝阳区安定路35号10层01~08内1009号、1019号	100029	68303362
海淀支公司	海淀区大柳树路富海中心2号楼1108室	100081	68303362
密云营销服务部	密云区水源路南侧A-04地块2号商业办公楼4层1单元	101599	68303362
顺义支公司	顺义区后沙峪镇安平街3号院1号楼	101300	68303362

建信人寿保险股份有限公司北京分公司

机构名称	地　址	邮　编	电　话
第二支公司	密云区新南路71号242~247室	101500	56502678
第三支公司	海淀区知春路1号17层1703A室	100195	56502679
第一支公司	通州区观音庵南街4号院4号楼5层512~513室	100026	56502680

泰康养老保险股份有限公司北京分公司

机构名称	地　址	邮　编	电　话
石景山营销服务部	石景山区古城南街 9 号院 2 号楼	100043	85159100

渤海人寿保险股份有限公司北京分公司

机构名称	地　址	邮　编	电　话
朝阳支公司	朝阳区东三环北路 19 号中青大厦 5 层 504～508 室	100125	56490059

（3）外资保险公司

机构名称	地　址	邮　编	电　话
史带财产保险股份有限公司北京分公司	朝阳区永安东里 16 号 CBD 国际大厦 16 层 07 室、17 层 09～10 室	100005	50868399
美亚财产保险有限公司北京分公司	朝阳区建国路 79 号华贸中心 2 号写字楼 10 层 05～06 室	100025	59692888
东京海上日动火灾保险（中国）有限公司北京分公司	朝阳区东三环北路 5 号北京发展大厦 601 室	100004	84442567
瑞再企商保险有限公司北京分公司	朝阳区针织路 23 号楼国寿金融中心 22 层 2202 室	100026	59096188
三井住友海上火灾保险（中国）有限公司北京分公司	朝阳区东三环北路 5 号北京发展大厦 1601 室	100004	85598000
三星财产保险（中国）有限公司北京分公司	朝阳区景辉街 31 号院 1 号楼 −6 至 57 层 101 内 22 层 2201－5 室	100020	65685828

日本财产保险（中国）有限公司北京分公司	朝阳区东三环北路5号北京发展大厦416室	100020	59817500
利宝保险有限公司北京分公司	朝阳区广渠路18号院世东国际大厦1号楼12层1202～1208室	100025	53822682
安盛天平财产保险有限公司北京分公司	东城区东直门外大街46号10层08A室、08B1室	100027	84608888
国泰财产保险有限责任公司北京分公司	朝阳区东三环中路24号楼15层1506单元	100020	59336888
劳合社保险（中国）有限公司北京分公司	朝阳区建国门外大街国贸大厦三期B座4901室	100020	85264800
苏黎世财产保险（中国）有限公司北京分公司	朝阳区曙光西里甲5号院21号楼凤凰置地广场F座写字楼6层603C室、607C室	100028	84547828
安达保险有限公司北京分公司	朝阳区建国门外大街1号（一期）3717B室，3718～3724室	100004	85646102
中航安盟财产保险有限公司北京分公司	朝阳区望京东园四区2号中航产融大厦34层	100022	13911904194
京东安联财产保险有限公司北京分公司	北京经济技术开发区科创十一街20号院3号楼11～12层	100176	56081357
中意财产保险有限公司北京分公司	朝阳区太阳宫南街23号楼3层	100028	59601700
华泰财产保险有限公司北京分公司	西城区德胜门外大街125号101B室，401B6～01B室	100088	59375999
现代财产保险（中国）有限公司	西城区西外大街136号4层1－16－401a室、401b室	100044	84428100
中意财产保险有限公司	朝阳区建国门外大街乙12号双子座大厦西塔9层	100020	59601818
华泰财产保险有限公司北京分公司	西城区德胜门外大街125号101B室、401B～601B室	100088	59375999
北大方正人寿保险有限公司北京分公司	海淀区北四环西路52号8层804室、16层1606室	100000	85111958
鼎诚人寿保险有限责任公司北京分公司	朝阳区朝阳门外大街18号丰联广场A座9层	100028	50948080
复星保德信人寿保险有限公司北京分公司	密云区鼓楼南大街41号	101599	15321291299
工银安盛人寿保险有限公司北京分公司	东城区白桥大街15号6层	100062	59620678

恒安标准人寿保险有限公司北京分公司	东城区崇文门外大街8号院1号楼9层西塔902－1室、902－2室	100062	59235577
华泰人寿保险股份有限公司北京分公司	西城区德胜门外大街125号德胜尚城大厦B座第1、4层北楼	100088	5986000
汇丰人寿保险有限公司北京分公司	朝阳区建国门外大街8号国际财源中心A座11层1102室	100022	80882833
交银康联人寿保险有限公司分公司	朝阳区安慧北里逸园1号楼	100101	59867888
陆家嘴国泰人寿保险有限责任公司北京分公司	东城区白桥大街15号6层	100062	89999303
平安健康保险股份有限公司北京分公司	西城区金融街23号平安大厦6层610室	100033	56500606
同方全球人寿保险有限公司北京分公司	朝阳区东三环中路5号楼25层	200027	85181888
友邦保险有限公司北京分公司	朝阳区东三环北路17号11层1104室	100027	81493374
长生人寿保险有限公司北京分公司	海淀区西三环北路89号8层B－02－1号	100089	50980788
招商信诺人寿保险有限公司北京分公司	朝阳区建国路79号华贸中心2号写字楼17层	100025	50838948
中德安联人寿保险有限公司北京分公司	石景山区石景山路乙18号院2号楼13层	100040	53967666
中法人寿保险有限责任公司北京分公司	朝阳区工体东路18号2号楼4层	100027	56300700
中荷人寿保险有限公司北京分公司	石景山区石景山路54号院3号楼4层401～410室、5层505室	100043	53778700
中宏人寿保险有限公司北京分公司	西城区复兴门外大街A2号中化大厦	100045	59867887
中美联泰大都会人寿保险有限公司北京分公司	朝阳区东三环中路20号A座	100022	89352953
中信保诚人寿保险有限公司北京分公司	东城区王府井大街138号新东安广场第3座10层1001～1027号	100738	53346771
中意人寿保险有限公司北京分公司	朝阳区建国门外大街甲6号1幢6层	100020	50961460
中银三星人寿保险有限公司北京分公司	朝阳区霄云路36号1幢第9层03～07号	100027	57058200
中英人寿保险有限公司北京分公司	朝阳区永安东里16号CBD国际大厦8层	100022	56300800

（4）外资保险公司分支机构

安盛天平财产保险股份有限公司北京分公司

机构名称	地　址	邮　编	电　话
第一支公司	东城区东直门外大街46号26层2603室	100027	84608888

国泰财产保险有限责任公司北京分公司

机构名称	地　址	邮　编	电　话
朝阳支公司	朝阳区东三环中路24号楼15层1507室	100022	59336888

利宝保险有限公司北京分公司

机构名称	地　址	邮　编	电　话
昌平营销服务部	昌平区昌崔路198号院2号楼4层402室	102299	89783382
房山营销服务部	房山区怡和北路5号院2号楼10层1003室	102442	13001285232
通州支公司	通州区新华西街60号院2号楼27层2706室	101199	13801003291

华泰财产保险有限公司北京市分公司

机构名称	地　址	邮　编	电　话
西城支公司	西城区德胜门外大街125号301B室	100088	59375588
房山支公司	房山区篱笆园南路10号院9号楼1层109室	102401	89362879
大兴支公司	大兴区金苑路3号1幢4层D53A室	102600	69244880

北大方正人寿保险有限公司北京分公司

机构名称	地　址	邮　编	电　话
朝阳支公司	朝阳区东三环南路19号院1号楼	100021	85111958

恒安标准人寿保险有限公司北京分公司

机构名称	地　址	邮　编	电　话
第一营销服务部	东城区崇文门外大街8号院1号楼9层西塔903－11号	100062	59235577

中信保诚人寿保险有限公司北京分公司

机构名称	地　址	邮　编	电　话
昌平营销服务部	昌平区政府街西路2号405～408室	102200	53346771
大兴营销服务部	大兴区金苑路3号1幢4层D36室	102628	53346771
东城营销服务部	东城区王府井东街8号	100006	53346771
密云营销服务部	密云区檀西路135号院3号楼1～2层103～104室	100006	53346771
平谷营销服务部	平谷区迎宾街1号院5号楼1单元801号	101200	53346771
顺义营销服务部	顺义区安泰大街9号院10号楼6层605室	101300	53346771
通州营销服务部	通州区运河核心区Ⅳ－07地块绿地大厦1号楼3层	101199	53346771
王府井营销服务部	东城区王府井大街138号新东安办公楼第3座7层第717～727号	100006	53346771

新东安营销服务部	东城区王府井大街138号新东安办公楼第3座8层第801~827号	100006	53346771

友邦保险有限公司北京分公司

机构名称	地　址	邮　编	电　话
昌平营销服务部	昌平区回龙观西大街16号院1号楼	100029	81493374
朝阳第一营销服务部	朝阳区东三环北路甲26号楼	100125	81493374
朝阳光华路营销服务部	朝阳区建国路116号2层、3层101室	100022	81493374
东城第二营销服务部	东城区东总布胡同58号2层202单元、4层401单元	100005	81493374
东城第三营销服务部	东城区东直门南大街甲3号5~7层	100005	81493374
东城第一营销服务部	东城区建国门内大街8号中粮广场C座501~511室、518~519室	100005	81493374
海淀中关村营销服务部	海淀区知春路106号10层1004~1006号	100081	81493374
通州营销服务部	通州区新华西街58号院2号楼29层2901~2908室、2921~2924室	101101	81493374
朝阳长虹桥营销服务部	朝阳区东三环北路17号11层1104室	100027	81493374

中美联泰大都会人寿保险有限公司北京分公司

机构名称	地　址	邮　编	电　话
第二电话销售中心	东城区建国门内大街8号中粮广场B座7层01~07号、13~22号	100024	89352953
第一电话销售中心	东城区建国门内大街8号中粮广场B座4层01~22号	100024	89352953

第一支公司	东城区东长安街1号东方广场东方经贸城西二办公楼6层3～9室	100738	89352953
第二营销服务部	朝阳区东三环中路24号B座16层01～03单元、05单元	100020	89352953
营销服务部	朝阳区东三环中路20号A座8层、16～17层	100022	89352953

同方全球人寿保险有限公司北京分公司

机构名称	地　址	邮　编	电　话
朝外大街营销服务部	朝阳区东三环中路5号楼25层01～03单元、08单元	200027	85181888
通州营销服务部	通州区新华西街58号院2号楼23层2301～2304室	101149	85181888

中荷人寿保险有限公司北京分公司

机构名称	地　址	邮　编	电　话
第二营销服务部	石景山区石景山路54号院3号楼5层501～510室	100043	53778700
东方广场营销服务部	东城区东长安街1号东方广场中二办公楼7层1～2室	100738	53778700
通州支公司	通州区观音庵北街4号院1号楼6层603～604室	100738	53778700

中银三星人寿保险有限公司北京分公司

机构名称	地　址	邮　编	电　话
第一营销服务部	朝阳区霄云路36号1幢第18层03A－07号、9层01号	100027	57058200

中意人寿保险有限公司北京分公司

机构名称	地　址	邮　编	电　话
大成营销服务部	怀柔区商业街三号1栋401室	101499	50961460
东恒营销服务部	朝阳区建外大街乙12号双子座大厦东塔9层07～09单元	100027	50961460
国贸营销服务部	朝阳区建国门外大街乙12号双子座大厦东塔9层01～06单元	100022	50961460
海淀营销服务部	海淀区中关村大街27号11层1111～1112号	100086	50961460
通州营销服务部	通州区翠景北里1号楼2103室	101100	50961460

华泰人寿保险股份有限公司北京分公司

机构名称	地　址	邮　编	电　话
北太平庄营销服务部	西城区德胜门外大街125号401B－8室	100088	5986000
东城营销服务部	西城区德胜门外大街125号德胜尚城大厦B座3层北楼	100088	5986000
西城营销服务部	西城区德胜门外大街125号德胜尚城大厦B座2层北楼	100088	5986000

工银安盛人寿保险有限公司北京分公司

机构名称	地　址	邮　编	电　话
国贸营销服务部	东城区东四十条24号青蓝大厦12层R部分	100007	59620678

中英人寿保险有限公司北京分公司

机构名称	地　址	邮　编	电　话
朝阳区营销服务部	朝阳区西大望路3号院2号楼1~4层HS09－1内1层101室	100022	56300800
北京电话销售中心	朝阳区西大望路3号院2号楼2层HS09－1室、HS09－2室	100022	56300800

中宏人寿保险有限公司北京分公司

机构名称	地　址	邮　编	电　话
东城营销服务部	东城区东长安街1号东方广场C1办公楼8层8~10室	100738	59867887

长生人寿保险有限公司北京分公司

机构名称	地　址	邮　编	电　话
顺义营销服务部	顺义区南法信镇顺平路南法信段9号院1幢5层505室	101316	50980788

复星保德信人寿保险有限公司北京分公司

机构名称	地　址	邮　编	电　话
昌平营销服务部	昌平区振兴路28号6层627~628室，7层B707~B708室	102200	15321291299

丰台支公司	丰台区西三环南路 14 号院 1 号楼 2003 ~ 2005 室、2011 室	100055	15321291299
海淀支公司	海淀区中关村南大街甲 18 号院 1 – 4 号楼 D 座 4 层 407 室	100086	15321291299

招商信诺人寿保险有限公司北京分公司

机构名称	地　址	邮　编	电　话
北京电话销售中心	朝阳区建国路 79 号华贸中心 2 号写字楼 8 层 07 号	100025	50838948

鼎诚人寿保险有限责任公司

机构名称	地　址	邮　编	电　话
朝阳支公司	朝阳区建国门外大街乙 12 号双子座大厦东塔 8 层 802 室、803 室	100024	50948080

（5）保险代理公司

机构名称	地　址	邮　编	电　话
宜信博诚保险销售服务（北京）股份有限公司	朝阳区建国路 118 号 22 层 2202 ~ 2203 室	100020	13121305372
北京中联信保险销售服务有限公司	朝阳区望京中环南路 9 号 1 号楼 10 层 6 号	101200	85235948 – 807
北京钰城保险代理有限责任公司	东城区和平里中街甲 27 号 2 幢甲 608 室	100035	13811932972
中安风尚（北京）保险代理有限公司	海淀区东北旺西路 8 号院 34 号楼 2 层 202 号	100085	18730928723
泛海在线保险代理有限公司	朝阳区慈云寺 1 号院 3 号楼 1 层、2 层（八里庄孵化器 1 – 0120 号）	100025	85259834

北京中天嘉华保险代理有限公司	石景山区八大处高科技园区内6–C号地3号楼4层409室	100043	58276940
北京红枫鑫保险代理有限公司	朝阳区建国路91号院9号楼18层1808室	100079	18500858667
汇银林泰（北京）保险代理有限公司	海淀区北三环西路99号院3号楼8层909室	100020	13301011968
北京德信保险代理有限公司	朝阳区安慧里四区16号化工大厦916室	101200	84885211
北京京恒福保险代理有限公司	北京海淀区清华东路16号3号楼中关村能源与安全科技园3–2–1106–1室	102200	15801472203
纳捷奥保险代理（北京）有限公司	海淀区北蜂窝路2号中盛大厦13至14层1306–1室	100102	51666898
北京中逸保险代理有限公司	海淀区北三环西路48号1号楼A座12B室	100027	15210833369
北京宏安信保险代理有限公司	西城区阜外月坛北小街13号中船宾馆2层8219室	100200	13661270072
北京海商保险代理有限公司	东城区东安门大街55号7层717B室	100006	59648671
北京京安保险代理有限公司	西城区西直门南小街国英1号425–1室	100102	13020069737
北京金颐保险代理有限公司	西城区高粱桥路6号A区（T4）04A2室	100044	68838391
北京云峰保险代理有限公司	西城区广安门外大街305号二区9号楼9层1003室	101149	0311–89178205
北京交广保险代理有限公司	朝阳区柳芳南里甲5号1幢1–2内5层503号	100010	84515731
北京诚成保险代理有限公司	朝阳区东大桥路8号院1号楼11层1217室	100020	58703630–1012
保通时空（北京）保险代理有限公司	海淀区紫竹院路116号嘉豪国际中心D座606室	100024	13601307519
鼎泽保险代理有限公司	丰台区西三环南路59号518室	100072	63829393
智信保（北京）保险代理有限公司	朝阳区朝外大街乙12号办公楼8层0–912室	100029	82579972
北京耀莱汽车保险代理有限公司	朝阳区幸福二村40号楼–1至4层40–1内3层307室	100029	84389798
北京诚信通保险代理有限公司	平谷区贾各庄村东南街甲6号	101200	89989800
北京富邦保险代理有限公司	东城区胜古中路1号20号楼2层218室	100723	13120430656
北京乐荐保易品保险代理有限公司	朝阳区光华路8号17幢3层A312室	100022	85718581

天安佰盈保险销售有限公司	海淀区羊坊店路 18 号 1 幢 7 层 706B 室	100038	13926546899
国福家庭保险销售服务有限责任公司	东城区建国门内大街 18 号办一 15 层 1513 -1 室	100041	66290723
北京胜易保险代理有限公司	东城区幸福大街 38 号	100061	63322550
北京恒泰保险代理有限公司	朝阳区秀水街 1 号建国门外外交公寓 7 -1 -14 室	100027	85794040
北京睿享保险代理有限公司	密云区经济开发区康宝路 10 -3 号	101500	15811512015
中驰保险代理（北京）有限公司	东城区建国门内大街 18 号办一 22 层 2212 室	100041	83739797
英硕伦斯保险代理（北京）有限责任公司	西城区裕中西里 42 号楼 303 室、304 室(德胜园区)	100088	67759836
北京开诚保险代理有限公司	丰台区丰科路 6 号院 5 号楼 6 层 611 室	100083	63861768
北京国济保险代理有限公司	朝阳区朝外大街 22 号 15 层 1512 室	100029	62356665
保之家保险销售股份有限公司	北京经济技术开发区荣华中路 8 号院 4 号楼 10 层 1102 室	100176	56217779
北京众合四海保险代理有限公司	朝阳区安华里二区 13 号楼 101 室	101500	15801119595
北京安邦保险代理有限责任公司	西城区右安门内大街 65 号 11 幢 5 层 542 室	100120	82032563
北京北盛联合保险代理有限责任公司	朝阳区百子湾西里 403 号楼 15 层 1502 室	100080	18001121899
北京排排网保险代理有限公司	朝阳区建国路 112 号 10 层 1001 内 1001 室	100024	15075674494
北京赛保通保险代理有限公司	东城区广渠门内大街 16 号 906 室	100022	67186899 -605
北京立康保险代理有限公司	朝阳区百子湾西里 435 号楼 3 层 301 内 361 室	100028	82101123
北京天岳保险代理有限公司	怀柔区青春路 21 号 404 室	101400	18611773113
北京佳盛保险代理有限公司	昌平区科技园区何营路 8 号院 6 号楼 5 层 502 室	100073	13810992911
北京银华同邦保险代理有限公司	西城区宣武门西大街 28 号大成广场 9 门 1917 室、1919 ~1920 室	100024	13611028827
阳光保险代理有限公司	朝阳区高碑店乡西店村 9 号楼 5 号 1 层	100124	53501172
北京金石保险代理有限公司	朝阳区亚运村北小营欧陆经典北区 C 座 8 层 0902 室	100076	84850879
乐信保险代理有限公司	东城区金鱼池中街 2 号院 11 号楼 1 至 2 层 11 -21 室	100044	13079995500

北京美安保险销售有限公司	朝阳区百子湾路33号院6号楼－2至3层101内－1层163室	100124	64646393
北京运通国瑞保险代理有限公司	密云区经济开发区兴盛南路8号院1号楼110室、116室	101500	89226777
阳光之音保险销售服务有限公司	通州区商通大道3号院3号楼2层101室	100070	13439628997
北京国人保险代理有限公司	朝阳区建国门外大街丙24号楼18层2103室	100010	65666679－818
和谐保险销售有限公司	朝阳区建国门外大街6号11层1102内103室	100082	15811136158
北京财鑫保险代理有限公司	大兴区盛坊路4号1幢	100028	64477833
北京祥龙博瑞保险代理有限公司	房山区良乡凯旋大街建设路18号E802室	100086	13911969231
北京信达路通保险代理有限公司	丰台区万丰路317号	100071	86639611
北京乐百家保险代理有限公司	大兴区西红门镇宏业路9号院5号楼12层1209室	102600	84873182
达宝保险代理（北京）有限责任公司	西城区莲花池东路甲5号院1号楼11层2单元1104室	100035	51289200
北京小鲸向海保险代理有限公司	怀柔区杨宋镇凤翔三园10号4幢2层204室	100055	88578681
壹心国盛保险代理（北京）有限公司	朝阳区朝外大街乙6号8层0933室	100010	13811603429
北京金鼎涛保险代理有限公司	朝阳区酒仙桥东路9号院2号楼101－9室	102200	88840744
康盛（北京）保险销售有限公司	平谷区林荫北街13号信息大厦1207～1208室	101200	57215761
北京精欣保险代理有限公司	朝阳区望京东园523号楼4层10509室	100020	13801098550
玉林保险代理有限责任公司	房山区房山兴房大街50号院2号楼7门	102488	69312808
北京铭信保险代理有限公司	西城区黄寺大街24号院19号楼B420（德胜园区）	100088	82081236
北京格林保险代理有限公司	西城区马连道南街6号院1号楼9层916－3室	101200	62366843
北京品今保险销售有限公司	朝阳区东三环南路乙52楼1至5层商服18（含跃层）3层	100078	13611389797
北京佰阳保险代理有限公司	朝阳区曙光西里甲1号27层A－3103号	100080	13388193022
北京开元保险代理有限公司	朝阳区来广营西路18号－8室	100055	13521328523

北京康硕保险代理有限公司	丰台区南苑北里二区6号楼5层506室	100062	13810160952
北京恒荣汇彬保险代理有限责任公司	朝阳区高碑店乡八里庄村陈家林9号院华腾世纪总部公园项目5号楼2单元5层503室	100022	57264419
北京康泰保险代理有限公司	朝阳区北苑路18号院3号楼3层316室	100071	18911982029
北京世纪隆盛保险代理有限公司	海淀区板井路69号世纪金源国际公寓东区10H室	100101	13911555890
天勤保险代理（北京）有限公司	朝阳区东三环南路17号B座9层9F－2号	100078	87665917
北京致用保险代理有限公司	石景山区古城大街（特钢公司内）北京国际汽车贸易服务园区F区10号3层304室	100043	63362453
富德保险销售有限公司	海淀区西直门北大街52、54、56号10层南栋0101－1006室	100071	87809700
北京辰洋保险代理有限公司	海淀区北洼路西里19号A503室	100089	18600164017
中国人寿保险销售有限责任公司	海淀区海淀北二街6号7层	100086	18601189952
盛世合众保险销售有限公司	海淀区杏石口路9号1幢2层201室	100195	59949048
阳光一家家庭综合保险销售服务有限公司	朝阳区朝阳门外大街20号1幢联合大厦15层1506～1507室	100027	58289682
融汇保险销售有限公司	朝阳区建国路甲92号－4至24层内14层1409～1410室	100024	85660977－8202
北京斌凝祥融保险代理有限公司	东城区广渠门内大街80号5层502室	100024	83117976
一诺至善（北京）保险代理有限公司	朝阳区东三环中路39号院23号楼9层1006室	100043	13691591311
五星在线保险代理有限公司	海淀区中关村南大街乙12号院1号楼6层706室	100080	52619179
北京资本动力保险代理有限公司	朝阳区东三环中路12号1号楼1401室	100027	87710896
北京天地保险代理有限公司	海淀区中关村北二条13号6幢4层400号	100022	13701362039
全天候保险代理股份有限公司	顺义区仁和镇顺通路25号5幢511－2室	103000	69421005
北京诚信保险代理有限公司	朝阳区东三环南路甲52号楼5层6C室	100083	59711663
北京宏利保险代理有限公司	朝阳区工体东路18号2号楼2层B2121室	100122	59630856

北京瑞金恒邦保险销售服务股份有限公司	朝阳区东三环南路19号院1号楼－2至15层101内11层B1111室	100022	68029246
嘉信保险代理有限公司	丰台区南三环西路16号3号楼19层2211室	100043	80699931
北京爱车易行保险代理有限公司	东城区安定门外大街138号5层A座507室	100007	13311133130
泰瑞保险代理有限责任公司	朝阳区望京中环南路甲2号17层B1903室	100050	84721125
北京仁怡保险代理有限公司	密云区古北口镇古御路外街17号1层101室	101508	84012608
北京华创明德保险代理有限公司	东城区建国门内大街9号2幢7层732室	100041	56280923
北京钱袋网保险代理有限责任公司	朝阳区利泽中园208号3幢3层301内3303室	100037	82800993
北京金宏保险代理有限责任公司	东城区法华寺街91号6幢122A室	100026	67029688
北京瑞安鸿泰保险代理有限公司	怀柔区杨宋镇凤瑞一园1号院和平路甲8号1层14单元101室	100055	61669258
北京京安恒信保险代理有限公司	丰台区樊羊路69号院2号楼4层478室	100101	13366175730
北京广安保险代理有限责任公司	平谷区平谷镇谷丰东路8号	101200	89994046
北京双诚保险代理有限公司	东城区东花市南里东区8号楼7层2单元705室	100070	13641371403
北京润昌保险代理有限公司	平谷区平谷镇西环南路1号楼2层（4）－101室	101200	89988010
北京金宇四越保险代理有限责任公司	昌平区政府街西路2号B22～B23室	102200	60741812
北京万家保险代理有限公司	海淀区阜成路115号北京印象1号楼205室	100012	13693675628
北京睿峰都保险代理有限责任公司	房山区城关街道顾八路1区1号W18室	100029	89350905
中京国际保险销售（北京）有限公司	平谷区南岔子街1号1至3层1～4室	101200	69982586
北京新月保险代理有限责任公司	昌平区科技园区永安路26号	100088	13717703450
盛源兴保险代理（北京）有限责任公司	平谷区兴谷经济开发区洵河西路45号－125室	101200	56866615
北京安平保险代理有限公司	朝阳区芍药居北里101号1幢26层2座3005室	100035	66126609
汇康保险销售（北京）有限公司	通州区新华西街58号院3号楼12层1219室	100052	56176910
北京汇通金隆保险代理有限公司	石景山区苹果园路28号院2号楼7层704室	100010	51625028
北京可为保险代理有限公司	平谷区平谷镇西环南路1号楼（4）－102室	101200	53605576

北京精诚信联保险销售有限公司	海淀区中关村大街27号17层1706室	100053	67195677转653
北京网信保险销售有限公司	朝阳区康家沟145号2层A259室	100020	69929578
航联保险销售有限公司	东城区南竹杆胡同2号楼1幢12层11202室	100044	58157022
北京国泰保险代理有限公司	石景山区鲁谷路51号院3号楼B塔3层310室	100043	18910739696
中佳保险代理有限公司	西城区南滨河路27号院7号楼307室	100055	13366550135
北京高晟财富保险代理股份有限公司	朝阳区安定路5号院19号楼14层1405单元	100029	58170700
中融慧金（北京）保险代理有限公司	西城区茶马街8号院3号楼5层503室	100025	57282792
北京保佳保险销售有限责任公司	朝阳区东三环中路39号院7号楼1至2层0720室	100033	58565868
安惠国际保险代理（北京）有限公司	东城区东四十条甲22号1号楼A710室	100007	13552716726
洋坤（北京）保险代理有限公司	怀柔区怀北镇西庄村308号	101200	13331113746
世捷开元保险代理有限公司	石景山区八大处高科技园区西井路3号3号楼8737室	100043	87945100
长安保险销售有限公司	东城区安化北里1号1幢7层706室	100062	0755－83342013
北京恒信保险代理有限公司	怀柔区怀北镇西庄村308号	100010	13611238905
北京金汉保险代理有限公司	西城区新兴东巷15号10号楼2层212室	100025	13699278320
北京阳光干线保险代理有限公司	海淀区祁家豁子甲2号建德商务楼117室	102200	82026960
北京平和保险代理有限公司	海淀区高梁桥斜街59号院1号楼10层1015室	100033	1581589819
北京吉顺佳保险代理有限公司	朝阳区建国门外大街丙24号9层1－5内1002室	100062	51661563
乐橙保险代理有限公司	朝阳区广渠路17号院1号楼－3至14层101内4层409室	100024	58085715
北京华诚保险代理有限公司	海淀区白家疃尚水园2号楼8层817室	100010	13911268017
大童保险销售服务有限公司	房山区阎富路69号院46号楼1至4层101室	100086	85902304
北京惠诺康达保险代理有限公司	房山区城关街道顾八路1区1号R668室	100089	021－61409864
北京利信保险代理有限公司	海淀区西三环北路87号8层2－801A室	100044	65283772
中利保险销售有限公司	东城区东直门北中街乙1号1幢1012层03单元	100124	59694588

北京金斧子水星保险代理有限责任公司	朝阳区广渠路66号院22号楼8层801内806室	100024	88576885
北京环宇康泰保险代理有限公司	丰台区丰管路22号院12栋107号	100022	63339582
神舟保险代理有限公司	海淀区花园东路30号花园饭店5号楼2层5212室	100010	13501036612
北京京铁保险代理有限公司	丰台区莲花池东路120－1号北京西站西附楼北京华夏明珠宾馆5301室和西侧1层	100035	51935016
北京泰洋保险代理有限公司	朝阳区东三环北路甲19号楼25层2909室	100020	65531761转1006
北京汇祥保险代理有限公司	朝阳区晨光家园306号楼9层901内9007室	100022	68211690
北京国民保险代理有限公司	西城区半步桥街48号1幢3层321室	100016	13381331230
北京乐融保险代理有限公司	顺义区北小营镇小胡营村1号院3号楼2层212室	100074	62349650
北京瑞宝寿康保险代理有限公司	朝阳区酒仙桥中路26号院2号楼4层501室	100007	84896216
北京京广保险代理有限公司	丰台区角门18号枫竹苑二区1号楼11层1102室	102208	85715028
北京赛福特保险代理有限公司	朝阳区北苑路170号院3号楼12层1单元1503室	100097	64820778
人保社区保险销售服务有限公司	东城区安定门东大街28号雍和大厦1号楼A单元1107室	100007	85176397
北京宝力诚保险代理有限责任公司	密云区行宫街21号楼21－3－363室	101500	59941986
北京财富之舟保险代理有限公司	朝阳区酒仙桥路14号50号楼3层307室	100015	64372730
方德保险代理有限公司	东城区崇文门外16号1幢8层802室	100010	86030321
金诚华夏保险代理有限公司	丰台区科技园区3A地块工商联科技大厦09B04～09B06室	100020	13718032166
太阳联创保险代理（北京）有限公司	朝阳区朝外雅宝路12号7层708室	100027	87925664
北京乾安保险销售有限公司	怀柔区渤海镇环镇路80号1121室	100055	88437573－801
北京爱马社保险代理有限公司	房山区良乡长虹西路翠柳东街1号2556室	102488	13681562390
同程保险代理有限公司	朝阳区酒仙桥北路甲10号院301号楼102单元6层606室	100020	18136961802
北京信泰保险代理有限公司	海淀区昌运宫4号豪柏公寓B1－701号	100039	88420470

北京众恒保险代理有限责任公司	朝阳区静安东里12号院4号楼7层B706室	102600	69208553
北京信安保险代理有限公司	朝阳区北辰西路69号3单元512号	100061	13810646750
新宝宇业（北京）保险代理有限公司	门头沟区新城东街17号院6号楼17层1703室	102300	57142288
盛唐融信保险代理（北京）有限公司	西城区新街口北大街3号4层401－L408室	100086	82200327
京东数科保险代理有限公司	北京经济技术开发区经海五路58号院10幢6层（北京自贸试验区高端产业片区亦庄组团）	100176	58656837
北京丰裕保险代理有限公司	东城区藏经馆胡同17号1幢1层A102室	100022	65544788
北京博瑞和铭保险代理有限公司	朝阳区望京中环南路7号3幢4层404室	101200	67332018
华夏在线保险代理服务有限公司	海淀区西三环北路87号8层2－801B室	100007	13623471935
利星行宝汇汽车保险代理（北京）有限公司	朝阳区广顺南大街8号院3号楼3层301内G01内1～2单元	101299	84778038
北京长久汽车保险销售有限公司	顺义区物流园六街12号院6号楼1至2层101内2层201室	101300	65732999
安心致远保险代理有限责任公司	石景山区石景山路31号院盛景国际广场3号楼718室	100043	61126666
北京金瑞卓森汽车保险代理有限公司	朝阳区利泽东园306号	100027	13683594117
嘉泽保险代理有限公司	大兴区欣宁街67－72号1层71室	102600	18516808889
北京华谊保险销售有限公司	密云区行宫街21号楼21－2－201室	101500	53652005

（6）保险经纪公司

机构名称	地　址	邮　编	电　话
爱心保险经纪有限公司	石景山区金府路32号院3号楼5层516室	102300	13621045977
安瑞保险经纪（北京）有限公司	东城区朝阳门南小街2号楼3层303室	100022	15311196112
安润国际保险经纪（北京）有限公司	西城区阜成门外大街2号6层637室	100037	13521899698

安世联合保险经纪有限公司	朝阳区姚家园南路1号7号楼A区502室	100131	85355588
北京安华保险经纪有限公司	昌平区七北路42号院3号楼9层3单元901室	102300	17778137062
北京安康保险经纪有限公司	朝阳区西坝河西里28号B205室	100028	64476957
北京安理保险经纪有限公司	密云区新南路43号1号院4层416室	100028	15010113685
北京安鹏保险经纪有限责任公司	朝阳区阜通东大街10号楼15层1501室	101300	84856958
北京安鑫保保险经纪有限公司	海淀区首都体育馆南路6号3幢12层1261室	100025	18610332511
北京鞍汇联保险经纪有限公司	朝阳区永安东里16号CBD国际大厦18层08单元	100022	13701233838
北京奥创保险经纪有限公司	朝阳区三丰北里1号楼10层1012室	100107	84938008
北京百川保险经纪有限公司	朝阳区南湖东园122楼14层北区1706室	100055	63319211
北京大树保险经纪有限责任公司	海淀区北清路中关村壹号D1座11层1108室	100012	15001022889
北京大唐泰信保险经纪有限公司	西城区菜市口大街1号10层1001~1003室	100052	83365815
北京鼎立保险经纪有限责任公司	朝阳区东三环中路乙10号第14层08号	100086	88851866
北京鼎盛保险经纪有限责任公司	朝阳区酒仙桥路甲10号3号楼	100125	65065338
北京东方保险经纪有限公司	朝阳区朝阳路67号9号楼2单元803室	100021	85789048-610
北京东方华信保险经纪有限公司	西城区高井胡同16号北京惠福园宾馆203室	100107	68366080
北京方和万金保险经纪有限公司	海淀区北小马厂6号906室	100038	63345039
北京丰融保险经纪有限公司	丰台区汽车博物馆东路1号院3号楼8层901室	100027	84476292
北京富诚保险经纪有限公司	北京经济技术开发区景园北街2号50幢8层1单元801~802室	100061	18519659172
北京富利保险经纪有限公司	朝阳区建国门外大街19号1号楼26层A室	100028	13430772338
北京共信赢保险经纪有限公司	朝阳区亮马桥路39号1号楼3层C310室	100125	13811127588
北京光华保险经纪有限公司	朝阳区静安里26号楼901内903室	100028	65301358
北京广发保险经纪有限公司	朝阳区东三环北路38号院3号楼13层1608室	101500	69472620
北京国腾众保保险经纪有限公司	通州区新华西街60号院2号楼19层1919室	101149	52858649
北京国中保险经纪有限公司	朝阳区建国门外大街18号D702号	100022	65691466

北京海力保险经纪有限公司	丰台区航丰路1号院3号楼3~17层301内15层1807室	100071	56127490
北京恒丰保险经纪有限公司	东城区和平里东街11号2号楼3层3-B4号	100034	15811364293
北京华川恒健保险经纪有限公司	海淀区永泰庄北路9号永泰绿色生态园V6号院	100027	51582188
北京华融保险经纪有限公司	西城区阜成门外大街11号国宾大厦808室	100033	68002927-1005
北京华夏保险经纪有限公司	海淀区中关村大街11号6层6层办公652A室	100043	63426880
北京华育保险经纪有限公司	丰台区南方庄89号2号楼3层3012室	100102	18911571519
北京环球保险经纪有限公司	西城区平安里西大街28号楼12层1201-5室	100035	18297887872
北京惠保保险经纪有限公司	北京经济技术开发区兴业街8号院4号楼2层215室	100176	57063999
北京慧驾保险经纪有限公司	西城区南滨河路27号7号楼12层1217室	100055	58220294
北京慧金保险经纪有限公司	西城区茶马街8号院3号楼14层1411室	100032	68141238
北京吉泰保险经纪有限公司	海淀区紫竹院路81号院3号楼北方地产大厦6层609室	100085	88580566-817
北京江山保险经纪有限公司	朝阳区霄云路28号院2号楼9层901-2室	100125	0411-82786351
北京金甲保险经纪有限公司	西城区西直门内南小街国英园1号楼707室	100035	58561769
北京金永泰保险经纪有限责任公司	海淀区西八里庄北里56号院西钓鱼台庄园3号楼4门401室	100142	88129087
北京京泰安保险经纪有限公司	海淀区羊坊店路18号1幢6层613室	100025	13681524953
北京康信保险经纪有限公司	朝阳区工人体育场北路8号院1号楼13层01-1606室	100028	85861297
北京联合保险经纪有限公司	朝阳区静安里26号楼9层901内904室	100048	64680488-864
北京农信保险经纪有限公司	海淀区中关村大街27号17层1705室	100086	62698801-8604
北京普华盛世保险经纪有限公司	朝阳区酒仙桥路14号53号楼7层706室	100071	57126871
北京乾泰保险经纪有限公司	西城区平原里小区20号楼413室	100032	63180208

北京仁信智合保险经纪有限公司	东城区广渠家园1楼3层101－302室	100071	83609322
北京容海保险经纪有限公司	西城区半步桥街48号1幢3层343室	100054	13261901639
北京瑞和保险经纪有限公司	朝阳区建国门外大街6号11层1102内105室	100101	13683360682
北京润得保险经纪有限公司	西城区阜成门外大街甲28号3层西楼03内04室	100024	13718784092
北京润盛保险经纪有限公司	朝阳区东方东路8号	100038	13661298838
北京赛福哈博保险经纪有限公司	海淀区玲珑路9号院西区8号楼11层1单元1002室	100086	63378585
北京盛安国际保险经纪有限公司	海淀区中关村东路18号1号楼11层A－1201室	100086	13693016786
北京盛唐保险经纪有限公司	朝阳区霄云路40号院1号楼6层609－A室	100010	85627177
北京泰丰保险经纪有限公司	东城区东水井胡同11号楼3层3C02室	100143	022－66701552
北京腾诺保险经纪有限公司	西城区武定侯街6号10层F2－1（A）1001内1106室	100044	66020021
北京天道保险经纪有限责任公司	朝阳区朝阳门外大街19号楼7层720室	100029	15810526890
北京天时国际保险经纪有限公司	海淀区中关村南大街甲18号院1－4号楼C座07办公01室	100142	88578257
北京微服保险经纪有限公司	朝阳区紫月路18号院11号楼1层107室	100022	13810532208
北京物融保险经纪有限公司	西城区阜成门外大街甲9号国宾酒店9层902室	100037	68008302
北京小米保险经纪有限公司	海淀区西二旗中路33号院1号楼3层001号	100055	51315619
北京协荣保险经纪有限公司	西城区广安门外大街168号1幢5层2－602－1室	100029	83126679
北京新城保险经纪有限公司	朝阳区北土城西路7号国恒基业大厦D座804室	100062	51663231－913
北京新域保险经纪有限公司	东城区崇文门外大街11号9层908室	100044	67092376
北京信德保险经纪有限公司	海淀区玲珑9号院西区7号楼11层1单元1016－1室	100048	17789777756
北京信康诚保险经纪有限责任公司	东城区桃园东里20号2层2082室	100124	59113559
北京信诺保险经纪有限公司	通州区皇木厂村东88号6幢1层	100033	88344163－809

北京银河时空保险经纪有限责任公司	密云区水源路南侧 A－04 地块 2 号商业办公楼 5 层 1 单元 522 室	100083	67166520
北京永诚保险经纪有限公司	海淀区中关村南大街 2 号科技会展中心数码银座 803 室	100027	80812570
北京远安保险经纪有限公司	朝阳区东三环中路 39 号院 16 号楼 11 层 1203 室	100121	82231008
北京指南针保险经纪有限公司	昌平区北七家镇七北路 42 号院 2 号楼 1 单元 301 室	100089	59282978
北京中兵保险经纪有限公司	海淀区紫竹院路 81 号院 3 号楼北方地产大厦 15 层 1502～1503 室	100080	68966743
北京中金保险经纪有限公司	东城区和平里东街 11 号 7 号 1－B6 号	100097	18311108366
北京中联新能保险经纪有限公司	北京经济技术开发区荣华南路 15 号院 7 号楼 9 层 901 室	100176	18811423700
北京中瑞惠银国际保险经纪股份有限公司	朝阳区东三环南路甲 52 号顺迈金钻大厦 15 层 18C 室	100022	87729758
北京中天保险经纪有限公司	西城区闹市口大街 1 号院 2 号楼长安兴融中心 6C 室	100061	59799818－801
北京中卫保险经纪有限公司	朝阳区北辰东路 8 号院 16 号楼 8 层 801 内 A080～A0809 室	100031	85285599
博维保险经纪有限公司	朝阳区农展馆南路 13 号 6 层 710 室	100053	68563023
诚合保险经纪有限公司	海淀区复兴路 40 号中国铁建大厦 8 层	100010	52689657
达信（中国）保险经纪有限公司	朝阳区光华路 1 号北京嘉里中心北楼 15 层 1506 室	100855	13910960172
大特保险经纪有限公司	朝阳区望京园 601 号楼 25 层 2910 室	100044	80698111
德圣保险经纪有限公司	朝阳区南磨房路 37 号 7 层 701 室	100025	13552056216
鼎昊（北京）国际保险经纪有限公司	丰台区南四环西路 188 号十区 8 号楼 4 层	100071	63703398
鼎力（北京）保险经纪有限公司	东城区崇文门外大街 3 号 10 层南办 1001 室	100070	18628273858
方胜磐石保险经纪有限公司	朝阳区西大望路 15 号 4 号楼 16 层 1601 室	101100	13501363379

关爱保险经纪有限公司	朝阳区建国门外大街22号赛特大厦1幢第21层2101室	100028	65158580
国安国际保险经纪股份有限公司	东城区黄寺大街甲6号天龙饭店5层	100022	64257976
国电保险经纪（北京）有限公司	西城区西直门外大街18号楼4层7单元501室	100044	58684706
国家电投集团保险经纪有限公司	西城区金融大街28号院3号楼5层501室	100044	56625677
国联（北京）保险经纪有限公司	西城区阜成门外大街31号5层526A室	100053	13521657158
国泰路安保险经纪（北京）有限公司	大兴区经济开发区金辅路甲2号1幢1层B102室	102600	63585718
国投保险经纪有限公司	西城区阜成门北大街2号楼3层	100034	88006481
哈保保险经纪（北京）有限公司	朝阳区建国路93号院10号楼601室	100022	58203824
海峡联合保险经纪（北京）有限责任公司	丰台区南四环西路186号四区2号楼6层22~23室	100097	88878991
海亚（北京）国际保险经纪有限公司	朝阳区安慧北里小区秀园15号楼4层	100010	64912569
航联保险经纪有限公司	东城区东直门南大街5号中青旅大厦9层	100007	58157022
和德（北京）保险经纪有限公司	东城区夕照寺街14号4号楼6层601室	100027	84464608
宏达通泰保险经纪（北京）有限公司	海淀区海淀苏州街18号院-4楼16层1607-3室	100048	68483838-812
华富保险经纪有限公司	西城区金融大街35号1122室	100107	13810613510
华旅（北京）保险经纪有限公司	海淀区西四环北路158号慧科大厦东区8A室	100033	88591920-815
华泰保险经纪有限公司	西城区骡马市大街18号楼12层1202室、1205室	100142	13426238600
华夏信达保险经纪（北京）有限公司	海淀区中关村南大街31号神舟科技大厦288室	100027	57458353
华信保险经纪有限公司	丰台区东管头1号院1号楼1-196室	100033	8356833
佳达保险经纪（北京）有限公司	东城区东长安街1号东方广场东方经贸城东三办公楼1109室	100006	65334111
嘉实保险经纪（北京）有限公司	朝阳区建国路91号院8号楼5层506室	100079	65215139
江泰保险经纪股份有限公司	门头沟区莲石湖西路98号院9号楼	102300	62202788-9237
金诚国际保险经纪有限公司	海淀区西三环北路91号7号楼3层C02号	100033	52961111-669
金桔保险经纪（北京）有限公司	朝阳区百子湾西里403号楼7层701室	100028	64705638

金联安保险经纪（北京）有限公司	昌平区东小口镇立汤路188号院1号楼17层	100085	15712919618
金晟保险经纪有限公司	朝阳区安定路10号中国有色大厦北楼2层	100089	64422679
京新国际保险经纪（北京）有限公司	海淀区建材城中路27号8幢2层206号	100020	13432014557
九州联合（北京）保险经纪有限公司	海淀区北三环西路甲30号2层217室	100034	68473708
玖行保险经纪有限公司	朝阳区来广营西路5号院诚盈中心1号楼5层501室	100028	15044682525
开源（北京）国际保险经纪有限公司	西城区西直门外大街18号楼4层1单元538室	100021	13991363215
康瑞保险经纪有限公司	海淀区北蜂窝2号中盛大厦7~8层710－1号	101300	13581622887
昆仑保险经纪股份有限公司	西城区金融大街1号楼A座1102室	100070	13720006399
鲲鹏保险经纪（北京）有限公司	丰台区东管头1号院1号楼1－191室	100031	18910975782
黎明保险经纪有限公司	石景山区古城南街9号院6号楼5层515室	100043	56678529
联华国际保险经纪（北京）有限公司	西城区金融大街23号10层1012室	100020	13717932807
领航国际保险经纪有限公司	东城区北京站东街8号信通大厦B座6层607－1室	100020	58362067
麦芬保险经纪有限公司	朝阳区东三环北路17号10层1016室	100028	13426345700
民生保险经纪有限公司	东城区建国门内大街28号1幢13层1501－1单元	100004	13006113765
明亚保险经纪股份有限公司	朝阳区朝外大街22号泛利大厦5层501~502室	100070	85658542
全景保险经纪（北京）有限责任公司	朝阳区建国路88号9号楼17层2003室	100097	64373510
融超保险经纪有限公司	西城区阜外大街2号万通新世界广场A座1705号	100038	62219621
瑞信保险经纪有限公司	海淀区中关村大街27号11层1101室	100031	15017526006
赛诺保险经纪（北京）有限公司	昌平区回龙观镇金燕龙大厦2层20106室	100085	88479880
三角洲保险经纪有限责任公司	朝阳区光华路5号院1号楼9层1001室	100028	62124986
三峡保险经纪有限责任公司	海淀区玉渊潭南路1号B座三峡大厦3层	100039	57081394
世纪保险经纪股份有限公司	西城区宣武门外大街26号~30（双）号2幢08层A806~A809室	100021	13810017824

天丰保险经纪有限公司	门头沟区莲石湖西路98号院7号楼603室	102300	85797999
天和保险经纪有限公司	朝阳区永安东里甲3号院1号楼10层1107内1107C~1107D室	100083	82275812－821
通联保险经纪有限公司	丰台区靛厂路汉唐国际大厦3层	100044	63713236
微医（北京）保险经纪有限公司	海淀区北四环西路52号15层1506室	100044	51721768－6
文津国际保险经纪有限公司	丰台区南四环西路186号三区1号楼4层06室	100738	57177268
五矿保险经纪（北京）有限责任公司	海淀区三里河路5号五矿大厦B座410室	100022	88821652
五洲（北京）保险经纪有限公司	东城区东方广场东二座1704－5A室	100088	85188766－207
新航保险经纪（北京）有限公司	朝阳区建国路88号7号楼710室	100125	86808907－800
新时代保险经纪有限公司	海淀区花园路7号	100027	82803949
兴民保险经纪有限公司	石景山区金府路32号院3号楼7层718室	100033	56809591
扬子江保险经纪有限公司	顺义区天竺镇天竺家园17号17幢2层2790室	101300	13466663416
阳光三泰保险经纪有限公司	朝阳区朝阳门外大街20号1幢9层902室	100043	13911628800
宜安（北京）保险经纪有限公司	通州区新华西街58号院2号楼9层922室	100052	84476603
银河保险经纪（北京）有限责任公司	西城区金融大街35号国际企业大厦C座12层	100088	66568303
银建保险经纪有限公司	石景山区苹果园路28号院2号楼15层1501室	100043	56057837
银泰（北京）保险经纪有限公司	东城区苏州胡同61号12幢A103室	100080	82149698
英大长安保险经纪有限公司	西城区南横东街8号都城大厦12层	100022	63411223
永达理保险经纪有限公司	朝阳区阜通东大街18号2层2207~2210室	100044	87419188
宇泰保险经纪（北京）有限公司	朝阳区建国门外大街丙24号9层1－5内1001室	101149	18210672157
元保保险经纪（北京）有限公司	朝阳区北辰西路8号院2号楼1至14层101内2层208－01号	100029	18910850552
远通（北京）保险经纪有限公司	海淀区羊坊店路18号2幢6层605室	100044	52720502
悦保保险经纪有限公司	丰台区广安路9号院1号楼16层1601室	100054	85839251
中安联合保险经纪股份有限公司	大兴区魏善庄镇中心路100号院1号楼2层028室	100022	52412269

中车汇融保险经纪有限公司	丰台区南四环西路186号二区1号楼-1至8层101内7层03~06室	100071	18618268441
中船保险经纪有限责任公司	海淀区首体南路9号1楼7层703室	100007	88695063
中富保险经纪有限公司	东城区东打磨厂街3号楼7层706室	100070	60250099-607
中化保险经纪（北京）有限责任公司	西城区南礼士路66号1号楼10层1-15-1006~1009室	100081	59568222
中汇国际保险经纪股份有限公司	朝阳区永安东里16号18层06单元	100080	85539369
中建英大保险经纪有限公司	朝阳区安定路5号院3号楼30层02室	100022	13810002300
中捷保险经纪股份有限公司	石景山区实兴大街30号院7号楼9层904室	100043	18134495257
中军保险经纪（北京）有限公司	朝阳区东大桥路8号院1号楼20层2308室	100195	13641354787
中铝保险经纪（北京）股份有限公司	海淀区西直门北大街62号9层	100044	82298566
中民瀚丞保险经纪有限公司	西城区新街口外大街8号12幢3层309室	100044	62366171
中盛国际保险经纪有限责任公司	东城区安定门东大街28号雍和大厦A座11层	100007	50950918
中盛融安国际保险经纪有限公司	海淀区大柳树路富海中心3号楼富海国际港1501室	100010	62138726-813
中石化保险经纪有限公司	朝阳区朝阳门北大街22号1幢19层1911室	100022	13681197319
中泰国际保险经纪（北京）有限公司	海淀区海淀大街8号中钢大厦7层716~717室	100086	62686565
中体保险经纪有限公司	东城区天坛东路50号国家体育总局训练局院内	100007	67184346
中铁保险经纪有限责任公司	西城区西绒线胡同28号天安国汇14层1410室	100034	13701388539
中铁汇达保险经纪有限公司	海淀区西翠路17号院24号楼5层502室	100036	18610500845
中兴保险经纪有限公司	西城区宣武门外大街6~12（双）号、16号、18号6号楼9层	100054	87874667
中植保险经纪有限公司	朝阳区高碑店乡半壁店村惠河南街1102号C座3层3020室	100044	85141821
重汽集团保险经纪有限公司	丰台区开阳路1号瀚海花园大厦1702室	100071	13608936050

（7）保险公估公司

机构名称	地址	邮编	电话
博弈中立保险公估（北京）有限公司	海淀区上地信息路1号1号楼805A室	100085	13911170268
北京誉心保险公估有限责任公司	西城区珠市口西大街120号1号楼2层0217室	100022	15853243702
仁祥保险公估（北京）有限公司	海淀区车公庄西路乙19号华通大厦B座3层308室	100054	13701051122
鼎信农业保险公估（北京）有限公司	顺义区金航西路4号院2号楼2层213室（天竺综合保税区）	101300	88312537
北京金正保险公估有限公司	海淀区西三环北路91号7号楼3层C02－1室	100022	52961111
北京安诚保险公估有限公司	怀柔区怀北镇西庄村308号	101400	84924025
北京华泰保险公估有限公司	西城区骡马市大街18号楼12层1203室	100033	66577426
北京仁济和保险公估有限责任公司	丰台区南三环西路78号B座2－0010室	100055	13384608255
中瑞国际保险公估（北京）有限公司	朝阳区安慧里二区12号楼院2幢226－2室	100101	84832952
北京中达信保险公估有限公司	丰台区东货场路38号11栋212室	100085	68424435
慈铭（北京）保险公估有限公司	顺义区天竺镇天竺家园17号17幢2层2819室	100621	13311160359
盛华（北京）保险公估有限公司	北京经济技术开发区荣华南路16号1幢C座C304－1室	100176	84896216
北京龙江保险公估有限公司	朝阳区酒仙桥乙21号朝阳佳丽饭店内2层B105室	100020	56709233
北京平信保险公估有限公司	丰台区丰管路甲28号1－1幢1层8115室	101300	63790909
北京北极星保险公估有限公司	平谷区贾各庄村东南街甲6号	101200	89989800
北京正汇保险公估有限公司	朝阳区永安东里16号18层07单元	100071	18519200699
北京汇明保险公估有限公司	丰台区南三环西路28号院中林置业大厦B座408室	100071	83833699

北京天恒保险公估有限公司	丰台区葆台北路6号一区3号楼1~3层07室	100044	53687782
北京中禾嘉信保险公估有限公司	大兴区金星路18号8幢217A室	102600	13920112444
北京日月星保险公估有限公司	房山区天星街1号11号楼10层1004室	100071	53325421
北京众信保险公估有限公司	丰台区航鹰路5号4层408室	100076	13810868666
北京众达诚保险公估有限公司	大兴区兴华大街三段55号3层303室	102600	57113608
北京华大保险公估有限公司	东城区夕照寺街14号4号楼6层610室	101300	67093600
北京全天候保险公估有限公司	顺义区仁和镇顺通路6号	101300	13381131863
北京德仁保险公估有限公司	朝阳区北苑路170号2号楼2－1603号	100085	88009191
北京卓信保险公估有限公司	怀柔区怀柔镇大中富乐村801号院1号楼101室	100075	61292800
北京中明保险公估有限公司	石景山区石景山路甲18号院3号楼8层905室	100079	88601063
中至和保险公估（北京）有限公司	大兴区龙发大街1号院3号楼2单元305室	100031	60219266
平衡国际保险公估（北京）有限责任公司	大兴区旧桥路1号院1号楼10层1106室	100101	56407178
北京格林保险公估有限公司	西城区阜成门外大街1号四川大厦东塔19层1907室	100033	65282300
方圆国际保险公估（北京）有限公司	东城区朝阳门内大街288号院2、3号楼地下1层B175－2室	100048	64023095
北京首证保险公估有限公司	西城区德胜门内西顺城街46号东101室	100080	13891928195
北京佳实德保险公估有限责任公司	海淀区复兴路40号中国铁建大厦5层东侧	100048	52689682
北京君恒保险公估有限责任公司	朝阳区静安里26号楼9层901内913室	100070	67164581
北京嘉诺保险公估有限公司	朝阳区农展馆南路13号6层711室	100044	68567166
北京中咨保险公估有限公司	海淀区上地信息路1号1－1幢A栋3层C区	101300	13311208262
北京保程保险公估有限公司	朝阳区五里桥二街1号院1号楼12层1214室	100085	87203581
竞胜保险公估有限公司	西城区金融大街1号楼1202－2室	100071	13720006399
北京俄杰斯特保险公估有限公司	丰台区丰台科学城恒富中街2号院1号楼3188室	100071	52229880
北京大陆保险公估有限公司	朝阳区朝阳路67号10号楼12层2单元1501室	100044	85753960

北京通宝行保险公估有限公司	石景山区实兴大街30号院3号楼12层1231室	100043	52469782
北京国信行保险公估有限公司	丰台区南三环西路91号院1号楼13层1单元1615室	100079	87565219
北京邦业保险公估有限公司	朝阳区东三环中路55号楼6层703室	100085	59229633
北京普惠保险公估有限责任公司	朝阳区南磨房路37号16层1810室	100191	13522807503
嘉福（北京）保险公估有限公司	朝阳区朝外大街10号（A1区）14层1410室	100089	65031609
北京合信保险公估有限公司	朝阳区工体东路18号2号楼2层A2974室	100071	56243483
北京和泰保险公估有限公司	海淀区复兴路乙59号巨星大厦108室	100085	0551－65226918

（8）境外保险公司北京代表处

机构名称	地　址	邮　编	电　话
赢国斯达保险公司北京代表处	朝阳区亮马桥路42号光明饭店8407室	100016	64685852
俄罗斯天然气工业保险股份公司北京代表处	朝阳区建外大街甲12号15层1588室	100022	85233050
德国通用再保险公司北京代表处	东城区东长安街1号东方广场东三办公楼1105室	100738	85186535
德国安顾集团股份公司驻中国总代表处	朝阳区建外大街2号银泰中心写字楼C座2801室	100022	65667675
全球人寿保险国际公司北京代表处	朝阳区亮马桥50号燕莎中心1号楼8层C809号	100125	85151248 85151249
英国耆卫公共有限公司北京代表处	朝阳区广渠路金茂府23号院1号楼807室	100124	65057686
英国保柏金融公众有限公司北京代表处	朝阳区东三环中路5号楼4层4内06－2室、07－1室	100020	58541607
法国国家人寿保险公司北京代表处	朝阳区建外大街永安里8号华彬大厦1712室	100022	85288185
法国安盟甘寿险公司北京代表处	朝阳区望京东园四区2号中航资本大厦32层3216室	100102	85086280
法国安盟相互保险公司北京代表处	东城区建国门内大街7号光华长安大厦1座606室	100005	65102170

法国巴黎财产保险有限公司北京代表处	朝阳区建国门外大街 1 号国贸三期 2024 室	100004	85910181
法国安盛公司北京代表处	东城区东长安街 1 号东方广场东一办公楼 905 室	100738	66555983
忠利保险有限公司北京代表处	朝阳区建外大街乙 12 号双子座大厦东塔 7 层 03 室	100022	65673598
西班牙曼福再保险公司北京代表处	朝阳区金桐西路 10 号远洋光华国际 A 座 1002 室	100020	65056590
葡萄牙忠诚保险有限公司北京代表处	朝阳区朝阳北路 237 号复星国际中心 2009 室	100020	65398591
加拿大永明人寿保险公司北京代表处	朝阳区金桐西路 10 号远洋光华国际大厦 AB 座 10 层 A01 室	100020	85906500
加拿大人寿保险公司北京代表处	朝阳区光华路 1 号北京嘉里中心北楼 3010 室	100020	65264005
美国柏柯莱保险集团公司北京代表处	东城区东长安街 1 号东方广场东方经贸城东三办公大楼 19 层 5 室	100738	85189688
RGA 美国再保险公司北京代表处	东城区东长安街 1 号东方广场东方经贸城西一办公楼 15 层 1504 室	100738	85182528
美国奥德赛再保险公司北京代表处	西城区武定侯街 6 号卓著中心 301A 室	100033	66182171
美国北美洲保险公司北京代表处	西城区金融街 35 号国际企业大厦 B 座 528 室	100033	88091177
美国国际集团北京代表处	朝阳区建国路 79 号华贸中心 2 号写字楼 10 层 05A 室	100033	59692981
美国大都会人寿保险公司北京代表处	东城区长安街 1 号东方广场东方经贸城东二办公楼 12 层	100738	85189790
美国信安人寿保险公司北京代表处	朝阳区建外大街 1 号国贸大厦 1 座 416 室	100004	64629266
美国信诺保险公司北京代表处	朝阳区建国路 79 号华贸中心写字楼 2 座 1708 室	100022	85809055
美国怡安保险（集团）公司北京代表处	朝阳区建外大街甲 6 号 SK 大厦 1205 室	100022	65630671
美国联合健康保险公司北京代表处	朝阳区新源南路 3 号平安国际金融中心 B 座 17 层 1701 室	100027	58291777
美国保德信保险公司北京代表处	朝阳区亮马桥路 50 号 1 号楼 2 层 C203 – 18 室	100125	64105343
百慕大博纳再保险有限责任公司北京代表处	东城区长安街一号东方广场中一办公楼 1211 室	100738	85185780

信利百慕大有限公司北京代表处	西城区太平桥大街 96 号中海财富中心 A507 室	100032	83064926
中国太平保险控股有限公司北京代表处	西城区骡马市大街 16 号楼 9 层 901 室	100082	63588900
香港友邦保险控股有限公司驻中国总代表处	东城区东总布胡同 58 号天润财富中心 3 层 302 室	100058	65219988 –12082
中国人寿保险股份有限公司（台湾）北京代表处	西城区闹市口大街 1 号院长安兴融中心 3 号楼 619 室	100032	58528115
台湾人寿保险股份有限公司北京代表处	朝阳区朝外大街 26 号 13 层 B1606 室	100031	85655937
（台湾）国泰人寿保险股份有限公司北京代表处	朝阳区东大桥路 9 号侨福芳草地大厦 B 楼 6 层 602 室	100020	83913425 –6
富邦产物保险股份有限公司北京代表处	朝阳区建国路 81 号华贸中心 1 号写字楼 1909A 室	100025	59695476
富邦人寿保险股份有限公司北京代表处	朝阳区建国路 81 号华贸中心 1 号写字楼 1909B 室（19 层 19 办公 1T01 内 09B 号）	100025	59695383
新加坡大东方人寿保险有限公司北京代表处	朝阳区建国路 99 号中服大厦 9 层 99 –24 –1 内 901 室	100020	65815501
韩国韩华生命保险有限公司北京代表处	朝阳区东三环北路 38 号院 1 号楼泰康金融大厦 27 层	100020	65837900
教保生命保险株式会社北京代表处	朝阳区霄云路 36 号国航大厦 2109 室	100027	65058658
韩国首尔保证保险株式会社北京代表处	朝阳区东三环北路 5 号北京发展大厦 9 层 918 室	100004	65900288
韩国贸易保险公社北京代表处	朝阳区大望京科技商务园区宏泰东街浦项中心 A 栋 29 层 2902 室	100102	64106439
现代海上火灾保险有限公司北京代表处	西城区西外大街 136 号新动力金融科技中心 4 层 1 –16 –401C 室	100044	84539071
韩国 DB 损害保险公司北京代表处	朝阳区霄云路 36 号国航大厦 1011 室	100027	84475427
大韩再保险公司北京代表处	朝阳区建国路 118 号招商局大厦 10 层 A2 室	100022	65906276
三星火灾海上保险公司北京代表处	朝阳区景辉街 31 号院 1 号楼 –6 至 57 层 101 内 22 层 2201 –4 室	100025	65685828 –1381

日本爱和谊日生同和保险公司驻中国总代表处	朝阳区东三环北路5号北京发展大厦1607室	100004	65058960
三井住友海上火灾保险公司北京代表处	朝阳区东三环北路5号北京发展大厦1608室	100004	65908500
日本住友生命保险公司北京代表处	朝阳区东三环北路5号北京发展大厦1幢7层719室	100004	65616120
日本明治安田生命保险公司北京代表处	朝阳区建外大街26号长富宫办公楼6003室	100022	65139815
日本东京海上日动火灾保险株式会社北京代表处	朝阳区东三环北路5号北京发展大厦6层608室	110022	65630180
日本生命保险公司北京代表处	朝阳区建国门外大街26号长富宫办公楼4007室	100022	65139240
日本第一生命控股股份有限公司北京代表处	朝阳区建国门外大街26号长富宫中心办公楼8005室	100022	65139031
安保集团北京代表处	东城区建国门内大街7号光华长安大厦2座1726室	100005	65102125
英国保诚保险有限公司北京代表处	东城区东长安街1号东方广场西1楼610室	100738	85183098
中国（香港）豪德专项保险经纪有限公司北京代表处	朝阳区建国门外大街甲8号国际财源中心东塔10层1065室	100022	65997927

5. 其他

（1）融资担保机构

机构名称	地　　址	邮　编	电　话
中国投融资担保股份有限公司	海淀区西三环北路100号北京金玉大厦写字楼9层	100048	13810564766
北京首创融资担保有限公司	西城区闹市口大街1号院长安兴融中心4号楼3层03B～03G室	100031	13901292579
北京中关村科技融资担保有限公司	海淀区西三环北路甲2号院7号楼4层	100081	13146187473

北京资和信融资担保有限公司	平谷区兴谷工业开发区6区67号	100032	13501001442
中国华海融资担保有限公司	朝阳区曙光西里甲5号院21号楼凤凰置地广场F座写字楼903B室	100027	18610258526
北京晨光昌盛融资担保有限公司	昌平区科技园区超前路9号502房间	102200	13811776498
北京中小企业融资再担保有限公司	东城区隆福寺街95号和钱粮胡同38号32幢7层D701室	100010	13811274608
速融融资担保有限公司	丰台区金泽西路8号院1号楼-4至22层内22层2201室	100028	18901328680
保福融资担保有限公司	海淀区中关村东路66号1号楼501室	100190	18910011810
北京海淀科技企业融资担保有限公司	海淀区西四环北路131号院1号楼4层401号	100080	15110013595
北京燕鸿融资担保有限责任公司	房山区良乡西路26号2层	102488	17710161592
金达融资担保有限责任公司	东城区草原胡同76号1号楼401室	100007	
北京兴展融达融资担保有限公司	大兴区永华路1号院2~4号1层101室	102600	18210539605
朔天通淼融资担保有限公司	朝阳区西坝河西里28号英特公寓B座2层208室	100028	13581573046
北京金正光彩融资担保有限公司	西城区西砖胡同2号院7号楼311~312室	100053	13488726726
北京海大富林融资担保有限公司	朝阳区光华路8号和乔大厦B座502室	100026	13311279936
北京中联华水融资担保有限公司	丰台区玉泉营111号西边14幢2层1011室	100070	15810281028
北京安家世行融资担保有限公司	东城区东四十条68号4层401室	100007	13810608357
北京厚泽融资担保有限公司	朝阳区惠新里240号2号楼109A室	100029	13901157306
北京中科智融资担保有限公司	朝阳区建国路91号院9号楼27层2705室	100022	13810035170
北京新颐华信融资担保有限公司	西城区小石桥胡同3号B1层13号	100032	13911284594
仕达融资担保有限公司	东城区东直门外大街42号宇飞大厦13层1301室	100010	15510898320
中鸿基融资担保有限公司	朝阳区朝阳路38号院18号楼3层306室	100000	13718336109
北京市农业融资担保有限公司	大兴区西红门镇寿保庄鸿坤金融谷1号楼201-44室	100037	13488704374

北京亦庄国际融资担保有限公司	北京经济技术开发区景园北街2号52幢8层801－5室	100176	18613867082
中际钰贷融资担保有限公司	朝阳区北苑东路19号5号楼7层712室	100089	13701038459
北京鼎信创伟融资担保有限公司	朝阳公园南路1号2幢2层201内220室	101400	18701505579
北京诚信佳融资担保有限公司	丰台区万丰路58号01室	100071	13439797256
北京光彩融资担保有限公司	顺义区大东路6号121－130平房	101300	13701020910
北京市住房贷款担保中心	海淀区北四环西路56号辉煌时代大厦7～8层	100080	13011098731
北京银达信融资担保有限责任公司	昌平区沙河镇沙阳路北侧1栋418室	102206	17097530972
北京云政金融控股有限公司	密云区东源路10巷	101500	13701379458
中通瑞丰融资担保有限公司	顺义区顺通路38号106室	100000	18600608194
中吉财富融资担保有限公司	东城区南竹杆胡同6号楼3层11室	100036	13910086623
北京国华文科融资担保有限公司	东城区隆福寺街95号2幢A201室	100010	13910521249
中铁融资担保有限公司	西城区华远街11号	100032	13601097073/13681078236
北京鑫顺融资担保有限公司	顺义区大东路6号111－120平房	101300	13701020910
中合中小企业融资担保股份有限公司	朝阳区建国门外大街丙12号宝钢大厦17层	100600	18510331658
北京宝越融资担保有限公司	西城区金融大街15号5层501－7室	100055	13911393291
北京中保国信融资担保有限公司	东城区滨河路1号8层807室	100026	13701099202
北京中技知识产权融资担保有限公司	海淀区北四环西路67号1201室	100080	13691276802
北京石创同盛融资担保有限公司	石景山区石景山路31号院盛景国际广场3号楼1106室	100043	13911518392
北京市文化科技融资担保有限公司	东城区东滨河路乙1号1号楼2层	100013	13552992432
民生融资担保有限公司	东城区建国门内大街28号2幢13层1501－05单元	100005	13810533728

国家农业信贷担保联盟有限责任公司	海淀区万柳中路4号院3~5层	100089	18618337613/13681037667
北京中融信融资担保有限公司	朝阳区酒仙桥东路9号院1号楼5层507室	100020	13810500651
北京元沣融资担保有限责任公司	朝阳区东三环中路7号4号楼3层0301室	100020	13522197500
北京久恒融资担保有限公司	房山区阎村镇阎富路1号17号楼2层204室	102412	13681256650
北京怀信融资担保有限公司	怀柔区府前东街九号院8号楼南侧1~2层	101400	18500033790
北京北投融资担保有限公司	通州区贡院街1号院1号楼205室	101117	13161878321
中投保科技融资担保有限公司	通州区新华东街11号院1号楼2层2003室	101199	15010139206
首都机场（北京）融资担保有限公司	顺义区临空经济核心区融慧园6号楼9-37室	100621	13370103628
中债信用增进投资股份有限公司	西城区月坛南街1号院6号楼8层801室、9层901室、10层1001室	100045	13552752207
平安普惠融资担保有限公司北京融资担保分公司	丰台区东管头1号院3号楼2048-81室	221100	13911924175
重庆三峡融资担保集团股份有限公司北京分公司	西城区宣武门西大街甲129号18层1801室	100052	13621063065
黑龙江省鑫正投资担保集团有限公司北京融资担保分公司	海淀区北洼路甲28号-1至10层全部	100089	88004559

（2）小额贷款公司

机构名称	地　址	邮　编	电　话
北京泰一小额贷款有限责任公司	昌平区回龙观镇北清路1号院7号楼2层2单元215室	102202	15801681961
北京金通小额贷款股份有限公司	昌平区东小口镇天通东苑一区402号楼1层107室	102218	13810836439
北京润丰元大小额贷款有限公司	昌平区生命园路4号院3单元1108室	100000	13321196670

北京资丰小额贷款股份有限公司	昌平区龙水路 26 号 1 号楼底商	102299	15011363796
北京信达凯丰小额贷款有限公司	昌平区黄平路 19 号院 2 号 14 层 1416 室	102299	15801652285
北京金典小额贷款股份有限公司	昌平区城北街道满井胡同 135 号院 2 号楼 901 ~ 902 室	102299	13661097009
北京国融富安小额贷款有限公司	朝阳公园南路 1 号 2 幢 2 层 201 内 231 室	100020	13311515541
北京恒源小额贷款有限公司	朝阳区石佛营东里甲 135 号 1 层 104 室	100102	13051353448
北京朝汇通小额贷款股份有限公司	朝阳区劲松南路 1 号 1 幢 6 层 1 – 6 内 621 室	100021	13331139379
北京市中金小额贷款股份有限公司	朝阳区广顺北大街 16 号院 2 号楼华彩大厦 9 层 909 室	100102	13801077731
北京泛华小额贷款有限公司	朝阳区西大望路 1 号 1 号楼温特莱中心大堂夹层	100027	13488805121
北京市森福普惠小额贷款有限责任公司	朝阳区八里庄西里 58 号远洋国际中心 C 座 1403 室	100101	13810588218
北京商络小额贷款有限责任公司	朝阳区东三环中路 39 号院 17 号楼 2901 室	100029	13611036142
北京鑫锐小额贷款有限公司	朝阳区东四环中路 82 号金长安大厦 B 座 2 单元 906 室	100124	13811648895
北京金钊源小额贷款有限公司	朝阳区朝外大街乙 6 号 23 层 2706 室	100000	18910139960
北京农投金阳小额贷款股份有限公司	朝阳区裕民路 12 号元辰鑫国际酒店内 5 层 505 室	100020	15010989355
北京凤凰小额贷款股份有限公司	朝阳区霞光里 15 号楼 18 层 1 单元 2108 室	100027	13051997641
北京华夏汇通小额贷款有限公司	朝阳区东三环中路 55 号 8 层 903 室	100000	13521271897
北京诺安小额贷款有限责任公司	朝阳区光华路甲 14 号 1 幢 1201 内 1502 室	100000	13301108120
北京富安小额贷款有限公司	朝阳区东三环北路甲 2 号京信大厦 2 层 232 室	100027	13811628379
北京世欣智达小额贷款有限公司	大兴区黄村镇兴丰大街 62 号 2 幢 2 层 201 室	100000	13716766336
北京市兴融小额贷款股份有限公司	大兴区兴丰北大街 143 号	102611	13401179237
北京兴瑞小额贷款有限公司	大兴区黄村镇兴丰大街三段 118 号 101 – 105 室	102611	13621128976
北京兴宏小额贷款有限公司	大兴区兴华路 210 号枣园东里小区 40 号底商	102600	13141146728 15801512190

北京菜篮子小额贷款股份有限公司	大兴区黄村镇海鑫路8号	100000	13621139081
北京农投小额贷款有限公司	大兴区青云店镇青正街8号027室	102401	18500267314
北京金泰小额贷款有限公司	大兴区隆华大街53号院42号楼42-4-410室	102600	13901369042
北京汇富小额贷款股份有限公司	大兴区庞各庄镇龙景湾乙区139号205室	102601	13366773232
北京崇信农投小额贷款股份有限公司	东城区崇文门外大街11号3层308室、310室	100060	13810461685
北京祥云小额贷款有限责任公司	东城区安定门外安德里北街湖景苑1号楼B座9层903室	100000	15933559692
北京居然之家小额贷款有限责任公司	东城区东直门南大街甲3号20层2008室	100007	13671045574
北京文创小额贷款股份有限公司	东城区安定门东大街28号1号楼3层C302室	100000	18612980587
北京华见东方小额贷款有限公司	东城区王家胡同10号6层606室	100010	13910309938
北京润泽小额贷款股份有限公司	东城区朝阳门内大街298号826室	100010	18610879167
北京金瑞通小额贷款有限责任公司	东城区西花市南里东区16号楼1层商业03号	100062	18501038086
北京鑫华小额贷款有限公司	东城区东兴隆街58号619室	100000	13911717696
北京京融小额贷款股份有限公司	东城区王家园胡同10号215室	100061	18513001603
北京紫阳福源小额贷款有限公司	房山区窦店镇山水汇豪苑62号101-2室	100000	15011150057
北京龙盛源小额贷款有限公司	房山区良乡长虹东路2号1号楼1~2层	102488	15120027725
北京圣鑫元小额贷款有限公司	房山区窦店镇窦店村五区167号	102402	18618381826
北京聚宝小额贷款有限公司	房山区西潞街道长虹西路73号1幢2层	102488	15201416052
北京泽惠小额贷款有限责任公司	房山区燕山燕房路临99号	102599	18811650162
北京世欣利达小额贷款有限公司	房山区阎富路69号院43号楼1层101室	102425	18611241125
北京德信润鑫小额贷款有限公司	房山区拱辰街道政通路12号1号楼8层818室	100000	13810005057
北京中金福小额贷款有限责任公司	房山区长虹西路73号1楼101室	102488	13051735139
北京润兴源小额贷款有限公司	房山区良乡西路26号西路时代大厦2号楼1101~1102室、1107~1110室	102401	13021065674
北京睿财小额贷款有限责任公司	房山区阳光北大街101号院1号楼1层102室	100000	18610719934

北京大方小额贷款有限公司	房山区良乡长虹西路翠柳东街1号	102488	13641323930
北京昌融小额贷款有限公司	房山区阎富路66号院2号楼3层301室	102445	17888831923
北京农投丰融小额贷款股份有限公司	丰台区汽车博物馆东路1号院3号楼2211室	100070	13810390132
北京丰花小额贷款有限公司	丰台区花乡黄土岗甲1号	100160	13910852057
北京财富小额贷款有限公司	丰台区南四环南路8－1号1幢702－1号	100070	18612783996
北京金鼎盛小额贷款股份有限公司	丰台区海鹰路1号院1号楼701室	100000	13693165939
北京金鹏丽行小额贷款股份有限公司	丰台区文体路58号A座1023室	100073	13651227926
北京鑫福海小额贷款有限公司	丰台区南苑路15号大红门服装城写字楼1号楼4层	100076	13683381313
北京乾元汇通小额贷款有限公司	丰台区卢沟桥乡西局村西局玉园回迁安置房D5配套楼1层01室	100071	13581785235
北京国典永泰小额贷款股份有限公司	丰台区太平桥路17号4层4075号	100073	13810644223
北京丽泽创投小额贷款有限公司	丰台区西三环南路55号A321室	100071	13520376713
北京先花小额贷款有限公司	海淀区北四环西路65号10层D1006室、D1008室	100097	
北京世欣仁达小额贷款股份有限公司	海淀区中关村大街1号15层1500单元	100080	15910904634
北京乾元联合小额贷款有限公司	海淀区西北旺东路10号院东区3号楼2层207室	100080	18611345629
北京亚联财小额贷款有限公司	海淀区中关村南大街2号B座13层1602D室	100190	13521966159
北京农信小额贷款有限公司	海淀区中关村大街27号17层1701室	100081	13911751973
北京沱泉小额贷款有限公司	海淀区清河嘉园东区甲1号楼12层1207室	100085	15601336160
北京鑫泰小额贷款股份公司	海淀区西四环北路131号院1号楼2层233号	100080	13671302116
北京美通小额贷款有限公司	海淀区西四环北路158号1幢11层120001室	100195	13810746470
北京京汇小额贷款有限公司	海淀区西三旗建材城中路12号17号平房103室	100080	18515918032
北京拉卡拉小额贷款有限责任公司	海淀区北清路中关村壹号D1座11层1101室	100080	18600056620
北京市中关村小额贷款股份有限公司	海淀区西四环北路160号二区922－940室	100080	13901293797

北京玺鑫小额贷款有限公司	海淀区长春桥路5号新起点嘉园9号楼北京北纬四十度大酒店1层	100000	13167512215
北京京投信业小额贷款股份有限公司	海淀区海淀中街16号3层6单元309-01室	100089	17091091881
北京诚兴小额贷款股份有限公司	海淀区蓝靛厂东路2号院2号楼金源时代商务中心2号楼12层1单元（A座）15D室	100080	13811053249
北京吉信小额贷款股份有限公司	海淀区蓝靛厂东路2号院2号楼金源时代商务中心2号楼7层3单元C座8B室	100080	13720040999
北京中技科融小额贷款有限公司	海淀区北四环西路67号9层908室	100089	15810482197
北京市古今小额贷款股份有限公司	海淀区苏州街55号11层1103室	100191	13810817160
北京世欣腾达小额贷款有限公司	怀柔区九渡河镇黄坎村735号03栋01室	100000	13661368255
北京汇民小额贷款有限公司	怀柔区怀耿路影创空间701室	100000	18511070999
北京市利源小额贷款股份有限公司	怀柔区融城北路10号院118号楼1层102室	101400	13811260199
北京华资小额贷款有限公司	门头沟区双峪路35号院2号18层2027室	102300	
北京世欣瑞达小额贷款有限公司	门头沟区斋堂镇政府南楼607室	102300	13911018076
北京广联达小额贷款有限公司	门头沟区石龙经济开发区永安路20号3号楼211-1室	10000	18600043302
北京农投京西小额贷款股份有限公司	门头沟区滨河路115号滨河大厦13层1315室	102399	18500267314
北京农投国汇小额贷款股份有限公司	密云区车站路65号院1号楼4层	101599	13501281095
北京贝壳小额贷款有限公司	密云区新南路43号1号楼长城大厦302室、306室	101500	18210388608
北京千熹江山小额贷款有限公司	密云区东菜园小区2号楼1层7单元101室	101500	13910938530
北京惠丰融金小额贷款有限公司	密云区花园小区1号楼1-23号	101599	13716305667
北京中金城开小额贷款有限公司	密云区花园小区1号楼1-23号	101599	13810595764
北京城融小额贷款有限公司	密云区鼓楼东大街27号1至2层2号1层	101599	13693219033
北京首融小额贷款有限公司	密云区鼓楼东大街27号1至2层2号2层	101599	13693219033
北京万合小额贷款有限公司	平谷区府前西街2号楼渔阳大厦7层705室	101200	15210400580

北京宝骥骉骊小额贷款有限责任公司	平谷区黄松峪乡塔洼村杨家台38号	101214	18811638843
北京和融通小额贷款有限公司	平谷区马坊镇陆港大街51号院1号楼平谷园物流基地联检业务楼5号501室	101204	18612260498
北京宏昌小额贷款有限公司	平谷区峪口镇西营村南大街80号	101206	15901090683
北京庄子天运小额贷款有限公司	平谷区紫贵庄园8号楼1－2层03－05室	101299	13601330899
北京银晏金通小额贷款有限公司	平谷区马昌营镇南定福东路180号院4号楼1层4－1～4－3室	101214	13810070150
北京泉兆通小额贷款有限公司	平谷区迎宾环岛东南角1号楼1层商铺－4室	100055	13811671316
北京华清融鑫小额贷款有限责任公司	平谷区平谷镇新开街26－9号	100000	13511005008
北京农投谷成小额贷款股份有限公司	平谷区金谷园21楼商铺－9号	101299	13910710960
北京鑫璟铭小额贷款有限责任公司	平谷区迎宾街1号院26幢1层2－12室	101299	18710026709
北京银建小额贷款股份有限公司	石景山区苹果园路28号院2号楼15层1506室	100042	13370189866
北京金陵小额贷款有限公司	石景山区点石商务公园亨通大厦6号楼802室	100040	13121871621
北京市盛丰小额贷款有限责任公司	石景山区古城南街3号绿地环球文化金融城9号院5号楼307室	100043	13948522656
北京石金小额贷款股份有限公司	石景山区体育场南路2号景阳宏昌大厦828室	100040	15910225068
北京庄子顺兴小额贷款有限公司	顺义区站前街3号院1号楼6层608室	101399	13810336829
北京市旺泰小额贷款有限责任公司	顺义区赵全营镇兆丰产业基地东盈路19号3幢216～218室	101300	18701449293
北京农投顺通小额贷款股份有限公司	顺义区牛栏山镇腾仁路22号3幢206室	101301	13811343631
北京世欣顺达小额贷款有限公司	顺义区大孙各庄镇府前街10号11幢	101308	13552884325
北京国能小额贷款股份公司	顺义区赵全营镇兆丰产业基地东盈路19号	101300	13488860970
北京聚隆源小额贷款有限公司	通州区运河西大街21号9号楼1至2层	101101	13811098973
北京中融小额贷款有限公司	通州区宋庄镇草寺村村委会西南角200米205室	101119	13801257080
北京世欣通达小额贷款有限公司	通州区徐辛庄村402号1幢201室	101119	13910806220

北京皓飞融达小额贷款股份有限公司	通州区江米店街1号院5号楼16层1608室	101101	13811736979
北京澳美小额贷款有限公司	通州区京洲园402号楼40号	101121	15901154790
北京银泰小额贷款有限公司	通州区云景南大街22号	101121	17610011736
北京德信隆小额贷款有限公司	通州区九棵树瑞都国际中心写字楼1707室	101121	13021268118
北京邦信小额贷款股份有限公司	西城区宣武门外大街6~18号（双号）6号楼6层615室	100033	13301044512
北京德盛行小额贷款有限公司	西城区南礼士路66号1号楼811室	100045	13718907189
北京市文化科技小额贷款股份有限公司	西城区车公庄大街4号北礼士路甲129号1号楼2层	100044	13261320700
北京聚亿达小额贷款股份有限公司	西城区榆树馆胡同4号	100044	18600002257
北京华远小额贷款有限公司	西城区北展北街17号楼901室	100044	18600623374
北京江川小额贷款有限公司	西城区阜成门外大街22号1幢9层901-1室	100037	15120088705
北京市国旭小额贷款有限公司	西城区车公庄大街9号院2号楼2门401室	100032	13810534356
北京金正融通小额贷款有限公司	西城区西砖胡同2号院7号楼3层	100052	13810668550
北京耀盛小额贷款有限公司	延庆区延庆经济开发区百泉街10号C座119室	102199	13439925296
北京农投庆融小额贷款股份有限公司	延庆区百泉街10号C座341室	102199	13901203141
北京科泰金荣小额贷款有限责任公司	延庆镇白泉街10号C幢117室	102199	18810298925
北京长江小额贷款有限公司	延庆区百泉街10号10栋118室	102199	13911703766
北京中联联合小额贷款有限公司	延庆区延庆经济开发区百泉街10号C座116室	102199	13601252567
北京亦庄国际小额贷款有限公司	北京经济技术开发区景园北街2号52栋7层709室	100176	18810112371
北京葵瑞奔克小额贷款股份有限公司	北京经济技术开发区荣华南路19号1号楼1101-08室	100176	13811636802

（3）交易机构

机构名称	地　址	邮　编	电　话
北京金融资产交易所有限公司	西城区金融大街乙 17 号楼 2 层 0201 室、3 层 0301 室、4 层 0401 室	100032	57896627
北京产权交易所有限公司	西城区金融大街甲 17 号	100032	66295566
北京全国棉花交易市场集团有限公司	通州区榆西一街 1 号院 5 号楼 4 层 401 室	101100	59338680
中国技术交易所有限公司	海淀区北四环西路 66 号中国技术交易大厦 3 层 3F－05 室～3F－06 室	100080	62679600
北京铁矿石交易中心股份有限公司	石景山区石景山路 31 号院盛景国际广场 3 号楼 2001 室	100043	57712888
北京软件和信息服务交易所有限公司	海淀区海淀南路甲 21 号中关村知识产权大厦 A 座 2 层	100080	82144888
北京华商储备商品交易所有限责任公司	海淀区紫竹院路 116 号嘉豪国际中心 A 座 16 层	100080	58930864
北京农村产权交易所有限公司	东城区朝阳门北大街 6 号首创大厦 604 室	100010	85406805
北京农副产品交易所有限责任公司	东城区朝阳门北大街 6 号 605 室	100010	85406805
中国水权交易所股份有限公司	西城区南线阁街 10 号 7 层 716～719 室	100032	63204762
京津冀协同票据交易中心股份有限公司	海淀区丹棱街 1 号院 1 号楼 5 层 501 室	100080	58251900
北京绿色交易所有限公司	通州区贡院街 1 号院 1 号楼 2 层 206－17 室	101100	66295776
北京国际浆纸交易中心有限公司	朝阳区广渠路 39 号院 1 号楼	100020	67043030
北京国际矿业权交易所有限公司	通州区运河核心区Ⅳ－10 地块 7 号办公及商业楼办公 6 层 606 室	101100	56865215
冀北电力交易中心有限公司	西城区枣林前街 32 号	100032	56583495
北京电力交易中心有限公司	西城区西长安街 86 号	100032	66597761

首都电力交易中心有限公司	西城区前门西大街41号A202室、A211~A212室、B101~B103室、B106室	100032	63128177
中国林业产权交易所有限公司	西城区德外大街甲36号	100032	13311322176
华融中关村不良资产交易中心股份有限公司	海淀区学院南路62号中关村资本大厦12层1210室	100080	57780600
北京红木交易中心有限公司	朝阳区建国路27号	100020	85229988
北京茶业交易中心有限责任公司	西城区阜成门外大街31号4层406A室	100032	68994070
全国煤炭交易中心有限公司	海淀区玲珑路9号院东区5号楼南楼15层1506室	100080	52698888
北京金马甲产权网络交易有限公司	西城区宣武门西大街甲129号金隅大厦12层1201~1204室及1218~1224室	100032	83277111
北京东方雍和国际版权交易中心有限公司	东城区安定门东大街28号雍和大厦2号楼1~2层	100010	84195819
北京文化产权交易中心有限公司	东城区大江胡同113号、113-2~113-6号	100010	87537611
北京新传德国际版权交易中心有限公司	朝阳区呼家楼（京广中心）商务507室	100020	65974890
北京邮票交易中心有限责任公司	朝阳区胜古中路2号院8号楼4层415室	100020	15650783839
北京国际酒类交易所有限公司	海淀区玉泉路2号35~37室	100080	53325472
中国工艺艺术品交易所有限公司	海淀区海淀北二街8号6层710室	100080	66063881
汉唐艺术品交易所有限公司	石景山区实兴大街30号院3号楼2层D-1073室	100043	65546511
北京石油交易所股份有限公司	房山区城关农林路1号	102400	83957000
北京大宗商品交易所有限公司	朝阳区望京东路6号3幢3层	100020	69114249-899

（4）典当行

机构名称	地　址	邮　编	电　话
北京昊融兴业典当行有限公司	东城区东直门北小街14、18号楼4层402号	100061	65235350

北京福中达典当有限公司	东城区朝阳门内大街288号院1号楼1至2层108室	100010	87188097
北京市华夏典当行有限责任公司	东城区崇文门外大街11号新成文化大厦A座201室	100062	67037781
北京宝恒典当有限责任公司	东城区景泰西里东区1号楼1层B16室	100075	87816818
北京民生典当有限责任公司	东城区建国门内大街28号4幢102单元、202单元	100005	65527272
北京嘉义典当有限责任公司	东城区工人体育场北路66号-1层8109号、8107号（局部）	100027	65529196
北京金柜典当有限公司	东城区珠市口东大街2号底商	100062	58528609
北京中合典当有限责任公司	东城区永定门西滨河路8号院5楼1至2层5-15室	100077	87923669-807
北京同祥典当有限公司	东城区北门仓胡同6号楼6-6室	100007	84074880
北京如家典当有限公司	东城区广渠门内大街90号楼7层703室	100006	13901145009
北京融达典当有限责任公司	东城区珠市口东大街4号1层1~6室	100062	13901353886
北京市恒生源典当行有限公司	东城区广渠门内大街86号4号楼1层106室	100061	87555335
北京博泰典当有限公司	东城区交道口南大街140号都市新明基宾馆1层	100007	64058972
北京通银典当有限公司	东城区建国门南大街5号5号楼2层5201室	100005	13601112388
北京兴源典当行有限公司	东城区安定路20号	100029	64421617
北京泰富亨通典当行有限公司	东城区永定门内东街中里9-17号	100050	13810260800
北京融合汇通典当有限公司	东城区西花市南里东区16号楼1层商业02室	100062	67182039
北京汇金典当有限公司	东城区广渠门内大街86号4号楼101号	100061	13701169688
北京富贵典当行有限公司	东城区红星胡同甲14号以西	100005	65250077
北京东方鼎业典当行有限公司	东城区朝阳门南小街18号楼1层18-3室	100027	13522346776
北京恒盛通典当有限责任公司	东城区东四十条68号5层501号	100023	67165525
北京融百佳典当有限公司	东城区南竹杆胡同2号1幢-1层1-152室	100061	87190975

北京顺德发典当有限责任公司	东城区东花市南里一区1号楼5单元110室	100076	67179958
北京华诚典当有限责任公司	东城区朝阳门内大街8号1层116室	100013	57929308
北京汇德典当有限责任公司	东城区东四北大街488号1号楼1~2层	100011	13811380066
北京广信典当行有限公司	东城区珠市口东大街2号2-5号	100062	67020069
北京鼎丰典当有限责任公司	东城区新怡家园5号楼1层4单元01商业07号	100062	59450949
北京隆德典当有限公司	东城区安定门东大街28号1号楼配套118及218号	100070	64091160-803
北京鑫汇融泰典当有限责任公司	东城区东四十二条2号东直门南小街121号	100007	13611182238
北京瑞益丰典当行有限公司	东城区国瑞城东区1号楼1至2层113室	100062	18611976185
北京鑫敏恒永平典当有限公司	东城区新怡家园5号楼1层3单元01商业05室	100062	67085502
北京晟源典当行有限责任公司	东城区东兴隆街58号8层807室	100078	13847779892
北京东方艺宝典当有限公司	东城区前门大街92号	100007	65281128
北京中利金海典当有限公司	东城区西花市南里东区15号楼1层101室	101200	13911177029
北京汇融典当有限公司	东城区西革新里110号院4号楼	100077	13501187159
北京德荣典当有限责任公司	东城区东水井胡同11号楼-1层-112室	100062	13911001751
北京中京润典当有限责任公司	东城区珠市口东大街2号4层403室	100010	18811076751
北京信达典当有限公司	东城区东直门内大街12号楼12-2室	100007	65081605
卓世恒立（北京）典当有限公司	东城区东四北大街272号	100007	85900951
北京恒金典当有限公司	东城区建国门内大街7号2层09室	100062	13683237709
北京龙禹典当有限公司	东城区南竹杆胡同2号1幢1层30101室	100062	13261103210
宏伟典当有限公司	东城区东四十条88号1幢1-2层	100007	13901333333
北京金艺桥典当有限公司	东城区珠市口东大街11号1层112-3室	100062	15311993191
北京钰融典当有限公司	东城区南竹杆胡同2号1幢1层10137室	100010	66178676
北京资和信典当行有限公司	西城区金融大街27号8层B-808室	100055	66212195
北京三海房屋典当有限公司	西城区阜成门外大街2号14层1604室	100009	88518888
北京市阜昌典当行有限责任公司	西城区北礼士路大街149号楼	100037	68325082

北京市银达典当有限责任公司	西城区北礼士路100号1层南侧	100037	13976088878
北京裕兴隆典当有限责任公司	西城区南滨河路27号7号楼17层1712室	100053	83118062
北京金石典当有限责任公司	西城区南华里10－5号	100052	51251188
北京瑞源亨典当有限责任公司	西城区车公庄大街乙1号楼1层101室	100052	68341099
北京尚诚典当有限责任公司	西城区车公庄大街2号院1号楼商业用房2－2室	100033	13701358787
北京天地恒泰典当有限公司	西城区茶马街8号院2号楼20009号	100055	63383391
北京国典典当有限责任公司	西城区新街口西里二区1号楼8号底商	100035	82220426
北京中金投典当行有限公司	西城区西单北大街98号	100055	13520017000
北京中欣典当有限公司	西城区莲花河北街11号院2号楼1层1单元106室	100032	67023566
北京京盛典当行有限公司	西城区西直门内大街24号1层	100011	82233288
北京聚祥通典当行有限责任公司	西城区新街口外大街28号－05室	100035	82055559
北京宝源典当行有限责任公司	西城区德胜门内大街245号	100035	65088488
北京德惠典当有限责任公司	西城区太平街6号1层101室	100050	59362099
北京厚德典当有限责任公司	西城区菜市口大街甲2号院1号楼1层107室	100052	63587011
北京荣宝斋典当有限责任公司	西城区琉璃厂西街19号	100052	13901013399
北京金城典当有限责任公司	西城区西河沿街60号、62号、66（2层）号	100055	63466868
北京益泰丰典当行有限公司	西城区马连道南街6号院1号楼10层1009室	100052	63037833
北京金洲典当有限公司	西城区马连道路80号欧园小区2号楼1层东5门面房	100055	87687911
北京中强典当行有限公司	西城区南滨河路27号7号楼9层912室	100121	68338489
北京金源瑞丰典当有限公司	西城区马连道路15号院4号楼1层D3室	100055	52690688
北京鑫谊典当行有限责任公司	西城区西直门南小街133号楼1层107室	100035	18901181818
北京鼎通源典当有限公司	西城区马连道路14号	100055	13671110733
北京荣盛泰典当有限责任公司	西城区粉房琉璃街162－3号1层	100035	13932209877
北京中融通典当有限责任公司	西城区菜市口大街甲2号院2号楼106室	100055	83495153

北京华远典当有限公司	西城区新街口南大街131号	100032	68037025
北京天安天地典当行有限公司	西城区西绒线胡同28号楼1层101室	100031	66010888
北京金元典当有限公司	西城区半步桥街60号院2号楼60-11室	100054	13911099381
国瑞典当（北京）有限公司	西城区陶然亭路2号8号楼1层104号	100050	13901389757
北京必达典当有限公司	西城区西城门外大街26号、28号、30号2幢6层28号B0602室	100032	13969090971
北京宝瑞通典当行有限责任公司	朝阳区西坝河北里50号	100028	13801384073
北京华盛典当有限公司	朝阳区吉庆里6号楼佳汇中心B座105号	100020	65519966
北京泰信典当有限公司	朝阳区西坝河西里28号英特公寓1-商业（A05）单元	100028	87665929
北京天成典当有限责任公司	朝阳区西大望路3号北区写字楼1507号	100026	13910783588
北京乾通典当有限公司	朝阳区广顺北大街17号1层01层A30与A33室	100102	62006676
邦得（北京）典当行有限公司	朝阳区北辰西路69号4单元216号	100013	84661658
北京佳信典当有限责任公司	朝阳区小武基村甲8号2号院1层全部202~205室	100022	87751233
北京安泰典当行有限公司	朝阳区水碓北里2号楼	100026	85966220
北京国通典当行有限公司	朝阳区大屯里小区六塔1号A段	100102	13701358608
北京信邦典当有限公司	朝阳区左家庄街道新源南路6号京城大厦1号楼23层2306室	102100	51053073
北京汇福源典当行有限公司	朝阳区东柏街10号院4号楼1层03室	100022	56883653
北京懋天隆典当行有限公司	朝阳区安立路甲54号（南座1单元）	100102	13241866723
北京万泰典当行有限责任公司	朝阳区左三区7号楼院	100021	13501259650
北京达成典当行有限公司	朝阳区青年路7号院3号楼1层30101室	100025	56888913
北京晋祥源典当有限公司	朝阳区青年路西里5号院16号楼03号	101100	13501381148
北京鑫都城典当有限责任公司	朝阳区劲松二区229号	100026	59043516
北京阜瑞通源典当有限责任公司	朝阳区亚运村慧忠里417号楼1层417-3室	100101	64988819

北京元亨典当有限公司	朝阳区朝阳路71号5层635室	100123	13801087826
北京五丰典当有限公司	朝阳区建华南路19号楼1层	100022	13601396652
北京国合典当有限责任公司	朝阳区望京中环南路9号望京大厦B座首层6015室	100102	13501125221
北京睿诚典当有限责任公司	朝阳区南湖南路16号院4号楼1至2层115室	100102	85306919
北京国华典当有限公司	朝阳区德外北沙滩大屯路甲1号1509室	100101	13810218320
北京鑫坤典当行有限责任公司	朝阳区广渠路28号223号楼朝阳合生财富广场4层L412室	100124	56469855
北京鑫瑞通典当行有限公司	朝阳区世纪东方嘉园201楼1层4单元117室	100023	13911162018
北京融金典当有限责任公司	朝阳区西坝河西里28号1号楼2层B201~202室	100028	13366609039
北京永利典当有限责任公司	朝阳区东三环南路58号1幢25层2901室	100012	84999113
北京古兴行典当有限公司	朝阳区东三环北路2号26层3006~3010室	100050	83136171
北京德升祥典当有限公司	朝阳区望京南湖中园107号楼	100102	13901387757
北京蟹岛典当有限公司	朝阳区蟹岛路1号院4幢	100018	13466549208
北京德润典当有限责任公司	朝阳区东柏街10号院4号楼1层13室	100022	13311575808
北京宝通典当有限责任公司	朝阳区阜通东大街1号院6号楼1层2101室	100621	13901038186
北京新徽商联盟典当有限公司	朝阳区望京西路甲50号1号楼10层-2-1103室	100080	52039430
太森典当（北京）有限责任公司	朝阳区潘家园华威里28号北京河南大厦1层108室	100021	85910256
北京万通典当行有限公司	朝阳区望京园602号楼1层128室	100102	15810519877
北京中闽金通典当行有限公司	朝阳区世纪东方嘉园104号楼1单元06号	100023	13910050053
长城典当行（北京）有限公司	朝阳区劲松六区甲602号楼1至2层内1层	100097	15340777777
北京旺泰鼎成典当行有限公司	朝阳区小营北路11号院1号楼4层401内11室	100124	65996102
北京亿宏达典当行有限公司	朝阳区酒仙桥将台路商业街5号	100016	13661359534
北京厚元达典当行有限责任公司	朝阳区和敬路2号院3号楼2层204室	100022	15910465124

北京万达典当行有限责任公司	朝阳区朝阳公园南路10号院6号楼1层6-4室	100022	15901000013
北京天雅汇典当行有限责任公司	朝阳区华威南路6号楼天雅古玩城1层第168号	100021	15901072207
北京融昌典当有限公司	朝阳区东三环北路甲19号楼1层102室	100026	13331039335
大融（北京）典当有限责任公司	朝阳区百子湾西里甲108号楼1层102室	100124	17701203322
汇丰（北京）典当有限公司	朝阳区东坝中路28号院14号楼1层2单元101内3室	100124	84243066
北京京蔚典当有限公司	朝阳区八里庄北里129号院10号楼3层302室	100078	13331302999
北京隆盛通典当行有限公司	朝阳区广渠路36号院6号楼-1至1层内1层28室	100022	87263833
北京鑫业典当有限公司	朝阳区常通路3号院2号楼12层2单元15005号1室	100124	13260168216
北京瑞展鸿图典当有限公司	朝阳区小亮马桥西路6号院8幢-1层7-14室	100020	18610639352
北京京泰宝德通典当有限公司	朝阳区南湖南路11号院1号楼2层201室	100102	13601110296
北京天行典当行有限公司	朝阳区亮马桥路27号亮马国际珠宝古玩城1层103D号	100016	13811019438
北京汇金源典当有限公司	朝阳区雅成二里18号楼2层203室、205室	100123	59154394
北京华金典当行有限责任公司	海淀区中关村南大街2号A座7层815室	100086	51626770
北京华隆典当有限责任公司	海淀区中关村南大街1号友谊宾馆61518室	100081	62193098
北京天润典当有限公司	海淀区复兴路47号天行建商务大厦2602室	100036	51922181
北京市金福典当有限责任公司	海淀区西四环北路69号楼1层	100195	62173010
万高（北京）国际典当有限公司	海淀区蓝靛厂时雨园甲1号、甲2号甲1号1层甲1-8号	100088	88892226
北京嘉德典当有限公司	海淀区西四环中路39号	101100	68236662
北京善藏典当有限公司	海淀区紫竹院路29号北京香格里拉饭店2-2幢6层6A20室	100089	13581782193

北京中海典当有限公司	海淀区西三环北路甲2号院7号楼2层19室	100081	13910831227
北京万国典当有限公司	海淀区羊坊店茂林居11号	100038	82666883
北京晋昌典当有限公司	海淀区西翠路17号院18号楼一单元商铺2室	100036	13011889688
北京中都天成典当有限公司	海淀区长春桥路11号亿城大厦4号（C座）楼裙房1109室	100089	13910271858
北京海汇典当有限公司	海淀区西四环北路131号院1号楼1层126号	100080	62684516
北京天平典当有限公司	海淀区昆明湖南路9号南区7号楼1层101室	100195	88683388
北京乾源典当有限公司	海淀区普惠南里十四号羊坊店中心学区办公楼1楼	100036	13811664407
北京保福典当有限公司	海淀区西三环北路72号院世纪经贸大厦A座1层1F号	100037	68486198
北京融金信通典当有限公司	海淀区清河嘉园1幢1层103号	100085	13901047000
北京国瑞泰典当有限公司	海淀区上地信息路1号（北京实创高科技发展总公司1-1，1-2号）1-1幢2层A栋219室	100081	13811324687
北京大成典当有限公司	海淀区双榆树小区邮局南侧4号楼1层南侧	100086	62698900
北京九鼎典当有限责任公司	海淀区彩和坊西小街1号1幢1层1-108室	100080	13911883360
北京金誉金通典当有限公司	海淀区知春路108号3号楼1门101-2室	100085	15611480892
北京金路汇达典当有限公司	海淀区远大园六区沿街商场	100195	52964444
北京国鑫典当有限公司	朝阳区清河营南街9号院5号1层5-1内02-01室	100080	13611117124
北京德亿丰典当有限公司	海淀区上庄馨瑞家园2号楼1层1单元101号	102206	13717713713
北京元亨利通典当行有限公司	海淀区马连洼竹园32号楼1层108室	100083	13901103933
北京融金通典当有限公司	海淀区温泉镇白家疃东路临12号2号楼1层2101室	100083	1082687649
北京汇融利通典当行有限公司	海淀区安宁华庭一区15号楼F-01号	100085	13801127487
北京泰昌典当有限责任公司	海淀区宝盛里芳清园1号楼商业02-12号	100192	56325939

北京亿隆源典当行有限公司	海淀区彰化路3号楼1层	100183	18034907555
北京金澳典当有限公司	海淀区学院南路15号院10号楼1层103室	100181	13811188944
北京大昌典当有限公司	海淀区清河嘉园东区4号楼1层105室	100085	13901257161
北京银丰祥典当有限公司	海淀区交大东路36号楼	100044	62201152
北京大德三和典当行有限公司	海淀区建材城西二里23号楼1层商业08室	100080	82600962
北京首善典当行有限公司	海淀区四季青路8号1层165室	100195	18612936337
九一典当（北京）有限公司	海淀区马甸东路19号1层104室	100088	13910259191
北京颐众典当有限公司	海淀区西直门北大街41号天兆家园南部1层103号商铺	100044	13910171787
北京裕昌典当有限公司	丰台区木樨园西路南果园3－2号首层底商	100077	87285132
北京金正源通典当有限责任公司	丰台区汽车博物馆东路1号院1号楼2层219室	100071	63941088
中兆源（北京）典当有限公司	丰台区丰管路16号9号楼B2－1017室、1层	100071	13701238119
北京金马典当有限责任公司	丰台区西三环南路乙6号1层A02号	100071	63038080
北京市金祥典当行有限公司	丰台区美域家园北区7号楼1层102－1室	100071	83658747
北京盛鑫隆典当有限责任公司	丰台区马家堡西里38号楼1层101室	100070	13366686666
北京永业汇通典当行有限公司	丰台区成寿寺路1号楼1层103室	100075	67600078
北京市融诚通达典当有限公司	丰台区南苑槐房西路南庭新苑318号院4号楼03号	102300	15901096688
北京富邦典当有限公司	丰台区中核路3号院3号楼13层1301室	100070	63838999
北京宏利典当有限公司	丰台区丰北路甲79号2幢6层606室	100070	15530516520
北京世宣泰典当有限公司	丰台区南四环西路188二区9号楼	100070	51189849
北京金鼎典当有限公司	丰台区南三环中路66号1层04室	100075	87875757
北京永盛典当有限责任公司	丰台区紫芳园四区2号楼1层119室	100164	88028889
北京福鑫聚源典当有限责任公司	丰台区南三环西路65号B座2层26室	100073	13501238191
北京祥荣典当行有限公司	丰台区花乡郭公庄705－1号院6号楼112/108号	100068	13311513700

北京金泰恒宇典当有限公司	丰台区南四环西路188号十五区5号楼1层	100070	15811091862
北京郁金典当有限公司	丰台区南苑路5号福海国际大厦8层8001室	100176	13051276488
北京汇银典当有限公司	丰台区南三环西路28号院中林置业大厦B座2106室	100062	13910207891
北京丰宝成典当有限公司	丰台区万柳西园8号楼1层03号	100070	65660011
北京惠顺祥典当有限公司	丰台区果园6号楼16层1912室	101400	13513133098
北京冠京富邦典当有限公司	丰台区马家堡东路168号院21号楼1层18室	100068	13901098917
北京高德典当有限公司	丰台区南三环西路28号中林置业大厦B座607C室	100067	18601086039
北京宝鑫通典当有限公司	丰台区三路居路88号院4号楼1层1单元105室	100070	15639071155
北京润东典当有限公司	丰台区科学城星火路11号3幢5层503室	100071	13701078586
北京宝易德典当有限公司	丰台区紫芳园四区2号楼1层107室	100078	87657712
北京鑫融兆业典当有限责任公司	丰台区汽车博物馆东路6号院4号楼1层3单元101号	100067	87888568
北京鼎恒典当行有限公司	丰台区小屯路9号1栋A8号	100040	13910578988
鼎万通典当行（北京）有限责任公司	丰台区马家堡东路168号院21号楼1至2层16室	100068	13811063825
北京茂昌典当行有限公司	丰台区中核路3号院3号楼12层1209室	100073	13910390655
北京裕诚典当有限公司	丰台区丰科路6号院5号楼7层717室	100070	18610901772
北京宏源典当有限公司	丰台区丰北路81号B座3305室	100071	13811380066
北京友邦典当有限公司	丰台区海慧寺1号5层508室	102488	13321151856
北京市金寿典当有限责任公司	石景山区杨庄路70号院1号楼1层103号	100043	68874116
北京都市典当有限责任公司	石景山区银创家园南区D座5单元101号	100043	13521866976
北京中天典当有限公司	石景山区京原路19号院4号楼12层1202室	100043	68882265
北京瑞鑫达典当有限责任公司	石景山区玉泉西里二区1号楼1层商业02号	100043	68684690
北京国融典当有限责任公司	石景山区京原路19号院4号楼10层1002号	100040	13911815979

北京万嘉信诚典当有限责任公司	石景山区时代花园南路23号院1号楼－1至1层103室	100043	13911124859
北京铭锋典当有限责任公司	石景山区时代花园南路28号院1号楼1层102室	100043	88980183
北京中保典当有限公司	石景山区杨庄东街59号2层204室	100043	13501123597
北京金泽通宝典当行有限公司	石景山区阜石路166号1号楼317室	100043	88909900
北京鼎瑞典当有限责任公司	石景山区阜石路165号院3号楼514室	100043	13911735268
北京中京典当有限公司	石景山区银河南街2号院2号楼14层1707室	100043	13801020536
北京融惠典当有限公司	石景山区西黄新村西里4号楼1至2层3单元101室	100144	68809098
北京泰德典当有限公司	石景山区政达路6号院6号楼103室	100043	15510734888
北京祥瑞通典当有限公司	石景山区金顶北路20号院9栋1至2层103室	100041	18500348760
北京宝鼎典当有限责任公司	门头沟区龙兴南二路8号院2号楼1层121室	102300	1069801328
北京万融典当有限责任公司	门头沟区滨河路121号	102300	69849926
北京龙泰典当有限责任公司	门头沟区滨河霁月园8号楼153－12号	102300	13910822975
北京凯康典当有限公司	门头沟区金沙西街10号院4号楼17层1709室	102300	13910513185
北京兴融通典当有限公司	门头沟区滨河路47号阳光绿苑1号楼1层105室	102300	15210870533
北京世欣和顺典当行有限公司	门头沟区潭柘寺镇鲁家滩大街42号	102300	85306425
北京天诚祥典当行有限责任公司	房山区良乡政通路8号	102488	81380633
北京鑫融通润典当有限责任公司	房山区城关街道北市村企业街1号	102400	89329201
北京玖尚典当有限责任公司	房山区长悦路8号院10号楼1层126室	102488	18032109999
北京聚汇通典当有限责任公司	房山区长阳镇碧桂园35号楼101室	102400	89356672
北京豪泰典当有限责任公司	房山区良乡地区苏庄三里7号楼3－102室	102488	13701298222
北京宝裕通典当有限公司	房山区良乡地区月华大街8－B号楼1层101室	102488	13801339850
北京汇邦典当有限公司	房山区良乡长虹西路71号1层	102488	18600900333

北京安邦典当有限公司	房山区良乡拱辰南大街42号楼A座商住楼（三段）12层6单元1201室	100076	13801062833
北京德信润鑫典当有限公司	房山区拱辰街道政通路12号1号楼1层131室	102488	13911720178
北京瑞邦典当有限公司	房山区月华南大街19号院2号楼5至6层521室	102401	80331622
北京紫阳福源典当有限公司	房山区窦店镇京南嘉园37号楼1层104室	102433	13311225699
北京天祥典当有限责任公司	大兴区黄村镇富强路127号	102699	69251234
北京大通典当有限公司	大兴区芳源里7号楼101室	100076	67999882
北京昌盛典当行有限公司	大兴区黄村镇双高路1层183室	102601	69259012
北京嘉融典当有限公司	大兴区黄村镇清澄名苑北区27号楼3－911室	102600	13910175965
北京超强典当有限公司	大兴区黄村镇兴华北路（二段）78号院－80号	102600	13901298518
北京市欧宇达典当有限责任公司	大兴区黄村镇滨河西里兴丰大街二段72号	102600	69256555
北京宝元通典当有限公司	大兴区香留园双高路161号	102600	13366272796
北京鼎融典当有限公司	大兴区清澄名苑北区27号楼17层2－2001室	102600	18800008929
北京天成铭典当行有限公司	大兴区兴华北路（二段）78号院5～20号1至2层20室	102600	1069296068
北京宝利通典当有限公司	大兴区旧宫镇小红门路136幢5层501室	102600	60218232
华瑞清恒（北京）典当有限公司	大兴区开泰东里17号楼1～3层108室	100176	18911696789
北京瑞博泰典当有限公司	大兴区黄村镇永华南里13号楼1层06号	102600	81299515
北京鑫海融通典当有限责任公司	大兴区黄村镇观音寺南里海北路1号楼1～4室	102600	13366761100
北京齐融典当有限责任公司	大兴区兴丰大街（一段）18号院1号楼1层131号	102600	13911907320
北京宝隆春典当有限责任公司	大兴区富强路76号	102600	69297928
北京亿瑞祥典当有限责任公司	大兴区黄村西大街72号1～2层	102600	69253997
北京远方典当有限公司	大兴区旧宫镇清逸西园1号楼6号底商	100176	87962677
北京融祥典当有限公司	大兴区清澄名苑北区27号楼2－516室	102617	69231109

北京恒泰典当有限公司	大兴区三中西巷19、21、23、25、27号2层25、27号	102600	13910620951
金顺祥（北京）典当有限公司	大兴区隆庆路4号院1号楼2层208室	100176	13910269929
北京通德典当有限公司	通州区玉带河东街171号	101101	60567607
北京昌隆典当有限公司	通州区榆景东路5号院43号楼1层101室	100037	68725681
北京燎原典当有限责任公司	通州区通胡大街78号	101101	13911218938
北京国泰典当有限公司	通州区玉带河东街163号	101101	60560200
北京京东天诚典当有限公司	通州区翠屏里18号楼	101100	80818618
北京金通达典当有限公司	通州区怡乐中街346号1层全部	101100	58017353
北京三鑫典当有限公司	通州区京洲园411号楼5号底商	101101	60545173
北京中侨典当行有限公司	通州区云景南大街137号	101101	80880585
北京信和典当行有限公司	通州区翠屏西路82号	101101	13910109022
北京诚顺通典当有限责任公司	通州区潞苑南大街15号院18号楼商6室	101101	81513333
北京鑫宏典当有限责任公司	通州区潞苑南大街137号2层	101100	81517715
北京恒美通典当行有限公司	通州区玉带河东街109号	101100	13801372500
北京易典通典当有限公司	通州区怡乐中街350号	101100	18610189919
北京恒森典当行有限公司	通州区翠屏北里（西区）商8号1至2层全部	101100	15711120655
北京聚缘四方典当有限公司	通州区云景东路419号1至2层全部	101100	60521902
北京汇融诚典当有限公司	通州区北苑南路44号1号楼1层商3室	101100	13901332001
北京泰桦昌典当有限责任公司	通州区北皇木厂街1号院1号楼9层904室	101100	80570878
北京金润泰泽典当有限公司	通州区群芳南街117号	101121	13911004135
北京源祥达典当行有限责任公司	通州区砖厂南里33号楼1至2层204室	101101	69575121
北京宏和信典当有限公司	通州区云景南大街183号	101121	13911166985
北京笑石典当有限公司	通州区潞苑东路40号院30号楼	101101	13466368366
北京友联典当有限公司	通州区玉带河东街121号	101100	13821662696

北京顺通典当有限责任公司	顺义区站前街商业楼2号楼102室	101300	81498416
北京汇鑫兴业典当行有限责任公司	顺义区怡馨家园5号楼5－31室	101300	89441188
北京鼎成典当行有限公司	顺义区赵全营镇联庄村村南路2号－2室	101322	13301367883
北京市润成典当有限责任公司	顺义区望泉家园10号楼1单元商业17室	101300	69401961
北京鼎盛典当有限责任公司	顺义区顺安南路12号院一区26号楼1层03室	100080	88866600
北京易弘典当有限公司	顺义区新顺南大街8号院2幢7层3单元705室	101300	13520677738
北京华融恒清典当有限公司	顺义区怡馨家园13号楼1层105室	101300	13801393214
北京乾利行典当有限责任公司	顺义区石园北区41号楼5单元101室	101300	69461188
北京市榕汇通典当有限责任公司	顺义区怡馨家园37号楼37－10室	101300	89465888
北京市融兴典当行有限责任公司	顺义区顺和路10号院2号楼1层2－10室	101300	60403648
北京融通天下典当有限公司	顺义区府前街56号院1号楼1层1－108室	100032	13810667413
北京盛昌典当行有限责任公司	顺义区仁和镇仓上小区37号楼1至2层3单元37－08室	101300	81487866
北京通赢典当有限公司	顺义区前景路2号院7号楼109室	101300	69458808
北京世欣和泰典当行有限公司	顺义区大孙各庄镇府前街10号	101308	13301327505
北京融邦荣典当有限公司	顺义区府前街56号院1号楼1层1－104室	101300	13120233343
北京桉楹典当有限公司	顺义区南法信镇金穗路2号院9号楼112	101312	64549821
北京众信之元典当有限公司	顺义区顺恒西大街16号院1幢等2幢－1幢1层108室	101300	13621128030
北京汇信·保财典当有限责任公司	昌平区西环路29号－2室	102200	69715555
北京汇祥通典当行有限责任公司	昌平区东小口镇中滩村东	102218	84826666
北京鸿鑫典当行有限责任公司	昌平区东小口镇立汤路186甲3号楼5层516室、6层618室	102218	13901020883
北京善长典当有限责任公司	昌平区城北街道府学路24号2层2060室	100096	89787558

北京泰福德典当有限责任公司	昌平区鼓楼北街5-1至5-20号楼1至2层5-1室	102200	13911934150
北京硕祥通典当行有限责任公司	昌平区西三旗环岛北侧新龙大厦C座1层A号	102218	82917919
北京安诚仪典当有限责任公司	昌平区科技园区白浮泉路甲12-9号	102200	13811219899
北京金源盛昌典当行有限公司	昌平区东小口镇天通东苑一区403号楼1层107室	100062	13601286495
北京天循典当有限责任公司	昌平区回龙观西大街9号院17号楼1层17-3室	102208	60789370
北京海天汇力典当行有限公司	昌平区龙水路28号楼-1至2层028-8室	102200	69745050
北京东方圆通典当有限公司	昌平区东小口镇天通苑小区501号楼2单元1室、2层1室	102200	13311315600
北京盛亨典当有限责任公司	昌平区回龙观西大街85号2层260-261号	102200	57536702
北京润鑫融通典当有限公司	昌平区北七家镇天通苑东苑三区46号楼-1至1层	102218	60740808
北京裕济达典当有限公司	昌平区东小口镇中东路400号院3号楼1至2层3-8室	102208	18510414188
北京玺致典当行有限公司	昌平区府学路29号1-06室	102200	13811031838
北京瑞丰典当有限公司	平谷区平谷镇文化南街8号楼	101299	13301024009
北京海泰典当有限公司	平谷区平谷镇府前街20-4号	101200	69988335
北京广惠济典当有限责任公司	平谷区平谷镇府前西街7号1层7-7号	101200	85911660
北京郭氏双赢典当有限责任公司	平谷区平谷镇府前街36号楼1-4号	101200	69973175
北京和顺嘉诚典当有限公司	平谷区平谷镇平谷南街39号楼1至3层39-15室	101200	13911025262
北京中财广角典当有限公司	平谷区平谷镇金乡嘉园3号楼3幢3-14号	101200	65866811
北京通达典当有限公司	平谷区鼎基公寓3号楼1至2层3-2号	101200	89994666
北京和泰典当有限公司	平谷区平谷镇金乡居民西小区甲30号楼1层	101200	13911909481
北京中贸融生典当有限责任公司	怀柔区滨湖南街8号楼4单元101室	101400	63315536
北京银通行典当有限公司	怀柔区开放路西金台园1号北20米36号	101400	69696007
北京汇通龙典当行有限公司	怀柔区金台园57号楼10-102室	101400	65047208

北京宝隆典当有限责任公司	怀柔区青春路 61 号院商业 1 号楼 8 号	101400	13051766666
北京天华融泰典当有限责任公司	怀柔区金台园 44 号楼 4－102 室	101400	58565808
北京康凯典当有限公司	怀柔区青春路 61 号院 2 号楼－1 至 2 层	101400	61689090
北京瑞德丰典当行有限公司	怀柔区青春路 26 号 1 幢 1 号门面房	101400	17701372387
北京润龙典当行有限公司	北京经济技术开发区富园东里一区会所	100176	58025126
北京厚融典当有限公司	北京经济技术开发区天华园一里四区 10 号楼－1 至 2 层 1106 室	102600	13311331651
北京京信典当有限公司	北京经济技术开发区荣华中路 8 号院 6 号楼 1 层 102 室	102600	13911521405
北京金禄典当有限责任公司	密云区东大街信远大厦 4 号	101500	69070018
北京鑫丰典当有限责任公司	密云区密云镇车站路 3 号	101500	51071933
北京朗润通典当有限公司	密云区长安街商业街 1 号楼	101500	13911786886
北京中宝泰典当有限责任公司	密云区新南路 42 号	101500	13381281977
北京金盛源典当有限公司	密云区密西花园小区 48 号楼 1 层 48－8 室	101500	13811068177
北京新坤元典当行有限公司	密云区新中街 73 号	101500	13910535018
北京德聚鑫典当行有限责任公司	怀柔区湖光小区 33 号院梅苑 8 号楼 5 层 510 室	101500	18601296002
北京银基恒宇典当有限公司	密云区密云镇车站路 12 号商业楼 34 号	101500	13651187258
众祥典当（北京）有限公司	密云区鼓楼东大街 27 号 1 至 2 层 2 号（1 层 103 室）	101500	13321127990
北京嬴创典当有限公司	密云区檀城西区 28 号楼 16 号	101500	13911877776
北京国玉典当有限责任公司	密云区西门外大街 11－16 室	101500	13311366453
北京太平洋典当有限公司	密云区新中街 181 号 5 层 513 室	101500	13716267088
北京同利典当有限责任公司	延庆区新兴小区 51 号楼北 1 至 2 层甲 17 室	102199	69189099
北京银嘉宝通典当有限公司	延庆区延庆镇南菜园二区 51 号楼 2 单元 201 室	102100	61118301
恒富通（北京）典当有限公司	延庆区百泉街 3 号院 3 号楼 107 室	101312	64582954

北京凯禹源典当有限公司	延庆区高塔街58号绿韵广场F－13号	102100	69106060
北京银丰典当有限公司	延庆区儒林苑小区6号楼1层6－11室	102100	13901062045
北京立慧立德典当有限公司	延庆区湖北西路23号（商4）23－5室、23－6室	102100	13601065068
北京泰达兴业典当有限责任公司	延庆区延庆镇妫水南街35号院35号楼1层102室	102100	13901049001
北京融福通盛典当有限公司	延庆区延庆镇高塔小区14号楼202底商	102100	13901374582
北京富利华典当有限公司	延庆区东外大街22号	102100	81193670
北京华奕典当行有限公司	延庆区延庆镇北关小区13号楼底商202室	102100	13911159208
北京长江典当有限责任公司	延庆区延庆镇川北小区甲25号楼－10号	102100	18801194800
北京宝瑞通典当行有限责任公司东城分公司	东城区东四南大街1号	100028	65677978
北京市阜昌典当行有限责任公司灯市口分公司	东城区灯市口大街72号	100006	65254408
北京市银达典当有限责任公司东城分公司	东城区灯市东口10号	100006	65124188
北京市银达典当有限责任公司崇文分公司	东城区地安门东大街88号D区西侧区域	100006	65124188
北京都市典当有限责任公司东四分公司	东城区鼎丰擎达东四项目B区6103号	100010	68885775
北京信邦典当有限公司东城分公司	东城区张自忠路10号－1至1层	100013	64066908
北京宝恒典当有限责任公司东城分公司	东城区西营房胡同9号院2号楼4号	100011	84118867
北京通银典当有限公司崇文门分公司	东城区新怡家园1号楼1层底商1室	100062	13611148007
北京昌隆典当有限公司东城分公司	东城区朝阳门内南小街16－4号	100005	13701283927
北京宝瑞通典当行有限责任公司东城第二分公司	东城区王府井大街255号1层111室	110000	68946688
北京瑞源亨典当有限责任公司西城分公司	西城区珠市口西大街120号1号楼6层0617室	100050	66160930
北京宝瑞通典当行有限责任公司西城分公司	西城区阜外大街6号1幢	100028	64270108
北京市华夏典当行有限责任公司西单分公司	西城区西单北大街120号2幢1－07室	100031	67081818
北京天祥典当有限责任公司宣武分公司	西城区春风胡同8号楼、10号楼牛街20号、牛街22号8室、10号楼1层01层底商8室	100053	83529595
北京中贸融生典当有限责任公司西城分公司	西城区马连道路6号院4号楼1层113室	100073	63315536

北京市华夏典当行有限责任公司阜成门分公司	西城区阜成门外大街22号1幢第1层102室	100037	67081818
北京宝瑞通典当行有限责任公司宣武分公司	西城区广内大街304号院1号楼6－1号	100050	68946688
北京通银典当有限公司西城分公司	西城区新居东里四号楼1层103室	100044	13501228668
北京市华夏典当行有限责任公司广安门分公司	西城区广安门内大街319号1层105室	100037	52825827
北京市华夏典当行有限责任公司马连道分公司	西城区马连道路25号楼F1层101－11室、101－12室、101－13室	100043	52825821
北京金鼎典当有限公司西城分公司	西城区果子巷3号院2号楼1至2层107室	100050	13811897901
北京宝瑞通典当行有限责任公司劲松分公司	朝阳区东三环南路5号	100022	13801384075
北京宝瑞通典当行有限责任公司亚运村分公司	朝阳区北辰东路8号	100020	13801384075
北京宝瑞通典当行有限责任公司建国门分公司	朝阳区建国门外大街10号（艺嘉大厦1层）	100022	65677978
北京市华夏典当行有限责任公司朝外分公司	朝阳区朝阳门外大街南侧商业中心C区昆泰国际中心3A房间2层	100015	67081818
北京宝瑞通典当行有限责任公司望京分公司	朝阳区望京阜通东大街6号院4号楼购物中心1层1－19室	100102	68946688
北京金马典当有限责任公司朝阳分公司	朝阳区朝阳路67号8号楼165～166号	100020	85789595
北京宝瑞通典当行有限责任公司朝阳西单分公司	朝阳区朝阳路十里堡甲3号商场1层1号	100025	84250977
北京市华夏典当行有限责任公司望京分公司	朝阳区望京新城B11－11层C、D单元130号	100102	67081818
北京市华夏典当行有限责任公司青年路分公司	朝阳区雅成二里3号楼1层商业7室	100123	67081818
北京宝瑞通典当行有限责任公司常营分公司	朝阳区常通路2号院1号楼－2至5层101内地下1层B1－17b内002室	100029	68946688
北京鼎成典当行有限公司朝阳分公司	朝阳区广渠路28号院506号楼1层03、04室	100026	13301367883
北京汇祥通典当行有限责任公司亚运村分公司	朝阳区安贞里三区15楼2门101～102号	100012	64438888
北京天祥典当有限责任公司朝阳分公司	朝阳区新源里16号A0112室	100020	58222010
北京市华夏典当行有限责任公司建国门分公司	朝阳区建国门外大街甲5号1幢等4幢内1幢1层1－104号	100020	67081818

北京市华夏典当行有限责任公司东四环分公司	朝阳区东四环南路9号5幢3层0315室	100020	67081818
北京万国典当有限公司朝阳分公司	朝阳区深沟村（无线电元件九厂）【2－1】32号楼1层101室	100022	82666883
北京同利典当有限责任公司朝阳分公司	朝阳区望京文化娱乐（B30）项目1#楼1层109号	100102	57276006
北京通银典当有限公司朝阳分公司	朝阳区十八里店乡十里河村东美联居尚B座1楼层1－0188室	100021	13501219343
北京汇福源典当行有限公司朝外分公司	朝阳区北土城西路7号1层1单元101室	100123	15010806695
北京鑫都城典当有限责任公司华威桥分公司	朝阳区松榆南路38号院16号楼1层30室	100021	13366669254
北京市华夏典当行有限责任公司望京北路分公司	朝阳区广顺北大街16号院3号楼望京华彩商业中心1层102内A161～A162号	100102	52825821
北京宝瑞通典当行有限责任公司东大桥分公司	朝阳区工体东路13号楼1幢1层1－2内1号	100020	68946688
北京中强典当行有限公司第一分公司	朝阳区常惠路4号楼－1至2层	100101	84856108
北京宝瑞通典当行有限责任公司双井分公司	朝阳区广渠路31号九龙商厦1幢1层03A号01室	100022	68946688
北京市华夏典当行有限责任公司双井分公司	朝阳区广渠路31号九龙商厦1幢家乐福双井店1层	100101	15710018896
北京鑫都城典当有限责任公司亚运村分公司	朝阳区劲松二区229号楼1层A02室	100101	59043516
北京市华夏典当行有限责任公司常营分公司	朝阳区朝阳北路17号楼－1至3层109 1层32号	100062	67081818
北京市阜昌典当行有限责任公司新兴分公司	海淀区复兴路29号裙楼B1层B－108室	100037	63953298
北京宝瑞通典当行有限责任公司复兴路分公司	海淀区复兴路甲18－2号	100036	68946688
北京市华夏典当行有限责任公司文慧桥分公司	海淀区西直门北大街32号院1号楼等3幢1层106－26室	100082	67081818
北京宝瑞通典当行有限责任公司海淀分公司	海淀区远大路1号D段1层1302号	100088	84250977
北京嘉德典当有限公司翠微路分公司	海淀区翠微路17号B楼底商	100089	68185799
北京天祥典当有限责任公司海淀分公司	海淀区西三环北路87号国际财经中心1层105号	100089	66028080
北京市华夏典当行有限责任公司远大路分公司	海淀区远大路1号1层1070室	100094	67081818

北京金马典当有限责任公司海淀分公司	海淀区西直门北大街32号院2号楼13层1502B室	100191	63448080
北京市华夏典当行有限责任公司农大南路分公司	海淀区农大南路1号院1号楼1层F1－19A室	100062	13810458809
北京宝瑞通典当行有限责任公司四通桥分公司	海淀区中关村南大街1号	100028	13910265760
北京市华夏典当行有限责任公司甘家口分公司	海淀区三里河路17号2层	100081	67081818
北京信邦典当有限公司海淀分公司	海淀区知春路113号1幢1层102室、107室	102100	82612633
北京汇福源典当行有限公司海淀分公司	海淀区万寿寺北里6号楼1层6－1号	100085	13611387260
北京市华夏典当行有限责任公司四通桥分公司	海淀区北三环西路48号1号楼1层B座FA10～FA11室	100086	67081818
北京市华夏典当行有限责任公司新兴桥分公司	海淀区复兴路甲23号1层F1－1室	100036	67081818
北京金马典当有限责任公司方庄分公司	丰台区方庄蒲方路1号	100078	63178080
海口京融典当有限责任公司北京分公司	丰台区新发地丰南路宾馆左侧	100070	83713599
安徽省信邦典当行有限公司北京丰台分公司	丰台区大成南里三区3号楼1层04室	100141	88603317
北京金马典当有限责任公司南三环分公司	丰台区紫芳园六区4号楼1层1单元104室	100067	83718080/87557600
北京宝瑞通典当行有限责任公司丰台分公司	丰台区南三环中路70号1号楼2层	100075	68946688
北京宝瑞通典当行有限责任公司丰北桥分公司	丰台区西四环南路88号赛欧孵化中心大楼1层	100071	68946688
北京同祥典当有限公司丰台分公司	丰台区成寿寺路3号－1至2层104室	100078	67909771
北京市华夏典当行有限责任公司公益桥分公司	丰台区城南嘉园益城园14号楼华联购物中心1层F1－07A室	100068	67081818
北京昌隆典当有限公司丰台分公司	丰台区西四环中路82号	100081	68216808
北京市华夏典当行有限责任公司大成路分公司	丰台区万丰路68号院和谐广场1层108B号	100141	52825821
北京德惠典当有限责任公司丰台分公司	丰台区美域家园北区8号1层108室	100166	68611860
北京宏利典当有限公司丰台分公司	丰台区丰科路6号院5号楼0904室	100071	13601383163
北京万国典当有限公司石景山分公司	石景山区石景山路3号玉泉大厦112室	100049	13901059228

北京市华夏典当行有限责任公司阜石路分公司	石景山区阜石路165号院1号楼1层	100041	52825821
北京天祥典当有限责任公司亦庄分公司	大兴区亦庄镇富源里3号楼2-102室	102612	63848080
海口京融典当有限责任公司北京大兴分公司	大兴区黄村镇富强路165号-1至2层165室	102600	69265559
北京市华夏典当行有限责任公司经济技术开发区分公司	北京经济技术开发区文化园东路6号1幢01E02室	100176	67081818
北京金马典当有限责任公司大兴分公司	北京经济技术开发区荣华中路8号院8号楼115-2室	102600	18611000389
北京市华夏典当行有限责任公司大兴分公司	大兴区欣宁街15号院1号楼1层01D103室	102600	52825821
北京市华夏典当行有限责任公司通州分公司	通州区云景东路1号贵友大厦5层	101100	13810458809
北京汇祥通典当行有限责任公司通州分公司	通州区翠屏西路41号1至2层全部	101100	81550802
北京宝瑞通典当行有限责任公司通州分公司	通州区北苑南路42号6号楼1层	101101	68946688
三河金鼎典当有限责任公司北京分公司	通州区怡乐北街10号楼1层411号	101100	60521102
北京市华夏典当行有限责任公司通州北苑分公司	通州区八里桥南街1号院1-1号、1-2号、1-3号商业1层101-103室	101100	52825821
北京鼎盛典当有限责任公司顺义分公司	顺义区仁和镇西辛南区乙62号楼1层103室	101300	61408366
北京市华夏典当行有限责任公司新顺南大街分公司	顺义区仁和镇新顺南大街8号院1幢（华联商厦2层）	101300	52825821
北京汇祥通典当行有限责任公司昌平分公司	昌平区东环路47-1至47-9号1层47-1号	102200	82920008
北京市华夏典当行有限责任公司天通苑分公司	昌平区东小口镇立汤路186号院1号楼4层F4148室	102218	67081818
北京市华夏典当行有限责任公司回龙观西大街分公司	昌平区回龙观西大街111号1层154室	102208	15710018896
承德广源典当行有限公司北京分公司	昌平区创新路8号底商	102299	13501120195
北京海泰典当有限公司新平北路分公司	平谷区平谷镇新平北路51号	101200	69988116

(5) 支付机构

机构名称	地　址	邮　编	电　话
安易联融电子商务有限公司	朝阳区朝外大街26号12层B1505A室	100020	59051005
北京畅捷通支付技术有限公司	海淀区北清路68号20号楼D2003室	100094	15001398914
北京银通支付有限公司	西城区马连道南街6号院1号楼4层4A201室	100089	68298176
联动优势电子商务有限公司	西城区新街口外大街28号B座510室	100082	58351122-8155
国付宝信息科技有限公司	顺义区南法信镇顺畅大道1号B-041室	100013	57817763
北京海科融通支付服务股份有限公司	海淀区西直门北大街甲43号1号楼12层1-25-1201室~1-25-1210室	100080	82685056
北京和融通支付科技有限公司	海淀区中关村南大街乙12号院1号楼20层2305室	100081	62353131
北京市政交通一卡通有限公司	海淀区知春路63号中国卫星通信大厦B座15~19层	100190	88087755
北京数字王府井科技有限公司	东城区东四十条68号西区5层	100007	84183888-206
易宝支付有限公司	通州区滨惠北一街3号院1号楼1层1-8-22室	100020	59017500
开联通支付服务有限公司	朝阳区朝阳公园南路10号院2号院20层	100088	82007633
北京华瑞富达科技有限公司	东城区崇文门外大街11号705室	100062	67081580
天翼电子商务有限公司	西城区阜成门外大街31号4层429D室	100032	58520469
北京滴滴支付科技有限公司	海淀区东北旺西路8号院35号楼5层522室	100080	18810081344
北京爱农驿站科技服务有限公司	西城区西直门外大街1号院2号楼20层22C13室	100032	65330688
随行付支付有限公司	海淀区阜成路67号17层1704室	100089	68143666
北京数码视讯支付技术有限公司	顺义区文化营村北（游乐园）3幢007号平房	100000	82345867
北京市银博盛世电子商务有限公司	丰台区南四环西路186号四区11号楼7层01室	100070	58565009
联通支付有限公司	西城区二龙路33号1至4层	100032	66505808

北京首采联合电子商务有限责任公司	朝阳区雅宝路10号8层801室	100020	13701279242
北京雅酷时空信息交换技术有限公司	朝阳区广顺南大街16号院2号楼28层3101－02室	100102	18610772293
北京中投科信电子商务有限责任公司	西城区北三环中路29号院3号楼8层909室	100029	59089174
商银信支付服务有限责任公司	西城区阜成门外大街22号1幢14层1401－5号	100034	83496600
拉卡拉支付股份有限公司	海淀区北清路中关村壹号D1座6层606室	100094	56710999
国旅（北京）信息科技有限公司	东城区东单北大街1号1号楼721室	100005	13701055366
北京亚科技术开发有限责任公司	顺义区后沙峪镇裕民大街7号	101318	56896370
北京恒达新源支付有限公司	朝阳区新源南路6号1号楼22层2208室	100062	87555559
北京和卡支付科技有限公司	海淀区中关村南大街乙12号院1号楼20层2303室	100080	84885140
北京繁星山谷信息技术有限公司	丰台区丰台镇南开西里23号楼4层404号	100070	15201030689
北京度小满支付科技有限公司	海淀区西北旺东路10号院西区4号楼3层301室	100085	50803380
北京新浪支付科技有限公司	海淀区东北旺西路中关村软件园二期（西扩）N－1、N－2地块新浪总部科研楼5层519室	100193	62675413
北京银联商务有限公司	海淀区车公庄西路乙19号华通大厦B座10层	100048	88019861
汇元银通（北京）在线支付技术有限公司	海淀区海淀北二街8号13层1601室	100080	59798877
北京中欣银宝通支付服务有限公司	东城区珠市口东大街14号308室	100050	67077777
易智付科技（北京）有限公司	朝阳区建国路91号院8号楼22层2201室	100022	82652626
银盈通支付有限公司	朝阳区霄云路26号鹏润大厦B座21层3－2105～3－2109室	100000	56736034
北京理房通支付科技有限公司	海淀区东北旺西路8号院4号楼145号	100094	56730799
邦付宝支付科技有限公司	朝阳区建国门外大街6号12层1201内	100020	85256646
中金支付有限公司	西城区平原里小区20号楼1－7室、1－9室、1－10室	100071	53821674
北京高汇通商业管理有限公司	朝阳区酒仙桥路10号24号楼2层201室	100016	18500151235
北京钱袋宝支付技术有限公司	海淀区羊坊店路18号2幢12层1224－1室	100102	15210500398

北京商银科技有限公司	海淀区花园路甲13号院7号楼11层1106-1室	100088	65181815
资和信电子支付有限公司	海淀区东北旺北京中关村软件园孵化器1号楼B座1109~1110室	100033	88665588
百联优力（北京）投资有限公司	朝阳区酒仙桥北路甲10号院204号楼1-6层101内5层509室	100020	84633531
银信联（北京）支付有限公司	朝阳区建国路（北京印刷二厂）1号楼6层621室	100022	85800127
裕福支付有限公司	朝阳区光华路30号楼迤北1层3号内101室	100020	85968888
北京广聚福支付有限公司	朝阳区东大桥路8号SOHO尚都2楼24层2-2703号	100020	58697787
北京恒信通电信服务有限公司	东城区夕照寺街2号2幢3层3002室	100097	64090030
网银在线（北京）科技有限公司	海淀区苏州街49-3号1层109室	100176	13911977287

（6）征信机构

机构名称	地　址	邮　编	电　话
百融云创科技股份有限公司	石景山区实兴大街30号院5号楼5层76号	100043	62508065
金电联行（北京）信息技术有限公司	东城区金宝街67号S302C室	100020	58693750
天创信用服务有限公司	朝阳区呼家楼京广中心商务楼1101室	102200	59017300
中数智汇科技股份有限公司	海淀区学院南路62号中关村资本大厦5层505室	100081	83020108
益博睿征信（北京）有限公司	朝阳区酒仙桥路20号楼6层601号601-602室	100016	59267818
元素征信有限责任公司	海淀区北坞村路23号北坞创新园北区5号楼1层107~110室	100195	82602272
北京宜信致诚信用管理有限公司	朝阳区光华路7号汉威大厦东区21层21A1室	100026	59644742
东方金诚信用管理（北京）有限公司	丰台区东管头1号院1号楼1-238室	100088	53771957

北京国富泰信用管理有限公司	北京经济技术开发区荣华中路11号2层	100176	67800100
国诚信征信有限公司	西城区木樨地北里甲11号楼1幢408室	100038	63358908
北京宸信征信有限公司	海淀区复兴路甲65号a5号楼1201室	100190	62135800
绿盾征信（北京）有限公司	西城区阜成门外大街2号14层A1606室	100011	56228425
北京恒诚千里征信有限公司	朝阳区高碑店乡八里庄村陈家林9号院5号楼2单元10层	100020	85550012
华财征信（北京）有限公司	海淀区西直门北大街甲43号1号楼12层	100044	68177808
律城信核（北京）信用管理有限公司	海淀区上地东路1号院1号楼2层201室	100085	56291732
北京信构信用管理有限公司	丰台区郭公庄中街20号院3号楼10层1001室	100070	84109826
中大信信用管理有限公司	海淀区中关村甲3号2-A号商业楼7层819室	100086	82146640
东方安卓（北京）征信有限公司	丰台区五圈南路30号院1号楼D座10层1003室	100068	67668577
企乐汇征信有限公司	朝阳区东三环北路17号恒安大厦9层	100022	65818123
北京联信征信咨询有限责任公司	朝阳区东土城路8号林达大厦B座9层9E室	100027	64466458
北京海智金诚信用管理有限公司	朝阳区和平街十一区38号楼2层201室	100007	64012900
北京和融通征信服务有限公司	海淀区中关村南大街乙12号院1号楼20层2308室	100086	62353131
中品质协（北京）质量信用评估中心有限公司	东城区王府井大街99号	100006	65234700
中企评协企业征信中心（北京）有限公司	海淀区紫竹院南路17号中企联招待所118室	100048	68464519
北京联源智信征信服务有限公司	西城区北三环中路23号楼3层3-3（德胜园区）	100195	62621616
国民征信（北京）有限公司	朝阳区百子园4号楼3层A单元306室	100083	59447848
北京邦银汇通征信有限公司	朝阳区建国门外大街6号11层1101内109室	100027	85256668
北京冠捷时速信用管理有限责任公司	海淀区北三环西路25号2号楼106室	100098	68575707
全联征信有限公司	海淀区海淀大街2号9层913室	100080	62630322
北京度小满征信有限公司	海淀区西北旺东路10号院西区4号楼2层203室	100085	59403009
爱信诺征信有限公司	海淀区紫竹院路嘉豪国际中心B座	100097	88048016

北京金堤征信服务有限公司	海淀区知春路63号中国卫星通信大厦B座23层	100086	82607132
中电联（北京）征信有限公司	西城区朗琴国际A座29层	100055	63253687
北京金融大数据有限公司	西城区阜成门外大街31号4层415B室	100045	62254502
朴道征信有限公司	朝阳区景辉街31号院1号楼-6至57层101内53~54层	100022	85651775

（7）信用评级机构

机构名称	地　址	邮　编	电　话
中诚信国际信用评级有限责任公司	东城区南竹杆胡同2号1幢60101室	100010	66428877
联合资信评估有限公司	朝阳区建国门外大街2号院2号楼17层	100022	85679696
东方金诚国际信用评估有限公司	朝阳区朝外西街3号兆泰国际中心C座12层	100600	62299849
大公国际资信评估有限公司	海淀区西三环北路89号中国外文大厦A座3层	100125	51087768
中债资信评估有限责任公司	西城区金融大街28号院2号楼6层	100032	88090000
标普信用评级（中国）有限公司	朝阳区东三环中路5号楼49层	100020	65692771
惠誉博华信用评级有限公司	朝阳区东三环中路5号楼56层01-2室、02-1室	100020	56633855
北京中北联信用评估有限公司	海淀区北清路中关村壹号D1座7层	100094	56170999-1104
安融信用评级有限公司	西城区玉廊西园9号楼金融科技大厦10层	100032	53655619
中国诚信信用管理股份有限公司	东城区朝阳门内大街南竹杆胡同2号银河SOHO6号楼	100010	66428855
联合信用评价有限公司	通州区江米店街1号院5号楼36层3605室	100101	64912118
君维诚信用评估有限公司	海淀区苏州街49-3号8层811室	100080	82622979
北京银建资信评估事务所	西城区广安门南滨河路7号（南楼406室）	100055	63401197

（8）协会、商会、学会、工会

机构名称	地　　址	邮　编	电　话
北京市银行业协会	海淀区车公庄西路乙 19 号华通大厦 B 座北塔	100048	88088015
北京证券业协会	西城区金融大街 35 号国际企业大厦 C 座 17 层	100033	66568614
北京保险行业协会	朝阳区安定路 35 号安华发展大厦 906 室	100029	65859115
北京金融街商会	西城区金融大街 33 号通泰大厦 B 座 616 室	100032	66574347
北京期货商会	海淀区紫竹院路 31 号华澳中心嘉慧苑 1216 室	100089	52722016
北京市金融学会	西城区月坛南街 79 号	100045	68559272
北京保险学会	朝阳区安贞西里四区 23 号楼深房大厦 4 层 4D 室	100029	65859115
北京市现代金融学会	西城区复兴门南大街 2 号天银大厦 B 座 402 室	100031	66410055－4508
北京市钱币学会	西城区月坛南街 79 号	100045	68559317
中国金融工会北京工作委员会	西城区金融大街 20 号交通银行大厦 B 座 1301 室	100033	58391721
北京市金融工会	通州区运河东大街 56 号院 7 号楼	101160	55564820

（9）个人本外币兑换特许业务机构

机构名称	地　　址	邮　编	电　话
北京联合货币兑换股份有限公司	顺义区北京首都国际机场三号航站楼 A4E10 号（首都机场内）	100621	13146782033
艾西益商务服务（北京）有限公司	朝阳区北辰西路 69 号楼 22 层 1 单元 2502 号	100029	13718668236
北京悠联货币汇兑有限公司	朝阳区和平街东土城路 12 号院 2 号楼 405 室	100013	13426077327
北京中汇通兑投资管理有限公司	朝阳区日坛北路 17 号 2 号楼 1 层 1519 室	100020	18576687470
北京渤海通汇投资咨询有限公司	西城区复兴门外大街 A2 号 1 幢 1 层大堂 G04 室	100045	13701113553

首科汇济融科技（北京）有限公司	石景山区鲁谷路136号院1号楼5层529	100040	13910267232
通济隆外币兑换（中国）有限公司北京首都机场第四兑换店	顺义区首都机场二号航站楼2层E024（首都机场内）	100621	13811586995
天津渤海通汇货币兑换有限公司北京分公司	朝阳区酒仙桥路6号院7号楼1至19层101内19层1908室	100015	15010248634
宇鑫（厦门）货币兑换股份有限公司北京第一分公司	西城区德胜门内西顺城街46号3幢102室	100035	18500351526
上海携程金融信息服务有限公司北京分公司	东城区首都机场线东直门站B1乘客服务中心DZMS01室	100007	13621191987

（二）机构简介

中国工商银行股份有限公司北京通州分行

中国工商银行股份有限公司北京通州分行于2021年2月26日获准，由中国工商银行股份有限公司北京通州支行升格更名开业，营运资金为5 051.24万元，共有员工490人。

经营范围：吸收公众存款；发放短期、中期和长期贷款；办理国内外结算；办理票据承兑与贴现；代理发行、代理兑付、承销政府债券；买卖、代理买卖外汇；经营结汇、售汇业务；从事银行卡业务；提供信用证服务及担保；代理收付款项及代理保险业务；总行在国务院银行业监督管理机构批准的业务范围内授权的业务。

2021年末，中国工商银行股份有限公司北京通州分行资产总额为703.14亿元，负债总额684.61亿元，所有者权益合计18.53亿元，全年累计实现净利润5.33亿元。

负责人：王炜

地址：北京市通州区新华西街47号

邮编：101100

电话：010－69547015

传真：010－69547015

中国银行股份有限公司北京经济技术开发区分行

中国银行股份有限公司北京经济技术开发区分行于2021年11月8日获准，由中国银行股份有限公司北京经济技术开发区支行升格更名开业，营运资金为4 034万元，共有员工177人。

经营范围：经银行业监督管理机构批准，并由总行授权办理的业务。

2021年末，中国银行股份有限公司北京经济技术开发区分行资产总额165.2亿元，负债总额165.79亿元，全年累计实现净利润0.028亿元，营业收入3.3亿元，增幅3.81%；资产减值准备影响净利润1.8亿元。

负责人：罗正

地址：北京经济技术开发区荣京东街3号一、二层2－201号

邮编：100176

电话：010－67825808

传真：010－67825801

韩国农协银行股份公司北京分行

韩国农协银行股份公司北京分行于2021年12月16日由中国银保监会北京监管局批复开业，营运资金为3亿元人民币等值的自由兑换货币，其中外汇营运资金2亿元人民币等值的自由兑换货币，人民币营运资金1亿元，现有正式员工14人。

韩国农协银行股份公司北京分行在下列范围内经营对各类客户的外汇业务以及对除中国境内公民以外客户的人民币业务：吸收公众存款；发放短期、中期和长

期贷款；办理票据承兑与贴现；代理发行、代理兑付、承销政府债券；买卖政府债券、金融债券，买卖股票以外的其他外币有价证券；提供信用证服务及担保；办理国内外结算；买卖、代理买卖外汇；代理收付款项及代理保险业务；从事同业拆借；提供保管箱服务；提供资信调查和咨询服务；经国务院银行业监督管理机构批准的其他业务。该分行可以吸收中国境内公民每笔不少于 50 万元人民币的定期存款。

韩国农协银行股份公司北京分行预计于 2022 年上半年正式开业，无 2021 年财务数据。

负责人：朴瓒圭

地址：北京市朝阳区景辉街 31 号院 1 号楼 -6 至 57 层 101 内 17 层 1701 -2 室

邮编：100020

电话：010 -84783510

传真：010 -84783510

创元期货股份有限公司北京第二分公司

创元期货股份有限公司北京第二分公司（非上市）为创元期货股份有限公司下设分支机构，筹建于 2021 年 5 月，正式开业时间为 2021 年 10 月 8 日。

负责人：梁轶

经营范围：商品期货经纪；金融期货经纪。（市场主体依法自主选择经营项目，开展经营活动；依法须经批准的项目，经相关部门批准后依批准的内容开展经营活动；不得从事国家和本市产业政策禁止和限制类项目的经营活动。）

地址：北京市海淀区西直门外大街 168 号腾达大厦 23 层 05 -06 号

邮编：100044

电话：010 -68001868

大和证券（中国）有限责任公司

大和证券（中国）有限责任公司筹建于 2020 年 12 月 18 日，2021 年 6 月 10 日正式开业，公司性质为合资公司，注册资本人民币 100 000 万元，其中株式会社大和证券集团总公司投资 51 000 万元，北京国有资本运营管理有限公司投资 33 000万元，北京熙城资本控股有限公司投资 16 000 万元。现有员工 94 人。

经营范围：证券经纪；证券承销与保荐；证券自营。

负责人：耿欣

地址：北京市朝阳区光华路 1 号嘉里中心北楼 7 层

邮编：100020

电话：010 -80936980

国贸期货有限公司北京营业部

国贸期货有限公司北京营业部筹建于 2021 年 5 月，2021 年 7 月 27 日正式开业，现有成员 4 人。

经营范围：商品期货经纪、金融期货经纪。

负责人：陈辉

地址：北京市朝阳区建国门外大街甲 14 号 03 层（03）301 号 02 -2 室

邮编：100022

电话：010 -65120100

鲁证期货股份有限公司北京朝阳分公司

鲁证期货股份有限公司北京朝阳分公司筹建于2021年9月，2022年1月6日正式营业。公司性质为股份有限公司分公司（上市、国有控股），共有员工4人。

负责人：马昱

经营范围：商品期货经纪、金融期货经纪。

地址：北京市朝阳区建国路112号9层901内903

邮编：100022

电话：010－65006710

平安期货有限公司北京分公司

平安期货有限公司北京分公司2020年11月2日筹建，2021年8月9日正式开业。公司性质为其他有限责任公司分公司。现有4名正式员工、1名派遣员工。

2021年9－12月，平安期货有限公司北京分公司共产生营业收入5 135.57元，营业支出536 173.15元，净利润－530 982.62元。

经营范围：商品期货经纪、金融期货经纪。

负责人：付荃

地址：北京市东城区东花市北里西区23号一层1室

邮编：100062

电话号码：010－56800334

天风期货股份有限公司北京分公司

天风期货股份有限公司北京分公司于2020年9月开始筹建，11月20日领取营业执照，12月30日取得了《经营证券期货业务许可证》并对外正式开业。共有员工5名。

经营范围：商品期货经纪、金融期货经纪、期货投资咨询。

负责人：孙翠翠

地址：北京市通州区观音庵南街1号院1号楼18层2单元1812

邮编：101100

电话：010－69551033

长江养老保险股份有限公司北京分公司

长江养老保险股份有限公司北京分公司于2021年10月20日获批筹建，2021年12月20日正式开业，员工人数33人。

经营范围：企业年金、职业年金、团体养老保障管理产品以及中国银行保险监督管理委员会批准的其他业务。

负责人：徐锋

地址：北京市西城区丰盛胡同28号楼太平洋保险大厦二层201－9至201－17室

邮编：100032

电话：010－66510003

（三）协会、商会、学会、工会活动简介

北京证券业协会

组织机构与负责人

理事长：王常青

秘书长：郑绮

副秘书长：许慧（专职）；张乐久、宋震（兼职）

联系方式

地址：北京市西城区金融大街35号国际企业大厦C座17层

邮编：100033

电话：010－66568614

传真：66568583

网址：http：//www. sabbj. org

电子邮箱：bjzq@163. com

重要活动

一、组织机构建设情况

2021年，组建联席会及14个专业委员会。

二、开展宣传教育情况

2021年，开展“3·15投资者保护”主题教育活动；组织第三届“5·15全国投资者保护宣传日”专项活动；组织2021年世界投资者周投资教育宣传活动；开展以“牵手北交所，共迎新起点”为主题的投资者教育专项活动。组织基础设施领域不动产投资信托基金（REITs）试点投资者教育专项活动；组织“净值化时代的财富管理”线上投资教育活动。全年完成证券和基金从业资格考试的巡考工作累计13.6万科次。

三、处理案件投诉情况

2021年，收到中国证券监督管理委员会北京监管局转办的证券代销合同纠纷案件3件，办结2件；收到中证法律服务中心转办案件185件，受理案件38件，调解成功17件；收到中国证券业协会投诉案件29件，办结24件，调解成功19件。

四、组织交流培训情况

2021年，组织开展了线上北京辖区证券基金经营机构调解、投诉处理工作专题培训、北京辖区证券经营机构财富管理实务培训、证券从业人员港股通业务线上培训（北京专场）等多场业务培训。参加2021年促进首都金融人才发展工作联席会暨首都金融行业人力资源经理联席会成员单位培训交流会、证券基金投教工作交流会等。

五、会员信息系统建设情况

2021年9－12月，中国证券业协会向会员单位和社会投资者发送重要新闻或监管信息共53期。制定新的《北京证券业协会会刊管理规定》，全年完成季度会刊的编辑出版投送工作，总印量8 000册。

（王永刚）

北京保险行业协会

组织机构与负责人

会长：陈志强

副会长：郭少军（中国人民财产保险股份有限公司北京市分公司总经理）

武　博（中国太平洋财产保险股份有限公司北京分公司总经理）

关耀勇（华泰财产保险有限公司北京分公司总经理）

余　飞（中国人寿财产保险股份有限公司北京市分公司总经理）

张文亮（中国人寿保险股份有限公司北京市分公司总经理）

田　蕊（中国太平洋人寿保险股份有限公司北京分公司总经理）

徐敏彬（中国平安人寿保险股份有限公司北京分公司总经理）

孙保收（新华人寿保险股份有限公司北京分公司总经理）

崔长青（泰康人寿保险有限责任公司北京分公司总经理）

王　平（太平人寿保险有限公司北京分公司总经理）

监事长：王　兵（中国平安财产保险股份有限公司北京分公司总经理）

秘书长：陆秀萍（女）

副秘书长：李枫（女）　邵艳（女）　张阿玲（女）　曲彬

会员单位

2021 年末，共有会员单位 126 家。其中财产保险公司 56 家，人身保险公司 69 家，专业性公司 1 家。

联系方式

地址：北京市朝阳区安定路 35 号安华发展大厦 9 层 906 室

邮编：100029

电话：010－65859115

网址：http：//www. biabii. org. cn

电子邮箱：biabiiwj@ 126. com

重要活动

1 月 4 日，组织行业制定实施《北京地区医疗责任保险承保理赔业务操作规范（试行）》，规范北京地区医疗责任保险经营行为，提升医疗责任保险服务水平。

1 月 13 日，北京保险行业协会调解委员会报送的案例《多方联动“云”调解　诉调对接助理赔》成功入选北京法院“2020 年多元调解十大典型案例”。这也是协会调解委员会连续第四年入选十大典型案例。

1 月 29 日，成立由中国人民财产保险股份有限公司北京分公司等 11 家会员公司组成的清廉金融文化建设专业委员会。

3 月 18 日，北京保险行业协会调解委员会在北京金融法院正式成立保险业纠纷调解室。

3 月，组织行业建设北京保险中介管理一网通系统。该系统可支持和服务保险公司加强中介渠道业务合规性管理，并向社会公众提供非金融类兼业代理机构及从业人员资质信息的线上查询服务。

4 月 19 日，与北京市银行业协会共同主办的“清廉金融文化大讲堂”第一讲正式开讲，邀请清华大学程文浩教授做廉政专题讲座，120 余家主要中资银行保险机构党委书记、纪委书记现场参会。

4 月 27 日，与北京工商大学经济学院签署《清廉金融文化建设合作备忘录》，双方就清廉金融文化教育课题研究、金融宣教、就业指导等多方面合作达成一致性意见。

4 月 28 日，召开第九届会员大会暨理事会第四次会议，审议通过了协会 2020 年工作报告、2020 年财务收支情况和 2021 年财务预算情况的报告。中国证券监督管理委员会北京监管局相关领导出席，124 家会员单位代表参会。

8 月 27 日，中国银行保险监督管理

委员会北京监管局、北京市公安局经侦总队、中国银行保险信息技术管理有限公司和北京保险行业协会共同签署北京地区《保险反欺诈交流会商机制》，建立四方联动、打防一体的新工作机制。

9月2日，与北京保险中介行业协会共同印发《北京保险机构销售人员处罚信息登记管理办法实施细则》，加强行业销售人员管理。

9月10日，与北京保险中介行业协会组织保险机构开展销售人员处罚信息登记管理工作培训，各保险公司、保险专业中介机构共计1 000余人线上参训。

10月13日，组织开展商业养老保险消费者宣教，通过协会官方微信公众号先后向消费者推送5篇商业养老保险知识H5，提高消费者对商业养老保险的认知。

10月21日，发布《2021北京保险业服务经济民生实例》，从服务国内国际盛会、抗击新冠疫情、参与首都社会管理等十个方面，生动展示北京保险业服务社会经济民生的主要举措。

2021年，持续对“北京地区保险公司分支机构经营评价指标”“北京地区人身险销售品质关键指标”“北京地区商业健康保险服务评价指标”进行公示，不断提升行业工作透明度。

2021年，新增新华养老保险股份有限公司北京分公司、信美人寿相互保险社2家会员单位。

（王景兴）

北京金融街商会

组织机构与负责人

理事长：陈耀先

常务副理事长：牛明奇［北京金融街投资（集团）有限公司董事长］

秘书长：沈宏昌［北京金融街投资（集团）有限公司董事会秘书］

会员单位

2021年末，共有会员单位294家。

联系方式

地址：西城区金融大街33号通泰大厦B座616室

邮编：100032

电话：010－66573099

网址：http：//www. bfscc. com

电子邮箱：BJJRJSH@163. com

重要活动

2021年，金融街商会组织开展各类活动60余场，参与人数超过4万人。

一、不忘初心使命，庆祝建党百年华诞

组织会员单位参加“七一”献歌MV录制活动；百名党员参加“诗意相约，丹心向党”春天诗会。

二、搭建业务、人才交流平台，服务会员单位

开拓视野格局，邀请姚景源、盛来运、潘光伟等知名学者走进金融街学术大讲堂授课，驻区机构代表1 500余人参加；创建学习型组织，组织开展共3期、涉9大门类的个人素养提升课，近4 000人参加；组织13家金融机构参与金融科技人才洽谈会，提供近600个岗位，收到近6 000份简历。

三、多策并举，提高务实服务能力

提高绿色医疗共同体服务能力。绿色医疗平台挂号服务10 000余人次；增设半日义诊服务，邀请权威医院专家走进金融街，共服务近200人次；邀请北京协和医院、中国医学科学院阜外医院、北京儿童医院、美国心脏协会等医院、医疗机构

专家为驻区单位分享健康及急救知识；携手睿宝儿科成立“儿童综合发展共建基地”；携手中央音乐学院开展音乐疗愈，帮助驻区机构员工释放心理压力。

升级金融街单身联谊活动。全年共举办10场青年联谊活动，500余名单身青年参与。组织16期一对一相亲活动，服务68人；上线“金融街全诚热恋”公众号，粉丝量达4 000人。2021年，近80余位单身青年幸福牵手。

组织丰富多彩的文化活动。开展新春送福、礼仪讲座、迷你书展、商会专场金购优享周、中秋手作月饼、冰墩墩冬奥主题非遗体验等文化活动，参与人数近600人；组织金融街大吉（集）特卖会，甄选十家优质供应商，近万款高性价比商品，吸引2 000余人参与，为会员单位提供优惠、便利、周到的暖心服务。

创建金融街幸福生活俱乐部。金融街商会幸福生活俱乐部揭牌。未来将依托首都和西城友城文化旅游资源、金融街集团自持物业文旅板块，组织“文旅+康养”融合交流活动，促进文旅板块的品牌推广，将关心关爱退休职工落到实处。

四、弘扬冬奥精神，开展体育赛事活动

组织开展金融街杯羽毛球、网球、乒乓球邀请赛，200余家会员单位近千人次参加；组织西城区金融街运动会；成立金融街活力CLUB，组织开展3期9次健步走系列活动；组织金融街乒乓球俱乐部会员体验月活动，吸引20家会员单位、100余人次到场体验。

五、弘扬博爱精神，开展公益慈善活动

邀请200余家会员单位代表共植金融林；发起为内蒙古地区的师生群众捐赠冬衣爱心活动，31家驻区单位共捐献爱心物资291箱；举办“爱心传递　以体育人”——2021金融街亲子爱心义卖活动。启动“金融街爱心体育教室”项目，首个金融街爱心体育教室落地河北存瑞中学，后续还将在内蒙古自治区、甘肃省建立2家爱心体育教室。

（李欣）

北京期货商会

组织机构与负责人

会长：王化栋（宏源期货有限公司董事长）

监事长：王　庆（中粮期货有限公司总经理）

副会长：许丹良（方正中期期货有限公司总经理）

杨　青（银河期货有限公司总经理）

王永茂（格林大华期货有限公司总经理）

宁志和（中钢期货有限公司总经理）

王　可（中国国际期货股份有限公司副总经理）

唐启军（南华期货股份有限公司党委副书记、副总经理）

席　立（创元期货股份有限公司副总经理）

秘书长：曹婺青（专职）

联系方式

地址：北京市海淀区紫竹院路31号华澳中心嘉慧苑1216室

邮编：100089

电话：010－52722016

传真：010－52722016－601

网址：http：//www. bjqh. org

电子邮箱：bjqhsh1@163. com

重要活动

1月，北京期货商会投资者教育委员会开展“期货期权投资者保护”征文活动，得到了会员单位广泛关注与积极参与，最终收到37篇征文，经评选后有9篇获奖。

3月，联合中国期货市场监控中心举办“保护投资者合法权益，我们在行动”“3·15”专题活动，北京期货经营机构从业人员、投资者共计3 309人次在线参与。

开展“明规则、识风险、理性投资辛丑年”投资者保护主题教育活动，北京近百家期货经营机构共制作原创投资教育产品99件，发放实物投资教育产品3 698件，活动参与人数5 905人，借助短信平台向投资者发送提示信息94 503条。

5月17日，联合中国期货市场监控中心举办“非法期货交易的风险及防范”主题会议，北京期货经营机构从业人员、投资者共计4 593人在线参加。

9月，完成中央民族大学、中国农业大学、北京工业大学等高校期货人才培训项目，提供共计144课时的课程，发放奖学金6万元，培训学生277名。

9月，承办“保供稳价——期货及衍生品服务上市公司高质量发展”系列直播活动。

联合郑州商品交易所在北京举办期货公司中后台岗位培训班，北京地区期货经营机构近120人现场参加，同步线上直播平台共有逾1 600人次观看。

10月，承办大连商品交易所与中国上市公司协会战略合作签约仪式暨期货衍生品助力上市公司高质量发展论坛，得到上市公司和期货公司的广泛关注与积极响应，52家公司共80名嘉宾参会。

联合郑州商品交易所举办期货公司分支机构论坛（北京）2021培训活动，北京地区期货机构分支机构负责人及期货公司高管共162人参加活动。

北京期货商会合规自律管理委员会举办“2021年北京期货公司首席风险官培训交流会”，中国证券监督管理委员会北京监管局介绍了监管政策指导及工作部署，为下一步北京期货市场稳定健康发展奠定基础。

12月，联合上海期货交易所北方市场服务中心共同举办“期货市场服务中小企业案例征集和展示”活动，24篇投稿案例进入正式评审。

（何鑫）

北京市金融学会

组织机构与负责人

会长：杨伟中（中国人民银行营业管理部党委书记、主任）

监事长：王建红（中国工商银行股份有限公司北京市分行党委委员、副行长）

秘书长：林晓东（中国人民银行营业管理部金融研究处处长）

会员单位

2021年，学会共有团体会员单位62家。

联系方式

办公地点：中国人民银行营业管理部

地址：北京市西城区月坛南街79号

邮编：100045

电话：010－68559272

重要活动

3月，邀请中国人民大学生态金融研究中心副主任蓝虹教授作题为“绿色金融发展与实践”的主旨演讲，从绿色金融发展的理论与实践出发，重点介绍了贵阳市贵安新区在绿色金融改革试验区建设中金融推动地方绿色经济发展的具体工作情况。

4 月，邀请平安证券首席经济学家钟正生研究员发表“十四五时期中国的经济走势分析”的主旨演讲，分析预测我国“十四五”期间的宏观经济形势。

邀请中国人民银行金融研究所雷曜副所长担任主讲嘉宾，作题为“金融支持绿色低碳发展的学术与政策讨论”专题报告，深入剖析我国绿色金融改革及发展等相关问题。

5 月，邀请社科院工业经济研究所贺俊研究员作面向“制造强国”的制造业战略与创新政策的主旨演讲，深入分析我国制造业的特点和创新路径。

学会杨伟中会长带领秘书处同志先后赴兴业银行股份有限公司北京分行、北京市绿色交易所开展金融赋能碳交易市场建设专题调研，就北京碳交易市场发展情况、金融赋能碳交易市场建设等与相关同志座谈。

8 月，组织会员单位收看中国人民银行副行长刘桂平在中国人民银行“笃学讲堂”所作的讲座。

9 月，在 2021 年中国国际服务贸易交易会期间，学会协助举办“金融创新助力首都高质量发展”成果展及“金融支持绿色低碳发展政策、两区建设成果发布会”活动，介绍金融创新最新政策的实施背景、主要内容、适用对象和实施情况，宣传、展示金融领域支持实体经济发展成效。

12 月，举办金融机构环境信息披露和碳核算工作座谈会，邀请北京绿色交易所、兴业银行股份有限公司的专家为会员单位详细介绍金融机构环境信息披露和碳核算的具体要求、核算工具以及工作经验。

12 月，邀请三菱日联银行（有限公司）咨询研究部高级专家开展“日本碳中和目标下绿色经济增长战略及对中国的启示”讲座，详细介绍了日本“碳中和”目标、路径及对中国的启示。

（宋晓源）

北京市现代金融学会

组织机构与负责人

会长：黄　力（中国工商银行股份有限公司北京市分行行长）

副会长：汪晓芳（中国工商银行股份有限公司北京市分行副行长）

监事长：赵树厂（中国工商银行股份有限公司北京市分行纪委书记）

秘书长：张淑丽（中国工商银行股份有限公司北京市分行管理信息部总经理）

下设机构

北京市现代金融学会青年经济理论研究分会。

联系方式

地址：北京市西城区复兴门南大街 2 号天银大厦 B 座 402 室

邮编：100031

电话：010－66410055－4303

传真：010－66411721

电子邮箱：zuchsh@ bj. icbc. com. cn

重要活动

3 月 15 日，组织各会员单位，开展“‘3·15’消费者权益保护教育宣传周”活动。各会员单位充分利用中国工商银行股份有限公司网点阵地，以线上宣传，线下沙龙，进校园、进企业、进社区宣讲等多种形式，开展“消费者权益保护”主题知识宣讲，增强广大消费者的金融风险防范意识，共惠及50余万人。

3月，学会组织各会员单位、理事单位，依托“工行驿站”，开展以“雷锋精神驻工行，志愿服务在行动”为主题的志愿服务和金融科普宣传活动，累计开展反诈宣传、金融知识讲解5 000余场，提供便民服务1万余人次。

5月20日，学会组织开展“保险存款知识进乡村”科普活动。会同会员单位走进昌平区东三旗村，向村民介绍存款保险条款，普及征信知识，积极履行社会责任，助力首都金融建设，服务广大人民群众。

5月，组织开展2020年度调研课题成果评定，评出优秀课题成果75篇、活动组织奖12个。

6月2日，会同中国现代金融学会共同走进中央财经大学，面向广大学生和教职工人员举办“金融反欺诈科普行”主题活动，向到场师生发放宣传资料，解答同学们的金融疑问，重点就大家最为关心的征信知识作了宣传和普及。

6月5日，组织开展了“党史教育铭初心、坚定信仰铸党魂”主题党日活动，组织学会秘书处及部分理事单位党员代表参观门头沟京西山区中共第一党支部纪念馆，通过实地参观红色遗址，开阔视野，进一步坚定理想信念。

6月17日，开展“普及金融知识守住‘钱袋子’”活动，联合理事单位中国工商银行股份有限公司北京宣武支行，走进北京市西城区枫桦社区，面向社区居民特别是老年人群体开展以“防范非法集资，远离非法理财，确保支付安全，保护个人征信”为主题的科普宣传活动，通过一桩桩生动的典型案例，深入浅出地对新型网络电信诈骗、数字货币及网络支付风险进行提示，提高广大社区居民朋友的金融安全意识，保护广大金融消费者的财产安全。

7月29日，邀请中国工商银行股份有限公司管理信息部数据管理处主要负责人举办以“基于云平台的数据管理与赋能服务”为主题的大数据培训班，学会秘书长、部分理事单位代表共20余人参加。

8月23日，接受2021年度北京市社团评估的现场检查和评估，获评3A等级。

11月，认领并完成中国现代金融学会2021年重点课题任务5项。

12月，开展2021年度课题研究活动，共确定30余个选题方向，累计收到各理事单位报送的课题成果276篇。

（祖春生）

北京市钱币学会

组织机构与负责人

会长：姜再勇（中国人民银行机关事务局局长）

监事长：温　桦（北京市支付清算协会秘书长）

秘书长：李　杰（中国人民银行营业管理部后勤服务中心处长）

会员单位

2021年末，共有个人会员1 300人，单位会员31个。

联系方式

办公地点：中国人民银行营业管理部

四季青办公区设备楼202室

地址：北京市海淀区巨山东路99号

邮编：100093

电话：010－88655187

传真：010－88655166

电子邮箱：zhidongli@ sina. com

重要活动

一、组织推动钱币研究

2021年，北京钱币学会联合首都博物馆及学会部分钱币专家组成课题组开展货币史研究，完成了《清代北京地区松江银研究》课题。该课题在结合前人史料研究成果与传世白银实物研究成果的基础上，以北京地区文博单位馆藏和人民银行库存白银实物为研究对象，逐一记录成色、重量、规格等数据，并将其与清代北京地区房地租赁买卖契约资料相结合，对清代北京地区白银货币特别是松江银这一北京地区特有的货币品种的形制特点、使用方式等问题进行深入研究，填补了这一课题研究的空白。该项成果获得中国人民银行2021年度中国货币史研究三等奖。

二、持续开展钱币宣传和交流活动

与北京市古代钱币展览馆联合主办了“见证——庆祝中国共产党成立100周年钱币展”。展览分红色记忆、屹立东方、时代旋律和走向复兴四个部分，以货币为载体，展示了中国共产党百年来光辉历程。这次展览展出了中国共产党成立以来各个革命时期发行的货币、债券等珍贵实物500余件，大部分实物来自学会会员的个人收藏，南通市钱币学会、重庆市钱币学会的会员和收藏家也为展览提供了珍贵的红色货币文物支持。展览为期4个月，产生了较大的社会影响。

每月定期举办钱币专题讲座。2021年，举办钱币专题讲座“泉聚德大讲堂”共4期。聘请故宫博物院专家刘舜强、著名红色金融和红色货币研究专家洪荣昌、钱币及钱币文献收藏家宋捷等开展专题讲座，受到钱币爱好者欢迎。全年线上参加讲座活动的观众达1 500余人次。

5月18日，与北京市古代钱币展览馆合作举办了“518国际博物馆日钱币义务鉴定”活动。

三、积极参与中国人民银行货币金银工作

9月，参加第四届“助力冬奥京冀联合反假货币宣传”活动，将反假货币知识与数字人民币知识相结合，将传统的发放宣传材料的形式与现场数字人民币支付体验相结合，提高宣传效果。

（李志东）

中国金融工会北京工作委员会

组织机构与负责人

主任：倪卫东

专职副主任兼办公室主任：熊　玮

兼职副主任：王建红（中国工商银行股份有限公司北京市分行党委委员、副行长）

王希迎（中国农业银行股份有限公司北京市分行党委委员、副行长、工会主席）

周　顺（中国信达资产管理股份有限公司北京市分公司副总经理、工会主任）

胡　洁（中国太平人寿保险有限公司北京分公司副总经理、工会主席）

史利国（北京市金融工会主席）

会员单位

2020年末，共有会员单位37家，会员9万余人。

联系方式

地址：北京市西城区金融大街20号

交通银行大厦 B 座 1301 室

邮编：100033

电话：010－58391721

传真：010－58391880

邮箱：bj_ jrgh@ 163. com

重要活动

1－2 月，开展“两节送温暖”活动，拨款 51 万元帮扶近 200 名病困职工。

3－6 月，继续开展女职工关爱专项工作。向 10 名特困女职工发放帮扶金，并调拨专款支持招商银行股份有限公司北京分行、中国光大银行股份有限公司北京分行等 10 家单位建设母婴关爱室（角），支持中国农业银行股份有限公司北京行政副中心支行、阳光人寿保险股份有限公司北京分公司建设“女职工关爱室”。

4 月，举办北京金融系统工会干部培训班暨 2021 年北京金融工会工作会议。

7－10 月，开展 2021 年北京金融系统评先创优活动，评选出北京金融五一劳动奖状等年度先进单位 18 个、北京金融五一劳动奖章等年度先进个人 27 名，并推荐 6 家单位（集体）和 9 人受到全国（金融）评先创优表彰。

5－12 月，完善省级金融文联组织建设，举办北京金融作家协会成立仪式，并组织开展征文活动。

8－10 月，举办庆祝建党 100 周年北京金融职工文艺汇演。

8－11 月，在北京金融系统开展心理健康关爱讲座 8 场，在关心关爱金融职工心理及健康方面充分发挥工会作用。

6－12 月，持续扎实推进北京金融业集体协商工作不断取得新成效，按照协商工作程序和要求完成北京银行业 2021 年度工资专项集体合同的续签工作。

2021 年，继续拨付专项资金支持 4 家会员单位基层工会共建“职工之家”，拨付专款用于改善基层职工工作、就餐环境或增添职工康体设施。深入共建单位与基层职工面对面交流，不断促进职工服务工作向基层一线延伸。

（杨香玉）

北京市金融工会

组织机构与负责人

主席：徐　闻

副主席：张　瑜

副主席：杨志红（北京市地方金融监督管理局二级巡视员、行政审批处处长）

副主席：倪卫东（中国银行保险监督管理委员会北京监管局一级巡视员）

副主席：鞠万春

副主席：王　颖（北京银行股份有限公司机构业务部副总经理）

会员单位

2021 年末，共有会员单位 58 家，会员 131 073 人。其中，中央在京工会组织 16 家，市属工会组织 24 家，外埠在京工会组织（单位）18 家。

联系方式

地址：北京市通州区运河东大街 56 号院 7 号楼

邮编：101160

电话：010－55564820

邮箱：jrgh@ bjzgh. org

重要活动

1－3 月，组织系统内各工会对劳动模范、先进工作者、困难职工等开展慰问活动，按照“普遍慰问、重点帮扶”的工作原则，依据实际情况，解民之所忧、送民之所想，扎实开展走访慰问活动。

2－6月，开展“首都劳动奖章”“首都劳动奖状”“首都劳动工人先锋号”推荐评选工作。经过审议评定，11名个人荣获2021年“首都劳动奖章”、2家单位荣获2021年“首都劳动奖状”、6家单位荣获2021年“北京市工人先锋号”。

3－5月，与中国职工保险互助会北京办事处协商，对2020年度在中国职工保险互助会北京办事处投保，且获得理赔金额高于1万元的职工进行慰问，共计慰问134人，慰问金总额24.5万元。

4月9日，部署新疫情时期服务职工工作。组织召开职工服务工作会议，会议要求各基层工会认真贯彻党史学习教育有关工作要求，确保新疫情时期职工队伍稳定；切实维护职工权益，探索工会服务新模式、新方法、新路径；落实工会各项制度建设。

4－11月，开展“百年同路、同心接力绣党旗”“享健康金秋助力金融冬奥”宣传教育活动，金融系统100余名基层单位工会干部参观了通州大运河和首钢园区冬奥会场馆，进一步了解党史和冬奥会相关知识。

4－11月，举办第五、第六届“金”生有缘单身青年联谊活动，共有230余名职工参加了活动。

6月17日，举办“融金筑梦，我心向党”职工歌咏比赛，北京市金融工会系统的18支展演团队、700余名干部职工齐聚一堂，用歌声重温红色革命历史，追忆红色金融岁月，生动展现全市金融职工建功“十四五”、开启新征程的精神风貌。

7－12月，开展工会干部的党史和职业技能学习，通过学习习近平总书记关于工人阶级和工会工作重要讲话精神和工会基本知识，工会组织建设办法，工会经费使用规章、工会劳动保护工作规定、新闻宣传原则等专项知识，提升工会干部的政治素养、职业素养和专业素养，210余名工会干部参加了培训。

9－10月，开展全市金融系统“职工创新工作室”创建活动，经过材料申报、实地调研、综合评审等程序，授予中国银行股份有限公司北京分行“陈昊宁创新工作室”、中国工商银行股份有限公司北京市分行“于丽创新工作室”、中国民生银行股份有限公司北京分行“袁卫东金融市场产品创新工作室”、华夏银行股份有限公司信用卡中心“王华创新工作室”、杭州银行股份有限公司北京分行“马煜创新工作室”为北京市金融系统“职工创新工作室”称号。

9－12月，评选出先进“职工之家”25家、“先进职工小家”23家、“优秀工会工作者”35名，并对评选出的先进单位和优秀个人给予通报表彰、发放奖励。

10－12月，北京市金融工会、中国金融工会北京工作委员会与北京市银行业协会联合推进北京银行业集体协商工作。12月3日，组织召开北京银行业行政和职工方代表协商会议，审议通过了《北京银行业2021—2022年度工资专项集体合同》，此合同文本在近年行业协商“四必谈”的基础上，修改补充了“工资制度和工资调整机制、社会保险和住房公积金制度、特定情况工资支付、工会经费提取使用、企业年金制度和补充医疗保险制度、温暖基金”等项目，并着重强调了“专业人才待遇”条款的内容与要求；12月31日，北京银行业行政方和职工方代表签订了《北京银行业2021—2022年度工资专项集体合同》，覆盖全市30家银行企业近 10 万员工。

10－12 月，开展"心灵驿站"建设工作，共新建金融系统职工"心灵驿站"5 个。

12 月 16 日，由北京市金融工会承办，北京市总工会和中国人民银行营业管理部联合组织的"科技冬奥，智慧支付"冬奥支付环境建设技能竞赛在京开赛，参加职工近 3 万人。中国民生银行股份有限公司北京分工会、中国建设银行北京分工会分获团体和个人一、二等奖。

（李宗烨）

（四）2021 年度北京市金融系统先进集体、先进个人名录[①]

"全国金融五一劳动奖状"获得集体

（中国金融工会全国委员会　金工发〔2021〕10 号　2021 年 12 月 9 日）

农业银行北京昌平支行

太平人寿保险北京东城支公司

"全国金融五一劳动奖章"获得者

（中国金融工会全国委员会　金工发〔2021〕10 号　2021 年 12 月 9 日）

沈　一　中国银行北京使馆区支行公司业务部主任

赵秋鹤　交通银行北京丰台支行高级对公客户经理

王潼济　招商银行北京建国路支行员工

李　晶　中国民生银行北京建国门支行行长

张　帆　北京中关村银行客户经理

黄　林　兴业银行北京分行人事监察部副总经理

李保旭　北京农商银行股份有限公司首席信息官

胡同杰　北京银保监局办公室综合科科长、一级主任科员

"全国金融先锋号"获得集体

（中国金融工会全国委员会　金工发〔2021〕10 号　2021 年 12 月 9 日）

中国建设银行北京清华园支行

① 本名录收录的是 2021 年度北京市辖内获得先进称号的机构名称和人员姓名信息，名录由各相关机构提供，本编辑部未做改动。

招商银行北京分行零售信贷部中关村分中心
中国人民人寿保险股份有限公司北京市分公司团体保险部

“全国金融五一巾帼标兵岗”获得集体

（中国金融工会通报〔2022〕2 号　2022 年 2 月 24 日）

中国光大银行北京分行零售金融部

“全国金融五一巾帼标兵”获得者

（中国金融工会通报〔2022〕2 号　2022 年 2 月 24 日）

彭　菲　中国农业银行北京延庆高塔支行二级支行行长

（以上先进名录由中国金融工会北京工作委员会提供）

“首都劳动奖状”获得集体

京工发〔2022〕5 号

中国银行股份有限公司北京奥运村支行

“首都劳动奖章”获得者

（京工发〔2022〕5 号　2022 年 7 月 1 日）

李　利　中国农业银行股份有限公司北京延庆泰安支行客户经理
冯培静　中国人民财产保险股份有限公司北京市分公司 95518 客户服务中心培训综合组组长
肖国彬　北京农商银行运行维护中心总经理，高级工程师
戴　静　华夏银行股份有限公司北京分行普惠金融部经理
杨镇涛　中国国际期货股份有限公司业务经理
丁峻峰　泰康在线财产保险股份有限公司北京办事处法人
骆　珉　北京市工程咨询有限公司区域投融资创新中心 & 北京 PPP 咨询中心公共服务部经理，高级经济师
张　浩　北京银联商务有限公司商户服务部经理助理
冯景怡　东亚银行（中国）有限公司北京分行营运部营运复核岗
郑　艺　南京银行股份有限公司北京分行丰体支行小微客户经理岗
杨　爽　中国建设银行股份有限公司北京华贸支行执行会计师

“北京市工人先锋号”获得集体

京工发〔2022〕5号

北京银行股份有限公司复兴支行
平安银行股份有限公司北京分行公司银行部
新华家园健康科技（北京）有限公司培训中心
中国光大银行股份有限公司北京分行公司金融部
中国平安财产保险股份有限公司北京分公司车险意健险理赔部
中国邮政储蓄银行北京海淀区支行

“北京市金融系统先进职工之家”获得集体

京金工发〔2021〕16号

中国工商银行股份有限公司北京市分行宣武支行工会
中国农业银行股份有限公司北京宣武支行工会委员会
中国银行股份有限公司北京崇文支行基层工会委员会
中国银行股份有限公司北京延庆支行基层工会委员会
中信银行股份有限公司北京分行工会委员会
中国光大银行股份有限公司北京亦庄支行工会委员会
中国邮政储蓄银行股份有限公司北京平谷区支行工会委员会
中国人民财产保险股份有限公司北京市昌平支公司工会委员会
北京银行股份有限公司建行支行工会委员会
北京农村商业银行股份有限公司海淀新区支行工会委员会
民生期货有限公司工会委员会
新华人寿保险股份有限公司机关工会委员会
泰康人寿保险有限责任公司工会委员会
华泰财产保险有限公司工会委员会
北京新隆福文化投资有限公司工会委员会
北京银联商务有限公司工会委员会
格林大华期货有限公司工会委员会
广发银行股份有限公司北京分行工会委员会
平安银行股份有限公司北京分行工会委员会
兴业银行股份有限公司北京分行工会委员会
杭州银行股份有限公司北京分行工会委员会
厦门国际银行股份有限公司北京工体支行工会委员会
大连银行股份有限公司北京分行工会委员会

南京银行股份有限公司北京分行工会委员会
东亚银行（中国）有限公司北京分行工会委员会

“北京市金融系统先进职工小家”获得集体

京金工发〔2021〕16 号

中国工商银行股份有限公司北京国防大学支行工会小组
中国农业银行股份有限公司北京经济技术开发区分行北环西路支行工会小组
中信银行股份有限公司北京分行工会群工部工会分会
中国光大银行股份有限公司北京西城支行工会小组
招商银行股份有限公司北京分行零售金融事业部工会小组
招商银行股份有限公司北京分行营业部工会小组
中国民生银行股份有限公司北京苏州街支行工会小组
中国民生银行股份有限公司北京通州支行工会小组
中国邮政储蓄银行北京丰台区公益西桥支行工会小组
中国人民财产保险股份有限公司北京市分公司大型商业风险营业部工会委员会
北京银行股份有限公司国际新城支行工会委员会
北京银行股份有限公司中关村海淀园支行工会委员会
北京农商银行股份有限公司大兴支行黄村工会小组
华夏银行股份有限公司北京分行京广支行工会小组
华夏银行股份有限公司北京分行车公庄支行工会小组
新华人寿保险股份有限公司机关工会运营作业中心工会小组
泰康人寿保险有限责任公司北京分公司西城支公司工会小组
华泰财产保险有限公司北京分公司工会委员会
平安银行股份有限公司北京分行法律合规部工会小组
兴业银行股份有限公司北京丰台支行工会小组
杭州银行股份有限公司北京分行运营管理部工会小组
大连银行股份有限公司北京西城支行工会小组
太平人寿保险有限公司北京分公司海淀支公司工会小组

“北京市金融系统优秀工会工作者”获得者

京金工发〔2021〕16 号

王井圣　中国工商银行股份有限公司北京南礼士路支行工委主任
李　勇　中国工商银行股份有限公司北京丰台支行工会主任
康晓东　中国农业银行股份有限公司北京房山支行专职工会干部
刘　敏　中国农业银行股份有限公司北京宣武支行工会小组长

郭秀芝　中国银行股份有限公司北京丰台支行工会副主任
王　梅　中国银行股份有限公司北京分行工会干事
邬一波　中信银行股份有限公司北京分行工会委员
魏　巍　中国光大银行股份有限公司北京工会委员会工会干部
安　蔚　招商银行股份有限公司北京亦庄支行工会干部
岳　丹　中国民生银行股份有限公司北京亦庄支行工会委员
陶　韬　中国邮政储蓄银行股份有限公司北京分行工会干部
张旻媛　方正证券股份有限公司北京安慧东里证券营业部工会组织委员
李　杰　中国人民财产保险股份有限公司北京市房山支公司工会主席
唐银华　北京银行股份有限公司北京分行工会主席
赵李凡　北京银行股份有限公司工会干部
蔡景彬　北京农商银行股份有限公司密云支行工会主席
霍振霆　华夏银行股份有限公司工会干事
孟瑾丽　华夏银行股份有限公司北京分行工会干事
刘玉坤　民生证券股份有限公司工会经理
王　丹　民生期货有限公司工会委员
张梦迪　新华人寿保险股份有限公司北京分公司工会管理岗
吴蕾蕾　泰康人寿保险有限责任公司工会副主席
郭　宇　华泰保险集团股份有限公司工会委员会党务与工会管理
孙　悦　北京新隆福文化投资有限公司工会经审委员
陈　瑶　首都信息发展股份有限公司工会干事
边鹏飞　北京银联商务有限公司工会委员
李　琼　华夏久盈资产管理有限责任公司工会委员
郭容励　格林大华期货有限公司工会干事
梁伟娜　广发银行股份有限公司北京分行工会主管
杨艾琳　兴业银行股份有限公司北京分行工会委员
胡　玥　平安银行股份有限公司北京分行工会干事
朱晗晗　厦门国际银行股份有限公司北京分行工会办公室主任
王　洁　杭州银行股份有限公司北京分行工会委员
李传祥　大连银行股份有限公司北京分行工会委员
郝　丁　太平人寿保险有限公司北京分公司海淀支公司工会小组长

（以上先进名录由北京市金融工会提供）

中国人民银行跨境人民币业务工作先进集体

银办发〔2022〕73 号

中国人民银行中关村国家自主创新示范区中心支行监测分析科

中国人民银行宏观审慎管理工作先进集体

银办发〔2022〕73 号

中国人民银行营业管理部跨境人民币业务工作集体

中国人民银行金融市场与信贷政策工作先进集体

银办发〔2022〕73 号

中国人民银行营业管理部货币信贷管理处

中国人民银行金融消费权益保护工作先进集体

银办发〔2022〕73 号

中国人民银行营业管理部法律事务处（金融消费权益保护处）

中国人民银行专业先进工作者

银办发〔2022〕73 号

李　淼　中国人民银行营业管理部跨境人民币业务工作集体

中国人民银行金融市场与信贷政策工作先进工作者

银办发〔2022〕73 号

吕潇潇　中国人民银行营业管理部货币信贷管理处

中国人民银行金融消费权益保护工作先进工作者

银办发〔2022〕73 号

王　京　中国人民银行营业管理部法律事务处（金融消费权益保护处）

中国人民银行五四红旗团支部（总支）

（共青团中国人民银行委员会　银团发〔2022〕54 号）

总行营业管理部法律事务处（金融消费权益保护处）团支部

中国人民银行优秀共青团员

（共青团中国人民银行委员会　银团发〔2022〕54 号）

郑雨佳　中关村国家自主创新示范区中心支行金融服务科

中国人民银行优秀共青团干部

（共青团中国人民银行委员会　银团发〔2022〕54 号）

高皓洁　总行营业管理部反洗钱处团支部书记